Daolu Lüke Yunshu Fuwu yu Guanli
道路旅客运输服务与管理

杭州长运运输集团有限公司　编著

人民交通出版社

内 容 提 要

本书共分为五篇即基础篇、服务篇、行政管理篇、企业管理篇、企业发展篇。第一篇即基础篇，主要介绍相关的基本概念和基本知识。第二篇即服务篇，主要介绍道路客运服务人员直接面向旅客的服务活动，包括服务的内容、流程、程序、要求等。第三篇即行政管理篇，主要介绍政府行政管理中与道路客运经营有关的内容，即道路客运行政管理，包括经营许可管理、企业等级评定及质量信誉考核、客运价格与税收管理、客运市场监管等。第四篇即企业管理篇，概述了企业管理的通用基础知识，分析了客运企业管理的主要特点，重点阐述一般工业企业所没有的、或者与一般工业企业有明显不同的专业管理情况。第五篇即企业发展篇，着眼于未来，是对作为传统服务业的道路客运在现代经济社会快速发展和变化中如何加快向现代服务业的转型升级、加快企业现代化的步伐和实现企业的可持续发展，进行了一些思考和分析，提供了一些理念和思路，具有探索性意义。

图书在版编目(CIP)数据

道路旅客运输服务与管理/杭州长运运输集团有限公司编著. —北京：人民交通出版社，2013.3
ISBN 978-7-114-10305-6

Ⅰ.①道… Ⅱ.①杭… Ⅲ.①公路运输—旅客运输—客运服务②公路运输—旅客运输—运营管理 Ⅳ.①U492.4

中国版本图书馆 CIP 数据核字(2013)第 003503 号

书　　名：	道路旅客运输服务与管理
著 作 者：	杭州长运运输集团有限公司
责任编辑：	刘　君　夏　迎
出版发行：	人民交通出版社股份有限公司
地　　址：	(100011) 北京市朝阳区安定门外外馆斜街 3 号
网　　址：	http://www.ccpress.com.cn
销售电话：	(010) 59757973
总 经 销：	人民交通出版社股份有限公司发行部
经　　销：	各地新华书店
印　　刷：	北京市密东印刷有限公司
开　　本：	787×1092　1/16
印　　张：	32
字　　数：	748 千
版　　次：	2013 年 3 月　第 1 版
印　　次：	2020 年 1 月　第 3 次印刷
书　　号：	ISBN 978-7-114-10305-6
定　　价：	52.00 元

(有印刷、装订质量问题的图书由本社负责调换)

编委会成员名单

主　任　王德润
副主任　贾锦樑　李远龙　龙圣雳
编　委　汪建珊　陈　军　鲁建高　俞中欢
　　　　王如策　王兆德　沈安东

编写组成员名单

主　编　龙圣雳
成　员　王兆德　吴凤娟　张海虹　周伯年
　　　　朱　利　张红卫　李鹏程　何丽萍
　　　　徐建中　朱雄伟　陈　坚　俞亦娟

序

翻开《道路旅客运输服务与管理》，我惊讶于该书的理论功底和创新思维的同时，也由衷地感到欣慰与骄傲。这是一本由道路运输一线企业管理者所撰写的书，书中的内容都是杭州长运运输集团有限公司（以下简称杭州长远）的干部员工在道路运输企业服务与管理领域多年来的实践经验和理论总结，字里行间无不表达了他们对中国道路客运发展的新思考、新探索，对新时期提高道路运输业的服务和管理水平具有积极的指导意义。

杭州长运运输集团有限公司作为一家全国道路运输标杆企业，在道路客运服务与管理方面具有丰富的经验和扎实的基础。杭州长运一直来执着于道路运输经营管理的实践创新，曾在同行业率先推出"车辆高档次、班次高密度、服务高质量、管理高标准"的快客发展战略，开启了全国道路中长途客运新模式；率先提出以"延误旅客30分钟，赔偿票价50%"为核心内容的"十大服务承诺"；率先开通集咨询、求助为一体的24小时免费服务热线；率先推出公铁、公公站际接送车；率先实行高速公路行车时速不超过100公里的大客限速规定，这些都已成为当今中国道路客运服务的新标杆。正是重视服务创新与提升，重视企业品牌打造与树立，在杭州长运这片深耕职业素养和职业道德的沃土里，才孕育出了"最美司机"吴斌这样的英雄人物，孕育出了以全国劳动模范李学光为代表的安全驾驶员群体，孕育出了以全国客运系统服务标兵叶鸣青为代表的优秀站务员队伍。

道路运输是现代综合运输的基础，是综合交通运输体系中服务范围最广、承担运量最大、运输组织最为灵活、运输产品最为多样的运输服务业。道路运输业的健康稳定发展对于保障经济社会发展、满足城乡客货运输需求、方便人民群众安全便捷出行具有重要的作用。近十年来，我国新增客运量的80%以上、新增货运量的70%以上均由公路运输完成，公路客运在春运中承担的旅客运输比重在92%以上，十年间运输服务水平与运输效率显著提升，为国民经济的健康发展提供了有力支撑。

党的十八大提出，取保到2020年实现全面建成小康社会的宏伟目标。随着人民生活水平的提高，人们选择交通出行的方式和理念必将发生变化，安全、便捷、舒适、高效及个性化需求不断增强，这对道路运输业今后的发展提出了更高的要求、更大的挑战。站在历史的新起点上，全国道路运输企业、道路运输管理部门以及所有从业人员，都必将面对如何满足人民群众新要求、如何破解发展新瓶颈的问题。而破解这一问题的有效途径之一，就是加强学习、思考和勇于创新。只有如此，才能不断地丰富知识、更新观念、提升技能，用新理念、新思路、新举措来推进工作，实现事业的新发展、新突破。近年来，杭州长运集团对中国道路客运发展的相关问题作了深入思考和积极探索，对道路运输企业服务与管理领域多年来的理论问题和实践经验作了系统梳理，编撰形成《道路旅客运输服务与管理》一书，为我们提供了一个学习、思考、创新的范例。这本书的出版，对道路运输的理论和知识、道路客运服务与管理的内容和要求、道路客运企业的发展方向和途径等进行了深入浅出的阐述，这些理性的思考与带有杭州长运集团烙印的实践经验的提炼，形成道路运输行业弥足珍贵的精神财富和无形资产。尤其值得称道的是，全书始终围绕着"旅客—质量（安全）—创新—发展"这么一条以客为本的清晰主线展开写作，并体现出"系统性与适用性相结合、实践性与理念性相结合、现实性与前瞻性相结合"这样三个鲜明的特点。因此，本书的出版，能够为道路运输特别是旅客运输从业人员提供一本实用的业务指南和培训教材，有助于道路客运企业提高从业人员素质、转变发展方式、提升管理和服务水平，同时也是各级道路运输管理部门管理人员加强知识储备和能力建设的好读本。

当前和今后一个时期，道路运输工作将继续坚持以科学发展为主题，立足以为经济社会发展全局服务，为社会主义新农村建设服务、为人民群众安全便捷出行服务，以加快转变发展方式为主线，以道路运输结构调整为主攻方向，切实把推动道路运输发展的立足点转到提高质量、安全和效益上来。坚定不移地发展现代道路运输业，为全方位、多层次满足人民群众的出行要求，为全面建成小康社会作出新的贡献。

中国道路运输协会会长：杨利民

2013.3.30.

前　言

改革开放以来,随着我国社会主义市场经济的快速发展,国家采取一系列重大举措,增加投资力度,加快交通基础设施建设,道路交通运输业作为国民经济的先导性产业,获得了长足的发展。杭州长运运输集团有限公司作为一家专业道路运输企业,历经六十余年的变革发展,现已发展成为具有国家一级客运资质、物流AAAA级资质的浙江省规模最大的道路运输企业,目前拥有8家分公司、40余家全资及控股子公司、7家参股子公司,形成了以道路客运、现代物流为主,汽车检测与维修、旅游、餐饮、宾馆、房地产、广告、培训等为辅的多元化产业发展结构。企业名列中国服务业500强企业、中国道路运输100强企业和交通运输部重点联系企业,并先后荣获"全国交通系统先进集体"、浙江省"五一"劳动奖状、"浙江省道路运输诚信企业"等荣誉称号。

多年来,杭州长运人执着于打造"道路运输第一品牌"的远景目标,一贯秉承"不断满足顾客需求"的核心价值观,发扬"一团火、一股绳、创一流"的企业精神,自觉践行"诚信、敬业、爱心"的企业道德观,培养了一支技能精湛、爱岗敬业、恪尽职守、无私奉献、勇于担当的以"最美司机"吴斌为代表的杰出员工队伍,为全面提升人民群众出行品质、促进我国道路运输业的发展做出了积极的贡献!

杭州长运于2005年成立了企业管理研究会,主要致力于行业政策、道路运输企业经营管理等方面的研究与交流,以推动企业管理创新和进步。在研究会研究活动过程中,我们深感道路客运行业发展之快、旅客需求变化之大、行业政策调整之多,而相应的适合企业员工培训、指导企业转型发展的专业书籍却显得异常匮乏。鉴于此,也基于对行业发展的感悟和信心,我们决定组织研究会成员编写《道路旅客运输服务与管理》一书,作为企业管理研究会的成果展示,也是企业对道路运输行业的一份贡献,并试图填补目前道路客运服务与管理系统性专业书籍的空缺。为此,一开始,我们就为编写工作确定了"一条主线、三个结合"的基本思路。"一条主线"就是：以"旅客"为中心，以"质量（特别是安全）"为主题，以"创新"为依据，以"发展"为归宿。"三个结合"就是："系统性与适用性相结合"，在注意知识体系的完整性、系统性的同时，突出道路客运的特色，注重内容的针对性和实用性；"实践性与理念性相结合"，在注意实践调研和总结的同时，注重理念的梳理和提炼，增强内容的科学性和导向性；"现实性与前瞻性相结合"，在注意贴近现实、紧密联系客观环境的同时，加强趋势性、发展性研究，注重内容的先进性和前瞻性。

  本书的编撰，历时数年，几易其稿，初稿并曾作为浙江省交通职业技术学院相关专业的试用教材。在编写过程中，参考了大量文献资料，吸收了众多专家学者的研究成果；杭州长运领导班子统筹策划，前后两任总经理亲自执笔编审；企业管理研究会各专委会协同研究、通力合作，尤其是十多名编写组成员付出了辛勤的劳动。本书的定稿出版，还得到了相关领导、管理部门以及企业员工的热情关心和支持，并提供了许多宝贵资料和意见。在此，一并表示衷心的感谢！限于编者水平，书中缺点和错误在所难免，敬请业内人士和广大读者批评指正。

编 者

2012 年 12 月 10 日

目 录

第一篇 基 础 篇

第一章 交通运输基本概念 ································ 3
  第一节 运输的含义及类型 ································ 3
  第二节 运输的特点及作用 ································ 6
  本章思考题 ································ 10

第二章 道路运输概述 ································ 11
  第一节 道路运输的概念及类型 ································ 11
  第二节 道路运输的特点及功能 ································ 12
  第三节 我国道路运输的发展及其趋势 ································ 14
  第四节 道路运输的环境因素 ································ 20
  第五节 道路运输生产过程及其要求 ································ 22
  本章思考题 ································ 25

第三章 道路客运基本知识 ································ 26
  第一节 道路客运的服务对象 ································ 26
  第二节 道路客运的分类 ································ 30
  第三节 道路客运的基础要素 ································ 32
  第四节 道路客运经营者 ································ 44
  第五节 道路客运的产品 ································ 49
  第六节 道路客运常用术语及主要牌证和单证 ································ 57
  本章思考题 ································ 62

第二篇 服 务 篇

第四章 道路客运服务概述 ································ 67
  第一节 道路客运服务过程及服务内容 ································ 67
  第二节 道路客运服务的基本要求 ································ 73
  第三节 道路客运服务岗位及其职责 ································ 78
  第四节 道路客运服务人员的素质要求 ································ 82
  本章思考题 ································ 86

第五章 汽车客运站服务作业 ································ 88
  第一节 值班站长服务工作 ································ 88

第二节	售票服务	90
第三节	候车服务	95
第四节	广播服务	99
第五节	行包与小件寄存服务	106
第六节	上下车服务	113
第七节	安全维护服务	117
本章思考题		122

第六章 客车运输服务作业 · 123
- 第一节 客车运输服务的特点 · 123
- 第二节 客车运输服务的主要内容 · 124
- 第三节 客车驾乘人员的工作程序和业务知识 · 131
- 本章思考题 · 134

第七章 道路客运服务礼仪与服务艺术 · 135
- 第一节 道路客运服务礼仪与服务艺术的概念 · 135
- 第二节 道路客运服务礼仪的主要内容 · 142
- 第三节 道路客运服务艺术的几个重要课题 · 152
- 本章思考题 · 174

第三篇 行政管理篇

第八章 道路客运行政管理概述 · 177
- 第一节 道路运输行政管理的任务 · 177
- 第二节 道路运输行政管理的手段和方法 · 179
- 第三节 道路客运行政管理的目的和内容 · 181
- 本章思考题 · 182

第九章 道路客运经营许可管理 · 183
- 第一节 道路客运经营许可程序 · 183
- 第二节 道路班车客运线路和班次确定的原则 · 188
- 本章思考题 · 190

第十章 道路客运企业等级评定及质量信誉考核 · 191
- 第一节 道路客运企业等级评定 · 191
- 第二节 道路客运企业质量信誉考核 · 193
- 第三节 道路客运企业等级评定和质量信誉考核的意义 · 198
- 本章思考题 · 199

第十一章 道路客运价格和税收管理 · 200
- 第一节 道路客运价格管理 · 200
- 第二节 道路客运税收管理 · 205
- 本章思考题 · 208

第十二章 道路客运市场监管 · 209
- 第一节 道路客运市场监管的内容与方法 · 209

第二节	道路客运市场监管的重点	212
本章思考题		218

第四篇　企业管理篇

第十三章	道路客运企业管理概述	221
第一节	企业管理基础知识	221
第二节	道路客运企业管理的特点	239
第三节	道路客运企业的组织结构	242
本章思考题		243
第十四章	道路客运企业运务管理	245
第一节	客车运输效率指标	245
第二节	客运市场调查和预测	250
第三节	客运班线的开发	258
第四节	客运班次时刻表的编制	261
第五节	客车运行作业计划与调度	263
本章思考题		269
第十五章	道路客运企业机务管理	270
第一节	机务管理的任务和内容	270
第二节	车辆技术管理	271
第三节	燃料和润滑料的选用	280
第四节	轮胎技术管理	283
本章思考题		285
第十六章	道路客运企业质量管理	286
第一节	客运质量管理的意义	286
第二节	客运质量评价指标	287
第三节	客运"三优""三化"规范	291
第四节	旅客意见收集与处理	298
第五节	客运商务事故的处理	305
本章思考题		308
第十七章	道路客运企业安全管理	309
第一节	道路交通事故基本知识	309
第二节	安全管理的任务和职责	314
第三节	安全管理方针与安全文化建设	316
第四节	安全管理组织体系	323
第五节	安全管理制度体系	325
本章思考题		335
第十八章	道路客运企业财务管理	336
第一节	道路客运企业财务管理的特点	336
第二节	收入管理	338

第三节　成本费用管理 ……………………………………………………………… 341
　　第四节　利润管理 …………………………………………………………………… 346
　　第五节　财务报告与财务评价指标 ………………………………………………… 352
　　第六节　经济核算与经济活动分析 ………………………………………………… 362
　本章思考题 ……………………………………………………………………………… 372

第五篇　企业发展篇

第十九章　道路客运企业现代化概述 …………………………………………………… 375
　　第一节　企业现代化的概念 ………………………………………………………… 375
　　第二节　道路客运企业现代化的标志 ……………………………………………… 382
　　第三节　道路客运企业现代化的实现途径 ………………………………………… 385
　本章思考题 ……………………………………………………………………………… 396
第二十章　道路客运企业质量管理体系建设 …………………………………………… 397
　　第一节　现代质量管理概述 ………………………………………………………… 397
　　第二节　道路客运企业质量管理体系的建立与实施 ……………………………… 402
　　第三节　道路客运企业质量管理体系的评价与改进 ……………………………… 409
　　第四节　道路客运企业质量管理体系的提升 ……………………………………… 418
　本章思考题 ……………………………………………………………………………… 422
第二十一章　道路客运企业信息化建设 ………………………………………………… 423
　　第一节　企业信息化建设概述 ……………………………………………………… 423
　　第二节　道路客运企业信息化建设的主要内容 …………………………………… 429
　　第三节　道路客运企业信息化建设的几个重要问题 ……………………………… 437
　本章思考题 ……………………………………………………………………………… 445
第二十二章　道路客运企业品牌建设 …………………………………………………… 446
　　第一节　品牌的概念 ………………………………………………………………… 446
　　第二节　道路客运企业品牌建设的基本思路 ……………………………………… 449
　　第三节　道路客运企业形象塑造 …………………………………………………… 457
　　第四节　道路客运企业品牌危机管理 ……………………………………………… 464
　本章思考题 ……………………………………………………………………………… 468
第二十三章　道路客运企业创新发展 …………………………………………………… 469
　　第一节　企业创新的概念 …………………………………………………………… 469
　　第二节　道路客运企业理念创新 …………………………………………………… 471
　　第三节　道路客运企业组织与制度创新 …………………………………………… 477
　　第四节　道路客运企业产品与市场创新 …………………………………………… 481
　　第五节　道路客运企业创新机制 …………………………………………………… 488
　本章思考题 ……………………………………………………………………………… 496
参考文献 …………………………………………………………………………………… 497

第一篇 基 础 篇

【本篇概要】 本篇是《道路旅客运输服务与管理》的入门篇,主要介绍一些相关的基本概念和基本知识。这是进一步学习道路旅客运输理论和实务的必要基础。为便于理解和掌握,本篇根据交通运输的内在结构和逻辑关系,由纲及目,逐层展开,即按照"运输"—"道路运输"—"道路旅客运输"的路径,分三章对有关基础知识进行了由浅入深的阐述。本篇的重点是:第一章中的运输的特点及其启示、第二章第二节道路运输的特点及功能和第四节道路运输的环境因素以及第三章道路客运基本知识。

第一章 交通运输基本概念

第一节 运输的含义及类型

一、运输的含义

运输的概念源于人类的需求。

人的需求多种多样,如饮食、购物、就医、探亲、读书、工作、商务、娱乐、参观、旅游等等,这些需求的产生地点与满足地点又通常不在一处,而与人的需求相关联的各种物(燃料、原材料、零配件、成品、动植物等)的生产地点与供给地点通常也不在一处。显然,要满足人的需求,要使社会的生产、消费、活动得以顺利进行,就必须克服空间上的距离障碍,实现人或物的移动。随着人类社会的进化、进步和发展,人的需求越来越多、越来越复杂,这种"空间上的距离障碍"也越来越大,"人或物的移动"越来越成为一种不可或缺的"必需品"。在现代社会条件下,尤其是经济全球化的今天,对人或物的这种移动的需求更是大幅度增长,无论是范围与跨度还是速度与质量的要求都空前地提高了。

在人的需求驱动下,人或物在空间场所上这种有目的的移动,就称为交通或交通活动(按照《辞海》的解释,广义的交通还包括传输文字、图形、信息等的邮政电信)。而利用一定的工具为实现人或物有目的的移动提供服务的活动,称为运输或运输服务。从事运输服务的行业,称为运输业。虽然严格意义上的"交通"与"运输"并非同义词,但通常在使用时很少作这样的区分,有时还会把两者连起来使用,比如运输业也称为交通运输业。其实,自从有人类以来差不多就有了交通运输,所以交通运输的历史与人类的历史一样久远,但交通运输业的产生则是近现代的事,它是运输需求的大量增加、运输工具的不断发展以及随之而来的社会分工的逐渐细化和专业化的结果。

综上所述,关于运输的概念,至少包含以下四个方面的内容:

1. 运输目的

运输是有目的的,它产生于人的需求,是在人的意志支配下有目的的移动。不论是人的运输还是物的运输,都是由人的需求所决定的,都是在人的意志支配下的活动。没有目的的移动,或者说,离开人的需求、离开人的意志和行为支配所发生的人或物的移动(例如台风、海浪等自然力造成的违背人的意愿的移动),不具有运输的意义。

2. 运输对象

运输不能没有运输对象，如同工业生产不能没有加工对象一样。也就是说，运输对象的存在是运输活动得以展开的前提。而以什么为运输对象，则取决于人的需求或意志。人的需求多样性，决定了运输对象的繁杂性，小到针头线脑，大到机器设备，可谓是林林总总、包罗万象，只要不是不可移动的都可以成为运输的对象。但按性质归纳起来无外乎两大类，一类是"人"本身，另一类是除人之外而为人所需要、所支配的各种"物"（包括无生命的天然物和加工物，也包括有生命的动植物）。所以，运输也就有了客运（以人为运输对象）与货运（以物为运输对象）之分。当然，不论运输对象是"人"还是"物"，运输的服务对象（即通常所说的"顾客"）都是支配运输对象的人——客运服务对象是旅客，货运服务对象是货主。这正体现了由人的需求和意志所决定的"运输目的"。

3. 运输工具

运输离不开运输工具。从古时的人挑畜驮、马车帆船，到现代的汽车、火车、轮船、飞机、管道等，运输工具极其广泛，在漫长的人类历史中经历了各种形式和发展阶段。推动运输工具变革与发展的原动力是人类的运输需求，而运输工具的变革与发展则造就了运输的发展与繁荣。可以说，一部运输发展史也就是运输工具发展史。

4. 运输产品

人的需求以及由此决定的运输目的或运输结果，表现为运输对象在空间位置上的移动，即"位移"。运输对象的位移就是运输生产的产品。与工农业生产的有形产品不同，作为运输产品的"位移"是无形的，是一种不具备实物形态、在产品分类中被称之为"服务"的东西（详见第三章第五节）。因此，交通运输业与商店、饭店、电信、银行等一样，同属服务性的第三产业，它们的产品都是无形的"服务"，当然，在提供服务的同时，有时也会伴随着有形产品的提供，如商店的商品、饭店的菜肴、旅客运输的免费饮食。

二、运输的类型

运输的类型，大致可以按照运输对象、运输工具、运输性质等几个角度来划分。如图1-1所示。

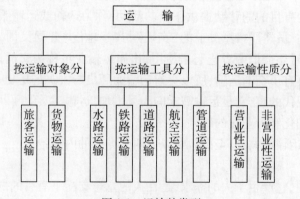

图1-1 运输的类型

（一）按运输对象分类

前面说过，运输对象林林总总，可谓包罗万象，但按性质归纳起来不外乎人和物两大类，相应的,运输也划分为旅客运输和货物运输两大基本类型。

(1)旅客运输。它以人为运输对象,简称客运。

(2)货物运输。它以物为运输对象,简称货运。

(二)按运输工具分类

运输工具也是五花八门,但现代运输工具主要是船舶、火车、汽车、飞机、管道五种。不同的运输工具,适用于不同的运输通路,形成了不同的运输方式。

(1)水路运输。它以船舶为主要运输工具,以水路(江、河、湖、海)为运输通路。其中,以江、河、湖为运输通路的也称为河运,以海洋为运输通路的也称为海运。

(2)铁路运输。它以火车为运输工具,以铁路轨道为运输通路,所以也称为轨道运输。

(3)道路运输。它以汽车为主要运输工具,以公共道路为运输通路,也称为汽车运输。

(4)航空运输。它以飞机为主要运输工具,以天空为运输通路。

(5)管道运输。它以管道为运输工具和运输通路,主要适用于流体货物(如石油、天然气)的运输,也可利用水力输送固体货物(如矿砂、煤炭)。它与其他运输方式的重要区别在于,一是只能运输货物,二是运输工具(管道和压力驱动设备)是固定不动的。

随着人类社会经济与科技的进步,水路运输、铁路运输、道路运输、航空运输和管道运输先后形成和发展。所谓现代交通运输,指的就是这五种基本运输方式。而其中前面的四种,也是现代旅客运输的基本方式。

(三)按运输性质分类

由于服务范围或服务对象的不同,运输分为营业性和非营业性两种不同性质的类型。

(1)营业性运输,也称经营性运输。它是面向市场为社会性需求提供服务并发生各种费用结算或者获取报酬的运输。营业性运输属于商业性质,一般以营利为目的,但也有公用性质的,比如城市公共汽车客运。

(2)非营业性运输,也称非经营性运输。它是为本单位或本人需求提供服务而不发生任何费用结算或者不收取报酬的运输。非营业性运输属于自用性质,不具有营利性。

三、综合运输体系

20世纪50年代以来,人们越来越清醒地认识到,水路、铁路、道路、航空和管道五种现代运输方式各有优势和不足,它们虽然相互竞争、相互制约,但又彼此互补、不可完全替代。以旅客运输为例,四种现代运输方式各有所长,也各有所短,如表1-1所列。

各种旅客运输方式主要经济技术特性比较表 表1-1

运输方式	运费	运量	速度	可靠性	可达性	舒适性	能源消耗
水路运输	低	海运大,河运较大	慢	差	差	较差	低
铁路运输	较低	大	较快	强	较差	较好	较低
道路运输	较高	较小	中短途较快,长途较慢	一般	好	差	较高
航空运输	高	小	快	一般	差	好	高

因此,需要综合考虑各种运输方式的特点及其相互关系,进行统筹规划与优化布局,实

行分工协作与优势互补,实现共同协调发展,从而建立由多种运输方式构成的有机的一体化的"大"运输系统,以满足社会多层次、多样化的运输需求,提高交通运输整体的效率和质量,有效利用和节约社会资源,实现社会成本最小化和效益最大化,这就是所谓综合运输体系。简单地说,综合运输体系就是各种运输方式在现代经济条件下共同组成的布局合理、优势互补、分工明确、衔接顺畅的运行系统和服务系统。

发展综合运输体系是现代运输业发展的新趋势之一。这是社会经济发展特别是现代物流业的兴起对交通运输业提出的新要求,而集装箱和现代装卸机械的大规模应用,以及计算机技术、全球卫星定位技术、人工智能技术等现代科学技术的发展,为建设和发展综合运输体系创造了良好的物质技术条件,进一步推动运输向综合化、一体化方向发展。一些经济发达国家,不仅在本国范围内建立综合运输体系,而且致力于发展有利于自身的国际综合运输系统。

与发达国家相比,我国在综合运输体系建设方面还很落后。长期以来,各种运输方式基本上处于各自为政、独立发展的无序状态,运输方式之间的不协调性和不经济性的问题比较突出,造成了国家资源的重复配置和巨大浪费。形成这种不合理局面的原因是多方面的,其中很重要的一点就是国家交通运输管理体制上的条块分割,缺少一个像许多发达国家那样的综合运输管理部门。随着国家行政管理体制改革的推进,在2008年初新的"交通运输部"组建成立,开始统一管理道路、水路、航空三大运输,无疑是运输管理体制上的重大突破。随着相关政策法制的完善以及信息化等现代科技的进步,尤其在国家大力推进经济发展方式转变的大背景下,我国综合运输体系建设必将顺应经济社会发展的需要而得到应有的更多的重视,一个便捷、通畅、高效、安全的综合运输体系必将更快地形成。

第二节　运输的特点及作用

一、运输的特点及其启示

交通运输业作为一个特殊的产业部门,其生产过程和产品的属性与其他产业部门有很大区别。归纳起来,主要有五个方面的特点。深刻认识这些特点,可以从中引发很多思考,得到很多启示,这对于运输的管理者或者生产者都是十分必要的。

1. 运输过程的销售前置性

一般物质生产部门(工业或农业)都具备生产力的三要素(劳动力、劳动工具和劳动对象),因而能够独立地进行生产活动,其产品的销售一般发生在产品生产之后,即先生产后销售。而运输业是一个特殊的生产领域,它只具备劳动力和劳动工具,并不掌握劳动对象(即作为运输对象的旅客或货物)。因此,组织运输生产之前必须首先组织运输对象(客源或货源),也就是先于生产开展产品的销售活动(相应的,也先于生产获得营运收入,特别是客运),即先销售后生产,销售多少才有可能生产多少,这就是所谓运输过程的销售前置性。

这种产品销售的"前置性",无疑是运输生产必不可少的前提条件,运输对象对于运输生产和运输企业的特殊意义也由此而凸显。正因为如此,运输企业必须十分重视关注和研究运输市场,了解运输对象的种类、分布、特点、流量、流向等要素;必须十分重视适应服务对象

（旅客或货主）的需求、需求变化及其市场规律，开发适销对路的运输产品；必须十分重视运输产品的质量，提高服务对象的满意度和忠诚度；必须十分重视改善运输产品的营销策略和市场形象，提高对运输对象的组织能力和水平。上述内容往往成为决定运输企业竞争力高低的关键因素。

2. 运输生产的非增值性

与工农业生产不同，运输生产不改变劳动对象即运输对象（客、货）的数量、形态和性能，而只改变运输对象的空间位置，为运输对象的价值实现创造条件，但对运输对象而言并不创造新的物质和新的使用价值。正是在这个意义上，我们说运输生产具有"非增值性"。对旅客运输来说，被运送的旅客消费运输产品（即位移）而达到出行的目的；对货物运输来说，被运输的货物因位移而实现其价值和使用价值，货物的价格则因运输价值的转移（或者说运输成本的追加）而有所提高。

运输生产的"非增值性"特点，至少给了我们两点启示：其一，保证运输质量特别是运输安全，这是运输的生命和价值所在，始终都是运输生产过程第一位的工作，其极端重要性是不容置疑的，因为运输对象的价值和使用价值的实现是以其安全、完整运达目的地为前提的；其二，对服务对象和社会而言，在满足需要（即运输对象的必要或有效位移）的条件下，运输产品（即位移）并非"多多益善"，相反，多余的运输产品（如绕道或迂回运输产生的位移）和无效的运输支出（如空载行驶的消耗），都只能是一种毫无价值的浪费，这是组织运输生产须要尽力避免的。

3. 运输产品的特殊性

与工农业生产的产品不同，运输生产的产品是运输对象（客或货）的位移，它不具有实物形态，而是一种劳务性的无形产品，无法用触摸或肉眼感知它的存在，并且这种产品在生产的同时即被消费，生产多少即被消费多少，运输的生产过程与消费过程同时发生、同时结束。也就是说，运输产品不仅是无形的，而且其生产与消费既是同步的，又是等量的。这一特点，使得运输产品既不能在时间上加以储存以备后用，也不能在空间上进行调拨以调剂余缺，当然也不存在如工农业产品那样的深加工、样品展示以及发生质量问题时的返修或退换的可能。

运输产品的这种"特殊性"，对运输生产的管理者和生产者提出了更加苛刻的要求。比如：必须自始至终保证运输生产的每一个过程、每一个环节、每一项服务、每一次作业乃至每一个细节的质量，并且不留任何退路地做到一次成功、一次满意；必须提前做好运输生产的一切准备，以便及时响应随时可能出现的运输需求；必须在运输能力上留有一定的余地或后备，以适应实际运输需求不可避免的波动性（时间上）和不平衡性（空间上）。

上述运输产品的特殊性，还派生表现出一种不同于工农业产品的"非贸易性"。即由于"不能在空间上进行调拨"，所以不能从国外市场进口运输产品供国内消费。尽管车、船、飞机等运输工具可以从国外购买，但运输所不可或缺的基础设施（公路、铁轨、车站、码头、机场等）却必须建在本国土地上，才能形成服务于本国的运输能力，才能进行运输生产，满足本国的运输需求。

此外，运输产品的特殊性，还表现在计量和计价上。由于运输产品的产生同时出现了两种数量——运输对象的数量和运输对象位移的数量，所以，一般运输产品除了以运输对象的数量("人"或"吨")计量外,还以运输对象的数量与运输对象位移的数量这两者的乘积作为其计量单位,即以复合指标"人·公里"或"吨·公里"来计量。这一复合指标,不仅是运输产品计量的主要单位,也是运输产品计价的主要依据。这一点,与工农业产品显然是不同的。

4. 运输营运的网络性

随着经济社会的发展,运输对象(旅客或货物)的位移数量要求越来越大,质量要求越来越高,始发地和到达地遍及全国乃至全世界,一次完整的运输过程往往要由几种运输方式相互衔接、相互配合而共同完成。此外,运输过程总是在运输工具和运输对象沿着运输通路同时运动的状态中进行的(管道运输有所不同,它只有运输对象的运动),每种运输方式的生产场所(即运输通路)均呈线状分布在广阔的空间上,而不像工农业生产那样可以在比较有限的点状区域内完成其生产过程。广阔空间中的无数线状分布与交叉衔接的运输通路,使得运输生产的组织运营表现出一种巨大网络性和高度联动性的特点。同时,也使得运输生产具有高度的开放性,呈现出一种犹如庞大"露天工厂"的作业性质,不可避免地受到各种外部环境特别是自然地理条件的影响和制约。

运输生产营运"网络性"的这一特点,理当引起各级运输管理者的关注与思考。比如,如何规划一个布局合理、干支相连、便捷通畅的交通运输网络,如何构建一个各种运输方式合作互补、协同高效的综合运输体系,如何发挥综合运输的总体优势和组合效率,以实现社会资源的优化配置和社会效益的最大化,这些是宏观运输管理者(如政府交通运输管理部门)必然面对的重大课题;再比如,如何凭借运输的网络性和联动性,为服务对象开发和提供更加方便、更加快捷、更加满意的运输产品,同时加强外部联系与合作,扩大市场影响力和辐射力,并提高运输生产的效率和效益,如何因运输生产的开放性,努力克服外部环境和自然地理条件的束缚,减少其不利影响,以保证运输生产的顺利进行及应有的效率、安全和质量,提高自身生存和发展能力,这些则是微观运输管理者(如运输企业)不能不着力考虑的问题。

5. 运输方式的可替代性

各种运输方式虽然使用不同的运输工具和技术装备,具有不同的技术经济特性,但生产的是同样的产品——位移,对运输对象和社会具有同样的效用,不像工农业生产部门以不同的装备和工艺生产着效用不同、性能各异的产品。换句话说,各种运输方式之间有着天然的产品同一性和功能一致性,在很大程度上是可以相互替代的。

运输方式之间的这种"可替代性",既为各种运输方式之间的协作、多式联运以及综合运输体系的构建与发展提供了条件和依据,也使运输服务对象在实现运输对象位移的方式上有了多种选择的可能,从而决定了各种运输方式之间相互制约、相互竞争的必然性。如何最大程度地适应和满足服务对象的需求,创新和发展服务能力,提高服务满意度和吸引力,如何在各种运输方式的市场竞争中发挥自身优势,增强核心竞争力,以谋求更大的占有率和发展空间,就成为众多运输企业在服务与管理中不容回避的重要课题。

二、运输业的地位和作用

前面谈到交通运输有着"非增值性"的特点,但这决不意味交通运输不创造价值或者地位无足轻重。恰恰相反,交通运输作为第三产业的重要组成部分,它是社会生产、流通、分配、消费各环节正常运转的先决条件,也是文化交流、社会活动和人民生活不可或缺的重要环节,是关乎国计民生、涉及千家万户的社会服务行业。因此,交通运输常被人们称为"先行官"、"大动脉",是国民经济的基础性、全局性、战略性、先导性行业,其发展水平已经成为国家兴旺发达和社会文明进步的重要标志之一,在经济、政治、文化、军事和社会生活中具有十分重要的地位和作用。

1. 运输促进生产发展

运输是社会生产力的有机组成部分,是发展生产、提高效益的必要条件。没有运输,现代社会大生产几乎寸步难行。离开运输,不论是机械加工、建筑施工,还是石油开采、农田劳作等物质生产过程,都无法正常进行;离开运输,原材料进不来,产成品出不去,工农业之间、地区之间的必要经济联系就被割断,批量生产和规模经济就不可能形成;离开运输,就不可能实现大范围的资源(包括人力资源)交流和优化配置,不可能实现地区间的劳动分工和专业化生产,也就难以获得经济上的比较优势和比较利益;离开运输,就没有异地间的商品流动与市场竞争,市场经济"优胜劣汰"的基本功能将无法实现,也就失去了推动生产发展与技术进步的体制动力。正是由于其对生产无可替代的保障和促进作用,运输常被形容为"国民经济的命脉"。

运输对生产的促进作用,不仅表现在运输产品(位移)的服务功能上,而且通过运输业本身更新发展的巨大需求刺激其他相关生产领域的扩大,推动了第二产业和科学技术的不断进步与发展。比如:运输基础设施(铁路、公路、港口、机场等)的大规模修建,促进了建筑业的崛起;运输的巨大能源消耗,促进了煤炭、石油等能源产业的兴旺;汽车、轮船等各种运输工具及铁路、管道等运输通路的大量生产,促进了机械制造业以及采矿和冶金工业的迅猛发展。

2. 运输促进消费旺盛

运输作为"经济命脉"的意义还体现在对消费的促进作用上。运输是生产与消费之间的纽带,担负着商品流通的任务,为大规模、多品种、广覆盖的销售提供了条件,启动和推动着城乡的消费,同时刺激产生新的、更旺盛的消费需求。所谓"运输开拓市场"、"运输繁荣市场",就是这个道理。生产的社会化程度越高,市场经济越发达,生产和消费对流通的依赖性就越大,运输在经济生活和再生产中的作用也就越显重要。

3. 运输促进市场稳定

任何商品市场价格的高低,归根结底取决于生产成本和供求关系。产品生产的地域性和实际消费需求的波动性,不可避免地会在一定程度上造成供求关系的失衡,导致市场商品价格的起落。而通过运输则可调剂地区间的商品余缺,在供过于求时运出去,在供不应求时运进来,从而起到平衡供求、保障供给和平抑物价的作用。从理论上讲,运输成本作为商品成本的一部分,最终会进入销售价格中,表面上看似乎会抬高物价,但实际上,由于专业化生产和资源配置的经济性,生产地的生产成本通常有着明显的比较优势,以致商品销售价格在交通发达地区常常会比人们预想的更低。由此可见,在市场经济中,运输还显示出一种主动调节的功能,起着减少商品价格波动的"稳定器"作用。可以说,没有运输,既没有市场的繁荣,也没有市场的稳定。

4. 运输促进社会繁荣

社会生活的繁荣和文明,不仅体现在人们的衣、食、住等物质层面的丰富与满足,更是体现在读书学习、人际交往、文化娱乐、参观旅游等精神层面的精彩与享受。而这一切,无不同发达通畅的现代交通运输息息相关。运输作为社会繁荣与文明的象征和要素，是须臾不可或缺的。很难想象，现代社会生活一旦失去交通运输的支撑将会是一种什么样的景象！今天网络时代的到来，非但没有削弱人们对于交通运输的依赖，相反，它更激发了人们对更加安全、更加便捷、更加高效的运输的需求与期待。

5. 运输促进民生改善

交通运输网的延伸，方便的运输条件，将促进地区间人和物的交流，促进各种社会资源的流动，有助于开发利用原本闲置的资源（包括劳动力等人力资源和农业、矿产、旅游等物质资源），起着"兴一方经济，富一方百姓"的巨大作用，从而改变落后地区的经济和社会面貌，缩小城乡差距和地区差距，推进社会主义和谐社会的建设。"要想富，先修路"，"马达一响，黄金万两"，就是对运输改善民生、改变贫穷落后面貌的生动写照。在这个意义上，说运输线是"财富的通道"是一点不为过的。特别是道路运输，由于其无与伦比的通达性，在促进边远和山区民生改善方面的作用表现得尤为突出。

6. 运输促进国防巩固

交通运输是典型的军民两用产业，具有明显的半军事性质，既是平时及时处置自然灾害等突发事件的可靠保障，又是战时疏散居民、输送兵员和军用物资的基本手段。俗话说，"兵马未动，粮草先行。"作为"先行官"和"大动脉"的现代交通运输系统，是形成高效军事后勤体系的必要基础，将极大地提高军队快速反应和军需供给的能力，在保障边防巩固和国家安全中有着毋庸置疑的地位和作用。因此，交通运输是国家军事实力的组成部分，是保家卫国的一把"利剑"，任何国家的国防建设和领土安全都离不开现代化的交通运输。

除了上述几个方面的重要作用外，交通运输还是国际间交流无可替代的桥梁和纽带。它不仅为各国人民的友好往来创造条件，带动全球旅游业、文化业的大发展，而且促进各国之间的商品物资交流和经济技术合作，推进和保证了经济全球化的进程，把所谓"地球村"的概念描绘得愈来愈清晰。

本章思考题

1. 运输的概念是什么，包括哪几层含义？
2. 现代运输方式指哪几种？它们之间的主要区别是什么？
3. 请举例说明，什么是营业性运输与非营业性运输？
4. 什么是综合运输体系？
5. 运输与工农业生产相比较，有哪些主要特点？研究这些特点有什么意义？
6. 为什么运输过程具有"销售前置性"的特点？这一特点对运输企业意味着什么？
7. 运输生产的"非增值性"对运输的管理者和生产者有何启示？
8. 运输产品的"特殊性"主要表现在哪里？为什么说这种"特殊性"对运输生产的组织者和生产者提出了"更加苛刻"的要求？
9. 何谓运输生产营运的"网络性"？它给运输管理者带来了怎样的思考？
10. 各种运输方式之间，为什么既有协作又有竞争？
11. 运输的"非增值性"是否意味着它的地位和作用无足轻重？
12. 指出下列各对名词的主要区别：运输—运输业、旅客运输—货物运输、运输对象—运输服务对象。

第二章　道路运输概述

第一节　道路运输的概念及类型

一、道路运输的概念

道路运输是对在公共道路上使用汽车或其他运载工具从事运输及其相关业务活动的总称。理解道路运输的概念应注意两点：

1. "公共道路"所指范围

这里的"公共道路"，泛指城市内、城市间、城乡间、乡村间能行驶汽车和其他车辆的所有道路。除城市道路外，其他道路泛称公路，故道路运输通常又称公路运输。

2. 道路运输基本构成

道路运输是一个大的概念，在其基本构成中，除了使运输对象产生位移的车辆运输本身外，还包括为车辆运输服务的其他相关业务，如车辆维修、搬运装卸、道路运输辅助服务等。其中，道路运输辅助服务又包括运输代理、联运服务、运输信息服务、站务服务、货物仓储、车辆租赁、车辆存放和机动车驾驶员培训等。但本书所涉，主要是"车辆运输"和道路运输辅助服务中的"站务服务"两方面的内容。

二、道路运输的类型

与运输的分类相似，道路运输也主要从三个角度进行分类：

1. 按运输对象分类

按照运输对象的不同，分为以旅客为运输对象的道路旅客运输和以货物为运输对象的道路货物运输。前者简称为道路客运，后者简称为道路货运。

2. 按运输工具分类

按照运输工具的不同，分为由汽车、拖拉机、摩托车等构成的机动车运输和由人力车、畜力车等构成的非机动车运输。

在发达国家，拖拉机、畜力车和人力车等低效率运输工具已由汽车所取代。在我国，虽然这些低效率运输工具在一些地方仍不同程度存在着，但无论从完成的运输量，还是从对社会经济的影响看，汽车已成为道路运输的主要运载工具。因此，现代道路运输即指汽车运输。如果不是特别指明,通常说的道路运输(或公路运输)与汽车运输是同一概念。

3. 按运输性质分类

按照运输性质的不同,分为为社会提供服务的营业性(经营性)道路运输和为本单位或本人提供服务的非营业性(非经营性)道路运输。

从事营业性道路运输的车辆称为营运车辆,从事非营业性道路运输的车辆称为非营运车辆。比如,从事营业性客运的车辆称为营运客车,从事非营业性客运的车辆称为非营运客车。

本书主要研究营业性(经营性)的汽车旅客运输。

第二节 道路运输的特点及功能

一、道路运输的特点

作为运输,道路运输具有运输的共同特点(见第一章第二节);作为运输方式之一,由于运输工具和运输通路的不同,道路运输又具有区别于其他运输方式的不同特点。这些不同于其他运输方式的特点,归纳起来,主要有以下八个方面,其中有的反映了道路运输的优势(如下述的1~4点),而有的则反映了道路运输的劣势(如下述的5~8点)。

1. 机动灵活

机动灵活是道路运输的最大、最基本的特点,也是最大、最主要的优势,不仅航空运输,铁路、水路运输也都无法企及。道路运输的机动灵活性表现在很多方面:

(1)在运输空间上。由于公路网密布全国城乡,覆盖区域极其广阔,全国所有的县城(除西藏墨脱县外)、98.54%的乡镇和88.15%的建制村通公路(2007年数据),因此,与航空运输的点与点之间和铁路、水路运输以线为主的运输形式不同,道路运输是一种网络状的"面"上运输,具有极好的空间灵活性和可达性,能够到达其他运输方式所不能到达的区域,可以自成体系、独立地满足各种运输需要。同时,也正因为如此,道路运输与其他运输方式有着密切的协作性,可以为其他运输方式提供集疏运服务而成为它们不可或缺的协作伙伴。

(2)在运输时间上。道路运输装载量较小,准备时间短,所以能够迅速响应运输需求。货运车辆一般都可以按货主的需要随时调度、装载和启运;客运方面,虽然不能完全按旅客要求做到"随到随走",但由于运输网点多、班次密,旅客等候时间也比铁路、水路和航空运输要短得多。

(3)在运输批量上。一方面,汽车有大小不等的各种不同载质量或载客量级别,另一方面,既可以单车独立运输,也可以由若干车辆组成一定规模的车队完成大批量的运输任务。因此,对客、货批量大小的不同需要,道路运输具有很强的适应性和灵活性。

(4)在运输条件上。汽车运输对基础设施要求不高,除等级公路,还可延伸到等级公路以外的乡村便道、厂矿码头。普通货物的装卸对场地、设备没有专门要求,客运站点的设置也较灵活,有的只设一个停靠点即可上下旅客。

(5)在运输服务上。汽车运输能够根据不同服务对象的具体要求提供针对性、个性化的服务,最大限度地满足不同性质、不同层次的运输需求,因而也极具灵活性。例如,根据旅客或货主的需要,可以实行预约服务、上门服务、包车服务等。这一点,其他运输方式是难以做到的。

2. 能实现"门到门"直达运输

这一点,其实是道路运输上述"机动灵活"特点的延伸效应。由于道路运输机动灵活、适应性强,加之汽车体积小、重量轻,除了可以沿公路网行驶外,还可深入到工厂、矿山、车站、码头、田间、山区、街道和社区,空间活动范围极大,可以说无处不到,因而能做到接客取货上门、送客送货到家,大大减少中转环节和上下装卸次数与等待时间,既方便又快捷,同时减少发生质量差错的可能。在综合运输体系中,道路运输是唯一可以实现这种"门到门"直达运输的方式。

3. 全程运送速度快

这一点,也是同道路运输"机动灵活"特点分不开的。由于汽车运输机动灵活,可实现"门到门"直达运输,不需中途转换运输工具,客货在途停歇等待时间大为缩短,因而在中、短途运输中实际全程运送速度比铁路要快。在具有高速公路、高速车辆及良好的运输组织水平时,汽车运输在长途运输中的运送速度,也可超过通常的铁路运输。与水路运输相比,汽车运输的速度优势则更为明显。这一点,在需要减少装卸次数的高档、贵重、鲜活等物资运输时,以及在抢险、救灾、突发公共事件等需要紧急运输物资人员的情况下,具有特别重要的意义。

4. 原始投资少

汽车运输用的公路大多由国家投资,且车辆购置费用一般比较低,汽车驾驶技术也相对简单,故而原始投资少,投资兴办容易,投资回收期短。有关资料表明,在正常经营情况下,汽车运输的投资每年可周转1~3次,铁路运输则需要3~4年才能周转一次。

5. 运输成本较高

汽车运输运行消耗(如燃料、轮胎、维修等费用)所占成本的比重较高,仅燃料费一项即高达30%。近几年,随着道路建设投资主体的多元化和高等级公路比例的提高,道路通行费在运输成本中的比重也在大幅上升。因此,在承担长距离运输任务时,汽车单位运输成本仅次于航空运输,较铁路运输和水路运输要高得多(据统计,道路运输成本是铁路运输成本的11.1~17.5倍,是沿海运输成本的27.7~43.6倍),再加单车载运量小(世界最大的矿用汽车载质量也不过几百吨),运行的持续性又较差,故经济运距低于其他运输方式。

6. 能源消耗高

据统计,汽车运输的能耗仅比航空运输低,而高于其他运输方式,分别是铁路运输的10.6~15.1倍、沿海运输的11.2~15.9倍、管道运输的4.8~6.9倍。统计资料显示,我国车用石油消耗量已占社会石油消耗总量的三分之一以上,而且这个比重呈逐年上升趋势。

7. 环境污染大

汽车运行对环境的污染很大,主要表现在排气污染、噪声污染、电波干扰等几个方面。排气污染,是因为汽车发动机排出的废气中含有大量的有害成分,如碳氢化合物、一氧化碳、氮氢化合物、铅化物、颗粒物质等,达到一定浓度会对人和生物造成伤害。噪声污染,是指汽车行驶中产生的发动机噪声、喇叭噪声、排气噪声、振动噪声等,不仅影响人的正常休息和工作,其强度超过70dB时还会严重损害人的身体健康。电波干扰,是指汽车电气设备在工作时发出的无线电波辐射,对位于附近的收音机、电视机和其他无线电收发设备的正常工作会产生一定程度的干扰。汽车造成的这些污染(尤其是排气污染和噪声污染),对城市特别是大中城市的影响和危害尤为突出和严重(有资料指出,汽车排气污染占城市大气总污染的80%以上,汽车噪声污染占城市总噪声强度的50%)。

8. 安全性较差

在道路运输中,驾驶失误、车况不良、道路复杂、气候恶劣等众多因素都可能引发交通事故。据德国研究统计,汽车交通事故、铁路交通事故、内河交通事故、航空交通事故之比为100∶14∶2∶2,可见汽车交通事故的严重程度。安全性较差,不仅给社会造成巨大损失和危害,也给道路运输企业带来较大的经营风险。

二、道路运输的功能

基于上述特点(主要是1~4点),道路运输在综合运输体系中居于重要甚至主导的地位,但也有其侧重的功能分工或定位,主要表现为以下几个方面:

1. 主要担负中、短途运输

包括农村运输、城间运输、城市市区与郊区运输、厂矿企业内部运输等。

2. 补充和衔接其他运输方式的运输

"补充",是指汽车运输担负其他运输方式所不能到达的区域内的中、短途运输,起补充作用;"衔接",是指由其他运输方式担任主要(长途)运输时,由汽车运输担任其起点、终点处的客货接驳或集散运输,起衔接作用。

需要特别指出的是,"补充和衔接"功能并非"无关紧要"的代名词,恰恰相反,由"机动灵活"基本特点所决定的这种"补充和衔接"功能,是道路运输所独具的,又是其他运输方式满足客货运输需要所不可缺少的。道路运输之所以成为其他运输方式"不可或缺的协作伙伴",正是基于这一独特功能。不难理解,这一独特功能也正是道路运输在与其他运输方式竞争中的独特优势。如何运用和发挥好这一独特功能与优势? 这是个非常值得道路运输的组织者们深思和实践的问题。无论是站在宏观(如综合运输体系、国民经济全局)还是微观(如企业、运输服务对象)的角度,解决好这个问题都可谓"善莫大焉",于国、于企、于民的意义不可小视。

3. 特定情况下独立担负长途运输

所谓"特定情况",主要是指:对山区或边远地区的长途运输;救灾、抢险、突发公共事件或军事等紧急需要时的长途运输;公路超限货物的"门到门"长途直达运输;因国家或地区的政治与经济建设等其他方面特别需要而组织的公路长途运输。

但是,必须看到,随着高速公路和汽车技术的发展,汽车运输的经济运距正在大幅度提高,因而所谓"中、短途"的概念已经发生很大变化,其在长途运输中的功能发挥日益不容忽视。也就是说,汽车长途运输逐渐成为一种常态而不再限于"特定情况",将会是越来越明显的发展趋势。

第三节 我国道路运输的发展及其趋势

一、我国道路运输的发展

与发达国家相比,我国汽车运输起步较晚,发展缓慢,从1901年进口第一辆汽车,1903年修建第一条公路,到1949年全国仅13万公里公路(其中通车里程7.5万公里),5.1万辆汽车。新中国成立后,特别是改革开放以来,我国的道路运输业获得了长足的发展,取得了可喜的成绩。这些成绩既来源于行业本身的努力,也得益于其他相关行业的协调发展,尤其是作为基础设施的公路特别是高速公路的快速增长(至2010年底,全国公路网总里程达到398.4万公里,其中高速公路总里程7.4万公里,均居世界第二位),极大地推动了道路运输产业的发展。具体表现在以下几个方面。

1. 道路运输的生产效率大幅度提高

(1)运输速度明显提高。这是道路运输效率特别是道路旅客运输效率大幅度提高的主要原因。改革开放前,公路客、货运输车辆的时速大多在30~50公里的范围内,而目前多数情况下已达到60~100公里。运输速度之所以明显提高,主要得益于公路路网条件的改善和客、货车辆制造技术的进步。

(2)货物运输装载效率成倍增长。改革开放前绝大部分货车的载重能力是3~5吨,而目前从事中、长运距的货运车辆大多为载重10~25吨的大吨位车辆。由于自卸车、罐车的采用以及托盘和叉车的普及,营运货车的装卸效率一般都提高了2~4倍。

(3)集装箱公路集疏运快速发展。由于集装箱运输能够充分发挥综合运输优势,具有减少装卸作业和环节、缩短中转和运达时间、降低货损货差率等固有特点,包括公路运输在内的全程综合运输效率得到了很大程度的提高。目前我国公路集装箱运输的经济运距已达到400公里左右,2005年的公路集装箱运输车辆和集装箱运量分别达到5.8万辆和2465万标准箱,比2001年分别增长123.1%和121.0%。

2. 道路运输的安全形势稳定好转

公路技术等级的提高,包括平整度在内的路面条件和公路交通安全设施的逐渐改善,为提升道路运输安全性创造了基础条件;车辆主动和被动安全装置的技术进步和不断完善,为道路运输的安全提供了技术保障;《道路交通安全法》、《道路运输条例》等法律、法规的颁布和实施,以及与之相配套的部颁规章和地方性法规、规章的逐步完善,大大强化了道路运输的法制基础和安全管理环境;车载卫星定位系统的安装、重点营运车辆联网联控系统的建设等,使道路运输安全管理水平不断得到提升。这些,都为道路运输安全形势的稳定好转发挥了重要作用。"十五"、"十一五"期间,在道路通车里程、机动车保有量、驾驶人数量以及交通流量持续大幅度增长的情况下,全国道路交通安全形势保持了总体平稳并趋向好转,道路交通事故高发态势得到了有力遏制。道路运输行业一次死亡10人以上的交通事故呈下降趋势,每年这类特大事故的次数基本在40起以下,死亡人数在600人以下。

3. 道路运输服务的总体形象明显改善

(1)站场设施条件不断改善。客、货运输站场等基础设施条件不断改善,各种必要的运输、装卸、仓储、检测、通信等设施设备不断丰富和改进,站场服务环境不断趋于净化、美化和人性化。

(2)车辆装备不断改进。营运车辆逐步向大型化、专业化和高级化方向发展。通过车辆悬架系统、制动系统、车厢和座椅的设计改进,车内空调系统的普及,以及生活、娱乐和卫生等服务功能的提供,客运的舒适度大大提高;而通过厢式车、专用车及集装箱、托盘等的使用,货运的货损货差率也大大降低。

(3)企业经营管理水平不断进步。在道路、车辆、站场等硬件条件不断向好的同时,道路客、货运企业的经营管理水平、服务人员的素质及其服务态度和服务质量等"软件"状况也有了长足的进步。

（4）新的服务方式不断推出。为适应不断发展变化和多样化的运输需求，适应不断加剧的运输竞争形势，道路运输企业不断推出新的服务方式，如客运中的高速客运、直达客运、旅游客运等，货运中的小件和零担快运、冷藏运输、多式联运、搬家运输、城市配送等。

上述这些，让旅客和货主越来越多地感受到道路运输服务的便捷和进步，加上道路运输安全形势的不断好转，从而使道路运输服务的总体形象有了明显的改善，吸引力和竞争力有了明显的提升。

4. 道路运输在综合运输体系中的地位和作用日显重要

道路运输是综合运输体系中影响最广泛、最能体现普遍服务、最具基础保障功能并处于主导地位的一种运输方式。自20世纪80年代初以来，我国道路运输的运能和运输量一直在稳步快速增长。它所完成的客运量、旅客周转量、货运量，多年来稳居各种运输方式之首，客货运量、客货周转量及在综合运输体系中的比重持续增长（2010年在总量中的比重分别达到93.4%、75.5%、53.8%和30.6%），为国民经济发展和满足人民生活需要作出了巨大贡献。尤其值得称道的是，道路运输在服务"三农"方面发挥了其他运输方式所没有的独特作用，已成为支撑城乡经济社会一体化发展的重要纽带，农村地区"出行难"、"运货难"问题有了根本缓解（2010年农村客运车辆达35.7万辆，全年完成农村客运量79.5亿人次，占道路运输完成客运量的26%）。"十一五"期间道路运输发展情况列于表2-1（数据来源：交通运输部《道路运输业"十二五"发展规划纲要》）。同时，由于道路运输是劳动密集型行业，因此也为社会提供了大量就业岗位。

"十一五"期间道路运输发展情况对比　　　　　　表2-1

分类	具 体 指 标	2005年	2010年	增长幅度
运营客货车辆	营运客车数量（万辆）	72.8	83.1	14.2%
	营运货车数量（万辆）	587.2	1050.2	78.9%
客货运输	客运量（亿人次）	169.7	305.3	79.9%
	客运量在综合运输体系中占比（%）	91.9%	93.4%	1.5个百分点
	旅客周转量（亿人公里）	9292.1	15020.8	61.7%
	旅客周转量在综合运输体系中占比（%）	53.2%	53.8%	0.6个百分点
	货运量（亿吨）	134.2	244.8	82.4%
	货运量在综合运输体系中占比（%）	72.1%	75.5%	3.4个百分点
	货物周转量（亿吨公里）	8693.2	43389.7	3.99倍
	货物周转量在综合运输体系中占比（%）	10.8%	30.6%	19.8个百分点
	客运线路条数（条）	162330	168247	3.6%
	客运线路平均日发班次（班次/日）	1410590	1835650	30.1%
运输结构	载客汽车平均座位（位/辆）	21.8	24.3	11.5%
	载货汽车平均吨位（吨/辆）	4.0	5.7	42.1%
	客运班车中中高级客车占比（%）	39.5%	53.5%	14个百分点
	专用载货汽车占比（%）	4.1%	5.1%	1个百分点
农村客运	乡镇通班车率（%）	97.8%	98.1%	0.3个百分点
	建制村通班车率（%）	84.7%	90.1%	5.4个百分点

二、我国道路运输存在的主要问题

我国道路运输的发展,虽然取得了不少成绩和进步,但与发达国家相比,总体上还有很大差距,还不能完全适应经济社会的发展需要,还存在着很多问题与薄弱环节。

1. 在道路方面

按国土面积和人口数量计算的道路里程和道路网络密度,我国在世界上仍处于落后水平。国道主干线建设虽然发展较快,但广大农村公路条件仍较落后,中西部及边疆地区公路条件急需改善,目前全国还有0.4%的乡镇和4.2%的建制村不通公路(2009年数据)。城市道路建设和交通管理滞后于车辆发展,大中城市交通拥堵普遍比较严重。路网结构不够合理,省际干线公路不成网,高速公路网体系尚未形成,公路管理和配套服务还很不完善,通行能力还很不适应运输需求。

2. 在车辆方面

货运车辆构成不尽合理,中小型货车比重较大(约占70%),大型货车、厢式货车和专用货车的数量增长缓慢、比重偏低。自备车数量过多,自货自运(即非营业性运输)部分过于庞大,这部分自备车辆的维修条件差,运输成本高,运输效率低,不仅造成极大的运力浪费,而且技术状况参差不齐,存在较多的安全隐患。客运车辆方面,大型车、高档车偏少,舒适性和安全性总体上还不够高。

3. 在经营方面

运输主体结构失衡,呈现"多、小、弱、散"的状况,规模化、组织化、集约化程度比较低。2005年的数据表明,全行业货运企业平均拥有车辆数仅为1.23辆,客运企业平均拥有车辆数仅为4.5辆(其中一、二级客运企业仅有476家,在全部客运经营业户中占比不到0.3%),汽车维修业绝大部分也都是个体经营门店。

从整体上看,道路运输行业经营管理的规范化、现代化水平不高,经营理念和管理手段落后,服务产品匮乏,经营方式不活,运行效率较低,服务人员的素质、服务质量和服务水平亟待改善提高。货物运输方面,基本上还处于传统运输阶段,业务模式简单,多数只提供单纯的运输或货代服务,较少涉及现代物流的增值环节,极少提供物流综合服务,导致社会物流成本居高不下(资料显示,我国平均物流成本高达20%,是发达国家的两倍)。旅客运输方面,发展水平仍处于相当传统和较低层次,很多环节还带有计划经济的色彩,管理和服务尚难以满足不断变化和提高的社会需求。

总之,正如交通运输部《道路运输业"十二五"发展规划纲要》所指出的,道路运输业的整体发展水平不高,突出表现为"七个不足":"一是行业结构性矛盾仍较突出,满足多样化、高品质运输需求的能力不足。二是行业发展方式较为粗放,依靠技术进步和科学管理的集约化发展动力不足。三是运输市场秩序有待进一步完善,市场运营诚信与规范性不足。四是与支撑现代物流发展和满足公众便捷出行的需求相比,道路运输站场的设施条件和服务能力不足。五是行业节能减排形势严峻,可持续发展的后劲不足。六是道路运输自身比较优势尚未充分发挥,与其他运输方式间的有效衔接和良性互动不足。七是行业管理基础建设仍较薄弱,法规标准、政策手段、队伍素质与规范化管理仍显不足。"

三、我国道路运输的发展趋势

（一）发展指导方针

坚持以科学发展观统领交通工作全局，这是做好交通工作必须坚持的指导方针，也是发展道路运输的指导方针。坚持这一指导方针，具体体现在以下六个方面。这六个方面，在一定意义上也可以把它理解为发展道路运输的六个方面关系的"协调"。

1. 指导思想方面

在发展的指导思想上，要坚持以人为本，把不断满足人民群众对道路运输的需求作为工作的出发点和落脚点，不断提高服务质量和服务水平，加强运输安全和应急体系建设，不断提高保障人民群众安全便捷出行的能力。——这是道路运输发展与人的发展关系的协调。

2. 理念方面

在发展理念上，要依靠科技进步，提高道路运输技术含量和信息化水平，加快转变发展方式，改善管理和服务能力；要坚持道路运输与自然相和谐，节约资源，降低能耗，减少污染，建设资源节约型、环境友好型行业，促进道路运输的可持续发展。——这是道路运输发展与自然关系的协调。

3. 规划方面

在发展规划上，要注重合理布局，做好各种运输方式的相互衔接、协调发展，发挥组合效率和整体优势，推进形成便捷、安全、经济、高效的综合交通运输体系，同时充分发挥道路运输在综合运输中的比较优势，提高道路运输发展水平。——这是道路运输发展与其他运输方式发展关系的协调。

4. 政策和措施方面

在发展政策和措施上，要坚持从国情出发，充分考虑道路运输与经济社会发展的协调性、可持续性，实现良性互动，统筹道路运输量的扩展和质的提高，统筹道路运输地区间、城乡间的发展，促进基本公共服务均等化，搞好"三个服务"（即服务国民经济和社会发展全局、服务社会主义新农村建设、服务人民群众安全便捷出行），提升道路运输对国民经济和社会发展的综合保障水平。——这是道路运输发展与经济社会发展关系的协调。

5. 在交通法制建设方面

在交通法制建设上，要完善法规体系，坚持依法行政，进一步转变政府职能，服务市场主体，建立统一开放、竞争有序的道路运输市场和与之相适应的管理体系。——这是道路运输发展中行政管理与市场建设关系的协调。

6. 在行业文明建设方面

在行业文明建设上，要加强整个行业队伍建设，提高整个行业队伍素质，要坚持"两手抓、两手都要硬"，做到两个文明建设同步推进、协调发展，为道路运输发展提供精神动力，从而提高整个行业的现代文明水平。——这是道路运输发展中两个文明建设关系的协调。

（二）发展基本趋势

目前世界各国的道路运输，总的发展趋势是它在各种运输方式中所占比重越来越大，许多国家打破了一个多世纪以来以铁路为中心的格局，汽车运输已发展成为运输的主要力量，从而使运输结构发生了根本的改变。

纵观西方发达国家和新兴工业化国家汽车运输业的发展历程,结合考虑我国国民经济及本行业的现实,今后一个时期我国汽车运输的发展或将表现出以下趋势:

1. 在运输体制方面

运输体制改革将进一步深化,企业组织结构的调整和重组将加快步伐,更多道路运输企业将走上产权多元化、组织公司化、经营集约化、生产专业化、发展规模化的道路,一批区域和全国性的具有较强实力并能主导汽车运输发展方向的大型运输企业或集团将会应运而生。大企业的主导作用,不仅表现在它的实力和所完成运输量的比重上,而且还表现在它的影响力以及管理与服务的示范效应上,同时通过运输枢纽站或客货运输中心将小型企业和个体运输经营者吸引在其周围,从而提高整个道路运输系统的组织化水平。

2. 在运输效率方面

随着高速公路的大发展,汽车运输将朝着布局网路化、技术现代化、运行高速化、运营优质化、运量集中化的方向发展,运输效率将有大的提高。一个包括快速直达运输在内的适应市场不同需求的客货快速道路运输系统将形成,汽车运输不仅是中、短途客货运输的中坚和主力,还将成为长途客货运输中的重要力量。

3. 在运输车辆方面

在充分考虑运输安全性、节能环保、生产效率和服务品质的基础上,运输车辆结构将向多样化发展。货运上,缺"重"少"轻"、缺"专"少"特"的状况将会改变,重型车、轻型车的比重将有较大增加,集装箱车、厢式车、冷藏车、液罐车、城市配送车等专用和特种车辆将大力发展;客运上,安全性和舒适性高的大型、特大型中高级客车以及适合农村需求特点的经济型客车都将大幅增加。

4. 在运输管理方面

以信息化、智能化为重要标志的管理现代化,将成为未来运输管理发展的主要趋势。汽车运输的信息基础设施将大大改善,先进的信息技术、数据通信传输技术、电子控制技术及计算机处理技术等将综合运用于运输管理系统,汽车运输安全水平、公路网的通行能力以及汽车运输生产率和经济效益将得以提升。比如:全球定位技术的应用,可使汽车驾驶员通过装置在车辆上的 GPS 接收机和电子地图等选择最佳行车路线及获取车速、行程、油耗等车辆行驶信息,生产调度和安全管理人员可通过 GPS 接收机对运输车辆进行全程跟踪和监控;移动通信技术的应用,可大大改善运输车辆之间、运输站场之间、车辆与运输站场之间以及运输企业与顾客之间等运输生产组织的通信联系和信息交流;计算机信息管理技术的应用,可大大提高汽车运输企业的管理效率和管理水平。

5. 在运输服务方面

市场经济的发展和运输市场竞争的加剧,将促使运输企业不断提高服务意识和服务质量,人员素质和服务水平低的状况将得以改变。比如:

(1)运输服务产品会更丰富。企业将更加注重以顾客为导向的产品开发,大大提高对顾客需求的反应速度和服务产品的创新提升速率,更多地满足不同层次需求的多样化、个性化服务产品将会不断推出。比如:汽车货运将加强与生产、商贸企业的合作与联盟,各种专用运输、鲜活农产品及高附加值货物直达运输将得到大力发展,甩挂运输、多式联运、定班定线货运、汽车列车运输、冷链运输等新型货运组织方式将不断涌现,有条件的货运企业将从单一传统运输服务向仓储、包装、装卸、配送、信息服务等物流全过程延伸,实现向现代物流业的转型;汽车客运将为长途城间客运、旅游客运、农村客运、铁路(机场、港站)集疏客运等开发出适应市场需求的新的服务产品,长途客运高速化、区域城际客运公交化、城乡客运一体化将成为一种趋势。

(2)运输服务方式会更灵活。道路运输企业与服务对象之间以及与其他运输方式之间的联系合作和良性互动将大大加强,专业化、个性化、人性化、网络化、快速化的服务特征,在汽车运输中将日益显现。

(3)运输服务水平会更高。企业将愈来愈重视肩负的社会责任,愈来愈重视诚信经营、节能减排,愈来愈重视树立良好的市场信誉和社会形象,运输服务在日趋规范化、标准化的同时,将日益关注顾客的利益和感受,致力于顾客满意度和忠诚度的提高,服务品牌化将会成为越来越多运输企业的自觉选择,客货运输的安全保障、服务能力和服务品质将因此而不断提升。

第四节　道路运输的环境因素

道路运输生产是在一个比较复杂的环境中进行的。这个环境在很大程度上影响着道路运输生产的效率、成本和效益,也影响着运输服务质量。因此,有必要了解这些影响道路运输生产的环境因素,以便采取相应的组织技术措施,运用科学的经营管理方法,实现内外环境的协调,从而有效地利用现有的运输资源,创造出更多的优质运输产品,更好地满足社会经济与人民生活的需要。

一、社会经济因素

社会经济因素,是指由国家的社会制度、经济基础及管理政策所决定的影响因素,即通常说的宏观环境,包括政治、法律、经济、科技、文化等。

表面看来,社会经济状况同运输生产似乎并无多少直接关联。但实质上,宏观与微观的关系从来都是不能分开、不容忽视的,宏观大环境对运输生产经营活动(包括规模、方式、效果等)的重要影响同样如此。因为,从根本上说来,不论是运输还是其他任何行业的生存与发展,无不取决于社会需求,即取决于社会经济发展和人民物质文化生活的水平。而且,道路运输生产还直接受到道路、汽车、燃料、轮胎等国民经济有关行业发展的制约,受到交通法制与管理等社会治理状况的制约。

以经济体制为例。新中国成立后,曾长期实行计划经济体制,道路运输行业同其他行业一样,由大中型国有企业和地方性集体企业"一统江山"。由于单一所有制和政企不分的管理体制的固有缺陷,企业缺乏自主经营和竞争的动力与活力,严重阻碍了道路运输业的发展,运输供给远不能满足社会需求,还滋生了一定程度的官商作风,运输服务质量较差的状况长期得不到有效根治,包括道路运输在内的交通运输业长期成为制约国民经济发展的重要瓶颈。改革开放后,随着社会主义市场经济体制的逐步建立与完善,企业成为市场主体,运输生产力得到极大的解放。包括个体、私营、合资在内的多种经济成分的运输组织应运而生,打破了"万马齐喑"的沉闷局面,一个多家经营、公平竞争、统一管理的市场环境正逐步形成;小公共汽车客运、各类出租汽车客(货)运、货运代理服务、公用型客(货运)站等多种新型运输形式不断出现,也彻底改变了原有国有企业传统的经营方式和服务质量。总之,经济体制的变革,带来了道路运输市场的建立和繁荣,带来了道路运输企业的生机与活力,带来了道路运输行业面貌的巨大变化。社会经济因素对于道路运输的制约和影响,由此可见一斑。

二、自然地理因素

自然地理因素,是指气候的自然变化(如季节、温度、雾霾、雨雪)及地表自然环境(如平原、山区)等构成的影响因素。

自然地理因素的好坏,不仅对汽车的起动、运行、制动效能、发动机功率发挥以及汽车机件的正常工作和使用寿命等直接产生影响,而且对驾驶员的工作条件也具有实质性的影响,从而导致运输消耗、运输效率和运输质量的高低变化。因此,为了适应不同的自然地理条件,克服其中的不利影响,应使用不同类型的车辆或采取必要的技术措施,并应根据气候的变化及时调整运输组织工作,以保证车辆的正常运行和服务的应有质量。

三、道路交通因素

道路交通因素是指由道路及交通状况所决定的影响因素。

道路因素主要包括道路等级、道路线型(宽度、弯度、坡度等)、路面质量(材料、平坦度等)、公路网完善程度、公路附属设施(停车场、加油站、信号标志、通信设施等)的状况等。其中影响最大的是道路等级,不同等级的公路所适应的交通量、行驶速度及相应的行车道宽度、最小平面曲线半径、最大纵向坡度、路面种类、路基宽度等是不同的。

交通因素主要包括交通量的大小、限速要求、交通拥挤程度、交通干扰(混合交通)、交通管理水平等方面的状况。

道路是汽车运输的通路和基础条件。道路交通因素的好坏,不仅关乎汽车运输过程的顺利进行,对汽车的行驶速度、行车安全、燃料等运行材料消耗、运输质量、运输效率等产生重大影响,而且对人们选择和利用道路运输方式以及道路运输企业的竞争力和经营效益也有较大的直接影响。

四、运输对象因素

运输对象因素,即劳动对象因素,是指由运输对象(劳动对象)特性和要求所决定的各项影响因素。主要包括运输对象的性质、种类、批量、运距等。

以运输对象的种类为例。不同的运输对象,决定了运输企业的运输工作组织及提供的运输服务的不同,也决定了车辆利用程度和运输效果的差异。例如:货物运输与旅客运输,由于运输对象的性质和要求不同,运输工作的组织方法也有所不同,使用的车辆和设备、服务的内容和流程亦不相同,服务质量的形成和内涵也有区别;同为货物运输,货物的种类与特性不同,对车辆的类型、性能及装卸工作和运输的具体要求也各不相同,如液态货物需使用罐式汽车,长大货物需使用平板挂车或轴式挂车,鲜活易腐货物需使用冷藏车,危险货物更须严格按照一系列相关规定(包括车辆、包装、装卸、运输、交接等)组织运输工作;同为旅客运输,旅客的类型以及年龄、性格、身体状况等的不同,对服务的需求、对服务质量的关注点也不尽相同。

因此,道路运输企业应视具体运送对象的特点和要求,做好相应的运输决策、技术准备、运行组织、服务安排等工作,以满足顾客(旅客和货主)的需要,并求得企业效益和社会效益的统一。

五、组织技术因素

组织技术因素,主要是指道路运输企业本身的组织水平(即管理水平)与技术水平所决定的影响因素。

组织技术因素主要包括:车辆、装卸机械及站场服务设施设备的完善程度,运输的组织形式、经营方式、运行调度与作业制度,车辆运行材料供应制度和组织水平,车辆使用、维护、修理的制度及其技术和组织水平,企业的各项基础工作、组织结构、管理制度、管理手段方法及经营决策水平等。实际上,这些组织技术因素就是企业素质的体现,既反映了企业所拥有的资源(或者说实力),更反映了企业组织和运用这些资源的能力。毫无疑问,组织技术因素对于汽车运输企业的有效运营以及汽车运输的质量、效率和效益,有着决定性影响和至关重要的意义。因此,运输企业要努力改进自己的管理与技术水平,以在市场竞争中谋求更大的竞争优势和发展空间。

上述五个方面的环境因素中,前四个均属企业外部环境因素,只有组织技术因素属企业内部环境因素。外部环境因素是企业赖以生存的土壤,虽然企业无法控制和改变,但却必须持续高度关注,通过各种途径和方法进行调查、分析和预测,认识其规律,看清其走势,特别是对其中对运输生产影响更为频繁和直接的运输对象、道路、交通、自然、政策等因素,尤须透彻了解,把握其日常变化信息。作为内部环境因素的组织技术因素,是企业唯一可以掌控的环境因素,也是企业应当重点关注的内容,必须切实予以改善和优化,使之与变化着的外部环境相适应,并始终保持动态的平衡。惟其如此,企业的生存才有可能,发展才有希望。道理很简单,企业经营管理活动的全部内容,或者说企业生产满足顾客需要产品的整个过程,从一定意义上说其实就是"优化内部环境—适应外部环境"的不断循环。这个循环是良性的,企业就能生存和发展;反之,企业不能适应外部环境的变化,则将走向衰败而至淘汰。市场经济条件下的任何企业(当然包括道路运输企业),概莫能外。我们之所以强调和研究道路运输环境因素,其根本原因即在于此。

第五节 道路运输生产过程及其要求

一、道路运输生产过程的构成

道路运输生产过程,指道路运输企业的劳动者运用运输车辆、装卸机具、站场仓库等设施,使得运输对象(客或货)按照预定的目的和要求,完成其位移的全部过程。道路运输生产过程由许多作业环节所组成。根据各项作业环节在生产过程中的作用,道路运输生产过程通常可划分为运输准备过程、基本运输生产过程、辅助运输生产过程和运输服务过程。

1. 运输准备过程

运输准备过程是指客货运输之前所需要进行的各项准备工作。主要包括：运输市场调查与预测、营运线路开辟、营运作业站点设置、客货运输对象组织、车辆配置、运输作业计划安排、运输劳动组织工作以及有关运输组织管理制度的制定等。其中，有些准备工作需要在运输生产作业前进行较长时间准备，如运输市场调查；有些准备工作则是日常持续进行的，如客货运输对象组织。

2. 基本运输生产过程

基本运输生产过程是指直接实现运输对象（客或货）空间位移的车辆运输工作。主要包括：旅客上下车及货物装卸车作业、车辆运行作业以及必要的车辆调度作业（如车辆中途抛锚时）等。

3. 辅助运输生产过程

辅助运输生产过程是指为保证基本运输生产过程正常进行所必需的各种辅助性生产活动。主要包括：站场日常业务作业、车辆维护与维修作业等。

4. 运输服务过程

运输服务过程是指贯穿在基本运输生产过程和辅助运输生产过程中的各种服务工作。主要包括：随车服务、运输生产消耗材料的采购供应与保管工作、后勤服务等。

上述各过程的划分是相对的，它们之间既有区别，又有联系，它们在运输生产过程中的作用各不相同，但都不可或缺。其中，基本运输生产过程是实现运输功能、生产运输产品（位移）的基本过程，也是运输生产经营中获取营运收入的主要过程，因而是运输生产过程的主要和中心环节，其他工作环节均须围绕基本运输生产过程的需要，及时、科学、有序地组织，并服务于和服从于基本运输生产过程，以保证运输生产过程的正常和有效进行。各过程之间的关系如图2-1所示。

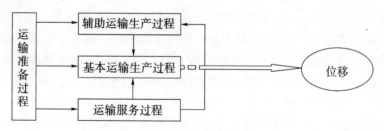

图2-1 运输生产过程关系图

二、道路运输生产过程的要求

现代汽车运输生产具有社会化大生产的特点。与其他社会化大生产一样，为保证汽车运输生产过程协调和高效地进行，要求对运输生产各过程进行科学的组织和控制。具体要求可以表述为"五性"，即：连续性、平行性、协调性、均衡性和有效性。

1. 运输生产过程的连续性

连续性是指运输生产过程的各个环节、各项作业本身以及各个环节、各项作业之间，在时间上紧密地衔接和连续地进行，运输对象始终处于移动状态，不发生各种不合理的中断现象。连续性是运输生产过程的基本特点和要求,是获得较高生产率的重要因素,它可以缩短客货在途时间,提高运送速度,提高站场、车辆和设备利用率,改善运输服务质量和顾客满意度。为提高运输生产过程的连续程度,应尽量采用先进的运输装备、合理的工艺流程、科学的劳动组织和管理方法。

2. 运输生产过程的平行性

平行性是指运输生产过程处于不同空间(场所)的各个环节、各项作业之间,在时间上尽可能平行进行,避免发生停工等待运输对象的现象。平行性为生产的连续性创造条件,是运输生产过程连续性的必然要求。生产过程的平行性能保证不同运输对象在不同场所同时进行不同的运输环节或作业,从而使各运输环节或作业处于不间断的工作状态,运输对象也因此可以依次通过不同运输环节或作业而实现不间断的移动。

3. 运输生产过程的协调性

协调性是指运输生产过程的各个环节、各项作业之间,在生产能力上应保持适当的比例关系,即它们所配备的资源(包括生产空间、生产者、运输车辆、装卸机械等)的数量、能力以及组织水平,必须相互协调,避免出现同一时间彼此间忙闲不均的情况。值得注意的是,这种协调性以运力为中心的特点表现得十分突出,比如运力与劳动力之间、运力与维修能力之间、运力与站房仓库之间、运力与后勤保障能力之间等等比例关系,其中任何一个比例关系的失调都会影响运输生产的正常进行,这也正体现了运输生产以基本运输生产过程为中心的要求。协调性是现代大生产的客观要求,也是运输生产过程连续性的保证。运输生产过程的协调性在很大程度上取决于运输生产组织的水平。因此,做好各个生产环节和作业间的平衡工作,及时调整各种比例失调的现象,保证运输生产过程的协调性,这是运输生产组织工作的一项重要内容。

4. 运输生产过程的均衡性(或节奏性)

均衡性是指运输生产过程的各个环节、各项作业本身,在相同的单位时间内,完成大致相等的工作量或稳步递增,不出现时松时紧或前松后紧的不正常现象。生产过程的均衡性有利于保持企业正常的生产秩序;有利于充分利用车辆、机械、站场和库房的生产能力,并便于及时得到维修、更新和改造;有利于缓解作业人员的身心压力,保证运输工作质量,防止事故或差错。为此,必须按计划有节奏地组织和控制运输生产过程,努力保持其均衡性。

5. 运输生产过程的有效性

有效性是指运输生产过程的各个环节、各项作业之间,在空间的布局和组织上要科学、合理,努力提高运输生产过程的效率和效益(包括社会效益)。一方面,尽可能不出现迂回、绕道等多余的运输产品,节约社会成本;另一方面,尽可能减少车辆空载行驶、装载不足和非生产性运行等低效或无效运输过程,以提高车辆的行程利用率和吨(座)位利用率。对于具有非增值性特点的运输生产而言,提高生产过程的有效性有着不言而喻的特殊意义(尤其是在节约社会成本方面)。

连续性、平行性、协调性、均衡性和有效性,是科学组织运输生产过程的一般要求,其共同的出发点是保证运输生产过程的顺利进行,并提高运输生产的质量、效率和效益。在理解和掌握这些要求时,有两点值得注意:

其一,五项要求中,连续性、平行性、协调性和均衡性主要是运输过程在时间上的组织要求,有效性主要是运输过程在空间上的组织要求。五项要求之间特别是前四项要求之间是相互联系的,其中任何一项要求的破坏都可能影响其他要求的实现。因此,这五项要求应全面把握,不可偏废。

其二,五项要求其实是所有现代大生产的共同性要求,但由于道路运输生产是在一个相当复杂而又多变的环境中进行的,特别是运输对象不为企业所掌握,这就使运输生产过程的控制变得更加复杂和困难,生产过程的五项要求(尤其是连续性、协调性和均衡性)常常会因不稳定的外部环境而受到影响或破坏。因此,应当充分考虑道路运输所处环境因素的这一特点,在运输生产的组织设计、计划安排、资源配置、现场管理等方面,保持较大的灵活性和适应性,以保证生产过程的上述要求得以全面实现,从而更好地满足社会运输需求。

本章思考题

1. 与其他运输方式相比较,道路运输的特点表现在哪些方面?
2. 为什么说"机动灵活"是道路运输的最大特点和最大优势?(请联系道路运输的功能)
3. 简要谈谈你对道路运输发展指导方针的认识。
4. 联系实际,谈谈你对道路运输在服务方面发展趋势的认识。
5. 简述影响道路运输的外部环境因素。
6. 对于道路运输的内部环境因素,你是怎么理解的?
7. 举例说明,道路运输企业研究环境因素的目的是什么。
8. 以客运为例,说明道路运输生产过程的构成及其相互关系。
9. 联系道路运输环境因素,谈谈你对运输生产过程连续性、协调性和均衡性要求的理解。
10. 道路运输生产过程的协调性,为什么"以运力为中心的特点表现得十分突出"?
11. 联系运输的特点,谈谈你对道路运输生产过程"有效性"要求的理解。
12. 指出下列各对名词的主要区别:道路—公路、道路运输—车辆运输、营运车辆—非营运车辆。

第三章　道路客运基本知识

道路客运是道路运输的重要组成部分,也是客运综合运输体系中的主导运输方式,它反映了人们在生产、生活、文化等方面的交往和联系。发展道路客运,不断提高道路客运的能力和水平,为运输对象(旅客)提供安全、快捷、方便、舒适的运输服务条件,具有十分重要的意义。本章主要介绍道路客运的基本知识,包括道路客运的服务对象、道路客运的分类、道路客运的基础要素、道路客运经营者、道路客运的产品、道路客运常用术语等几个方面。

第一节　道路客运的服务对象

一、旅客的含义

众所周知,道路客运的运输对象是旅客,服务对象也是旅客。这一点与货运不同,货运的运输对象是货物,服务对象却是货主。

如何理解旅客的含义,旅客与道路客运有着什么样的关系,旅客在道路客运中居于什么样的地位？这是道路客运服务与管理必须厘清的首要问题。

那么,什么是旅客？从字面理解,旅客就是旅行者或旅行在外的人,就是通过各种途径实现自身位移的人。但是,我们这里所称的旅客,比这种宽泛意义上的旅客范围小得多,既不包括步行的旅客,也不包括自车自运(非营业性客运)的旅客,而特指营业性客运领域的运输对象和服务对象,即乘坐营运客车出行的人。说得更具体、更确切点,所有被营运客车运送的人员,从他们购票进站起直至运达目的地出站为止(如班车客运),或者签约(书面或口头约定)上车起直至运达目的地下车为止(如包车客运、出租车客运、城市公共汽车客运),在这整个客运过程中,我们称之为旅客。不过,从企业经营的角度讲,它所关注的旅客应该是个在时间上更为广义的概念,即向前和向后延伸,不仅指"现实"的旅客,也包括"过去"的(曾经的)和"未来"的(潜在的)旅客。

对于道路客运服务与管理来讲,仅仅对"旅客"作出简单的界定是远远不够的,我们还有必要深入剖析一下,搞清旅客的内涵是什么。既是运输对象(劳动对象)又是运输服务对象(顾客或消费者)的双重身份,使得旅客与工农业产品的一般消费者以及与货运生产的货主比较起来,既有相似之点,更有不同之处。我们认为,至少以下几点值得重视和细细"品味"。

1. 旅客是客运产品的消费者

作为运输服务对象,旅客与客运经营者之间在法律上是一种合同关系。合同的表现形式就是客票、包车协议或口头约定,旅客按合同规定履行付费义务,而客运经营者则按合同规定将旅客安全送达目的地,满足旅客实现位移的需要。毫无疑问,旅客是客运经营者的顾客,是客运产品(位移,或者说以位移为基本功能的系列服务)的消费者,是客运市场的需求主体。大而言之,旅客的需求与选择决定客运市场的规模和方向,并决定与之相关产业(公路、客车、轮胎、燃料等)的发展前景;小而言之,旅客的需求与选择决定客运服务的内容和方式,决定道路客运企业的效益、兴衰和存亡。

因此,旅客是客运企业一切生产活动的中心,客运的基本任务就是要最大限度地满足旅客乘车出行的需要以及与此相关的各项服务要求。在这一点上,旅客与工农业产品的一般消费者以及货运生产的货主没有本质区别。

2. 旅客是客运生产的要素

旅客是营运客车运送的人员,是作为客运生产要素之一的劳动对象。没有旅客,客运生产者就没有了劳动对象,客运生产也就无法进行。因此,同其他运输方式一样,旅客的存在是客运生产的必要条件,是客运生产得以开始的前提,组织旅客就成为客运生产过程的首要环节,组织旅客的效果就成为影响客运生产效能的首要因素。客运产品之所以"销售"在前而"生产"在后(即所谓"销售前置性"),就是这个道理。

显然,这一点与一般消费者同工农业生产的关系是截然不同的,与货运生产同货主的关系也是有区别的,旅客对于客运生产的意义更特殊、关联更紧密、利害更直接,不仅不是可有可无,简直就是生死攸关!

3. 旅客是客运过程的参与者

作为运输对象,旅客与客运生产相生相伴,存在于客运服务过程的始终,在旅客到达目的地下车不再被称为"旅客"的同时,一个客运生产过程也便随之结束。这就是说,旅客的存在,不仅是客运生产得以开始的前提,而且是客运生产过程得以维持和延续的条件。因此,对于客运生产而言,旅客是个动态的过程的概念。在客运生产的整个过程,旅客自始至终都是生产的参与者,自始至终都是生产者的服务对象,自始至终都处于生产活动的中心,也自始至终都在影响甚至左右着客运生产的进程。

这一点,旅客与购买工农业生产产品的顾客以及托运货物的货主也有着明显的不同。因为后者并不直接参与工农业产品的生产过程或货物运输的生产过程,自然也不会对生产过程产生直接影响。

4. 旅客是客运质量的评判者

任何消费者,都有权对市场商品的质量作出评价,并依据评价优劣自主作出购买与否的抉择;任何消费者,也都有权根据自己消费的经历,对所购买商品的质量"评头论足",表达自己的赞美或批评意见。在消费者作为商品质量的评判者这一点上,旅客与购买工农业产品的顾客以及托运货物的货主似乎没有多少根本不同,但细究起来还是有很大差异的。比如,运输产品的无形性和生产与消费的同步性,决定了客运质量难以比较客观和比较精确地界定,难以形成严格的评价标准和权威的第三方评价机构,也不可能以产品的有形展示、试用或者"三包"之类的承诺事先博取旅客的质量信任,过往的经验或"过去"旅客的口碑往往成为"现实"旅客评估和选择消费的主要依据(这一点,货主与旅客是相似的);再比如,如前所述,在整个客运生产过程中,作为运输对象的旅客始终参与其间,始终与客运服务人员保持着密切接触和互动,他们亲眼目睹和亲身体验着客运生产过程以及客运服务人员的工作状态(态度好不好、效率高不高、工作细不细、服务是否到位等),客运质量正是在旅客与服务人员的互动中以及旅客个人的主观感受中形成的,工农业产品质量和货运质量的形成过程则与此完全不同,既没有顾客或货主的直接参与,更不受顾客或货主主观感受的影响。

所以,与购买工农业产品的顾客以及托运货物的货主相比较,作为客运生产过程的参与者和体验者的旅客,在客运质量的评判中显然更具话语权、更具权威性、更具影响力,从而也更具决定性的"一锤定音"或"生杀予夺"之大权。

综上所述,一方面,作为服务对象,旅客与购买工农业产品的一般顾客以及托运货物的货主没有本质区别;但另一方面,由于客运产品和客运生产过程的特点,由于旅客作为运输对象的特别身份,旅客与道路客运又有着非同一般的特殊关系,从而决定了旅客在道路客运中非同一般的特殊意义和特殊地位。由此,我们得出如下重要结论:

全方位关注旅客,确立旅客的中心地位;全心研究旅客,识别旅客的真实需求(包括"现实"旅客的需求意愿,也包括"过去"旅客的需求评价和"未来"旅客的需求变化);全力满足旅客,以旅客满意为最高标准。——这是关乎道路客运行业和道路客运企业生存与发展的关键,因而也是道路客运服务与管理的核心和一切活动的主线。

二、旅客的分类

如第二章第四节所述,适应客观环境乃是企业生存之道,而旅客正是道路客运十分重要的环境因素。不同类型的旅客,有不同的运输特点和不同的服务要求。对旅客进行分类,实质上就是在研究旅客的基础上识别旅客的真实需求,就是按照旅客需求不同细分客运市场。适当的旅客分类,有助于客运企业设计与开发相应的客运产品(车辆档次、营运方式、服务项目、服务内容、服务形式等),以便向不同类型旅客提供针对性的服务,也只有这样才能有效地组织好旅客运输,提高客运服务质量和旅客满意程度;同时,适当的旅客分类,还有助于客运企业合理配置和使用客运车辆、客运站场设施等客运资源,提高客运效率,降低客运成本。

为此,一般可按旅客的出行目的、出行距离、从事职业、同行人数等进行分类。

1. 按旅客出行目的分类

按旅客出行目的,可以将旅客分为生产性(或工作性)旅客和生活性(或消费性)旅客。

生产性旅客是指因公务活动而出行的旅客,如会议、出差、经商、上下班、上下学等。其主要特点是要求运输时间准确而迅速,其中上下班、上下学的旅客在运输时间和运量上还比较集中,运输距离则普遍较短。

生活性旅客是指因个人生活需要而出行的旅客,如探亲、购物、就医、旅游等。其主要特点是运量和运输时间都比较分散,但在法定节假日则相对比较集中,且运量呈逐年增长之势。

2. 按旅客出行距离分类

按旅客出行距离,可以将旅客分为长途旅客和短途旅客。

长途旅客是指乘车距离较长、通常还要在路途吃饭的旅客。其特点是对运输车辆的舒适性和候车条件有较高的要求,不少长途旅客往往还有转乘其他运输工具的需要,因此在发车和到达的空间上、时间上希望与其他运输方式能够方便地衔接(如零距离换乘、零时间等待)。

短途旅客是指乘车距离较短的旅客。其特点是对发车间隔比较关注,希望等车时间越短越好,而对乘车和候车的舒适性要求相对低一些。

其实,出行距离长短只是一个相对的概念,它同道路状况及车辆运行速度和时间是相联系的,所以不同历史时期不同技术条件下对距离长短的界定也不同。

对于不同活动范围的旅客,我们也可以从另外一个角度把它分为城市旅客、城间旅客和农村旅客。这种分类,既反映旅客出行距离,也在一定程度上反映旅客出行目的。

3. 按旅客从事的职业分类

按照旅客职业可分为学生、农民工、军人及其他旅客。

学生、农民工、军人旅客的特点是有一定规律性,量大而集中,军人旅客一般还会有计划安排。尤其近年来,学生、农民工旅客已成为春节期间道路客运组织和服务的一个重点。其他旅客则显得十分零散而无规律。

4. 按旅客同行人数分类

按同行人数可分为团体旅客和零散旅客。

团体旅客的特点是同行人数较多且目的地一致,通常会向客运企业包租车辆集体出行。

零散旅客同行人数不多,到达地点各异,通常搭乘既定线路的客运班车出行。但这类旅客的总量最大,它是旅客构成的主体,是道路客运的主要服务对象。

应当指出,上述旅客分类方法并非绝对。为了适应客运市场的变化以及客运企业经营管理或其他方面的需要,还可根据不同情况对旅客进行其他分类。但不管如何分类,其基本目的只有一个,那就是为了更好地组织客运,为旅客提供他们所需要的、满意的服务,企业也因此可以提高资源运用效率,获得较好的经营效益。

三、客流

1. 客流的概念

旅客在一定时间作空间上(沿运输线路)有目的的流动,称为客流。客流是旅客群体的表现形态,它有五大要素,包括类型、流量、流时、流向和运距,这五大要素从不同角度反映了客流的特征,共同勾画出客流的完整面貌:

(1) 类型,已如上述,可视为客流的需求要素;

(2) 流量,是客流的数量要素,指旅客流动的数量;

(3) 流时,是客流的时间要素,指旅客要求乘车的时间;

(4) 流向,是客流的空间要素,指旅客流动的方向或线路;

(5) 运距,也是客流的空间要素,指旅客沿运输线路流动的距离,是运输距离的简称,即旅客从上车到下车之间的距离。

2. 客流的影响因素

旅客的存在是客运生产必不可少的前提条件。客流既是客运企业科学组织客运业务(配置与调度客运运力、开发客运班线、制定客运行车时刻表等)的基本依据,也是政府交通行政管理部门进行客运宏观调控(客运经营许可、客运站场规划、客运基础设施建设等)的基础性资料。因此,加强对客流的研究,特别是分析客流在时空上的波动性和不平衡性及其影响因素,掌握客流的变化规律和发展趋势,对道路客运来说具有重要意义。

影响客流的因素很多,主要有:国民经济和旅游业的发展,机关团体的布局,人口构成、分布及增长速度,人民物质文化生活水平及风俗习惯,季节及气候状况,运输业发展水平及运输网的配置,等等。这些因素的综合影响,造成了客流的波动或不平衡性。

(1)在流量上,客流在地区之间的分布是极不平衡的。一般在政治经济中心、文化教育和旅游事业发达、人口稠密的地区,客流量比较集中,而在边远山区、经济不发达或人口密度小的地区,客流量则较小。

(2)在流向上,从长期(一年或一个季节)看,具有较大的平衡性。旅客乘车总是有去有回,只有少数改变居住地者或是部分旅游者例外。但从短期看,由于流时不一,同样也形成流向的不平衡。

(3)在运距上,由于地理条件及运输网的配置各异,不同地区的运距是不同的。在铁路运输或水运发达地区,汽车客运主要承担短途运输,为铁水干线集散旅客;在铁路运输和水运不发达地区,汽车客运则承担了大部分长途干线运输。近几年,随着高速公路的快速发展,汽车运距不断拉长。

(4)在流时上,因受多种因素影响而波动性极大,一年内各季、各月、一月内各日,乃至一日内各个小时,客流量都会有较大差别。如我国法定节假日,特别是春节前后、"五一"和"十一"期间通常是一年中的客流高峰;每学年的寒暑假、新兵入伍和老兵复员、农民工返乡等,都会呈现出有规律的短期内的较大增长;受水利工程等大型基础设施建设或者大型社会公共活动的影响,也会形成客流量的陡然变化;随着人们物质文化生活水平的提高、旅游业的大力发展,旅游地区的客流总体上呈大幅度上升趋势,但也有旺季与淡季的差异。

此外,汽车客流还会受到农业生产的季节性影响。春耕、夏种、秋收等农忙季节,客流量会明显下降;农闲时,农民外出探亲访友、进城购物、就医、办事、打工,又使客流量显著上升。但随着农村经济的发展、城乡交流的活跃、农民生活水平的提高以及农民外出打工的相对固定和长期化,农民客流的这种季节性波动在相应减少。

第二节　道路客运的分类

为了满足社会和旅客对客运服务在质和量上的不同需求,汽车客运业的市场细分化日趋明显,并逐渐发展成为能够满足各种需求的客运类型。

一、按服务区域分类

按服务区域,道路客运分为城市客运、城间客运和农村客运。

城市客运服务区域为市区与郊区。其主要特点是平均运距较短、乘客交替频繁、行车频率高以及客流在时间和方向上的分布很不均匀。

城间客运服务区域为城市之间的广大区域。其主要特点是运距较长,客流也比较稳定,在较短的时间内一般不会出现偶然性的客流高峰。也正因为运距较长,所以对时间和舒适性要求相对较高。

农村客运服务区域为县内或毗邻县间的乡村区域。其主要特点是运距不长,客流较少,且具有季节性。

二、按营运方式分类

按营运方式,道路客运分为班车客运、包车客运、旅游客运、出租汽车客运和城市公共汽车客运。这些不同的营运方式,分别适用于不同的服务区域:班车客运、包车客运、旅游客运主要适用于城间客运和农村客运;出租汽车客运、城市公共汽车客运主要适用于城市客运,但随着社会经济的发展和城市化进程的加快,近年来逐渐向郊县和农村延伸,呈城乡客运一体化的趋势。

1. 班车客运

班车客运是指营运客车在城乡道路上按照固定的线路、时间、站点、班次(即实行"四定")运行的一种客运方式。它比较适应占旅客总量比重最大的零散旅客的需要,因此是道路客运的主要营运方式。

班车客运分直达班车客运和普通班车客运两种类别。普通班车需要沿途停靠一些规定的站点,并上下旅客。直达班车的特点是由始发站直达终点站,中途只作必要停歇(如吃饭、休息),而不上下旅客。直达班车主要适用于跨省、跨地区长途干线的旅客运输,特别是线路运距在三、四百里以上要求快速直达的旅客运输。担任直达运输的客车要求车况良好,并尽可能提高车辆的舒适性和行驶速度,以减少旅客的疲劳和缩短旅行时间。

班车客运的一种补充形式是加班车客运。加班车客运是在客运班车不能满足需要或者无法正常运营时,临时增加或者调配客车按客运班车的线路、站点运行的方式。也就是说,加班车只有"两定",即线路、站点固定(与原正班车保持一致),而时间、班次则根据需要灵活掌握。

根据经营区域和营运线路长度,班车客运的线路分为以下四种类型:

(1)一类客运班线。指地区所在地与地区所在地之间的客运班线或者营运线路长度在800km以上的客运班线。

(2)二类客运班线。指地区所在地与县之间的客运班线。

(3)三类客运班线。指非毗邻县之间的客运班线。

(4)四类客运班线。指毗邻县之间的客运班线或者县境内的客运班线。

2. 包车客运

包车客运是指以运送团体旅客为目的,将客车包租给用户安排使用(通常事先签订"包车预约书"或协议),同时提供驾驶劳务,按照约定的起始地、目的地和路线行驶,按行驶里程或者包用时间计费并统一支付费用的一种客运方式。

可见,与班车客运相比较,包车客运在接洽方式、开行线路与时间、乘车对象、运费结算方式等方面均有不同。包车客运还有一个很大的特点,就是需求不确定,业务发生的随机性较大。所以,包车客运一般作为从事班车客运或旅游客运的客运企业的附属业务,旨在提高营运客车的利用率,而没有专门从事包车客运或以包车客运为主业的客运企业。包车客运与客车租赁也不同,后者只提供客车而不提供驾驶劳务。

按照经营区域不同,包车客运分为省际包车客运和省内包车客运,省内包车客运又分为市际包车客运、县际包车客运和县内包车客运。按照包车时间的长短,包车客运分为长期包车客运(如会议期包车、重点工程建设期包车)和短期包车客运(如旅游包车)。

3. 旅游客运

旅游客运是指以运送旅游观光的旅客为目的,在旅游景区内运营或者其线路至少有一端在旅游景区(点)的一种客运方式。

旅游客运按照营运方式分为定线旅游客运和非定线旅游客运。前者以班车客运形式提供服务,后者以包车客运形式提供服务。

4. 出租汽车客运

出租汽车客运是以城市为主要活动范围,按乘客要求的时间和地点行驶、停歇上下和等待,按里程或时间计费的一种客运方式。

出租汽车客运通常以乘用车(轿车)为运输工具,是整个客运网络中最机动灵活、最方便旅客、最具个性化的运输方式,能真正实现招手即停和"门到门"的服务要求,但因载客量少、营运成本和价格比较高,使其服务范围受到了限制,而只能作为客运网中一种辅助运输形式。尽管如此,在满足城市的中高收入者、公务出行者、外来商务或旅游人员以及为赶时间的普通乘客等方面,出租汽车客运仍具有不可替代的作用。

出租汽车客运与包车客运有不少相似之处,也可以说是一种特殊的包车客运,但在使用车型、乘客人数、用车方式和时间、行驶距离、结算方式等方面与包车客运又有区别。

5. 城市公共汽车客运

城市公共汽车客运是以城市及其郊区为活动范围,按照固定线路行驶、固定站点停靠,并按线路固定计费(也有计程分档计费)的一种客运方式。

城市公共汽车客运具有公益性质以及票价低、班次密、载客量大、服务对象广、人均占用道路资源少、人均能源消耗和环境污染少等特点,因而成为城市客运的主要形式。城市公共汽车客运也有舒适性差、时间效率比较低的缺点,但随着"公交优先"政策的推行和相应措施的到位,这些缺点有望得到克服或改善。

如非特指,本书所称道路客运主要为班车客运(包括定线旅游客运)。

第三节 道路客运的基础要素

道路客运的基础要素,指汽车客运生产所必须具备的基础设施和设备,主要包括公路、客运站和客车。特别是公路和客车,一个是通路,一个是工具,两者更是汽车客运所不可或缺的基本物质条件。

一、公路

道路运输以公共道路为运输线路。公共道路泛指公路、城市道路以及公共广场、公共停车场等车辆和行人通行的地方。公路是指连接城市、乡村,主要供汽车行驶的具有一定技术条件和设施的道路,它是班车客运的主要线路。

我国公路按其行政等级主要分为国道(含国道主干线)、省道、县道三级,由国、省、县三字汉语拼音首字母 G、S、X 作为它们各自相应的标志符,标志符加数字组成编号。以国道为例:国道主干线的编号,由国道标志符"G"、主干线标志"0"加两位数字顺序号组成;国道放射线编号,由国道标志符"G"、放射线标志"1"和两位数字顺序号组成,以北京为起始点,放射线止点为终点,按路线的顺时针方向排列编号,如 G101 为北京至沈阳线(简称京沈线);国道北南纵线的编号,由国道标志符"G"、北南纵线标志"2"(偶数)和两位数字顺序号组成,如 G204 为烟台至上海线(简称烟沪线);国道东西横线的编号,由国道标志符"G"、东西横线标志"3"(奇数)和两位数字顺序号组成,如 G318 为上海至聂拉木线(简称沪聂线)。

(一)公路的构成

公路是一种线型构造物,由路基、路面、桥梁、涵洞、隧道、防护工程、排水设施与设备以及山区特殊构造物等基本部分组成。为了保障车辆安全顺利通行,公路还设置交通标志、安全设施、服务设施等,并进行沿线的绿化美化。

1. 路基

路基是公路的基本部分,是路面的基础,它的好坏直接影响到公路的质量。自然地面低于路基标高而用混凝土或其他材料由人工堆积起来的路基为路堤;自然地面高于路基标高而经开挖形成的路基为路堑。

2. 路面

公路路面是在路基上用坚硬材料铺筑的供汽车行驶的层状结构物,直接承受车辆的行驶作用力。一般路面分为面层、基层、垫层和土层。

3. 桥隧

公路跨越河流、沟谷,或者和铁路及与另一条公路交叉时,需要设置桥梁或涵洞;穿越山岭时,则需要修建隧道。桥梁有梁式桥、拱桥、钢架桥和吊桥等多种类型。

4. 交通标志和交通标线

道路交通标志和交通标线是用图案、符号、文字传递交通管理信息,用以管制及引导交通的一种安全管理设施。

交通标志分为指示标志、警告标志、禁令标志、指路标志、旅游区标志、道路施工安全标志和辅助标志七大类。其中,警告标志是警告车辆和行人注意危险地点的标志;禁令标志是禁止或限制车辆、行人交通行为的标志;指示标志是指示车辆、行人行进的标志;指路标志是传递道路方向、地点、距离的标志;旅游区标志是提供旅游景点方向、距离的标志;道路施工安全标志是通告道路施工区通行的标志;辅助标志是附设于主标志下起辅助说明使用的标志。交通标志通常制作成标志牌安置在公路的适当位置。

交通标线分为指示标线、警告标线和禁止标线三大类。其中,指示标线是指示车行道、行车方向、路面边缘、人行道等设施的标线;禁止标线是告示道路交通的通行、禁止、限制等特殊规定,车辆驾驶人员及行人需要严格遵守的标线;警告标线是促使车辆驾驶人员及行人了解道路上的特殊情况,提高警觉,准备防范,及时采取应变措施的标线。交通标线通常在路面上用漆类物质喷刷或用混凝土预制块、瓷瓦等制作而成,有连续实线、间断线和箭头指示线 3 种形式,采用白色或黄色。

交通标志和交通标线均属交通信号。在城市道路上,交通信号除交通标志和交通标线外,还包括交通信号灯和交通警察的指挥。

(二)公路等级的划分

根据中华人民共和国交通部 2004 年 1 月 29 日发布的《公路工程技术标准》(JT GB01—

2003），公路分为高速公路、一级公路、二级公路、三级公路、四级公路五个等级。

高速公路为专供汽车分向、分车道行驶并全部控制出入的多车道公路。四车道高速公路一般能适应将各种汽车折合成轿车的年平均日交通量为25000～55000辆；六车道高速公路一般能适应将各种汽车折合成轿车的年平均日交通量为45000～80000辆；八车道高速公路应能适应将各种汽车折合成轿车的年平均日交通量为60000～100000辆。

一级公路为供汽车分向、分车道行驶，并可根据需要控制出入的多车道公路。四车道一级公路应能适应将各种汽车折合成轿车的年平均日交通量为15000～30000辆；六车道一级公路应能适应将各种汽车折合成轿车的年平均日交通量为25000～55000辆。

二级公路为供汽车行驶的双车道公路。双车道二级公路应能适应将各种汽车折合成轿车的年平均日交通量为5000～15000辆。

三级公路为主要供汽车行驶的双车道公路。双车道三级公路应能适应将各种汽车折合成轿车的年平均日交通量为2000～6000辆。

四级公路为主要供汽车行驶的双车道公路。双车道四级公路应能适应将各种汽车折合成轿车的年平均日交通量为2000辆以下。单车道四级公路应能适应将各种汽车折合成轿车的年平均日交通量为400辆以下。

除上述技术等级以外的公路，即为等外公路。

（三）高速公路的功能特点

高速公路是适应公路运输交通量迅速增长的新型公路，是现代公路发展高速化的产物。与普通的等级公路相比，高速公路有以下功能特点：

1. 实行交通限制并规定汽车专用

高速公路实行交通限制，主要是指对上高速公路行驶的车辆和车速进行限制。高速公路只供汽车专用，并对汽车的最高和最低车速加以限制，规定凡非机动车和由于车速有可能形成危险和妨碍交通的（包括机动脚踏车、拖拉机及装载特别货物的车辆等）均不得使用高速公路。这样，既保证了高速公路运营管理对象的唯一性，较好地解决了混合交通问题，又避免车速相差过大，减少超车次数，提高公路的通行效率，防止由于车辆混杂行驶或车辆性能、车速相差较大而引发交通事故及交通堵塞等问题。

2. 实行分隔行驶

高速公路实行分隔行驶，包括两方面：一是在对向车道中间设中间分隔带，实行上下车道分离，渠化通行，隔绝了对向车辆的干扰；二是对同一方向的车辆至少设两个以上车道，使快、慢车分开，以减少超车或同向车辆车速差造成的干扰。同时，还在一些特殊地点设置加减速车道、集散道路、辅助车道，使一些车辆在局部路段分离，从而保证高速公路连续畅通和良好的运行秩序。

3. 严格控制出入并实行全封闭

高速公路实行全封闭、全立交的封闭型管理。与铁路、公路、非机动车道、人行道等都采用分离式立交或互通式立交；对沿线所有进出高速公路的车辆全封闭控制出入口，只允许汽车在固定的地点进出，以消除侧向干扰，保证车辆快速行驶的安全。

4. 采用较高的设计标准和设置完善的交通安全与服务设施

高速公路的线路设计采用较高的技术指标，不仅考虑自然条件和汽车行驶力学的要求，同时也把驾驶员心理视觉上的反映,以及高速公路与周围环境景观的协调作为重要因素加以考虑,并通过高速公路综合设计使其构成优美舒畅的线形。此外,高速公路采用沥青混凝土或水泥混凝土的高级路面。这些都从行车条件和技术上为安全、快速行车提供了可靠的保障。

为保证安全、减轻驾驶员和乘客疲劳、方便车辆和旅客、保护环境等,高速公路设置完善的附属设施。包括:防撞栏杆、隔离栅、标志、标线、照明以及防炫目和防噪声等交通安全设施;在适当地点设置的服务区(提供停车休息、饮食、娱乐、住宿、加油、修理、求助和信息传递等多功能综合服务)、收费站等交通服务设施;具有完善的各种通信信息、监测监控设施的现代化交通控制及管理系统。

由于上述结构和功能特点,高速公路具有通行能力大、行车速度快、运输质量好、运输效率高、运输成本低、行车事故率少以及投资效益好、资金回收快等技术经济特性。

(四)公路网络

用纵横交错的线(连线)把各个单独的点(节点)联结起来而形成一个网状结构,称之为网络。节点和连线是网络的两个构成要素。以各条相互衔接的公路为连线,以众多城镇或汽车站场为节点,就构成了公路网络。线状的公路也只有融入四通八达的公路网络才能形成强大的通达能力。公路网络中相邻两个站点(节点)之间的距离称为站距。

正如第二章第二节所述,由于空间上的高度机动灵活而能实现网络化、广覆盖的"面"上运输,这是汽车运输的重要特点和优势。公路网络作为汽车运输网络化的物质基础,为发挥汽车运输在综合运输体系中的比较优势提供了基本依据和坚强支撑,也为汽车运输行业的整体发展提供了十分有利的条件。对于汽车客运来说,公路网络特别是高速公路网络(当然也应该包括与之相配套的运输服务体系)的形成与发展,不但使人们出行更加方便顺畅和快捷,而且可以大大拓展汽车客运企业的经营区域和经营规模,从而提高其经营能力和经营业绩。

二、客运站

(一)客运站的功能

客运站是指配备有一定的设施、设备和人员,专门为旅客和客车运输经营者提供多种客运业务为主的服务场所。客运站是重要的道路交通基础设施,是道路旅客运输网络的节点,是旅客产生空间位移的起点和终点,是道路客运经营者与旅客进行运输交易活动的场所,是培育和发展道路客运市场的有形载体。

具体地说,客运站的功能主要有:

1. 运输服务功能

运输服务功能,是指为旅客和客车运输经营者提供全套的运输服务,包括售票、候车、行包寄存与托运、上下车和业务咨询等各种运输服务,以及其他相关辅助服务,如旅客和驾乘人员食宿,车辆停放、清洗、加油、维修等。

2. 营运组织功能

营运组织功能,是指通过班次时刻表的合理编制及相应的车辆运行调度等工作,对客运运力、客运班次进行科学的安排和组织。

3. 中转换乘功能

中转换乘功能,是指为旅客(包括行包)中转、换乘及多式联运提供空间场所与相关服务。这一功能在枢纽客运站表现得尤为突出。

4. 通信信息功能

通信信息功能,是指通过服务人员及通信、网络等现代化设备与手段,为旅客和客车运输经营者提供及时准确的运输相关信息,并在旅客、车站、客车运输经营者以及运输管理机构之间建立通畅的多向沟通渠道和共享信息平台。

5. 安全维护功能

安全维护功能,是指通过限额售票、危险品查堵、车辆安全技术检查和出站检查等措施,防止营运客车出现"带病"运行、超载运输、旅客夹带危险品上车等安全隐患,促进行车安全;同时,通过安全设施、安全监控、现场管理及一系列安全管理制度,保障站内消防、治安、突发事件等公共安全。

总之,汽车站在道路客运的全部活动中,起着服务、组织、协调、控制的重要作用。

(二)客运站的类别

目前我国汽车客运站的类别,大致可以按车站位置和特点、车站经营管理模式、车站规模等几个方面进行划分。如图3-1所示。

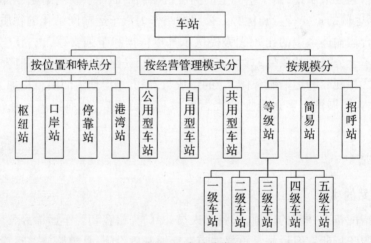

图 3-1 车站分类

1. 按车站位置和特点划分

(1)枢纽站,由若干个分工明确、相互配合的车站构成,可为两种及两种以上运输方式提供旅客运输服务,且旅客在站内能够实现自由换乘的车站。

(2)口岸站,主要用于国际汽车客运,设于边境口岸城镇的车站。

(3)停靠站,为方便城市旅客乘车,在市(城)区设立的具有候车设施和停车位,用于长途客运班车停靠、上下旅客的车站。

(4)港湾站,道路旁具有候车标志、辅道和停车位的旅客上落点。

2. 按车站经营管理模式划分

(1)公用型车站。公用型车站实行"站运分离"的经营管理模式。它是自主经营、自负盈亏、独立核算的企业,全方位为社会客车运输经营者和旅客提供站务服务。客运站向客车运输经营者计收"客运代理费"(俗称劳务费)和向旅客计收"旅客站务费"(包含于票价中),作为自己的主要营业收入。这种客运站属于独立的、完全开放式的客运站。这类车站主要存在于大中型城市,特别是作为枢纽站。

(2)自用型车站。自用型车站实行"站运一体"的经营管理模式。它隶属于运输企业,是企业内部非独立核算的基层单位,除了为旅客服务外,完全为自有客车提供站务服务(完全自用型),或者同时为自有客车和与本企业有客运合作关系的客车运输经营者提供站务服务(半自用型)。这种客运站属于非独立的、封闭式的客运站。其中,完全自用型车站主要分布在农村支线上。

(3)共用型车站。共用型车站介于公用型与自用型之间,既是运输企业的内部单位,又向社会开放,除了为旅客服务外,同时为自有客车和其他客车运输经营者提供站务服务。这种客运站属于非独立的、开放式的客运站。我国目前多数客运站属于这一类。

3.按车站规模划分

(1)等级站,是具有一定规模,符合一定要求,可按规定划分等级的车站。

按照交通部颁布的《汽车客运站级别划分和和建设要求》(JT/T 200—2004)的规定,根据车站设施和设备配置情况、地理位置和设计年度(注:设计年度指车站建成投产使用后的第十年)平均日旅客发送量(以下简称日发量)等因素,等级站划分为五个级别。即:

①一级车站:设施和设备符合一级车站必备各项,且具备下列条件之一者,为一级汽车客运站:

日发量在10000人次以上的车站;

省、自治区、直辖市及其所辖市、自治州(盟)人民政府和地区行政公署所在地,如无10000人次以上的车站,可选取日发量在5000人次以上具有代表性的一个车站;

位于国家级旅游区或一类边境口岸,日发量在3000人次以上的车站。

②二级车站:设施和设备符合二级车站必备各项,且具备下列条件之一者,为二级汽车客运站:

日发量在5000人次以上,不足10000人次的车站;

县以上或相当于县人民政府所在地,如无5000人次以上的车站,可选取日发量在3000人次以上具有代表性的一个车站;

位于省级旅游区或二类边境口岸,日发量在2000人次以上的车站。

③三级车站:设施和设备符合三级车站必备各项,日发量在2000人次以上,不足5000人次的车站。

④四级车站:设施和设备符合四级车站必备各项,日发量在300人次以上,不足2000人次的车站。

⑤五级车站:设施和设备符合五级车站必备各项,日发送量在300人次以下的车站。

(2)简易站,是达不到五级车站要求或以停车场为依托,具有集散旅客、售票和停发客运班车功能的车站。

(3)招呼站,是公路沿线(客运班线)设立的旅客上落点,达不到五级车站要求,但具有明显的等候标志和候车设施的车站。

（三）客运站的规划与建设要求

汽车客运站要结合当地经济发展实际，根据城市建设规划的要求和客流量的情况进行规划和建设。

1. 站址选择原则

车站站址选择应遵循下列原则：便利旅客集散和换乘，尽可能地节省旅客出行时间和费用，减少在市内换乘次数；与公路、城市道路、城市公交系统和其他运输方式的站场衔接良好，确保车辆流向合理，方便出入；具备必要的工程、地质条件，方便与城市的公用工程网系（道路网、电力网、给排水网、排污网、通讯网等）的连接；具备足够的场地，能满足车站建设需要，并有发展余地；符合城市发展规划和道路运输网络规划要求，布局合理。

2. 站房建设规模

车站主要由站房、发车位、停车场（库）、站前广场、维修车间和职工生活用房等组成。站房建设规模，以旅客最高聚集人数（注：指设计年度中旅客发送量偏高期间内、每天最大同时在站人数的平均值，并非指一年中客流高峰日内客流最高时刻聚集在车站的旅客人数）为主要依据计算，结合其他条件，按设计年限进行合理规划。

车站各主要场所建筑面积，如候车室、售票厅、行包托运处、行包提取处、调度室、站务员室、驾乘休息室、发车位、停车场、站前广场、维修车间、职工生活用房等，要根据车站规模和相应级别汽车站的标准设计建设。

3. 站房及设施的布局

进站旅客的流线通常是：广场（或枢纽站的通道）→售票厅→托运厅→候车厅→检票口→站台。客车的流线通常是：进站→下客→清洗→加油或维修→停放→调车→上客→出站。车站站房及设施的布局，应有利于旅客和车辆的流动，顺应旅客和客车的流线，力求流线短捷，并避免旅客之间、车辆之间和旅客与车辆之间的相互干扰。车辆进出口大门应分设，洗车台、加油站应顺序布置。此外，车站站房及设施的布局还应考虑地形特征和外部交通环境，避免对城市道路交通造成不利影响。

（四）客运站的服务设施设备

汽车客运站既是旅客也是客车的集散中心，是旅客出行和客车营运的共同依托，承担着为旅客服务和为客车运输经营者服务的双重任务。因此，客运站必须具备相应的服务设施和设备。车站设施包括场地设施（如停车场）和建筑设施（如站房），车站设备包括基本设备（如旅客候车休息设备）和智能化系统设备（如微机售票系统设备）。车站应按其等级配置相应的设施和设备。

按车站设施设备服务的内容，大致可分为客运业务服务设施设备、旅客服务设施设备、车辆运行保障设施设备和安全保障设施设备。

1. 客运业务服务设施设备

客运业务服务设施设备，主要是指开展客运业务所必须具备的基本设施设备。包括：售票厅、售票窗口及售票设备，广播室及广播设备，小件寄存处，行李托运处及计量和装卸工具，行李提取处，问询处等。同时，还应配置和悬挂班次时刻表、里程票价表、行包价目表、营运线路图、禁运限运物品宣传图、公告栏、旅客须知等设施设备。

2. 旅客服务设施设备

旅客服务设施设备，是指为方便旅客候车和上下车的服务设施设备。包括：候车厅、服务台、卫生间、吸烟室、小卖部，以及与之相配套的座椅、日历牌、时钟、饮水机、医疗救护、垃圾箱、公用电话、手机充电、自动取款机、阅报栏、旅客留言牌和意见簿、失物招领处、通风、照明、防寒保暖、防暑降温等设施设备。有条件的车站还设有为旅客开展"一条龙"服务的餐饮住宿、文化娱乐、休闲健身、网络通信等设施设备。

3. 车辆运行保障设施设备

车辆运行保障设施设备，是指为确保营运车辆连续正常运行所设的车辆检测、维修、清洗、加油等设施设备及停车待运的场所。

4. 安全保障设施设备

安全保障设施设备，主要指保障进站旅客和车辆安全的设施设备（如隔离栏、行包安全检查设备、汽车安全性能检测设备、安全消防设备、安全监控设施），供残疾人使用的无障碍设施，以及备有在紧急情况下能及时疏散旅客和车辆的安全门和安全通道等。此外，为引导旅客、车辆的安全畅通，站内还设置必要的导向标志和警示标志。

三、客车

（一）汽车的基本结构、性能及技术等级

1. 汽车的基本结构

汽车是道路运输中完成旅客和货物空间位移的基本工具。虽然汽车的种类、型号很多，用途、构造各异，但它们的基本组成都是发动机、底盘、车身和电气设备四大部分。

（1）发动机，是汽车的动力装置，是汽车的"心脏"。其作用是使供给的燃料经过燃烧而变成热能，并转化为动能，然后通过底盘的传动系统驱动汽车行驶。发动机由"两大机构"（即曲轴连杆机构、配气机构）和"五大系"（即燃料供给系、冷却系、润滑系、点火系、起动系）组成。

（2）底盘，是汽车的基础，其主要作用是接受发动机的动力，使汽车产生运动，并保证正常行驶。底盘由传动系、行驶系、转向系和制动系"四大系"组成。其中，传动系将发动机产生的动力传给驱动车轮，由离合器、变速器、万向传动装置、主减速器、差速器和半轴等组成；行驶系把汽车各总成、部件连接成一个整体，支承全车载荷，保证汽车行驶，由车架、车桥（前桥和后桥）、车轮和悬架等组成；转向系保证汽车按照驾驶员所要求的方向行驶，由带转向盘的转向器和转向传动机构组成；制动系对汽车的减速过程进行控制，直至停车，以保证行车安全，由车轮制动器、手制动器和制动传动装置等组成。

（3）车身，是驾驶员、乘务员工作的场所，也是载运旅客和货物的空间。通常，货车车身由驾驶室和载货车厢两部分组成（或者车头、驾驶室和车厢三部分组成），客车车身则为一体式。长途客车车身下部一般都设有旅客行李舱（简称底舱），既可安放旅客的大件行李物品，又可以随带一些小件快运货物。

（4）电气设备，包括汽车的电源和用电设备，由蓄电池、发电机、调节器、起动机、点火系、仪表、照明装置、音响装置、刮水器等组成。

2. 汽车的主要性能

汽车运输的客观条件很复杂，比如，旅客或货物的类型、运输的质量要求、运输量的大小、运输距离、运送期限、装卸条件、道路状况、气候条件等，通常都是各不相同的。因此，运输企业必须配备各种结构类型、不同容载量和不同性能的车辆，以便适应这些不同的运输条件和要求，做到车辆的合理选择和有效使用。

评价汽车的性能很多。从使用角度考虑，主要性能有容载量、安全性能、通过性能、速度性能、使用方便性和经济性。

（1）容载量，表示车辆能同时载运的乘客人数（以人计）或货物数量（以吨计）。车辆的额定容载量是由制造厂决定的。这是反映汽车运输能力的基本性能。

在运输组织工作中，应当合理配载，充分利用汽车的容载量，但不允许超载。

（2）安全性能，是表示车辆在行驶中不发生倾翻和行车事故的性能。这是关乎汽车运输质量的重要性能。

车辆安全性是一个综合性能，它包括汽车的制动性、汽车的操纵稳定性、汽车各部位的防撞性以及内部安全防护设施的配置等。其中，对汽车安全性能影响最大的是制动性和操纵稳定性。

汽车的制动性又包括制动效能、制动效能的恒定性及制动时的汽车方向稳定性：制动效能可用汽车（满载时）以不同初速度制动时的最小制动距离表示；制动效能的恒定性是指汽车在高温、高寒、潮湿以及大坡度长距离条件下，其制动效能所能保持的程度；制动时的汽车方向稳定性是指在制动时，汽车能按驾驶员给定的方向行驶，不发生跑偏、不发生侧滑和不丧失转向能力的性能。

汽车的操纵稳定性又包括操纵性和稳定性：操纵性是指汽车能够确切地响应驾驶员的转向指令的能力；稳定性是指汽车在行驶过程中具有抵抗改变其行驶方向的各种干扰，并保持稳定行驶而不致失去控制甚至翻车或侧滑的能力。

（3）通过性能，是指汽车在条件不利的道路上（不平路面、松软土路、涵洞限制等）行驶时，能以足够高的平均速度顺利通过的能力。它对安全性有一定影响。

车辆的通过性能取决于很多技术参数，包括汽车和汽车列车（由牵引汽车与全挂车或半挂车组成）的总尺寸（车长、车宽、车高）、最小离地间隙（指满载时汽车除车轮外的最低点与地面之间的距离）、最小转弯半径（指汽车转向盘转至极限位置时从转向中心到前外轮接地中心的距离）、纵向通过半径（指在汽车侧视图上作出的与前后轮和两轴间最低点相切的圆的半径）、接近角（指汽车前端最突出点向前轮引的切线与地面的夹角）、离去角（指汽车后端最突出点向后轮引的切线与地面的夹角）、轮胎类型（直径、宽度、胎面花纹等）等。

（4）速度性能，常见的技术参数有汽车的最大车速、不同条件下可能的加速度以及最大爬坡度等。最大车速是指汽车在良好路面的平直道上可以达到的最高行驶速度。汽车在不同的道路条件下和不同排档时的可能加速度，表明汽车的加速能力。最大爬坡度是指汽车在额定载重量下，其最大驱动力在路面条件良好的坡道上行驶时所能爬越的最大坡度。

速度性能是与汽车使用效率相关联的重要性能。影响汽车行驶速度的因素可分成两类：第一类是与汽车结构有关的因素，如动力性、制动性能、稳定性和行驶平顺性等；第二类是与运用条件有关的因素，如道路、载荷、气候、时段（白天或晚上）、驾驶技术等。

(5)使用方便性,也是一个综合的使用性能,主要包括操纵方便性、出车迅速性、乘客上下车和货物装卸方便性、可靠性和耐久性、维修方便性以及乘坐舒适性(平顺性)等。其中,对于客车而言,对运输质量影响较大的主要是乘客上下车方便性和乘坐舒适性。

(6)经济性,是指保证车辆运行、维护和修理等费用为最少的特性。它综合反映在汽车单位运输成本这一指标上。经济性是影响汽车营运成本和效益的重要使用性能。由于燃料费用约占汽车运输成本的30%,所以,经济性一般以燃料经济性,即每百吨公里(千人公里)的平均燃料消耗量或每百公里的最低燃料消耗量表示。

不同的运输环境和运输条件对汽车使用性能的要求是不同的,而汽车的使用性能又表现在很多方面。因此,必须综合考虑汽车使用性能,一般是根据具体使用情况,确定少数重要的使用性能,同时兼顾其他方面。

3. 汽车的技术等级

营运车辆应在规定时间内,到符合国家相关标准的机动车综合性能检测机构进行检测。机动车综合性能检测机构按照国家标准《营运车辆综合性能要求和检验方法》(GB 18565—2001)和《道路车辆外廓尺寸、轴荷和质量限值》(GB 1589—2004)的规定进行检测,出具全国统一式样的检测报告,并依据检测结果,对照行业标准《营运车辆技术等级划分和评定要求》(JT/T 198—2004)进行车辆技术等级评定。车籍所在地县级以上道路运输管理机构应当将车辆技术等级在《道路运输证》上标明。

营运车辆的技术等级划分为一级、二级和三级,其中一级最高,三级最低。

技术等级的评定依据,主要是车辆的技术状况和技术性能,包括整车装备及外观检查、动力性、燃料经济性、制动性、转向操纵性、前照灯发光强度和光束照射位置、排放污染物限值、车速表示值误差等。

客车技术等级是客车运输经营者的必备条件之一。经营不同类型的线路,对客车技术等级有不同的要求(参见本章第四节内容)。

(二)客车的类型及等级

1. 类型与等级划分

营运客车类型划分及等级评定工作是道路运输管理机构实施营运客车管理的重要内容,营运客车类型划分及等级评定结果是道路运输管理机构对客运企业客运班线审批、客运定价的重要依据。

营运客车类型等级评定由县级以上道路运输管理机构依据行业标准《营运客车类型划分及等级评定》(JT/T 325—2006)和交通部颁布的《营运客车类型划分及等级评定规则》(交公路发[2002]590号)的要求实施。

营运客车分为客车及乘用车两类。客车按其车长分为特大型、大型、中型、小型四种。见表3-1。

客车分类表(单位:m) 表3-1

类型	特大型	大型	中型	小型
车长(L)	13.7≥L>12	12≥L>9	9≥L>6	6≥L>3.5

乘用车不分类型。

营运客车按类型再分为总共22个等级。其中,客车分为18个等级,乘用车分为4个等级。见表3-2。

营运客车分类表　　　　　　　　表3-2

类型	客车																	乘用车			
	特大型				大型				中型				小型							
等级	高三级	高二级	高一级	中级	普通级	高三级	高二级	高一级	中级	普通级	高二级	高一级	中级	普通级	高二级	高一级	中级	普通级	高二级	高一级	中级	普通级

2. 等级评定内容

等级评定的主要依据是车辆的技术装备和使用性能。

客车主要评定内容包括:客车结构(发动机位置、乘客门结构、行李舱、行李架、车身承载式结构、通道宽等)与底盘配置(悬架结构型式、制动系、动力转向、底盘自动润滑系统、车轮及轮胎等);安全性;动力性(最高车速、比功率);舒适性(车内噪声、空气调节、乘客座椅、卧铺)及服务设施(卫生间、影视设备、音响设备、乘客阅读灯、饮水设备或冰箱、时钟、行驶记录仪等)等。

乘用车主要评定:发动机排量、空气调节与控制、卫星定位系统及行李舱容积等。

3. 在用营运客车等级评定的有关规定

(1) 在用营运客车经检测符合《营运车辆综合性能要求和检验方法》(GB 18565—2001)有关规定时,才具备评定等级资格。

(2) 在用营运客车经检测,按《营运车辆技术等级划分和评定要求》(JT/T 198—2004)评为一级车时,才具有评定高级客车资格。

(3) 根据车辆现有技术等级和设施的实车检测结果,按规定评定等级。

(4) 已评定等级的在用营运客车,在过户时应重新评定等级。

(三)客车的服务设施设备

客车作为现代道路客运的主要工具,为改善旅客运输的安全性、舒适性、方便性和文明性,一般都在车厢内配备了必要的服务性设施和设备。设施设备的完善程度是评定客车类型等级的主要依据之一。

1. 服务设施

服务设施主要包括座椅(卧铺客车设置卧铺)、行李架、旅客控制台和安全设施等。

(1) 座椅,是旅客乘车过程中使用的主要服务设施。它包括四部分,分别为座位、靠背、扶手、踏板。高级客车上的座位一般为航空式座椅,靠背可以根据个人需要,对倾斜角度进行调节。座椅的一侧安装有椅背调节器,常见的调节器有手柄式和按钮式,将手柄或按钮往后拉或向下按,同时身体向后靠,将椅背调整到自己需要的位置,松开手柄或按钮,座椅靠背便保持在合适的角度。扶手是供旅客端放手臂用的,扶手的抬放设置常见的有抬拉式、旋转式、下放式。踏板是供旅客搭放腿脚用的,座位的踏板一般安置在前排座椅的后底部。

(2) 行李架,除车身下部有一定容量的封闭行李舱(供存放大件行包)外,车厢内还有供旅客摆放小件行李物品用的行李架。行李架位于左右两侧的座椅上方。行李架的样式主要分为：铁架式行李架、板式行李架、隔段式行李架、隔舱式行李架。

（3）旅客控制台，主要由阅读灯、阅读灯开关、空调风口、空调风力调节器、呼叫按钮等组成。为方便旅客个人对乘车环境的不同需求进行调控，旅客控制台安装在座椅上方的行李架底面上。

（4）安全设施，是在车辆发生紧急情况下，且车门不能正常打开时，供车内人员逃生使用。它主要包括安全出口和安全顶窗。

安全出口的设置，不同的车型有所不同。常见的安全出口有两种：一种是车窗，紧急情况下，用安全锤敲碎车窗钢化玻璃，从窗口逃生；另一种是车厢后端专设的安全门，紧急情况时，旋转把手，并将安全门使劲向外推，安全门即可打开，人员便可从安全门逃出。

安全顶窗也被称为安全出口，它位于车厢顶部，常被人们称为"车厢天窗"。当发生翻车或其他安全出口不能正常使用时，用力拉下安全顶窗的红色手柄，并向外推出顶盖，安全顶窗开启，车内人员即可由此逃生。

2.服务设备

车厢内服务设备，除普遍采用的空调设备外，一般还有音像设备、安全设备、便利设备等。

（1）音像设备，基本由扬声器、显示屏、麦克风、影碟机四部分构成。扬声器即音响，车内音响一般也分为左右声道，在播放双语电影时，可以通过调节左右声道来选择语种。显示屏又称为显示器，是音像的视频展示器。麦克风为音频输入端，可以将声音传入音像设备，并通过扬声器传出。影碟机为播放音像的核心设备，音像是通过影碟机读取碟片或磁片记录进行播放。也有些车辆配备的音像设备不是播放影碟型，而是转播电视节目，这种音像设备又被称为"车载电视"。

（2）安全设备。车厢内的安全设备主要包括安全带、安全锤、灭火器。

①安全带装置在每个座椅上，客车在高速公路上行驶时，由于车速较快，要求乘坐的旅客系好安全带。

②安全锤是在紧急时刻敲碎车厢玻璃逃生用的，客车车厢内一般都会配备多把安全锤，分别位于车厢两侧及后方车厢玻璃边框上，非紧急情况不能随便使用安全锤。

③灭火器能扑灭固体、液体和气体火灾，当车厢内小范围起火时，可使用灭火器对火情进行控制，大型、特大型客车的灭火器数量一般要求不少于2个。灭火器应固定放置于方便取用的位置，其中至少有一个灭火器放置在靠近驾驶员座位的位置（通常位于驾驶员座位后方）。后置式发动机的客车，宜设置发动机舱自动灭火装置。

此外，客车车厢内还设置有安全提示和标志，如：禁止吸烟和禁止明火的标志；灭火器、安全门（窗）、安全锤等的标志及其操作方法；禁止超载、超速、疲劳驾驶的警示标志，便于旅客监督。

应当指出，上述直接服务于旅客的传统安全设备（包括安全出口等安全设施），均属在发生"万一"情况下应急使用的"被动"安全设备，它们的作用仅限于减少事故损失特别是减少旅客伤亡，而没有事故防范功能。近年来，为加强道路客运安全管理，保障道路客运行车安全，营运客车普遍加装了能够监控汽车行驶、预防事故发生的"主动"安全设备——汽车行驶记录仪和卫星定位监控系统(GPS)车载终端,有的客车还安装了实时视频监控系统。安全管理人员可以通过这些动态监控设备对客车的安全行驶进行实时监控,及时发现和纠正驾驶员的违章行为。

(3)便利设备。长途客车上常配备饮水机,可为旅客提供冷、热两种温度的饮用水。有些车内(如大型高二级以上客车)还配备简易卫生间,可在汽车运行中为旅客提供方便。

第四节 道路客运经营者

一、道路客运经营者的概念

道路客运经营者是指从事经营性汽车客运活动,具备与经营业务相适应的客运经营资格,依法取得《道路运输经营许可证》,并办理工商登记的单位或个人。在道路客运市场中,它们是为需求主体(旅客)提供服务的供给主体。

道路客运经营者主要包括客车运输经营者和客运站经营者。

客车运输经营者,是指按旅客所购客票或其他客运合同载明的要求,使用客车实现旅客及行包位移的客运经营者。因此,客车运输经营者也可以称之为"承运人"。如客车运输公司。

客运站经营者,是指依托客运站的场所及其设施,为旅客及客车运输经营者提供运输服务的客运经营者。如公用型车站。

这里需要说明一点,由于客车运输经营者是承担客运基本功能、完成客运基本过程的主要客运经营者,所以有时只将客车运输经营者称为"客运经营者",而将客运站经营者排除在客运经营者之外,交通部于2005年7月13日颁布的《道路旅客运输及客运站管理规定》就采用了这样的称谓。但我们认为,将客运站经营者排除在外的客运经营者定义,似乎是狭义的或不完全意义的,因为:对于整个客运过程而言,它所完成的只是其中的一部分(尽管是基本的或主要的部分);对于旅客而言,它所提供的服务是"不完整"的运输产品。而如果是"站运一体"的汽车客运企业,由于可为旅客提供他们所需要的"全套"服务,作为完全意义的客运经营者则是没有疑义的。

除客车运输经营者和客运站经营者外,还有一类从事客运服务的经营者,他们为客车运输经营者或客运站经营者组织客源、代售客票或受理托运行包并收取相应费用,但他们既没有客车也没有站场设施,只是旅客与客车运输经营者或客运站经营者之间的中介,故一般称之为客运代理人。客运代理人的业务比较单一(多为客运站经营业务的一部分),且通常作为非客运企业的一种附属业务而存在,所以本书不单独对其进行论述。

二、道路客运经营者的条件

道路客运的运输对象主要是人而不是物,因此,保障客运安全是其首要而重大的命题。从源头上把关,严格限定客运经营者的资格,无疑是必不可少的措施。那么,必须具备什么样的条件,才能依法取得《道路运输经营许可证》而成为道路客运经营者呢?对此,交通部颁布的《道路旅客运输及客运站管理规定》作出了明确规定,从设施设备、人员、安全管理制度三个方面规范了道路客运经营者的必备条件。

(一)客车运输经营者的必备条件

1. 客车

有与其经营业务相适应并经检测合格的客车,具体要求包括技术要求、类型等级要求和数量要求三个方面:

(1)客车技术要求:

①技术性能符合国家标准《营运车辆综合性能要求和检验方法》(GB 18565—2001)的要求;

②外廓尺寸、轴荷和质量符合国家标准《道路车辆外廓尺寸、轴荷和质量限值》(GB 1589—2004)的要求;

③技术等级要求:从事高速公路客运或者营运线路长度在800km以上的客运车辆,其技术等级应当达到行业标准《营运车辆技术等级划分和评定要求》(JT/T 198—2004)规定的一级技术等级;营运线路长度在400公里以上的客运车辆,其技术等级应当达到二级以上;其他客运车辆的技术等级应当达到三级以上。

这里所称高速公路客运,是指营运线路中高速公路里程在200km以上或者高速公路里程占总里程70%以上的道路客运。

(2)客车类型等级要求:

从事高速公路客运、旅游客运和营运线路长度在800km以上的客运车辆,其车辆类型等级应当达到行业标准《营运客车类型划分及等级评定》(JT/T 325—2006)规定的中级以上。

(3)客车数量要求:

①经营一类客运班线的班车客运经营者应当自有营运客车100辆以上、客位3000个以上,其中高级客车在30辆以上、客位900个以上;或者自有高级营运客车40辆以上、客位1200个以上;

②经营二类客运班线的班车客运经营者应当自有营运客车50辆以上、客位1500个以上,其中中高级客车在15辆以上、客位450个以上;或者自有高级营运客车20辆以上、客位600个以上;

③经营三类客运班线的班车客运经营者应当自有营运客车10辆以上、客位200个以上;

④经营四类客运班线的班车客运经营者应当自有营运客车1辆以上;

⑤经营省际包车客运的经营者,应当自有中高级营运客车20辆以上、客位600个以上;

⑥经营省内包车客运的经营者,应当自有营运客车5辆以上、客位100个以上。

2. 驾驶人员

从事客运经营的驾驶人员,应当符合下列条件:

(1)取得相应的机动车驾驶证1年以上;

(2)年龄不超过60周岁;

(3)3年内无重大以上交通责任(指同等或者以上责任)事故记录;

(4)经设区的市级道路运输管理机构对有关客运法律法规、机动车维修和旅客急救基本知识考试合格而取得相应从业资格证件。

3. 安全管理制度

有健全的安全生产管理制度，包括安全生产操作规程、安全生产责任制、安全生产监督检查制度、驾驶人员和车辆安全生产管理制度。

（二）客运站经营者的必备条件

（1）客运站经有关部门组织的工程竣工验收合格，且经道路运输管理机构组织的站级验收合格；

（2）有相应的设备、设施，符合行业标准《汽车客运站级别划分和建设要求》（JT/T 200—2004）的规定；

（3）有与业务量相适应的专业人员和管理人员；

（4）有健全的业务操作规程和安全管理制度，包括服务规范、安全生产操作规程、车辆安全例行检查制度、安全生产责任制、危险品查堵制度、安全生产监督检查制度。

三、道路客运经营者的要求

为规范道路客运经营活动，维护道路客运市场秩序，保障道路客运安全，保护旅客和经营者的合法权益，《道路旅客运输及客运站管理规定》还对客运经营者提出了一系列要求，包括基本要求和具体要求两大方面。

（一）道路客运经营者的基本要求

在市场经济条件下，任何经营者都必须处理好同国家、消费者、竞争者等方方面面的关系，必须共同遵守一些基本的规则和行为准则。作为道路客运经营者，应当共同遵循的基本要求主要有以下几点。

1. 以人为本、安全第一

所谓以人为本，就是以人为中心，以满足人的需求（包括精神需求）、提高人的生活品质为目的，对道路客运来说，也就是以旅客为中心，关注和满足旅客的正当需求，尊重和保护旅客的合法权益，为旅客出行提供人性化的、方便快捷和温馨满意的服务。

所谓安全第一，就是人的生命、健康（包括心理健康）第一，这是以人为本的首要内涵，也是旅客需求和旅客权益的第一要义。作为道路客运经营者，就是要把旅客的生命和财产安全作为重中之重，放在一切工作的首要位置，予以高度重视，进行系统管理，确保万无一失。

2. 依法经营

所谓依法经营，包括两层含义：首先，要求经营者主体资格合法，也就是经营者必须符合规定条件（如前述的"必备条件"），经道路运输管理机构审批并取得经营许可；其次，要求经营者经营行为合法，也就是经营者应当严格按照有关的法律、法规和规章所规定的经营行为规范（如下述的"具体要求"）进行经营活动。

3. 诚实信用

所谓诚实信用，就是要求对旅客保持善意，实事求是，一要表里如一，真诚相待，不弄虚作假，不提供虚假信息，二要言行一致，恪守信用，不说一套做一套，不背弃承诺，不搞任何欺诈行为。

4. 优质服务

所谓优质服务，就是为社会提供高质量的运输服务，包括舒适的服务环境、良好的服务设施、丰富的服务内容、先进的服务手段、方便的服务方式、温馨的服务态度等,满足广大旅客日益提高、不断变化的运输需求,促进社会进步和人民生活品质提升。

5. 公平竞争

所谓公平竞争,就是要依照同一规则行事,在同一规范约束下、通过正当途径(如提高自己的服务水平和管理水平等)进行竞争,不使用暴力、强制手段和其他不符合法律、法规、规章、规范的手段限制、干扰和影响其他经营者,不利用自己的优势地位和不正当手段排挤其他经营者。

上述五点,从不同角度对道路客运经营者提出了要求,构成了道路客运经营者的基本行为规范,指出了道路客运经营者必须始终坚守的基本经营理念。其中,"以人为本、安全第一"是道路客运必须坚持的根本宗旨,是道路客运的出发点和落脚点,因而也是对道路客运经营者最基础、最核心的要求;"依法经营"是市场经济的内在要求,是道路客运经营者对国家应尽的法律责任和基本义务;"诚实信用"是民法的基本原则之一,是维护旅客合法权益的基本保证,"优质服务"是旅客运输需求及其合法权益的基本内涵,二者都是道路客运经营者处理与旅客关系的基本行为准则,也是道路客运经营者在市场经济条件下生存与发展的必然要求和基本途径;"公平竞争"是道路客运经营者处理与其他经营者关系的基本行为准则,也是维护道路客运市场秩序、促进道路客运市场繁荣与发展的基本规则。

(二)道路客运经营者的具体要求

上述五点基本要求只是对道路客运经营者的原则性要求,或者说是理念性规范。道路客运经营者在经营活动中全面体现这些要求,还必须严格遵循一些具体要求,即经营行为规范。

1. 客车运输经营者的具体要求

客车运输经营者的经营行为规范,主要有:

(1)依据国家有关技术规范对客运车辆进行定期维护和定期检测,确保客运车辆技术状况良好,禁止使用报废的、擅自改装的、拼装的、检测不合格的客车以及其他不符合国家规定的车辆从事道路客运经营。

(2)按照道路运输管理机构决定的许可事项从事客运经营活动,不得转让、出租道路运输经营许可证件。

(3)取得班线经营许可后,应当向公众提供连续运输服务,不得擅自暂停、终止或者转让班线运输。

(4)在发车30分钟前备齐相关证件进站等待发车,不得误班、脱班、停班。因故不能发班的,应当提前1日告知客运站经营者,并协商调度车辆顶班。

(5)按照许可的线路、班次、站点运行,在规定的途经站点进站上下旅客,无正当理由不得改变行驶线路,不得站外上客或者沿途揽客。但有两点例外:一是遇到特殊情况,如路断、路阻,可以改变行驶路线;二是经许可机关同意,在农村客运班线(指县内或者毗邻县间至少有一端在乡村的客运班线)上运营的班车可采取区域经营、循环运行、设置临时发车点等灵活的方式运营,这是扶持农村客运发展的需要。

(6)不得强迫旅客乘车,不得中途将旅客交给他人运输或者甩客,不得敲诈旅客,不得擅自更换客运车辆,不得阻碍其他经营者的正常经营活动。

(7)严禁客运车辆超载运行,在载客人数已满的情况下,允许再搭乘不超过核定载客人数 10% 的免票儿童。客运车辆不得违反规定载货。

(8)遵守有关运价规定,使用规定的票证,不得乱涨价、恶意压价、乱收费。

(9)在客运车辆外部的适当位置喷印企业名称或者标志,在车厢内显著位置公示道路运输管理机构监督电话、票价和里程表。

(10)为旅客提供良好的乘车环境,确保车辆设备、设施齐全有效,保持车辆清洁、卫生,并采取必要的措施防止在运输过程中发生侵害旅客人身、财产安全的违法行为。

(11)为旅客投保承运人责任险。

(12)加强对从业人员的安全、职业道德教育和业务知识、操作规程培训。并采取有效措施,防止驾驶人员连续驾驶时间超过 4 个小时和一天(24 小时)内驾驶时间超过 8 小时的情况发生。

(13)制定突发公共事件的道路运输应急预案(包括报告程序、应急指挥、应急车辆和设备的储备以及处置措施等内容)。发生突发公共事件时,服从县级及以上人民政府或者有关部门的统一调度、指挥。

(14)建立和完善各类台账和档案,并按要求及时向道路运输管理机构报送有关资料和信息。

(15)随车携带《道路运输证》、从业资格证等有关证件,在规定位置放置客运标志牌。客运班车还应当随车携带《道路客运班线经营许可证明》。

(16)客运包车凭包车客运标志牌,按照约定的时间、起始地、目的地和线路运行,并持有包车票或者包车合同,不得按班车模式定点定线运营,不得招揽包车合同外的旅客乘车。非定线旅游客车可持注明客运事项的旅游客票或者旅游合同取代包车票或者包车合同。

2. 客运站经营者的具体要求

客运站经营者的经营行为规范,主要有:

(1)按照道路运输管理机构决定的许可事项从事客运站经营活动,不得转让、出租客运站经营许可证件,不得改变客运站用途和服务功能。维护好各种设施、设备,保持其正常使用。

(2)与进站发车的客车运输经营者依法自愿签订服务合同,双方按合同的规定履行各自的权利和义务,并按月与客车运输经营者结算运费。

(3)依法加强安全管理,完善安全生产条件,健全和落实安全生产责任制。按规定对出站客车进行安全检查,采取措施防止危险品进站上车,按照车辆核定载客限额售票,严禁超载车辆或者未经安全检查的车辆出站,保证安全生产。

(4)禁止无证经营的车辆进站从事经营活动,无正当理由不得拒绝合法客运车辆进站经营。坚持公平、公正原则,合理安排发车时间,公平售票。

(5)公布进站客车的班车类别、客车类型等级、运输线路、起讫停靠站点、班次、发车时间、票价等信息,调度车辆进站发车,疏导旅客,维持秩序。

(6)对无故停班达 3 日以上的进站班车,客运站经营者应当报告当地道路运输管理机构。

(7)设置旅客购票、候车、乘车指示、行李寄存和托运、公共卫生等服务设施,向旅客提供安全、便捷、优质的服务,加强宣传,保持站场卫生、清洁。

(8)严格执行价格管理规定,在经营场所公示收费项目和标准,严禁乱收费。

(9)按规定的业务操作规程装卸、储存、保管行包。

(10)制订公共突发事件应急预案。应急预案应当包括报告程序、应急指挥、应急设备的储备以及处置措施等内容。

(11)建立和完善各类台账和档案,并按要求向道路运输管理机构报送有关信息。

第五节 道路客运的产品

道路客运生产同其他运输方式一样,产出的是运输对象的位移,或者说是以实现运输对象位移为中心的服务。这是一种有别于有形产品的特殊产品。这一点,我们在第一章就已经指出过并作了初步的探讨。这里,我们再深入分析一下作为产品的服务及其质量的特点,进而提出道路客运服务的质量特性。

一、服务及其特征

(一)服务的概念

在质量管理中,把所有产品分为四大通用类别,即软件、硬件、流程性材料和服务。软件由信息组成,通常是无形产品,体现在一定的承载媒体(如纸张、光盘)上,以方法、论文、程序等形式存在,如汽车说明书、计算机程序。硬件通常是有形产品,可以分离,可以定量计数,如汽车零件、轮胎。流程性材料通常是有形产品,其量具有连续的特性,通常以体积或重量来计量,如汽油、饮料。

服务是一种特殊产品。它通常是无形的,不同于硬件和流程性材料;它伴随着供方与顾客之间的接触而产生,也不同于软件。服务可以是对属于顾客的有形产品或无形产品所施加的活动,前者如旅客行包运输、汽车修理,后者如质量管理体系审核;也可以是有形产品或无形产品的供给,前者如餐饮、商品销售,后者如旅游、培训;还可以是某种气氛的提供或心里感觉的满足,如车站的环境、服务人员的态度。

在理解服务的含义时,有几点需要注意:

(1)服务的目的是为了满足顾客的需要,如旅客或货物的位移。顾客的需要不仅是物质方面的,还包括精神方面的,如被尊重的感觉。随着社会的发展和进步,顾客的需要始终处于不断的变化和发展之中。因此,服务企业只有持续创新和改善服务,才能适应和满足顾客的需要;同时,也只有在不断适应和满足顾客需要的过程中,服务企业自身才能不断进步和成长。

(2)服务的条件是必须与顾客接触,这是服务与其他三类产品之间最显著、最本质的区别,这也是为什么服务生产必须以顾客为中心的道理。供方与顾客的接触形式,可以是人与人的接触,如售票员与旅客的接触、货运受理人员与货主的接触;也可以是人与物的接触,如车辆修理过程;也可以是物与人的接触,如客运站自助售票机服务;还可以是物与物的接触,如自动洗车机洗车过程、旅客行包安全自动检测过程。

(3)服务的内容是供方与顾客接触的活动和供方内部的活动所产生的结果。也就是说,服务产品的生产既有"供方与顾客接触的活动"(如上述,这是服务的必要条件),又有"供方内部的活动"。所谓"供方内部的活动",通常又被称为"服务提供",是指提供某项服务所必需的供方内部活动(其中大多数属于经营管理活动),如道路旅客运输中的运行作业计划、车辆调度、车辆维修、运行材料供应等等。可见,服务的概念包括"服务提供"的内容,服务水平不仅取决于与顾客接触的活动,而且受到服务提供水平的制约。因此,服务既表现为一种结果,又是一系列提供服务的活动或提供服务的过程。

(4)服务是无形的,但它有时是与有形产品的供应或制造并供应结合在一起的。这是因为,一方面,服务企业常常需要通过有形产品的提供来提高服务的水平和吸引力,如旅客运输中供应免费饮食或纪念品;另一方面,有些服务企业本身离开有形产品的提供就无法实现服务的目的,如商场服务(供应有形产品)、餐饮服务(制造并供应有形产品)。

(二)服务的特征

如前述,作为产品的服务,当然是一种结果,但它同时又是一种活动,是一个过程。与硬件和流程性材料等有形产品相比,服务具有无形性、生产与消费同步性、不可储存性、差异性等特征。

1. 无形性

无形性是服务最为显著的一个特征。这一点,可以从三方面来理解:

(1)服务不具有实物形态。服务的主体是服务者的行为(包括语言),是由一系列环节组成的活动过程,它不是一个看得见、摸得着的静态物品,而是一种只能凭消费者体验或感觉的动态的使用价值。例如客运服务,就是一种不可触摸的无形存在,旅客接受服务后并没有得到什么物质所有权,而只是一种位移以及与位移有关的过程体验,如安全、及时、舒适等等。

(2)服务不能独立存在。服务是在服务者与顾客接触和互动过程中完成的,不能离开服务者而独立存在,也不能离开顾客而独立存在。顾客在购买服务之前,不可能看到像购买实物时的那种有形展示,更不可能试用,当然无法预料会得到什么样的服务。服务企业过去的服务水平和形象往往成为顾客作出消费选择的重要依据,如果顾客不曾有过同样服务体验的话,这种"过去的服务水平和形象"还只能来自他人的介绍(即口碑传播或市场声誉)或者企业的服务承诺与广告宣传。显然,顾客购买服务所面临的风险比购买实物商品要大得多。

(3)服务很难客观评价。大多数服务都非常抽象,很难界定、描述和度量,通常用来鉴别实物形态的形状、尺寸、颜色、气味、质地、硬度等标准对于服务是无能为力的。所以,顾客在接受服务后,一般很难直观地感受到服务包含的价值,不易迅速对服务优劣作出客观的判断,而只能同自身的期望、或过去的经历、或旁人的评价、或企业的承诺等的对比中去体会。这就使服务的评价带有浓重的主观色彩。这种"主观色彩",既增加了顾客鉴别服务的难度,更增加了企业控制和改善服务的难度。

2. 生产与消费同步性

工农业生产的有形产品从生产、流通到最终消费的过程中,一般要经过一系列的中间环节,生产与消费之间有一定的时间间隔和空间距离。服务则不同,它的生产过程与消费过程同时进行,既不存在"时间间隔",也不存在"空间距离"。也就是说,服务人员向顾客提供服务的同时,顾客也在消费着服务,服务的生产过程就是服务的消费过程,生产与消费在时间上是同步的、空间上是重合的、数量上是相等的,二者如影随形、不可分割。服务的这一特征表明,顾客只有加入到服务生产的过程中才能消费服务,而服务的生产过程没有顾客的参与也无法进行,所以,顾客既是服务的消费者也是服务生产的参与者。例如旅客,既是客运服务的消费者,又是客运生产过程的参与者;只有当旅客开始消费,客运生产才能开始进行,客运服务才能生产出来;旅客消费一旦结束,客运生产也便终止,客运服务也就不再存在。

3. 不可储存性

服务产品生产与消费的同步性,决定了服务的生产与消费是不可分离的,服务不存在离开消费而独立进行的生产过程,服务生产者不可能在顾客消费之前预先生产服务,因而既不能通过储存服务以在时间上延后销售,也不能依靠调拨服务以在空间上调剂余缺,即服务生产是实时的、易逝的。消费者购买的服务产品,也不能作为将来的消费储存起来,如果不在有效的时间内消费,这种服务就会很快失去,即服务消费也是实时的、易逝的。例如,在道路客运中,旅客不能将这一次购票后而未乘坐的空座位留至下一次乘车时使用。

4. 差异性

服务是无形的,服务的提供主要依靠人(服务人员)而不是机器来完成,无法像有形产品那样实现真正意义上的标准化,而服务对象又是具有感情色彩且参与服务过程的人,这就使每次服务带给顾客的感知都可能存在差异。这主要有三个方面的原因:

(1)由于服务人员方面的原因,产生事实上的服务差异。服务人员的身体状况、心理状态、服务技能、努力程度等不可能完全保持一致,这就使不同服务人员提供的同一种服务、同一服务人员在不同时间提供的服务、同一次服务中对多位服务对象的服务、对同一服务对象的不同次服务等,都难免会有不同的表现。

(2)由于顾客方面的原因,产生感知上的服务差异。不同顾客在年龄、知识、经验、个性、爱好、心态、需求等方面客观上存在差异,在不同程度上会直接影响到其对服务的主观感受,会让即使相同的服务也涂抹上不同的"主观色彩";即使是同一顾客,在不同时间消费相同的服务,也会因期望、情绪等的不同而有不同的评价。此外,顾客之间的相互作用和影响,如彼此干扰、争吵、秩序混乱等,也会造成对服务感知上的差异,这一点在群体性突出的客运服务上表现尤为明显。

(3)由于服务人员与顾客之间互动方面的原因,使服务效果产生事实上或感知上的差异、或兼而有之的双重差异。服务,是一个动态的过程,是这个过程中服务人员与顾客互动的结果。而服务人员与顾客之间的互动,其实包含着双方复杂的心理活动和行为表现,如果在衔接、沟通、理解、配合等方面出现不足或偏差,都会使服务的生产行为或消费行为产生一定的变形和波动现象,服务的实际效果或顾客感知效果自然也就不尽相同。哪怕是同一服务人员与同一顾客之间,在不同次或不同时间的服务互动也不会没有一点差异。

从以上四个特征分析中不难看出,"无形性"和"生产与消费同步性"是服务产品的最基本特征,而"不可储存性"、"差异性",在很大程度上则是由"无形性"和"生产与消费同步性"两大特征所决定的。从"无形性"和"生产与消费同步性"两大特征出发还可以派生出其他一些特征,比如"易逝性"、"不可修复性"、"不可调换性"等。

道路客运的产品是服务。因此,作为产品的服务其特征,自然也无例外地存在于道路客运之中。同时,应当看到,道路客运服务还具有与其他服务产品不同的特征,比如时间性(表现在客流的流时上)、方向性(表现在客流的流向上)的特征。充分认识客运服务的这些特征,对于加深客运服务质量的理解进而提高客运服务质量水平是十分必要的。

二、服务质量的构成和特点

(一)服务质量的构成

从前述服务的概念中可以看出,当我们把服务作为产品来考察时,服务质量是一个综合概念,包括服务设施设备质量、服务环境质量、无形的劳务质量和有形的实物产品质量四个组成部分。提高服务质量,就要从这四个方面作出全面的努力和改善。当然,对于不同的服务产品而言,其质量的这四个组成部分的影响程度是不同的,所以提高质量的侧重点也应有所不同。

1. 设施设备质量

服务企业的服务性设施设备,供顾客直接使用或作为服务工具为顾客间接使用,其性能好坏对服务质量显然有着直接的影响。例如:道路客运的运输工具——客车,它的技术状况是否良好,技术装备是否齐全有效,直接关系着旅客的生命财产安全,以及能否快捷、舒适地实现位移的要求;宾馆饭店的卫生间设备、空调、电视机、娱乐健身设施等的完好和技术先进程度决定着它的服务等级,与此相类似,不同等级客运站所要求配备的设施设备也是不同的。

2. 环境质量

环境质量主要指服务场所的美化、设施设备的布局、商品陈列的艺术性、环境卫生状况、灯光音响和温度的适宜性、服务现场的秩序等。良好的服务环境能够让人耳目一新,能够创造出一种令人轻松舒适、心旷神怡而乐于置身其中的美好感觉和氛围,从而大大提高顾客对服务质量的评价。道路客运的环境质量主要反映在车站的站容、客车的车容、服务人员的仪容以及客运现场的服务秩序等方面。

3. 劳务质量

劳务质量主要表现在服务人员所提供的服务项目、服务内容、服务方式、服务标准、服务时效以及服务人员的服务态度、言谈举止等方面。提供劳务是一切服务企业的重要活动内容,劳务是服务产品的基本构成,劳务质量是服务质量的基本组成部分。而且,在多数情况下,劳务质量集中反映了服务企业的服务能力和服务水平,顾客对服务质量的评价,在很大程度上取决于劳务质量。道路客运服务质量,也主要体现在以实现旅客位移为中心的劳务质量上。人们通常所说的"服务质量",实际上主要指的就是劳务质量或服务工作质量,这时的"服务"是狭义的,一般不具备"产品"的完整概念。本书第二篇所称的"服务",主要指的是"劳务"。

4. 实物产品质量

实物产品质量在商业、餐饮业等传统服务业的服务质量构成中处于基础地位。商业企业如果没有商品质量的保证,餐饮企业如果没有菜肴质量的保证,就不能满足顾客的基本需求,提高服务质量也就成了一句空话。在道路客运服务质量构成中也有实物产品质量,比如,客运企业向旅客赠送的食品和纪念品质量、客运站小卖部出售的饮食和其他商品质量等,当然,它不象商业、餐饮业的实物产品质量那样举足轻重。

（二）服务质量的特点

有形实物产品的质量，一般具有客观性（能比较客观评价）、产出性（看产出后成品的质量）和个体性（单个实物产品就能形成质量）。而服务质量正好相反，它的特点是主观性、过程性和整体性。

1. 服务质量的主观性

由于服务的无形性，服务质量缺乏直观、有力的客观度量标准（但这并不意味服务没有或不需要标准），因而主观标准便成了左右服务质量的评价依据；由于生产与消费的同步性，服务质量的形成必须有顾客的参与、体验和认可，因而不可能不受顾客主观因素的影响，前面谈到的服务差异性特征实际上也主要是顾客主观因素造成的。因此，服务质量具有较强的、由顾客所主导的主观性特点。在这个意义上，我们也可以说服务质量其实是一种"主观质量"或"感知质量"，是一种难以统一精确认定的"差异性质量"。顾客对服务质量的评价，往往取决于顾客对服务的预期质量（即顾客消费前对服务质量的综合估计和期望，它主要取决于个人需求、过往经验、企业声誉或口碑、企业承诺等因素）与体验质量（即顾客消费后实际体验和感知到的服务质量，它包括"得到什么"和"如何得到"两个方面）之间的对比。当体验质量达到预期质量时，顾客就会满意；当体验质量超过预期质量时，顾客就会非常满意乃至有一种"惊喜"之感；反之，当体验质量低于预期质量时，顾客则会认为服务质量较低而"不可接受"。这就是为什么对相同水平的服务，期望高的顾客会对其质量评价较低，期望不高的顾客评价反倒可能比较高的原因。同样，这也就是为什么言过其实的服务承诺与广告宣传会适得其反，而且其负面作用比之实物产品的夸大宣传更大的原因。

2. 服务质量的过程性

前述的服务概念表明，作为特殊产品的服务，既是一个结果，又是一个过程，是过程与结果的统一。由于服务生产与消费的不可分性，服务的生产及其质量形成过程，顾客一般是参与的、可感知的，甚至是直接作用或影响的，也就是说服务质量是在服务人员与顾客互动的过程中形成的。顾客不但关注服务的结果（得到什么），更会关注服务的过程（如何得到），并依据服务过程的亲身体验对服务质量做出判断。比如，到同一景点旅游，游客得到的"结果"（即景点）可以说是相同的，但如果经历的"过程"不同（乘坐的车辆、安排的活动、行走的线路、导游的知识和服务行为等），游客心中的旅游服务质量肯定也会不同。因此，服务质量是一种通过服务全过程反映出来的"过程质量"、"互动质量"。

3. 服务质量的整体性

由于服务质量由劳务质量、服务设备设施质量、服务环境质量和实物产品质量几部分共同组成，服务质量又是一种"过程质量"，同时"服务水平不仅取决于与顾客接触的活动，而且受到服务提供水平的制约"，因此，服务质量的形成，是服务企业一系列"软"、"硬"件条件共同作用的结果，是服务企业各个部门、各个环节、各个作业、各个工种乃至全体人员的参与和协作的结果。不论是直接与顾客接触的一线生产、销售和辅助人员的服务操作质量，还是二线的营销策划、后勤和管理人员的工作质量，都关系到服务质量的形成和好坏。所以说，服务质量具有整体性，它是服务企业整个服务链"软""硬"件的完善程度以及与之相关的各项工作整体水平的综合反映，是一种"整体质量"。这就好比是注重整体效果的大合唱或团体操，而不像那以欣赏个体为主的独唱或单人舞。仅仅某个环节、某个局部或是某个个人的优质工作,并不能带来"一优俱优"的效果,相反,某个环节、某个局部或是某个个人的恶劣表现,倒像"一粒老鼠屎"一样坏掉"一锅粥"。

上述特点提示我们,与有形产品质量相比较,服务质量的管理不能不特别注意以下三点:

(1)服务质量的影响因素更多、涉及面更广,评价、控制和提高服务质量的难度更大。这对于以服务为产品的道路客运而言,显然是个严峻而又必须面对的挑战。

(2)顾客对于服务质量的作用和影响甚为关键,在这个意义上甚至可以说,决定服务质量高低的是顾客而不是企业自己,进一步说,决定企业命运的是顾客而不是企业自己。联系旅客的含义,不难理解,以旅客为中心、重视与旅客的互动和持久关系、时刻关注并满足旅客的需求(包括个性化的、主观性的需求),对于道路客运企业具有何等重要的意义!

(3)服务质量管理的要务,在于精心打造整体优质的服务链,在于着力加长其中的"短板"即加强其中的薄弱环节,而不在于刻意塑造个别的服务"明星"、服务"亮点"或是"精品"环节(当然,如果是富有特色的"锦上添花"或者作为管理过程中的示范之举,则另当别论)。外部环境复杂、内部工种环节众多的道路客运企业,如何系统优化和整合协调所拥有的各类资源(包括有形资源和无形资源、内部资源和外部资源),如何构建一个经得起市场检验、旅客称道、社会翘指的优质服务体系,特别是如何提升服务体系的关键环节——与旅客直接接触的一线服务人员的地位、素质和作用,确实是值得高度重视和致力破解的管理课题。

三、道路客运服务的质量特性

(一)客运服务质量特性的概念

产品质量满足顾客需求所应具备的一些属性,称之为质量特性。顾客正是根据质量特性能否满足需要或者满足程度来判断产品的好坏。道路客运的产品——服务,虽然不具有实物形态,但与工农业产品一样,也有它的质量特性。只不过正如前述,道路客运服务质量特性的形成和表现形态具有主观性、过程性和整体性的特点,这与工农业实物产品是不同的。

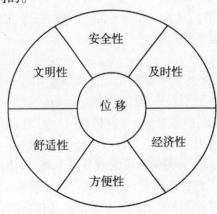

图3-2 道路客运服务的整体概念图

道路客运的基本功能是实现旅客的位移,即运送旅客从始发地到达目的地。道路客运服务的质量特性围绕这一基本功能而展开,它主要表现在安全性、及时性、经济性、方便性、舒适性和文明性六个方面。这些质量特性与基本功能(位移)一起,共同构成了为旅客所需要的道路客运服务这个"产品"的整体概念,如图3-2所示。旅客正是根据以基本功能为核心的六大质量特性的状况来判断客运服务质量的优劣。并且,随着社会的进步和人们生活水平的提高,旅客关注的重点越来越从核心的位移功能转向质量特性。

（二）客运服务质量特性的含义

1. 安全性

客运安全性是指将旅客及其行包安全地运达目的地的特性。

简单理解，安全性就是不发生各类事故，主要表现在三个方面：一是客运车辆在运行过程中（包括在车站内发车、停放的过程中），不发生行车事故，以免造成旅客人身伤亡和行包等财产毁损，避免因行车事故造成对行人、其他交通车辆及沿路设施的危害；二是杜绝各种危险品上车，防止客运过程中爆炸、燃烧等意外事故的发生，避免因此而造成对旅客和行包的伤害；三是运输生产各作业环节（含车辆运行）中，不发生各类运输商务事故，包括旅客错乘、漏乘以及行包差错、失损和被盗等问题。

但是，仔细想想，上述"安全性就是不发生各类事故"的表述，对于运输对象"物"（如行包）而言也许是适当的，但对于运输对象"人"（即旅客）来讲就并不完整或不准确了。"安全"是"安"与"全"两个字的组合，"无险"谓之"安"，"无损"谓之"全"，既"无损"又"无险"的状态（包括结果，也包括过程）方能称之为"安全"。如果说我们曾经接受过"无损"即安全的概念，那么今天，在人们越来越重视心理健康和精神感受的现代文明社会，仍然将安全性仅仅界定为"不发生事故"，显然是远远不够了。因此，我们必须强调指出，安全性不仅包括不发生各类事故以及由此产生的人身伤亡、财产损失等实体性损害，而且应当包括不出现各类安全危险或事故征兆以及由此可能造成的旅客心理或精神伤害（诸如紧张、担心、惊吓、恐惧等）。我们不妨将前者（即"无损"）称之为实体安全（或显性安全、结果安全），将后者（即"无险"）称之为心理安全（或隐性安全、过程安全）。这就是说，只有同时具备实体安全和心理安全，才是完全意义上的安全性，或者说，只有建立在旅客具有充分"安全感"基础上的安全性，才是真正的安全性。设想一下，客运结果虽然没有事故，但其过程却又处于随时可能发生事故的"边缘"状态中，旅客虽然没有遭受易于观察和度量的那种实体性事故危害，却又总是摆脱不了各类安全危险或事故征兆所带来的惊恐不安之类的心理煎熬，这样的所谓"安全性"还有什么意义！这种没有安全感的所谓"安全性"，又怎能被旅客和社会认同！

2. 及时性

客运及时性是指以最短的时间将旅客送达目的地的特性。

及时性就是人们常说的"快"，主要表现在三个方面：一是"即时"，即在旅客有需求时能快速响应，即时为旅客提供相应的运输服务，减少旅客购票、候车、托运等的等候时间。二是"准时"，即遵守有关服务时间的承诺，特别是按照车票或运输合同的规定，正点发车，准时到达。三是"省时"，即尽可能提高包括车辆运行在内的各个服务环节、各项服务作业的工作效率，减少各个服务环节、各项服务作业的时间占用，从而缩短整个客运过程的延续时间，让旅客尽快完成全部旅程或及时换乘下程交通工具。

3. 经济性

客运经济性是指让旅客以合理的最低费用支出实现位移的特性。这里的费用，是指旅客行程全过程所需要的费用。

经济性就是俗话所说的"便宜"，主要表现在两个方面：一是直接费用便宜，即通过企业运输生产成本的降低，节省旅客在接受运输服务过程中各项运输直接费用与杂费的支出，比如在规定的浮动范围内执行较低的运价。二是间接费用便宜，即通过科学组织运输生产过程,提高运输服务其他方面的质量特性(如及时性、方便性),降低旅客因运输而带来的各类相关费用的支出,如旅客旅行期间的食宿费、转乘费的支出。

4. 方便性

客运方便性是指使旅客能够便利地享受运输服务的特性。

方便性反映了旅客的行为(或精力)付出少,主要表现在三个方面:一是发挥道路客运的特有优势,合理地规划布局营运线路和客运站点,完善汽车客运网络,提高汽车客运的通达程度,使分散在各线、各地的旅客能够方便地就近乘车、就近到达、就近中转和换乘。二是开发灵活机动的营运方式和服务项目,如包车客运、直达班车客运、公交化客运、小型车客运、上门接客、站际接送、多式联运等,以满足各种类型旅客的个性化出行需要。三是简化客运服务环节和手续,增加服务岗位和内容,创新服务方式和手段,如采用多种灵活的售票方式、行包受托方式、信息服务方式等,提高旅客享受运输服务的便利程度。

5. 舒适性

客运舒适性是指使旅客在满足安全性、及时性、方便性等需求的基础上能够比较舒适地享受运输服务的特性。

舒适性带给旅客的主要是生理效应(也有部分心理效应),主要表现在三个方面:一是美化服务环境,包括车站和车辆的外观、装饰、卫生、灯光以及服务人员的仪容仪态和服务现场的秩序等,使旅客感到赏心悦目、心宁气和;二是改善服务设施设备,包括车站和车辆的座椅、空调、音响、饮水、卫生设施等,同时还要注意客车行驶时的动态平稳性,让旅客在候车和旅行过程中保持放松、舒适的身体状态,最大限度地减少旅客的体力消耗而不致疲劳或不适;三是增设与旅行有关的其他配套服务项目和服务内容,如为旅客提供吃、住、娱、购、医等各种高品质服务,使旅客如有在家之感,旅途中可能产生的疲劳或不适得以迅速消除,从而保持旅行的旺盛精力和良好身体状态。

6. 文明性

客运文明性是指使旅客在接受运输服务过程中能够得到情感上或精神上的享受和满足的特性。

文明性与旅客的心理感受息息相关,主要表现在三个方面:一是强化服务意识,改善服务态度,以良好的职业道德,以亲切自然、真诚主动、热情周到、文明礼貌、充满人性化的文明服务,让旅客体味到应有的尊重、关爱和真情,得到心理的满足。二是提高服务组织水平和服务艺术,在旅客群体中营造一种彼此关心、体谅、互助、友爱的文明氛围,弘扬社会公德,建立和谐的人际关系及良好的公共秩序,避免客运过程中旅客之间可能出现的相互干扰、摩擦和纠纷,减少乃至消除旅客在旅途中的心理压力而保持舒畅、愉悦的心情,感受社会文明的温暖气息。三是在旅客候车和客车运行过程中,适当播放一些积极健康而又为人们喜闻乐见的文学、音乐、曲艺、影视等,介绍当地(包括始发站、到达站所在地)和班车线路范围的名胜古迹、风土人情、文化习俗、节日庆典等,让旅客在解除旅途寂寞的同时,接受文化熏陶,丰富人文知识,享受精神上的文明"快餐"。

(三)客运服务质量特性的意义

从以上各质量特性的阐述中,我们看到:

(1)安全性是同客运功能密切相关的特性。它是旅客的根本利益所在,没有安全性(包括心理安全),就失去了"功能"(位移)的意义,更没有"质量"可言,没有哪一个旅客会愿意为了位移的需求而付出不安全的代价。因此,安全性是客运服务质量的首要特性,是所有其他质量特性的前提和条件。

(2)及时性是服务时间方面的特性。它是现代运输方式和现代道路客运的鲜明特色与发展趋势。这是因为,现代社会的高节奏使人们对于时间效率的追求有增无减,对于在一切活动中的时间付出越来越"吝啬"和"斤斤计较",对于服务及时性的要求越来越高。

(3)经济性是服务费用方面的特性,方便性是服务方式方法方面的特性,舒适性是服务硬件和环境方面的特性。三者都有一定的相对性,都是同人们付出的经济代价和一定的服务等级联系在一起的。随着人们生活水平的提高和对生活质量的追求,方便性和舒适性的需求将日益突出,而经济性要求则会相对淡化。

(4)文明性是服务氛围和心理或情感方面的特性。客运服务不同于有形产品的生产,也不同于货运生产,它是有着丰富情感和复杂心理活动的人与人(即服务人员与旅客)的接触和互动过程。文明性突出体现了"服务"这种特殊产品的"人性化"属性和特色,也反映了现代社会的普遍要求和进步趋势。可以肯定,人们会越来越重视自身的心理感受和精神需求,越来越关注产品(包括有形产品,更遑论无形的服务)的人文价值含量,因而越来越讲求服务的文明性。

总之,六大质量特性分别从不同方面反映了道路客运服务的基本属性和基本要求,构成了道路客运服务质量的完整内涵。旅客就是根据这六个方面的质量特性能否满足需要或者满足程度来判断客运服务的好坏,而道路客运企业也是通过提高这六个方面的质量特性来提高客运服务质量,提高旅客的满意程度。同时,还应当看到,道路客运的各质量特性之间是相互关联、相互影响的,某一质量特性的优劣,也会在一定程度上导致其他质量特性水平的升降。比如,高的方便性通常都会带来及时性的提升和经济性的改善(因旅行间接费用节约),而舒适性的提高一般又会使经济性有所下降。所以,在实践中应准确理解,并按照不同旅客的需求全面而又有所侧重地保证六大质量特性的实现。

在客运市场竞争日益激烈的形势下,全面提高道路客运服务质量特性,不仅是旅客和社会对客运业的客观要求,也是客运企业增强自身竞争能力、提高市场占有率以期经营成功的必由之路。而全面提高道路客运服务的质量特性,最终取决于企业员工特别是服务人员的思想、道德、知识、技能、心理等综合素质的全面提升,取决于道路客运企业管理水平和技术水平的全面提升。因此,在坚持安全性第一的前提下全面提高道路客运质量特性,是道路客运企业服务与管理的永恒主题。

第六节　道路客运常用术语及主要牌证和单证

一、道路客运常用术语

道路客运行业中,有许多常用的术语。其中,有些是规范性的指标或称谓,有些则是习惯性的俗称或简称。作为道路客运的基本知识,这里择要做一些介绍。

1.旅客运输量

一定数量的旅客,被运送一定距离后所产生的运输效能,称为旅客运输工作量(或旅客运输生产量),简称旅客运输量。旅客运输量是衡量客运工作量或客运产品数量的尺度,是客运企业劳动成果与社会贡献的体现,因此也是客运企业制订客运生产计划和进行统计考核的基本依据。

旅客运输量,由旅客运量(客运量)和旅客周转量两项指标构成。

客运量是实际运输旅客的数量,其计算单位为"人"。旅客不论行程远近或票价多少,均按一人一次客运量统计;半价优待票和儿童票也按一人统计;不到购票身高的免票儿童,不计客运量。

例如:某班车,运送旅客27人,其中全票旅客22人、半票旅客3人、免票儿童2人。则该班车客运量为:

$$22 + 3 = 25(人)$$

旅客周转量是运送的旅客数量与其相应运输距离的乘积之总和。即:

$$旅客周转量 = \sum 运送的每位旅客 \times 该旅客的运距$$

旅客周转量的计算单位为"人公里"或"人千米",它是客运计价的主要依据。同客运量一样,免票儿童也不计旅客周转量。

如上例,假设:全票旅客22人中,运送距离50km的10人,运送距离100km的12人;半票旅客3人中,运送距离50km的2人,运送距离100km的1人。则该班车旅客周转量为:

$$10 \times 50 + 12 \times 100 + 2 \times 50 + 1 \times 100 = 1900(人千米)$$

旅客周转量与客运量的比值,称为旅客平均运距,其计算单位为"公里"或"千米"。即:

$$平均运距 = 旅客周转量 \div 客运量$$

如上例,旅客平均运距为:

$$1900 \div 25 = 76(km)$$

2. 运力

运力也称运能。客运运力指运输旅客的能力,通常以客车数和客位数表示。

3. 班车

班车指经过运管部门批准,按固定线路、时间、站点和班次运行的客车,包括农村客运班线上采取灵活方式运营的客车。

4. 车次

车次是车站根据运输作业计划和线路,编排班车运行的序号或代号。车次通常以数字或数字加字母表示。

5. 班次

班次指根据运行作业计划发出的班车次数。班次按统计对象不同,相应称为某线路班次、某车站班次、某日班次、某月班次等。

6. 报班

报班指对按规定时间进站的客运车辆办理登记、审查是否准予发班的程序。

7. 正班

正班指班车按运行计划正常发车、运行。班车未能按计划发车的,1小时以内称为误班,1小时以上称为脱班,取消班次的称为停班。

8. 正点

正点指班车在允许的时间误差范围内，按规定时间发车、运行、中途停靠及到达。

9. 正运

正运指运送的旅客或行包不发生差错。这里的"差错"包括：旅客错乘、漏乘、误降（指未到站下车或越站下车），行包错运、丢失、损坏等。

10. "三品"

"三品"指为保证客运安全而禁止旅客携带或托运的物品。主要是易燃品、易爆品和易腐蚀品等其他危险品，俗称"三品"。

11. "三容"

"三容"是车站的站容、客车的车容和服务人员的仪容的简称。"三容"是道路客运环境质量的主要组成部分。

12.《交法》

《交法》是对《中华人民共和国道路交通安全法》及《中华人民共和国道路交通安全法实施条例》的简称。《中华人民共和国道路交通安全法》是由全国人大常委会颁布的法律，《中华人民共和国道路交通安全法实施条例》是由国务院颁布的行政法规，均于 2004 年 5 月 1 日起施行。

13.《道条》

《道条》是对《中华人民共和国道路运输条例》的简称，《中华人民共和国道路运输条例》，是由国务院颁布的行政法规，于 2005 年 5 月 1 日起施行。在行业内，还习惯地把省级人大常委会依据《中华人民共和国道路运输条例》制定的道路运输管理地方法规，简称为"地方道条"（如《浙江省道路运输管理条例》，简称"浙江道条"），但这种简称通常都在口语中使用。本书所称《道条》，均指《中华人民共和国道路运输条例》。

14.《客规》

《客规》是对《汽车旅客运输规则》及其《实施细则》的简称，也不够严谨，所以在口语中使用较多。《客观》一般并不指《道路旅客运输及客运站管理规定》，因其发布较晚，且规范内容不同，本书对其使用全称。

二、道路客运主要牌证

道路客运经营须依法取得相关牌证，主要有：

1. 道路运输经营许可证

道路运输经营许可证是道路运输经营者从事道路运输合法经营的凭证。取得道路运输经营许可证是道路运输经营者进行工商注册登记的前置审批条件。因此，道路运输经营许可证也是道路客运经营者从事道路客运经营的必备凭证。道路客运经营者取得道路运输经营许可证的条件，已在本章第四节作了介绍。

道路运输经营许可证按分级管理的原则由相应级别的道路运输管理机构颁发。客运经营的许可事项为：客车运输经营——经营范围、车辆数量及要求、客运班线类型；客运站经营——经营者名称、站场地址、站场级别、经营范围。

2. 道路运输证

道路运输证是交通运输部统一制定的经营道路运输的合法凭证。凡在我国境内从事道路运输经营活动的机动车辆，均须持有道路运输证。道路运输证也就是《中华人民共和国道路运输条例》规定的"车辆营运证"，它是区别道路营运车辆和非营运车辆的标志，有利于道路运输管理机构检查和打击非法营运车辆。（为加强危险货物运输的安全管理，从事非经营性道路危险货物运输的机动车辆亦须持有道路运输证）因此，道路运输证也是道路客运经营者所属的营运客车从事道路客运经营的必备凭证。

道路运输证由主证和副证两部分组成。主证的内容为业户名称、地址、经营许可证号、车辆号牌、车辆类型、吨（座）位、车辆尺寸、经营范围、核发机关等。副证除了与主证同样内容外，还有经济类型、备注、车辆审验及技术等级记录、违章记录等内容。车辆审验的内容应包括技术档案（含车辆技术等级评定、二级维护等）、经营行为、承运人责任险等方面情况。

道路运输证一车一证，由道路运输管理机构配发。

3. 班车客运标志牌

班车客运标志牌俗称线路牌，是客运班车必须配备的牌证。它标明营运客车的运行线路类型和起讫站点，便于旅客识别和社会监督。

班车客运标志牌一车一牌，由道路运输管理机构配发。

4. 道路客运班线许可证明

道路客运班线许可证明是道路客运经营者所属的营运客车从事客运班线经营的合法凭证。道路客运班线许可证明粘贴于班车客运标志牌的背面。

道路客运班线许可证明由相应级别的道路运输管理机构颁发，许可事项为经营主体、班车类别、起讫地及起讫站点、途经路线及停靠站点、日发班次、车辆数量及要求、经营期限。

以上四种牌证，除道路运输经营许可证悬挂在经营场所外，其他三种均须同车辆的行驶证、驾驶员的驾驶证和从业资格证等一起随车携带，以备查验。

三、道路客运主要单证

道路客运企业在经营管理中使用的原始单据和凭证很多。这里仅介绍两种最主要的单证。

(一)客票

1. 客票的作用

汽车客运的客票是具有鲜明行业特点的一种重要凭证。客票是汽车客运经营者向旅客收取运费的"发票"，也是旅客乘车和报销旅费的凭证。从本质上看，客票还是旅客与汽车客运经营者之间的客运合同，旅客购买了客票，就意味着与客运经营者订立了运输合同，双方即依法承担义务和享受权利。例如，购买全票和半价优待票的旅客可以享有的权利（也就是客运经营者应尽的义务），主要包括：安全送达目的地；免费享受休息、信息等基本客运服务；免费携带一名1.2m以下的儿童；免费携带10kg以下的行包；按规定获得事故（含商务事故）损害的赔偿。

2. 客票的内容

作为客运合同,客票理应包含必要的基本内容,如班车客票应注明客票发售车站(或承运人)、乘车日期、发车时间、起讫站点、车次、座号、票价、票种、印制单位、编号等。

客票的票面金额就是客运票价。票价主要由运价、通行费和旅客站务费组成,即:

$$票价 = 运价 + 通行费 + 旅客站务费$$

其中:

$$运价 = 单位运价 \times 计费里程$$

不同客运种类、不同客车类型、不同营运方式、不同等级的线路,实行不同的单位运价。

通行费是向公路、桥、渡、隧道收费处支付的车辆通行费用。

旅客站务费是在车站具备站级标准规定的设施设备,为旅客提供候车、休息、治安保卫、安全检查、信息等基本客运服务的前提下,在客票内向旅客计收的费用。

汽车旅客运价和费收,按交通部《汽车运价规则》有关规定和各省、自治区、直辖市颁布的《运价规则实施细则》执行。

3. 客票的种类

客票种类比较多,根据不同用途分为固定客票、定额客票、补充客票、客运包车票和旅游客票等几种。

(1)固定客票是常规客票,凡起止站点固定的路线都可以使用。

(2)定额客票是固定客票的补充票种,在新辟线路、增设新站、车上售票和固定客票供应不上时使用。定额客票与固定客票的区别是没有固定起止站点(根据需要填写)。

(3)补充客票也是固定客票的补充票种,在新辟线路、集体包车按人报销和绕道行驶追加收费而补票时使用。补充客票与固定客票的区别是没有固定起止站点(根据需要填写)和固定票价(根据需要剪取,所以又称"剪刀票")。

(4)客运包车票为客运包车专用票。如旅客要求分开报销时,用补充票代替,不再填发包车票。

(5)旅游客票为旅客到游览地乘车、住宿等费用包干的票种,它是随着旅游客运业务的发展而增加的一种新票种。

除了传统客票外,现在很多客运站已实行电脑售票,采用了电脑票。如果检票也使用电脑,则票面上还印有供扫描识别的条形码,称条码电脑票。电脑票或条码电脑票虽然在票面形式和开票方式上与传统客票有所不同,但包含的基本内容并无实质区别。电脑票具有出票快、计数准确、票面内容清楚等诸多优点,还可以通过网络实现联网售票、远程售票等,既提高售票质量,又大大方便旅客。条码电脑票更是在方便旅客的同时,实现检票、统计、调度、结算等站务功能的自动化和一体化,提高客运站的服务质量和管理现代化水平。因此,电脑票尤其是条码电脑票,应是客运站客票的发展方向,并终将取代传统客票。

(二)行车路单

交通部颁布实施的《公路运输统一单证使用和管理规定》明确指出:"行车路单是公路运输的行车命令,是记录车辆运行的原始凭证,是公路运管部门考核车辆运用情况和进行统计的重要依据,凡从事运输活动的车辆,均应使用行车路单,有效期内全国通行。"可见,行车

路单是道路客运的重要单证。

对于客运企业而言,行车路单的主要作用是:

(1)行车路单是车辆调度运行的命令。驾乘人员必须无条件地执行,严格按路单指定的时间和要求发车、运行。

(2)行车路单是车辆执行任务的原始凭证,是统计和考核车辆运行的原始资料。客运服务人员(检票员、乘务员)应当按实际情况(上客人数、起讫站名、发车时间等)逐项填写清楚。

(3)行车路单是车辆营运收入的结算凭证。专门用于结算的路单,又称结算凭证或结算单,是站运之间或客运企业之间结算的基本依据之一。

(4)行车路单是对驾乘人员考核和计发行车补贴的依据。

行车路单由调度人员签发,驾乘人员领用,站务人员填写,统计人员保管。应当通过严格的管理制度,规范领用、填写、回收、统计、保管等程序,保证行车路单准确无误、完整无缺。

需要说明的是,随着信息技术在道路客运管理中的广泛应用以及车辆运行方式的改变,行车路单的功能、使用、管理等方面都发生了明显的变化。比如:行车路单的调度命令功能大大削弱,行车路单的数据生成和统计逐渐由计算机取代了人工操作,行车路单的领用、回收、保管等程序的重要性也日渐淡化。

本章思考题

1. 你怎么理解旅客在道路客运中的"特殊意义和特殊地位"?理解这一点,对于道路客运服务与管理有什么重要意义?
2. 对旅客进行分类的目的何在?你能说说旅客分类与客运分类的联系吗?
3. 什么是客流的"五大要素"?举例说明影响客流的因素。
4. 按营运方式,道路客运分为哪几类?各自的特点是什么?
5. 联系客运站的服务对象,谈谈它的服务功能及服务设施设备。
6. 划分客运站等级的依据是什么?
7. 客车技术等级与类型等级有何区别?评定客车等级的意义何在?
8. 客车的安全设施和设备有哪些?
9. 什么是道路客运经营者?道路客运经营者的必备条件有哪些?
10. 对道路客运经营者有哪些基本要求?请联系"具体要求"谈谈你对基本要求的理解。
11. 为保障客运安全,对客车运输经营者和客运站经营者的要求各有哪些?
12. 道路客运的产品是什么?这种产品的特征表现在哪几方面?
13. 以道路客运为例,说明服务质量的构成。
14. 请与有形产品相比较,简要分析服务质量的特点。联系这些特点和道路客运质量管理的实际,谈谈你对管理者有什么建议?
15. 为什么说与有形产品质量相比较"评价、控制和提高服务质量的难度更大"?
16. 道路客运产品的质量特性表现在哪些方面?你怎么理解这些特性之间的关系?
17. 你所理解的道路客运质量特性的"安全性",包括哪些内涵?
18. 为什么说全面提高道路客运质量特性是道路客运企业服务与管理的"永恒主题"?

19. 旅客购买了客票,意味着享有哪些权利?
20. 对行车路单实行严格的管理制度,你认为有必要吗?
21. 解释以下术语:运力、报班;"三容"、"三品"、《客规》、《交法》、《道条》。
22. 指出以下各对名词的主要区别:营运客车—非营运客车、交通标志—交通标线、客车运输经营者—客运站经营者、班车客运—包车客运、班车客运—加班车客运、定线旅游客运—班车客运、非定线旅游客运—包车客运、公用型车站—自用型车站、车次—班次、正班—正运、固定客票—定额客票、旅客运输量—旅客周转量。
23. 指出下列客运班线的类型:杭州—上海、杭州—湖州、杭州—临安、富阳—桐庐、富阳—建德、桐庐—分水。
24. 某班车,核定客位40,实际乘坐旅客42人,其中:计费里程50km的全票旅客10人、半票儿童1人、免票儿童1人,计费里程100km的全票旅客26人、半价优待票旅客2人、半票儿童1人、免票儿童1人。假定途中没有上客。请问:
    (1)该班车是否超载?为什么?
    (2)该班车旅客运输量和平均运距是多少?(列式计算)

第二篇 服 务 篇

【本篇概要】 本篇是《道路旅客运输服务与管理》的核心内容之一，主要介绍道路客运服务人员直接面向旅客的服务活动，包括服务的内容、流程、程序、要求等。本篇的前三章，按照"服务概述"—"客运站服务"—"客车运输服务"的顺序阐述了这些内容，在力求贴近服务实践、讲清功能性服务的同时，特别强调了质量性服务的重要性，并为此在本篇的最后一章(即第七章)专门论述了服务礼仪与服务艺术。服务礼仪和服务艺术是满足旅客高层次质量需求的服务要求，是道路客运服务的高境界和高追求，也是客运服务克服同质化、提升竞争力的有效法宝之一。因此，尽管第七章是本篇的难点，但我们还是对它重点着墨，希望通过对服务礼仪和服务艺术基本内涵的剖析以及若干重要课题的讨论，引起道路客运经营者和从业者的更多关注与思考，并为服务人员对服务礼仪和服务艺术的追求提供一些有益的启示。

第四章　道路客运服务概述

第一节　道路客运服务过程及服务内容

一、道路客运服务的过程

本书的第三章第五节简要阐明了服务的概念,并指出:服务产品的生产既有"供方与顾客接触的活动",又有"供方内部的活动"(即所谓"服务提供")。本篇将要研究的道路客运服务,主要是指直接面向旅客的服务活动(即"与顾客接触的活动"),而不包括"服务提供",即不包括客运企业为提供客运服务而开展的大量"内部活动"(其中一些主要内容,将在本书第四篇中介绍)。

第二章第五节把道路运输生产的整个过程划分为运输准备过程、基本运输生产过程、辅助运输生产过程和运输服务过程。这些过程和过程中的活动,有些直接面向服务对象,即属于"与顾客接触的活动",有些则并非直接面向服务对象,即属于"服务提供"。对于道路客运生产来讲,运输准备过程不是直接面向旅客的;基本运输生产过程是直接面向旅客的;辅助运输生产过程中有些是直接面向旅客的(如客运站日常站务作业),有些不是直接面向旅客的(如车辆维修);而运输服务过程中,贯穿在基本运输生产过程中的服务活动是直接面向旅客的(如随车服务),贯穿在辅助运输生产过程中的服务活动不是直接面向旅客的(如运输生产消耗材料的采购供应与保管工作)。

因此,本篇将要研究的道路客运服务,也就是道路客运的基本运输生产过程,以及辅助运输生产过程中和运输服务过程中那些直接面向旅客的服务作业。这些直接面向旅客的服务作业或服务活动,按流程串联起来就构成了道路旅客运输服务过程,简称道路客运服务过程。

下面以班车客运为例,进一步说明道路客运服务过程。

班车客运服务过程,是指旅客从始发站购票开始至到达终点站安全出站为止的整个过程,它包括旅客服务和行包服务两大部分。旅客服务可以分解为迎门服务、售票、候车服务(包括候车室服务、问询服务、广播服务、小件寄存服务、危险品检查服务等)、检票上车、发车、出站门检、途中运行(包括驾驶、随车服务)、到站、接车、旅客下车、到站服务、出站等环节;行包服务可以分解为受理、存放、装车、运行、到站、卸车、入库、交付等环节。整个班车客运服务过程的作业流程如图4-1所示。

旅客只有在经历了上述各项业务环节后,才能最终实现其空间位移的目的;客运企业也只有全面实施上述一系列服务作业后,才能算是完成了一次完整的客运服务过程。其中,旅客检票上车(行包装车)、发车、车辆运行、到站、旅客下车(行包卸车)等作业属于客运的基本运输生产过程,包含在"途中运行"中的随车服务(图4-1中未标明)属于客运的运输服务过程,其他作业属于客运的辅助运输生产过程。

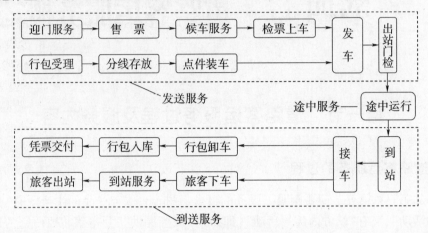

图4-1 客运服务作业流程

各项客运服务作业所包含的业务内容、服务要求、涉及范围和操作程序各不相同,它们互相衔接,互为补充,共同组成面向旅客的完整服务链。其中任何一项作业的紊乱或延误都会给客运服务过程的下一道作业带来困难或影响,甚至还会打乱整个正常的客运秩序。因此,严格规定各项作业标准和程序,保持作业间的有机联系和有序衔接,按照连续性、平行性、协调性、均衡性和有效性的要求组织客运过程,这是保证客运生产顺利高效进行的必要条件。这一点,在"站运一体"的经营体制下比较容易做到;而对于"站运分离"的经营体制,往往容易产生一些障碍,这就要求客运站经营者与客车运输经营者在坚持服务旅客这个大目标下加强彼此之间的沟通、协调和配合。

二、道路客运服务的主要内容

旅客进入车站,就开始接受客运服务,一直持续到旅客到达目的地下车出站。在这一过程中,旅客要和客运的各个环节打交道,接受各个环节服务人员提供的服务。这些服务,不妨从以下两个不同的角度进行讨论。

(一)按服务发生的时间或阶段分

按服务发生的时间或阶段,客运服务可分为发送服务、途中服务和到达服务,三者是相互衔接的关系,参见图4-1。其中,发送服务和到达服务由客运站服务人员完成,途中服务由客车运输服务人员完成。

1. 发送服务

发送服务是在始发站为旅客提供的全部客运服务作业的统称。发送服务包括发售客票、组织候车、检票上车等服务作业。

(1) 迎门服务。迎门服务是车站为旅客服务的开始,是车站给旅客的第一印象。它的主要工作内容是迎客进站,并为旅客提供必要的帮助,包括:介绍车站服务项目与服务场所的位置,引导旅客购票、候车、托运行包,回答旅客问询等。这些服务虽然并不复杂,但对于方便旅客乘车、维护服务秩序、塑造良好服务形象,有着不可忽视的作用。

(2) 售票服务。购买客票是旅客旅行开始前的一项必办手续,而客运站则通过售票工作,销售客运产品,把广大旅客(即客流)按流时、流向和流量组织起来,纳入客车班线和班次的运行计划,从而使客运生产得以有条不紊地展开。这正是本书曾经讨论过的客运产品销售"前置性"特点的体现。因此,方便旅客购票,提高售票作业的效率和质量,无论对于旅客还是客运站或是承运方都是非常重要的。售票服务的主要工作内容是:收款售票、办理退票、换票手续等。

(3) 候车服务。候车服务工作极为重要,它是客运站作业程序中对服务质量影响极大的关键环节。它的工作内容比较多,包括:整理候车设施,搞好环境卫生,提供饮用水、小件寄存等服务,解答旅客问询,进行"三品"检查,维护候车秩序等。

(4) 行包托运服务。行包托运服务是在旅客有行包托运需求时提供的服务。它的主要工作内容是:受理行包、计量收费、分线保管、点件装车等。

(5) 上车和发车服务。上车和发车服务是旅客发送工作的最后环节。它的主要工作内容是:引导排队、检票上车、指挥发车、出站门检等。

2. 途中服务

途中服务是在客车运行途中所应完成的全部客运服务作业的统称,故也称运行服务。途中服务由驾驶员完成或驾驶员和乘务员共同完成。

就道路客运生产过程而言,途中服务包括基本运输生产过程中的车辆运行作业和运输服务过程中的随车服务作业,它的主要工作内容是:安全运送旅客和行包,提供必要的随车服务(饮水供应、音乐影视播放、旅行宣传、特殊旅客的照顾等),根据需要安排休息和就餐,妥善处理运行途中的一些突发事件等。

这里需要指出一点,对于非直达客运班车,可能还需要在沿途停靠的站点组织旅客上下车、行包装卸及车上售票等客运服务作业,但这些其实已不属于"途中服务",而应归于"发送服务"和"到达服务"的范畴,只不过由于发生在运行途中而由运输服务人员承担而已。

3. 到达服务

到达服务是客车抵达目的地后由到达站所完成的全部客运服务作业的统称。

到达服务相对比较简单,它的主要工作内容是:组织旅客下车,到站服务,行包卸车、保管和交付作业,有时还有老人的托管和小孩的交接等。

(二) 按服务的性质或价值分

按服务本身的性质或者对于旅客的价值,客运服务可分为功能性服务和质量性服务。功能性服务是核心,质量性服务围绕功能性服务而展开,如图 4-2 所示。

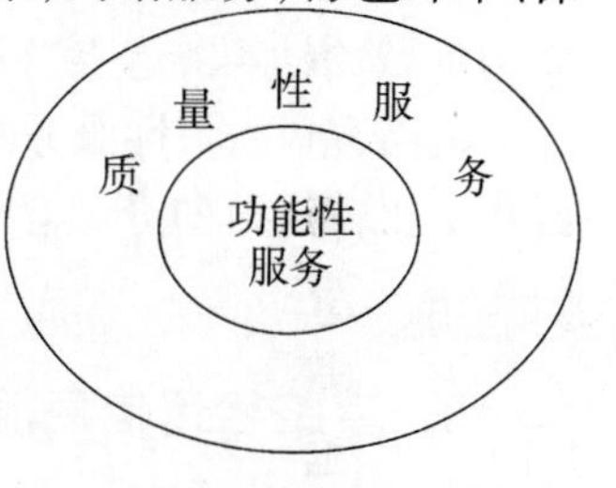

1. 功能性服务

功能性服务,是指为实现旅客的功能性需求(即位移)所提供的基本客运服务作业。其主要内容包括:

图 4-2 功能性服务与质量性服务关系图

(1)售票服务；

(2)驾驶服务；

(3)上下车服务；

(4)行包服务(需要时)。

这些服务,除行包服务只在旅客需要时提供外,其他服务都是任何客运过程不可或缺的。它们分别体现在发送服务、途中服务、到达服务的主要业务环节中,分别由客运站的站务员和客车运输的驾驶员、乘务员来完成。

2. 质量性服务

质量性服务,是指为满足旅客对服务质量特性要求(即质量性需求)所提供的全部客运服务作业。

质量性服务虽然不像功能性服务那样属于基本业务范畴,但它对于旅客的意义是不言而喻的。随着经济的发展、社会的进步和人们生活水平的提高,人们在出行方面已不再简单地满足于"走得了"(即实现功能性需求)而日益要求"走得好"(即实现质量性需求),也就是说,旅客对客运质量特性特别是安全性、及时性、方便性、舒适性和文明性的要求越来越高,内涵也越来越丰富;而客运市场竞争的加剧,客观上也促使客运企业越来越重视并不断推出新的质量性服务举措,不断改进和提高质量性服务水平,即使功能性服务也越来越显示出质量性服务的内涵,如售票和行包服务的方便性、驾驶服务的及时性和舒适性、上下车服务的文明性等。

因此,一方面,我们看到,质量性服务常常依附于功能性服务,或者说以功能性服务为载体,而"纯粹"的功能性服务,或者说不带有质量性服务要求的功能性服务已经不复存在,在这个意义上,两者是结合在一起的,一般难以截然分开;另一方面,我们还应当看到,质量性服务不像功能性服务那样相对定型,而是处于方兴未艾的创新发展之中,独立于功能性服务之外的质量性服务也越来越多地呈现在旅客的面前(如迎门服务、导乘服务、候车服务、随车服务、信息服务等)。这是因为,社会进步发展和旅客需求变化对质量性服务提出了越来越高的要求,客运企业服务水平和竞争力的高低越来越依赖于质量性服务的优劣。可以毫不夸张地说,质量性服务水平的进步与发展,正在成为道路客运行业进步与发展的重要标志。

由于"不带有质量性服务要求的功能性服务已经不复存在",所以,质量性服务事实上贯穿在整个客运过程的始终,贯穿在客运过程的每一个阶段、每一个环节、每一项作业。我们之所以把质量性服务与功能性服务区分开来,就是为了特别强调质量性服务的重要性,从而引起对它的特别关注和重视。研究、创新、丰富和提升质量性服务,把它做细、做精、做活、做出满意、做出惊喜,这应当成为道路客运企业和客运服务人员的永恒追求。

道路客运质量性服务的主要内容和要求,本书第三章第五节在论述客运质量特性时已经作了比较全面的介绍。其中客运信息服务,将作为本节重点内容之一在下面单独展开讨论。

三、道路客运信息服务

(一)客运信息服务的含义

所谓客运信息服务,就是在客运服务过程中为满足旅客旅行需要所提供的信息传播与沟通方面的工作。

客运信息是旅客选择服务的依据和向导，也是联系旅客与服务人员的桥梁和纽带，是客运服务中服务人员与旅客互动的重要内容。信息服务是质量性服务的重要内涵，存在于客运的全过程，实现在各个服务环节中。做好客运信息服务工作，对于满足旅客需要特别是方便性、文明性的需要，改善和提高服务质量，从而提高旅客满意度，具有重要的意义。

（二）客运服务信息的内容

客运服务信息的内容，主要包括业务指示信息、旅行指南信息和旅客反馈信息三个方面。

1. 业务指示信息

业务指示信息，是指在整个客运过程中客运企业直接为旅客所提供的各项服务的相关信息。这些信息，引导着旅客的一系列行动，使旅客能够方便顺利地经历从进站、购票、托运到上下车的一个个客运服务环节而实现位移的目的；与此同时，这些信息也就保证了客运企业各项服务作业得以有条不紊地运转而完成整个客运过程。

业务指示信息的服务载体，是车站内各种告示、图表、宣传牌、显示屏、广播等。例如：售票处的营运线路图、班次时刻表、里程票价表，可以帮助旅客作出购买最佳路线、最合适车次的班车车票的选择；各种告示牌，指示旅客在什么地方购买车票、寄存物品、托运行包、检票上车等；各种宣传牌，告诉旅客在购票、候车、乘车、寄存、托运等方面应遵守的规则和应注意的事项。但对于文化程度偏低、行动不便、有视觉障碍或其他有特殊需要的旅客，则还需要通过广播、问询等语言传播的方式获得相应的信息。因此，除了通过上述载体发布准确、清楚、易于理解的各种指示信息外，服务人员还应该熟练掌握这些信息，以便随时为有需要的旅客提供相应的信息服务。

2. 旅行指南信息

旅客出行都是有目的的。旅客经历客运过程而实现了位移，并不意味出行目的的实现（比如还需要到医院就医、到景点旅游、到厂矿采购等），也不意味旅行过程的结束（比如还需要中转或换乘其他交通工具）。旅行指南信息，就是指为满足旅客旅行活动需要，除业务指示信息外的其他各方面信息。在旅游、经济和文化交流蓬勃发展的今天，异国、异地的旅客大量增加，旅客的旅行活动范围和活动内容也大量增加，对旅行指南信息无疑有着强烈的需求。正因为如此，尽管这些信息基本上是为旅客在到达站下车后的后续活动服务的，信息所指的服务内容一般也都不是客运企业直接提供的，但客运企业和客运服务人员，尤其是问询、广播、到站服务、乘务人员，掌握好这方面的知识和信息，做好这方面的信息服务工作，仍然显得十分必要，特别是在旅客比较集中的旅游城市和中心城市。

旅行指南信息，按其涉及的范围可分为市内（主要指到达站所在地）旅行指南信息和营运区域（指营运线路所及的广大区域）旅行指南信息两个方面。

市内旅行指南信息，主要指满足旅客在本地活动所需要的医、食、住、行、游、乐、购及公务活动诸方面的信息，包括：市内公共交通线路，火车站、飞机场、轮船码头的位置及其车次、航班、船期，主要机关、厂矿、学校、医院、宾馆、饭店、购物中心、专业市场，主要剧院、电影院、博物馆、宗教场所、体育和文化娱乐场馆，本地富有特色的公园、名胜古迹、人文景观、特色街道，名优或土特产品，重大经贸、文教、娱乐、体育等活动，近期气象特点及变化趋势等。

营运区域旅行指南信息,主要指满足旅客在营运区域内旅行和活动所需要的各方面信息,包括营运区域内主要社会、经济、文化、行政、交通等方面的情况,还包括营运区域内自然风光、名胜古迹、人文景观、民风民俗等方面的情况。

旅行指南信息的服务方式,主要有:车站广播、车载音像、宣传册和导游图等旅行资料的提供,以及客运服务人员与旅客之间的直接沟通介绍。

3. 旅客反馈信息

在客运服务前、服务过程中或者服务过程结束后,旅客会对服务内容、服务流程、服务设施、服务环境、服务质量等进行一些咨询、评价,会表达一些肯定或希望、质疑、不满的情绪,还会提出一些相关的意见、要求或建议,有时甚至会有严重抱怨和服务投诉,这些来自旅客方面的信息就是"旅客反馈信息"。

旅客反馈信息其实是旅客接受服务前、接受服务时或接受服务后的真实想法、期望或感受,反映了旅客的需求和利益,旅客本身有表达的愿望(不是现场向服务者或服务企业表达,就是事后向自己亲友或其他人表达),因为这是人的天性,是一种正常的情绪宣泄,是释放精神压力、获得心理平衡的一种有效方式。旅客的这一正当权利,理当得到充分的理解和尊重。因此,客运服务人员应十分重视并按要求搞好这方面的服务。服务的主要内容包括:①主动地倾听、记录和整理旅客反馈的信息,及时与旅客进行坦诚交流,以准确理解旅客的本意;②对于旅客的批评和抱怨,应当虚心承担责任和真诚道歉,如果是在服务过程中则应迅速确认问题所在并采取相应的补救措施,以维护旅客的合法权益,抚慰和疏解旅客的不满情绪;③对于旅客的意见和建议,还必须按照规定程序和渠道及时完整反映给企业管理者,以便作出认真处理和答复(详见本书第十六章第四节相关内容)。

由此可见,这方面的信息服务实质上是客运服务质量文明性的重要体现,旅客有需求自在情理之中。客运服务能否让旅客"满意而归",这是颇有影响的重要环节。值得注意的是,企业也有获取旅客反馈信息的迫切需求,因为这是企业改进服务质量的重要依据和契机(这一点将在第十六章第四节作出分析),其重要意义也是不言而喻的。即使对于服务人员自身而言,旅客反馈信息(无论是表扬还是抱怨)也不啻是改进工作的一种"催化剂",不啻是提高服务能力与水平的一剂"良方"。所以,客运服务人员必须树立信息服务意识,高度重视旅客反馈信息,在切实搞好上述旅客反馈信息服务的同时,认真反躬自问,充分吸收来自旅客的"营养",以便使自己更"健康"、更快"成长"。

企业获得旅客反馈信息的途径和方法很多,比如:个别交谈了解、设立意见簿或服务热线电话征集、座谈会或问卷调查等。

(三)客运信息服务的质量

信息服务质量是信息服务的生命。客运企业和客运服务人员要努力提高信息服务的质量。客运信息服务的质量好坏(这里主要指业务指示信息服务和旅行指南信息服务,关于如何提高旅客反馈信息服务的质量,本书将在第七章第二节以及第十六章第四节相关内容中进行讨论),主要取决于三个方面的因素:一是信息量的大小,二是信息本身的质量,三是信息服务的方式。

一般来讲,信息量大一点好,能够兼顾和满足不同旅客的不同需要。但对于面向所有旅客统一发布的信息,如果信息量过大,特别是过集中而又分类不清的,反而会给有紧急需求的旅客带来不便，使信息服务质量大打折扣。

信息本身的质量，也就是信息的内容，是信息服务质量的关键。信息内容的基本要求是适用、及时、准确。如果信息没有针对性，不符合旅客的真实需要，那就是无用信息、"垃圾"信息，而如果是过时的、不准确的甚至错误的信息，那就更是有害无益的"毒品"信息了。信息准确还有另一层含义，就是要易于理解、一看（听）就懂，让人费猜或是容易产生歧义的信息绝不是好信息。

信息服务的方式应力求灵活多样，以方便旅客迅速获取所需信息为原则。除前述传统方式外，近年来大屏幕显示、多媒体查询、企业网站交流、微博、短信、QQ等运用现代信息技术的传播方式崭露头角，因其具有信息量大、实时性强、分类清晰、查询方便、适应个性化需要等特点而广受旅客欢迎，未来的发展空间极为广阔。

第二节　道路客运服务的基本要求

以良好的服务质量满足旅客需求，并不断提高旅客的满意程度，这是道路客运服务的基本目标和永恒追求。

从第三章第五节"服务质量的构成"中，我们已经知道，一般的服务质量包括设施设备质量、环境质量、劳务质量和实物产品质量四个组成部分。而道路客运服务的内容和特点表明，"实物产品质量"在道路客运服务质量的构成中占比很小，影响甚微。也就是说，道路客运服务质量主要由设施设备质量、环境质量、劳务质量（即服务工作质量）三部分构成，提高道路客运服务质量就要从这三方面作出努力和改善，即：①努力改善服务设施（设备）质量；②努力改善服务环境质量；③努力改善服务工作质量。鉴于道路客运服务设施（客车、车站及其设施设备）的外购性，服务人员的作为仅限于维护和使用，而作为基础设施的道路更是企业无能为力的外部条件，同时，考虑客运服务环境组成中的服务秩序的重要性，因此，我们将①并入③，并将服务秩序从②中单列出来，这样，便构成了道路客运服务的三项基本要求——为旅客提供优质服务、优美环境和优良秩序，简称为"三优"。

一、优质服务

道路客运的优质服务，就是通过完善的服务设施（设备）和服务人员主动热情、和蔼周到、熟练高效的服务工作，全面实现道路客运服务的质量特性（安全、及时、经济、方便、舒适、文明），让旅客感到放心、温暖、愉快、亲切、称心和满意。优质服务是道路客运服务的核心要求，所有服务工作归根到底都是为了实现这一核心要求。优质服务主要由服务态度、服务行为、服务业务、服务设施、服务项目、服务收费等构成。具体要求见表4-1。

二、优美环境

广义地讲，服务环境包括自然环境、心理环境、信息环境和社会环境。自然环境应当给人以宽松、舒适、明快、清新和美好的感受；心理环境应当同人们的心理状态相协调，形成与服务对象恰好一致的气氛，如安全、舒心、友善等；信息环境包括人们需要了解的各种有关信息，如车票的购买、车次、班次、发车时刻等，应当设置有必要信息显示装置和问询处，以方便旅客;社会环境包括旅客与服务人员之间以及旅客与旅客之间的相互谅解、相互配合、相互尊重,形成和谐友好的氛围等。

优质服务的基本要求　　　　　表 4-1

序号	内容	基本要求
1	服务态度端正	①旅客至上宗旨明确,服务意识强; ②主动热情、亲切诚恳,对待旅客诚心、热心; ③和蔼可亲、细致周到,服务旅客细心、耐心; ④接受旅客意见虚心
2	服务行为文明	①有良好的职业道德,营造和谐友好的服务氛围; ②服务语言文明规范、语音纯正、语调温和、措辞得当; ③行为举止文雅、大方、姿态优美; ④服务仪态端庄、健康、精神饱满; ⑤服务着装统一、整洁、佩戴证章
3	服务业务熟练	①服务知识全面、清楚、先进; ②服务技能熟练、准确、迅速; ③解答旅客提问及时、准确; ④业务操作规范、高效、遵守规程、确保安全; ⑤业务差错率低
4	服务设施完善	①符合部颁站级建设要求,其中无障碍设施应符合《城市道路和无障碍设计规范》(JGJ 50—2001)的规定; ②服务设施合理配置; ③服务设施成龙配套; ④服务设施定期维护、性能良好、运行安全可靠、舒适性好; ⑤定人定机、持证操作、正确使用
5	服务项目齐全	①项目设置合理、配套、方便旅客; ②形式多样、品种齐全、方式灵活、满足要求; ③与时俱进、适时更新、引导需求、适度超前
6	服务收费合理	①公开计费标准; ②严格执行运价规定和站务费收标准; ③考虑旅客消费水平,在合法的前提下适当降低或减少收费

但在通常意义上,服务环境主要是指自然环境或物质环境(心理环境和社会环境已在"优质服务"中体现,信息环境则反映在"优良秩序"中)。道路客运的优美环境,主要是通过车站的站容、客车的车容、服务人员的仪容等三个方面的净化和美化,为旅客创造一个舒适、明快、清新、美好的旅行环境。具体要求见表 4-2。优美的客运服务环境,既是实现优质服务的重要依托,是道路客运服务的基本要求,也是展现客运企业形象、体现社会文明的重要方面。

优美环境的基本要求

表 4-2

项目	序号	内　容	基　本　要　求
站容	1	服务设施布局合理	①符合服务流程和作业程序要求； ②力求紧凑、通畅、短捷； ③合理划分区域； ④方便旅客、便于管理
	2	服务标志齐全醒目	①售票厅、候车厅、问询处、行包托取处等应有标志； ②各种标志符合有关规定、明显清晰； ③图表、指示牌悬挂醒目； ④去向牌摆放有序、服从服务流程
	3	服务场所明快整洁	①设施设备美观大方、摆放整齐、位置适当、清洁干净； ②门窗完好、玻璃明净； ③地面无痰迹、杂物、脏物、污水； ④厕所清洁卫生、无蚊蝇； ⑤通风照明良好、无异味； ⑥饮水用具经常消毒
	4	场地绿化、美化、净化	①花草树木种植安排合理、造型优美； ②各种花卉盆景、工艺装饰布置美观大方； ③卫生良好、无杂草、无垃圾、无污水； ④车辆停放整齐、有序
车容	5	车辆装备齐全完好	①随车服务设施设备齐全、完好,座椅合乎规范、齐全牢靠、座号清楚； ②门窗开闭自如、锁止可靠,玻璃齐全无破裂； ③车顶完好、不漏雨水,地板密封防尘、安全可靠； ④行李舱(架)完整牢固,行李摆放整齐； ⑤标志、号牌齐全明显
	6	车厢内外整洁	①车身外部应无脏物、无严重锈斑和脱漆,玻璃明净； ②车厢顶棚、地板、侧围板、座椅清洁无脏物,椅套换洗干净； ③窗帘干净整齐,无积尘、污垢； ④设备仪表整洁,驾驶室无杂物； ⑤车厢内空气清新、无异味
仪容	7	服务人员服饰整洁	①统一着装、佩戴标志； ②衣帽整洁、修饰得体
	8	服务人员个人卫生良好	①发式大方、面部清爽； ②双手清洁、身无异味
	9	服务人员仪表端庄	①精神饱满、面带微笑； ②举止文明、姿态优美

三、优良秩序

服务秩序本是服务环境的内容之一,这里把它单列出来,其意在于强调它在客运服务中的重要性。客运现场(车站、客车)是旅客群体集聚和流动的场所,客运服务又是一个多工种、多环节、相互联系又相互影响的协作过程,有着整体性和动态性的特点,客运服务秩序的好坏不仅影响服务过程和服务质量,而且还是关乎旅客和车站安全的一个重要因素。因此,维护服务过程中的优良秩序是道路客运服务的基本要求之一,也是实现优质服务不可缺少的重要条件。

客运服务秩序主要包括客流秩序、车流秩序、行包流秩序和信息流秩序。其中前三项主要按站务服务对象划分,信息流则主要由上述三项所派生并为其服务的。实践证明,优良的信息流秩序是实现客流、车流、行包流秩序良好的基础。缺乏准确、全面、及时的信息传递,客流、车流、行包流也难以组织,更谈不上井然有序、通畅合理。

客流按其方向可分为进站客流和出站客流;车流可分为发送车流、到达车流和过站车流;行包流可分为发送行包流、到达行包流和中转行包流;信息流按其内容,既有服务信息流,又有业务信息流,它存在于站务工作的全过程,贯穿于各个相互联系的服务岗位之间,服务于旅客旅行的各个环节之中,种类繁多,内容广泛。可以认为,只要有客流、车流、行包流,有各服务岗位之间的联系,就必然有信息流。汽车客运服务工作的整体性和动态性所体现出来的各服务岗位、服务环节之间的有机联系,必须依靠相关信息的及时、准确、合理传递来维系。合理组织服务信息,其实也就是客运信息服务的内容,本章第一节已经作了介绍。

可见,实现汽车客运优良秩序,就是要通过合理组织客流、车流、行包流和信息流,使之通畅、有序、准确、高效,保证旅客旅行的安全、快捷、准时、方便。优良秩序的具体要求见表4-3。而这些,除了同客运站的总体设计(站房与设施的布局)密切相关外,主要取决于客运运务管理(如客运班次时刻表和运行作业计划的编制、客运服务流程和程序的规定)、客运现场管理以及客运服务人员的作业状况等因素。因此,作为一线客运服务人员,要有高度的责任心和整体意识,服从统一的指挥与管理,并按规定程序,以熟练规范的业务操作以及相互之间的有效协调配合来实现这些要求,以保证客运过程的优良秩序。

优良秩序的基本要求　　　　　　　　　　　表4-3

项目	序号	内　　容	基 本 要 求
客流秩序	1	进站客流秩序	①进站、购票、候车、检票、上车有引导; ②购票、候车、检票、上车有秩序; ③同一车次客流与其他不交叉、不干扰; ④流线距离短捷; ⑤避免与行包流交叉
	2	出站客流秩序	①补票、行包提取、出站标志明显; ②出站不拥挤; ③流线距离短捷; ④避免与车流、进站客流交叉; ⑤及时疏导旅客出站、离站,避免车场混乱

续上表

项目	序号	内 容	基 本 要 求
车流秩序	3	发送车流秩序	①停车场与发车位区分明确; ②车辆按规定时间到发车位,停放整齐,悬挂有关标志牌; ③与其他车流、客流不交叉; ④发车出站有条不紊
	4	到达车流秩序	①进站出站有标志、有引导; ②按规定停车位停车下客、卸行包; ③与其他车流、客流、行包流不交叉; ④进站有条不紊、不阻塞; ⑤运行后清洗、维修、加油、停车等符合规定
	5	过站车流秩序	①进站出站有标志、有引导; ②有规定过修车辆停车位; ③过站车辆商务作业简捷、方便,滞留时间短; ④与其他车流、客流、行包流不交叉
行包流秩序	6	发送行包流秩序	①行包受理标志明显,受理及时; ②行包传送简捷、完整; ③行包储存堆放整齐、井然有序、方便装车; ④行包装车及时,无错装、漏装
	7	到达行包流秩序	①行包卸车及时,传递迅速、完整; ②行包提取手续简单、无混乱; ③与其他行包流不交叉
	8	中转行包流秩序	①流线短捷; ②临时堆放整齐; ③避免与其他行包流交叉
信息流秩序	9	服务信息流秩序	①业务指示信息准确、清楚、易于理解; ②旅行指南信息准确、宣传及时; ③旅客反馈信息及时处理; ④有关票据、票证传递及时; ⑤信息服务工作高效、适用、满足旅客需要
	10	业务信息流秩序	①各有关岗位信息传递及时、准确; ②有关票据、单证传递及时; ③业务信息传递规范; ④信息系统健全,信息处理工具及设备先进,满足业务需要

第三节　道路客运服务岗位及其职责

一、道路客运服务岗位的设置

为完成客运过程,实施各项服务作业,道路客运企业必须设置必要的服务岗位,配备一定数量的服务人员,履行相应的岗位职责。

由于经营范围、规模大小、管理模式、服务内容等的不同,不同客运企业服务岗位的设置不尽相同,由于地域差异,各地客运企业服务岗位的名称也不完全一致。为统一名称和工作要求,原交通部曾在1991年10月发布了《汽车旅客运输服务岗位职责及工作标准(试行)》,把服务岗位规范为值班站长、问事员、驾驶员等11个。这么多年过去了,情况发生了一些变化,试行标准中有的名称也早已不再适用,如"公安值勤员"。

尽管如此,从客运服务的基本过程来看,服务岗位的设置还是有规律可循的,总体上也是大同小异。根据目前道路客运服务的需求和客运服务流程的实际,一般设置值班站长、迎门服务员、问询员、售票员、行包员、小件寄存员、候车室服务员、广播员、检票员、危险品检查员、门检员、到站服务员、乘务员、驾驶员等客运服务岗位,如图4-3所示。其中,乘务员和驾驶员属客车运输服务岗位,其他均属客运站服务岗位(除值班站长外,通常统称为站务员)。

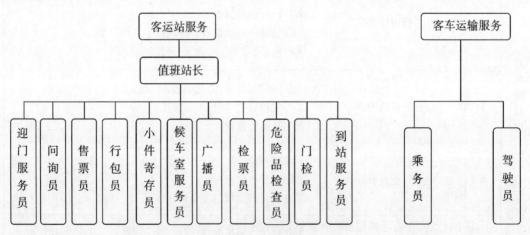

图4-3　客运服务岗位设置

对于这些服务岗位,不同企业可按实际情况进行合并或细化,总的原则是满足旅客需求,特别是质量性需求。正如本章第一节指出的那样,"质量性服务不像功能性服务那样相对定型,而是处于方兴未艾的创新发展之中,独立于功能性服务之外的质量性服务也越来越多地呈现在旅客的面前","社会发展和旅客需求对质量性服务提出了越来越高的要求,客运企业服务水平和竞争力的高低越来越依赖于质量性服务的优劣……质量性服务水平的进步与发展,正在成为道路客运行业进步与发展的重要标志。"因此,可以预见,基于质量性需求或者说质量性服务发展的需要,客运服务岗位的新增和细分化将是一种趋势。

二、道路客运服务岗位的职责

道路客运服务人员的基本职责,就是通过完成本岗位服务作业以及与相关岗位的紧密协作,共同实现前述的"三优"基本要求(优质服务、优美环境、优良秩序)。各岗位的具体职责,因所处服务环节和服务内容的不同而不同。

1. 值班站长岗位职责

(1)代行站长职责,做好站内当班服务和现场管理工作。

(2)负责组织、指挥和协调各岗位工作,保证客运服务过程顺利进行。

(3)负责对各岗位服务人员进行考核,督促执行各项服务规章制度、工作程序和工作标准。

(4)掌握旅客流量、流向、流时及道路、班次、天气变化情况,及时与有关部门交流信息,并采取相应对策,解决当班发生的各种问题,遇有重大问题立即向站长汇报。

(5)负责接待旅客来访,解决旅客疑难问题,处理旅客投诉,听取旅客意见和建议。

(6)完成站长交办的其他工作。

2. 迎门服务员岗位职责

(1)旅客进站要笑脸相迎,主动、热情地提供必要的帮助。

(2)主动向旅客介绍车站服务项目、服务场所和服务程序,引导旅客购票、候车、行包托运、小件寄存等,维持旅客进站秩序。

(3)观察旅客情况,查看携带物品,制止"三品"进站。

(4)掌握车站班次变化及道路通阻情况,及时向旅客做好宣传。

3. 问询员岗位职责

(1)热情接待旅客,准确回答旅客问询,为旅客提供旅行咨询服务。

(2)宣传《客规》和安全旅行常识。

(3)介绍车站营运线路、班次和时间。

(4)开设适合本岗位特点的多种服务项目,方便旅客。

(5)提供电话咨询服务,开办电话预订客票业务。

(6)严格执行费收规定和票据、票款管理制度。

4. 售票员岗位职责

(1)严格执行客票规定和票据、票款管理制度。

(2)熟练掌握售票设备操作技术,做好日常维护,确保清洁与正常运行。

(3)热情待客,严格执行售票作业程序,引导旅客选择班车,尽量满足旅客购票要求。

(4)注意客流动态,及时反馈客流信息。

5. 行包员岗位职责

(1)负责行包的受理、开票、保管、装卸、交付等工作,做到受理热情、计量准确、收费合理、保管妥善、装卸规范、交付清楚。

(2)严格执行费收规定和票据、票款管理制度,负责行包票据的领取、使用、登记和保管工作。

(3)严格执行行包安全检查制度,严防托运的行包内夹带危险品和禁运品。

（4）严格执行行包的监装、监卸和交接制度，做到交接手续健全清楚。

（5）对行包托运过程中的商务事故，迅速做好事故记录、准备好商务事故文件，并及时上报处理。

（6）主动为旅客代办包装，代售有关包装材料，方便旅客托运。

（7）正确使用和维护行包设施设备，确保其清洁和正常工作。

（8）严格行包库房管理，禁止无关人员进入行包库房。

6.小件寄存员岗位职责

（1）按照有关规定办理寄存业务，严格执行费收规定和票据、票款管理制度。

（2）宣传安全运输规章和小件物品寄存规定，谢绝贵重物品寄存；收存小件物品做好安全检查，严防夹带危险品。

（3）寄存物品的记录、标签和提取凭证填写准确、相符，物品摆放整齐，保管妥善。

（4）严格寄存物品提取手续。对丢失凭证的旅客要出示证明，验证无讹，方可交付。

（5）按规定定期清理超期存放无人认领的物品，并及时移交有关部门处理。

7.候车室服务员岗位职责

（1）向旅客做好有关业务、安全、卫生常识等方面的宣传，耐心、准确解答旅客询问。

（2）保证服务设施设备齐全有效、整洁有序。

（3）引导旅客分区候车，维护好候车室环境和秩序。

（4）根据旅客需求开展服务活动，为旅客排忧解难，重点照顾老、弱、病、残、孕、幼及外宾等特殊旅客。

（5）协助检票和检查"三品"。

8.广播员岗位职责

（1）按规定提前上岗，检查和调试广播设备，做好开播前的准备工作，保证按时播音和播音质量。

（2）坚守岗位，集中精力，广播时使用标准普通话，必要时穿插一定的外语播音。

（3）围绕客运服务作业，有计划地宣传客运法规、规章和旅行知识，介绍车站布局、服务设施和服务项目，介绍本地交通、旅游及其他情况，规范和指导旅客顺利旅行。

（4）搞好与各业务部门的联系和信息沟通，及时准确播放车辆运行动态，提请旅客注意，督促各岗位人员做好工作。

（5）适当播放时事新闻、好人好事和文娱节目，调节旅客情绪，活跃站内气氛。

（6）根据需要，做好广播找人、失物招领等广播服务工作。

（7）严格广播室管理，妥善保管广播器材和各种资料，严禁无关人员进入播音室。

（8）注意收集、积累或自编广播资料，不断丰富广播内容，提高广播水平。

9.检票员岗位职责

（1）熟练掌握营运线路、班次、沿途停靠站点、里程与运行时间等业务知识，及时解答旅客提出的问题。

（2）严格执行客票、行包和禁止携带物品的规定，负责检票，引导旅客有秩序地进站上车。做到不错检、不漏检、不检超员车，不让无票或持无效车票人员上车。

（3）严格执行结算凭证管理规定，保证检票记录和结算单（行车路单）的准确无误。

(4)做好发车前一分钟宣传,正确使用旗笛指挥正点发车,确保发车安全。

(5)注意观察客流动态,及时反馈客流信息。

(6)使用计算机检票,要熟练掌握操作技能,搞好检票计算机日常维护,确保其清洁卫生和正常工作。

10.危险品检查员岗位职责

(1)积极主动地向旅客做好严禁携带"三品"上车的宣传教育工作。

(2)负责"三品"的检查工作,对进站旅客携带的行包要件件过目,有疑点的重点开包检查,把好严禁携带"三品"上车关。

(3)按规定使用和维护各种危险品检测仪器,确保其清洁和正常工作。

(4)负责指导或协助行包员、小件寄存员等其他服务人员搞好"三品"查处工作。

(5)对查扣的"三品"必须按数量、种类认真登记,并按规定及时上交有关部门处理。

(6)积极配合其他服务人员维护好站内候车秩序。

11.门检员岗位职责

(1)认真执行出站门检的有关规定。

(2)负责对载客出站班车进行出站门检,严格做到一班一检。

(3)对不符合出站条件的客车,责成当场纠正,否则不盖章、不放行。

12.到站服务员岗位职责

(1)宣传本站运行班次和各车次到站时间,热情友好接待出站旅客,维持出站秩序,防止发生意外。

(2)耐心回答接客和旅客问询,为出站旅客提供必要帮助,重点照顾好特殊旅客。

(3)严格控制旅客出口处出入人员,确因公事方可准入。

13.乘务员岗位职责

(1)使用文明服务用语,做好开车前、运行中、到站前的各项宣传和站名预报工作。

(2)做好清车、途中售票、检票和上下行包等工作,严禁旅客携带危险品、禁运物品和超限量物品上车。

(3)严格执行运价政策和票据管理及营收报解制度,负责票据的领取、登记、发售和保管等工作。

(4)维护乘车秩序,爱护车内设施设备,保持车内清洁卫生,做好途中各项服务工作,行车中积极配合驾驶员搞好安全宣传,协助驾驶员处理途中突发事件(如行车事故)的有关工作。

(5)遵守客运有关规定和运输纪律,服从管理,主动配合运政检查人员做好客运检查工作。

14.驾驶员岗位职责

(1)严格遵守交通法规和操作规程及客运管理等有关规定,按时参加安全学习,精心保管车辆,严格执行"三检制度"(出车前、行驶中、收车后)和维护制度,自觉接受门检检查,确保车辆技术状况良好和行车安全,不开带病车和超员车。

(2)遵守运输纪律,服从调度命令和现场指挥,认真执行运行作业计划,按时完成各项运输任务。

（3）爱护车辆，保持车容整洁和车上各项设施设备齐全有效，节约燃料、润料，做到优质、高产、低耗。

（4）运行中协助乘务员维护好乘车秩序，车上未安排乘务员的要做好行包的监装监卸工作，做到不越站、不甩客、不停车办私事、不载无票乘客和行包，按规定营运线路运行。

（5）服从车站指挥和管理，协助站务员或乘务员做好清车、旅客上下车、行包装卸车等工作，保证正点发车和到站，运行中遇有交警、运政检查人员查车时应主动停车接受检查。

（6）宣传旅客乘车安全知识，及时处理或协助处理运输途中的各类突发事件。

第四节　道路客运服务人员的素质要求

一、道路客运服务人员素质的重要性

一个人的素质，是其所具备的各种素养和品质的总和。这里讲的素质，是指职业素质。因此，客运服务人员的素质，是指客运服务人员从事本职服务工作所必须具备的基本条件，包括先天的和后天的各种素养和品质的总和。

客运服务人员的素质至关重要，这是由服务人员所处的地位和承担的职责决定的。

（1）客运服务人员的素质关乎旅客需求的满足。客运服务人员的服务对象是旅客。旅客的情况与要求虽然不尽相同，但他们都有一个共同的愿望，那就是：在安全到达的前提下，充分享受及时、经济、方便、舒适、文明的运输服务。旅客这些愿望的满足，即客运服务质量特性的全面实现，当然有赖于一个有效的服务体系，包括服务硬件（站场环境、设施设备等）、服务管理（计划、组织、协调等）等各个环节的完善与保证，而其中最为重要的是人员素质，特别是位于一线的服务人员的素质。服务人员直接面对旅客，在各个不同岗位上，履行各自不同的职责，为旅客提供各个方面的服务，旅客的需求能否得到满足、能否感到满意，在极大程度上取决于服务人员的素质以及由此所决定的工作状态。

（2）客运服务人员的素质关乎客运企业的效益。道路客运是一种以提供劳务为主的服务性很强的行业，众多服务人员通过合理分工、相互协调的工作共同完成客运生产过程，在满足旅客需求的同时为企业创造价值。服务人员（尤其是驾驶员）在服务工作中履行职责的状况，直接关系着客运生产的效率、成本和效益，也关系着客运企业的市场信誉、形象和竞争力，而服务人员履行岗位职责的态度、能力和效果的好坏，则取决于其自身综合素质的高低。

（3）客运服务人员的素质关乎社会文明。道路客运具有公共服务性质，它把大量客流从四面八方汇聚到一起，又同样把大量客流输送到四面八方。客车和客运站作为人们聚散的工具和场所，也成为人们观察社会文明的重要窗口。客运服务人员的素质、形象和工作面貌，甚至一举一动都会在来来往往的旅客心中留下印象和影响，往大处说，对一个地方乃至国家的社会风气、社会文明和社会和谐也会产生不可忽视的示范和辐射效应，特别是在外国旅客日益增多的今天，还在一定程度上代表着国民的素质和国家的形象。

必须指出，之所以特别强调客运服务人员的素质，还有个非常重要的原因，那就是与有形产品相比较，客运产品（服务）及其质量的特点，决定了它对生产者（服务人员）的素质有

着更大的依赖性。至于为什么会有这种"更大的依赖性",我们可以从第三章第五节的分析中找到一些答案。诸如:

(1)客运服务是无形的,是一系列人(包括旅客)的行为和活动过程,难以精确地界定和度量,服务的提供又主要依靠人(服务人员)而不是机器来完成,因而其质量不易规范和控制,更多依赖于服务人员的素质。

(2)客运服务的生产与消费是同步的,具有易逝性的特点,因而无法像工业品那样可以通过销售前的检验来保证其合格质量(如剔除废品、修正次品),也无法采用诸如"三包"之类的措施来挽回产品质量问题,平息消费者的不满,"第一次就做好"乃至"次次都做好"在客运生产中就显得非常重要,而这更加需要服务人员的素质来保证。

(3)客运服务的生产与消费的同步性,决定了生产与消费是不可分离的,因而也不可能像工业品那样通过储存或调拨来改善客观存在的服务需求波动性(如客流流时、流量、流向的不平衡),除了发挥后备运输能力的作用外,在很大程度上就只能依靠服务人员主动性、积极性以及熟练业务潜力的调动,这又涉及服务人员素质的问题。

(4)客运服务质量具有过程性的特点,服务生产过程又是"透明"的,旅客自始至终与客运服务人员保持着接触和互动,他们亲历并体验着客运过程以及服务人员的工作,反映服务人员素质的仪容、态度、言行等无一不直接影响旅客的满意程度,决定着旅客对服务质量和服务企业形象的评价以及是否成为"回头客"的抉择。

(5)客运服务的差异性和服务质量的主观性特点,不仅要求服务人员具有基本的服务素质,适应基本的服务要求,而且提出了洞察旅客心理、改善服务互动、运用服务艺术、提供个性化服务的更高能力要求。

(6)客运服务质量的整体性特点表明,其质量特性的水平提升和全面实现,有赖于整个服务体系的完善和优化,这就不仅要求一线服务人员具有普遍较高的整体素质,要求消除其中的"短板"现象或"老鼠屎"效应,而且对客运企业全体人员的素质与协作水平提出了要求。

由此可见,客运服务质量的改善和提高与有形产品不同,仅仅靠硬件和技术的支撑或者制度和规范的约束都是无法保证的,服务人员的素质在这里起着更加重要、更加决定性的作用。毫无疑问,只有高素质的员工,才能造就高质量的服务。当然,也只有高质量的服务,才能创造高水平的效益。

二、道路客运服务人员的素质要求

素质的内涵相当广泛,客运服务人员的素质要求也很多,大体上可以归纳为思想素质、业务素质、心理素质、身体素质四个方面。

(一)思想素质

服务人员的思想素质,主要表现在职业道德方面。

所谓职业道德,是一般社会道德在职业生活中的体现,即同人们职业生活密切联系的符合职业特点所要求的道德准则、道德情操和道德品质的总称。所以,职业道德既有社会道德所体现的共同要求,又有每一种职业其特有的不同于其他职业的内容,它既是社会对行业应负的道德责任和义务的要求,又是本行业对从业人员在职业生活中行为的规范。对企业而言,职业道德是企业文化的重要组成部分,在引导和约束员工行为方面起着很大作用。

作为服务性行业的道路客运,其服务人员应当共同遵循的职业道德,集中体现在"服务"二字上。具体说,主要有以下几点:

1. 以人为本,旅客至上

这是客运服务的宗旨,也是客运服务人员应当秉承的核心理念和基本行为准则。以人为本就是以旅客为本,旅客至上就是服务至上。就是以旅客为中心,以旅客需求为导向,以旅客满意为目标,无论是服务环境、服务设施,还是服务项目、服务内容、服务流程、服务要求、服务标准,都要围绕和服从旅客的需要。总之,一切替旅客着想,一切满足旅客需求,一切为了旅客满意。"服务无小事,服务无止境",客运服务人员应当有这样的服务理念,并在这个理念指导下精益求精地做好"旅客至上"的一切工作,力求不在任何一件小事上有遗憾,不在任何一个旅客身上有遗憾。

2. 安全第一,方便快捷

这是客运服务质量的基本特性。尤其安全,更是旅客的第一需求、客运质量的第一要义;方便、快捷,则是道路运输区别于其他运输方式的重要特点,也是旅客选择乘坐汽车出行的主要动机。因此,在保证安全的基础上,注重效率,灵活应变,力求为旅客提供方便快捷的服务,应成为客运服务人员的重要行为准则。

3. 文明礼貌,热情周到

这是客运服务质量特性的重要体现。作为客运服务人员,文明礼貌、热情周到地对待自己的服务对象——旅客,这是应具备的基本服务态度。其实,文明礼貌、热情周到也是作为社会文明窗口的所有服务行业的共同要求和鲜明特色,相同的服务对象(人)、相同的特殊产品(服务)及其相同的质量特点决定了这一点。

4. 遵纪守法,诚信敬业

这是客运服务人员应有的法制观念和职业操守。严格遵守各项交通运输法律法规以及企业的规章制度、操作规程,是客运质量特别是客运安全的基本保证。而诚信敬业,体现了对旅客和社会的职业责任、职业操守和职业精神,无论对于一线服务人员还是其他员工,都是安身立命之本,都是职业发展不可或缺的基石与动力。因为,只有自己诚信,才能以真诚换真诚,取信于人,取信于旅客;只有爱岗敬业,才会有"专业"的表现,才能提供"精业"的服务。

5. 相互支持,团结协作

这是客运服务人员不可缺少的团队精神。汽车客运是一个工种多、环节多、要求高(连续性、平行性、协调性、均衡性、有效性)的生产活动,离开服务人员之间的合理分工、紧密配合、通力协作,是难以顺利完成的,更不用说高的整体质量了。为此,服务人员之间要在"一切为了旅客满意"这面共同使命的大旗下,相互沟通,相互理解,相互调整,相互适应,不仅本着"下道工序即顾客"的要求尽职尽责做好本岗位工作,而且要主动"补台",对上道服务环节可能遗存的缺陷及时采取补救措施,以消除不良影响,维护服务的整体质量。

上述5点,围绕"服务",分别回答了"为什么服务"(如第1点)、"服务什么"(如第2、3点)和"怎么服务"(如第4、5点)这三个问题,从而基本阐明了客运服务人员职业道德的主要内容,即思想素质的基本要求。

(二) 业务素质

为更好地履行职业责任,为旅客提供周到满意的服务,客运服务人员除了要有良好的服务意识和职业道德外,还必须具备过硬的业务素质。业务素质可分为业务知识和业务技能两个方面。不同岗位的服务人员,因其服务范围和服务作业不同而对业务素质有不同的要求,在以后的第五章和第六章中我们将分别介绍。但不同岗位的服务人员,在业务素质的要求上也有一些共同性的内容,主要反映在基础知识和基本技能方面。

1. 基础业务知识方面

客运服务人员应当具备的基础业务知识,涉及范围非常广泛。比如:交通运输特别是道路运输的特点及其影响因素,常见的道路交通标志,汽车客运和客运安全的一般法规及规范,营运客车的基本结构、性能及类型等级,客运站的服务设施及服务环境,汽车客运服务的特点、质量特性及质量指标,客运安全与"三品"知识,客票与行包的有关规定,客运工作的服务流程、基本要求、岗位设置及基本作业内容,旅行常识和社会知识(人文、宗教、交通、旅游、商贸、时事等),心理学基本知识,服务礼仪和服务艺术的基本知识,汽车客运企业经营管理知识,企业文化、企业品牌及企业形象的基本知识等。

2. 基本业务技能方面

客运服务人员应具备的基本业务技能,包括:基本服务礼仪及常用礼貌用语的运用能力,普通话的语言表达能力(最好还能掌握一些常用的方言、手语和外语),人际交往与沟通能力,旅客心理的观察与判断能力,一般服务技巧的运用能力,"三品"的识别能力,所处服务岗位的业务操作能力和设施设备维护能力,客运过程中突发事件或意外情况的应变和处理能力等。

应当指出,随着国家现代化的进程和社会的进步,随着客运的发展和竞争的加剧,旅客的需要不断变化和提高,客运新课题不断出现,客运新技术、新设备不断采用,对客运服务人员业务素质的要求将越来越高,客运服务人员必须掌握的新知识、新技能也将越来越多,比如:信息技术知识、企业现代化知识、国际人文知识、外语会话能力、计算机操作能力等。客运服务人员只有勤于学习、勤于思考、勤于实践,才能不断提高自己的业务素质,才能适应时代进步与现代客运发展的需要。

(三) 心理素质

所谓心理素质,包括感知能力、注意力、观察力、记忆力及个人的情感、意志、性格、气质等。心理素质是一个人心理过程和个性特征的综合体现。良好的心理素质,是提高业务技术水平、取得满意服务成效的重要因素。但是,良好的心理素质只有经过长期的修养甚至磨炼才能形成,这是服务人员的必修功课。

一个客运服务人员,成天同许多要求不同、性格各异的旅客广泛接触,并且产生多样的互动关系。实际上,这是一种基于服务的特殊人际交往。这种"特殊人际交往"对服务人员的心理素质提出了特别的甚至苛刻的要求:首先,要热爱自己所从事的服务工作,视旅客为亲人,视服务为责任,有一个积极的心态,善于辩证思维,凡事作正面的理解和积极的努力,把工作乃至工作中的委屈当成锻炼和提高自己的必要途径,从而享受工作的过程,感受其间的快乐,做一个"工作并快乐着"的服务者;其次,要能够妥善处理服务工作中的各种关系

（包括旅客与旅客之间的关系），特别关键的是要善于控制自己的情绪，做自己情绪的主人，切不可信马由缰地放任自己的情绪，在任何复杂的情况下都要能调整好自己的心理，都要能排除干扰、承受压力而始终保持良好的心态，保持冷静和耐心，保持微笑和热情，不急躁，不冲动，不感情用事，即使对个别旅客的过激言行甚至无理取闹，也能听得进、忍得住、容得下，做到大度礼让、"得理也饶人"。这是客运服务人员心理素质的两点基本要求。进一步说，一个优秀的客运服务人员，还得掌握一定的服务技巧，表现出一定的服务艺术，这就要求善于察言观色，准确把握旅客的心理活动，敏于发现旅客个性化的需求，以便主动灵活、有针对性地做好服务工作。

不同岗位的服务人员，在心理素质的具体要求上还应该有所不同。比如，迎门服务员、候车室服务员、客车乘务员等"主动服务型"岗位服务人员的性格，最好是外向型的，热情活泼，善于交际，乐于助人；而售票员、行包员、驾驶员等"被动服务型"岗位服务人员的性格，即使内向一点也不至于有大的妨碍。所以，客运企业在选聘人员或进行岗位分工时，应考虑员工心理素质上的差异而作出适当安排；作为员工个人，则应努力适应岗位和服务旅客的需要，必要时还得改变自己。

对客运驾驶员来讲，良好的心理素质显得格外重要。这是因为，客车的行驶安全不仅取决于驾驶员的驾驶技能，还同驾驶员的心理素质密切相关。比方说，沉着冷静、专注果断、判断准确、反应灵敏等，就是保证安全驾驶所必备的心理素质。心理素质不好的驾驶员还极易受环境影响而产生"路怒"问题或"路怒症"。所谓"路怒症"，是指开车时因压力和挫折（如路堵等）而导致心情烦躁、愤怒乃至情绪失控的现象。"路怒症"是汽车时代的一个世界性通病，属于阵发性心理障碍，对于个人来讲虽不是什么严重疾患，但它给交通秩序和社会环境会带来明显的消极影响，尤其对交通安全会造成很大危害。所以，现在越来越多的国家开始关注"路怒症"的影响和危害，一些国家如英国、芬兰、韩国等每年都会对驾驶员进行心理测评，合格者方准上路。我国虽然还没有这方面的强制规定，但重视驾驶员的心理素质无疑是十分必要的，理当提上道路客运服务与管理的重要议程。

（四）身体素质

客运服务人员的工作，看似简简单单，其实并不轻松，不仅心理上的压力重重，而且体力上的消耗也非同一般。且不说长时间处于高度紧张工作状态的驾驶员，也不说长时间置身于颠簸辛苦工作环境的乘务员，即使工作条件相对较好的客运站服务人员，很多岗位也还是比较辛苦的，他们或是长时间站立（如迎门服务员），或是长时间讲话（如广播员），或是长时间对着计算机荧屏（如计算机售票员），或是长时间处于嘈杂的氛围（如候车室服务员），没有健壮的体魄、饱满的情绪和旺盛的精力，显然是难以胜任的。所以说，健康良好的身体素质也是搞好客运服务工作必不可少的条件。对驾驶员的体质，还有一些特殊的要求，包括身高（大型客车1.55m以上）、视力（对数视力表5.0以上）、辨色、听力等。

本章思考题

1. 简述客运过程的旅客服务流程和行包服务流程，并按服务流程列出服务岗位的名称，同时说明其岗位职责的要点。

2. 什么是发送服务、途中服务、到达服务？它们各由哪些服务岗位来完成？
3. 请以售票、驾驶为例，说明功能性服务与质量性服务。
4. 谈谈你对质量性服务的认识，并提出创新和发展质量性服务的设想。
5. 简述客运信息服务的意义和内容，并举例说明其传播载体。为提高客运信息服务质量，服务人员可以从哪些方面作出自己的努力？
6. 在旅客反馈信息方面，客运服务人员的主要服务内容有哪些？为什么说这是"客运服务质量文明性的重要体现"？
7. 什么是客运"三优"？请简要说明"三优"的基本要求。
8. 为实现"三优"要求，客运服务人员主要应从哪些方面去努力？（请联系客运服务实际）
9. 负有防止客车超载职责的主要服务岗位有哪些？负有防止"三品"夹带职责的主要服务岗位有哪些？
10. 与有形产品相比较，为什么客运质量对服务人员的素质有"更大的依赖性"？
11. 简述客运服务人员的业务素质要求。为什么说随着客运的发展及现代化的进程，"对客运服务人员业务素质的要求将越来越高"？
12. 你怎样理解客运服务人员的思想素质？
13. 举例说明，为什么提高心理素质是"服务人员的必修功课"？对服务人员心理素质的基本要求是什么？
14. 对驾驶员的心理素质有什么特别要求吗？

第五章 汽车客运站服务作业

客运站服务作业，是指客运过程中由客运站负责完成的发送服务（始发站）和到达服务（到达站）。它由很多服务环节和服务岗位共同承担。本章按各个服务环节或岗位分别介绍这些服务作业。

第一节 值班站长服务工作

一、值班站长工作任务

客运站每天要接待成千上万的旅客。他们来自四面八方，有着各种不同的情况，不仅年龄、性别、健康状况不同，而且文化水平、职业经历、性格习惯、旅行知识也各不相同。他们既有共同的愿望，又有不尽一致的旅行要求。要满足众多旅客的各方面需要，为他们提供周到、满意的服务，确实是比较复杂和困难的事情。

我们前面已经说过，服务人员要有胜任岗位职责的较高的综合素质，这是客运服务质量的基本保证。但是，客运生产是个多环节、多工种的协作过程，仅有服务人员的个人素质是不够的，还需要把客运站十多个服务岗位和工作环节很好地组织起来，需要把客运站服务与客车运输服务很好地协调起来（这对于"公用型"客运站显得尤为必要），使它们有机地联系、有序地衔接、有效地运转，从而发挥整个客运服务链的服务效能。要做到这一点，除了依靠一套完善的制度和规范外，还必须有一个相对权威的能够承担起现场组织、指挥、控制和协调职能的管理者。这个现场管理者，就是值班站长。

此外，客运服务现场总会有一些一般服务人员无法决定的例外事项（即尚未纳入制度和规范的事项），有时还会发生客流、车辆、道路、气候等方面的意外变化情况或其他突发事件（如治安事件、临时性上级检查或记者采访），也需要值班站长出面处理和解决。

值班站长的上述工作，虽属管理范畴，但又不同于其他管理，它是与客运服务密不可分的一线管理（即现场管理）；不仅如此，值班站长还负有直接面向旅客为旅客服务的工作内容，如解决旅客疑难问题、处理旅客服务投诉、征求旅客意见建议等。之所以把身为管理者的值班站长作为客运服务岗位之首，原因和意义也正在这里。

因此，值班站长是客运服务特别是客运站服务工作中十分重要十分关键而不可或缺的岗位。通常，值班站长由客运站副站长（有时也包括业务部门负责人）轮流担任。

二、值班站长工作程序

(一)岗前准备工作

(1)着装整洁,佩戴值班站长证牌,签到上班。
(2)做好与上一班值班站长交接工作,了解接班后待处理的问题。
(3)了解当日车次、车型、客流变化、线路通阻及天气异常等情况。

(二)管理和服务工作

1. 召开班前会
(1)组织班前会,布置当日工作要点,督促各班组召开班前会。
(2)检查各岗位服务人员着装与佩戴服务证章情况。
(3)落实当日班次、车型变更及道路通阻情况,以便采取相应措施。
(4)落实当班工作任务。

2. 现场工作
(1)检查各项服务设施设备是否齐备、有效,环境卫生、站场秩序(包括售票秩序)是否良好。
(2)检查班车到位情况,组织清车清场。
(3)督促安全检查,防止"三品"上车。
(4)督促服务员引客检票上车。
(5)查看行包是否按规定装车。
(6)组织指挥班车正班正点发车。
(7)做好到达班车的接车、到站服务、行包交付的组织工作。
(8)及时处理临时发生的事项和服务质量问题,处理旅客投诉,解决旅客疑难问题。

3. 协调沟通
(1)深入旅客之中或接待旅客来访,征求对客运工作的意见和建议。
(2)发现车辆故障,及时与维修车间联系组织抢修。
(3)掌握客流变化和线路通阻情况,及时处理拼班、驳车、加班等问题。
(4)掌握气候变化情况,发现气候恶劣不宜行车时应及时制止发车。
(5)发生误班、脱班或停班等问题,及时向站长汇报,并对旅客做好解释和安抚工作。
(6)检查旅客遗失物品的登记、处理工作,督促及时发布公告招领。
(7)检查后勤工作,保证正常供应。
(8)接受新闻记者采访。

4. 巡回查岗
(1)检查各岗位的规章制度、工作程序与标准执行情况。
(2)督促各岗位履行职责、密切配合、互相衔接。
(3)提醒各岗位全面服务、重点照顾。
(4)检查各项考核、评分执行情况。
(5)检查各项原始记录和报表填写情况。

5. 做好记录

(1) 检查处理当日旅客意见簿上的问题,并给出答复意见或建议,请示站长处理。

(2) 认真填写值班站长日志,如表 5-1 所示,做好有关记录。

值 班 站 长 日 志　　　　　　　　　　表 5-1

年　月　日　　　　　　　　　天气：　　　　　　　　值班人：

本日记事： 1. 2. 3. 4. 5.	现场查岗记录			
	班组	时间	劳动纪律	服务态度

(三) 下班前结束工作

(1) 督促各班组、各岗位搞好各自卫生区的卫生工作和下班前的各项收尾工作。

(2) 督促各班组开好班后会,并做好记录。

(3) 检查各班组、各岗位次日各项工作的准备情况。

(4) 向站长汇报当班工作情况,做好交接班工作。

三、值班站长业务知识

(1) 应知值班站长岗位责任制内容。

(2) 应知车站各岗位责任制的主要内容和各岗位工作程序、工作标准。

(3) 应知车站营运线路、班次、站点、里程、票价、发车及到达时间。

(4) 应知车站有关服务和管理方面的各项规章制度。

(5) 应知"三品"检查、车辆安全检查和车站安全管理的知识与规定。

(6) 应知质量管理标准和商务事故处理知识与程序。

(7) 应知《道路旅客运输及客运站管理规定》、《汽车旅客运输规则》、《汽车运价规则》、《汽车客运站收费规则》及其他与道路客运管理有关的规定。

(8) 应知常用的外语、方言、手语及少数民族和外国的礼节、风俗习惯等。

第二节　售 票 服 务

一、售票的基本要求

客票是旅客与客运经营者之间达成的有效客运合同,无论对于旅客还是客运经营者都具有多重的意义。对旅客而言,能不能购得自己所需要的日期和班次的客票,是能否顺利旅行的前提;同时,客票作为合同,既是旅客付费收据和乘车凭证,也是受到意外伤害时获得保险赔付的依据。对车站和承运人而言,必须按照客票这个客运合同所包含的基本要求,履行为旅客提供全过程服务的义务;同时,售票服务是对运输对象的一种组织工作,是客运产品的"销售"活动和客运营收的主要源头,既是安排客运生产必不可少的前置性条件,也是参与客运市场竞争非常关键的环节。

因此,售票服务作为客运服务过程的实质性第一步,在客运站服务作业中居于十分重要的地位,同时,由于涉及票据、票款以及作为客运合同的诸多要素(日期、班次、站点、票价等),它也是一项细致而又繁琐的工作。

为适应客运生产过程及旅客的需要,售票服务的组织及其作业必须满足一些基本要求,主要是:

(1) 准确。严格按照旅客所要求的日期、班次、站点等发售车票,不发生错售、错填情况以及票价、票款、车票张数差错等问题。这是售票服务最核心的要求。

(2) 迅速。改进售票方式,提高售票效率,尽量减少旅客因购票等候的时间。

(3) 方便。采取多种形式、多个地点发售车票,尽可能为广大旅客提供就近购票的便利;此外,尽可能延长售票时间,使旅客随时都能够买到车票。

二、售票的方式

为满足上述售票的基本要求,汽车客运站在组织售票工作时,可采用多种多样的售票方式。

(一) 从售票时间上分

从售票时间上,可以分为当日售票和预售车票两种方式。其中,预售车票又可以采取以下几种不同的方法:

1. 依次预售

依次预售,即根据车站经营的班次,按车发售,售满当天车次后,再售次日车票,由此逐日推移,由近到远。这种方法,优点是能确保旅客购到车票,也便于组织客车营运,缺点是不便旅客选择乘车时间。

2. 随意预售

随意预售,即满足旅客关于旅行时间的要求,不加任何限制。这种方法,优点是方便旅客选择所需要的乘车时间,缺点是预购票时间长的旅客容易发生退票现象,对客运安排会带来不利影响。

3. 限日预售

限日预售,即规定预售车票的一定期限,如预售 3 天、7 天、15 天等。这种方法兼具以上两种方法的优点,既便于旅客选择乘车时间,也有利于搞好运输计划,因而实践中采用较多。

(二) 从售票场所上分

从售票场所上,可以分为窗口售票、车上售票、上门售票、远程售票等方式。

1. 窗口售票

窗口售票是一种常规售票方式。客流量小的客运站，一般将售票窗口设置在车站候车室内，较大客运站则专门设有售票处或售票厅，将购票旅客与候车旅客分隔开来，以改善旅客购票和候车时的环境与秩序。

根据窗口分工，窗口售票的方式又可分为全线售票、分方向售票、分线路售票等。

全线售票，即车站经营的所有班次的车票，在任何一个窗口都可以买到。这种方式的优点是很明显的，既方便旅客到任何窗口购票，又可保证各窗口工作量相对均衡，不会出现有的窗口排队过长而有的窗口无事可做的现象。但这种方式的缺点也很明显，就是对售票员要求高，必须熟悉车站经营的所有线路、班次、站点、票价才能适应，所以售票效率通常较低，也容易出现差错。

分方向售票，即根据车站班车运行线路的方向来划分售票窗口，如东去方向、西去方向、东北方向等。分线路售票，是分方向售票的进一步细化，即根据车站班车运行线路适当划分售票窗口，如A站—B站线、A站—D站线等。这两种方式的共同优点是有利于提高售票效率，但旅客都必须到指定窗口购票，各窗口易出现排队人数不等、售票工作量大小不均的情况。

以上三种窗口售票方式，在人工售票的条件下都有采用，但由于各自的优缺点，全线售票只适用于班次不多的小站，分方向售票和分线路售票适用于较大或大型车站。在计算机售票的条件下，全线售票的缺点不复存在而优点则能充分发挥，所以计算机售票都采用全线售票的方式。正因为如此，随着计算机售票的普及，分方向售票和分线路售票的方式已逐渐"退出江湖"。

2. 车上售票

车上售票，一般指中途停靠站上车旅客的购票，或始发站买票不及的上车旅客的购票。车上服务人员备有定额或补充客票，可以随乘发售。

3. 上门售票

上门售票，一般适用于团体预约（如会议）或同一场所旅客较多的情况（如学校放假）。上门售票既给旅客带来方便，又能减轻车站售票的工作压力，特别是在春运等客流高峰期，不失为一种比较有效的补充售票方式。

4. 远程售票

远程售票，是指车站售票人员不与旅客直接接触的一种售票方式，包括电话订票、联网代理售票、网上售票、自助售票等。这是近年来发展起来的几种新型售票方式，它使旅客能够就近甚至足不出户就能购到车票，为旅客带来了极大便利，因而深受旅客欢迎。但后三种需要车站配置必要的设备（网络系统、取票机和自助售票机），后两种还需要旅客具备一定条件（银行卡及相关操作技能）。

三、售票作业的有关规定

（一）客票规定

（1）按票价分，汽车客票主要有全价票、儿童票、优待票三种。

成人及身高超过1.5m的儿童购买全价票。持一张全价票的旅客可免费携带低于1.2m

(含)的儿童一人乘车,但不供给座位;携带免费乘车儿童超过一人或要求供给座位时,须购买儿童票。

身高 1.2～1.5m(含)的儿童购买半价儿童票,供给座位。

伤残军人、因公致残的人民警察等按国家有关规定享受优待的乘车人员,凭有效证件购买半价优待票,享受全价票待遇。

(2)旅客应按规定购买与所要乘坐的班车类别、客车类型相符的客票。需要躺卧的伤、病旅客,应按实际占用的座位购票。

(3)凡持有证明,执行防汛、抢险、救灾等紧急任务的人员,以及新闻记者、伤残军人、因公致残的人民警察、离休干部,有突出贡献的中青年专家,港、澳、台同胞,海外侨胞,人大代表、政协委员,可优先购票。

(4)客票以票面指定的乘车日期、车次,一次完毕行程为有效期限。旅客中途终止旅行,客票即行失效。旅客因急病、伤或临产必须中途终止旅行时,凭医院诊断证明和原客票,退还未乘区段票款,免收退票费。

(5)班车发生停开、晚点或变更车型时须事先及时公告,旅客因此要求退票的,应退还全部票款,不收退票费;旅客因此要求改乘,应免费办理改乘手续。

(6)客运站办理退票向旅客收取退票费。由于客运站或承运人的责任造成误班、脱班或停班,应允许旅客退票,并免收退票费;开车后不办理退票,但目前有些地方(如浙江省)在开车后 1 小时内仍可办理退票。

退票费按下列标准收取:

①当次客运班车开车时间 2 小时前办理退票,按票面金额 10% 计收,不足 0.5 元按 0.5 元计算。

②当次客运班车开车前 2 小时以内办理退票,按票面金额的 20% 计收,不足 1 元按 1 元计算。

③当次客运班车开车后 1 小时以内办理退票,按票面金额的 50% 计收,不足 1 元按 1 元计算。

④旅游客车开车 24 小时前办理退票,按票面金额 10% 计收,不足 1 元按 1 元计算。

⑤旅游客车开车前 24 小时以内办理退票,按票面金额 50% 计收退票费,不足 2 元按 2 元计算。

(二)班车旅客配载规则

售票员售票时,应遵守班车旅客配载规则。旅客配载规则主要有限额配载和公平配载两个方面的内容。

1. 限额配载

限额配载,即应严格按照班车核定载客人数配载,不得超额售票,但在载客人数已满的情况下,允许再搭乘不超过核定载客人数 10% 的免票儿童。

限额配载的难题,在于"核定载客人数 10% 的免票儿童"的控制。为此,可要求旅客在购票时说明是否携带免票儿童,若是,则售其"特票",即在客票上加"特"字印记。检票时,旅客凭"特票"携带一名免票儿童上车。这样,通过售票时控制每辆客车的"特票"数,即可控制免票儿童的数量,实现不超限额的要求。

2. 公平配载

公平配载，即应一视同仁地对所有班车配载，不得故意厚此薄彼，对某一班车倾斜配载或拒绝配载。公平配载主要有以下几点要求：

(1) 旅客购买车票时，如指定班次，按"旅客优先"的原则为旅客所指定的班次配载。

(2) 旅客购买终点站车票时，如未指定班次，按"时间优先"和"终点站优先"的原则为终点站班车配载。

"时间优先"，指对同一终点站的班车，先发班的先配载。但对发班时间相隔15分钟以内的，应尽量均衡配载。"终点站优先"，指先为终点站班车配载，当终点站班车满员后才为途经站点的班车配载。

(3) 旅客购买非终点站车票时，如未指定班次，按"时间优先"和"里程利用率优先"的原则为相应的班车配载。

"里程利用率优先"，指将中途站旅客向该中途站前方最近的终点站班车配载。

四、售票员工作程序

1. 岗前准备工作

(1) 着装整洁，佩戴服务证章，签到上班。

(2) 参加班前会，掌握当日班线车型、定员、发车时间、预售票和其他方式售票票号等情况，以便做到合理配载。

(3) 备好售票工具。如果是手工售票，要准备好各种票据、戳、印、算盘等，做到用具齐全有效，摆放整齐合理；如果是计算机售票，要装好计算机票（到打印机），打开计算机，输入本人操作工号。

(4) 备好零钱，工号牌（反面为"暂停服务"）等用具，整理好服务台，按时开窗售票。

2. 服务工作

(1) 服务时坐姿端正，微笑迎客，用语文明规范。

(2) 开窗时，当第一位乘客来购票时，应说"您好，欢迎来××站乘车"。

(3) 遵循班车配载规则售票，引导旅客选购适合的车票。

(4) 手工售票时要求做到：

"一会"，即会普通话和当地方言；

"二清"，即车票日期、车次、时间、序号清，售票记录清；

"三问"，即问到站、日期，问车次、时间，问购票张数、是否携带免票儿童（如代理旅客意外保险业务，还需问是否购买保险）；

"四唱"，即唱到站，唱车次、时间，唱购票张数，唱收找钱数；

"五不"，即不跳号、不重号、不漏号、不错号、不错款；

"六快"，即抽票快、打号快、计算快、写票快、收找钱快、递票快。

计算机售票时要求做到："一会"、"二清"、"三问"、"四唱"（以上同手工售票）、"五快"（即计算快、打票快、收找钱快、递票快、退机快）。

(5) 按规定为旅客办理退票、改签手续。

(6) 客满、改线、停班时及时发出公告。

(7)及时向值班站长汇报客流动态,必要时提出增开班次的建议。
(8)清点票款,填写售票日报表(表5-2)。计算机售票计算机上自动生成,票款收入日清日结,票、款、账相符。

售 票 日 报 表   表 5-2

年　　月　　日　　　　　窗口

起　号		预交款		现金	
止　号		票角抵解款			
售出张数		营收总计			
废票张数					
退票张数					
白票张数					
改签张数					

售票员:

3. 下班前结束工作
(1)做好交接工作。
(2)锁好票柜、抽屉,关好门窗,关闭计算机,切断电源。
(3)搞好责任区的清洁卫生。
(4)参加班后会,总结当日工作。

五、售票员业务知识

(1)应知售票员岗位责任制内容。
(2)应知车站班车的营运线路、班次、车次、始发时间、途经站点和票价组成情况。
(3)应知客票的有关规定。
(4)应知旅客意外保险受理基本知识。
(5)应知营收、票据管理等财务管理制度的主要内容。
(6)计算机售票员应知计算机售票操作的基本知识。

第三节　候车服务

为了维护客运安全,在客运作业程序中,规定旅客须进站检票上车。从检票到发车的时间间隔一般都比较短,很容易发生旅客拥挤等秩序混乱的情况。在旅客检票上车过程中,又往往会发现一些需要另行处理的问题,比如随带行李超重或过大而需要办理托运手续、带有危禁物品需要作出处置、携带的儿童超高或超数需要补票等。处理这些临时发现的问题,不可避免要额外耗费一些时间,这就势必忙中添乱,影响班车的正点发运,继而引发旅客抱怨,加剧上车秩序的混乱,有时甚至会波及其他客运作业,打乱整个客运节奏。

候车室是旅客等候上车的场所,是旅客在汽车客运站的主要活动地,旅客在候车室的时间一般也较长。利用旅客候车这段时间及时发现并解决上述问题,等到旅客上车时,就不会因为这些问题影响上车秩序和后续作业程序的顺利进行。因此,搞好候车服务工作,既给旅客一个清洁舒适的候车环境,满足旅客候车时的各种需要,又能保障客运过程的连续、迅速和有序,对于提高客运服务质量有重要作用。"把旅行中有关问题解决在候车室内",因而也成为汽车客运服务的一条重要经验。

候车服务工作,主要是为旅客进站候车提供各方面的服务,包括候车环境、候车秩序、候车需求(电话、饮用水、小件寄存等)、客运信息、"三品"检查等,涵盖问询员、候车室服务员、广播员、小件寄存员、危险品检查员等多个服务岗位的工作内容。但本节只介绍其中的问询员、候车室服务员的服务作业。另外,迎门服务从客运过程来看虽不属于候车环节,但无论其服务场所还是服务内容都与候车服务密不可分,故也在本节一并介绍。

一、迎门服务

迎门服务是客运站为了方便旅客而设置的第一道服务岗位,也是车站给旅客的第一印象,所以一般都选择形象较好、声音甜美、外向热情的女性服务员来担任。它的主要工作内容是迎接旅客进站,并主动为旅客提供介绍、指引、扶(老)携(幼)等各种所需要的帮助。

(一)迎门服务员工作程序

1. 岗前准备工作

(1)着装整洁,佩戴服务证章,签到上班。

(2)参加班前会,掌握当日车次、时间和线路变更等情况。

(3)准备好责任区域服务设施,做好各项服务准备工作。

2. 服务工作

(1)迎客进站:旅客进站时,笑脸相迎,招手致意,帮拿物品,文明服务,塑造客运站的良好形象。见到旅客的第一句话是:"您好,欢迎您来我站乘车。"

(2)介绍引导:主动向旅客介绍车站服务项目与服务场所的位置和办理程序;引导旅客购票、候车、托运行包;热情回答旅客的问询。

(3)热情宣传:宣传车站新开辟的线路和新增班车情况;宣传班次变更情况;宣传"三品"等禁止携带物品内容及其危害;宣传《客规》的有关规定和车站卫生管理规定等。

(4)掌握情况:阻止流动摊贩和闲杂人员进入候车室;密切注意大堂和候车室旅客动态,当出现不良行为时,应上前有礼制止,并协助检查员进行"三品"检查;维护旅客进站秩序,当旅客滞留影响人流通畅时应示意旅客离开通道。

(5)帮助旅客:主动为旅客服务,及时为有需要的旅客排忧解难(如提供便民小车),为特殊旅客(指老、弱、病、残、孕、幼及外宾)提供必要的照顾。

3. 下班前结束工作

(1)搞好责任区清洁卫生,做好交接班工作。

(2)阅读旅客意见簿,对重大问题和好的建议应及时向值班站长汇报。

(3)参加班后会,总结当日工作。

(二)迎门服务员业务知识

(1)应知迎门服务员岗位责任制内容。

(2)应知车站始发班车的营运线路、班次、车次、发车时间、途经站点。
(3)应知客票、行包、寄存等客运业务知识,熟悉车站服务设施分布和服务项目设置情况。
(4)应知"三品"等禁止携带物品的内容和检查识别方法。
(5)应知常用的外语、方言、手语及少数民族和外国的礼节、风俗习惯等。
(6)应知车站安全保卫、卫生管理、旅客监督等有关制度。

二、问询服务

问询服务是客运站为旅客提供客运信息服务的专职岗位,通常设在固定位置(如问讯处或服务台),以方便旅客前往咨询。由于固定接待服务,所以也同时为旅客代办一些其他服务事项,如电话服务、信邮服务等。

(一)问询员工作程序

1. 岗前准备工作
(1)着装整洁,佩戴服务证章,签到上班。
(2)参加班前会,掌握当日车次、时间和线路变更等情况。
(3)准备好责任区域服务设施,做好各项服务准备工作。

2. 服务工作
(1)起立并面带微笑,热情回答旅客的问询。
(2)提供旅行指南、宣传资料。
(3)为旅客提供车站运营信息(车次、发车时间等)、站内服务导向、站外换乘等咨询服务。
(4)宣传《客规》、乘车须知、安全常识等旅行知识。
(5)提供针线包、失物登记、失物招领、联系广播找人等无偿便民服务。
(6)为旅客代办服务,按规定收费。如:提供电话服务或代售电话磁卡;提供邮票,代寄信件;提供晕车药品,介绍服药方法。
(7)接受旅客电话咨询,做好电话订票、留票记录及旅客取票接待工作。
(8)收集旅客意见、建议,接受旅客投诉,并做好记录。
(9)根据旅客需要,做好与售票、行包托取、检票等环节的信息沟通等联系工作。

3. 下班前结束工作
(1)做好当日营收的统计和记录工作,解缴营收款。
(2)搞好责任区清洁卫生,做好交接班工作。
(3)阅读旅客意见簿,对重大问题和好的建议应及时向值班站长汇报。
(4)参加班后会,总结当日工作。

(二)问询员业务知识

(1)应知问询员岗位责任制内容。
(2)应知车站始发班车的营运线路、班次、车次、发车时间和运行时间、途经站点、里程和票价及终点站具体方位。应知到达班车的班次、车次、时间。

（3）应知当地各种交通工具始发和到达时间、当地风土人情、风景名胜及主要机关、厂矿、学校、邮电通信、车站、旅馆、饭店、娱乐场所等的分布地点、交通情况和电话号码等。

（4）应知车站服务设施分布和服务项目设置情况。

（5）应知常用的外语、方言、手语及少数民族和外国的礼节、风俗习惯等。

（6）应知客票、行包、寄存等有关规定。

（7）应知"三品"等禁止携带物品的内容和检查识别方法。

（8）应知营收、票据管理等财务管理制度的主要内容。

（9）应知车站安全保卫、卫生管理、旅客监督等有关制度。

三、候车室服务

候车室服务是客运站为旅客提供候车服务的主要岗位，也是对候车服务质量影响最大、旅客最为敏感的岗位。候车室服务工作内容涉及面较广，不仅要维护好候车设施、候车环境和候车秩序，而且要根据旅客需要提供旨在排忧解难的各项服务，同时完成好前述的"把旅行中有关问题解决在候车室内"的任务。所以，为了更好地发现和满足旅客候车需要，保证候车服务质量，客运站一般都设有多名乃至十多名（视车站规模和旅客人数多少而定，在春节运输高峰时段通常还得增加临时服务人员）候车室服务员，采取固定值守和流动巡视相结合并以流动巡视为主的服务方式。

（一）候车室服务员工作程序

1. 岗前准备工作

（1）着装整洁，佩戴服务证章，签到上班。

（2）参加班前会，掌握当日车次、时间和线路变更等情况。

（3）检查售票大厅、候车大厅卫生情况及各类设备的完好情况。

（4）准备好服务台内的各种服务用品。

2. 服务工作

（1）及时整理候车室内的各项服务设施设备。如座椅的整理，时钟、日历的校对，报纸的更换，饮水的准备，旅客意见簿的挂放等。

（2）搞好业务宣传（《客规》及旅行、安全、卫生常识等），介绍站内服务项目，并随时回答旅客问询，帮助旅客排忧解难。

（3）引导旅客按车次区域候车，照顾好特殊旅客。

（4）督促旅客按规定办理行包托运、购买儿童票。

（5）协助检查人员进行"三品"检查。

（6）不断巡视候车室，维护候车室卫生和候车秩序。发现顾客有吸烟、躺睡、乱丢垃圾等现象，应及时有礼解释并制止；发现纠纷、打闹、失窃事件，应立即通知安保部门或驻站派出所处理。

（7）协助检票：组织按号排队；检查漏办行包和儿童票；监督有无"三品"挟带上车。

（8）发放旅客意见征询表，广泛收集旅客意见和建议。

3. 下班前结束工作

（1）做好规定的记录工作。

(2)检查各项服务设施设备是否齐全有效。
(3)汇总、分析旅客意见和建议，重大问题和好的建议及时向值班站长汇报。
(4)参加班后会，总结当日工作。

(二)候车室服务员业务知识

(1)应知候车室服务员岗位责任制内容。
(2)应知车站班车的营运线路、班次、车次、始发时间和途经站点。
(3)应知"三品"等禁止携带物品的内容及处理程序。
(4)应知常用的外语、方言、手语及少数民族和外国的礼节、风俗习惯等。
(5)应知常用药物的功效和使用常识。
(6)应知车站安全保卫、卫生管理、旅客监督等有关制度。

第四节 广 播 服 务

一、客运站广播的内容和作用

客运站广播是由播音员通过扩音器向旅客传播信息的一种方式，是客运信息服务的主要载体之一，同时，它也是车站向客运服务人员沟通业务信息、传达临时指令的主要方式之一。

(一)客运站广播的主要内容

客运站广播以客运作业为中心，传播相关信息。具体地说，主要有以下几个方面：
(1)向旅客宣传党和国家的方针政策、中心任务及重大时事新闻。
(2)向旅客宣讲国家在交通运输方面的法律、法规、政策和规定。
(3)向旅客介绍售票、托运行包、领取行包、寄存物品、安全乘车等方面的规定和一般常识，介绍车站服务环境、服务项目和客运班次情况。
(4)向旅客通报道路通阻、班次变更及班车到、开情况。
(5)通知在候车室外或车站附近逗留的旅客及时检票乘车。
(6)代旅客(或接客人)广播找人、失物招领等事宜。
(7)向旅客介绍本地风景名胜、文化古迹。
(8)向到站旅客介绍本地火车车次、轮船船期、飞机航班、公共交通情况，以及主要机关、厂矿、学校、邮电通信、车站、商店、旅馆、饭店、娱乐场所等的分布情况、交通线路和电话号码等。
(9)广播音乐和文艺节目，宣传表扬好人好事。
(10)向客运服务人员通知客运作业有关事项。

(二)客运站广播的主要作用

客运站广播的主要作用在于，围绕客运过程，配合各项作业程序，进行内外沟通协调，指导旅客有秩序地进行旅行活动。具体表现在如下五个方面：

1. 规范作用

道路客运的特点表明，客运生产过程离不开旅客的参与和配合。客运站通过广播，宣传、讲解国家在道路客运方面的法律、法规、政策和规定，如购票、禁止携带物品、行包托运、物品寄存、乘车安全、公共卫生、公共秩序等方面的规定，让旅客知道自己在乘车旅行中的权利、义务及应遵守的行为规则。这样，就能使旅客与客运服务人员密切配合，从而起着规范客运过程、保障客运秩序、提高客运质量的作用。

2. 指导作用

旅客是车站和运行班车的共同服务对象，是客运生产活动的中心。通过广播，随时沟通车站与旅客、班车与旅客间的服务活动信息，对于指导旅客及时、方便、安全、有序地乘车进而完成其旅行过程，有着重要作用。这一点，对规模较大、班次较多、客流量较集中的车站来说，显得尤为必要。比如：广播介绍车站的环境布局、服务设施、服务项目及服务场所，可以减少旅客行为的盲目性，引导旅客方便地找到自己需要的服务和服务人员；广播介绍客运班次、开往方向、发车和到达时间、检票地点、检票时间及上车地点，可以使旅客做到心中有数，减少紧张慌乱情绪，从而有计划地安排自己的时间和乘车活动；通过广播宣传，疏导旅客按车次划定候车区域或按售出车票的座号排队检票，并由服务员引导上车，可以大大改善旅客乘车秩序，防止"候车时乱、上车时挤"的不良现象；检票发车前，广播提醒在候车室外或车站附近逗留的旅客及时检票上车，可以避免旅客因疏忽或其他原因造成漏乘、错乘的可能；旅客到站时，向出站旅客广播介绍本地火车车次、轮船船期、飞机航班、公共交通情况，以及主要机关、厂矿、学校、商店、旅馆、饭店、娱乐场所、风景名胜、文化古迹等的分布情况等，可以指导旅客方便地达到旅行目的或是继续转乘旅行。

3. 协调作用

旅客运输是一个多工种、多环节的生产过程，即使站务作业也分布在车站的较广区域内。通过广播通知，可以大范围及时沟通车站内部各岗位之间以及车站与客车运输服务人员之间的业务信息，协调相互作业关系。尤其在发生例外或意外情况时，如车辆故障、气候异常、道路通阻变化、班车误班脱班等，正常站务作业程序会被打乱，通过广播能迅速传达值班站长或业务调度部门的指令，使站务作业活动仍能保持整体协调和相互衔接。此外，当发生路阻、事故或因其他原因造成班次变更、班车到开时间变化等情况时，及时通过广播说明，也可以在一定程度上缓解旅客抱怨和不满，协调车站和班车与旅客的关系。

4. 宣传作用

通过广播，宣传党和国家的方针、政策及重大时事新闻，宣传公共卫生、公共秩序和公共道德，宣传好人好事，插播文艺节目等，既能调节候车室气氛、活跃旅客旅行生活，又能进一步发挥客运站文明窗口的作用，促进旅客文明礼貌乘车和良好社会风气的形成，推动社会主义精神文明和和谐社会的建设。

5. 协助作用

客运站是比较复杂的公共场所，人员数量多、成分杂、流动性大。旅客在客运站办理旅行手续、等候乘车甚至下车出站的过程中，往往会出现一些意想不到的问题，如同伴失散、儿童走失、物品丢失等。这时，通过广播发布寻人、查找或招领失物以及其他方面的公告，可以实时为旅客提供有效的帮助，达到排忧解难的目的。而且，这种帮助还常常是其他方式难以替代的。

二、客运广播用语

(一)客运广播用语的特点

广播信息服务是通过语言表达来实现的,也就是说,它所传播的是必须用语言能够表达的信息。客运广播用语,是我们民族语言体系中行业语言系统的一个子系统,它具有与公路客运行业特定环境、条件、人员相适应的诸多特点,主要是:行业性、主动性、通用性、规范性、咨询性和重复性。

1. 行业性

这是客运广播用语最基本的特点。公路客运行业的服务对象是旅客,服务场所是车站及移动的客运班车,服务主要功能是完成旅客的位移,服务要求是安全、及时、经济、方便、舒适、文明。其语言使用范围和广播的内容,必然受到这些条件的限制而呈现出特有的行业性,如线路、班车、班次、候车区域、售票窗口、检票地点、发车时间、行包托运、小件寄存等,都是非常富有行业特色的语言。

2. 主动性

公路客运服务的对象(旅客)来自四面八方、各行各业,其中不乏缺少旅行经验、人地生疏者,也不乏因各种原因存在沟通障碍者(如外国人)。因此,客运站要主动通过广播向旅客提供相关客运信息,主动当好旅行向导,如宣传乘车规定和旅行常识、介绍班车线路和站点、解释各种可能困扰旅客的问题等。主动与被动虽是一字之差,客观效果和旅客感受却大不一样。

3. 通用性

广播与一对一的问询服务不同,它的受众主要是全体旅客,而旅客中人员结构复杂,天南海北都有,只有通用性的用语才能达到普遍传播信息的目的。所谓通用性,在这里有两层含义:①在广播宣传中,要使用让大家都能听得懂的通用性标准语言,即普通话,而不要使用当地的方言;②即使在进行行业性表述时,也要使用规范易懂的通用术语,尽可能避免使用那些生僻艰涩的"行话"。

4. 规范性

客运工作日复一日,年复一年,长期的经验积累和乘客的普遍需求,使客运广播逐渐形成了一套规范化、标准化的行业服务语言系统。有些行业性简称、俗称也不断为人们所接受,成为客运服务用语的一部分,如"三品"、《客规》等。

5. 咨询性

客运过程中,旅客经常会咨询一些旅行中的问题,如:客票、行包的具体规定,换乘飞机、轮船、火车等其他交通方式的时间、班次、乘坐地点,旅游区的旅游路线、风景古迹情况等。客运站广播的很多内容就是根据这些共同性问题整理汇编而成,这就使得客运广播用语具有鲜明的主动咨询性的特点。也只有能够解疑释惑的咨询性广播,才是具有适用性的信息服务,才会受到旅客的欢迎。

6. 重复性

客运站的旅客总是批量流动的,一批旅客走了,新的一批旅客又来了,客运服务作业也随之循环重复进行。客运的这一特点,决定了客运广播在每一客运班次的始发与到达时,都得不断重复地循环播放一些固定的广播词,以便使过往旅客能够及时听到客运信息,并在广播信息的向导下进行乘车活动。还有些内容(如寻人、招领失物)在没有得到解决之前,也需要反复广播。

广播用语的上述特点,使得客运广播可以采用事先录音、自动广播的形式(除临时插播内容外),如此则广播员的工作大为简化。一些客运站之所以可以不设专职广播员,原因即在于此。

(二)客运广播用语的原则

面对众多而又千差万别的旅客群体,为了提高客运广播的质量和效果,在广播用语的使用上应当坚持以下原则:

1. 标准化的原则

标准化既是广播用语的重要特点,也是使用广播用语必须坚持的原则。要求做到:广播用语、用词要准确无误,不应产生歧义或误解;广播用语要完整,不说半句话,主语或谓语一般都不能短缺,这既是准确表达的要求,也是文明礼貌的要求;广播语言要用标准的普通话,这不仅适合几乎所有的各地旅客,还能起到推广普通话的作用,作为窗口单位的客运站理应做到这一点。

2. 语音清晰的原则

客运广播是依靠语言来传播客运信息的,遵循语音清晰的原则自是不言而喻。要求做到:吐字清晰,语音有节奏感,说话速度适中,以使旅客容易听明白广播事项;此外,广播声音要洪亮,因为车站人员集中,噪声较大,广播声音太小旅客很难听清楚。

3. 简洁通俗的原则

在客运广播中,需要宣传介绍的内容很多,而每个旅客候车的时间是有限的,因此,不论安全宣传或形势宣传,还是站务作业或乘车信息的介绍,长篇大论都是不适宜的。力求简洁明了、画龙点睛,是客运广播用语必须坚持的原则。此外,还要注意语言的通俗化,用词用句浅显易懂,少用或不用深奥的专业名词或术语。即便是对客运服务人员的广播,也应坚持这一原则。

4. 情感性原则

所谓情感性原则,是指广播语言的文明性和使用时具有的丰富情感色彩。所以,客运广播时,用语要亲切和善,语气要温和感人,使广大旅客深切感受到充满真情、关切和温馨的服务氛围,充分体现客运站以人为本、旅客至上的服务宗旨和服务文化。

(三)客运广播用语范例(计算机售票的车站)

1. 迎客进站候车综合广播

首先,播放"迎客曲",紧接着口播:

"各位旅客:早上好!(或下午好、大家好)××汽车站为您服务,现在开始广播。今天是×月×日,星期×,农历×月×日。现在是×点×分。我站全体服务人员,欢迎您来我站乘车!我们将以优质的服务、完备的设施、合理的运价,向您提供安全、迅速、方便、经济、舒适和温馨的旅行服务。为了方便大家,现在简要介绍一下本站服务项目和服务地点。"

"本站的售票厅设在车站的×边。为使您购票方便,本站还在××地方设有售票点,预售本站发出的各班次车票。"

"本站的行包托运处设在车站的×边。您如需托运行包,请到行包托运处办理。"

"本站的候车室设在车站的中间。买好票的旅客,请到候车室候车。"

"本站问询处和小件寄存处设在车站的×处。"

"男女卫生间设在车站的×处。"

然后,进行录音播放:

"旅客同志们:现在向您介绍售票、行包托运、'三品'检查以及候车时您应注意的问题。

(1)旅客购票。

我站采用电脑售票。您可以选择任意售票窗口,购买您所需要的客票。

购买儿童票的规定是:儿童身高在1.2~1.5m者,按全票的半价收费;身高超过1.5m的儿童,应购全票;每一成人客票可免费随身携带一名身高不到1.2m的儿童,购票时请向售票员说明,售票员会给您携带免票儿童的"特票",以避免客车免票儿童超额而影响您的行程;如您携带免票儿童超过一名时,请按实际超过人数购买儿童票,并随大人客票一起购买,以便供给座位。

伤残军人、因公致残的人民警察等按国家有关规定享受优待的乘车人员,请您凭有效证件购买半价优待票,享受全价票待遇。

您在购票时,请事先准备好零钱。拿到车票时,请核对客票上的到达站、乘车日期、车次、开车时间和找回的零钱,如有不符,请当面向售票员核实更正。

(2)行包托运。

您的行包如果超过10kg(儿童票超过5kg),请到行包托运处办理托运手续。托运的行包,必须包装完整、捆扎牢固、适宜装卸,每件重量不得超过30kg,并不准挟带易燃、易爆、有毒等危险物品,以保证行包运输和您旅途的安全。

(3)旅客候车。

候车室内挂有车次牌,请您按车次牌依次候车。您如果需要打电话或广播找人等,请您到候车室服务台办理。服务台还为您准备有信纸、信封、邮票等。为了您的旅行需要,小卖部还为您准备有各种烟、酒、糖果和食品。

旅客们,为了您安全、舒适地旅行,请协助我们做好以下几项工作:

第一、请检查您所携带的物品。由于客车条件限制,您乘车携带的物品,请不要超过10kg,并在上车时尽可能放于客车行李舱内,如有必要随身携带,也请妥善放在自己的座位下或行李架上,以保证车内通畅和安全。您的物品,如不符合上述规定,请抓紧时间到托运处托运,以免影响您及时乘车。

各位旅客,如您携带的物品需要占用座位,请在购票时一并购买占座客票;如物品对座位有磨损的,请您事先自备软质物垫。

各位旅客,为了保证您的安全,根据国家规定,严禁携带易燃、易爆、有毒等危险物品上车。如带有火药、汽油、香蕉水、油漆、液化气、喷发胶、电石、酒精、硫酸、硝酸、盐酸、电影胶片、雷管、导火线、炸药、枪支弹药、农药、剧毒品、硫黄、漂白粉、生漆、烟花爆竹、20盒以上火柴等危险物品的旅客,请您听到广播后,主动向服务员声明,允许您自行处理,如有故意或伪装夹带隐瞒不报者,一经查出,除物品没收外,还要处以罚款,对造成事故致使人身伤亡和财产损失的,要依法追究刑事责任。

第二、带小孩的旅客请注意:您的小孩如果超高而没有购票,请您自觉购票,以免临上车时再购票,延误您和大家的时间。

第三、请旅客们共同维护我们的候车环境。候车室内的座椅、痰盂、垃圾箱等各项设施,都是为了方便大家的旅行而设置的,请您注意爱护,不要损坏。候车室是旅客'临时之家',为了使大家有一个良好的候车环境,除了我们的服务人员要努力搞好卫生工作外,也请各位旅客协助做好以下几点:

①您吃剩的果皮、果核和用过的食品包装纸、袋等,请扔到垃圾箱里;
②请不要随地吐痰,也不要在候车室内吸烟;
③带小孩的旅客,请您不要让小孩随地大小便;
④饮用水的旅客,请将您喝剩的水倒进水池内;
⑤请您不要将脚踩在座椅上。

谢谢您的合作!

旅客们,您如有什么困难或要求,请直接和服务员联系,他们会尽力帮助您。"

接下来,口播:

"各位旅客:下面向大家介绍一下本站发出的各线班次、发车时间、沿途停靠站点……"

"旅客们,我们站是开车前×分钟开始检票上车,请您不要远离车站,以免误车。"

2. 发车广播

(1)发车准备广播(口播):

"本站服务人员请注意,×点×分发出的班车,现在离开车时间只有×分钟了,请你们赶快入岗,准备为旅客检票进站,引导上车。行包房的同志开始装车作业。"

"担任×点×分各次班车的驾驶员同志请注意,现在已经开始装载行包,请您监点件数,并签字交接。"

(2)开车前15分钟通告排队上车(口播):

"各位旅客:×次班车现在开始检票上车,凡买了×点×分的车票、第×次去×方向的旅客,请出示客票,依次排队检票上车。"

"旅客们:请大家按顺序排队上车,不要拥挤。上车后请对号入座。"

(3)催客上车(口播):

"各位旅客,凡买好了今天×点×分的车票、第×次去×方向的旅客,如还没有进站上车,请您赶快进站检票上车,现在离开车时间只有×分钟了"(视具体情况,可重复多次)。

(4)开车前5分钟通告(口播):

"旅客们:×点×分开出的第×次去×方向的班车,离开车时间只有5分钟了,没有上车的旅客,请抓紧上车。"

"旅客们:×点×分第×次车,还有×号……座位的旅客没有上车,请您赶快进站上车,班车还有×分钟就要开了。"

"担任×点×分班次的驾驶员、乘务员同志们请注意,现在离开车时间只有×分钟了,请做好发车前的准备工作。"

(5)送客词、发车通告、送客曲(开车前3分钟开始播放录音):

"旅客们,现在离开车时间只有3分钟了,您很快就要离开我们车站,奔赴自己的目的地。由于您的协助,使我们的工作进行得非常顺利,我们全体服务人员向您表示真诚的感谢。"

"旅客们,为了您的安全,请按要求系好安全带。为了您的旅途顺利,途中停车休息或进餐时,请不要远离停车地点,听从驾乘人员的开车时间安排,以免误车。中途下车,请在车辆停稳后再下。车辆行进中,请不要抽烟,不要将头、手伸出窗外,不要和驾驶员交谈或高声喧哗,以免影响安全。为满足您的旅途需要,车上备有饮用水和一次性纸杯。您如果晕车,车上备有晕车药和清洁袋,请您早做准备,防止呕吐。您下车时,请注意带好自己的行李、物品,防止拿错或丢失。"

"驾驶员同志:您行车的时候,一定要模范遵守交通法规和安全操作规程,做到礼貌行车、中速行驶、集中精力、保证安全,祝您顺利完成任务。"

发车铃响,播放"送客曲"。曲声轻悠,车辆慢慢起动,曲中混播:"旅客们,祝您一路平安,下次旅行再见!"

3. 接车广播

(1)通知站务人员接车(口播):

"本站工作人员请注意,×地发出的×次班车就要到达本站,请做好接车准备。"

(2)中途站接车(口播):

"各位旅客:××车站到了,班车在本站休息×分钟,您下车休息、进餐,请注意掌握时间,不要远离车站,以免误车。在本站下车的旅客,请您拿好自己的行李物品,依次下车出站。"

(3)终点站接车(口播):

"各位旅客,您辛苦了!您乘坐的本次班车的终点站到了,请您带好自己的行李物品,准备下车。"

"请您注意,车辆停稳后,按顺序下车,不要拥挤。下车后请走×方向出站。有行包托运的旅客,请持行包票到车站×边的行包提取处提取。您如果在本站转车,车站的售票处设在本站的×边。"

雨天加播:"旅客们,因雨天路滑,请大家注意安全,防止滑倒。"

冰雪天加播:"旅客们,天气寒冷,冰冻路滑,请您小心谨慎,以防滑倒。"

(4)终点站市区交通简介(口播):

"旅客们:现在给您介绍一下本市市内交通情况,到×方向去的旅客,请您出站后,乘×路公共汽车(电车、地铁)……"

"本市的名胜古迹有×××,请到××路乘×路公共汽车(电车)到×站下车……"

"需要住宿的旅客,请到出口处,那里有住宿免费介绍服务。"

三、广播员工作程序

1. 岗前准备工作

(1)着装整洁,佩戴服务证章,签到上班。

（2）参加班前会，掌握当日车次、时间和线路变更等情况。
（3）检查广播器材是否完好，线路是否通畅。
（4）准备好唱片、录音带和广播词。
（5）根据形势和客流变化情况编写宣传词。
（6）做好广播前的其他准备工作。

2. 服务工作

（1）广播本站的发出车次时间，宣传乘车常识，介绍站内的服务项目、服务设施及《客规》的有关规定等。
（2）介绍购买全、半、免、优待车票和乘车规定。
（3）宣传行包托运办法和禁运品规定及车站的卫生制度等。
（4）预报班车检票，通知站、乘人员做好发车准备，提醒旅客按时上车。
（5）广播班车去向、开车时间、途经站点和安全乘车常识。
（6）班车到站时：通知服务、装卸人员接车；介绍行包提取办法与出站线路；提醒旅客注意随身携带的物品，疏导旅客转乘或出站。
（7）为旅客广播找人、失物招领。
（8）广播车辆晚点、线路通阻、班次变更等班车信息。
（9）插播新闻、好人好事、文艺节目及当地名胜古迹等。

3. 下班前结束工作

（1）打扫室内卫生，整理器材、用具，做好交接班记录。
（2）参加班后会，总结当日工作。

四、广播员业务知识

（1）应知广播员岗位责任制内容。
（2）应知音响器材的性能及维护和使用知识。
（3）应知车辆调度、客运服务工作的内容和程序。
（4）应知本站始发班车的营运线路、班次、车次、站点、里程、票价。
（5）应知营运区域内的情况，包括：营运区域内的风土人情、名胜古迹，当地各种交通工具始发和到达时间，当地主要机关、厂矿、学校、邮电通信、车站、商店、旅馆、饭店、娱乐场所等的分布地点、交通线路和电话号码等。
（6）应知常用的外语和方言。
（7）应知《客规》及车站安全保卫、卫生管理、旅客监督等有关制度。

第五节 行包与小件寄存服务

行包运输和小件寄存都是伴随着旅客运输而产生的，但它们并不是每个旅客都必需的服务。也就是说，行包服务和小件寄存服务只是针对有需求的部分旅客所提供的服务内容。

一、行包服务

行包运输尽管只是部分旅客的需求,但也是客运服务的主要内容之一,确保行包的安全、完整、及时运送,对提高客运服务质量同样有着重要意义。

车站对行包的受理、保管、搬运、装卸、交付等服务作业,由行包员来完成。

(一)行包的概念

行包是旅客托运的行李、包裹的简称。但是,近年来,随着客车行李舱容积的扩大和高速客运的快速发展,行包的概念已不仅仅局限于"旅客托运",它还包括非旅客(即货主)托运的适合在客车行李舱运输的小件货物。为区别起见,我们不妨称前者为旅客行包,后者为小件货物。两者的最大不同在于:旅客行包一般是随旅客同行的货物;而小件货物则是由货主托运,收货人在到达客运站提取的货物,托运人一般不随车。因此,小件货物实质上是一种不随旅客同行的特殊行包,或者说是非旅客行包。

旅客随身携带的物品,每张全票(含半价优待票)免费10kg,每张儿童票免费5kg,体积不得超过$0.02m^3$,长度不能超过1.8m,并以能放置本人座位下或车内行李架上为限。超过规定时,其超过部分按行包处理并收费。

按行包携带方式不同,可将行包划分为由旅客自行携带看管的"自理行包"和由车站保管装卸的"责任行包"(含非旅客行包)。

按行包物品性质不同,可将行包划分为普通行包、轻泡行包和计件行包三类。其中,普通行包是指每千克体积不超过$0.003m^3$的行包;轻泡行包是指每千克体积超过$0.003m^3$的行包;计件行包是指按规定以物品件数为单位托运的行包。

(二)行包运输的有关规定

1. 行包限额

行包每件质量不得超过30kg,体积不得超过$0.12m^3$。每位旅客随车托运行包总质量一般不得超过40kg,如超过40kg,在本次班车不超载的前提下或其他班次有运输能力时,也可以受理。非旅客行包参照旅客行包办理。

2. 行包要求

行包要包装严密,捆扎牢固,标志明显,适宜装卸和运输。

危险品和政府禁运物品不得夹入行包托运。对有夹入嫌疑的行包,由车站会同托运人开启查看。

托运限运物品应持有关证明。

机密文件、贵重物品(金、银、珠宝、古董等)、易碎品、易污品、武器、精密仪器、有价证券和其他需要看管的物品等,须旅客自行携带看管。

旅客自理行包占用座位时,须按实际占用座位数购票。每个旅客的占座行包最多不超过2个座位,每辆客车的占座行包,不得超过5个座位。

3. 行包计费

普通行包以实际重量为计费重量;轻泡行包以体积每$0.003m^3$折合1kg确定计费量;计件行包以表5-3规定的折算量作为计费量。

计件行包重量折算表　　　　　表 5-3

品　　名		计量单位	计费重量(kg)
未拆散的自行车(20 英寸或 51cm 以上)		辆	30～50
折叠自行车(20 英寸或 51cm 以上)		辆	25
残疾人车		辆	50～100
各种儿童座车		辆	20～40
儿童脚踏车(20 英寸或 51cm 以下)		辆	20～30
未拆散的缝纫机		台	50
摩托车		台	250～400
洗衣机		台	50～100
电风扇		台	10～40
台式计算机(主机+显示屏)		台	20～60
液晶屏计算机+主机		台	20～30
微波炉		台	15～30
分体式空调		台	50～100
窗式空调		台	30～50
电视机	54cm(21in)及其以下	台	30～50
	67～76cm(25～29in)	台	60～80
	76cm(29in)以上	台	90～100
	液晶屏电视机按上述电视机一半计费重量		

注：其他物品可比照电视机体积折算。

以浙江省杭州市为例，行包的计费标准为：

①旅客行包运费：旅客行包运费实行政府指导价，基准运价为 0.15 元/100kg·km，上浮幅度不得超过基准运价的 20%，下浮幅度不限。

②非旅客行包运费：按杭价费〔2002〕54 号文件规定为 0.004 元/kg·km，每次运费不足 10 元按 10 元计；超过 10 元，尾数按四舍五入计费，精确至元。

③装卸费：每件每装(卸)1 元，单件超过 30kg 或 0.12m^3，加成 50%。

④场内行包搬运费：每件 1 元。

⑤行包变更手续费：每票次 1 元。

⑥接送费：每次 2 元/km。

⑦代理服务费：每件 5 元(含场内搬运、通信、货物票签等工本费)。

⑧到达行包保管费：次日起每件每日收取保管费 0.5 元，第四天起每件每日收取保管费 1 元。非旅客行包(无票快件行包)，到站后次日起每件每日收取保管费 1 元。

旅客行包托运时，可以自愿选择保价或保险，但须按保价金额的 7‰缴纳保价费或按保险公司规定缴纳保险费。

4. 行包交付

旅客托运规定重量内的行包,一般应与旅客同车运达,旅客凭行包票提取(行包票样式如表5-4所示)。旅客托运超过规定重量的行包或非旅客托运货物,最迟运达期限为7天。

行包运到后,应即通知收件人提取,无法通知的予以公告。超过规定天数,按不同的件重向收件人核收保管费。

托运行包凭行包票提取,如票遗失,应向到达站说明登记,经车站确认后,可凭有关证明提取。如行包已被他人持票取走,车站应协助查询,但不负赔偿责任。

行包自到达站发出通知或公告后10天内无人提取时,车站应认真查找使物归原主;超过90天仍无人提取的(鲜活易腐物品及时处理),即按无法交付行包处理。

旅 客 行 包 票　　　　　　　表5-4

受理站:　　　　　　　　填票人:　　　　　　　　　　年　月　日

车次		站经		站到		站	千米	起运日期		
标签号码			客票号			全价票		张	儿童票	张
托运人			地　址						电话	
收件人			地　址						电话	
包　装		品　名	件　数	计费项目		费　率	金　额		附　记	
袋				行包　千克						
包				行包　千克						
箱				装卸费						
合　计										
实际重量		千克		人民币(大写)			佰　拾　元　角　分			

说明:1. 本行包票为四联套写式,第一联(黑色)受理站存查,第二联(绿色)上报审核,第三联(蓝色)提单,第四联(红色)到达通知代报销凭证。

2. 本行包票用于托运行包,托运时须逐项填写,旅客持第三联至到达站凭以提取行包,第四联随车交至到达站。提取行包时向托运人收回第三联,在第三联、第四联上加盖"行包已提"戳记后,第四联交给旅客做报销凭证。

无法交付行包,报经交通主管部门批准后,向当地有关部门作价移交。所得价款,扣除应付的费用,余款立账登记。在180天内仍无人领取时,上缴国库。

5. 行包变更

起运前,旅客要求取消或变更托运,可予以办理,并核收手续费。因班车停开或改道运行,可参照以下方法办理:班车在始发站停开、晚点或变更车辆类别时须及时公告,旅客因此要求取消或变更托运,应予以办理,并不收手续费;因路线阻滞,班车必须改道行驶时,行包运费按改道实际里程计收。

旅客要求在中途站停运行包时,一般不予以受理。如旅客因急病、伤或临产必须中途终止旅行时,退还所托运行包未运区段运费;如要求运回原起运站或运往其他到达站时,应重新办理托运。途中或车上办理托运的行包要求停运或改运,不退还运费。

(三)行包员工作程序

1. 岗前准备工作

(1)着装整洁,佩戴服务证章,签到上班。

(2)参加班前会,掌握当日车次、时间和线路变更等情况。

(3)检查行包搬运和装卸机械设备情况,校正衡器,备好量具、票签、绳子、袋、剪刀等作业用具和包装材料。

(4)如是计算机启票,开启计算机,输入工作代码。

2. 服务工作

(1)检查行包:

①核对车票车次、时间、到站;

②查看行包性质、类别;

③检查行包内是否有危险品、禁运品和超限量物品;

④检查行包包装情况、体积大小等。

(2)计量收费:

①主动指导托运人填写行包托运单或行包票,验收品名、件数;

②过磅称重或量方折重,确定计费重量;

③计费开票;

④付凭证;

⑤做好行包承托记录,挂贴标签。

(3)分线存放:

按线路、车次分别存放待运。堆放时将标签朝外,并做到重不压轻、大不压小、分包入位、查对方便。

(4)装车准备:

①检查行包、标签、票号、件数、到站是否与记录相符;

②检查标签是否挂贴牢固;

③做好行包出库记录。

(5)装车交接:

①把当次班车行包及时送到发车站台装车;

②装车时按行包到站,先远后近,大包放外、小件放中,上圆下方、上轻下重,软硬搭配、顺序摆放;

③让旅客与行包见面,核对装车件数;

④与乘务员或驾驶员办理交接手续。

(6)传输信息:

①给到达站传输装车行包信息;

②给托运人发短信,告之承运车号、班次和到达时间。

(7)卸车入库(到达行包):

①根据行包清单,点件卸车,轻拿轻放,发现差错和污损做好记录,并请驾驶员签字;

②行包进库,有序堆码,并登记提货信息。

(8) 行包交付：

① 查验提货人有效证件和提货凭证；

② 按规定收取保管费；

③ 交付行包。

3. 下班前结束工作

(1) 填写营收日报表，营收款日清日结，账、票、款、物相符。

(2) 核对仓储清单，认真交接班。

(3) 整理行包设施设备和用具，搞好责任区清洁卫生。

(4) 参加班后会，总结当日工作。

(四) 行包员业务知识

(1) 应知行包员岗位责任制内容。

(2) 应知《客规》关于行包运输的规定和保价、保险知识。

(3) 应知行包工作程序、行包计费标准和方法。

(4) 应知本站班车的营运线路、班次、车次、里程、始发时间、途经站点、运行时间等。

(5) 应知"三品"等禁止携带物品的内容和检查识别方法。

(6) 应知行李包装卸方法和注意事项。

(7) 应知行包设施设备的正确使用和维护。

(8) 应知营收、票据管理等财务管理制度的主要内容。

二、小件寄存服务

(一) 小件寄存的概念

旅客在旅行中携带的物品，除需办理托运的行包外，还有一类随身携带的物品，由旅客自理而不需办理托运手续。这类物品多数较轻，体积不大，所以又称之为小件物品。旅客为行动方便，有时需要将这些物品暂时寄存，待上车前提取。客运站为旅客小件物品的暂时寄存需要提供保管服务的业务，就是小件寄存服务。

1. 小件寄存服务与行包服务的比较

小件寄存服务与行包服务有一些共同之处。首先，两者都是针对部分有需要的旅客提供的服务，而并非每个旅客所必需的服务内容；其次，两者都是针对旅客所携带的有形物品开展的服务作业，服务的中间阶段都不存在与旅客的接触和互动，所以，在服务的初始阶段（即小件物品或行包受理时）与旅客进行充分沟通，以清晰理解旅客的需求信息（如小件寄存时间、非旅客行包的收件人信息等），就都显得非常必要。

但是，小件寄存服务与行包服务相比，还是有很大区别的。主要表现在：

(1) 小件寄存只有收、存、付的作业，无装卸和运输作业。这表明：从服务性质看，小件寄存服务属于质量性服务范畴，而行包服务则属于功能性服务范畴；从客运过程看，小件寄存服务仅限于发送过程，是为旅客候车提供方便的一项服务作业，行包服务则贯穿于发送、运行和到达的客运全过程。

(2) 小件寄存手续简便，收费较低，旅客可随存随取。

(3)小件寄存物品大件少,质量小,易于放置。
(4)小件寄存时间一般较短。
(5)一般而言,小件物品交存时段多集中于班车到达后(注意:这反映了中转旅客或短暂逗留的返程旅客的寄存需求,而并非表明小件寄存属于"到达服务"),而领取时段则基本集中在开车前。

2. 小件寄存物品的规定

为保障公共场所和寄存物品的安全,下列物品不予以寄存:机密文件、武器弹药、贵重物品、易燃品、爆炸品、有毒品、腥臭品、腐烂品、鲜活物品、有价证券、精密仪器等。

超过规定期限而无人领取的寄存物品,按无法交付货物处理。

3. 寄存物品的放置方法

为了在旅客领取时可以迅速找到,节省旅客等候的时间,寄存物品在保管架上应有规律地放置。主要放置方法有:

(1)按外形分类分区放置,如可将拉杆箱、提包、背包等分别放在不同的区域。
(2)按寄存标签尾号分区放置。
(3)大件和小件物品分区放置(但同一寄存人的不要分开)。
(4)团体旅客寄存的物品应单独集中放置。

(二)小件寄存员工作程序

1. 岗前准备工作

(1)着装整洁,佩戴服务证章,签到上班。
(2)参加班前会,接受任务。
(3)做好票据、计算器、日戳、零找钱等准备工作。
(4)整理货架,核对寄存物品。

2. 服务工作

(1)检查收货。热情接待旅客,做好危险品宣传工作,对寄存物品逐件检查,杜绝易燃、易爆、易腐烂、有毒物品寄存。
(2)填签收费。
①按规定项目,填写寄存标签;
②按规定收费,当面点清钱票,付给收据,交代清楚。
(3)挂贴标签。
①将寄存牌或寄存标签挂贴在寄存物品上;
②将提取牌递交旅客,作为提取凭证。
(4)存放物品。寄存物品有规律地摆放整齐,轻拿轻放,上轻下重,便于查找。
(5)验证付货。
①核对提取凭证,无误后付货。
②如提取凭证丢失,凭本人身份证,写清取货单后方可付货。
③超时寄存,按规定补收保管费。

3. 下班前结束工作

(1)做好寄存物品的质量、数量、库存等登记或交接工作。

(2)营收款日清日结,账、物、签、款相符。
(3)整理备用品,货件摆放整齐,关好门窗。
(4)搞好责任区清洁卫生,做好交接班工作。
(5)参加班后会,总结当日工作。

(三)小件寄存员业务知识

(1)应知小件寄存员岗位责任制内容。
(2)应知小件寄存的有关规定。
(3)应知小件物品寄存收费标准及物品放置方法和保管知识。
(4)应知本站营运班车始发和到达时间。
(5)应知"三品"等禁止寄存物品的内容和检查识别方法。
(6)应知营收、票据管理等财务管理制度的主要内容。

第六节 上下车服务

上下车服务是指在旅客上车和下车过程中所提供的服务。上下车服务是功能性服务的基本内容之一,分别由始发站和到达站完成。本节主要介绍上车时的检票服务和下车时的到站服务。

一、检票服务

检票服务,就是检验旅客车票,组织旅客按其所购车次上车。

检票的主要作用是通过确认准确的上车旅客人数及其到达站点,防止旅客错乘和漏乘(即保证旅客"正运"),防止旅客(包括免票儿童)超员,并为站运之间的结算出具凭证。此外,检票员还承担复查车况门检合格证、防止不合格车辆载客的职责;在一般车站,检票员还负责指挥发车(车站单独设置发车员或行车员的除外),直接关系着班车的正点发车与发车安全。

因此,检票服务是客运站站务作业的一项重要内容,检票员的工作好坏对客运质量特性的及时性与安全性尤其产生直接影响。对于班次多、客流量大的车站,检票作业的重要性显得更为突出。检票服务人员必须认真、细致地履行好职责,为旅客上车提供优质的服务。

(一)检票员工作程序

1.岗前准备工作

(1)着装整洁,佩戴服务证章,签到上班。
(2)参加班前会,掌握当日车次、时间和线路变更等情况。
(3)检查客车到位情况。
(4)准备好检票工具(如是计算机检票,检查计算机条形码检票仪工作是否正常)和发车用具(红绿旗、口哨等)。

2.服务工作

(1)安排候车:
①挂好候车区域车次牌(或核对显示屏上的车次和开车时间)。

②引导旅客按车次划分的区域,有秩序的候车。

③维持候车秩序,催办行包托运和购买儿童票等。

④查看"五证"(客车线路牌即"班车客运标志牌"、车辆行驶证、车辆道路运输证、驾驶员驾驶证、驾驶员从业资格证),按规定检查车辆车况门检合格单。

(2)引导排队:

①开车前5~15分钟(根据检票班次定),开门站立,用标准检票用语宣讲本次班车开车时间、终到站以及沿途停靠站点,提请旅客严禁携带危险物品。

②引导旅客排队检票。

③对老弱病残孕幼等旅客优先照顾上车。

(3)检票:

①向旅客介绍本次班车车次、终到站以及沿途主要停靠站点,宣传乘车秩序要求(如对号入座、上车不要拥挤)。

②查验车票,做到"三看、一唱、四不检"("三看"——看起讫站名、看客票种类、看票面车次和日期;一唱——唱到达站名;四不检——票种与使用者不符不检,行包超过携带重量未办理托运者不检,携带免费儿童超过规定高度的未购儿童票者不检,客车满员后不检),核对检票人数与售票记录人数是否相同。

③协助检查旅客行包是否超重,是否有危禁物品。

④开车前再次打铃提醒旅客,填写(或计算机打印)结算凭证,规范填写检票记录。客运结算凭证如表5-5所示。

客 运 结 算 凭 证　　　　　　　　　　　表5-5

年　　月　　日

到　站	上　车　人　数		金　额	说　明
	旅客(全票)	旅客(半票)		
				(1)请驾驶员核对路单人数,是否相符,注意保存,遗失不补。 (2)车属单位凭结算联结账。 (3)结算联人数不涂改、加减,如涂改、加减则无效
合计人数(大写)				
合计金额(大写)				

发 出 站:_____　　车　次:_____　　发车时间:_____
自编车号:_____　　驾驶员:_____　　签 发 人:_____

(4)发车:

①上车核点旅客人数,确认无误后进行一分钟宣传,主要内容包括:本次班车车次、终点站、线路走向、沿途停靠站、沿途停车休息处;提醒旅客核对车票,以免错乘;乘车安全注意事项,包括严禁携带"三品"上车、车上禁止吸烟、保管好随身携带的财物、系好安全带等。

②通知驾驶员关好车门,察看车辆上下周围情况,将路单交给驾驶员,旗笛指挥正点发车,确保发车安全。

3. 下班前结束工作

(1)整理器材、用具(或检查关闭电脑设备),做好当班工作记录和交接班工作。

(2)搞好责任区的卫生。

(3)参加班后会,总结当日工作。

(二)检票员业务知识

(1)应知检票员岗位责任制内容。

(2)应知本站班车的营运线路、班次、车次、里程、票价、始发时间、途经站点。

(3)应知《客规》的主要内容和旅客乘车安全知识。

(4)应知"三品"等禁止携带物品的内容和检查识别方法。

(5)应知旗笛指挥车辆的方法。

附:旗笛指挥车辆的方法

1. 号笛(红绿号志旗的辅助信号)使用方法

①一短声:为通知驾驶员准备起步开车之信号;

②一长声:为指挥车辆立即开行之信号;

③二短声:为车辆后退之信号,指挥车辆倒退时,连续使用,但二短声与二短声之间须有明显间隔;

④二短声一长声:为车辆后退时指挥车辆停止倒退之信号,使用时切实掌握车辆速度与停车点距离;

⑤连续短声:为车辆立即停止之信号,接车或者车辆开动后须车辆立即停车时使用(也就是紧急信号)。

2. 旗笛指挥直线发车

行车员(即站场内指挥车辆停放、移位、发车的人员)使用号志旗指挥车辆开行时,应先巡视车辆前后左右一周,并蹲下身子察看车下有无旅客及物品,然后站于车辆右前方,离车头约3m,离车右侧约2m,面对车头,发出注意信号,即右手向上直伸高举绿旗,同时口吹号笛一短声;驾驶员见此信号,应即作起步准备,并鸣喇叭一短声;行车员即向右转身,以左侧对着来车,右手平持绿旗向右直伸与地面平行,指向车辆行进方向,同时口吹号笛一长声。

3. 旗笛指挥车辆转弯

先面对来车发出注意信号,须车辆左转时,行车员即应右转,以左侧对着来车,右手平举绿旗,指挥车辆向绿旗指引方向左转;须车辆右转时,行车员即应左转,以右侧对着来车,右手平举绿旗指挥车辆向绿旗指引方向右转行驶。

4. 旗笛指挥车辆后退

应站在驾驶员在照后镜或从窗玻璃可以看见的车尾部位,并与车辆尾部始终保持一定距离,或站立在回车线外指挥,面向驾驶员,左手执红旗向左平举阻止来车,右手执绿旗收束成棒形向上直伸。指示车辆后退时,将绿旗频频作向后倾斜动作(需车偏右侧将绿旗向右作倾斜动作,需车偏左侧将绿旗向左作倾斜动作),同时断吹号笛二短声;指示车辆停止倒退时,则将绿旗下垂,红旗高举向上直伸,口吹号笛二短声一长声。

5. 旗笛指挥车辆通行

行车员使用绿旗指挥车辆开行或通过,均要在车辆离开本人站立地点约 10m 左右始得将绿旗收回,离开 20m 左右或车辆已转过弯道,始得离开执行信号位置。

二、到站服务

旅客到达终点站,一般都急于下车出站,容易出现拥挤、碰撞或遗忘随带物品的情况。因此,车站服务人员要提前做好接车准备,班车到站后及时接车,做好宣传疏导和提醒工作,尽快进行行包卸车作业,同时组织旅客下车有序出站。

到站服务的主要作用在于,疏导出站秩序,并为出站旅客提供需要的服务。

(一)到站服务员工作程序

1. 岗前准备工作

(1)着装整洁,佩戴服务证章,签到上班。

(2)参加班前会,掌握当日车次、时间和线路变更等情况。

(3)检查和清除旅客出站通道上的障碍。

2. 服务工作

(1)接车

①公布到达班车的始发站、班次及到站时间,为接客提供方便。

②向旅客报告到达站名,提醒旅客带好随身行李物品,引导旅客有序出站,维护好出站秩序。

③发现误乘、误降旅客,要及时请车站有关工作人员处理。

(2)解答帮助

①耐心回答旅客和接客的问询。

②主动帮助老弱病残孕幼旅客出站。

③为中转或转乘其他交通工具的旅客提供旅行信息及必要的引导和帮助。

(3)宣传介绍

①宣传车站的服务设施与服务项目。指示行包到达领取处的位置,使旅客能尽快领取托运的行包。

②向旅客介绍饭店旅馆、旅游景点。

③向旅客介绍市内交通情况。

3. 下班前结束工作

(1)填写到达班车日志等记录。

(2)认真交接班。

(3)搞好责任区的卫生。

(4)参加班后会,总结当日工作。

(二)到站服务员业务知识

(1)应知到站服务员岗位责任制内容。

(2)应知本站班车的营运线路和到达时间。

(3)应知当地各种交通工具始发和到达时间,当地风土人情、风景名胜及主要机关单位、厂矿、学校、车站、旅馆、饭店、娱乐场所等的分布地点、交通情况等。

(4)应知车站服务设施分布和服务项目设置情况。

(5)应知简单外语和手语对话。

(6)应知《客规》主要内容。

第七节　安全维护服务

从本书第三章第五节中,我们已经知道,安全性是道路客运质量特性的首要特性。而安全性(指实体安全)的要求主要包括三方面的内容,一是不发生行车事故,二是不发生爆炸等意外事故,三是不发生旅客或行包错运等商务事故。但在习惯上,通常所说的"安全",主要指前两方面的内容。本节将要讨论的"安全维护",也不包括防止商务事故的内容(商务事故作为服务质量的问题,将在本书第十六章《道路客运企业质量管理》中讨论)。

安全维护是客运站的主要功能之一,为此,客运站除了建立健全安全管理制度、配备齐全有效的安全与消防设施设备外,还通过一系列的安全服务作业来保障旅客和营运车辆的安全,如限额售票和检票、危险品检查、车辆门检等。限额售票和检票服务已在前面几节作了介绍,本节主要介绍危险品检查和出站门检两项服务。

一、危险品检查服务

为了保障旅客生命财产安全和公共卫生,《中华人民共和国道路交通安全法》和《中华人民共和国道路运输条例》对汽车旅客运输提出了明确要求,即旅客"不得携带国家规定的危险物品及其他禁止携带的物品乘车"。可见,严禁危险品和禁运品上车,既是公民的法定义务,也是客运经营者的重大责任。因此,组织对旅客携带、寄存或托运的物品进行安全检查,是客运站的一个重要业务环节,说到底,也是对旅客安全负责的一项重要服务作业。

危险品检查,即危禁物品检查,俗称"三品"检查。

(一)危禁物品的概念

危禁物品分为危险物品和禁运物品(禁止携带或托运的物品)两部分。

1. 危险物品

根据国家标准《危险货物分类和品名编号》(GB 6944—2005),危险货物的定义是:具有爆炸、易燃、毒害、腐蚀、放射性等危险特性,在运输、储存、生产、经营、使用和处置中,容易造成人身伤亡、财产毁损或环境污染而需要特别保护的物质和物品。

上述定义,包含了危险物品的两个特性:

(1)具有爆炸、易燃、毒害、腐蚀、放射性等性质。这些特有的性质,正是火灾、灼伤、中毒等事故发生的先决条件。

(2)容易造成人身伤亡、财产(包括运输车辆)损毁或环境污染。危险物品在受热、明火、摩擦、振动、撞击、洒漏以及与性质相抵触的物品接触时,会发生化学变化,产生危险效应,这种效应不仅使物品本身遭受损毁,更重要的是会危害到旅客的人身和财产安全以及周围的环境。

原交通部颁布的《道路危险货物运输管理规定》规定,危险货物的分类、分项、品名和品名编号都按照国家标准《危险货物分类和品名编号》(GB 6944—2005)执行。该标准将危险货物分为九类:

第1类:爆炸品。包括爆炸性物质、爆炸性物品和为产生爆炸或烟火实际效果而制造的上述2项中未提及的物质或物品,如炸药、引信、信号弹、烟花爆竹等。

第2类:气体。包括压缩气体、液化气体、溶解气体和冷冻液化气体、一种或多种气体与一种或多种其他类别物质的蒸气的混合物、充有气体的物品和烟雾剂。其危险性表现为易燃性、窒息性、氧化性或毒性,如氢气、乙炔、甲烷、甲醇、乙醚、乙醛等。

第3类:易燃液体。指在其闪点温度(其闭杯试验闪点不高于60.5℃,或其开杯试验闪点不高于65.6℃)时放出易燃蒸气的液体或液体混合物,或是在溶液或悬浮液中含有固体的液体。该类物品一旦有包装容器破裂、泄漏,会产生爆炸、燃烧,甚至有的还能产生腐蚀、中毒等后果,如乙醇、汽油、油漆等。

第4类:易燃固体、易于自燃的物质、遇水放出易燃气体的物质。易燃固体指燃点低,对热、撞击、摩擦敏感,易被外部火源点燃,迅速起火,并可能发出有毒烟雾或有毒气体的固体,如赤磷、硫黄等。易于自燃的物质是指自燃点低,在空气中易于氧化,放出热量而自行燃烧的物质,如黄磷、油浸棉麻纸制品等。遇水放出易燃气体的物质是指遇水或受潮时,发生剧烈化学反应,放出大量的易燃气体和热量的物质,如碱金属、电石等。

第5类:氧化性物质和有机过氧化物。氧化性物质是指本身不一定可燃,但通常因放出氧或起氧化反应可能引起或促使其他物质燃烧的物质,如过氧化氢、漂白粉、氯酸钾、硝酸钾等。有机过氧化物指分子组成中含有过氧基的有机物质,该物质为热不稳定物质,可能发生放热的自加速分解,如过氧化二苯甲酰、过氧化乙基甲基酮等。

第6类:毒性物质和感染性物质。毒性物质是指经吞食、吸入或皮肤接触后可能造成死亡或严重受伤或健康损害的物质,如四乙基铅、苯胺、砷及其化合物、生漆、农药等。感染性物质是指含有病原体的物质,包括生物制品、诊断样品、基因突变的微生物、生物体和其他媒介,如病毒蛋白等。

第7类:放射性物质。含有放射性核素且其放射性活度浓度和总活度都分别超过《放射性物质安全运输规程》(GB 11806—2004)规定的限值的物质。其危险性在于辐射污染,最终使人受到辐射伤害,患放射性疾病,甚至死亡。

第8类:腐蚀性物质。指通过化学作用使生物组织接触时会造成严重损伤、或在渗漏时会严重损害甚至毁坏其他货物或运载工具的物质,如硫酸、硝酸、盐酸、冰醋酸、氯磺酸、氢氧化钠等。

第9类:杂项危险物质和物品。指具有其他类别未包括的危险的物质和物品,如危害环境物质、高温物质、经过基因修改的微生物或组织。

2.禁运物品

禁运物品,是指国家规定禁止旅客携带的危险物品以外,其他不得携带乘车或托运的物品。

根据《汽车旅客运输规则》规定,禁止携带或托运的物品主要包括:毒品及相关制品;枪支、弹药(符合规定的除外);黄色书刊、音像制品以及攻击党和国家领导人、有辱中国人的书籍;受国家保护的珍贵文物、动植物;涉及国家安全的绝密文件、资料;妨碍公共卫生(包括有腥臭、异味)的物品;可能损坏或污染车辆或有碍其他旅客安全的物品;单件质量和体积超过规定质量和体积的物品;动物(符合规定的除外);尸体、尸骨等。

有些物品虽不属于严格意义的危禁物品,但为了保证客运安全和公共卫生,也应要求限量和进行必要的包装。例如:气体打火机、安全火柴、充气用液化气罐,指甲油、洗发精、摩丝等美容化学制品,小型宠物、家禽等。

(二)危禁物品的检查

危险品检查员是客运站专职检查危禁物品的服务人员。危险品检查员须通过消防部门的专业培训,经考核合格后持证上岗。

危险品检查岗位一般设置在车站旅客进口处,应有明显的标志,并张贴检查内容和检查项目。客运站应在候车区域明显位置张贴或悬挂禁止旅客携带危禁物品进站和乘车的宣传品,客运站广播系统应经常向旅客进行这方面的广播宣传。

危禁物品的安全检查,一般有四种方法:

(1)电视监测机检查。主要用于检查旅客的行李物品。通过检查后,检查人员可以在行李上贴上"行李安检"的不干胶条,然后办理托运手续或随身携带登车。如发现有异物,须由检查人员开包检查。

(2)探测门检查。主要用于检查旅客身上是否携带禁带物品。旅客通过特设的探测门,没有报警声发出,即为合格。

(3)磁性探测器检查。也叫手提式探测器,主要用于对旅客进行近身探测检查。

(4)人工检查。即由检查人员对旅客行李进行手工开包检查。

(三)危险品检查员工作程序

1.岗前准备工作

(1)着装整洁,佩戴服务证章,签到上班。

(2)参加班前会,掌握当日车次、时间和线路变化等情况。

(3)准备好检查仪器、记录单等。

2.服务工作

(1)宣传危禁物品的种类和危害,动员旅客主动出示和接受检查。

(2)严格执行危禁物品检查制度,对进站旅客及其所带物品进行仔细检查,做到件件过目,重点开包,严禁危禁物品进站上车。

(3)对查获的危禁物品及时妥善处理,并做好记录。

(4)对检查过程中发现的陌生品名,存有疑虑的,应仔细询问鉴别,或请专业技术人员协助,以确认其性质。

(5)对拒不接受检查的旅客,应立即通知驻站派出所,请求对其采取相应措施,制止其携带有疑点的行包进站乘车。

(6)协助候车室服务人员维护候车秩序。

3. 下班前结束工作

(1)对查获的危禁物品认真核对,做好日报(表5-6),按规定上交或处理。

危险物品查获情况日报

表5-6

年　月　日

携带人姓名	携带人单位或住址	品名与数量	处理情况	检查员姓名	备注

(2)整理检查仪器,做好交接班工作。

(3)搞好责任区的卫生。

(4)参加班后会,总结当日工作。

(四)危险品检查员业务知识

(1)应知危险品检查员岗位责任制内容。

(2)应知危禁物品的种类、名称、性质、包装标志及其对人身、财产和社会的危害。

(3)应知主要危禁物品的识别、检查和处理方法。

(4)应知危禁物品检查仪器的性能、使用和维护知识。

(5)应知治安、消防等管理规定。

二、门检服务

门检服务是为消除事故隐患、确保客车运行安全而进行的服务作业。它包括车况门检和出站门检两个方面的内容。"车况门检"(或称"车辆安全技术检查"、"车辆安全例行检查")是对客车上客前进行的技术状况例行检查,主要目的在于防止车辆"带病"载客;"出站门检"是对客车发车后驶离车站门岗时进行的检查,主要目的是严禁不符合条件的客车和驾驶员出站运营。车辆门检流程如图5-1所示。

这里的门检服务是指"出站门检"("车况门检"将在第六章第二节及第十五章第二节中介绍)。

客运站在车辆的出站处设有车辆出站门检岗位。出站门检岗位服务人员(简称门检员),须经专门培训后,由交通主管部门核发《岗位培训证书》,持证上岗。

出站门检,实行一班一检制度。即承担每一班次运输任务的客车,出站时都应主动停车,接受门检员检查。检查内容包括两个方面:一是对出站客车检查,主要是"安全技术检查合格证"(即车况门检合格证)、行驶证、道路运输证、客运标志牌和实载旅客人数等;二是对驾驶员检查,主要是驾驶证、从业资格证等。通过出站门检,确保"五不出站",即:超载客车不出站、车况门检(安全技术检查)不合格不出站、驾驶员资格不符合要求或未按规定配备驾驶员不出站、客车证件不齐全不出站、"出站登记表"未经审核签字不出站。

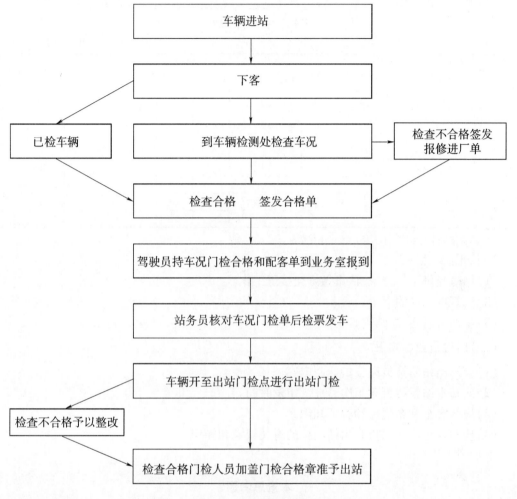

图 5-1　车辆门检流程图

（一）门检员工作程序

1. 岗前准备工作

（1）着装整洁，佩戴服务证章，签到上班。

（2）参加班前会，掌握当日车次、时间和线路变化等情况。

（3）准备好门检记录单、印章等。

2. 服务工作

（1）载客车辆出站时，指挥其停车接受检查。

（2）进入车厢，认真查验出站客车和驾驶员的情况。

（3）发现擅自加座（即超过核定客位的加座设施）、人员超载、未经车况门检或经检查不合格、牌证不完备有效等不符合出站条件的客车和驾驶员，应当制止其出站，并责成当场纠正。对不听劝阻的，应报告车站立即采取措施，予以处理。

（4）对符合出站条件的客车和驾驶员，门检员在随车行车路单或结算单上加盖车辆出站门检专用章后予以放行。

(5)检查结果应当在"出站门检登记表"（见表5-7）上记录,并经受检客车驾驶员签字确认。

班车出站门检登记表　　　　　　　　　　　　　　　表 5-7

　　　　　　　　　　　　　　　　　　　　　　　　　　　　年　月　日

序号	到站	始发时间	车牌	车况门检单	驾驶证	行驶证	道路运输证	从业资格证	客运标志牌	实际载客数	检查情况	处理意见	检查人	驾驶员

注：门检合格班车打"√"，不合格的填写违规情况。

3. 下班前结束工作

（1）填写当班工作记录，认真做好交接班工作。

（2）搞好责任区的卫生。

（3）参加班后会，总结当日工作。

（二）门检员业务知识

（1）应知出站门检员岗位责任制内容。

（2）应知本站营运班车车次、班次、始发时间。

（3）应知客车载客规定和牌证知识。

（4）应知客车车况门检和出站门检的有关规定和知识。

本章思考题

1. 值班站长应属管理人员，为什么也列入服务岗位之一呢？
2. 售票的基本要求有哪些？如何实现这些基本要求？
3. 作为售票员，应掌握的客票规定有哪些？售票时应遵守的班车旅客配载规则是什么？
4. 客运站为什么都比较重视候车服务？
5. 为什么说候车室服务是"对候车服务质量影响最大的岗位"？
6. 举例说明广播服务的作用。广播服务用语的原则有哪些？
7. 为保证行包服务质量，行包员在服务中应注意哪些事项？
8. 小件寄存服务与行包服务相比较，有哪些相同与不同之处？
9. 检票的主要作用是什么？为保证这些作用的实现，检票员在服务作业中，应重点把握哪些工作要点？
10. 联系客运质量特性，谈谈你对检票员工作重要性的理解。
11. 在客运站，哪些服务岗位应掌握营收、票证管理方面的知识？哪些服务岗位应掌握"三品"检查知识？
12. 举例说明"三品"的内容及其检查方法。
13. 出站门检服务的目的和要求是什么？
14. 客运站服务如何保证客运质量特性"安全性"的实现？（联系客运质量特性的安全性，并说明相关服务岗位的工作要点。）

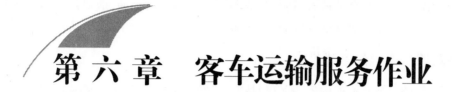

第六章 客车运输服务作业

客车运输服务,是指客运过程中由客车运输经营者(承运人)完成的途中服务(对于途中上下车的旅客还有发送服务或到达服务)。它是整个客运服务链的中心环节,既是客运功能性服务(实现旅客和行包位移)的基本作业,也是实现客运服务质量特性的关键活动。

客车运输服务作业由驾驶员承担或者驾驶员与随车乘务员(两者通常合并简称为驾乘人员或司乘人员)共同承担。

第一节 客车运输服务的特点

客车运输服务作业基本上是在运动着的客车车厢里进行,不像客运站服务那样有较为宽敞的固定场所、较为完备的设施设备、较为稳定的服务环境以及较为齐全的多岗位分工协作。因此,与客运站服务相比较,客车运输服务作业具有一些明显的不同特点和不利因素。

一、服务场所的运动性

客车从驶出始发站后,除途中必要的停歇外,就一直处于不停的运动过程中,这种运动过程一般都要长达数小时甚至十多小时。长时间的运动状态,会给人带来一系列身心不适的感觉,诸如烦躁、不安、紧张、疲惫、头晕、呕吐等,不论对于旅客还是客车运输服务人员都是一种无奈的折磨性体验。尤其是驾乘人员,他们不但要忍受长时间运动颠簸的不适,还要不间断地为旅客提供满意的服务;在旅客到达目的地后,他们还得返回或前往下一个目的地,继续在运动中服务。

二、服务条件的局限性

客车运输服务作业赖以展开的车厢,空间狭小,且服务设施设备十分有限。这就为服务作业带来较大难度,也使服务内容和服务质量受到很多制约。在这种局限性很大的条件下,驾乘人员要为旅客提供服务并让旅客满意,确实不是一件容易的事,体力和脑力的耗费可想而知。

三、服务对象的复杂性

一辆客车一般都要乘坐数十名旅客,他们来自不同的地方和社会阶层,有着不同的经济条件和文化素养,有着不同的旅行目的和服务需求,身体状况和对乘车的适应情况也都不完全相同。服务对象的这种复杂性,虽然与客运站没有多少原则区别,但由于服务条件的极大差异而使服务的难度更大,对驾乘人员的服务意识和服务能力要求更高。驾乘人员必须善于观察和适应各种各样的旅客,通过加强与旅客的交流和沟通,取得旅客的理解与配合,努力协调和平衡好不同旅客的不同需求,从而争取旅客对服务的广泛认可和满意。

四、服务内容的多样性

客车运输服务作业的内容,不仅包括客运站服务中几乎所有的作业,如售票、行包作业、组织上下车、回答问询、安全宣传、介绍站点、保持清洁、提供帮助等,而且还要保证客车安全行驶、准时到达,还要随时处理途中可能发生的各种突发事件和紧急情况,如路阻、车辆抛锚、交通事故、旅客生病等。如此庞杂的服务内容,仅由驾驶员与乘务员二人承担,甚至驾驶员一人独自承担,其艰巨性不言而喻。

五、服务环境的艰苦性

尽管现在公路条件以及客车的技术性能和技术装备已得到大幅度改善,但不论与客运站相比还是与其他运输方式(飞机、火车、轮船)相比,客车运输的服务环境还是相当艰苦的。特别是行驶在低等级公路或农村支线公路的客运班车,驾乘人员的心理压力、劳动强度和体力消耗更大,有些班车还要夜宿农村,吃住等条件相对都比较差。此外,为适应班车正点需要,驾乘人员还往往不得不调整自己的作息习惯,甚至不能正常地吃饭和休息。

六、服务责任的沉重性

客运服务质量特性,包括安全性、及时性、舒适性、文明性、经济性、方便性,无一不与客车运输服务有着极大的关系,特别是其中的安全性更是责任重大。这不仅因为驾驶员的驾驶操作、途中的"三品"检查等直接关系着满车旅客的生命和财产安危,而且因为运输途中还有一些偶然或意外因素也会造成对旅客安全的威胁,如自然灾害、不法之徒的侵害等。但不管直接或间接原因,驾乘人员都负有保护旅客生命财产安全的责任。这一点,《中华人民共和国道路运输条例》规定得很清楚:"客运经营者应当为旅客提供良好的乘车环境,保持车辆清洁、卫生,并采取必要的措施防止在运输过程中发生侵害旅客人身、财产安全的违法行为。"所以,如果用"重于泰山"来形容客车运输服务责任的话,那是一点不为过的。所谓道路客运企业的"巨大风险",其实也主要体现在这里。

上述这些特点和不利因素,决定了客车运输服务的复杂性和艰巨性,也决定了提高客车运输服务质量的必要性和重要性。这就要求驾乘人员,不仅具有"一切为了旅客"的良好服务意识,不仅掌握多方面的业务知识和过硬的服务技能,而且必须具备较高的身体素质和心理素质,并在运输服务中切实搞好相互之间的配合与协作。

第二节 客车运输服务的主要内容

客车运输服务作业的内容虽然多种多样,但我们可以大体上把它归纳为四类,即:车况维护类、安全行驶类、常规业务类、突发情况类。

一、车况维护类服务作业

客车是承载旅客和行包完成位移的工具。客车技术状况是否良好,不仅直接关系到客车能否正常运行,而且对客车运输服务质量(特别是安全性、舒适性、及时性)产生重大影响。车况维护类服务作业,就是为保证车辆技术状况良好而进行的服务作业。由于车况维护作业技术性强,因此主要由专业维修人员来承担。这里所称"车况维护类服务作业",是指由驾驶员完成或由驾驶员配合专业维修人员完成的那部分维护作业。

根据有关规定,应由驾驶员完成或由驾驶员配合完成的车况维护作业,主要包括以下内容:

1. 搞好日常维护

客车的日常维护是驾驶员必须完成的日常性作业。作业的中心内容是清洁、补给(燃油、润滑油、电解液、冷却液等)和安全检视。作业的基本要求是:

(1)坚持"三检",即出车前检查、行车中检查、收车后检查。主要是检查车辆安全状况和车内安全设施,以保证车辆符合安全行驶要求,包括轮胎气压、车辆的安全机构及各部机件连接的紧固情况。具体检查内容参见表6-1。

车辆常规检查内容 表6-1

项目	序号	检查内容
车辆安全状况	1	灯光、仪表是否正常有效
	2	行车制动、驻车制动装置工作是否有效,制动液是否充足
	3	转向系是否存在异常情况,工作是否有效
	4	喇叭、刮水器、后(下)视镜是否正常有效
	5	轮胎(钢圈)是否符合要求,轮胎螺丝是否紧固,轮胎气压是否正常
	6	各部有无漏油、漏水、漏气、漏电现象
	7	行驶中底盘有无异常情况
	8	车门、车窗、安全门(窗)是否符合要求
车内安全设施	9	是否配备故障车警告标志、三角垫木(铁)
	10	车上座椅是否固定牢固,安全锤、安全带是否齐全有效
	11	GPS车载终端、车辆行驶记录仪及图像监控设备工作是否正常
	12	灭火器是否齐全有效,放置是否处于方便取用之处
	13	车厢内各类安全提示、安全标志是否完好清晰

(2)保持"四清",即保持机油滤清器、空气滤清器、燃油滤清器和蓄电池的清洁。

(3)防止"四漏",即防止漏水、漏油、漏气、漏电。

(4)保持车容整洁,包括车厢内外的清洁、服务设施设备的齐全有效等。

在日常维护中发现故障和缺陷,必须立即排除或报修,以切实保证运行客车的良好技术状况。

2. 配合车况门检

车况门检，即客车安全技术检查或安全例行检查，实行一天一检制度。驾驶员应自觉配合车况门检人员工作，在班车发车 30 分钟前完成各项检验项目。经检验合格的车辆，由车况门检人员、客车驾驶员共同在"车辆安全技术检查报告单"上签字。驾驶员持安全技术检查机构出具的"车辆安全技术检查合格证"及其他有效证件（驾驶证、行驶证、道路运输证、从业资格证等）向客运站业务调度部门报班，经调度人员查验确认完备有效后才准予报班，并签发行车路单。其后，在组织旅客上车和车辆载客出站时，车站检票员和出站门检员都还要对车辆的"安全技术检查合格证"等分别进行再检查，以确保不合格车辆不得载客营运的要求。

车况门检时发现一般机件故障的客车，驾驶员应负责及时修复，经复验合格，始可参加营运。

对查出有重大事故隐患的客车，必须进厂维修，同时通知车站及时安排车辆顶班运送旅客。

3. 严格遵守操作规程

严格遵守操作规程是维持车辆技术状况良好的重要保证。驾驶操作的基本要求是：行车前，做好预热起动、低速升温、低挡起步；行驶中，注意保持温度、及时换挡、保有余力、行驶平稳、安全滑行、合理节油。

此外，新车、大修车以及装用大修发动机的汽车，必须严格执行磨合期的规定，如减速行驶等；车辆在特殊条件下（如低温、高温、山区等）使用，应采取相应技术措施，如更换润滑油和制动液、调整油路和电路等，以保证正常行驶。

二、安全行驶类服务作业

安全行驶类服务作业，是指由驾驶员完成的旨在保障车辆行驶安全的服务作业。它体现在车辆运行的全过程，体现在驾驶员驾驶操作的每一个环节，也包括前述的车况维护作业。

保障车辆行驶安全，这是旅客的最基本需求，因而也是驾驶员的最重要职责。为此，国家有关法律法规及规章作出了一系列明确规定。归纳一下，大体上可以通俗地表述为"六个不开"，这"六个不开"应该成为驾驶员的良好驾驶习惯。

1. 不开"带病车"

良好的车况是行车安全的基本保障。不开"带病车"，就是要保证车辆完好的技术状况，安全设施不全或者机件不符合技术标准等具有安全隐患的客车不得载客运行。

2. 不开"超员车"

车辆超载是行车安全的很大隐患。不开"超员车"，就是客车不得超过核定的载客人数，按照规定免票的儿童除外，但在载客人数已满的情况下，按照规定免票的儿童也不得超过核定载客人数的 10%。

3. 不开"超速车"

"十次肇事九次快"，这是无数血的教训。不开"超速车"，就是正确控制车速，不得超过限速标志标明的最高时速；在没有限速标志的路段，也应当保持安全车速；夜间行驶或者在容易发生危险的路段行驶,以及遇有沙尘、冰雹、雨、雪、雾、结冰等气象条件时,应当相应降低行驶速度;同车道行驶时,应当与前车保持足以采取紧急制动措施的安全距离,以避免追尾。

4. 不开"大意车"

俗话说,"大意失荆州",开车时的一时疏忽大意,常常会铸成终生大错。不开"大意车",就是集中精力,照章操作,谨慎驾驶,不抱任何麻痹或侥幸心理。如:不在酒后开车(应当强调,酒后开车对行车安全威胁极大,为交通法规所严禁,但营运客车驾驶员中仍有极少数自恃"艺高胆大"者违禁而行,显然就绝不只是一个"大意"的问题);车门未关妥不起步,车未停稳不开车门和上下人员;不在开车时拨打接听手持电话、观看电视、与人聊天或喝水吃东西;行经险桥、渡口、危险地段和加油前,须组织旅客下车;"宁停三分,不抢一秒",不闯红灯,不越线,严格按规定会车、超车和停车;车辆发生故障时,应将车辆移至不妨碍交通的地点修理,并在车后按规定距离设置故障车警告标志和开启危险报警闪光灯。

5. 不开"疲劳车"

驾驶疲劳会造成注意力下降、感知觉麻木、反应速度减慢、判断和操作失误等问题,因而是行车事故的一大潜在因素。不开"疲劳车",就是不在身体不适或疲劳状态下开车。开车前应合理安排休息时间,保证充足睡眠;连续驾驶超过4小时应停车休息,且停车休息时间不少于20分钟;一天(24小时)内驾驶时间不得超过8小时。

6. 不开"赌气车"

驾驶员的心理失衡必然诱发行为失调,使行车安全的危险性大大增加。不开"赌气车",就是文明驾驶车辆,始终保持良好的心理状态,即使在遭遇交通挫折、外界干扰和压力的情况下(如长时间堵车、交通秩序不良、其他驾驶人行为不文明、旅客抱怨等),也能控制好自己的情绪,保持理智和冷静,做到礼让"三先"(先慢、先让、先停),不冲动,不意气用事,不赌气行车,不发生"路怒"问题。全国劳动模范、杭州长运明星驾驶员李学光至2011年4月25日已安全行车300万km,他的主要经验之一,就是保持一流的驾驶心态,坚持文明行车。

除了严格做到上述"六个不开"外,驾驶员或乘务员还应通过车载音响、视频设备向旅客宣传安全乘车知识,指导旅客正确使用车内安全设施设备,及时提示旅客正确使用安全带。

此外,车辆在高速公路上行驶时,要做到"十一不准",即:不准倒车、逆行;不准穿越中央分隔带掉头或转弯;不准在匝道、加速车道或减速车道超车、停车;不准不按道行驶;不准骑、压车道分界线行驶;不准占道行驶;不准右侧超车;不准随意停车;不准在紧急停车道和路肩上行驶;不准停车上下客或装卸行李;不准在停车道上修车。

三、常规业务类服务作业

常规业务类服务作业,是指客运过程中通常需要向旅客提供的业务性服务作业。它包括车厢温度调节、饮水供应、音像播放、旅行宣传、特殊旅客照顾等随车服务,也包括对途中上下车旅客的售票、行包作业、"三品"检查、组织上下车等服务作业。这些服务作业主要由乘务员承担,驾驶员协助(在没有乘务员的情况下则由驾驶员独自承担)。这些服务作业与客运站同类服务作业并无原则上的区别,它的主要内容、程序和要求已在第五章作了介绍,这里仅作几点补充说明。

1. 车辆运行的要求

驾驶员和随车乘务员要相互配合,文明服务,满足旅客的正当需求,并严格遵守客运管理的有关规定(参见第三章第四节的"客车运输经营者的具体要求"),包括:按规定线路行驶,按规定站点停靠,按规定时间运行,不得站外上客或者沿途揽客,不得强迫旅客乘车,不得中途将旅客交给他人运输或者甩客,不得敲诈旅客,不得违反规定载货等。

途中休息就餐或其他原因需要停车,组织旅客下车前应告知停车时间、发车时间和上车地点,提醒旅客下车时保管好随身携带的贵重物品。重新发车时,应主动招呼旅客上车,清点车上旅客人数,核实无误后方能开车。

2. 车上售票作业的特点和要求

班车客运客票原则上都应在客运站(或代理点)发售,即便是沿途停靠各等级客运站的客运班车,其客票也要求在途中各客运站发售。只有当旅客在规定停靠的非等级站上车,且在前方同类站点下车的情况下,才由车上乘务员发售客票。

车上售票不具备电脑售票条件,甚至缺乏客运站售票的一般条件,在上下旅客较为频繁的情况下,乘务员劳动强度和工作难度会很大。因此,一方面要求乘务员熟悉客运班车沿线停靠站名、站距、票价等相关知识,另一方面车上售票的票种不宜太多(一般为定额客票、补充客票),以方便客票发售。

客运班车在始发站准备发车前,乘务员应对车上旅客人数清点核实,在售票记录里认真填写,掌握车上空余座位和旅客将要沿途下车的人数及其站点,做好途中上车旅客的客票发售准备工作。途中旅客上车,应先迎入车厢安置就座并协助放好随身物品,然后按照规定出售客票。具体要求是:

(1)乘务员应主动走到旅客面前发售客票,并提示旅客保管好车票及随行物品。

(2)严格按照车厢空余座位发售客票,严禁超员。即只有在核定座位数大于实际旅客人数时,才允许途中相应数量的旅客上车并发售客票。

(3)严格按照规定的价格和操作规程发售客票。售票时不得与旅客讨价还价,不得多收或少收票款,不得收钱不给票或多收钱少给票,不得跳号售票或使用假票、废票、回收票等。车票发售后应立即做好售票记录。

3. 车上行包作业的特点和要求

旅客行包运送是一项重要的客运业务工作。行包服务作业,包括受理、计量、收费、保管、搬运、装卸、交付等,一般由车站(主要是始发站和到达站)的行包员承担。随车乘务员只需与车站行包员进行行包点件交接,并协助行包装车或卸车。但是,对于需要沿途停靠,而途中停靠站点又不具备行包作业的条件和能力的客车(如运行在农村线路的客车)来说,乘务员所涉及的行包作业则比较复杂,几乎包揽了行包服务作业的全部内容。

与客运站行包作业相比,乘务员在客运途中进行的行包作业受到很大制约。除了时间仓促外,主要是车上不具备行包作业应有的一些设施、设备和工具,如打包机、搬运车、磅秤、危险品检查仪等,不仅影响作业效率和质量,也加大了作业难度和强度。途中工作条件和时间的双重限制,使乘务员事实上不可能严格按照规定的行包作业程序和要求来完成行包受理与交付工作。但是,乘务员作为客运途中行包服务的主体,是代表企业面对旅客及其行包的,其服务态度和质量的好坏将直接关系到旅客对客运质量的评价,关系到企业的形象和信誉。因此,乘务员应该熟练掌握行包服务、"三品"检查的相关知识和服务技能,适应这种特定环境下的工作要求,努力保证途中行包服务的基本要求和质量。

在具体行包工作中,乘务员应注意以下几点:

(1)中途上客受理行包时,严格按照相关规定,对行包进行"三品"检查,不得因时间紧促而疏忽,如发现行包中装有"三品"的,应拒绝携带上车。

(2)中途下客时,应提醒旅客带好行李物品,避免遗漏或错取;旅客提取行包时,要查看行包票,核对标签,做到票、包相符,防止行包错付错取;行包交付后,要将行包票撕角,并扯去行包标签。

(3)根据行包的不同情况可作出不同处理。如:对途中不随旅客同行的行包(即非旅客行包),可不予受理;对于随旅客同行但不需计费的那部分行包,在查询和检查行包之后,将一式两份的行包标签,一份拴挂(或粘贴)在行包上并将行包装入客车行李舱内,另一份交旅客作为提取行包时的凭证;对于随旅客同行但需要计费的那部分行包,则不仅要求完成上述行包作业,还必须按照规定的行包计费办法计收行包费用(当旅客和行包是到达具有行包作业能力和条件的站点时,可以在客车到站后补办行包托运手续)。

四、突发情况类服务作业

客车在运行过程中特别是在长途运行过程中,往往会遇到一些意外情况或突发事件。突发情况的种类很多,包括路阻、车辆抛锚、交通事故、旅客生病、自然灾害(地震、火山爆发、泥石流、地面沉降、滑坡等)及其他突发事件(火灾、爆炸、恐怖袭击等)。在这些突发情况下,客车驾驶员和乘务员必须共同面对,并迅速开展必要的应对措施和服务作业,这就是所谓突发情况类服务作业。

这里仅讨论几种比较常见的突发情况。

1. 路阻

天气不好(如大雾、雨雪)、交通事故、临时封路、道路损坏或维修、车多路窄等原因,都可能造成道路不畅而导致车辆行驶缓慢甚至停车等待。尽管这不是驾乘人员的主观责任,也不是驾乘人员所能左右的问题,但由于可能影响客运计划行程,延误到达目的地的时间,旅客情绪会因此变得郁闷、不安和急躁,有时甚至会迁怒于驾乘人员。驾乘人员应当理解旅客的这种情绪变化,并主动做好一些工作,主要是:

(1)及时了解路阻原因,并向旅客作出说明,安抚好旅客的情绪,让大家耐心等待。

(2)停车等待时,注意照顾好车内的旅客。要劝解旅客不要在车厢内吸烟,不要让旅客随意离开自己的座位,更不要让旅客在高速公路上下车,以防发生意外。如有旅客下车活动或向附近商店、小贩购买饮料食品时,务必提醒旅客保管好随身贵重物品、记住客车牌号、注意活动安全和及时上车。

(3)车辆等待时间较长时,可以根据旅客情况组织开展一些娱乐活动,如唱歌、讲故事或做游戏等,调节一下车内气氛,帮助旅客放松情绪及排解等待的烦恼。

2. 车辆故障

车辆在运行途中发生故障的原因很多,如轮胎爆裂、油电路故障、机械故障等。车辆故障虽然有一定不可测的偶然因素,但一般都与车况和维护不善有关,驾驶员和企业维修人员难辞其咎,车辆故障也一般都会导致到达终点时间延后,这"一因一果"不可能不引起旅客情绪的波动与恶化,时间长了更会在车厢内集聚起明显的焦躁、埋怨、指责甚至一触即发的愤怒气氛。所以,在车辆发生故障时,驾乘人员需要及时做好工作,主要是:

(1)诚恳地向旅客道歉,并如实说明故障情况,也可适当解释故障原因,争取大多数旅客的谅解。

(2)驾驶员要抓紧时间检查,并努力尽快排除故障。如判断属于自己无法排除的故障,应立即与企业或就近维修单位取得联系,或派员救济,或派车接驳。

(3)乘务员要多与旅客交谈和沟通,尽量安抚改善车厢内躁动不安的气氛,缓解平息旅客的不满与对立情绪,必要时得根据企业有关规定作出经济补偿的承诺。与此同时,排除故障的进展情况和打算也应及时向旅客通报,以满足旅客的知情权,争取旅客的理解与配合。

3. 交通事故

人、车、路、气候等因素都可能引发交通事故。而事故的发生常常是在一瞬间,车内人员很难预知和防范;事故不仅会严重耽误客运行程,造成车上人员的心理创伤,而且通常还会带来不同程度的实体性危害,轻则车辆和财产损失,重则人员伤亡;因现场无抢救医务人员和抢救设备,事故后果往往还会进一步扩大和复杂化。交通事故的这些特点,要求驾乘人员(主要是驾驶员)牢固树立"安全第一、预防为主"的意识,切实做好安全行驶类各项服务作业,确保行车安全;万一不幸发生事故,切不可心慌意乱、手脚无措,而要果断、冷静地应对,尽力避免事故后果扩大和减少旅客损害。驾乘人员在发生事故后需要做的主要工作是:

(1)驾驶员应当立即停车,关闭发动机;保护现场,并向过往车辆发出警示(亮警告灯、放警示牌);造成人员伤亡的,应当立即抢救受伤人员并报告医疗急救机构;因抢救受伤人员变动现场的,应当标明事故证物的位置;同时迅速报告执勤的交通警察或者公安机关交通管理部门,并主动接受调查处理,不得逃避。

(2)救护重伤旅客伤员时,要先搞清伤情,讲究科学方法,以免二次损伤。如:外伤出血者,应先止血,再送医院;骨折者,应先包扎固定,不要急于搬动或扶其站立;脊椎伤者,搬运时应保持平直;昏迷者,应先松开贴身衣服,把他的头转向一侧并清除口鼻中的呕吐物和污物,不要轻易摇动或挪动等。

(3)防止诱发其他次生事故。如:现场严禁吸烟;尽可能防止汽车燃油泄漏;发现有易燃物泄漏、有害物抛洒等情况,应立即设法消除。

(4)努力安抚旅客,维护好车内秩序和旅客情绪。必要时,组织旅客有秩序地撤离车厢,到路边安全地带等待事故处理。

(5)及时与所在企业取得联系,报告简要情况,听取有关指示。

4. 车厢火灾

明火、碰撞、爆炸、翻车以及车辆自身的原因(如漏油漏电),都有可能引发车厢火情乃至火灾。由于车厢空间小,易燃物较多,一旦发生火情,火势容易迅速蔓延,且会产生有毒气体,加上车厢通道狭窄,旅客拥挤逃生较难,所以车厢火灾不仅会造成车辆和旅客财物的巨大损失,而且极易造成人员伤亡,有时甚至群死群伤。如何防止车厢火灾,这是驾乘人员必须认真对待的严肃课题。为此,必须未雨绸缪,全力做好各项安全防范工作,如严禁"三品"上车、禁止车内吸烟、及时排除油电路故障、保持车上安全设施设备完好等,任何一个环节和细节都不容掉以轻心。在行驶中一旦发生火情,驾乘人员切忌惊慌失措,而应当保持清醒,并迅速采取相应措施:

(1)驾驶员应立即将车停靠在路边,切断油路,并拉起驻车制动器操纵杆,防止车辆溜车。

(2)打开所有车门(包括安全门),迅速组织旅客有秩序撤离车厢,同时立即使用灭火器对火情进行控制。

(3)如车厢内浓烟弥漫,应告诉被困人员采取低姿行走的方式逃离到车厢外。

(4)当车门无法正常开启时,要组织旅客利用安全锤或坚硬物体敲碎车厢玻璃逃生。

(5)当车辆发生翻车或无法从车窗逃生时,组织旅客开启车厢安全顶窗进行逃生。

(6)应组织撤离出车厢的旅客远离着火车辆,以防备汽车油箱爆炸。

综上所述,在客车运行过程中会发生各种突发情况,且突发情况的发生通常都有很大的随机性和不确定性,突发情况发生后通常都会给客车的正常运行带来不利影响,引发一系列的矛盾和风险,造成难以预见的不同程度的危害和损失(包括时间、财产、人身、心理等)。这是客车运输服务复杂性和艰巨性的体现,也是对客车运输服务人员素质和能力的考验。

从以上介绍的几种突发情况下的服务作业要求中,我们看到,不同的突发情况,有不同的处置方法,需要进行不同的服务作业。但是,无论何种突发情况,在处置上都有一个共同性的要求,这就是:以旅客为中心,最大限度地维护旅客的安全(包括心理安全、行包财产安全)和利益,最大限度地减少突发情况带来的不利影响和危害,努力保证旅客安全、及时、舒适地到达目的地。这是驾乘人员的首要职责,也是处置突发情况时服务作业的基本原则。为此,在客车运行过程中,无论遇到何种突发情况,驾驶员和乘务员都要沉着冷静,做到处变不惊、临危不乱,并相互配合、迅速果断地采取一切必要措施,妥善处置与化解各种矛盾和风险,全力避免或减少突发情况可能招致的负面影响和损失。因此,为提高驾乘人员应对突发情况类服务作业的意识、能力和效果,针对客运过程中各种可能的突发事件,事先采取相关的预防措施,制定相应的应对预案,并定期进行情景模拟培训或演练,无疑是十分必要的,这也是道路客运安全与应急管理的重要内容。

第三节　客车驾乘人员的工作程序和业务知识

一、驾驶员工作程序

(一)岗前准备工作

(1)着装整洁,佩戴服务证章,签到上班。

(2)按时参加班前会,接受运营任务。

(3)按规定带齐各种牌证。

(4)做好出车前日常维护,配合搞好车况门检,发现问题及时报修,并向调度报告。

(5)提前15分钟将客车驶入规定的发车位。

(二)服务工作

1. 监装监卸

(1)监装行包和协助维持旅客乘车秩序。

(2)检查行包装载情况,核对行车路单和行包清单的内容和数量。

(3)查看车内旅客和小件行李是否放在安全的位置上。

2. 发车

(1)提醒旅客系好安全带,关好车门,发动车辆。

(2)听候发车铃声和检票员的旗笛指挥。

(3)看后视镜,鸣号起步。

(4)出站时,自觉接受出站门检员的检查。

3. 安全运行

(1)严格遵守交通法规和操作规程,精力集中,礼貌行车。

(2)按规定站点停靠,不越站,不站外停车,满员要打招呼,中途上下要方便旅客。

(3)协助乘务员做好旅客乘车服务和行包装卸交接工作。

(4)平稳驾驶,不夹、不摔、不颠伤旅客。

(5)按规定中途休息和做好车辆安全检查。

4. 终到站检查

(1)协助旅客下车,向旅客或车站交接行李。

(2)做好收车后的车辆日常维护工作,发现问题,及时报修。

(3)加油和清洗车辆。

(三)下班前结束工作

(1)向值班调度签到,报告车辆完好情况,接受次日任务。

(2)填写班车运行日志和交接记录。

二、驾驶员业务知识

(1)应知驾驶员岗位责任制内容。

(2)应知《中华人民共和国道路交通安全法》、《中华人民共和国道路运输条例》、《汽车旅客运输规则》及其《实施细则》、车辆技术管理制度的主要内容。

(3)应知车辆安全操作规程和特殊条件下的使用知识。

(4)应知车辆构造、性能、维护和修理的一般知识。

(5)应知车辆使用中节油、节胎知识和常见故障的排除方法。

(6)应知交通事故和其他突发事件处理知识。

(7)应知"三品"等禁止携带物品的内容和检查识别方法。

(8)应知行包作业知识。

(9)应知常见疾病和外伤的救护常识。

(10)应知车上服务设施设备的使用和维护知识。

(11) 应知班车的营运线路、车次、里程、票价、始发时间、途经站点。

(12) 应知营运区域内的主要城市及风景名胜。

(13) 应知常用的外语、方言、手语及少数民族和外国的礼节、风俗习惯等。

三、乘务员工作程序

(一) 岗前准备工作

(1) 着装整洁,佩戴服务证章,签到上班。

(2) 参加班前会,接受任务。

(3) 备齐客票、行李票和零钱。

(4) 搞好车内清洁卫生,清理车厢和货架。

(5) 检查车内服务箱内的服务用品是否齐全、有效。

(6) 挂好车内意见簿、乘务员工号牌、票价表和班车线路牌。

(7) 配合驾驶员正点驶入发车位。

(二) 服务工作

1. 交接行包

搞好行包装车交接手续,检查包装,点清件数,核对到站并签字。

2. 迎客导乘

(1) 迎候旅客检票上车,安排对号入座。

(2) 指导旅客安全放置随身携带物品。

(3) 扶老携幼,重点照顾特殊旅客,维护车内秩序。

3. 发车准备

(1) 向旅客致欢迎词。

(2) 介绍当次班车的终点站、途经站点、运行里程和时间,宣传安全乘车常识,提醒旅客系好安全带。

(3) 接取行车路单和结算单。

(4) 听、看发车信号,关好车门,提醒旅客坐稳和系好安全带,通知驾驶员开车。

4. 车上服务

(1) 发车后,按规定时间播放音像。

(2) 按规定时间车内巡视(内容包括:旅客状况、行李架行李状况、车内卫生和洗手间卫生状况),提供饮用水等服务。

(3) 礼貌回答旅客问询,介绍沿途主要城市和风景名胜。

(4) 车辆中途停靠(下客、休息或就餐)前,温馨提醒旅客注意清点随身物品及停靠站点、停靠时间、本车车号等,恢复旅行前须核对车内旅客人数。

(5) 按规定及时办理途中上车旅客购票和行包手续,做到离座服务,送票到手,严禁超员,严禁"三品"上车。

5. 到站服务

(1) 到站前,向旅客介绍城市情况。

(2)组织旅客下车,并向旅客或车站交付行包。

(3)全面清理车厢,检查车内设施情况,检查车内和行李舱有无旅客遗失行李物品,发现遗失行李物品要设法交还失主或交车站妥善保管。

(三)下班前结束工作

(1)清扫车厢,擦拭座椅(或整理更换座套),整理安全带及窗帘。

(2)填写路单和日报表(或车售客票结算单)。

(3)解缴票款,请领票据,做好下次出车准备。

(4)参加班后会,总结当日工作。

四、乘务员业务知识

(1)应知乘务员岗位责任制内容。

(2)应知班车的营运线路、车次、里程、票价、始发时间、途经站点。

(3)应知《客规》的主要内容和旅客乘车安全知识。

(4)应知售票和行包作业知识及营收、票据管理等财务管理制度的主要内容。

(5)应知"三品"等禁止携带物品的内容和检查识别方法。

(6)应知交通事故和其他突发事件处理知识。

(7)应知常见疾病和外伤的救护常识。

(8)应知车上服务设施设备的使用和维护知识。

(9)应知营运区域内的主要城市及风景名胜。

(10)应知常用的外语、方言、手语及少数民族和外国的礼节、风俗习惯等。

本章思考题

1. 为什么说客车运输服务作业是"整个客运服务链的中心环节"?
2. 客车运输服务作业有哪些特点?这些特点对驾乘人员素质提出了怎样的要求?
3. 车况门检与出站门检有什么不同?
4. 为保证客运安全,驾乘人员应注意做好哪些服务作业?
5. 什么是突发情况类服务作业?如果你是驾乘人员,请根据突发情况类服务作业谈谈你的思考或体会。

第七章 道路客运服务礼仪与服务艺术

第一节 道路客运服务礼仪与服务艺术的概念

一、客运服务礼仪的概念

(一)服务礼仪的本质

中国是一个有着五千年文明历史的国家,素有"礼仪之邦"之称。早在周朝时期,中国就已经有了关于礼仪的书籍。春秋战国以后,"礼"越来越受到社会各界人士的广泛重视和推广。儒家学说的创始人孔子就曾明确地告诫弟子:"非礼勿视,非礼勿听,非礼勿言,非礼勿动。"中国最早的三部礼书为《周礼》、《仪礼》、《礼记》,详细记载了秦汉以前的礼仪。

所谓礼仪,是指人们在社会交往活动中形成的行为规范与准则,是人际交往中以约定俗成的方式、程序、行为来表现的律己和敬人的习惯做法,具体表现为礼貌、礼节、仪表、仪式等内容。

礼仪是社会文明的产物。孔子说:"礼者,敬人也",这是对礼仪核心思想的高度概括。从本质上讲,礼仪就是以道德为核心,以约束自己、尊重他人为基本原则的。礼仪的这一本质,可以从两个角度来理解:从个人的角度来看,礼仪是"律己",是一个人内在修养和道德素质的外在表现,能够展示一个人的良好风度和形象;从交际的角度来看,礼仪是"敬人",是人际交往中示人以尊重、友好的一种行为方式,适当的礼仪能够顺利开启交际之门,让人们感受人际间的和谐与美好,使相互交往显得轻松愉快。"律己"是敬人的前提,"敬人"是律己的目的,所以,礼仪的本质也可以说就是孔子说的"敬人"二字。

随着人类社会的进步和文明的发展,人们对礼仪的重视和要求也不断提高,并逐渐形成了各具特色的职业礼仪规范。客运服务礼仪属于职业礼仪的范畴,是礼仪在客运服务行业的具体运用,是在客运服务工作中形成的得到共同认可的行为规范。

(二)服务礼仪的作用

客运服务礼仪作为一种职业规范,既是职业道德和服务意识的体现,也是友善尊敬的情感表达,还是内涵丰富的美的展示,它的作用主要表现在以下三个方面的"需要":

1. 社会文明的需要

注重客运服务礼仪，可以展现出客运服务人员良好的风度、修养和精神面貌，树立起美好文明的社会窗口形象，为精神文明和和谐社会建设添上一道亮丽的风景，并通过它的示范和辐射功能对社会风气产生有益的净化效应。

2. 服务质量的需要

注重客运服务礼仪，体现了客运服务高品位的质量要求，有助于增进服务人员与旅客之间的良性互动和亲近、友好关系，使旅客的审美和情感需求得到满足，提高他们对于客运服务舒适性和文明性的感受，让他们高兴而来、满意而归。

3. 市场竞争的需要

注重客运服务礼仪，在日益激烈的客运市场竞争中，还会为客运服务的形象、声誉和品牌增色加分，赢得社会和公众的好感、信任与支持，从而对客运企业的竞争力和经济效益产生直接的积极影响。

因此，掌握服务礼仪是客运服务人员的基本素质之一。客运服务人员应当重视服务礼仪的作用，自觉加强服务礼仪的修养，并在客运服务实践中规范而灵活地运用好服务礼仪。

（三）服务礼仪的原则

道路客运服务的对象和内容以及由此所决定的礼仪规范虽然有其独特的一面，但作为职业礼仪一部分的客运服务礼仪，应当遵循的原则与其他行业并没有什么不同，即一些具有普遍性、指导性的礼仪原则同样适用于道路客运服务。这些原则主要有：

1. 尊重原则

受尊重是人的正当心理需求，没有哪一个旅客不希望自己的人格、信仰、习俗、意愿等受到服务人员的尊重。所谓尊重原则（也称敬人原则），就是要求客运服务人员，在服务过程中把对旅客的重视、恭敬、友好放在第一位，做到敬人之心常存，时时处处不可失敬于旅客，不可违背旅客的意愿，不可不顾及旅客的感受，更不可伤害旅客的个人尊严，不能侮辱旅客的人格。只有这样，才能赢得旅客的好感和信任，与旅客建立起友好融洽的关系，取得旅客的支持与配合，实现服务过程中积极的良性互动，从而实现更好的服务效果。而且，只要不失敬人之意，服务人员的具体言行哪怕一时失当，也容易获得旅客的谅解。

2. 真诚原则

所谓真诚原则，就是要求客运服务人员，在服务过程中真实诚恳，一切发自内心、率真自然，真正做到言行一致、表里如一。只有这样的礼仪，才能表达对旅客的尊敬与友好，才能更好地被旅客所理解、所接受，才能给旅客带来美好的感受和由衷的感动。相反，倘若仅仅把礼仪作为一种外表光鲜、看似美丽的道具和伪装，而实际上是口是心非，缺乏敬人之真心之诚意之信诺，则既有悖礼仪的基本宗旨，也不可能收到礼仪的应有功效，因为这种没有了真诚内核的所谓礼仪是苍白的，也是毫无感染力的。

3. 宽容原则

所谓宽容原则，就是要求客运服务人员，在服务过程中既要严于律己又要宽以待人，做到与人为善、宽宏大度，不计较，不苛求，学会与服务对象进行心理换位，设身处地为出门在外的旅客着想，给予他们更多的理解、更多的体谅、更多的包容，千万不可强人所难、伤人自尊，即使对于旅客中可能发生的某些过失或不当言行，也不能得理不让人，而要注意维护对方的颜面,主动为对方铺设下台的台阶。只有这样,才是服务者对待服务对象的正确态度,也才能妥善处理好服务中的各种关系和各种问题,有效化解各种矛盾和纷争,甚至极端情况下也能"化干戈为玉帛"。

4. 从俗原则

俗话说,"十里不同风,百里不同俗"。由于国情、民族、文化背景的不同,旅客之间在风俗、习惯、礼节、喜好、禁忌等方面不可避免地存在着各种差异。所谓从俗原则,就是要求客运服务人员,在服务过程中必须充分理解并尊重旅客的这些文化差异,顺应和服从旅客的不同礼仪要求,切勿目中无"俗"、自以为是而伤害旅客的感情和尊严。因此,客运服务人员对各国、各民族、各地的礼仪文化、礼仪习俗以及宗教禁忌等方面应当有比较全面和准确的了解,只有这样,才能够在服务过程中得心应手,避免出现尴尬和差错。

5. 适度原则

凡事过犹不及,礼仪同样如此。所谓适度原则,就是要求客运服务人员,在运用服务礼仪时必须掌握好尺度,把握好分寸,既要做到位,又不能做过头。比如:既要热情礼貌,又要大方得体,不能过于张扬夸张;既要恭敬谦和,又要不卑不亢;既要认真规范,又要注意技巧,与当时情境相协调,不能让旅客难以适从。只有这样,才能正确地表达服务人员的自律、敬人之意,才能展现礼仪的自然和谐之美,获得服务对象的欣赏和赞誉,才能营造与旅客之间轻松愉快的互动氛围,保证服务礼仪的良好效果。在客运服务实践中,常常发生这样的情况,尽管服务人员的表现看起来满腔热情又十分礼貌,但旅客却并不领情,反而不自在甚至流露出厌烦或不满的情绪,究其缘由,多数就是因为违背了礼仪的适度原则,让人觉得矫情做作,显得缺乏诚意、不够真实,使本来应该有美感的东西走了形、变了味。

以上服务礼仪原则中,尊重原则是首要的、核心的原则,这是由礼仪的本质所决定的。稍作分析就不难明白,其他原则都同这一原则密切相关,都可以从这一原则引申出来。为更好地学习和运用服务礼仪,客运服务人员应当深刻理解并掌握服务礼仪的这些原则,尤其是尊重原则。

二、客运服务艺术的概念

什么是服务艺术?为什么需要服务艺术?服务艺术有什么特性?服务艺术的内涵是什么?服务艺术与服务规范有什么关系?我们分别从三个角度来回答这些问题。

(一)服务艺术源于标准而高于标准

客运服务人员服务质量的好坏,归根到底只能由旅客来评价。我们常常听到旅客用"旅客之家"来形容客运服务工作,这既表达了旅客的肯定和满意,也反映了旅客的期待和愿望。实际上,"旅客之家"几个字很好地概括了整个客运服务工作的总要求,浓缩了客运服务安全性、及时性、经济性、方便性、舒适性和文明性的质量特性。"旅客之家"的评价,无疑是客运服务工作所希望得到的最好褒奖。因此,但凡优秀的客运企业和客运服务人员,无不以"旅客之家"作为自己的座右铭。

但是,旅客来自四面八方,年龄、性格、爱好、生活习惯等各不相同,而服务质量又具有主观性和差异性的特点,要使车站和客车真正成为"旅客之家",要使每个旅客感到像在自己家里那样既方便舒适又自在温馨,的确是件不容易的事。

本篇的前面几章已经讨论过，客运服务人员必须具有基本的服务素质，必须使自己的服务工作严格按程序、合规范、达标准。因为只有程序化、规范化、标准化的服务，才能排除实际工作中可能存在的各种因素（包括来自环境的、旅客的以及服务者自身的）的干扰，保证服务质量符合要求并相对稳定。但仅止于此，仅仅满足于程式化、标准化的服务，显然是很不够的。因为标准化也有弊端，那就是容易同质化。而同质化的服务只能流于一般，在激烈的市场竞争中是不具备强大竞争力的，它可以让旅客满意却不能赢来旅客的忠诚（即成为坚定的"回头客"）。

因此，要实现旅客从满意到忠诚的跨越，需要解决的关键问题是克服服务同质化，即如何从旅客的需求出发，增加服务的内涵，突出服务的特色和个性，让旅客获得超越其期望的意外惊喜。至于如何克服服务同质化，一般可有两条基本途径：一是在企业的层面，创新服务，创新管理，乃至创建品牌，走差异化发展之路；二是在服务人员的层面，在规范化的基础上，发挥主观能动性，提供旅客所需要的个性化服务。上述第一条途径，本书将在第五篇（企业发展篇）展开讨论，而第二条途径，就是本章要讨论的主要内容之一——服务艺术。

这就是说，为了建立旅客的忠诚度，克服服务同质化，客运服务人员在规范化服务的同时还要善于根据服务环境和服务需求的变化因人、因事、因时、因地制宜，采取针对性措施，把服务做细、做精、做到旅客的心坎里，主动地、灵活地、恰到好处地为每个旅客提供符合其真实意愿的服务。这种在服务活动中根据情境变化而灵活应变以满足旅客个性化需求的服务技巧和能力，就是客运服务艺术。对于旅客而言，服务艺术很亲切，它总是不离左右陪伴在你的身边，让你无时无刻不感受到它的温暖；服务艺术很自然，它不妨碍你的自由，完全没有那种"被"服务的感觉；服务艺术很细腻，它会让你一旦有特别需要的时候及时得到满足，还会在你意想不到的地方送上一分惊喜。毫无疑问，客运服务人员只有充分运用服务艺术，才能抓住旅客的心，给旅客留下"与众不同"的鲜明难忘的印象，才能让旅客真正感受到"家"的氛围和亲人般的关爱，并从中得到满足，感到满意，乃至收获意外惊喜，尤其是获得尊重、友好、温馨、审美等精神方面需要的满足和惊喜。

由此可见，作为客运企业避免同质化竞争、提高旅客满意度、建立旅客忠诚度的一条重要途径，客运服务艺术源于标准而高于标准，是在基本服务规范（包括基本服务礼仪）的基础上，对客运服务工作提出的更高要求，是客运服务工作的更高水平和更高境界。

（二）服务艺术是真善美的结晶

上面从"服务"的角度，提出了客运服务艺术的必要性，也初步定义了客运服务艺术的概念。现在，我们再从"艺术"的角度，进一步探讨一下客运服务艺术的特性。

艺术属于文化的范畴，是人的创作行为或创作成果，源于生活而高于生活。曾经有人说，艺术是"情感的流露、智慧的闪烁、和谐的体验"，这话很生动，也很深刻，它道出了艺术的真谛。艺术之所以美好、之所以高尚、之所以扣人心弦、之所以感人至深，就因为它是"真、善、美"的结晶（"智慧"是真，"情感"是善，"和谐"是美），是人类追求的崇高境界。

作为一种服务的"艺术"，客运服务艺术何尝不是源于服务而高于一般服务，何尝不是"真、善、美"的结晶，何尝不是浸润文化的意蕴，何尝不是服务工作的完美追求！试想，没有对旅客一团火般的情感和热忱的真诚倾注，没有丰富的知识、智慧和技巧的娴熟运用，没有与旅客内心需求和性格特点高度契合而又细致入微、恰到好处的服务表现，能有真正的客运服务艺术吗？

从这里，我们可以发现客运服务艺术的几个特性：

1. 灵活性

具体旅客的"内心需求和性格特点"具有随机性和不确定性，服务人员要提供与之"高度契合而又细致入微、恰到好处"的服务，就必须超越规范化的要求，因人而异，因时而变，以高度的灵活性，为旅客"量体裁衣"，提供"定制"服务，即个性化服务。没有灵活性，就没有服务的针对性，没有服务"供""需"之间的契合与和谐，也就没有服务艺术可言。

灵活性是服务艺术的基本要求和表现形态，显示了服务艺术的活力，展现了服务艺术"美"的形象。所以，客运服务人员在服务过程中就不能局限于服务规范，指望"以不变应万变"，而要能动地做到一"灵"二"活"，眼观六路，耳听八方，敏锐洞察旅客动态，及时发现服务机会，顺"势"而为，随"机"应变，以丰富多彩的服务供给满足旅客多样化、个性化的需求。

2. 情感性

服务艺术是服务人员（服务主体）作用于旅客（服务客体）的"创作行为"，离不开服务人员对待旅客的满腔热情和感情倾向，否则，超越服务规范的积极性、灵活性、创造性的能动发挥便无从谈起；同时，也正是服务人员通过个性化服务向旅客的情感传递，让旅客感受到了"'家'的氛围和亲人般的关爱"，激起了旅客的情感共鸣，带给旅客一种情不自禁的自豪感、满足感和愉悦感。

服务主体与服务客体之间的情感传递和情感共鸣，即情感性，是服务艺术的一个重要特性。情感性是服务艺术赖以发挥的动力，也是服务艺术巨大感染力的来源，体现了服务艺术"善"的特质。那种"无心"之作，那种"无情"之举，那种没有情感融入、没有心血付出的东西，绝不可能成为服务艺术！在服务艺术中，也永远不可能出现"无心插柳柳成阴"的奇迹。

3. 实践性

服务艺术需要时间的积累，更需要实践的锤炼，它是服务人员长期实践经验的总结、积累和升华，是服务人员理论知识（心理学、社会学、经济学等）对服务实践的指导和运用，是服务人员应变智慧、技巧和能力（观察、想象、创新等）在具体服务环境中的呈现和发挥。一句话，服务艺术是实践的产物，它形成于实践、运用于实践、发展于实践，离开实践，服务艺术就成了无本之木、无源之水。实践性是服务艺术的源头和基础，也是服务艺术的价值所在，反映了服务艺术"真"的内核。

对于服务艺术实践性的理解，还有必要强调以下几点：

（1）服务艺术的实践是长期的。俗话说，"台上一分钟，台下十年功"。服务人员掌握服务艺术，需要经过长期实践的历练、训练，甚至艰难困苦的磨炼。纸上谈兵成就不了服务艺术，指望轻轻松松地"速成"也只能是幻想。

（2）服务艺术的实践是理性的。它不是那种只有感性躯壳的"纯粹"的干，不是只顾拉车"不看路"的盲目的干，也不是只洒汗水不动脑的埋头"苦"干，或者说，"十年功"不是简单的数字概念，不是单纯的时间堆积。经验的总结、理论的指导、知识的点化、由表及里的思辨、量变到质变的升华。这些才是真正的"功"之所在，才是登攀服务"艺术"境界不可缺少的理性阶梯。

（3）服务艺术的实践是创新的。它不是机械地重复，也不是一味地模仿，它需要闪光的灵感、智慧，需要用心地揣摩、感悟，需要丰富的想象、创意，需要不断地变化、创新。一句话，在实践中创新，在创新中实践。这说明，服务艺术的实践不仅是"长期"的，而且是"无止境"的。同其他艺术一样，服务艺术也没有绝对的评价标准，在服务艺术的字典里，没有"最好"只有"更好"，没有"最高"只有"更高"。所以，服务人员对服务艺术的实践永远是一种追求，是一种永远没有止境的追求，任何人、任何时候都不可以妄言"达到了顶峰"。

(三) 服务艺术的内涵

关于什么是服务艺术，重要的不是定义而是内涵。下面，我们就从客运服务艺术"运用"的角度，对此作一分析和归纳。

1. 规范化是服务艺术的基点

看过自由体操比赛的人都知道，运动员在完成"规定动作"之后，可以充分展示各自的"自选动作"。这些"自选动作"可谓精彩纷呈，不仅让观众大饱眼福、赞叹不已，而且运动员也因此有了自我发挥、亮出绝活的机会，并由此拉开了比分，决定了优劣胜负。如果说服务规范是客运服务中的"规定动作"的话，那么服务艺术就是客运服务中的"自选动作"。服务艺术必须建立在"规定动作"即规范化、标准化的基础上，必须以满足旅客基本需要、保证服务质量符合基本要求为前提，是以此为基点的进一步能动发挥和高水平质量追求。所以，服务艺术是与服务规范有机融合的"创作行为"，是对服务规范的有益补充、延伸和提高，而不是可以抛开规范的恣意发挥、率性而为，那不是服务艺术而是服务"涂鸦"。

2. 人性化是服务艺术的出发点

客运服务对象是有着复杂心理活动和丰富精神需求的人，服务对象决定了客运服务必须以人为本，必须从旅客的心理和需求出发，讲求人性化，时时事事考虑旅客的意愿和感受。在这一点上，服务艺术与服务规范虽没有本质区别，但服务艺术更加注重服务的方式方法和技巧，注重在满足旅客基本需求（包括功能需求和基本质量需求）的基础上追求更加完美的服务内涵和服务境界，满足旅客更高层次的需求特别是精神需求（即如前述，注重情感传递与情感共鸣，呈现出情感性的特性）。

3. 个性化是服务艺术的特点

对于服务人员而言，如果说服务规范强调"遵照执行"、强调"规范性"和"一致性"的话，那么服务艺术则是强调"自主创意"、强调"针对性"和"差异性"。因为要"恰到好处地为每个旅客提供符合其真实意愿"的服务，因为是基于服务人员个人能力和水平的"创作行为"，服务艺术没有统一的规范和标准，服务行为因人、因事、因时、因地而异，不仅同一服务人员施于不同旅客的行为表现是个性化的，而且不同服务人员施于同一旅客的行为表现也是个性化的。在这个意义上可以说，服务艺术就是服务人员以个性化的服务去满足旅客个性化需求的服务过程和服务技巧。个性化是服务艺术的最大特点，也是服务艺术的最大魅力，没有个性化就谈不上服务艺术。前面说的服务艺术的灵活性特性，正是个性化的表现，也是个性化的需要。正因为如此，服务艺术的运用会在服务人员与旅客之间形成一种无形的默契，而恰恰是这种无形默契让旅客获得了真正自在、舒心、愉悦的精神享受。

4. 细节化是服务艺术的亮点

如果说服务规范是从大处着眼的话，那么服务艺术便是从小处着手。事实上，也只有关注一个个细节才能发现旅客隐于细节背后的特别需求，只有在一个个细节上下工夫才能体现服务艺术个性化的特点,只有妥善解决一个个细节问题才能带给旅客"关怀备至、体贴入微"的惊喜并赢得旅客发自内心的赞誉。在服务越来越趋于规范化的今天,没有超越规范的细节化就难有服务的个性化,难有服务的魅力。诚所谓"于细微处见真情"、"于细微处见匠心",服务艺术的亮点在这里,服务艺术的难点也在这里。

5. 精品化是服务艺术的落脚点

如果说服务规范注重的是过程,是过程的规范性,是要求的实现度,那么服务艺术注重的则是效果,是效果的完美,是旅客的感受和满意度。正如前述,服务艺术追求的是"服务工作的更高水平和更高境界",就是要"把服务做细、做精、做到旅客的心坎里",就是要"满足旅客高层次的需求特别是精神需求",就是要提供"与旅客内心需求和性格特点高度契合而又细致入微、恰到好处、恰如其分的服务"。一言以蔽之,服务艺术就是要以至真至诚之心,把服务做成至善至美的精品;而且,由于服务艺术评价标准的相对性,这一"精品之路"将永无止境。所以我们说,精品化是服务艺术的落脚点,是服务艺术的价值和归宿。

以上这五"化"五"点",在比较服务艺术与服务规范的基础上,阐明了两者关系特别是两者之间的区别,从而从运用的角度回答了"什么是服务艺术"的问题。这五"化"五"点",虽然还不能算是服务艺术的完整表述,但基本上反映了服务艺术的内涵,反映了服务艺术的一般规律和要求。

三、客运服务礼仪与服务艺术的关系

如前所述,客运服务礼仪是规范的统一的职业要求,强调的是一致性,从这个角度讲,服务礼仪其实是一种服务"技术",与强调个性化的服务艺术显然并不属于同一范畴。既然如此,我们为什么还要把两者放在同一章里进行讨论呢?这是因为,尽管两者一为技术一为艺术,但也有着一些相关或相通的地方。

比如,服务礼仪的运用不光是"技术活",还表现为一定的艺术性(主要是动态的仪态表现和语言表达,前述服务礼仪的"适度原则"在一定程度上即反映了这种艺术性的要求),它不像有些规范那样通过培训和学习可以做到大体上的效果一致,不同的人在礼仪运用效果上有时甚至会大相径庭。在这个意义上,服务礼仪与服务艺术有着性质上的交汇之处。

又比如,与本篇前面几章的内容比较起来,服务礼仪和服务艺术应同属服务的更高层次,因为它们着眼的不是旅客的功能需求(位移),甚至不是基本质量需求(安全、及时、经济等),而主要是为了满足旅客的高层次质量需求(文明、温馨、审美、尊荣等精神享受),即追求更高的服务能力、更高的服务水平。在服务目标这点上,两者又可谓是殊途同归。

再比如,服务礼仪的五项原则,对于服务艺术也是完全适用的。这是因为,不论是服务礼仪还是服务艺术,都是以敬人为基本宗旨,都是把旅客的心理感受放在服务考量的首要位置,所以,在服务实践中同样遵行以尊重为核心的五项原则,自然也是顺理成章的事。

作为客运服务人员,认识服务礼仪与服务艺术的关系,特别是认清两者之间在性质上和目标上的共性,有助于加深对服务礼仪的理解,并在实践中提高服务礼仪的运用技巧和效果,即:在服务礼仪中融入服务艺术,在把握服务礼仪"技术"属性、严格规范服务的同时,更加自觉地发挥主体能动性、充分挥洒服务礼仪的"艺术"魅力。至于服务艺术,原本就是建立在包括礼仪规范在内的服务规范的基础上,与服务礼仪的有机融合当是题中应有之义。

因此,在客运服务中,把服务礼仪与服务艺术相互融合起来,做到"你中有我,我中有你",不仅是可以的,而且是必要的,甚至是必须的。唯其如此,方能实现客运服务素质和服务质量的更大提升,方能实现客运服务对象(旅客)从满意向忠诚的跨越。

第二节　道路客运服务礼仪的主要内容

一、客运服务人员的仪容

仪容指人的容貌、服饰、个人卫生等,是人的仪表的重要组成部分,或者说是仪表的静态表现。在人际交往中,一个人的仪容往往是最先受到对方注意的地方,是给人的第一印象。姣好的仪容,带给他人的不仅是视觉上的舒适感,还会在心理上产生一种乐于接近的愉悦感。客运服务人员应充分重视自己的仪容,自觉维护和修饰形象,把最好的一面展现在旅客面前。这是服务环境优美的基本要求之一。

(一)服饰

1. 着装

按交通运输部规定,直接面对旅客的客运服务人员(站务员、驾驶员和乘务员)上班应穿着统一的工作服。工作服通常是某种职业或某个企业的标志性统一服装。客运服务人员穿着统一、规范、美观的工作服,不仅表达对旅客的礼貌尊敬之意和乐于随时服务的姿态,而且还有助于旅客在人群中迅速识别服务人员,为他们所需要的询问或寻求帮助提供很大方便;同时,工作服作为企业文化的物质载体,也是对企业的一种无声宣传,能够展现出从业人员正规、干练、有素的职业形象,穿着者也会有一种自豪感和责任感,从而提升敬业和爱岗的精神,提升对旅客的服务水平。

穿着工作服的基本要求是整齐、清洁和挺括。

(1)整齐。工作服应合身得体。注意"四长",即袖长应到手腕,衣长至手臂自然下垂时的虎口,裤长至脚面,裙长至膝盖;注意"四围",即领围以插入一指大小为宜,上衣的胸围、腰围及裙裤的臀围以穿一套羊毛衣裤的松紧为宜;内衣的衣领、袖口、衣摆不能外露,不要挽袖卷裤;纽扣应全部扣好,领带、丝巾要与衬衫领口相吻合,不可系歪;男员工袜子颜色应与裤子相近,通常以深色为宜,女员工应穿肉色丝袜,不抽丝,不破损,袜口不外露;佩戴好与制服配套的帽子和手套;工号牌应佩戴于左胸口上方。

(2)清洁。衣服要保持清洁,做到衣裤无油渍、无污垢、无异味。尤其是白色衬衣,更应该注意保持领口与袖口洁白干净。

(3)挺括。制服穿着应挺括大方,体现出服务人员的高雅、端庄。不穿时要挂好,洗后要熨烫平整,做到衣服不起皱、不翘边,裤线清晰笔直。口袋不可放过多物品,以保持线条自然流畅。

2. 饰品

客运服务人员上岗时,除可戴手表,一般不宜佩戴耳环、手镯、戒指、手链等饰物。如果服务人员看上去珠光宝气,环佩丁当,往往会破坏服务人员的形象,容易使旅客产生不快甚至反感。因此,服务人员以不佩戴任何饰品为好。如果佩戴饰品,只宜选择简单、合适的饰品，不能过分夸张显眼。

(二)个人卫生

1. 头部卫生

客运服务人员发型选择，应与自己的职业、年龄、脸型、身材、性别相称，给人以美观大方、精神饱满、富有时代感的印象，但不能过于新潮、怪异。男员工不要留长发、扎小辫、剃光头等；女员工不留披肩长发，头发不遮脸，刘海不遮眉，长发应扎起来。不提倡烫发、染发。头发要保持整洁：一要勤洗，保证无异味、无头屑；二要勤修整，特别是男员工头发应注意经常修剪；三要勤梳理，避免头发凌乱。

客运服务人员面部要保持清爽、整洁，使自己看上去容光焕发、清新自然。男员工应注意经常剃刮胡须，尤其不能留蓄长须。

客运服务人员应保持口腔清洁，无异味。饮食后，要注意清除牙齿残留物。班前忌喝酒，忌吃大葱、大蒜、韭菜、臭豆腐等有强刺激气味的食物。必要时，可嚼口香糖或茶叶清除口腔异味。

2. 手部卫生

客运服务人员要保持双手清洁。手的清洁反映一个人的卫生习惯，平时应勤洗手，并注意护理，防止粗糙或开裂。手指甲要勤剪，手指甲长度以面向手心平视，看不到指甲为标准。不提倡涂染有色指甲油。

3. 身体卫生

客运服务人员要勤洗澡，勤换衣袜，保证身上无异味。班前忌剧烈运动。天气炎热时，应提前到岗，避免匆匆上岗带给旅客一身汗味。服务人员工作时最好不用香水，尤其不用气味浓烈的香水，以免引起旅客的不良感受。

总之，服务人员在个人卫生上，要做到清爽、整洁、无异味。

(三)化妆

俗话说："三分容貌，七分装扮。"化妆对于女性来说通常是少不了的，因为它更能表现出女性的特有魅力。从事客运服务工作的女性，上岗化妆的总原则是适度而不夸张、协调而不异样。具体应注意以下几点：

1. 化妆色彩的选择

化妆颜色的选择，一般要以搭配的衣服颜色为依据。色彩要求自然、鲜明、和谐统一，给人以美感。在选用粉底、粉饼时，不要一味追求皮肤增白，而要与自己的肤色相融合，以免造成粉色悬浮在脸上，妆面显得很不自然。眼影化得要淡、要自然，眼影的颜色也应与制服颜色相协调，不宜过于夸张。口红的颜色应选用红色系里的普通红色，不要类似于紫色、黑色、金属色等过于张扬的颜色。

2. 妆容的选择

化妆的目的是为了修饰五官。在化妆时，对于妆容的选择应根据自己的五官来决定，什么样的脸形适合化什么样的眉型，什么样的眼型适合化什么样的眼影和眼线，各个部位的妆容要相互协调，这样整个脸面看起来才会自然、美观。

3. 化妆的禁忌

(1)勿当众化妆。修饰避人是一条重要的礼仪原则。所谓修饰避人，是指维护仪容仪表的全部工作应该在"幕后"进行。如果在公共场合化妆,会显得缺乏修养,是既不自尊也不尊重人的表现。更不要在异性面前化妆,以免有搔首弄姿、吸引异性之嫌,使自己形象失色。因此,客运服务人员需要化妆或补妆时,应在更衣室、洗手间等旅客视线之外的地方进行。

(2)勿残妆示人。化妆要有始有终,保证妆面的完整。但化妆后一段时间,妆面会慢慢被皮肤吸收,在运动、更衣、用餐、饮水、休息等活动后也会淡化或被擦拭掉,这个时候的妆面便成了残妆。所以,在服务过程中,客运服务人员要注意随时检查自己的妆面,及时补妆,防止以残妆出现在旅客面前。

(3)勿化古怪新奇妆。年轻人赶潮流、追时尚本是无可厚非,但在工作场合,过于时尚新潮则往往难以被人接受。所以,客运服务人员上岗时应化素雅的淡妆,不宜浓妆艳抹或以新奇古怪妆出现在旅客面前,也不要使用颜色怪异、反差强烈或气味浓烈的化妆品,否则会显得对旅客不够尊重而招致反感。

二、客运服务人员的仪态

仪态是指人在行为中的姿态和风度。姿态是身体呈现的各种样子,风度是人在行为举止中流露出的气质和风格。仪态也是人的仪表的重要组成部分,是仪表的动态表现,它就是人们常说的"体态语言"或"肢体语言"。虽然无声,但在人际交往中,却可以传递或辅助传递情感信息,达到表露和沟通的目的。一个人的仪态也反映出他的礼仪修养。优美的仪态给人以赏心悦目的感觉,并能在一定程度上弥补容貌的天然不足;不雅的仪态则让人反感和厌恶,即使美丽的容貌也会黯然失色。因此,客运服务人员在注重仪容的同时,还应当十分注重自己的仪态。而且,从对服务质量影响的角度来看,仪态甚至比仪容更显重要。

仪态的表现很多,如站姿、坐姿、蹲姿、走姿、手势、表情等,总的要求是优美得体、大方自然。

1. 站姿

站立是客运服务人员的主要姿势。因为站立传递着随时为旅客服务的信息,体现出对旅客的尊重。保持优美的站姿是服务人员的基本功之一。

对站姿的要求是"站如松",即站得像松树一样挺拔。其要领是:身体正直,身体重心放在两腿中间;面朝正前方,双目自然平视,嘴微闭;面带笑容,下颌微收,颈部挺直;胸部微挺,腹部自然下收,双肩微往后拉,自然舒展;腰直肩平,双臂自然下垂(或背后交叉或体前交叉)。

标准站姿主要有两种步式,如图7-1、图7-2所示。

图7-1 标准站姿的两种步式

图 7-2　男女标准站姿

（1）"丁"字步式，这种站姿主要应用于女性。其要领是：左脚在前，左脚脚跟并于右脚内脚踝处，两脚尖向外略展开，形成一个斜"丁"字；手臂置于身前，右手自然叠搭于左手上放置小腹处。

（2）"V"字步式，这种站姿男性、女性皆可。其要领是：双脚呈"V"字形分开，脚间夹角为30°~50°；女性脚跟紧靠，两膝并拢，手臂置于身前，右手自然叠搭于左手上放置小腹处；男性双脚与肩同宽，手臂置于身后，右手握拳，左手抓腕自然搭于后腰处。

客运服务人员在长时间站立作业时，为避免疲劳，可隔一段时间后变换姿态和重心，将身体重心移至左脚或右脚，但上身仍应保持正直。切忌驼背、斜肩、挺腹、低头、躬腰，或双手抱胸、叉腰，或将手放在制服口袋中，或腿部抖动、打拍，或身体东倒西歪、倚墙靠物。

2. 坐姿

客运服务人员入座时，应该采取标准的坐姿，如图7-3所示。标准坐姿的要求是"坐如钟"，即坐得像钟那样端正。其要领是：入座时，轻而缓，走到座位前面转身，看准座椅的位置，轻轻落座，确认座椅稳固时，坐至座椅面的2/3处，上身正直，双目平视，背脊轻靠椅背。男性坐姿：右脚向右跨出一脚距离，双手扶膝稳坐。女性坐姿：入座时，用手向前收拢裙摆，

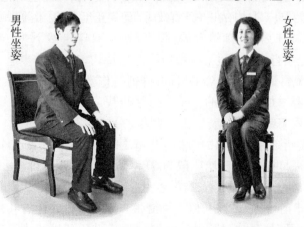

图 7-3　男女标准坐姿

双腿并拢,轻轻入座,手臂置于身前,右手自然叠搭于左手,放置大腿上。座椅高度适中时,两腿稍分,膝盖并紧,脚成"丁"字;座椅位置低时,两腿稍分,膝盖并紧,自然倾斜一方,脚成"丁"字;座椅较高时,一腿搭于另一腿上,脚尖朝下。谈话时若需侧转身,上体与腿应同时转动,幅度不可过大。

无论哪种坐姿,都要自然稳重,切忌前俯后仰、分腿坐姿、"O"形坐姿、高翘二郎腿、抖腿和晃腿等,更不要将脚放在椅子或其他物品上,这些都是轻浮和不礼貌的表现。

3. 蹲姿

客运服务人员在为旅客服务中,有时需要下蹲,如打理卫生、拣拾物品等。因此,优美的蹲姿是仪态的又一个组成方面,如图7-4所示。

图7-4 标准蹲姿

女性蹲姿的要领是:下蹲时,左脚在前右脚在后(反之亦可),45°转向,两腿夹紧向下蹲;左(右)脚全脚着地,小腿基本垂直于地面;右(左)脚脚跟提起,使脚前掌撑地;右(左)膝内侧靠于左(右)小腿内侧,形成左(右)膝高而右(左)膝低的姿态;臀部下沉,基本上以右(左)腿支撑身体。男性下蹲时,两腿之间可有适当的距离。但无论男性还是女性,在下蹲的时候都应注意不要将膝盖对向旅客。女性如着裙装,在下蹲时还应注意用手扶裙,将裙摆拢好后缓缓蹲下。

4. 走姿

在服务过程中,绝大多数客运服务人员都少不了行走。保持自然优美的走姿,是仪态的重要方面。

标准走姿的要领是:身体重心略微前倾,抬头,上身自然正直,两肩平而放松;手臂伸直,手指自然弯曲,两臂自然摆动,幅度为35cm左右,双臂外开不可超过30°;腿迈出时,膝盖蹬直,起脚落脚干脆利落;行走中眼光平视正前方,面带笑容。同时,还要注意掌握好步位、步速和步幅。

(1)步位。步位是指两脚落在地面的位置。男性行走时,两脚应踩两条平行线,两脚尖略外开;女性行走时,两脚应基本踏在一条直线上,脚尖正对前方,俗称"一字步",以展现女性魅力。

(2)步速。步速是指行走的速度。一般应注意保持均匀适中的步速,不可过快过慢:走得过慢,东张西望,会显得懒散,漫不经心,同时降低工作效率;走得过快,风风火火,会使旅客产生紧张情绪,也会增加工作中的差错。男性步伐应该稳健有力,步速一般为每分钟108~110步,女性步伐应该轻盈柔美,步速一般为每分钟118~120步。

(3)步幅。步幅是指走路时迈出的前脚与后脚之间的距离。步幅大小应均匀,以轻松自然为宜。通常人的步幅与身高成正比,一般为60~70cm,女性步幅可小一些。

客运服务人员行走时,应尽量靠右;与旅客相遇时,应主动让路;因工作需要须超越旅客时,要礼貌致歉;有急事时可加快脚步,但不可慌张奔跑。行走时还有几忌:一忌步态不雅,如低头或昂头走路、大甩双臂或东摇西摆、蹦蹦跳跳或手插裤袋、"内八字"脚或"外八字"脚、边走边吃零食等;二忌制造噪声,如吹口哨、脚步过重发出"咚咚"声、穿钉有金属掌的鞋子或鞋底与地面摩擦等;三忌不守秩序,如行走时横冲直撞、与旅客抢道或并行、多人一起行走时横成一排或抱肩搭背等。

5. 手势

手势是"体态语言"中的一种,它是通过手和手指动作来传递信息的。手势在人际交往中具有丰富的表现力,是仪态的重要组成部分。客运服务人员在手势的运用时,应当注意适度和规范,要给人一种庄重含蓄、彬彬有礼、优雅自如的感觉。手势不宜过多,幅度不宜过大,动作不宜过猛,手舞足蹈或过于夸张往往会引起别人的反感。

手势一般分为指引手势、鼓掌、手指动作。

(1)指引手势。客运服务人员在为旅客介绍和指引方向或引路的时候,用指引手势。其要领是:掌心前斜向上,五指自然并拢伸直,腕关节伸直,手与前臂呈一条直线。指引时,以肘关节为轴,侧方向弯曲140°,前臂自然上曲与地面夹角为45°,上身稍向指引方向前倾,面带微笑,眼睛注视指引的方向并兼顾对方能否看到指示的目标,如图7-5所示。指明方向后,手应暂时停留片刻,回头确认旅客认清后再将手放下,不要随便挥挥手后就立即放下。指引时,忌手势不敬,如掌心向下、攥紧拳头、伸出手指指点、手持物品指示方向等,都是对人无礼不恭的表现。

图7-5 指引手势

(2)鼓掌。鼓掌也是一种手势,它表示的是对对方的肯定、鼓励、欣赏、欢迎和赞扬。是否鼓掌应根据时间、地点、场合的不同来确定。鼓掌时,用右手手掌拍左手手掌心,拍打时间不要过长,拍打不要过分用力。

(3)手指动作。手指动作灵活多样,表达的信息较丰富。客运服务人员在服务中,应尽量避免使用手指动作,因为同一种手势,在不同国家、不同地区或不同民族有着不同的含义,使用不当可能会招致对方误解,带来不必要的麻烦。如:美国人打招呼是整只手摆动;而在欧洲,整只手摆动表示"不"或"没"之意;在希腊,一个人摆动整只手是对旁人的侮辱。

6. 微笑和目光

微笑和目光是面部表情最重要的方面,反映一个人的心理状态和礼仪修养。

微笑是内心喜悦、热情、友善的情绪表达,是人际交往中的桥梁和润滑剂,是扣动人的心弦的最美好的无声语言。没有谁会愿意看一张"苦大仇深"的脸,去接近一个板着面孔的人。毫不吝啬地把微笑献给别人,也是一个人有知识、懂礼貌、充满自信的象征。而"眼睛是心灵的窗口",目光(眼神)也是人际交往时的一种无声的语言,往往可以表达有声语言难以表达的意义和情感,既反映自己的喜恶情绪,也起到联络与沟通思想的作用。

在客运服务中,保持亲切、甜美、友好的微笑,给旅客送上关切、和蔼、有神的目光,是服务态度中最基本的要求,是文明优质服务的重要内容,也是非常有效的服务法宝。微微一笑一注目,虽然简单,却有一种神奇的魅力,因为它传递给旅客的信息是温馨的:"很高兴见到您,很乐意为您服务!"犹如一缕阳光带去服务人员亲人般的问候,又如一股春风吹散旅客脸上的愁云,服务人员与旅客之间的陌生感、距离感会顿然消失,愉快的互动氛围也就自然形成。

因此,善于运用微笑和目光是客运服务人员应有的职业修养和职业习惯。当然,微笑和目光的运用,都需要自然、得体、有分寸,即掌握好"适度"的原则。

微笑要"适度",一是指把握"微"的要义,不要过于夸张,把微笑变成了大笑,一般认为露齿不超过八颗牙为宜;二是指不要在不该笑的时候笑,例如当旅客向你投诉其不满、诉说其苦恼和不幸时,服务人员如仍一味地微笑,就会使旅客感到不快,甚至误以为你在取笑他。

目光要"适度",是指在表达关切、热情的同时,一般不要长时间凝视对方,更不能长时间盯住对方某个部位,可以把目光投向对方额头至上身第二粒纽扣以上和两肩之间的区域,以免长时间直视使别人难堪。当然,心不在焉、目光旁视或斜视、目光游移或者上下打量、左顾右盼,就更不礼貌了。

微笑和目光运用的关键,在于要有发自内心的尊重和真诚,而尊重和真诚则来自服务人员"旅客至上"的服务意识和精益求精的敬业精神,有了这种意识和精神,才会有感人的微笑、暖人的目光,才能向旅客传递出友善可亲的情感。此外,在实际工作中,服务人员的情绪变化、心情好坏,往往会影响微笑和目光的运用,这就要求服务人员要有较强的心理自控能力,在遇到来自各方面(包括家庭、生活、情感、工作、社会等)的压力、挫折、矛盾或烦恼时,能以服务旅客为重,克制、排解和转变自己的不良情绪,振作精神,集中精力,始终如一地保持愉悦热情的目光,坚持微笑服务。

7. 其他仪态

除上述六个方面外,客运服务人员在服务中还有其他一些值得注意的仪态。比如:

(1)应答旅客。为表示对旅客的尊重,服务人员在应答旅客询问或交谈时,应停下手中的工作,采取站立的姿势,并面向旅客,目光注视着对方。东张西望、心不在焉,或无精打采、伸懒腰、打哈欠,或抓头挖耳、龇牙咧嘴,或头也不抬地边工作边答话,或不耐烦地老是看表,或在旅客正说话时急于插话打断,或话未听完就任意走开,或虽听完却若无其事不作任何回应,这些都是缺乏诚意和藐视别人的表现,是极为失礼的。此外,还应注意与旅客保持适当的距离(称"个人界域"),一般在 45~120cm 之间,近于 45cm 便是对旅客私人空间的侵犯,会让人觉得不自在,也会给人过于轻浮的感觉,特别是与异性旅客之间;而大于 120cm 的距离,旅客会觉得自己不受重视、不被尊重。交谈时,除恰当的面部表情外,还可以点头或摇头的头部动作及适当的手势,增加语言表达力,表示对谈话观点的赞同、肯定、惋惜、同情、伤感等多种情绪,但动作不宜过多,幅度也不宜过大。如果同时有多位旅客需要接待,则应尽可能做到"接一、顾二、联系三",不要让任何一个旅客有被冷落的感觉。

(2)接物和递物。应当面向对方,身体微欠,自然地伸出双手交接,同时辅以适当的礼貌语言,以表达对对方的恭敬与尊重,绝不能无视对方或是漫不经心地一扔;递剪刀等尖锐物品时,切忌将尖部或刃部朝向对方。

总之,在客运服务过程中,服务人员要时时处处以优美得体的仪态,展示自己的礼仪修养和敬业形象,表达对旅客的友善和敬意。

三、客运服务人员的礼节

1. 打招呼

打招呼是人们见面时最基本、最简单的礼节,表达的是一种问候和友好信息。打招呼虽然操作简单,但却是人际交往中最好的"见面礼"。对同处在一个环境的人不打招呼,或者不回应对方的问候,都是一种失礼的行为。

在客运服务中,打招呼也是不可缺少的礼节,常常是一次服务过程的起点,对服务的好坏甚至成败起着不小的作用。迎门服务员在站门前迎客,乘务员在车下迎候,都是一种打招呼的方式。客运服务人员应当学会主动打招呼,向旅客表示问候和关心,拉近彼此之间的距离,为稍后的服务打下基础。为此,打招呼时要注意两点:

(1)打招呼要及时。客运服务人员应当在第一时间向旅客表达关切之意、热忱之情,令旅客产生良好的印象。具体讲,打招呼的时机主要有四种情况:一是主动为旅客服务时;二是旅客准备求助于自己时;三是旅客经过自己服务区域或与自己有目光接触时;四是向旅客道别或为旅客送行时。

(2)打招呼要亲切。客运服务人员向旅客打招呼时,语言要简练、规范、清晰,更要自然、亲切、热情,让人感觉发自内心、富有亲和力,同时,还应面带微笑,目光有神,并视场合施以鞠躬等恰当的行为礼节。应当注意招呼时的称呼,并根据需要紧跟一些礼貌用语,例如,"您好!""早上好!""欢迎光临!""您好,小姐需要帮助吗?""再见,欢迎下次再来"等。还应该根据不同的时间、场合恰当地使用不同的问候语言,如一天中不同的时间遇到旅客可分别说"早上好"、"下午好"、"晚上好",如果是节日,可说"祝您节日快乐"、"祝您新年快乐"等。

2. 介绍

客运服务人员在进行自我介绍时,应先点头致意,然后说明自己的姓名和身份(如果有名片可同时递上),态度要热情诚恳、谦虚友好,语言要清晰明快。

为他人介绍时,介绍的顺序应该坚持"尊者优先了解对方"的原则,如先将男士介绍给女士、将年轻的介绍给年长的、将职位低的介绍给职位高的等。介绍语宜应简单扼要、热情尊敬、用词恰当。在介绍时,应面带微笑,用自己的视线把另一方的注意力引导过来,身体稍倾向被介绍者。手的正确姿势应抬起前臂,五指并拢伸直,手掌向上倾斜,指向被介绍者(手向外示意时手心向外,手向内示意时手心向着身体)。切忌用手指或笔尖指向被介绍的任何一方或者拍打一方的肩膀和胳膊。

3. 称呼

称呼是指服务人员在服务过程中对服务对象所使用的称谓语。恰当的称呼会使旅客感到温暖,一下子拉近旅客与服务人员之间的距离。对旅客的称呼方式有很多,如称呼姓名、称呼职业、称呼职务、称呼军衔、一般称呼等。最普通、最常用的是"一般称呼",如"先生"、"小姐"、"夫人(太太)"、"女士"等,是国际上通用的称呼,"同志"、"师傅"、"大伯"、"阿姨"、"大姐"、"小朋友"等,则是国内常用的称呼。如果是经常乘车的熟识旅客,能够称呼其名往往更显亲切。

客运服务人员在进行服务操作时,对旅客称呼应坚持尊重的原则,掌握的分寸就是让旅客听了舒心,如对职务称呼"称大不称小",对一般称呼"称小不称大",切忌用"喂"来称呼旅客。面对多位旅客时,应当做到面面俱到,避免顾此失彼;同时,注意在称呼时分清主次,基本顺序是先个人后整体,先近后远,先称呼受尊重者(如身份高者、年龄大者、女士等)。

4. 握手

握手是最常见的礼节之一。握手礼应依据握手双方的社会地位、年龄、性别和宾主身份,来确定握手礼伸手的先后顺序,即按照"尊者决定"的原则,尊者先伸手才能相握。所以,一般情况下客运服务人员不要主动行握手礼。但当旅客主动伸手行握手礼时,服务人员则应毫不迟疑地伸出右手相握,拒绝他人握手、或是漫不经心地握手、或是以左手相握、或是戴手套握手、或是坐着握手,都是不礼貌的表现。

握手的基本要求是:双方各伸出右手,彼此之间保持一步左右的距离,手抬的高度大概在对方的腰部高度;四指并拢并微微弯曲,拇指打开,掌心向内;双方的掌心都应不约而同地朝向左方;用手掌与手指将对方的手扣合;上身略微前倾,目视对方,面带微笑。握手时,伸手的动作要稳重、大方,态度要亲切、友好,同时,用力不应过猛,不宜频繁抖动,时间不宜过长。

5. 鞠躬

鞠躬是中国的传统礼节,同样也被日本、朝鲜、韩国等国家沿用着。在中国,鞠躬又称打躬,是人与人交往时比较正式的礼节,它通常是晚辈见长辈、下级对上级以及同级间的见面礼节。

行鞠躬礼时,必须先脱帽,呈立正姿势,目视受礼的对象,并依据施礼的对象和场合决定鞠躬的度数。一般鞠躬度数标准为:普通迎宾15°,迎送贵宾客人为30°,表示感谢为60°,谢恩、悔过或谢罪为90°。鞠躬时,上身缓缓鞠下,再缓缓起身,切勿鞠躬速度太快,给人不稳重的感觉。一边鞠躬一边翻着眼看对方,也是十分不雅、不礼貌的。鞠躬时的表情应与所处的场合相吻合,服务人员向宾客致意,应当是笑脸相迎的。

四、客运服务人员的礼貌用语

"您好"、"请"、"谢谢"、"对不起"、"再见",俗称十字文明用语,这是人际交往中最基本、最常用的礼貌用语,也是客运服务人员应当熟练掌握的服务礼仪用语。

1. "您好"

"您好"是向别人表示敬意的问候语和招呼语。恰当地使用"您好"能使旅客感到温暖亲切。在客运服务中,很多场合都需要以"您好"作为开头语,同时伴以微笑和点头。比如当旅客光临时、接听电话时、为旅客提供服务前、与旅客有目光接触时等,服务人员都应该主动向旅客说声"您好"或"先生您好",然后再说其他服务用语,例如,"您好,先生,请问有什么能帮助您吗?"而不要颠倒顺序,也可以根据不同的时间说"早上好"、"下午好",这些词语同样可以表达"您好"之意。

2. "请"

说"请"本身就包含对他人的敬意。"请"可以单独使用,也可以与其他用语搭配使用,同时伴以恰当的手势,比如请旅客入座,可边做手势边说"请坐"。通常在请求旅客做某事时、表示对旅客关切时、自己表示谦让时、要求旅客不要做某事时、希望得到旅客谅解时等,服务人员都要"请"字当头,如"请出示车票"、"请小心"、"请对号入座"、"请原谅"。

3. "谢谢"

"谢谢"是礼貌地表示感激的用语。在旅客提供支持配合后、旅客消费后、旅客提出意见和建议后、旅客对服务工作表示赞扬和满意时,服务人员都应该面带微笑,目视对方,自然地说声"谢谢"。例如"谢谢您的合作"、"谢谢您的宝贵意见"、"谢谢您的称赞"等。致谢时,吐字要清晰,并注意把重音放在第一个"谢"字上。

致谢应发自内心,决不可流露出丝毫的敷衍和勉强。有时我们说过"谢谢"后旅客可能反应冷淡甚至毫无反应,服务人员对此不可介意,更不可因此影响自己的情绪,因为一声"谢谢"表达了服务人员的礼貌和诚意,而实际上旅客内心肯定也已感受到了这一点,这就够了。当然,为了防止这种"尴尬",必要时可解释一下致谢的原因,以免令对方感到茫然和不解。

4."对不起"

"对不起"是道歉时的礼貌用语。通常是在自己有愧或有过失行为时、在坚持规章制度又需要礼貌待客时、需引起旅客注意时、打断旅客交谈时或未能满足旅客需求时等情况下使用。例如:"对不起,我们的班车晚点了","对不起,打扰您了","对不起,按客规规定,退票要收取手续费","对不起,我这里要强调一下","对不起,××班次车票已经售完"。

5."再见"

"再见"是人们在分别时说的告别语。说"再见"时,同样应面带微笑,目视对方,并借助动作表示依依不舍、希望重逢的意愿,比如握手、摆手等。说"再见"时,还可根据实际需要再加上几句其他的话,比如,"再见,希望您再来","再见,祝您一路平安",也可以对多次见面或经常见面的旅客说"下次见"。

五、客运服务人员常用的礼貌语言示例

客运服务人员在长期的服务中,逐渐形成了一套比较规范的礼仪语言,摘要示例如下:

(1)欢迎语:如迎客时,说"您好"、"欢迎"、"欢迎您的光临"、"很高兴为您服务"等。

(2)问候语:如打招呼时,说"您好"、"新年好"、"早上好"、"下午好"、"路上辛苦了"等。

(3)称呼语:如称呼时,说"小姐,您好"、"先生,您好"、"阿姨,您好"等。

(4)祝福语:如逢节日时,说"新年快乐"、"祝您节日快乐"等;送别旅客时,说"祝您一路顺风"、"祝您旅途愉快"等。

(5)道歉语:如表示歉意时,说"对不起"、"很抱歉"、"实在抱歉"等;不能立即接待旅客时,说"请您稍候"、"对不起,劳您稍等"、"麻烦您等一下,我马上就来"等;接待在等候的旅客时,说"让您久等了"、"对不起,让您久等了"等;打扰或给旅客带来麻烦时,说"对不起,打扰您了"、"实在对不起,给您添麻烦了"等;当要打断旅客活动或谈话时,说"对不起,能打断您一下吗"、"对不起,可以占用一下您的时间吗"等。

(6)道谢语:如感谢时,说"谢谢"、"谢谢您"、"多谢您的支持"等;当旅客表扬你时,说"谢谢您"、"您过奖了"等;听取旅客意见时,说"谢谢您的关心"、"多谢您的宝贵意见(建议)"等。

(7)应答语:当旅客询问时,说"是的"、"您说得对"、"好的,我给您解释一下"、"您误会了,情况是这样的……"等;当旅客提出某项要求时,说"好的"、"清楚了,请您放心"、"我明白了,这就给您办理"等;当旅客向你道歉时,说"没关系"、"没有什么"、"您不必介意"等;当旅客向你道谢时,说"不用谢"、"您不必客气"、"这是我应该做的"、"很高兴为您服务"等。

(8)征询语:当旅客走近你时,说"请问有什么可以帮您的"、"我能为您做什么吗"、"需要我帮您做什么吗"、"还有什么可以帮您的"等;当你没有听清旅客问话时,说"对不起,我

没听清,请您再说一遍好吗"等;当你为旅客做某事时,说"请问,您喜欢(需要)……吗"、"您看,这样行吗"等;当你对旅客有要求时,说"请原谅,您能够……吗"、"对不起,请您……好吗"等。

(9)告别语:如送客时,说"再见"、"祝您一路平安"、"祝您旅途愉快"、"欢迎再次光临"、"欢迎再次乘坐本次班车"等。

此外,服务人员同旅客谈话时,应注意尊重旅客个人隐私。旅客之间交谈时,不可驻足旁听或不适当的打听;与旅客交谈时,不宜谈论疾病或其他不愉快的话题,并做到"七个不问":一不问年龄,二不问婚姻,三不问收入,四不问住址,五不问经历,六不问信仰,七不问身体。

综上所述,客运服务人员在运用服务礼仪时,无论是仪容、仪态,还是礼节、礼貌用语,都应当重视和掌握几个要点:一是注重旅客心理感受,把满足旅客精神需要作为衡量服务礼仪的核心标准;二是注入真情实意,严格遵循尊重、真诚、宽容、从俗等原则;三是注意运用技巧,掌握适度原则,把服务礼仪与服务艺术有机融合起来。这几个要点是服务礼仪的关键,把握好了,运用好了,便能光彩宜人、魅力尽现!反之,再规范的礼仪也会让人"大倒胃口",甚而犹恐避之不及。

第三节 道路客运服务艺术的几个重要课题

通过本章第一节关于服务艺术概念的分析,我们初步搞清了"什么是服务艺术"、"为什么需要服务艺术"这样两个问题。本节将要讨论的是第三个问题,就是客运服务人员"如何掌握和运用服务艺术"的问题。

一个优秀客运企业必定重视和培养服务人员的服务艺术,一个优秀客运服务人员也必定注重对服务艺术的不懈追求。但是,不能不看到,服务艺术毕竟是服务的高层次,况且服务艺术水平和境界的提升永无止境,能在服务艺术的"殿堂"里长袖善舞、挥洒自如者确属凤毛麟角。因此,"掌握和运用服务艺术"是个非常复杂的命题,涉及问题很多,本节只就其中的几个重要课题展开讨论:一是把握服务艺术的灵魂——变化与创新,二是掌握服务艺术的基本功——洞察旅客心理,三是注重服务个性化——满足个性化需求,四是注意服务技巧——避免和化解矛盾。

一、把握服务艺术的灵魂

服务艺术的概念告诉我们,客运服务艺术"源于服务而高于一般服务","源于标准而高于标准",是"对客运服务工作提出的更高要求,是客运服务工作的更高水平和更高境界",既要有"对旅客一团火般的情感和热忱的真诚倾注",又要有"丰富的知识、智慧和技巧的娴熟运用",又要有"与旅客内心需求和性格特点高度契合而又细致入微、恰到好处、恰如其分的服务表现",确实堪称"服务工作的完美追求"。因而,讲求服务艺术,客运服务人员就必须具备更高的素质,对自己提出更高的要求。首先,要有以旅客为本的良好服务意识和精益求精的高度敬业精神,这是前提;其次,要有必要的理论功底、丰富的服务知识、熟练的服务技能和优秀的心理素质,这是基础。服务人员只有牢固地确立这个"前提",扎实地打好这个

"基础",才有可能跨越服务艺术的门槛,开启服务艺术实践的大门。

服务艺术的概念还告诉我们,服务艺术是"基于服务人员个人能力和水平的'创作行为'",服务艺术的最大特点在于因人、因事、因时、因地而异的个性化服务。毫无疑问,变化与创新乃是服务艺术的灵魂,服务艺术没有也不可能有固定模式或统一规范,它甚至很少重复、很难模仿。同样一句话,同样一个动作,在服务明星那里是让旅客感动的服务艺术,而在另外一些服务人员那里也许却是东施效颦,成为令旅客生厌的拙劣表演。因此,在某种意义上可以这么说:掌握和运用服务艺术,不是靠"学习",而是靠"感悟";不是靠模仿,而是靠创造;不是靠书本,而是靠实践;不是靠"速成",而是靠修炼。正如我们在服务艺术的特性中指出的,它"需要闪光的灵感、智慧,需要用心地揣摩、感悟,需要丰富的想象、创意,需要不断地变化、创新","需要时间的积累,更需要实践的锤炼",它是一个"在实践中创新,在创新中实践"的"无止境"过程。

正因为如此,客运服务人员除了必须具备掌握服务艺术所需要的基本素质(即上述的"前提"和"基础")外,还必须认识和把握"变化与创新"这个服务艺术的灵魂,必须注意培养敏锐观察和灵活应变的习惯和本领,必须着力提高自己的创新意识、创新思维和创新能力——这是客运服务人员运用服务艺术必不可少的核心素质。借用中医一句话,这叫"固本培元",前者("基本素质")是"本",后者("核心素质")是"元"。客运服务人员只有"固本培元"才能适应服务艺术的要求,才能在工作实践中不断修炼服务艺术的功力,不断提升服务水平,不断达到服务新境界。北京公交李素丽、青岛长途汽车站苏学芬、杭州长运叶鸣青等道路客运服务明星,以他们的优秀事迹生动地诠释了这一点。

也因为如此,我们这里讨论客运服务艺术,就不是也不可能是为了获得某些具体做法的统一范本或是某些服务难题的标准答案,而是为了探寻其中一些带有指导性或启发性的理念和思路,引导客运服务人员对服务艺术的关注与追求。

当然,强调变化与创新,并不是说服务艺术就没有规律可循。本章第一节分析过的"以尊重为核心的五项原则"、服务艺术的三个特性("灵活性"、"情感性"、"实践性")、服务艺术内涵的五"化"五"点"、"把服务礼仪与服务艺术相互融合起来"、"满足旅客更高层次的需求特别是精神需求"等,这些都是服务艺术一般规律的体现,都是掌握和运用服务艺术的基本要求。客运服务人员在把握"变化与创新"这个服务艺术灵魂的同时,必须重视和践行这些基本要求。

二、掌握服务艺术的基本功

客运与货运最大的不同,就是它的运输对象同时又是服务对象,而且不是没有认知的"物",而是有知觉、有思想、有感情以及有着丰富需求的"人"——旅客。在服务过程中,客运服务人员只有研究和洞察旅客的个性心理活动和性格特点,才能准确了解每个旅客的真实需要,即个性化需要。只有对旅客的个性化需要了解得更深入、更清晰、更具体,才能进行有的放矢的灵活性服务、针对性服务、差异性服务,即个性化服务。只有展现服务艺术的个性化服务更精准、更精细、更精妙,才能让旅客有更高的满意度乃至建立忠诚度,取得更好的服务效果。这就是服务艺术的"来龙去脉",或者说服务艺术的运作路径,如图7-6所示。

可见,旅客个性化的心理和需要乃是服务艺术的唯一依据,也就是说,服务艺术始于研究旅客个性心理、发现旅客个性需要,舍此,服务艺术别无他途。因此,客运服务人员必须学习和掌握必要的心理学知识,并运用于客运服务实践,这是服务艺术的基本功,是掌握和提高服务艺术的必由之路。

图 7-6　服务艺术运作路径图

(一)心理学基本知识

人的心理现象是自然界最复杂、最奇妙的一种现象。心理学就是研究人的心理现象发生、发展及其规律的科学。下面介绍心理学的几个基本概念。

1. 认知

人们获得知识或应用知识的过程,或信息加工的过程,这是人的最基本的心理过程,包括感觉、知觉、记忆、思维、想象等。这些都是属于对客观事物的认识活动,都是为了弄清客观事物的性质和规律而产生的心理活动。这种心理活动在心理学上称为认知或认识过程。

其中,"感觉"是对事物个别属性和特性的认识,如感觉到颜色、明暗、声调、香臭、粗细、软硬等;"知觉"是对事物的整体及其联系与关系的认识,如看到一面红旗、听到一阵嘈杂的人声、摸到一件柔软的毛衣等;"记忆"是对感觉、知觉所获得的个别知识经验进行积累、保存和再现的心理过程;"思维"是运用头脑中已有的知识和经验去间接、概括地认识事物,揭露事物的本质及其内在的联系和规律,形成对事物的概念,或进行推理和判断,解决面临的各种各样问题的心理活动;"想象"是凭借头脑中保存的具体形象来创造新形象的活动,如作家创作一个人物形象、工程师设计一部新机器、科学家构思自己的理论模型等。

2. 情感

人在加工外界输入的信息时,不仅能认识事物的属性、特性及其关系,还会产生对事物的态度,即对客观事物与人的需要之间关系作出反应,引起肯定、否定、满意、不满意、喜爱、厌恶、憎恨等主观体验,这在心理学上叫做情绪或情感(情感是情绪的本质内容,情绪是情感的外在表现)。情感在认知的基础上产生,情感又对认知产生巨大的影响,成为调节和控制认知活动的一种内在因素。积极的情感能激发人们认知的积极性,使人锐意进取;相反,消极的情感会使人消沉、沮丧,窒息人们认知与创造的热情。

3. 意志

人不仅能认识世界,对事物产生肯定或否定的情感,而且还能够根据对客观事物及其规律的认识,在自己的活动中有目的、有计划地改造世界。这种自觉的能动性是人和动物的本质区别。心理学把这种自觉地确定目的、并为实现目的而自觉支配和调节行为的心理过程,叫做意志。意志与认知、情感有密切关系:人对自己行为的自觉调节和控制,依赖于自己的认知和情感,认知是意志的前提,情感是意志的动力;而人的意志的坚强或懦弱,又反过来对人的认知和情感产生巨大的影响。

4. 个性

上述认知过程、情感过程、意志过程统称为心理过程,是心理过程中相互联结、相互渗透又相互制约的三个阶段。

由于各人的先天因素不同,生活条件不同,所受的教育影响不同,所从事的实践活动不同,因此这些心理过程在每个人身上产生时,又总是带有个人特征,这就形成了各人不同的个性心理,包括不同的个性意识倾向性(如需要、动机、兴趣、理想、信念、世界观)和个性心理特征(如能力、气质、性格)。例如,具有不同兴趣和能力的人,对同一曲歌、同一幅图、同一台戏的评价和欣赏是不同的,之所以"有一千个读者,就有一千个哈姆雷特",就是这个道理。又如,有人长于想象,有人善于思考,这是能力的差异;有人温柔,有人暴躁,有人坚强,有人怯弱,这是性格的差异。正是这些不同的心理特性,使一个个体的心理活动与另一个个体的心理活动彼此区别开来。

上述个性倾向特征中的"需要"和个性心理特征中的"性格",是两个非常有价值的概念。深刻理解这两个概念,对于在实践中把握一个人的个性,具有重要作用。我们了解和区分旅客,以便提供个性化的服务,也主要从这两方面来展开。

1)需要

人的认知和行为不仅受情绪和情感的影响,而且是在动机的支配下进行的。所谓动机,是指推动人的活动,并使活动朝向某一目标的内部动力。动机的基础是人的各种需要,即个体在生理上和心理上的某种不平衡状态。正是在人的各种需要的基础上形成了人的不同的动机,比如,饮食的需要形成了觅食的动机,出差、旅游等的需要形成了乘车的动机。动机不同,人们对现实的态度以及相应的行为方式也不一样。所以,需要和人的活动密切联系,而且以活动动机的形式表现出来的需要愈强烈、愈迫切,由它所产生的活动的动力作用就愈大。

人的需要是多种多样的,而且,按照美国心理学家马斯洛的理论,人的需要是有不同层次的,如图7-7所示。下面层次的需要满足后,再进入上一个层次的需要。"生理的需要"是最基本的,这个层次满足或基本满足后,上升到上一层次的"安全与健康的需要",然后依次是"归属与爱的需要"(也称社会交往的需要)、"尊重的需要",最后是最高层次的"自我实现的需要"。每个人需要的结构特点受其所处的环境、经历、教养、性格、年龄、职业等的影响而有所不同。

图7-7 人的需要层次图

2)性格

性格是指一个人在生活过程中逐渐形成的比较稳固的对现实的态度和习惯化了的行为方式。性格是人的个性心理特征的重要方面,人的个性差异首先表现在性格上。当我们了解了一个人的性格,就可以预测到这个人在一定情境下将会做什么和怎样做。

人的性格有很多种,可以按不同方面进行分类,例如:

(1)按心理活动指向,分为外向型和内向型。外向型性格的人,重视客观世界,心理活动倾向于外部,对外部事物感兴趣,活泼开朗,情绪外露,不拘小节,独立性强,特别善于交际。内向型性格的人与此相反,重视主观世界,心理活动倾向于内部,表现沉静,处事谨慎,反应缓慢,顾虑多,交际面窄,喜欢独处,对周围的人和事不太关心,适应环境比较困难。介于外向型和内向型之间的,属于中间型性格的人。

（2）按理智、情绪和意志因素，分为理智型、情绪型和意志型。理智型性格的人，以理智来衡量一切，凡事讲道理，是非分明，深思熟虑，沉着冷静，善于控制自己情绪。情绪型性格的人，受情绪影响较大，易于冲动，喜欢感情用事，表现非常活泼好动，精力旺盛，好奇心强，容易被周围的环境所感染，心境多变。意志型性格的人有明确的目的，特别自信，意志坚强，行为主动。

（3）按个体行为是否易受暗示，分为独立型和顺从型。独立型性格的人，善于独立思考，不易受暗示，临阵不慌，遇事自信果断，有较强的独立性和"以自我为中心"意识，这种性格的旅客常常会成为非正式旅客团体（如结伴而行的学生、务工人员）事实上的核心或领袖人物。顺从型性格的人，缺乏主见，易受暗示，容易轻信，有从众心态，依赖性较强，紧急情况下常常显得手足无措。

5. 行为与心理

行为就是个体对所处情境的一种反应系统。这种反应有内在生理性的和外在心理性的，前者如肌肉运动、腺体分泌，后者如言语、表情。在日常生活中，人的行为是很复杂的，如吃饭、写文章、驾驶汽车等行为，都是由一系列反应动作所组成而成为某种特定的反应系统。

行为是在一定的情境中产生的。引发个体反应的情境因素称为刺激。刺激可来自外部环境，也可能起于机体的内部。例如，外界的声音、光线、温度、气味，他人讲话的内容、动作、面部表情，机体内的内分泌或血液中化学成分的变化，头脑中浮现的思想观念、欲望等，都可以成为引发个体反应的刺激。

行为不同于心理，但又和心理有着密切的联系。引起行为的刺激常常通过心理的中介而起作用。没有人对光线、声音、气味的感觉和知觉，就不会有对光线、声音、气味的反应。人的行为的复杂性是由心理活动的复杂性引起的。同一刺激可能引起不同的反应，不同刺激也可能引起相同的反应，其原因就在于人有丰富的主观世界。主观世界的情况不同，对同一刺激的反应常常是不一样的。俗话说得好，"饿时吃糠甜如蜜，饱时喝蜜蜜不甜"。因此，不理解人的内部心理过程，就难以理解他的外部行为反应。

心理支配行为，又通过行为表现出来。例如：一个人的视觉和听觉能力是通过他对微弱光线和声音的反应表现出来的；一个人的记忆，是通过它运用知识的活动表现出来的；一个人的情绪和情感，是通过面部表情和肢体语言表现出来的。心理现象就像一个"黑箱子"，看不见，摸不着，而行为却具有显露在外的特点。因此，我们可以通过观察和分析人的外在行为来解读其心理密码，打开人们心理活动的"黑箱子"。从外部行为推测内部心理过程，是心理学研究的一条基本法则。

但是，人不同于动物，人具有主观能动性，人的心理对行为的支配和调节通常是很复杂的。他可以有意地掩盖自己的某些心理活动而不在行为中表现出来，做出与内心活动不符的行为表现（即俗话说的"装模作样"的虚伪表现），有时某些行为受着潜意识的支配自己也不能自觉。也就是说，人的外部行为和内部的心理活动的关系不像动物的行为和心理的关系那样简单直观，它往往是"多义"的。因此，要正确地理解人的行为，确定行为所表达的心理活动，最重要的是要了解引起和制约行为的各种条件，并且系统地揭示这些条件和行为的因果关系，才能明确行为的真实含义。客运服务人员在解读旅客心理活动时，就应当特别注意这一点。

6. 社会心理

心理学的分支社会心理学认为,人是社会的产物,人的个性具有社会化的特点。

人从出生起,就生活在社会中,在家庭、学校以及社会制度、社会文化、社会道德规范、社会价值观念的影响下成长。作为社会的人,总是与其他社会成员发生种种联系,结成各种社会关系,如民族关系、阶级关系、上下级关系、亲属关系、师生关系等。为了适应社会的需要,人们必须使自己具有符合社会规范的行为模式,符合所充当的社会角色,从而就产生了各种社会心理现象,例如时尚、风俗、社会习惯,以及不同团体、阶层、民族和国家的心理特点等。

社会心理学还认为,社会知觉即对人(个体或群体)的知觉,是人们社会行为的基础,是人际交往中对他人认识的主要过程,也是对社会事物认识的重要途径。在人际交往中,对他人的了解,首先是通过社会知觉,观察其外表特征,如衣着打扮、面部表情、动作姿态、说话语调等,然后根据自己的经验进行分析和判断,去理解别人的行为和性格特点。

当然,在社会知觉的过程中,对他人及社会事物的知觉,都受到主观与客观条件的限制与影响,可能会产生各种偏见,进而影响知觉的准确性。比如:"首因效应",即在对他人印象形成过程中,最初获得的信息——"第一印象"比后来获得的信息影响更大的心理现象;"刻板效应",即用刻印在自己头脑中的关于某人、某一类人的固定印象,作为判断和评价人的依据的心理现象;"晕轮效应",即由于对知觉对象的某种品质或特点印象深刻,从而掩盖了对知觉对象其他品质或特点的印象的心理现象,如同俗话所说的"一俊遮百丑";"定势效应",即以前的心理活动会对以后的心理活动形成一种准备状态或心理倾向,从而影响以后心理活动的心理现象。客运服务人员在社会认知中,这是需要注意警惕和避免的。但是,反过来,客运服务人员也可以利用这些心理效应,对服务工作产生积极的影响,比如利用"首因效应",给旅客一个良好的第一印象(如迎门服务是车站的"第一印象"、仪容是服务人员的"第一印象"、打招呼是服务活动的"第一印象"等),将有助于引导和改善旅客对服务质量的感知。

(二)旅客需要的层次

如前所述,人的需要是多种多样的、有层次的。旅客作为特定环境下的人,即外出旅行的人,其具体需要也是多种多样的、有层次的。参照心理学关于人的需要层次理论,我们可以把旅客的需要也划分为几个层次,如图7-8所示。实现位移,安全地到达旅行目的地,这无疑是所有旅客最基本的需要。当"安全位移的需要"能够得到满足后,旅客的需要就上升到第二层次,即"经济与及时的需要"。然后会依次上升到"方便的需要"、"舒适的需要",直至最高层次"文明、友好与尊重的需要"(即审美、情感、精神方面的需要)。很明显,旅客的这些不同层次的需要,与客运质量特性正好一一对应。这不是巧合,而是因为客运质量特性就是反映了全面满足旅客不同层次的需要。如果客运质量特性不能反映或不能全面反映旅客的各层次需要,那就只能给这个"质量特性"打上问号了,毕竟旅客的需要是一种不能无视的客观存在。

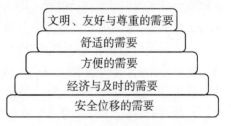

图7-8 旅客需要层次图

观察、分析旅客不同层次的需要,有如下几点值得注意:

1. 旅客需要的层次是动态的

旅客需要的层次是动态变化的,不会总是机械地停留在某一层次。这种动态变化,除了受自身条件(如经历、年龄、身体、经济状况等)的制约,还会受外界事物(大到时代特点、社会环境、价值观趋势,小到旅行条件、服务现实等)的影响,即使在同一次旅行中,也会由于需要的满足或服务环境的改变而产生某些变化。这种动态变化,一般都是由低层次趋向更高层次,但在个人条件(主要是经济因素)发生较大负面改变或者现实需要受阻而无法实现时也会降格以求。

一般来说,旅客需要的层次提高,他的期望值也会随之提高;而旅客越是得到更高层次需要的满足,其满意感也越是明显。反之,当旅客需要层次已经提高而得不到满足时,其失望、不满甚至愤怒也会愈加强烈。

但是,旅客需要层次的变化,并非绝对按照由低到高的顺序逐级上升,而是可以越级的,比如,从"安全位移的需要"直接上升到"方便的需要"或"舒适的需要"等。

2. 旅客需要的层次是复杂的

支配旅客行为的动机和需要,任何时候都不会只有一种,而是可以有多种的,也就是说旅客的需要不会单纯地处于某一层次,而是可能横跨几个层次。但多种需要之间的关系并非并列而是有主次之分的,即总有一种或两种需要处于主导地位,其他则处于从属地位。而且,多种需要之间的这种主次关系也不是一成不变的,不仅不同次旅行会有所不同(比如,短途旅行可能以"及时"需要为主导,下次因长途旅行"舒适"需要则可能变成主导),而且同一次旅行的不同阶段常常也会动态地发生变化(比如,购票时的主导需要可能是"方便"和"经济",候车时的主导需要可能是"舒适",乘车时的主导需要则可能变为"及时")。

3. 不同旅客需要的层次是有差异的

在需要层次的结构上,不同旅客之间是有差异的,即使处于同一需要层次的旅客,其需要的强烈程度也不会一样,需要的具体内容或主观感受也不尽相同,这是由旅客之间的经历、教养、性格、年龄、职业、经济条件、身体状况等的差异所决定的。比如:干部旅客与农民旅客相比较,往往前者处于较高需要层次而后者处于较低需要层次;工人旅客与农民旅客或许都比较注重"经济"需要,但相对而言后者可能更强烈些;同样是"舒适"需要,老年旅客和生病旅客多希望灯光柔一点、音乐声响缓一点、空调冷气小一点,青年旅客则可能正好相反,但青年中的内向型旅客又有可能接近于老年旅客的要求;同样是乘车"及时"需要,多数旅客都比较关心是否快捷"省时",而中转或换乘旅客则可能对是否"准时"更加关心。

总之,旅客的需要是个十分复杂的心理现象,既有共性(如前述的五个层次的需要是每个旅客都可能有的)和一般规律(如上述第1、2点所反映的),又有千差万别的个性和特殊规律(如上述第3点所阐述的)。因此,客运服务人员不仅应当关注和研究旅客共性的心理与需要及其一般规律,全面实现客运质量特性,满足旅客不同层次的普遍性、通常性需要,而且尤其应当注意识别不同旅客之间的需要差异,识别不同情境下旅客的需要(特别是主导需要)变化,识别不同旅客和不同情境下需要的具体内容(包括细节)的差异及其变化,并根据这些差异和变化运用服务艺术,灵活地开展服务工作,避免机械的一刀切式的服务方式,以满足旅客个性化的特殊心理和需要。也许这种个性化需要占总需要10%还不到,但满足这10%的需要,却能够超越旅客的期望,让旅客获得意外惊喜,其效果可能远远超过那90%的同质化服务,可以认为,正是这10%个性化服务的杠杆放大效应形成了企业的竞争优势、支撑了企业的竞争优势。

(三)掌握旅客心理的方法

如前所述,旅客的心理和需要十分复杂而多变,但是客运服务人员却必须研究和掌握它。研究和掌握旅客心理的方法很多,但不管哪种方法的有效运用,仅靠书本知识的学习都是远远不够的,更重要的是实践、反复的实践、长期的实践,是实践基础上的不断积累和提升。还应当注意,在研究和掌握旅客心理的过程中,要坚持客观性和动态性的原则,切忌主观臆断和定势思维,防止和避免认知上的偏见与误区。

下面介绍掌握旅客心理的几种常用方法。

1. 注意分析,摸索规律

在服务过程中,客运服务人员可以根据社会知觉、情绪情感、个性心理、行为心理关系等心理学原理去观察和了解旅客,分析和总结各类旅客的心理活动规律(对于某类旅客而言,它是共性),掌握不同类别旅客的心理和行为特点,特别是需要和性格的差异(对于全体旅客而言,它是个性)。这是从社会群体层面研究和掌握旅客心理的方法,即通过某类旅客的共性研究,掌握全体旅客中的类别个性。

1)从旅客所在国家或民族分析

由于自然的和社会环境的长期影响,各个国家和民族形成了各自特有的文化、风俗习惯和生活方式,这对人的个性心理发展起着潜移默化的巨大作用。这就使人们的性格很自然地涂抹上浓厚的国家和民族的色彩。所以,要了解旅客的个性特征,首先可以从国家和民族这个源头上找到一些答案。

比如:日本人一般好胜心较强,有自制力,爱整洁,注意礼仪,讲究礼貌;英国人一般比较冷静,因循守旧,寡言少语,特别是上层人士,有绅士风度,尊重妇女,讲究衣着和气派;法国人一般比较乐观浪漫,热情开朗,喜欢与人交谈,女士爱打扮,对化妆品十分看重;德国人一般较勤勉,有朝气,讲规则,守纪律,好清洁,爱音乐;美国人一般比较开放民主,喜新奇,重实利,动作迅速,喜欢讲话,生活特点比较随便和自由自在。

我国是一个多民族的大家庭,每一个民族都有自己的风俗与宗教习惯。比如:苗族、水族、瑶族以及喇嘛、阿訇没有握手的习惯,女服务人员更不可触碰喇嘛、阿訇的头;藏胞有点头、吐舌的礼节,服务人员要注意点头回礼;回族信奉伊斯兰教,禁忌较多,服务人员要特别谨慎,如交流时忌含"猪"字,忌说"死"(代之以"无常"、"归真")、"杀"(代之以"宰")、"肥"(代之以"壮")等,忌用右手食指指人或物。少数民族的穿着和饰物也有不同的式样,应该受到尊重。

但是,即使同一国家或民族,不同的地区由于地理、历史的不同,特别是经济和文化发展水平的不同,会影响人的个性的形成和发展,因而产生心理和需求上的差异性。比如:来自经济文化发达地区的旅客,有可能经历多些,知识面广些,能力强些,观念新些,需要询问寻求帮助的一般也就少些,而对舒适的需要和文明、友好与尊重的需要则相对强些;来自经济落后、交通闭塞地区的旅客,有可能观念陈旧些,经历和见识少些,不懂的东西多些,心理上还可能会有些自卑和胆怯。

2)从旅客类型分析

我们可以从不同角度对旅客进行分类和分析。

（1）从职业或社会阶层分析。

相同职业和社会阶层的人，仪表、气质和行为模式通常具有某种程度上的相似性，而不同职业和社会阶层的人则会存在某些不同；在需求结构和程度上，不同职业和社会阶层的旅客往往也不同。例如：

①工人旅客多喜欢自由地闲谈，话题广泛，用词随便，常常直来直去；对旅行费用高低比较关注，对旅行条件一般要求不高；人际交往中虽不拘小节，但组织纪律性较强，很多时候还能协助服务人员维护客运秩序。

②农民旅客外出多有明确的目的，通常随身物品较多，对票价和途中费用比较计较，其他方面则无过多的奢求，但因缺乏旅行知识，心情紧张，顾虑较多，唯恐买不到票、上不了车，又担心上错车、下错站，所以往往询问较多。

③外出务工旅客大多数是青壮年农民，与纯粹的农民旅客相比，在乘车经济性的要求上是一致的，也不太计较旅行条件的好坏，但也有不同之处，他们多数都有一定的旅行经验，而且结伴而行者居多，所以紧张和顾虑的心理要少得多。

④干部（包括教师、科研人员）旅客有较高的文化知识水平和良好的道德修养，性格理智，情绪稳定，观察力强，言谈用词讲究，比较注意身份，他们外出机会多，对旅行条件要求较高，通常也比较关注客运服务人员的服务态度、服务水平，还愿意提出一些意见和建议。

⑤学生（主要是大中专学生）旅客多是成群结队，爱讲好动，好奇心强，喜欢热闹、无拘束的旅行环境，对服务态度比较计较，常常还会直言不讳地评头论足。

⑥军人旅客纪律严明，遵守秩序，乐于助人而不习惯别人为他服务，即使心中不快也不会轻易表露。

⑦商人和企业家旅客普遍性格开朗，思维活跃，善于言谈，且偏爱经济、市场、价格等方面的话题；他们对时间性比较强调，十分反感拖延时间及繁杂的手续；他们因商务出行时，有时满脑子都是"信息"、"合同"、"方案"之类，希望有个安静的环境思考问题，对于外界的干扰（包括服务人员不适当的"殷勤"）会很厌烦。

因此，客运服务人员应先通过社会知觉，识别旅客的不同社会角色（职业或社会阶层），然后根据他们心理和需要的差异，提供个性化的服务，以取得较好的服务效果。

（2）从旅客年龄分析。

不同年龄的旅客，通常在性格和需要上有很大不同。如：

①老年旅客大都离开了工作岗位，外出旅行的目的多是为了旅游观光、探亲访友。他们对时间的要求不是太高，但由于年龄大，反应迟缓，行动不便，体力和精力有限，对外界刺激（如冷暖、噪声、光线等）也较为敏感，所以在旅行中希望有较好的条件，如候车环境清静、乘车舒适、上下车方便等，也希望得到较好的服务和较多的关照；同时，由于经历和社会经验丰富，性格稳重，所以对服务的评价比较理智、客观，也不易受外界因素的干扰。

②青年旅客无论是个人、情侣还是团体，一般时代感强，衣着时尚，兴致勃勃，精力充沛，心情愉快，很少有思想顾虑和压力，求知欲和好奇心强，喜欢追随时代潮流，乐于接受新的富有时代特色的服务，团体或结伴而行的青年旅客更是显得非常活跃，常常高谈阔论，旁若无人；但年轻人稳定性差，自制力弱，容易受社会和外界因素影响，有时乐于助人，有时又会不守秩序地拥挤插队，也容易冲动和情绪化，往往行事草率，不够冷静和全面，对服务好坏优劣

的判断常常依据于感情和直觉。

③中年旅客介于老年和青年之间，既有老年人的稳重，又有年轻人的活跃；他们多数在单位挑大梁，在家又是主心骨（上有老、下有小），身心负担都不轻，无论因公还是因私外出，往往显得心事较重，返程时相对轻松些。他们对旅行费用大多不太计较，但希望自己的行程能够方便、快捷一点。

（3）从旅客出行目的分析。

旅行目的不一，旅客的心理和需要也就有所不同。如：

①出门旅游的，情绪兴奋高昂，希望一路顺畅，不便或延误会令他们很反感，他们对乘车舒适性的要求一般比较高，对旅游线路和目的地的名胜古迹、风土人情等情况有较为迫切的了解愿望。

②因公出差的，离家远行又任务在身，难免心挂两头而急躁心烦，他们对行车的及时性（特别是准时性）要求比较高，对其他方面的服务质量也比较关心。

③身体不好外出看病的，一般寡言少语，焦虑不安，情绪比较低落，希望旅途能够方便一些、舒适一些，并能得到特别的关心和照顾。

④归国探亲或旅游的华侨，往往情绪激动，满怀即将遂愿的喜悦，又伴着许多未知和新奇的不安，总是期盼与别人交流和分享。

总之，在同旅客的日常接触中，客运服务人员应注意仔细观察不同类型旅客的不同心理特点、生活习惯和旅行需要，并随时记录、定期分析，运用心理学知识上升到理性认识，同时不断地通过实践去印证和修正，从而逐渐摸索出各类服务对象的一般规律和特点，增加服务工作的预见性和针对性。除了自己的直接观察分析外，也可以通过征求不同类型旅客的意见（如调查表、座谈会、个别交谈等），或者服务人员之间交流、总结的办法，来深化和丰富自己对通常情况下旅客心理活动及需要的认识。

2. 察言观色，捕捉变化

在实际服务工作中，客运服务人员不能拘泥于旅客心理活动和需要的一般规律，不能忽视个体与社会群体的差异，以免受社会知觉"刻板效应"的影响而产生认知偏差，也不能忽视具体情境下旅客心理和需求的变化。这就要求，在掌握一般规律和群体特点的基础上，还得临场观察他们的具体表现和变化，根据不同情况随时作出准确判断及相应的灵活反应。这是从个体层面和动态层面研究和掌握旅客心理的方法，即通过研究具体旅客的外在表现，掌握该旅客的心理状态。

旅客的言谈、举止和表情，是他们心理活动的外在表现，尤其面部表情更是情绪情感状态的"晴雨表"。据此，可以鉴别旅客的性格特点，也可以判断旅客的心理状态。比如，情绪型性格的往往面部表情丰富，意志型性格的则多比较严肃；外向型性格的一般活泼健谈，内向型性格则是沉静寡语。再比如，当一个人的需要得到满足时，就会表现出积极、兴奋的情绪状态，表情或言谈、举止都会给人以轻松和愉快的感觉；当一个人对提供的服务感觉存在某些问题或对某些方面不满意时，情绪就会变得低沉、不快，甚至忧虑和气愤，这在其表情或言谈、举止上也同样会明显表现出来；当一个人有某种需要而尚未获得满足或正在考虑某种需要时，又会表现出一种沉思、犹豫、欲言又止或自言自语的神态，有时也会与同伴轻声地嘀咕。

因此,客运服务人员要善于察言观色,由表及里,从旅客的言谈、举止、表情等外在表现,随时捕捉旅客情绪和心理状态的变化,据以检视和反思自己的服务工作(态度、言行等),并及时采取针对性的相应措施。比如:哪些方面使旅客满意需要继续努力和发扬,哪些方面存在不足和问题需要立即纠正或改进,哪些方面需要立马行动让旅客尚未言明的服务需求超前得到满足。

关于服务人员的观察力,这里还有必要提醒几点。一是,旅客的神情举止和心理情绪的变化,常常发生在"一瞬间"、表现在"细微处",要在极短的时间内迅速察觉并作出准确判断以把握旅客的真实需求并非易事,这就要求服务人员具有十分敏锐的观察力并专注于观察(切忌心不在焉或浮光掠影);二是,具有敏锐的观察力是一个优秀服务人员的必备条件,但这不是一朝一夕之功,而需要在长期的观察实践中有意识地不断训练、积累和提高,特别是要注重培养"细致"(不可粗枝大叶)、"准确"(不可误读误判)、"全面"(不可以偏概全)的良好观察习惯,以及将观察与思考有机结合起来的思维习惯和思维能力;三是,人的外部行为与内部心理活动关系往往存在"多义性",所以要注意联系彼时彼地的环境和条件,分析其因果关系,排除旅客有意或无意的掩饰行为的干扰,以准确判断旅客行为所表达的真实心理活动,防止被带入误区。

3. 设身处地,换位思考

以上两点,虽然观察的对象不同,但都是站在客观的立场上以旁观者的身份研究和掌握旅客心理的方法。还有一种方法,就是设身处地,进行换位思考,站在旅客的角度来研究和掌握旅客心理的方法。这种方法既可以用来研究旅客群体,也可以用来研究旅客个体,是一种非常灵活且有效的方法。但客运服务人员在实际运用这种方法时,要特别注意排除自身个性心理的干扰,摒弃主观偏见,否则有可能步入歧途,影响对旅客心理状态和服务需求的正确判断。

设身处地,换位思考,就是要求客运服务人员转换一下角色,把自己放在旅客的位置上,以"我是旅客"的身份揣摸旅客的心理。为此,服务人员要根据不同旅客和不同情境设计并思考一系列问题。比如,问一问、想一想:"假如我是旅客,我对服务人员的希望是什么?不希望的又是什么?"进一步,还可以问一问、想一想:"假如我是老年旅客"、"假如我是农民旅客"、"假如我是内向型旅客"、"假如我带有小孩"……各自的心理活动、各自的服务期望又会有哪些不同?再进一步,又可以问一问、想一想:"假如我处在××情况下"、"假如我在购票"、"假如我在候车"……这时候的心理活动和服务需求又会显示出哪些特点?"假如我有××需求或期望",言谈举止和表情将会有怎样的表现或变化?

设身处地,换位思考,站在旅客的立场,就能比较容易体察和理解旅客的处境、心理和需要,从而做到想旅客所想、急旅客所急、供旅客所需,为旅客送上他们所期望的"零距离"贴心服务。时刻以"假如我是旅客"来拷问自己,客运服务人员也能比较容易调适好自己的心态,在单调而繁琐的长时间服务中,始终保持为旅客所欢迎、发挥服务艺术所必需的积极主动的精神状态,即使在受到旅客批评、误解甚至不公平指责时,也不会有大的心理失衡,而能正确理解和对待,并找到解决问题的妥善态度和方法。

三、注重服务个性化

在具体服务工作中,客运服务人员应善于区别各类不同的服务对象,善于识别旅客的不同心理和要求,并据此灵活地(包括服务内容、时点、方法、技巧等)作出针对性、差异性的安排,提供与旅客内心需求相一致、与旅客性格特征相协调的服务,即个性化的服务。在此过程中,服务人员也将充分展示自己的服务个性、服务创意、服务技巧和服务水平。

正如我们在"服务艺术的内涵"中所指出的,"服务艺术就是服务人员以个性化的服务去满足旅客个性化需求的服务过程和服务技巧","个性化是服务艺术的最大特点,也是服务艺术的最大魅力"。没有服务人员"自我发挥、亮出绝活"并因人(旅客)而异的个性化服务,也就没有服务艺术可言,从而也就没有服务高质量、旅客高满意度可言。个性化服务也是客运服务人员掌握旅客心理的目的和实践运用,否则,我们研究旅客心理规律和特点,研究旅客需要层次和性格差异,也就毫无价值、毫无意义。

注重个性化服务,并不排斥规范化服务,更不是可以取消规范化服务,而恰恰是在遵循服务规范的基础上作出的主动、灵活的服务安排,"源于标准而高于标准",是对规范化服务的"有益补充、延伸和提高",正是个性化服务与规范化服务的有机结合才有可能造就高品质、高满意度的服务。关于这一点,我们已经在"服务艺术的内涵"中作过比较深入的分析(服务艺术与服务规范的关系,其实也就是个性化服务与规范化服务的关系)。

在对个性化服务的理解上,还有一点需要强调,就是:个性化服务具有"普惠"性。正如本书第九章第二节指出的,遵循普遍服务原则是道路客运经营者应尽的重要义务。"以人为本、旅客至上"是客运服务的根本宗旨,这个宗旨是对所有旅客而言的,而不是只针对部分旅客或者所谓贵宾旅客。对待旅客,客运服务人员思想上要一视同仁、平等相待,不能以貌取人,更不能嫌贫爱富,也不能以个人好恶或情绪影响和左右自己的服务行为,这是必须始终坚持的一条基本原则。个性化服务不是给予少数旅客的特权,不是厚此薄彼的歧视,而恰恰是面向所有旅客,是以旅客真实需求为导向,是真正尊重每个旅客、善待每个旅客的表示,是对旅客个性化需求的关注与满足,是服务人性化、细节化、精品化的体现。所以,客运服务人员在服务时,一定要注意"一碗水端平",把你的微笑和热情洒向每一个旅客,让每一个旅客都有机会体验你个性化服务的精彩和魅力。——请记住:"你的服务目标是让每一个旅客满意,而不只是让多数旅客满意,更不是只让少数旅客满意!"

服务人员实施个性化服务,其要义在于区别对待,投其所好,供其所需。例如:

1. 按职业或阶层区别

(1)对随便爽朗的工人旅客,客运服务人员应理解他们,服务时干脆利落又不失热情周到,说话宜通俗简练、直截了当,不要拖泥带水。

(2)对缺乏旅行知识的农民旅客,客运服务人员应善待他们,给予更多的关心,并主动热情、更加耐心地为他们提供服务和帮助,但可不必过分拘泥礼节;同他们交谈要简单易懂,尽可能少使用专业术语,如果能以他们惯用的方言进行交流就更好了,那会增加他们的亲切感,紧张的心理也会为之放松;在劝阻他们可能有的不好习惯(如随地吐痰、乱丢垃圾等)时,要注意不致使其难堪,切忌大声呵斥。

(3)对热闹好动的学生旅客,客运服务人员应多加关注,尽可能满足其正当要求,只要不妨碍其他旅客,一般不要过多干预,更不要随意指责;对于他们的积极一面(如热情助人)应予引导和鼓励,对于他们的负面表现(如不守秩序)则应善意指出、果断制止。

(4)对修养良好的干部(教师、科研人员)旅客,客运服务人员要注意礼节,说话处事要

讲究方式方法,维护其自尊;必要时还可争取他们的支持,共同维护客运秩序。

(5)对严肃守纪的军人旅客,客运服务人员要细心热情,主动征询他们的需要,及时给以满足。

(6)对惜时如金的经商旅客,客运服务人员要及时响应他们的要求,与他们多沟通,避免误解;回答他们问题时尽量准确,不要模棱两可,尤其是时间问题;在交谈时应尊重他们"效益至上"的观念,同时要注意避讳一些不吉利的词句。

2. 按旅客性格类型区别

(1)对情绪外露、活泼好动、喜欢攀谈交际的外向型旅客,客运服务人员应多同他们接触交流,或介绍客运设施、旅行知识、各地名胜和特产,或回答他们好奇的询问,或聆听和参与他们感兴趣的话题,切忌表露冷淡或不耐烦的神情。

(2)对喜欢独处、不善言谈交际、情感不大外露的内向型旅客,客运服务人员应主动关心,但交谈要简洁明了,不要频繁打扰或者说个没完没了,要注意察言观色,从他们的眼神和表情中探询对服务的感受和需求。

(3)对易受环境感染的情绪型旅客,客运服务人员需多照看,并随时沟通和解答问题,防止因误解而诱发情绪波动,同他们交谈要格外注意谦让、宽容,安抚他们的冲动情绪,对他们的过激语言也不要太过计较,以免引发矛盾。

此外,旅客年龄不同、性别不同、身体状况不同、出行目的不同、同伴人数不同、随身携带物品多少不同等,心理特点和服务需要也各不相同。客运服务人员要善于观察、判断和区别对待。比如:对于各种团体旅客(包括非正式团体),在服务中注意及时、主动地与他们的领导、领队或核心人物联系和交流,征询意见和需要,争取配合和支持,通常会有事半功倍的效果;对于带小孩的旅客,在服务中应给予更多的关注、提醒和照顾,特别是对旅客的小孩,哪怕只是一个小小的亲切动作或是一句普通的赞美之语,往往就能赢得旅客的信任与好感。

四、注意服务技巧

旅客是客运服务的对象和客运服务活动的中心,客运服务人员应该主动热情、文明礼貌地做好服务工作,尽量注意避免和防止服务中可能发生的矛盾。因为,无论是服务人员与旅客之间的矛盾,还是旅客与旅客之间的矛盾,都会在不同程度上恶化服务氛围,扰乱服务秩序,降低服务质量和旅客满意度,严重的还会造成较大的负面影响,损害客运企业的声誉和形象。这就要求客运服务人员,一方面尽力预防和避免矛盾的生成,另一方面妥善处理和化解各种矛盾,防止矛盾扩大和产生不良后果。这是客运服务人员应当掌握的一项重要服务技巧。

(一)以热情营造和谐氛围

无论客运站还是客车车厢,都是人流聚集的场所。客运服务是一种特殊的人际交往。客运服务人员首先要考虑的,就是努力营造一个文明、和谐、友好的环境氛围,这对于处理好复杂的人际关系、预防和避免矛盾的生成,有着十分重要的意义。因为,和谐的氛围有一种亲和力和感染力,会拉近人们之间的心理距离,大大减少那种可能诱发矛盾的戒备或不信任感,让人情绪上显得宁静平和,感到轻松、愉悦和舒畅;和谐的氛围还有一种天然的约束力,会让身处其境的人自觉或不自觉地珍惜和维护它,从而抑制矛盾的发生和发展。而要在旅客群体中营造这种和谐氛围,除了通过客运组织工作保证服务过程的优良秩序外(见第四章第二节相关内容),服务人员的态度和工作非常关键。

1. 树立"旅客总是对的"服务理念

客运服务人员在工作中同什么类型的旅客打交道是不能选择的,但处理好同旅客的关系,却比旅客有更大的主动权。这是因为,服务人员与旅客之间的关系是服务与被服务的关系,无论什么类型的旅客,都是客运的服务对象,他们花钱乘车的目的都只有一个,就是为了顺利地到达目的地,没有哪一个旅客是为了找麻烦、闹矛盾而来的。"旅客不是麻烦制造者"、"旅客总是对的",客运服务人员应当树立这样的服务理念,并始终以此指导自己的服务实践。只有在这个基础上,服务人员才能摆正自己的位置,才能激发强烈的服务意识和服务热情;也只有通过自己的热情服务和情感付出,才能唤起旅客的情感共鸣,造就融洽、和谐、愉快的服务氛围,才能处理好与旅客之间的关系,形成积极的良性互动。而在这种和谐的氛围中,即使萌生一些误解或矛盾的可能不能完全排除,但在服务人员的热情态度、热情交流和热情服务的感化下,也能比较容易地得到缓和和化解。

2. 及时和主动服务

客运服务人员的热情,不仅仅体现在大方得体的仪容、仪态、礼貌和礼节上,体现在真诚的微笑和关切的目光上,更重要的是体现在服务的一言一行上,体现在服务的及时和主动上。

要做到及时和主动服务,服务人员就不能满足于程序化的操作或规范化的服务,而要时刻注意观察旅客的动态,在旅客提出服务需要时尽快给予响应和满足,甚至在旅客只表现出一个表情或一个眼神而还没有提出要求前,服务人员便已经判断出旅客的心理、意识到旅客的需要,并超前采取相应的服务行动。比如:发现旅客的小孩有小便意向时,候车室服务员应主动上前询问,并为旅客指明厕所方向或亲自带小孩上厕所;看到旅客在行车途中有困意,需要合眼休息,乘务员应适当调小空调风力,客车备有小毛毯的还可主动上前为旅客披盖;发现旅客有晕车呕吐迹象,乘务员应主动关切问候,并送上清洁袋供旅客使用。

及时和主动服务,要求服务人员必须做到"五勤",即眼勤、手勤、嘴勤、腿勤、脑勤。这点对于值班站长、迎门服务员、候车室服务员、乘务员等"主动型"服务岗位显得尤为必要。"眼勤",就是要多看,多观察,时刻注意旅客的情绪和动向,敏锐察觉旅客心理变化,及时发现旅客个性化的需求。"手勤",就是要多动手,多整理服务环境,多维护服务设施,多为旅客提供服务,多帮助旅客解决困难。"嘴勤",就是要多动嘴,对旅客多关切、多询问、多提醒、多安抚,多与旅客交流和沟通,耐心地倾听旅客的心声,不厌其烦地为旅客作出回答、解释、说明、提示,或者提供建议。"腿勤",就是要多走动,多巡视,多接触旅客,多联系相关岗位或部门,多了解情况和信息,以便及时发现问题,主动协调和解决问题。"脑勤",就是要把旅客放在心上,多用心,多动脑,多思考,多想问题,多想办法,多考虑满足旅客需求的服务招数、服务细节、服务技巧。值得一提的是,"脑勤"虽然不像前面"四勤"(即眼勤、手勤、嘴勤、腿勤)那样能够看得见,但却是前面"四勤"的基础和条件。只有"脑勤"了,前面"四勤"才能真的"勤"得起来,也才能真的"勤"得有效。

3. 重视在细节上下工夫

在"服务艺术的内涵"中,我们曾经指出,"在服务越来越趋于规范化的今天,没有超越规范的细节化就难有服务的个性化,难有服务的魅力","于细微处见真情"、"于细微处见匠心","细节化是服务艺术的亮点",也是"服务艺术的难点"。服务人员的热情和及时主动服务也总是通过一个个细节来体现的,一个善意的微笑、一句温暖的问候、一次举手之劳的相助,都可能给旅客留下美好的印象,而一个不适当的细节往往又会使良好的服务形象毁于一旦,可谓"成也细节,败也细节"。所以,服务人员要十分重视看似微不足道的细节,十分注意在细节上下工夫,让旅客透过一个个细节服务体验你的"功力"、你的深情。比如,服务业有个"两步走变为三步跑"的经验说法,即如果你可以两步走到旅客身边,那么不妨以三步小跑来代替。虽然"两步走"与"三步跑"并无本质区别,"三步跑"也不一定是真的跑,但小小改变带给旅客的感受可能会大不一样:"两步走"反映的是服务意识不够积极,服务行为慢吞吞、按部就班,表现出一种怠慢、不以为然、被动应付的态度;而"三步跑"却代表了一种积极的服务理念,对旅客需求信息的快速响应,让旅客感受到对他的重视与热情。

(二)注意说话的技巧

语言是沟通信息、交流感情的媒介,是人际交往不可缺少的重要工具。语言使用是否得当,其效果大相径庭,或如珠玑,或似剑戟。正如俗话所说,"一句话说好让人笑,一句话说错使人跳","良言一句三冬暖,恶语伤人六月寒"。可见语言对人们的心理和情绪的影响有多么大,而实际上,语言使用不当也正是人际关系中造成麻烦、诱发矛盾的一个十分重要的原因。

在客运服务中,说话是服务人员必不可少的服务手段,很多服务都是从说话开始,又以说话结束的。所以,客运服务人员必须十分重视语言的使用,努力把话说好,这对于维护服务氛围、提高服务满意度、避免和化解矛盾等,起着非常关键的作用。而要把话说好,就得注意说话的技巧。

在讨论说话技巧之前,首先要强调一下说话的态度。说话的态度,反映了说话者的主观动机和情感倾向。人们在交流中引起矛盾的往往不是语言本身,而是说话的态度。所以,很多时候态度比技巧显得更重要。服务人员注意说话态度,就是要遵循服务礼仪和服务艺术以"尊重"为核心的五项原则(详见本章第一节),这是说话态度的基本要求。有了这个态度,再运用好说话技巧,把话说好也就不难。

但是,由于服务人员直接接触的旅客是各种各样的,交谈中涉及的范围和内容又是十分广泛,应该说什么,应该怎样说,完全因人因事因情境而异,很难有什么固定的模式,也无法事先给出具体的标准答案,所以,我们只能按照一般规律提出一些应注意的问题,充其量也只是作为掌握说话技巧的要点或大体思路。

1. 说话要注意分寸

无论是赞美、劝阻、道歉,还是回答、解释、表态,服务人员都应当把话说清楚、说到位,让旅客听懂、听明白,但又要实事求是,注意分寸,说得得体,说得恰如其分,该说则说,不该说则不说,特别是不能说假话、过头话。这既是尊重旅客,也是对工作负责的表现。如果在说话中没有把握好分寸,有意或无意地说了过头话,偏离了实事求是的轨道,就会给旅客留下不好的印象,甚至埋下矛盾的祸根。例如:在赞美旅客时说得太过分,或是自己表示谦虚时说得太过分,都会使人感到你虚伪做作而产生排斥心理;信口开河、夸夸其谈,会使人感到你轻浮而不可信赖;没把握的事轻易许诺,结果办不了或办不好,不仅给人以不诚实的印象,还会引起旅客的失望、不满以至愤怒;动辄把"政策"、"规定"挂在嘴上,或者使用过多的专业、法律术语,也会让人有一种不平等交流的感觉而心生反感。

需要指出的是,所谓说话的"分寸",并没有统一的尺度,而应视具体旅客(如文化、学识、性格等的差异)以及旅客当时的具体情绪(快乐还是忧郁、轻松还是焦虑等)而有所区别。由于理解或感受的不同,同样的话,对于甲旅客也许还不到位,对于乙旅客却可能已经过了头。那么,客运服务人员该如何把握说话的"分寸"呢？有一个总的原则,那就是要适应说话对象的心理需要,要能产生积极的作用和效果,给对方以满意感、愉悦感。也就是说,说话不仅要让对方真正领会你的本意,以正确地传递信息,而且要发自内心地充分传递情感,让对方能够真切地感受到你亲人般的真诚、尊重和关爱。——倾注情感、传递情感、以情感人,这也是下面将要谈到的其他说话技巧(注意措辞、语气、语调、表情、避免争论等)应当遵循的一个共同原则。

2. 说话要注意措辞

"话有三说,巧说为妙"。说话时,除了词意确切、易于理解、不令人产生歧义外,还应选择合适的字眼来表达。同样的意思,不同的措辞带给旅客的感受是不一样的。比如,在说话中经常加进一些表示恭敬、客气的短语,如"谢谢您"、"麻烦您"、"打扰您了"、"对不起"等,一般容易让旅客接受。又如,用"几位"代替"几个人",更能显示对旅客的尊重,使人听起来更加顺耳。再如,"容易发生事故"与"容易翻车"表达的意思基本一致,但显然前者比后者要好,不致造成旅客忌讳和反感。此外,还应注意掌握服务礼仪和服务艺术的"从俗"原则,不要触犯一些民族的风俗和禁忌,也不要带不好的口语,更不能说粗话脏话。

3. 说话要注意语气

在语言的表达上,语气是应该注意的又一个方面。语气的基本要求是,让旅客听起来感到诚恳、谦和,感到自己受尊重、被关心,而不要使用生硬、冷漠的语气,否则容易招致旅客的反感或者逆反情绪。

在表达自己意见时,应使用敬语式或协商式的语气。所谓敬语式,是指以恭敬、客气的语气说话;所谓协商式,是指以商量的、征求意见的语气说话。例如,未听清楚旅客的话,说"对不起,我没听清楚,请您讲得慢一些,好吗",显然要比简单生硬地说"说什么,没听清"效果要好得多。

在回答旅客询问或要求时,可以使用"是的"、"好的"、"可以"等肯定短语;但任何时候都不要用"不行"、"没有"、"不知道"、"不可能"、"办不到"等否定短语断然拒绝旅客;即使对一些不太合理或实际情况不可能办到的要求,在回答时也不可太直露,而应温和婉转,同时作出必要解释或提出适当的替代建议,以取得旅客的谅解,缓和旅客的失望情绪;最起码,也应在这些简单的回绝答语上加上"对不起"、"很抱歉"等礼貌用语,表示对旅客的歉意和尊重。

任何时候都不应该用命令式或训诫式的语气同旅客说话,即使当旅客的某种行为需要制止或纠正时,也应该使用劝告、建议、请求等柔和式的语气。例如,刚扫净的地面,一位旅客漫不经心地扔下一片废纸,你可以随手拾起来,同时温和地说:"下次麻烦您扔在垃圾箱内,好吗？垃圾箱在××处。"切忌声色俱厉地教训旅客,或是冷嘲热讽地挖苦旅客,因为这会伤害对方的自尊心而难以接受,或者让对方下不了台而容易引发争吵,使双方处于对立甚至对抗的状态。

4. 说话要注意语调

语调或声调也是语言表达中值得注意的问题。同样一句话，语调的升或降、高亢或低沉，会影响所表达的意图和情感，给人以不同的理解和感觉。声调太低，不仅让人听不清，而且给人一种不耐烦、不乐意的感觉；声调太高，又会使人感到突兀刺耳，显得粗暴生硬；声调过于短促或拖长，则容易使人理解为鄙视和厌烦；声调升降不正常，也会给人异样和不爽的感觉。例如，当旅客有事叫你时，你手头正有事，用两个上升调说"请稍等一下，马上就来"，这是正常的；但如果用两个降调、或是第一句升调第二句降调、或是第一句高第二句低，给人的感觉就会是一种不情愿、不耐烦的情绪。又如，"对不起"本是一句表示道歉的礼貌用语，但如果用不正常的语调来说，也会"变味"，变成含有讥讽、威胁或报复意味的气愤话。

因此，为正确地表达语意，避免旅客产生误解，客运服务人员说话时应该语调温和宜人，声音清晰悦耳，抑扬顿挫得当，音量应以对方听清为度，不要用过高过低的声调，更不能用刺耳难听的声调。此外，还应注意不要用鼻音的单字，如"嗯"、"唔"之类来回答旅客的问话，因为这些都会给人以敷衍、应付的感觉，不适于表达对旅客的重视和尊重。

5. 说话要注意表情

语言体系主要由声音语言和体态语言组成，只有两者相配合才能取得感人的语言效果。所以，客运服务人员掌握说话技巧，除了上面提到的说话本身（声音语言）的技巧外，还有一个重要方面，就是要注意说话时的体态语言。人的面部表情就是体态语言的重要内容。一句得体的话，再加上一个合适的表情，能使声音语言更有表现力、感染力，收到"三冬暖"、"让人笑"的良好效果；有时话本身虽然平淡，但如果表情配合得好，也能有较好的效果；有时一句很好的话，如果表情不当，却会改变它的原意，甚至产生相反的效果。

笑容和目光是表情的两个基本要素，客运服务人员要善于运用。作为仪态的重要方面，我们已经在本章第一节讨论过笑容和目光的运用要领。这里还要补充指出两点：一是笑容和目光要同说话的内容相吻合，根据情境需要，分别表达对旅客的尊敬、友善、热情、欢迎、赞美、关切、同情、惋惜、抱歉等各种情感，以增强或改善语言的效果；二是目光与笑容要匹配，一般情况下应与交谈对象保持目光平视和柔和接触，否则会使得笑容扭曲变样，如：目光直视会变成傻笑，目光斜视会变成凶笑或鄙笑，目光轻视会变成冷笑，目光瞪视会变成嘲笑。

6. 说话要注意避免争论

客运服务人员与旅客说话，应该注意不要与旅客发生争论，以免导致不愉快的结果，影响与旅客的融洽关系。为此，服务人员在说话时，应当注意一些问题。比如：应注意语言表达的规范性、准确性和清晰性，防止造成旅客理解上的偏差和歧义，因为很多时候争论就是由沟通不畅所造成的误解引起的；应避免提出易引起争论的话题，说出易引起争论的答话，可能招致旅客反感和难以接受的话题或答话尤应避免；拒绝倾听、拒绝交流，或是强词夺理、任性抬杠，都是极端自我和固执的表现，极易激怒旅客，在服务中应杜绝这种情况的出现。

尽管如此，在实际工作中，还是难免遇到一些有争议的问题，这时服务人员应该持有的正确态度是：如果争议的问题涉及服务工作，应该从维护旅客的利益出发，设身处地考虑旅客的感受，冷静地分析，实事求是地承认存在的缺点或不足，表示承担责任和作出改进的诚意，即使错在旅客，也要维护旅客的自尊心，"得饶人处且饶人"，并设法（如暗示、幽默、话题转移等）为旅客找到体面的下台台阶，而不应当过分数落、指责旅客，或者纠缠不止、争论不休、非得辩出我是你非不可，既伤害旅客感情，又给其他旅客留下不好印象；如果争议的问题与服务工作无直接关系，那就更不应该也不值得与旅客争论，因为服务人员的工作职责是为旅客服务、让旅客满意，而不是与旅客"打擂台"、争长短、比高下，争强好胜、表现自己的结果只能是破坏服务气氛，点燃矛盾的导火索，给服务工作设置不应有的障碍，给服务质量造成不应有的损害，同时，也无谓浪费了大量时间和精力，有百害而无一利。

除注意以上说话技巧外，客运服务人员熟练掌握普通话，并学会一些常用方言、手语和外语，也非常必要。因为，这样可以增加与旅客之间的认同感、亲切感，同时克服某些语言沟通上的障碍，避免或减少因此而可能产生的误会和矛盾。

（三）慎重处理旅客过错

作为客运服务人员，应当确立"旅客总是对的"的理念，并在这个理念指导下搞好为旅客的服务。但这并不意味旅客不会发生过错，也并不意味不需要过问和纠正旅客的过错。由于各种各样的原因（包括主观的也包括客观的，包括有意的也包括无意的），旅客中也会有"问题旅客"（指少数因性格缺陷而易于冲动又难以沟通的旅客，或是习惯不良而又自以为是的旅客，或是期望不合理而无法满足的旅客等），即使一般旅客也会有过错的时候，如违反客运规定、违反公共卫生和公共秩序的规定等。这时如果处置不当，很容易引起矛盾。

客运服务人员发现旅客过错时，首先应该想到"旅客不是麻烦制造者"，应该相信绝大多数旅客都不会故意犯错，客观上的条件限制和环境影响、主观上的性格因素和不良习惯，通常是导致旅客出现过错的主要原因，所以给予旅客充分的理解和包容是非常必要的；其次，服务人员应该根据当时的情境、当事人的过错情节和心理状态，采取适当的、不使旅客人格尊严受到伤害的对策，如委婉劝告、晓之以理动之以情，如顾及自尊、给以"台阶"，如身体力行、以优良服务感动旅客，等等。这样做，一般都可以使旅客的过错得以纠正，即使不能立即纠正，事后也能产生积极效应，特别是能够避免矛盾的发生；即使发生矛盾，也可以化干戈为玉帛，或虽不能完全化解矛盾，也会取得广大旅客的理解和支持，树立好的服务形象。北京某报刊登过的一则报道，就充分印证了这一点：一位小伙子在车上随地吐痰，乘务员劝其擦掉，小伙子怕丢面子不肯擦，乘务员没有训斥也没有强迫他，而是自己用纸擦掉了。事后，小伙子给报社去了一封信，表示向乘务员道歉，并写道："她这是软弱吗？不是，她是用自己的模范行动教育我。"

（四）虚心对待旅客批评

客运服务人员每天要面对那么多旅客，完成那么多服务工作，不可能听不到表扬，也不可能听不到批评。不能正确认识和对待旅客的批评，常常是引发或激化服务人员与旅客之间矛盾的重要原因之一。

其实，表扬固然可喜，批评也是好事。批评与表扬的表现方式虽然不一样，但实质上都是"旅客反馈信息"的重要内容，服务人员有责任耐心听取、主动收集，搞好这方面的服务。正如我们在第四章第一节中论述"客运信息服务"时指出的那样：这是旅客的正当权利，"理当得到充分的理解和尊重"；"企业也有获取旅客反馈信息的迫切需求，因为这是企业改进服务质量的重要依据和契机"；对于服务人员自身而言，无论是肯定的表扬还是不满的抱怨，都是有助于改进工作的一种"催化剂",都是提高服务能力与水平的一剂"良方"。服务人员应该有这样的认识,而不能听到表扬就高兴、听到批评就不舒服,更不能错误地认为旅客发点怨言、提点批评就是什么"太难弄"、"太挑剔",就是什么"问题旅客"而加以排斥。恰恰相反,旅客的抱怨或批评比表扬的帮助更大,因为它表明旅客还是信任你的,表明你还可以做得更好("抱怨或批评"就是服务差距,就是你改进和提升的方向),而这样的旅客不正是应该受到我们欢迎的"可爱"又"可贵"的旅客吗?毕竟,旅客中愿意直接提出抱怨或批评的不是太多而是太少了(请参阅本书第十六章第四节中关于旅客"意见收集"之"障碍"分析)。

不仅如此,服务人员还应该从更深层次去思考,旅客为什么会有不满、抱怨和批评?一般来讲,无论从服务人员与旅客的不同地位和不同目的分析(前者为提供服务的主体,后者为接受服务的客体),还是从现实客运服务素质和服务质量的整体状况分析(客观上存在一些不足或不适应的问题,存在一些需要改进和创新的地方),抑或是从旅客的需求与期望分析(随着经济社会发展而不断变化和提高,乃是不容忽视的必然趋势),造成旅客不满的主要原因,造成旅客与服务人员矛盾的主要方面,往往在客运企业及其服务人员。所以,"不是旅客太挑剔,而是我们的服务和服务创新跟不上。"——这才是问题的症结所在,这才是服务人员考虑问题的应有思路和逻辑起点。

在正确认识旅客批评的基础上,我们才能正确地对待旅客批评。那么,客运服务人员对待旅客批评的正确态度是什么呢?简言之,就是"虚心"二字。具体可表现为以下几点:

(1)高度重视,热情欢迎。收集旅客反馈信息,本身就是客运服务(信息服务)的重要内容之一,服务人员没有理由不予以重视;旅客提出意见和批评,既是信任和期待的表示,更是一份弥足珍贵的"大礼",服务人员没有理由不报以感激与热情。所以,服务人员面对旅客批评的态度,首先就是要表现出闻过则喜的热情和责无旁贷的认真,让旅客真正感受到被重视、被尊重,而决不能漫不经心、似听非听,决不能敷衍搪塞、置若罔闻。

(2)耐心听取,认真反思。服务人员听取旅客批评时,态度要谦虚诚恳,神情要专注,而且要有耐心,让旅客把想说的话说完,让旅客的情绪得到充分的宣泄,切忌产生委屈、反感或对抗心理。要设身处地从旅客的角度考虑问题,从主观上寻找原因,反思自身存在的缺陷和不足;决不要急于插话、急于辩解,更不能强词夺理、针锋相对;也不可使用"不可能"、"肯定不是我的错"之类的断语否定旅客的批评,因为这会将旅客置于说谎而不可信的境地,严重伤害旅客的自尊;即使批评意见与事实有出入,或言辞较为激烈,也应该冷静听之、淡然处之、宽容待之,抱着"有则改之,无则加勉"的态度,耐心地听完旅客的批评。在旅客情绪相对平静的情况下,在表示欢迎和感谢的同时,可以适当地做一些解释沟通工作,也可以事后向本单位领导作出说明。

(3)承担责任,诚恳道歉。服务人员要养成换位思考的习惯,理解旅客的心理,体谅旅客的处境,包容旅客的态度,要善于通过自己的诚恳道歉和承担责任抚慰旅客的情绪,平息旅客的不满,争取旅客的原谅。有时,服务人员发现自己工作中有疏忽或失误而旅客尚未发现,应该不等旅客批评就主动诚恳地向旅客道歉,不要企图文过饰非、逃避责任。这样做,不仅不会促使矛盾生成或使矛盾扩大,反而比较容易得到旅客的谅解,甚至赢得旅客的赞赏与信任。须知,"人非圣贤,孰能无过",人们不能容忍的不是"有错",而是"有错不认错"。有时,虽不属于当事服务人员的直接责任,那也应该代表企业,虚心接受旅客批评,主动承担解决问题的责任；如果问题超出自己的能力或职权，可以及时向领导报告和处理，但也有责任缓和旅客情绪不使矛盾扩大。

（4）坦诚交流，及时改进。把旅客批评作为改进服务的依据和动力，并尽快转化为服务质量的改善和提高，这无疑是正确对待旅客批评的最终目的，也是对旅客的最大尊重和最好回答。为此，在接受旅客批评过程中，与旅客进行坦诚的足够的交流是很有必要的，不可因工作忙或是矛盾已经解决而忽视这一点。因为，通过交流可以进一步从旅客的不满情绪中了解其真实关切与意图，从旅客批评甚至"牢骚"或"无理"要求中梳理出有价值的意见与建议，找到改进服务的方向与领域；通过交流还可以消除误解、联络感情、增进共识，赢来好的口碑，使旅客成为自己和企业的朋友，成为忠实的服务"回头客"，甚至成为企业良好形象的义务宣传员。但是，需要注意一点，交流是为了改进服务，切不可把交流变成单方面的解释，更不能引发新的争论。

（五）妥善控制和化解矛盾

客运服务过程是一个服务人员与众多旅客的互动过程，也是一个旅客与旅客之间接触、交流甚至利益协调的过程。服务工作中的偶然疏忽，或某些方面不能满足旅客的要求，或沟通障碍导致某种误解等，都可能在客运服务人员与旅客之间造成矛盾；而旅客与旅客之间，也会由于各种原因，如利益冲突、意见分歧、言语不当、肢体接触等，引发一些矛盾或纠纷。也就是说，在大量、繁杂的日常服务工作中，尽管服务人员努力防止和避免矛盾的发生，但是难免还会遇到一些矛盾。这时，客运服务人员要善于及时控制和化解。控制，是指稳定局面，不使矛盾扩大化；化解，是指消弭分歧，使矛盾得到妥善解决。控制是第一步，只有先控制好矛盾，让剑拔弩张的气氛缓和下来，才能进而逐步化解矛盾，最终化干戈为玉帛。

服务人员靠什么控制和化解矛盾？一是态度，二是心态，三是技巧。态度是前提，心态是基础，技巧是方法，三者缺一不可。

1. 正确的态度是控制和化解矛盾的前提

所谓正确的态度，就是要求服务人员摆正位置，永远不要忘了自己的身份，不要忘了服务的宗旨和职责。能否摆正位置，在很大程度上决定了心态的好坏，也决定了技巧的发挥效果。在这里，摆正位置有两层含义：一是要设身处地，站在旅客的立场，多考虑旅客的心理与感受，要像家人或朋友一样与旅客进行坦诚的交流与沟通，切忌站在旅客的对立面或似讨价还价的谈判对手；二是要放低姿态，不要颠倒了服务与被服务的关系，绝不能居高临下、摆出一副管理者或说教者的面孔，切忌打官腔、说空话或是言辞犀利、咄咄逼人，不可动不动把所谓的"政策"、"规定"当作对付旅客的盾牌甚至大棒。

2. 良好的心态是控制和化解矛盾的基础

要控制和化解矛盾，服务人员必须有一个良好的心态，这是重要的基础和条件。良好的心态，最重要的是需要理智和耐心。理智是必要保证，耐心是必经途径。

（1）理智。

理智，就是要求服务人员有良好的品德修养和心理素质，理性地认识和分析情况，冷静地判断和处理问题。比如：要善于调节和控制自己的情绪，约束自己的言行，不意气用事，不说过头伤人的话，不出现粗暴无礼的举动；要冷静地捋清矛盾的来龙去脉，分析其中的是非曲直，平心静气而又谦逊虚心地进行交流和沟通，力求将"争论"转化为"讨论"，并在平和的讨论中弥合分歧、寻求共识；"退一步海阔天空"，必要时应有勇气在不违背原则的前提下作出某些妥协或让步，切忌抱着"不获全胜不收兵"的念头不放。实践证明，服务人员的理智是控制和化解矛盾的必要保证，而一旦失去理智，后果将十分严重。

（2）耐心。

耐心，不是不抱期望、无所作为的消极等待，而是要求服务人员在积极主动的同时，不焦不躁，不急于求成，始终坚持化解矛盾的宗旨，始终坚定化解矛盾的信心，始终不放弃化解矛盾的努力，始终等待和创造化解矛盾的契机。事实上，矛盾的"冰雪"一般都会在耐心的"阳光"下逐渐消融。所以我们说，耐心是很多情况下解决矛盾的必经途径，特别是在遇到少数爱计较、爱抱怨、爱纠缠、爱争执的旅客时更是如此。

3. 适当的技巧是控制和化解矛盾的利器

控制和化解矛盾，当然也不能没有一定的技巧。就技巧而言，涉及内容很多，但主要是两大方面，一是怎么说，二是怎么听。

（1）注意说话技巧。

化解矛盾需要沟通，自然离不开说话，掌握和运用说话技巧无疑是很重要的。有关要点前已述及，此处不再重复。

（2）注意耐心倾听。

通常，处于矛盾中的双方总是急于和尽可能多的表达自己的观点，力图宣示自己的正确和委屈，甚至发泄心中的不满和愤怒。应该说，这本是人之天性，没有什么奇怪。但是，为了控制和化解矛盾，服务人员却不能这样，相反，你应当先听后说，首先是听——做一个真诚的倾听者，耐心倾听旅客的所有意见，坦然接受旅客的情感宣泄。

哲人说过："上天赐人以两耳两目，但只有一口，欲使其多闻多见而少说。"寥寥数语，形象地点明了听的重要性。一个善于化解矛盾的人，必是高明的倾听者。所以，客运服务人员应当深刻理解倾听的意义并付诸于实践：

①倾听是一种气度。它表达了对旅客的尊重、理解和宽容，体现了服务者的姿态和化解矛盾的诚意。

②倾听也是一种智慧。它不仅使旅客压抑的情绪得到释放和缓解，有助于形成便于交流的气氛，顺利开启沟通的大门，而且也有助于服务人员清晰地了解矛盾的原委和症结所在，使控制和化解矛盾的努力更有针对性，效果也会更好。

③倾听还是一种艺术。服务人员要做到善于倾听，还得注意一些技巧。比如：要放下手中的一切，表现出专注的神情，身体可朝向旅客稍微前倾；要让旅客把话说清楚、说完整，不要中途随意打断或插话，但有必要随着内容的变化不时作出有感情的回应，如微笑、点头、扬眉等面部表情和头部动作，以及"噢"、"嗯"、"原来这样"等短语，表示你在认真地听；在倾听过程中，可接着旅客所说的内容用"为什么"、"怎么样"等问话鼓励和引导对方畅所欲言，对旅客讲的一些重要内容还可以自己的语言简单复述一下，以表示理解和重视。倾听的过程也不只是"听"，还应当用眼去观察、用脑去思考，从旅客的语调、神态揣摩他的心理和没有说出来的"弦外之音"，并对旅客的观点和意图进行整理、分析和概括，特别是要努力从中寻找自己认同的内容，同时，考虑和提炼自己将要表达的思想、表达的方式、表达的词句等，以便为有效控制和化解矛盾做好必要准备，使"听"了之后的"说"能够更加有理、有情、有味，更

能打动人,更有说服力。

当然,由于客运服务工作中可能出现的矛盾千差万别,旅客的性格特点也各不相同,解决矛盾的具体方法也是多种多样的,在实际处理中只能因人而异、以变应变,"一把钥匙开一把锁",而且,还需要多种技巧的综合运用。例如:

(1)当旅客提出难以满足的要求时。

对于不合理或不合规而难以满足的要求,服务人员应耐心解释,解释时态度要诚恳和善,以理服人,以情感人,语气不能太"冲",话也不能说得太"满",要留有回旋余地,防止激起对方逆反或对立情绪。服务人员也可以采取迂回策略,巧妙地绕过问题,从侧面予以婉转回应或回绝,以免使旅客难堪。服务人员还可以使用建议策略,在表示"爱莫能助"的同时提出相关替代建议,让旅客考虑和选择。有时旅客提出的某些要求,按制度虽不允许,但也可以有一定的灵活性,作出某种变通处理,如有病的旅客候车时要躺在坐椅上,在旅客不多又不影响其他旅客的情况下,应予允许。

对于合理但超出企业能力(或企业准备不足、或其他原因)一时难以满足的要求,服务人员既不能简单生硬地回绝,也不能不置可否地回避,而应当将其作为旅客批评意见予以认真对待,一方面真诚地向旅客表示道歉和感谢,另一方面承诺向企业管理层如实反映,尽快作出答复和处理。必要时,也可以根据情况做一些适当的说明,以求得旅客谅解。

(2)当遇到性格倔强、盛气凌人、自以为是的旅客时。

服务人员一定要慎重,切不可针锋相对,但也不必一味迁就。正确的做法是要把握好"度",处理得"有理、有礼、有节"。"有理",即讲道理,讲原则,以理服人,按规定办事,做到有理有据、无懈可击;"有礼",即讲文明,讲礼貌,以客相待,做到不失言、不失礼、不失热情,尽量保全对方的面子,不伤及对方的人格和自尊;"有节",即有节制,不纠缠,留有余地,适可而止,适时给对方提供下台的机会,不要"得理不饶人",不要挤别人无路可走。

(3)当旅客之间发生矛盾纠纷时。

服务人员决不能袖手旁观、置身事外,而应该理智地介入,在了解情况的基础上,积极做好调解工作。

如果矛盾涉及的问题与客运服务设施或服务工作直接或间接有关,服务人员应主动承担责任,向双方表示歉意,并设法使问题和矛盾得到妥善解决。在这里,服务人员的一声"我错了"或"我们错了",往往能够起到转移焦点、解开心结的关键作用,成为矛盾趋缓的转折点。

如果矛盾涉及的问题与客运服务本身无关,服务人员也应首先使双方脱离接触,缓和紧张气氛,然后分别进行劝解,还可以中间人的身份请求双方协商和礼让解决争端。同时,要注意避免其他旅客围观、起哄,防止矛盾扩大化、复杂化。一般说来,旅客之间争吵并没有什么了不起的原则问题,火气一消,矛盾也就迎刃而解。服务人员在劝解时,一方面态度要公正,决不可偏袒任何一方,另一方面言辞要婉转恳切,并以疏导为主,决不可装腔作势或是高声厉言,只有这样,才能取得矛盾双方的信任,劝解才会有效。在具体做法上,服务人员要善于营造轻松和解的氛围,不要搞得过于严肃,也不必讲多少大道理,否则会造成压抑感,反而会减少亲和力,不利于做好矛盾的化解工作;要善于从矛盾中发掘哪怕点滴共识和彼此可取(或可欣赏、可谅解)之处,并将双方注意力由矛盾焦点引导到这方面来,以消除隔阂、拉近双方距离,形成和解的基础和契机;要善于运用风趣幽默的语言、善意轻松的玩笑甚至调侃,打破僵局,一扫阴霾,使矛盾双方火气顿消,在不经意间"一笑泯恩仇"。

本章思考题

1. 什么是客运服务礼仪?它与客运服务艺术有什么关联?
2. 客运服务礼仪和服务艺术应当遵循的主要原则有哪些?(请联系客运服务实践加以说明)
3. 为什么说尊重原则是客运服务礼仪和服务艺术的"首要的、核心的原则"?
4. 简述客运服务人员在仪容、仪态、礼节上应注意的要领和禁忌。
5. 举例说明,十字文明礼貌用语各在哪些场合使用?
6. 在道路客运中,为什么要讲求服务艺术?
7. 联系客运服务实践,谈谈你对服务艺术内涵的理解。
8. 联系客运服务实践,谈谈你对服务艺术特性的理解。
9. 举例说明旅客心理与个性化服务的关系。
10. 为什么说洞察旅客心理是"服务艺术的基本功"?
11. 掌握旅客心理的方法有哪些?运用这些方法应当注意什么问题?
12. 你怎么理解规范化服务与个性化服务的关系?
13. 你认为服务艺术对客运服务人员的素质提出了怎样的要求?
14. 为什么说变化与创新是"服务艺术的灵魂"?
15. 客运服务人员的热情服务体现在哪些方面?
16. 你觉得,客运服务人员同旅客说话应注意哪些问题?
17. 举例说明,在客运服务中如何避免矛盾的产生?
18. 客运服务人员应如何认识与对待旅客的批评?
19. 为什么说客运企业及其服务人员是"造成旅客与服务人员矛盾的主要方面"?
20. 客运服务人员化解矛盾,要注意哪些问题?
21. 为什么说"善于化解矛盾的人,必是高明的倾听者"?
22. 有人说"旅客总是对的",也有人说"现在的旅客越来越挑剔"。某客运站曾以此为题展开大讨论,参与者甚众,反响颇为热烈。如果你是客运服务人员,请结合已学知识(注:不局限本章内容)和服务实践论述你的观点。

第三篇 行政管理篇

【本篇概要】 本篇是《道路旅客运输服务与管理》的辅助篇,主要介绍政府行政管理中与道路客运经营有关的内容,即道路客运行政管理,包括经营许可管理、企业等级评定及质量信誉考核、客运价格与税收管理、客运市场监管等。行政管理体现了政府管行业、管市场的行政功能。在一定意义上可以说,道路客运行政管理是道路客运管理的第一层次(即宏观层次),是对公共资源的管理;而企业管理则是道路客运管理的第二层次(即微观层次),是对企业资源的管理。企业作为行政管理的主要对象,了解行政管理的相关内容和要求不仅必要而且必须,否则,企业管理必定是盲目的、被动的,因而是低效的甚至会是违法的。所以,本篇虽然不是本书的核心内容,但也并非可有可无。本篇的重点是第九章"道路客运经营许可管理"和第十章"道路客运企业等级评定及质量信誉考核"。

第八章 道路客运行政管理概述

第一节 道路运输行政管理的任务

一、道路运输行政管理的概念

道路运输行政管理,简称道路运政管理,是指各级道路运输管理机构根据国家法规的授权,行使道路运输行政管理职能的活动。

道路运政管理的范围是整个道路运输行业,包括道路旅客运输、道路货物运输、道路搬运装卸、机动车维修、道路运输辅助服务等五个方面。其中,道路运输辅助服务又包括道路客(货)运站(场)经营、货物仓储、客(货)运代理、运输车辆租赁、机动车驾驶员培训等。道路运政管理的重点是经营性道路运输。

道路客运行政管理是道路运输行政管理的一部分,涉及"道路旅客运输"(即本书所称的"客车运输经营")、"机动车维修"及"道路运输辅助服务"三大部分,但本篇主要讨论与客车运输经营和客运站经营有关的道路运政管理内容。

二、道路运政管理的机构

当前我国的道路运政管理,按中央、省(自治区、直辖市)、市(地、盟、州)、县(市、旗、区)、乡(镇)五级管理层次设置组织机构。具体的设置如下:

(1)交通运输部设立道路运输司,负责全国道路运输行业的规划、指导工作。

(2)省(自治区、直辖市)交通厅或交通运输厅(局、委)下设道路运输管理局或厅(局)内设道路运输管理处,负责本省(自治区、直辖市)行政辖区内道路运输行业的规划、指导工作。

(3)市(地、盟、州)交通局或交通运输局下设道路运输管理处,负责市(地、盟,州)行政辖区内的道路运政管理工作。

(4)县(市、旗、区)交通局或交通运输局下设道路运输管理所,负责本县(市、旗、区)行政辖区内的道路运政管理工作。

(5)乡(镇)设立道路运输管理站,属县道路运输管理所派出机构,负责本乡(镇)规定辖区内的道路运政管理工作及县交通局(交通运输局)委托的工作。

各级道路运政管理机构,由于其职责、任务不同,所起的作用也不同:交通运输部道路运输司和省(自治区、直辖市)道路运输管理局(处),分别是全国及省(自治区、直辖市)道路运政管理的决策机构;各市(地、州、盟)道路运输管理处,有决策层和执行层的双重职责,起承上启下作用,属中间层次机构;各县(市、旗、区)道路运输管理所和乡(镇)道路运输管理站,属执行层次机构,是道路运政最基层的行政执法机关。

三、道路运政管理的任务

道路运政管理机构是政府专业经济管理部门,其基本任务是对道路运输的行业发展、经济关系、经营活动等进行规划、组织、指导、协调和监督,发挥政府管行业、管市场的行政功能。

道路运政管理的具体任务或职责,大体上可以归纳为以下几点:

(1)建立规范。根据国家经济发展的总方针、总任务,研究制定发展道路运输的方针和政策,并组织贯彻实施;依据国家的立法程序和有关规定,起草制定道路运输管理的法律、法规、规章、规范、标准、制度等,并监督执行。

(2)制订规划。依据国民经济发展战略目标和建设规划,按照发展综合运输体系的战略规划与要求,制订道路运输发展战略目标及中长期发展规划,处理好道路运输的合理布局、发展规模、发展速度、发展重点等重大问题。

(3)监督管理。根据道路运输管理的法律、法规、规章、标准等市场规则,规范和维护道路运输市场秩序。重点通过严把道路运输市场主体准入关、规范竞争行为与交易行为、加强市场监督管理、实施市场退出等,逐步建立统一开放、公平竞争、规范有序的道路运输市场,为运输行业和企业的发展创造良好的市场环境。

(4)宏观调控。通过行政许可、产业政策引导等各种管理手段,实施宏观调控,实现道路运输运力合理布局,运力与运量在总体上大体平衡,运力结构与运输需求结构基本对接。

(5)引导发展。通过企业等级评定、质量信誉考核等管理措施,引导企业向规模化、集约化、公司化经营发展,建立现代企业制度,促进企业科学管理和技术进步,从而深化和优化道路运输行业的结构调整。

(6)提供服务。通过建立健全道路运输信息系统,加强行业统计与经济分析,及时发布运输市场信息,发挥信息引导的作用;同时,通过监督、协调及发挥行业协会作用等为道路运输市场主体提供安全保障、纠纷调解、投诉处理、职业技术培训等各项服务,维护消费者、经营者和竞争者的合法权益。

道路运政管理通过全面履行上述任务和职责,在道路运输行业和道路运输市场的发展中发挥着以下重要作用:

(1)保证作用。主要体现在保证党和国家的方针、政策在道路运输行业中的贯彻执行,保证道路运输发展方向、规模和速度,保证道路运输市场机制的正常运作,保证道路运输经营者和消费者的合法权益,为道路运输市场主体创造良好的经营环境和消费环境。

(2)促进作用。主要体现在促进道路运输市场竞争和繁荣,促进道路运输生产力的解放和发展,促进道路运输产业创新和技术进步,促进道路运输行业和企业逐步现代化,从而最大限度地实现人便于行、货畅其流,满足经济社会发展需要。

（3）调节作用。主要体现在调节道路运输市场供求关系，调节道路运输与国民经济各部门以及道路运输与其他运输方式的协作关系，协调解决道路运输市场和行业发展中出现的矛盾和问题。

第二节　道路运输行政管理的手段和方法

一、道路运政管理的手段

道路运政管理的主要手段有三种，即经济手段、法律手段和行政手段。

1. 经济手段

经济手段是指采用价格、税收、财政等与价值范畴相联系的经济杠杆来间接管理道路运输事务。道路运输管理机构运用的经济手段应有利于形成公平竞争环境，同时尊重道路运输经营者经营管理自主权。只有如此，道路运输经营者才可能在经济杠杆的作用下，自主地根据价值规律作出战略规划和投资决策，并按经济政策的导向适时调整运力结构和经营结构，发展运输生产，提高经济效益。

2. 法律手段

法律手段是指依据国家颁布的法律、法规和规章，通过法律监督和法律诉讼来调控道路运输经营者之间的经济关系，处理经济矛盾，解决经济纠纷，维护运输市场经营秩序，保障道路运输生产依法有序发展。道路运输经营者在进行运输生产经营活动时，除应遵守国家的相关法律以外，还必须遵守诸如《中华人民共和国道路运输条例》、《道路旅客运输及客运站管理规定》、《汽车货物运输规则》、《汽车旅客运输规则》、《汽车运价规则》等交通行政法规和规章。为了有效地利用法律手段实施道路运政管理，必须建立和完善道路运输行业的经济立法和经济司法，用前者来明确道路运输行业各种经济活动的基本准则，用后者来保证道路运输行业各项经济法规的执行。目前我国在这方面还比较滞后，亟待加强。

3. 行政手段

行政手段是指道路运输管理机构及其工作人员，根据国家颁布的法律、法规和规章的规定，运用行政许可、行政监督检查等行政权力来直接管理道路运输事务。道路运输管理机构依法对管理对象所作的行政决定具有强制力。管理对象也可以通过申请行政复议或提起行政诉讼维护自身的合法权益。

除上述三种手段外，还有一种信息引导手段，即通过发布市场参数、白皮书等市场信息引导市场运行和行业发展。这种手段虽然不具有强制性，目前也还使用很少、很不完善，但随着市场经济的发展、市场主体的逐渐成熟，其作用空间和力度将会得到相应的提升。

二、道路运政管理的方法

道路运政管理的主要方法也有三种，即源头管理法、过程管理法和目标管理法。

1. 源头管理法

所谓源头管理法，是指道路运政管理要从当地管起，以管好当地道路运输经营者和在籍

车辆为主的管理方法,如经营资格管理、户检户查。源头管理是从根本上的管理,可以收到事半功倍的效果。

2. 过程管理法

所谓过程管理法,是指在道路运输经营活动过程中,道路运政管理机构履行组织、协调、监督、检查等管理职能的工作方法,如路检路查。过程管理虽然需要耗费较多的人力物力,并有管理效率不高、管理覆盖面受限的缺陷,但在管理实践中也是一种不可缺少的方法。它的主要作用有三个方面:一是弥补源头管理可能出现的疏漏和不足;二是促进地区之间在管理上互相支持,管理环节之间相互制约;三是收集第一手动态资料,为宏观调控和制定管理决策提供依据。

3. 目标管理法

所谓目标管理法,是相对过程管理法而言的,即以确定的管理目标为中心,严格验证经营者是否合格、达标,而不过多地关注或干预经营者的经营过程以及采取何种方式(当然是合法的)来达到这一目标,如质量信誉考核。实施目标管理不仅是进一步落实企业经营自主权和政企分开的需要,而且是道路运输管理机构进一步转变职能、改进工作作风、提高行政效率、降低行政成本的需要。

三、道路运政管理手段和方法的运用

如上所述,经济手段、法律手段和行政手段是道路运政管理的主要手段,其中,经济手段和法律手段是间接管理手段,行政手段是直接管理手段;源头管理法、过程管理法和目标管理法是道路运政管理的主要方法,其中,源头管理是对运输经营资格、资质的管理,过程管理是对运输经营行为的管理,目标管理是对运输经营结果的管理。

在道路运政管理的实践中,既要综合运用三种手段,并以经济手段和法律手段为主,以行政手段为辅;同时,又要努力实现三种方法的有机结合,并以源头管理法和目标管理法为主,以过程管理法为辅。

四、道路运政管理规范化

依法行政、规范行政是法治社会任何行政管理的基本要求,道路运政管理当然也不例外。道路运政管理规范化,就是在依法行政基础上的规范行政,即根据国家的有关法律、法规和规章的规定,按照一定的程序、方法、标准、规范,对道路运输经营者及其经营行为实施管理,以达到预期的管理目的。

在道路运政管理中,无论运用前述的哪种管理手段(经济手段、法律手段、行政手段、信息引导手段)或是哪种管理方法(源头管理法、过程管理法、目标管理法),都必须符合规范化的要求。具体讲,道路运政管理规范化的内容主要有:

1. 经营资格规范

主要是指进入道路运输市场的经营者必须具备的经营资质条件,即经营资格的要求。如道路客车运输经营者进入道路运输市场必须具有与其经营业务相适应的客车、驾驶人员、健全的管理制度等条件。若符合条件,道路运政管理机构发给道路运输经营许可证、道路运输证和有关票据、经营标志;反之,则不得进入市场。

2. 市场行为规范

对于道路运输经营者,主要是端正其经营行为,使其遵守市场规则,进行合法经营。在规范内容中,还要根据道路运输经营者的资质条件、生产规模、生产能力划分经营范围,统一质量标准和服务标准,明确其相应的责任和义务。对于消费者,主要是维护其合法权益。

3. 服务质量规范

对客货运输、搬运装卸、车辆维修、运输辅助服务及驾驶员培训都要制定相应的质量标准和要求。对各种产品的检测计量设备和仪器的种类、性能、标准要做出相应规定;对质量管理方法、检验手段、组织形式、检查周期也应有相应的管理规范。

4. 运输价格规范

道路运输经营者对政府定价必须执行,对政府指导价可在规定的浮动范围内调整,对市场调节价须向政府管理部门报备。所有的运输价格必须在运输经营场所和车辆内向社会公布。

5. 运输证单规范

根据国家和有关部门的规定,对运输资格的证、照、牌和经营的票据以及货物运单等,制定出统一的印制、保管、颁发、使用的管理规范。

6. 商务活动规范

道路运输市场的商务活动主要指道路运输经营者与消费者之间发生的运输合同的签订与公证,合同违约的调解,运输纠纷、商务事故、质量事故的处理等。各级道路运输管理机构按照国家法律、法规和交通主管部门的相关规章对上述各项活动进行规范。

7. 监督处罚规范

监督处罚规范主要是对发生违反市场规则的行为进行监督与处罚的标准、方法、程序、时效、执行等规范。监督处罚规范的主要依据是《道条》等有关法规,以及交通部(现交通运输部)颁布的《道路旅客运输及客运站管理规定》、《道路运输行政处罚规定》、《交通行政处罚程序规定》等相应规章。

第三节 道路客运行政管理的目的和内容

一、道路客运行政管理的目的

道路运政管理的任务和作用,本章第一节已经作了介绍。作为道路运政管理重要内容的客运行政管理,其目的自然也不外乎"规范、规划、调控、监管、引导、服务"几大方面。

班车客运是道路客运的主要营运方式。所以,道路客运行政管理的重点也是班车客运。这里就以道路班车客运管理为例,从较为微观的角度再来分析一下道路客运行政管理的直接目的。这些目的,其实正体现了道路客运行政管理的必要性及其所产生的积极效应。主要表现在:

1. 合理布局线路、站点和班次

从调控的角度讲,通过对道路班车客运的管理,使班车客运的线路、站点、班次的安排,能够充分考虑客运高峰与低峰期、平时与节假日、旺季与淡季的不同特点,较好地满足干支相连、点面结合、"肥""瘦"兼顾、昼夜运行等需要,以实现供求平衡,保证普遍服务(可参见第九章第二节相关内容)。

2. 满足旅客出行

从服务旅客的角度讲,通过对班车客运的管理,使班车客运的安排能够与地域经济发展程度、人口密度、旅客出行概率等客流规律相适应,有利于旅客就近乘车,适应旅客对乘车线路、班次的不同要求,并方便中转旅客的换乘;同时,通过对班车客运的管理,促进企业加强和改善经营管理,特别是安全质量管理,保障旅客生命财产安全,提高客运服务质量,更好地满足人民群众安全便捷出行的需要。

3. 维护客运市场秩序

从市场的角度讲,通过对班车客运的管理,规范客运经营者的经营行为,禁止乱开乱停班次、擅自变更线路、任意停靠争抢客源、随意涨价降价等不正当竞争行为的发生,从而维护道路客运市场秩序,保障客运市场正常运行和发展。

4. 保障企业经济效益

从企业的角度讲,通过对班车客运的管理,加强对客运线路和运力投放的宏观调控,避免企业班线发展的盲目性和不平衡性。这样,一方面,缓解总体上的运力不足,防止超载等不良现象;另一方面,防止重复开班形成竞争过度、实载率过低的状况,有助于保障企业的经营效益,促进其健康发展。

二、道路客运行政管理的基本内容

道路客运行政管理的基本内容,主要有:

(1)对道路客运运力投放、客运线路布局、主要客流流向和流量流时等情况,进行调查、分析和预测,并定期向社会公布相关信息。

(2)制订或协助制定道路客运发展规划和客运站布局规划。

(3)负责道路客运经营许可管理,审批道路客运经营者的经营资质,核发《道路运输经营许可证》、车辆《道路运输证》。

(4)负责审批道路客运线路、站点、班次,核发经营线路标志牌。

(5)负责道路客运经营者经营资质、经营行为的年度审验,组织实施道路客运企业质量信誉考核。

(6)负责或配合进行道路客运经营者经营行为、安全质量、价格执行、票证使用等情况的监督检查。

(7)负责突发事件(如战备、抢险救灾)中道路客运运力调配的组织工作。

本章思考题

1. 道路运政管理的任务有哪些?
2. 举例说明道路运政管理的手段与方法。
3. 道路客运行政管理的基本内容主要包括哪些?

第九章 道路客运经营许可管理

第一节 道路客运经营许可程序

一、道路客运经营许可管理的意义

行政机关根据公民、法人或者其他组织的申请,经依法审查,准予其从事特定活动的行政性管理行为,称为行政许可或许可管理。道路客运经营许可管理,即各级道路运输管理机构根据国家有关道路运输的法律、法规及规章,对申请从事道路客运经营活动的经营者进行经营资格和资质审查、登记、核发经营许可证等一系列具有法律效力的行政管理行为。

道路运输管理机构通过行政许可管理可随时掌握道路客运市场的状况,便于宏观调控;同时,通过行政许可管理,合理配置公共资源,并把好经营者市场准入关,保证经营者的素质,保障各方面的合法权益:

(1)确立经营者对国家和社会必须履行的义务和责任,保障国家和社会的权益;

(2)确定经营者的经营范围,并纳入道路运输管理机构的行政监督之中,保障旅客的合法权益;

(3)制止和取缔无证经营及其他非法活动,保障经营者的合法权益。

二、道路客运经营许可程序

道路客运经营许可,按照"申请—受理—审查—决定"的程序进行,如图9-1所示。下面分别介绍道路客车运输经营许可及道路客运站经营许可程序的具体要求。

(一)道路客车运输经营许可程序

1. 申请

申请从事道路客车运输经营的,应按规定提出申请:

(1)从事县级行政区域内客运经营的,向县级道路运输管理机构提出申请;

(2)从事省、自治区、直辖市行政区域内跨2个县级以上行政区域客运经营的,向其共同的上一级道路运输管理机构提出申请;

(3)从事跨省、自治区、直辖市行政区域客运经营的,向所在地的省、自治区、直辖市道路运输管理机构提出申请。

也就是说,一个客车运输企业如果要同时经营县内客运、省内客运和省际客运,它必须同时取得县、地、省三级道路运输管理机构的许可。

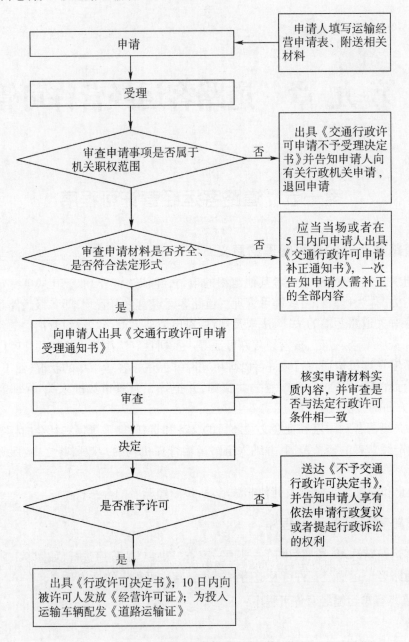

图9-1 道路客运经营许可流程图

道路客车运输经营者设立子公司的,应当按规定向设立地道路运输管理机构申请经营许可;设立分公司的,应当向设立地道路运输管理机构报备。

申请从事道路客车运输经营的,应当提供下列材料:
(1)申请开业的相关材料,包括:
①《道路旅客运输经营申请表》;

②企业章程文本；

③投资人、负责人身份证明及其复印件,经办人的身份证明及其复印件和委托书；

④安全生产管理制度文本；

⑤拟投入车辆承诺书,包括客车数量、类型及等级、技术等级、座位数以及客车外廓长、宽、高等。若拟投入客车属于已购置或者现有的,应提供行驶证、车辆技术等级证书(车辆技术检测合格证)、客车等级评定证明及其复印件；

⑥已聘用或者拟聘用驾驶人员的驾驶证和从业资格证及其复印件,公安部门出具的3年内无重大以上交通责任事故的证明。

(2)同时申请道路客运班线经营的,还应当提供下列材料：

①《道路旅客运输班线经营申请表》；

②可行性报告,包括申请客运班线客流状况调查、运营方案、效益分析以及可能对其他相关经营者产生的影响等；

③进站方案、已与起讫点客运站和停靠站签订进站意向书的,应当提供进站意向书；

④运输服务质量承诺书。

(3)已获得相应道路班车客运经营许可的经营者,申请新增客运班线时,除提供上述第(2)项规定的材料外,还应当提供下列材料：

①《道路运输经营许可证》复印件；

②与所申请客运班线类型相适应的企业自有营运客车的行驶证、《道路运输证》复印件；

③拟投入车辆承诺书,包括客车数量、类型及等级、技术等级、座位数以及客车外廓长、宽、高等。若拟投入客车属于已购置或者现有的,应提供行驶证、车辆技术等级证书(车辆技术检测合格证)、客车等级评定证明及其复印件；

④拟聘用驾驶人员的驾驶证和从业资格证及其复印件,公安部门出具的3年内无重大以上交通责任事故的证明；

⑤经办人的身份证明及其复印件,所在单位的工作证明或者委托书。

2. 受理

受理是指道路运输管理机构对申请进行的形式审查,包括两个层次的内容,一是审查申请事项是否属于职权范围,二是审查申请材料是否齐全、是否符合法定形式,根据情况分别作出处理：

(1)申请事项依法不属于职权范围的,应当即时作出不予受理的决定,并向申请人出具《交通行政许可不予受理决定书》,同时告知申请人应当向有关道路运输管理机构提出申请。

(2)申请材料不齐全或者不符合法定形式,可以当场补全或更正错误的,应当允许申请人当场补全或更正错误；申请人不能当场补全或更正的,应当当场或者在5日内向申请人出具《交通行政许可申请补正通知书》,一次性告知申请人需要补正的全部内容；逾期不告知的,自收到申请材料之日起即为受理。

(3)申请事项属于职权范围,申请材料齐全,符合法定形式,或者申请人已提交全部补正材料的,应当在收到完备的申请材料后受理申请,除当场作出行政许可决定的外,应当出具《交通行政许可申请受理通知书》。

3. 审查

审查是指道路运输管理机构对申请材料进行的实质审查,即对申请材料的实质内容进行核实,审查申请材料反映的情况是否与法定的行政许可条件相一致。审查可以采取询问相关人员、调阅有关材料、实地核查、请求其他行政机关协查、听取利害相关人意见、举行听证等方式。

4. 决定

决定是指道路运输管理机构对申请人的申请作出许可或不予许可的决定。

除可以当场作出行政许可决定的外,道路运输管理机构应当自受理之日起20日内作出准予许可或者不予许可的决定。

1) 准予许可

(1) 客车运输经营许可:对符合法定条件的道路客运经营申请作出准予行政许可决定的,应当出具《道路客运经营行政许可决定书》,明确经营范围、车辆数量及要求、客运班线类型;并在10日内向被许可人发放《道路运输经营许可证》,并告知被许可人所在地道路运输管理机构。

向不同级别的道路运输管理机构申请道路运输经营的,应当由最高一级道路运输管理机构核发《道路运输经营许可证》,并注明各级道路运输管理机构许可的经营范围,下级道路运输管理机构不再核发《道路运输经营许可证》。下级道路运输管理机构已向被许可人发放《道路运输经营许可证》的,上级道路运输管理机构应当按上述要求予以换发。

(2) 客运班线经营许可:对符合法定条件的道路客运班线经营申请作出准予行政许可决定的,应当出具《道路客运班线经营行政许可决定书》,明确经营主体、班车类别、起讫地及起讫站点、途经路线及停靠站点、日发班次、车辆数量及要求、经营期限;并在10日内向被许可人发放《道路客运班线经营许可证明》,告知班线起讫地道路运输管理机构;属于跨省客运班线的,应当将《道路客运班线经营行政许可决定书》抄告途经上下旅客的和终点所属的省级道路运输管理机构。

(3) 跨省客运班线经营许可:受理跨省客运班线经营申请的省级道路运输管理机构,应当在受理申请后7日内发征求意见函并附《道路旅客运输班线经营申请表》传真给途经上下旅客的和目的地省级道路运输管理机构征求意见;相关省级道路运输管理机构应当在10日内将意见传真给受理申请的省级道路运输管理机构,不予同意的,应当依法注明理由,逾期不予答复的,视为同意。

相关省级道路运输管理机构对跨省客运班线经营申请持不同意见且协商不成的,由受理申请的省级道路运输管理机构通过其隶属的省级交通主管部门将各方书面意见和相关材料报交通运输部决定,并书面通知申请人。交通运输部应当自受理之日起20日内作出决定,并书面通知相关省级交通主管部门,由受理申请的省级道路运输管理机构按规定为申请人办理有关手续。

(4) 对同一客运班线有3个以上申请人的,或者根据实际情况需要,道路运输管理机构可采取服务质量招投标的方式实施道路客运班线经营许可。相关省级道路运输管理机构协商确定通过服务质量招投标方式,实施跨省客运班线经营许可的,可采取联合招标、各自分别招标等方式进行。一省不实行招投标的,不影响另外一省进行招投标。

(5) 在道路客运班线经营许可过程中,任何单位和个人不得以对等投放运力等不正当理由拒绝、阻挠实施客运班线经营许可。

(6)客车牌证:被许可人应当按确定的时间落实拟投入车辆承诺书。道路运输管理机构已核实被许可人落实了拟投入车辆承诺书且车辆符合许可要求后,应当为投入运输的客车配发《道路运输证》;属于客运班车的,应当同时配发班车客运标志牌。正式班车客运标志牌尚未制作完毕的,应当先配发临时客运标志牌。

2)不予许可

对不符合法定条件的申请作出不予行政许可决定的,应当向申请人出具《不予交通行政许可决定书》,说明理由,并告知申请人享有依法申请行政复议或者提起行政诉讼的权利。

5. 工商登记

被许可人获得道路客运经营许可后,可持《道路运输经营许可证》依法向工商行政管理机关办理工商登记手续。

(二)道路客运站经营许可程序

道路客运站经营许可程序与道路客车运输经营许可程序基本相同。所不同的只是许可机关、申请材料、许可期限、许可事项等几个方面。

1. 许可机关

申请从事客运站经营的,应当向所在地县级道路运输管理机构提出申请。

2. 申请材料

申请从事客运站经营的,应当提供下列材料:

(1)《道路旅客运输站经营申请表》;

(2)客运站竣工验收证明和站级验收证明;

(3)拟招聘的专业人员、管理人员的身份证明和专业证书及其复印件;

(4)负责人身份证明及其复印件,经办人的身份证明及其复印件和委托书;

(5)业务操作规程和安全管理制度文本。

3. 许可期限

道路运输管理机构对客运站经营申请予以受理的,应当自受理之日起 15 日内作出许可或者不予许可的决定。

4. 许可事项

对符合法定条件的客运站经营申请作出准予行政许可决定的,应当出具《道路旅客运输站经营行政许可决定书》,并明确许可事项,许可事项为经营者名称、站场地址、站场级别和经营范围;并在 10 日内向被许可人发放《道路运输经营许可证》。

对不符合法定条件的申请作出不予行政许可决定的,应当向申请人出具《不予交通行政许可决定书》。

5. 工商登记

同客车运输经营的工商登记一样,获得客运站经营许可的被许可人,也应当持《道路运输经营许可证》依法向工商行政管理机关办理登记手续。

三、道路客运许可的变更、终止和延续

(1)客车运输经营者、客运站经营者需要变更许可事项或者终止经营的,应当向原许可

机关提出申请,按有关许可规定办理。

（2）客运班线的经营主体、起讫地和日发班次变更以及客运站经营主体、站址变更的,按照重新许可办理。

（3）客车运输经营者和客运站经营者在取得全部经营许可证件后无正当理由超过180天不投入运营或者运营后连续180天以上停运的,视为自动终止经营。

（4）客运班线经营者在经营期限内暂停、终止班线经营,应当提前30日向原许可机关申请。

客车运输经营者终止经营,应当在终止经营后10日内,将相关的《道路运输经营许可证》和《道路运输证》、客运标志牌交回原发放机关。

客运站经营者终止经营的,应当提前30日告知原许可机关和进站经营者。原许可机关发现关闭客运站可能对社会公众利益造成重大影响的,应当采取措施对进站车辆进行分流,并向社会公告。客运站经营者应当在终止经营后10日内将《道路运输经营许可证》交回原发放机关。

（5）客运班线的经营期限由省级道路运输管理机构按《道条》的有关规定确定,即4年到8年。经营期限届满,需要延续客运班线经营的,应当在届满前60日提出申请。原许可机关应当依据有关规定作出许可或者不予许可的决定。予以许可的,重新办理有关手续。

（6）客车运输经营者在客运班线经营期限届满后申请延续经营,符合下列条件的,应当予以优先许可:

①经营者符合申请从事道路客运经营应具备的条件（即本书第三章第四节所指"客车运输经营者的必备条件"）;

②经营者在经营该客运班线过程中,无特大运输安全责任事故;

③经营者在经营该客运班线过程中,无情节恶劣的服务质量事件;

④经营者在经营该客运班线过程中,无严重违规经营行为;

⑤按规定履行了普遍服务的义务。

第二节　道路班车客运线路和班次确定的原则

道路运输管理机构在实施道路客运班线经营许可时,所遵循总的指导思想就是:"维护道路运输市场秩序,保障道路运输安全,保护道路运输有关各方当事人的合法权益,促进道路运输业的健康发展"。具体地说,如何确定班车客运线路经营权,如何确定班车客运线路、站点、班次的设置,以及几个作为判断标准的原则。这些原则,是行使许可权的运管机构作出准予许可或不予许可的基本依据,也是申请客运线路经营权和客运班线、班次的客运经营申请人能否获准的基本依据。

一、班车客运线路经营权确定的原则

1. 资质原则

资质原则是指按班车客运经营者的资质确定相应的班车客运线路经营权,或者说班车客运经营者必须具有与其经营的线路相对应的经营资质,即符合法定许可条件。《道条》和

《道路旅客运输及客运站管理规定》对此作了明确规定(见本书第三章第四节"道路客运经营者的条件")。例如：经营高速公路客运或者营运线路长度在800km以上客运班线的班车客运经营者，其客车技术等级应当达到一级，且车辆类型等级应当达到中级以上；经营营运线路长度在400km以上客运班线的班车客运经营者，其客车技术等级应当达到二级以上；经营一类客运班线的班车客运经营者，应当自有营运客车100辆以上、客位3000个以上（其中高级客车在30辆以上、客位900个以上），或者自有高级营运客车40辆以上、客位1200个以上。

资质原则是确定班车客运线路经营权的首要原则，也可以说，这是客运经营者市场准入最为主要的门槛。坚持资质原则是保证经营者素质、保障道路客运安全的重要措施。

2. 供求平衡原则

供求平衡原则是指考虑道路客运市场的供求状况，使运力与运量相对平衡。

就全国范围而言，道路客运市场需求旺盛而运力不足，但对某一具体线路来讲，因涉及因素很多（见第三章第一节的"客流"分析），需求情况大不相同；在一定时期内，客运市场的供求状况相对稳定而波动不大，但随着时间的推移，客运市场从培育走向成熟，供求状况会随之发生变化。而客运市场的这种供求状况及其变化，不仅影响客运市场秩序，而且影响客运经营者和旅客的切身利益。因此，客运市场的供求状况（运力与运量是否平衡）是道路运输管理机构实施行政许可时应考虑的因素之一，对于运力已趋于饱和的线路，可以作出不予许可的决定。

3. 普遍服务原则

这里的"普遍服务"，有两层含义：一是指平等对待旅客，它要求让所有旅客都有机会接受道路客运服务，并要求客运经营者按相同的范围、质量标准和价格为所有旅客提供相同的服务，不得区别对待任何旅客，不得随意中断或终止客运服务；二是指客运线路的设置和经营许可，要综合平衡、冷热搭配，合理分配客运线路资源，保障群众普遍享有客运服务的权利。如农村班线，一般客源少、效益差，经营者多不愿意申请，只有按照普遍服务的原则，实行"肥""瘦"搭配、"捆绑式"配置客运线路资源，引导和鼓励客运经营者开行农村班线，从而扩大客运网络覆盖面，把客运线路延展到广大农村和经济欠发达地区。这也是交通运输"服务社会主义新农村建设"的题中应有之义。

因此，遵循普遍服务原则既是道路客运经营者的应尽义务，也是道路运输管理机构实施行政许可应考虑的因素和调控客运市场的手段之一。

4. 方便群众原则

方便群众原则主要是指所申请的客运线路走向和停靠站点要能够为群众的生活和生产提供方便、迅速、廉价的服务。这是因为，道路客运与人民群众的生产、生活息息相关，是人们出行选择的主要运输方式，而人们之所以选择乘坐汽车出行，其主要原因正是它区别于其他运输方式的方便、快捷的特点。因此，以人为本、旅客至上、方便群众应该是道路客运的基本宗旨，也应该是道路运输管理机构实施行政许可时考虑的因素之一。

5. 择优原则

择优原则是指在相同经营资质企业同时申请开行同一线路时，应根据企业经营状况和质量信誉考核结果择优选定。例如，采取服务质量招投标的方式确定班车客运线路经营权。

在道路客运经营许可中施行择优原则,有助于引导班车客运经营者规范经营,提高安全和服务质量,促进道路客运市场的有序竞争和道路客运行业的健康发展。而以服务质量招投标的方式实现择优原则,则是一种比较公平、公正、公开的符合市场化要求的行政许可方式,是道路客运行业管理的一项有益改革。

综上所述,资质原则(即符合法定许可条件)是确定班车客运线路经营权的首要原则,但并非唯一的原则;在资质原则的前提下,道路运输管理机构还拥有一定的自由裁量权,也就是说,即便申请人符合法定许可条件,运输管理机构也可以根据供求平衡、普遍服务、方便群众、择优等原则,作出许可或不予许可的决定。因此,对道路客运企业来讲,为争取班车客运线路经营权,就必须理解和把握好这些原则,并努力创造符合这些原则的条件。

二、班车客运线路和班次确定的原则

班车客运线路和班次的确定,同样要遵循供求平衡、普遍服务和方便群众的原则,即以客流的流向、流量为主要依据,兼顾企业和社会效益。通常比较关注的有以下几个问题:

(1)线路的走向与主要客流的流向相吻合,班次数量与线路客流的流量相适应。

(2)线路的长短、分布,班次和起讫站点、停靠站点的安排,尽可能方便旅客就近乘车,节省乘车费用和时间。

(3)线路尽可能沿人口密集的区域布置,尽量连通城市、市县、县乡(镇)以及重要的生产基地、旅游地和农村集散点,同时考虑客运网络覆盖面及农村旅客出行的需要。

(4)线路、班次和站点的设置需充分考虑班车实载率和经营效益。

(5)线路的布局,班次和站点的设置,还要考虑与其他客运方式(铁路、水路、航空)的协调、分流和衔接,以方便旅客中转,并提高综合运输体系的整体效能。

值得注意的是,以上这些原则和问题,既然是道路运输管理机构审批客运线路和班次时的关注点,理所当然也应当成为道路客运企业开发、设计客运线路和班次时的关注点。

本章思考题

1. 简述道路客运经营许可的基本程序。
2. 道路客运班线经营许可的许可项目有哪些?
3. 从事杭州—德清、富阳—杭州、绍兴—南京、萧山—绍兴的班车经营,应分别向哪级运政管理机构申请?
4. 已获省际客运经营权的企业,欲从事省内客运经营,是否还需要另行办理许可申请?
5. 道路客运站经营许可与道路客车运输经营许可有哪些不同?
6. 下列情况是否需要办理许可申请:由一类客运班线变更为二类客运班线;增加客运班线;增加客运班次;延伸客运班线;由直达班车改为普通班车;经营期限届满需要延续经营。
7. 客车运输经营者在客运班线经营期限届满后申请延续经营,符合什么条件可以获得优先许可?
8. 确定班车客运线路经营权的首要原则是什么?
9. 为争取客运线路经营权,道路客运企业应注意把握哪些原则?
10. 从申请许可的角度看,道路客运企业开发班车客运线路和班次时应注意哪些问题?

第十章 道路客运企业等级评定及质量信誉考核

《道路旅客运输及客运站管理规定》明确提出："国家实行道路客运企业等级评定制度和质量信誉考核制度"。这是国家规范道路客运市场管理,引导客运企业发展方向,促进客运企业加强管理、保障安全、诚信经营、优质服务的重要措施。质量信誉考核由道路运输管理机构组织实施,是道路运政管理的重要内容之一。道路客运企业等级评定由道路运输协会组织实施,严格讲已不属于道路运政管理内容,但鉴于其行业性和对客运企业的重要指导意义,故与质量信誉考核一并放在这里介绍。

第一节 道路客运企业等级评定

一、道路客运企业等级评定的由来

所谓道路客运企业等级评定,是指对道路客运企业运输能力、资产规模、车辆条件、经营业绩、安全状况和服务质量等方面的综合评价。

道路客运企业等级评定由道路客运企业资质评定演变而来。

2000年,交通部颁布了《道路旅客运输企业经营资质管理规定(试行)》,并先后三次开展了道路客运企业资质评定工作。客运企业资质评定工作在推动道路运输行业结构调整方面取得了很好效果:一是市场集中度明显提高,全国客运经营业户下降了37.3%,客运企业下降了48.1%;二是中高级客车大幅度增长,全国高级客车增长了107.7%;三是客运企业资质等级的划分为各省开展客运班线服务质量招投标提供了条件。

2003年2月,国务院下发《关于取消第二批行政审批项目和改变一批行政审批项目管理方式的决定》(国发[2003]5号),其中道路运输企业经营资质审批被列为取消的行政审批项目。为坚决贯彻国务院决定精神,坚持依法行政,转变管理方式,必须取消作为行政许可项目的客运企业资质等级评定;但是,为深化道路运输行业结构的调整,又有必要继续实施客运企业等级评定工作,况且《道路旅客运输及客运站管理规定》也明确规定"国家实行道路客运企业等级评定制度"。在这种情况下,交通部发布了于2006年1月1日起开始实施的交通行业标准《道路旅客运输企业等级》(JT/T 630—2005),作为道路客运企业等级评定的依据,并规定评定工作由各级道路运输行业协会组织专家委员会评定。

二、道路客运企业等级评定的标准

根据交通行业标准《道路旅客运输企业等级》(JT/T 630—2005)规定,客运企业等级分为一、二、三、四、五级。各等级的条件见表10-1。不符合企业法人条件的经营单位不评定企业等级。

道路客运企业等级评定标准　　　　表10-1

等级 条件	一级	二级	三级	四级	五级
运输能力	上年度完成客运量750万人次,或年客运周转量75000万人公里以上	上年度完成客运量150万人次,或年客运周转量15000万人公里以上	上年度完成客运量90万人次,或年客运周转量8000万人公里以上	上年度完成客运量20万人次,或年客运周转量1200万人公里以上	未达到四级条件的客运企业
资产规模	净资产4亿元以上,客运资产净值3亿元以上	净资产4000万元以上,客运资产净值3000万元以上	净资产1500万元以上,客运资产净值1000万元以上	净资产300万元以上,客运资产净值200万元以上	
车辆条件	自营客车200辆以上、客位15000个以上且高级客车150辆以上、客位4500个以上,或高级客车200辆以上、客位6000个以上。客车新度系数0.6以上	自营客车100辆以上、客位3000个以上且高级客车30辆以上、客位900个以上,或高级客车40辆以上、客位1200个以上。客车新度系数0.6以上	自营客车50辆以上、客位1500个以上且中高级客车15辆以上、客位450个以上,或高级客车80辆以上、客位600个以上。客车新度系数0.55以上	自营客车10辆以上、客位200个以上。客车新度系数0.5以上	
经营业绩	上年营业收入3亿元以上,客运营业收入2亿元以上	上年营业收入4000万元以上,客运营业收入3000万元以上	上年营业收入1500万元以上,客运营业收入1000万元以上	上年营业收入300万元以上,客运营业收入200万元以上	
安全状况	上年行车责任安全事故率≤0.1次/车,责任安全事故死亡率≤0.02人/车,责任安全事故伤人率≤0.05人/车	上年行车责任安全事故率≤0.1次/车,责任安全事故死亡率≤0.02人/车,责任安全事故伤人率≤0.05人/车	上年行车责任安全事故率≤0.12次/车,责任安全事故死亡率≤0.03人/车,责任安全事故伤人率≤0.08人/车	上年行车责任安全事故率≤0.15次/车,责任安全事故死亡率≤0.1人/车,责任安全事故伤人率≤0.12人/车	
服务质量	上年旅客向行业主管部门投诉次数≤0.02次/车,省级及以上媒体曝光的重大服务质量事故≤2件,不规范经营处罚≤0.1次/车	上年旅客向行业主管部门投诉次数≤0.02次/车,省级及以上媒体曝光的重大服务质量事故≤2件,不规范经营处罚≤0.12次/车	上年旅客向行业主管部门投诉次数≤0.04次/车,市级及以上媒体曝光的重大服务质量事故≤2件,不规范经营处罚≤0.15次/车	上年旅客向行业主管部门投诉次数≤0.1次/车,市级及以上媒体曝光的重大服务质量事故≤2件,不规范经营处罚≤0.2次/车	

注(表格中一些术语及统计口径的解释):

1. 车辆新度系数,是表示营运客车按使用年限折旧时总体新旧程度的指标。其计算公式为:
$$a = 1 - \sum (V_1 \times t_1)/(V_n \times 96)$$
式中:a——车辆新度系数;
　　　V_1——单车原值;
　　　t_1——单车实际使用月数(超过96时按96算);
　　　V_n——全部营运客车原值。
2. 企业的客运资产,包括车辆设备、车站设施等。
3. 营运客车等级,应符合《营运客车类型划分及等级评定》(JT/T 325—2004)的规定。
4. 服务质量的旅客投诉次数和媒体报道次数,均以属实的为准。

第二节　道路客运企业质量信誉考核

所谓质量信誉考核,是指在考核年度内对道路运输企业的安全生产、经营行为、服务质量、管理水平和履行社会责任等方面进行的综合评价。

交通部2006年颁布的《道路运输企业质量信誉考核办法(试行)》对企业质量信誉等级及考核指标、考核程序、奖惩措施等作出了规定。

一、质量信誉考核的标准

1. 质量信誉等级

道路运输企业质量信誉等级分为优良、合格、基本合格和不合格,分别用AAA级、AA级、A级和B级表示。

2. 质量信誉考核指标

道路客运企业质量信誉考核指标包括:

(1)安全指标:交通责任事故率、交通责任事故死亡率、交通责任事故伤人率;

(2)经营行为指标:经营违章率;

(3)服务质量指标:社会投诉率;

(4)社会责任指标:按法律法规要求投保承运人责任险情况、政府指令性运输任务完成情况;

(5)企业管理指标:质量信誉档案建立情况、企业稳定情况、企业形象、科技设备应用情况、获得省部级以上荣誉称号情况。

3. 质量信誉考核标准

道路客运企业质量信誉考核实行计分制,总分为1000分,其中运输安全指标为300分、经营行为指标为200分、服务质量指标为200分、社会责任指标为150分、企业管理指标为150分。另有加分项目100分,包括企业管理指标中的企业形象、科技设备应用情况、获得省部级以上荣誉称号情况以及社会责任指标中的政府指令性运输任务完成情况。

具体考核计分标准见表10-2。

根据道路客运企业考核计分等情况,按照下列标准评定其质量信誉等级:

(1)考核期内未发生一次死亡3人以上的重特大交通责任事故或特大恶性污染责任事故,也未发生一次特大恶性服务质量事件,且考核总分和加分合计不低于850分的,质量信誉等级为AAA级;

道路客运企业质量信誉考核计分标准　　　　　　　　　　表10-2

考　核　项　目		考核分数	记　分　标　准
运输安全 (300分)	交通责任事故率	50	每增0.01次/车,扣5分
	交通责任事故死亡率	150	每增0.01次/车,扣25分
	交通责任事故伤人率	100	每增0.01人/车,扣10分
经营行为 (200分)	经营违章率	200	每增0.01次/车,扣10分
服务质量 (200分)	社会投诉率	200	每增0.01次/车,扣10分
社会责任 (150分)	规费缴纳	80	不按规定为营运车辆缴纳运管费、养路费、客运附加费的,每台次扣10分
	投保承运人责任险	70	不按法律法规要求为营运车辆投保承运人责任险的,每台次扣10分
企业管理 (150分)	质量信誉档案	50	质量信誉档案不健全的,每缺一项,扣10分;不按要求上报质量信誉情况但能及时纠正的,扣30分
	企业稳定	100	由于企业管理原因,导致发生违反《中华人民共和国信访条例》规定、出现过激行为、严重扰乱社会秩序、造成恶劣社会影响的群体性事件的,不得分;情节不严重,或经批评教育后及时改正的,每次扣50分
加分项目 (100分)	企业形象	20	营运车辆统一标识和外观的,加10分;服务人员统一服装的,加10分
	科技设备应用	30	50%以上营运车辆安装GPS或行车记录仪并有效应用的,加20分;全部营运车辆安装并有效应用的,加30分
	省部级以上荣誉称号	20	获得省、部级以上荣誉称号的,加20分
	完成政府指令性 运输任务	30	圆满完成县级以上人民政府、交通主管部门或道路运输管理机构指令性应急运输任务的,加30分;未按要求完成的,不加分,并发生一次从考核总分中扣30分

注:1. 所有项目的考核分,不计负分,扣完本项目规定考核分数为止。

2. 交通责任事故,限于考核周期内道路运输企业承担同责及同责以上、有人员伤亡的交通事故。

　　交通责任事故率＝企业发生交通责任事故的次数/营运客车数

　　交通责任事故死亡率＝企业发生交通责任事故导致的死亡人数/营运客车数

　　交通责任事故伤人率＝企业发生交通责任事故导致的受伤人数/营运客车数

3. 经营违章,限于企业及其从业人员违反交通行业管理行政法规、规章和规定,受到各级交通主管部门、道路运输管理机构行政处罚的违章行为。

　　经营违章率＝企业被查处的违章行为的次数/营运客车数

4. 服务质量的社会投诉,是指道路运输企业及其从业人员违反有关规定,损害他人正当权益,旅客、其他相关人向道路运输管理机构进行投诉,或新闻媒体对企业的服务质量事件曝光,经查属实的。

　　社会投诉率＝服务质量投诉次数/营运客车数

5. 省、部级以上荣誉称号,指国家部委、省级党政机关以上单位(不含下设机构)授予的在评优创先、安全生产、文明服务、精神文明建设方面的集体荣誉称号。
6. 各项考核指标的有效数据,按四舍五入的原则保留到小数点后 2 或 3 位,具体要求见每项的记分标准。
7. 上述计算公式中营运客车数,系指企业上年度末企业在册的营运客车总数,包括客运班车、客运包车、旅游客车,但不包括出租汽车和城市公共汽车。
8. *《道路运输企业质量信誉考核办法(试行)》颁发于规费取消之前,尚未作出修改。已有部分省市在制定实施意见时对此款及分值作了调整。

(2)考核期内未发生一次死亡 10 人以上的特大交通责任事故或特大恶性污染责任事故,也未发生一次特大恶性服务质量事件,且考核总分和加分合计 700 分至 849 分的,质量信誉等级为 AA 级;

(3)考核期内未发生一次死亡 10 人以上的特大交通责任事故或特大恶性污染责任事故,也未发生一次特大恶性服务质量事件,且考核总分和加分合计 600 分至 699 分的,质量信誉等级为 A 级;

(4)考核期内有下列情形之一的,质量信誉等级为 B 级:

①发生一次死亡 10 人以上的特大交通责任事故的;
②发生一次特大恶性污染责任事故的;
③发生一次特大恶性服务质量事件的;
④考核总分和加分合计低于 600 分的。

特大恶性污染责任事故,是指由于企业原因,造成所承运的货物泄露、丢失、燃烧、爆炸等,对社会环境造成严重污染、造成国家和社会公众财产重大损失的运输责任事故。

特大恶性服务质量事件,是指由于企业原因,对旅客造成严重人身伤害或重大财产损失,或在社会造成恶劣影响,而受到省级以上交通主管部门或道路运输管理机构通报批评的服务质量事件。

二、质量信誉考核的基础工作

道路运输管理机构和道路客运企业应当分别建立道路运输企业质量信誉档案,这是质量信誉考核的重要基础工作。

1. 质量信誉档案的内容

质量信誉档案主要包括下列内容:

(1)企业基本情况,包括企业名称、法人代表姓名、道路运输经营许可证、工商执照、分公司名称及所在地、从业人员数、营运客车数量、所经营的客运班线;

(2)交通责任事故情况,包括每次交通责任事故的时间、地点、肇事车辆、肇事原因、驾驶人员、死伤人数及后果、事故责任认定书;

(3)违章经营情况,包括每次违章经营的时间、地点、车辆、责任人、违章事实、查处机关及行政处罚决定书;

(4)服务质量情况,包括每次服务质量投诉的投诉人、投诉内容、投诉方式、营运车辆车牌号、责任人、受理机关、曝光媒体名称、社会影响及核查处理情况;

(5)企业按法律、法规要求投保承运人责任险情况,包括应投保承运人责任险的车辆数量、应缴保险费用、应投保金额及实际投保的情况、承运人保险单；

（6）完成政府指令性运输任务的情况，包括下达任务的部门、完成任务的时间、投入运力数量、完成运量及是否符合要求等情况；

（7）企业稳定情况，包括每次影响社会稳定事件的时间、主要原因、事件经过、参加人数、上访部门、社会影响和处理情况；

（8）企业管理情况，包括使用GPS、行车记录仪等科技设备的营运车辆数量和车牌号，车辆喷涂统一标识和外观、企业服务人员统一服装以及获得省部级以上荣誉称号的情况。

2. 质量信誉档案的管理

为了保证质量信誉档案的准确、及时、全面和完整，道路运输管理机构和道路客运企业应当加强对质量信誉档案的管理。

道路客运企业应当按照上述要求及时将相关内容和材料记入质量信誉档案，并按照所在地县级或设区的市级道路运输管理机构的要求定期报送相关材料。

道路运输管理机构应当加强信息化建设，逐步建立道路运输企业质量信誉公共信息平台，实现信息共享；应当加强对道路运输市场的监督和检查，认真受理社会投诉举报，加强与相关部门的信息沟通，及时、全面、准确了解掌握道路运输企业质量信誉的相关情况，经核实后及时记入道路运输管理机构的质量信誉档案；在监督检查中发现外地营运车辆违章经营时，应将违章情况和处理结果抄告车籍所在地县级以上道路运输管理机构，车籍所在地县级或设区的市级道路运输管理机构接到抄告后，应及时将违章情况记入本机构的质量信誉档案，并定期通报营运车辆所属企业。

三、质量信誉考核的程序

道路客运企业质量信誉考核工作由省级道路运输管理机构统一组织开展；市、县级道路运政管理机构按规定的职责，做好相关工作。

道路客运企业质量信誉考核工作每年进行一次。考核期为当年的1月1日至12月31日。考核工作在考核周期次年的3月至6月进行。

道路客运企业的子公司由所在地县级或设区的市级道路运输管理机构按规定对其质量信誉等级单独进行评定，不纳入总公司考核范畴；道路客运企业的分公司与总公司一起进行质量信誉等级评定。

质量信誉考核按"申报"→"初评"→"公示"→"评定"→"公告"的程序进行。

1. 申报

道路客运企业应在每年的3月底前对本企业上年度的质量信誉情况进行总结，向所在地的县级或设区的市级道路运输管理机构申请考核，并如实报送质量信誉情况总结及有关材料。

道路运输管理机构在日常工作中已经掌握被考核道路运输企业质量信誉考核指标情况的，可不再要求道路运输企业报送此项指标的相关材料。

在异地设有分公司的道路客运企业，按上述要求提供材料时，应当包括分公司的营运车辆及质量信誉情况。分公司所在地县级或设区的市级道路运输管理机构应对分公司的质量信誉情况进行核实，出具书面证明，并对确认结果负责。

2. 初评

道路客运企业所在地县级道路运输管理机构应当根据本机构的道路运输企业质量信誉档案,对道路客运企业报送的质量信誉情况进行核实。发现不一致的,应要求企业进行说明或组织调查。核实结束后,应根据各项考核指标的初步结果进行打分,对道路客运企业质量信誉等级进行初评,并将各项考核指标数据和所得分数、初评结果上报地市级道路运输管理机构。

道路运输企业所在地为设区市的,由所在地设区的市级道路运输管理机构负责对道路运输企业质量信誉情况进行核实,并对企业质量信誉等级进行初评。

3. 公示

初评结束后,地市级道路运输管理机构应将道路运输企业的各项考核指标数据和所得分数、初评结果书面通知被考核道路客运企业,并在当地主要新闻媒体或本机构网站上进行为期 15 天的公示。被考核企业或者其他单位、个人对公示结果有异议的,可在公示期间向地市级道路运输管理机构书面申诉或者举报。

向道路运输管理机构举报道路运输企业质量信誉有关情况的单位或个人,应加盖单位公章或如实签署姓名,并附联系方式,否则不予受理。道路运输管理机构应当为举报人保密,不得向其他单位或个人泄漏举报人的单位名称、姓名及有关情况。

4. 评定

公示结束后,地市级道路运输管理机构应当对企业的申诉和社会反映的情况进行调查核实,根据各项指标的最终考核结果对企业的质量信誉等级进行评定,并将评定结果上报省级道路运输管理机构。

5. 公告

道路客运企业质量信誉考核结果,由省级道路运输管理机构统一向社会公告。

省级道路运输管理机构应于 6 月 30 日前在本机构网站或本级交通主管部门网站上公布上一年度道路客运企业质量信誉考核结果,并在网站上建立专项查询系统,以方便社会各界查询道路客运企业历年的质量信誉等级。

四、质量信誉考核的奖惩措施

为提高质量信誉考核的权威性,发挥其规范、引导企业的功能,各级交通主管部门和道路运输管理机构应当制订奖惩措施,在处罚和限制质量信誉差的道路客运企业的同时,鼓励和支持质量信誉良好的道路客运企业发展。

(1)道路运输管理机构在实施道路客运班线经营权许可时,在下列情况下,应参考企业的客运质量信誉考核结果:

①两个道路客运企业同时申请同一新增道路客运班线经营权,在都符合许可条件的前提下,许可机关应当将经营权许可给上一年度客运质量信誉等级高的企业。上一年度客运质量信誉等级相同的,应逐年比较上一年度之前的企业客运质量信誉等级,择优许可。

②采取服务质量招投标的方式来实施新增道路客运班线经营权许可的,企业的客运质量信誉等级作为评标时重要的评价内容。

③道路客运企业原经营的道路客运班线经营期限届满,继续申请经营的,其客运质量信

誉等级在该班线经营期限内每年都不低于AA级,且其中两年以上达到AAA级的,在符合《道路旅客运输及客运站管理规定》有关规定的情况下,许可机关应当予以许可,并按照有关规定重新办理手续。

④道路客运企业原经营的道路客运班线经营期限届满,企业客运质量信誉等级达不到情况③要求的,许可机关应当至少收回其10%以上的到期的道路客运班线经营权;如果企业客运质量信誉等级在班线经营期限内有两年以上为B级或三年以上为A级的,许可机关应当至少收回其30%以上的到期的道路客运班线经营权。应收回道路客运班线经营权不足一条的,收回一条。在经营期限到期的道路客运班线中,如果有发生重特大安全事故、特大服务质量事故或长期不规范经营的,必须收回。需要重新分配的,按照《道路旅客运输及客运站管理规定》及上述情况①、②的规定办理。

(2)道路运输企业上一年度质量信誉等级为B级或上两年度连续考核为A级的,道路运输管理机构应当责令其进行整改。整改结束后,道路运输管理机构应当对整改情况进行验收。整改不合格且存在重大安全隐患的,由原许可机关按照相关规定吊销其相应的道路运输经营许可。

(3)道路运输企业有下列情形之一的,其年度质量信誉考核为B级。
①不按要求参加年度质量信誉考核或不按要求报送质量信誉材料,拒不改正的;
②在质量信誉考核过程中故意弄虚作假、隐瞒情况或提供虚假情况,情节严重的;
③未按要求建立质量信誉考核档案,导致质量信誉考核工作无法进行的。

第三节　道路客运企业等级评定和质量信誉考核的意义

道路客运企业等级评定和质量信誉考核,不仅在宏观上规范道路客运市场管理,促进道路客运行业的结构调整和健康发展,而且在微观上引导道路客运企业的发展方向,对客运企业的经营管理特别是经营思想、经营战略,具有重要的积极影响和指导作用。

企业等级评定和质量信誉考核对道路客运企业的意义,具体表现在以下几个方面:

1. 引导企业做"大"

道路客运企业等级评定强调运输能力和资产规模,是鼓励企业整合资源,调整产权结构和组织结构,建立现代企业制度,实行规模化、集约化、公司化经营,即创新体制,把企业做大。

2. 引导企业做"强"

道路客运企业等级评定和质量信誉考核强调车辆条件、科技设备运用,是鼓励企业调整运力结构,提升车辆档次,推进技术创新和技术进步,提高信息化、智能化服务与管理水平,提高市场竞争力,即创新技术,把企业做强。

3. 引导企业做"实"

道路客运企业等级评定强调经营业绩,是鼓励企业加强和改进经营管理,调整优化经营结构和经营方式,运用现代管理方法和手段,增收节支、节能降耗,提高经营效果和经济效益,即创新管理,把企业做实。

4. 引导企业做"优"

道路客运企业等级评定和质量信誉考核强调安全状况和服务质量,是鼓励企业坚持以人为本、旅客至上、安全第一的经营宗旨,强化安全与质量管理,培育服务品牌,提高服务能力、水平和信誉,即创新服务,把企业做优。

5.引导企业做"久"

道路客运企业质量信誉考核强调经营行为、企业稳定、企业形象、社会责任等,是引导企业注重战略管理和风险管理,树立现代经营理念,建设先进企业文化,积极承担社会责任,塑造良好企业形象,鼓励企业依法经营、诚信经营、和谐发展、持续发展,即创新文化,把企业做久。

本章思考题

1. 什么是企业等级评定?企业等级评定的内容有哪些?
2. 什么是质量信誉考核?质量信誉考核的指标有哪些?
3. 简述质量信誉考核的程序。
4. 质量信誉考核如何体现确定客运班线经营权的择优原则?
5. 企业等级评定和质量信誉考核对企业的指导意义是什么?(请联系当前道路客运企业的实际加以阐述。)

第十一章　道路客运价格和税收管理

道路运输的价格和税收,是国家及道路运输管理机构对道路运输经营者及其运输经济活动实施宏观调控的重要经济手段。随着我国社会主义市场经济体制的不断完善,运输市场机制的逐步健全,价格和税收在道路运政管理工作中的作用将更为显著。

第一节　道路客运价格管理

一、运价的构成与定价原则

运价,即道路运输价格,指单位运输生产量的营运收入。它是道路运输劳务的销售价格,是运输劳务价值的货币表现。道路运输价格是国民经济价格体系的一个重要组成部分,它包括道路旅客运价、货物运价、搬运装卸价格、车辆维修价格和道路运输服务价格等。

(一)运价的构成

道路运输价格主要由运输成本、税金和利润三个部分构成。

1. 运输成本

运输成本是指道路运输经营者完成道路运输生产所耗费的全部活化劳动和物化劳动的货币表现。运输成本的高低,在很大程度上反映了道路运输劳务价值量的大小。运输成本是运价的主要组成部分。准确核算运输成本是制定运价的重要依据。

2. 税金

税金是国家财政收入的主要形式和来源,是道路运输经营者为社会所创造的那一部分剩余价值,也是国家对道路运输市场进行宏观调控的主要经济手段。国家通过制定合理的道路运输业税目和税率,调节道路运输的价格水平和运输经营者的利润水平。

3. 利润

利润是道路运输经营者的实际劳动成果,即道路运输经营者为自己所创造的另一部分剩余价值,它直接影响到其自身的生存和发展。

(二)运价的定价原则

目前我国道路运输定价,主要遵循以下原则:

1. 以运输价值为基础的原则

就运输个体而言,由于技术条件和管理水平不同,其运输成本可能存在着一定的差异。

但就整个行业或一定区域而言,其技术条件和管理水平是相对稳定的,可以从中确定一个"社会平均运输成本"。这个"社会平均运输成本"就反映了运输价值。以运输价值为基础,即以"社会平均运输成本"为基础制定运输价格,可以使不同经营者在道路运输生产过程中的劳动耗费,按照统一的尺度来计量和补偿,从而保证道路运输生产活动的正常进行,并促进道路运输生产力水平的提高。

2. 反映供求关系变化的原则

随着运输市场供求关系的变化,运输价格围绕着运输价值而上下波动,这是价值规律对道路运输市场调节作用的表现。运价只有灵敏而准确地反映这种供求关系的变化,才能促进道路运输市场机制的灵活运转,并实现政府对运输市场的有效调控;否则,就会抑制道路运输生产力的发展,甚至因供求关系失调,而导致市场机制的丧失。

3. 比价关系合理性的原则

比价关系主要有如下两个层次:

(1)道路运输业内部的比价关系。

由于道路运输业存在多种不同的运输服务表现形式(如不同的营运方式、不同的车型和服务等级),在制定运价时,必须充分考虑各种运输形式间的价格协调,保持一定的必要差价,形成合理的比价体系,实行优质优价,以促进优化运力结构,改善服务质量,提高行业整体素质,更好地满足人民群众不断提高的道路运输需求。

(2)道路运输与其他运输方式之间的比价关系。

这种比价关系是在制定运价时必须考虑的一个重要方面。保持相互之间合理的比价关系,对于提高道路运输在整个综合运输体系中的竞争能力、促进各种运输方式的共同协调发展,是十分必要的。

二、运价的管理

1. 运价的管理形式

按照建立社会主义市场经济体制的要求和国家对道路运输产业的政策,目前我国道路运输价格采用政府定价、政府指导价和市场调节价三种定价管理形式。

(1)政府定价。

政府定价,是指省、地市级物价管理部门和交通主管部门按照价格管理权限制定的道路运输价格。政府定价就是道路运输产品的销售价格,道路运输交易双方应当遵照执行。

(2)政府指导价。

政府指导价,是指省、地市级物价管理部门和交通主管部门按照道路运输价格管理权限制定的道路运输基准价格、浮动幅度、最低保护价。对于政府指导价,允许道路运输经营者在规定范围和幅度内进行浮动,但应将浮动的时间与幅度向物价和交通主管部门备案,并在一定时限内提前向社会公布。

(3)市场调节价。

市场调节价,是指道路运输经营者在道路运输价格管理法规规定的范围内,根据市场需求和运输成本等因素,自行确定或与顾客共同商定的道路运输价格。

2. 运价的管理体制

道路运输的价格管理,实行统一领导、分级管理的原则和体制。

国家交通主管部门负责全国道路运输价格管理工作,制定全国道路运输价格方针、政策、法规,确定道路运输价格项目和各种运输形式的比价幅度。近年来,我国颁布实施的有关道路运输价格管理的法规、规章主要有:《中华人民共和国价格法》(中华人民共和国主席令[1997年第92号]、《汽车运价规则》(交通部、国家发展计划委员会交公路发[1998]502号)、《汽车客运站收费规则》(交通部、国家计划委员会交公路发[1996]263号)等。

省级交通主管部门负责本省道路运输价格管理工作,按照国家交通主管部门颁发的规章,具体拟订道路运输价格的水平、幅度,报同级物价管理部门批准后实施。

地市级政府交通主管部门负责贯彻实施国家和省道路运输价格的规章、办法和实施细则,在道路运输价格管理权限内,负责拟订本地区出租车、搬运装卸业等的价格,报同级物价管理部门批准后实施。

三、道路客运的价格管理

(一)客运运价的定价形式

现阶段,我国道路客运运价的定价管理,实行政府定价、政府指导价和市场调节价三种形式并存。例如:

政府指令性旅客运输(抢险、救灾、战备等)、旅客行包运输、出租车客运、县境内班车客运等,实行政府定价;

班车客运(除县境内班车),实行政府指导价;

包车客运,实行市场调节价;

客运站费收,以政府定价为主,政府指导价和市场调节价为辅。

(二)班车客运的价格管理

这里,以浙江省为例。《浙江省道路客运价格管理暂行办法》(浙江省物价局、浙江省交通厅浙价服[2009]119号)对道路班车客运的价格管理作出了规定。

1. 班车客运的定价原则

制定和调整道路班车客运价格应适应道路客运市场发展需要,按照道路班车客运经营成本和市场供求情况,反映客运班车各车型之间及不同运输方式之间的比价关系,促进道路班车客运市场健康发展和价格形成机制不断完善。具体地说,就是按"补偿运输成本,合理盈利"的原则制定班车运价。

2. 班车运价的定价形式

跨省、市、县(市)道路班车运价实行政府指导价,县(市)境内道路班车运价实行政府定价。

3. 班车运价的定价权限

跨省、市道路班车基准运价由省价格主管部门会同省交通主管部门制定;市内跨县(市)道路班车的基准运价授权市人民政府制定,具体工作由市人民政府价格主管部门会同交通主管部门承担;县(市)境内道路班车运价授权县(市)人民政府制定,具体工作由县(市)人民政府价格主管部门会同交通主管部门承担。

跨省、市、县(市)道路班车基准客票价授权道路客运班车始发地所属市人民政府确定，具体工作由市人民政府价格主管部门会同交通主管部门承担；县(市)境内道路班车客票价授权县(市)人民政府定价，具体工作由县(市)人民政府价格主管部门会同交通主管部门承担。

跨省、市、县(市)道路班车客运经营者可根据运输成本变化和市场供需等情况，对运价实行浮动，上浮幅度不得超过基准运价的20%，下浮后运价不得低于运输成本。但班车客运经营者应注意保持客票价的基本稳定。经营者实施运价浮动时，应提前5天报当地价格、交通主管部门备案，并于客票预售前不少于3天在班车始发地售票场所醒目位置予以公示(包括实施浮动的线路、客车等级、浮动前票价、浮动后票价、浮动理由等内容)。

4. 班车客票价的构成项目和计费办法

班车客票价是指乘坐道路客运班车的旅客购买的合法乘车凭证(客票)的票面金额。班车客票价由班车运价、计费里程、车辆通行费、旅客站务费、燃油附加费(根据省级部门《关于完善跨省、市道路客运班车燃油附加费实施办法》停收时，该项费用相应不计入公式)等构成。具体计算公式为：

跨省、市、县(市)道路班车基准客票价 = 班车基准运价×计费里程 + 每客票车辆通行费 + 旅客站务费 + 燃油附加费×计费里程

跨省、市、县(市)道路班车实施运价浮动的客票价 = 班车基准运价×(1±浮动幅度)×计费里程 + 每客票车辆通行费 + 旅客站务费 + 燃油附加费×计费里程

县(市)境内道路班车的客票价 = 班车运价×计费里程 + 每客票车辆通行费 + 旅客站务费

以上公式中：

(1) 班车基准运价：根据《关于调整浙江省跨省、市道路班车客运基准运价的通知》(浙江省物价局、浙江省交通厅浙价服[2009]120号)的规定，按车型(座席、卧铺)、类别(30座以上大型车、30座及以下中小型车)、等级和参考车价分别确定。如：参考车价60万~120万元(含)高一级的30座以上大型座席客车，班车基准运价为0.225元/(人·km)；参考车价20万元(含)以下普通级的卧铺客车，班车基准运价为0.185元/(人·km)。班车基准运价中已含旅客身体伤害赔偿责任保障金2%。

(2) 计费里程：旅客上车站至到达站的区间线路里程。省际计费里程以交通运输部核定颁发的《中国交通营运里程图集》为依据确定，省内计费里程以省交通主管部门颁发的《浙江省公路营运里程图表集》为依据确定。计费里程以千米为单位，尾数不足1km进整为1km。

(3) 每客票车辆通行费：客运班车通过收费公路、渡口、桥梁、隧道所发生的应由旅客负担的车辆通行费用。每客票车辆通行费按营运客车实载率60%测算。计算公式为：

每客票车辆通行费 = 车辆通行费总额÷(核定座位数×60%)

式中，"核定座位数"统一按中小型客车20座、大型客车35座计算。

(4) 燃油附加费：因燃油价格上调而在票价中加收的费用。根据《关于完善跨省、市道路客运班车燃油附加费实施办法》(浙江省物价局、浙江省交通厅浙价服[2009]121号)的规定，跨省、市道路客运班车燃油附加费加收标准随成品油价格调整适时联动。以0号柴油最

高零售价格5.12元/升为基数,每升柴油价格累计上调达到0.50元及其倍数并持续一个月时,可以加收燃油附加费0.005元/(人·km)及其相应倍数,以此类推;反之则相应降低或停收燃油附加费。道路班车客运经营者实施加收燃油附加费,涉及票价调整的,也应提前5天报当地价格、交通主管部门备案,并于客票预售前不少于3天在班车始发地售票场所醒目位置予以公示。

(5)旅客站务费:客运站为旅客提供候车、休息、治安保卫、安全检查、信息等基本客运服务向旅客计收的费用。根据《关于调整汽车客运站旅客站务费标准的通知》(浙江省物价局、浙江省交通厅浙价服[2005]215号)的规定,旅客站务费的标准为:一级站每票每次2元,二级站每票每次1.5元,三级站每票每次1元,县(市)境内客运班车每票每次不超过0.5元。

5. 全票和半票

成人及身高超过1.50m的儿童乘车购买全价票。身高1.20~1.50(含)m的儿童乘车购买儿童票,身高低于1.20(含)m的儿童免票。革命伤残军人、因公致残的人民警察等按国家有关规定享受优待的乘车人员,凭有效证件购买优待票。儿童票和优待票均按客票价的50%计算。

(三)客运站收费规则

客运站在向其服务对象(客车运输经营者和旅客)提供有偿服务时,必须按照《汽车客运站收费规则》规定的收费项目和收费标准,使用按有关规定统一印制、发放的票据,向客车运输经营者和旅客计收费用,接受价格主管部门和交通主管部门的监督检查。

客运站在售票总额中按国家有关规定和站运双方协议提取有关费用后,余额部分应如期结算给客车运输经营者。延误结算应按国家有关规定或双方签订的协议向客车运输经营者支付滞纳金。

客运站收费的主要内容有:

1. 客运车辆站务收费

客运车辆站务收费是指客运站向客车运输经营者提供客运代理、客车发班、行包运输代理、车辆清洗清洁、车辆保温、车辆停放、车辆安全等服务项目所收取的相应费用。主要收费项目有客运代理费、行包运输代理费、车辆修理费和班车延误脱班费等。

(1)客运代理费:客运站为客车运输经营者代办客源组织、售票、检票、发车、运费结算等客运业务,按客运运费的一定比例,向客车运输经营者计收客运代理费。客运代理费费率按不同站场设施、服务内容和吸引旅客能力等具体条件确定,最高不超过以下标准:一级站10%,二级站8%,三级站和三级以下站6%。

(2)行包运输代理费:客运站代客车运输经营者受理行包托运业务,按行包运输收入的一定比例计收行包运输代理费。

(3)车辆修理费:车辆如需修理,客运站按实际发生费用计收车辆修理费。

(4)班车延误脱班费:对客车运输经营者未按约定时间提供车辆,延误班车发车或脱班的,客运站可向客车运输经营者收取班车延误脱班费。如因客运站责任造成延误发车或脱班的,客运站也应向客车运输经营者支付班车延误脱班费。

2. 旅客站务收费

旅客站务收费是指客运站向旅客提供补票、退票、送票、行包变更、行包装卸、行包保管、小件物品寄存等站务服务项目所收取的相应费用。主要收费项目有补票手续费、退票费、送票费、行包变更手续费、行包装卸费、行包保管费和小件物品寄存费等。

应当指出，客运站为旅客提供候车、休息、信息等基本客运服务，已向旅客计收旅客站务费(作为票价的构成项目之一)，故不得在客票之外再向旅客另行收取。

第二节　道路客运税收管理

所谓税收，是国家为满足社会公共需求，依其所履行的社会职能，按照既定的法律规定，参与国民收入中剩余价值分配的一种规范化形式，是国家凭借政治权力所进行的一种特殊分配。道路运输税收是国家税收来源的一个组成部分，是指国家依法向参与道路运输活动的纳税人苛以一定数额的款项，参与道路运输业剩余价值分配的形式。依法纳税是每个纳税人应尽的义务，参与道路运输活动的纳税人也不例外。

一、道路客运税收征收管理

道路客运税收征收管理，与一般税收征收管理一样，包括税务管理、税款征收、税务检查等几方面的内容。

(一)税务管理

1. 税务登记

税务登记又称纳税登记，是指纳税单位和个人在开业、歇业前以及经营期发生较大变化时，向税务机关办理登记的一项法律手续。税务登记是税收征管的基础，是纳税人接受税务机关监督管理的开始。

凡从事生产、经营的纳税人，经工商行政管理部门批准开业，或发生转业、改组、分设、合并、联营、迁移、歇业、停业、破产及其他变更，或发生解散、破产、撤销及其他情形，均需持有关证件向税务登记机关申报，分别办理开业登记、变更登记或注销税务登记。

2. 账簿、凭证管理

账簿、凭证管理是加强财务监督和税务管理的需要。

凡从事生产、经营的纳税人、扣缴义务人均须按财政、税务主管部门的规定设置账簿，根据合法、有效的凭证记账，进行核算，及时将财务、会计制度或财务、会计处理办法报送税务机关备案。

3. 纳税申报

纳税申报是纳税人在发生纳税义务后，按税务机关规定的内容和期限向主管税务机关提交的书面申请，是基层税务机关办理征收业务、核定应征税额、开具纳税凭证的主要依据。纳税申报同时也是税务机关掌握经济信息、研究税源变化、加强税源管理的手段。

凡从事生产、经营的纳税人、扣缴义务人必须在有关法规规定的申报期限内，到主管税务机关办理纳税申报或报送代扣代缴、代收代缴税款报告表。纳税人享受减税、免税待遇的，在减税、免税期间应按规定办理纳税申报。

(二)税款征收

税款征收是税务机关依照法律、行政法规的规定，将纳税人应缴税款予以征收入库的一系列活动的总称。

税款征收是实现税收职能的关键环节,税务机关依照法律、行政法规的规定征收税款,其主要方式有查账征收、核定征收(包括查定征收、查验征收、定期定额征收)、代扣代缴和代收代缴征收、自核自缴、委托代征等几种。

从事生产、经营的纳税人如有逃避纳税义务的行为,或未按期限缴纳税款,税务机关可以依法采取相应的保全措施或强制措施。

(三)税务检查

税务检查是税务机关根据国家税法和财务会计制度的规定,对纳税人履行纳税义务的情况进行的监督、审查活动。

税务检查是税收征收管理的重要内容。通过税务检查,既有利于全面贯彻国家的税收政策,严肃税收法纪,加强纳税监督,查处偷税、漏税和逃骗税等违法行为,确保税收收入足额入库,也有利于帮助纳税人端正经营方向,促使其加强经济核算,提高经济效益。

税务机关进行税务检查,一般采用税务查账、实地调查、税务稽查三种方法。税务检查的形式,主要有群众性检查(包括纳税人自查或互查)、专业性检查(包括日常检查、专项检查、专案检查等)、联合性检查(包括税务机关内部各部门的联合检查、税务部门和其他经济部门的联合检查)。

二、道路客运税收的主要内容

道路客运经营者应当向国家或地方税务部门缴纳的税种较多,主要有营业税等8种。

1. 营业税

营业税是对在我国境内提供应税劳务(交通运输业、建筑业、金融保险业、邮电通信业、文化体育业、娱乐业、服务业等)、转让无形资产或销售不动产的单位和个人,就其所取得的营业额征收的一种税。营业税属于流转税制中的一个主要税种。营业税的主要特点是征税范围广,税源普遍;以营业额为计税依据,不受成本费用影响,税收收入比较稳定;实行比例税率,计征方法简便。

目前,国家对客运运输收入按3%的税率征收营业税,对客运站务收入按5%的税率征收营业税。

营业税的征收方法规定为申报纳税、定期定额纳税和代缴三种,由当地税务机关逐户核定。

2. 城市维护建设税

城市维护建设税是为了加强城市的维护建设,扩大和稳定城市维护建设资金的来源而征收的一种税。凡缴纳产品税、增值税、营业税的单位和个人,都是城市维护建设税的纳税义务人,都应当依照规定缴纳城市维护建设税。

城市维护建设税以纳税人实际缴纳的产品税、增值税、营业税税额为计税依据,分别与产品税、增值税、营业税同时缴纳。

城市维护建设税税率按纳税人所在地分别确定:纳税人所在地在市区的,税率为7%;纳税人所在地在县城、镇的,税率为5%;纳税人所在地不在市区、县城或镇的,税率为1%。

3. 所得税

所得税是国际上通行的税种，是以单位（法人）或个人（自然人）在一定时期内的净收入额为征税对象的各个税种组成的总体。我国所得税系列税种主要有企业所得税和个人所得税两种。

从2008年1月1日起施行的我国新的《企业所得税法》《企业所得税法实施条例》，取代了原适用于外商投资企业和外国企业的《外商投资企业和外国企业所得税法》《外商投资企业和外国企业所得税法实施细则》，以及适用于内资企业的《企业所得税暂行条例》、《企业所得税暂行条例实施细则》，实现企业所得税法律法规的统一。也就是说，原来分别适用于内外资企业的两套不同税制"合二为一"，不同经济主体在税收上获得平等待遇，为公平竞争、公平税负提供了切实的制度保障。

新的《企业所得税法》不仅统一了税法，而且统一了税率，统一了税收优惠政策。即所有内外资企业所得税统一实行25%的比例税率，取消地区性优惠税率，只对国家重点扶持和鼓励发展的产业和项目，给予企业所得税优惠。如：国家需要重点扶持的高新技术企业，减按15%的税率征收企业所得税；符合条件的小型微利企业，减按20%的税率征收企业所得税。

企业每一纳税年度的收入总额，减除不征税收入、免税收入、各项扣除以及允许弥补的以前年度亏损后的余额，为应纳税所得额。企业的应纳税所得额乘以适用税率，减除依照所得税法关于税收优惠的规定减免和抵免的税额后的余额，为应纳税额，即：

应纳税额 = 应纳税所得额 × 适用税率 − 减免税额 − 抵免税额

4. 车船税

车船税是对我国境内的机动车辆和船舶，按照其种类（乘用车、商用车、挂车、其他车辆、摩托车、船舶六大类）、排气量或吨位和规定的税额征收的一种财产税。机动车辆和船舶（包括依法应当在车船管理部门登记的机动车辆和船舶，以及依法不需要在车船管理部门登记的在单位内部场所行驶或者作业的机动车辆和船舶）的所有人或者管理人为车船税的纳税人。车船的适用税额，依照《中华人民共和国车船税法》（自2012年1月1日起施行）所附的《车船税税目税额表》执行。对节约能源、使用新能源的车船可以减征或者免征车船税。

机动车辆的车船税实行幅度定额税率，其具体适用税额由省（自治区、直辖市）人民政府依照《车船税税目税额表》规定的税额幅度和国务院的规定确定。其中，乘用车依排气量从小到大递增税额；商用车客车按照核定载客人数20人以下和20人（含）以上两档划分，递增税额。

车船税属于地方税，由地方税务机关负责征收。车船税按年申报缴纳，具体申报纳税期限由省（自治区、直辖市）人民政府确定。从事机动车交通事故责任强制保险业务的保险机构为机动车车船税的扣缴义务人，在销售机动车"交通事故责任强制保险"时依法代收代缴车船税。

5. 房产税

房产税是以房产为征收对象、以房产评估值为计税依据的一种财产税。凡在我国境内拥有房屋产权的单位和个人均属房产税纳税义务人。房产税按年征收、分期缴纳，纳税期限由省（自治区、直辖市）人民政府确定。

房产税依照房产原值一次减除10%~30%后的余值计算缴纳。具体减除幅度，由省、自治区、直辖市人民政府规定。没有房产原值作为依据的，由房产所在地税务机关参考同类房产核定。房产出租的,以房产租金收入为房产税的计税依据。房产税的税率,依照房产余值计算缴纳的,税率为1.2%;依照房产租金收入计算缴纳的,税率为12%。

6. 印花税

印花税是对经济活动和经济交往中书立、领受的凭证征收的一种税。其征税对象是印花税暂行条件所列举的各种凭证,由凭证的书立、领受人缴纳,是一种兼有行为性质的凭证税。

印花税的计税方法有比例税率计税和定额计税两种,由纳税义务人根据税法规定自行计算应纳税额,一次购买并贴足印花税票。

印花税的应纳税凭证,包括:购销、加工承揽、建设工程承包、财产租赁、货物运输、仓储保管、借款、财产保险、技术合同或者具有合同性质的凭证;产权转移书据;营业账簿;权利、许可证照;经财政部确定征税的其他凭证。

7. 车辆购置税

车辆购置税是对在境内购置(包括购买、进口、自产、受赠、获奖等)规定的车辆(即应税车辆)的单位和个人征收的一种税。纳税人应当在向公安机关车辆管理机构办理车辆登记注册前,缴纳车辆购置税。

车辆购置税实行从价定率的办法计算应纳税额。应纳税额的计算公式为:

$$应纳税额 = 计税价格 \times 税率$$

车辆购置税的税率为10%。

车辆购置税的计税价格根据不同情况,分别确定:境内购置车辆,按机动车销售统一发票(或有效凭证)注明的价费合计金额除以$(1+17\%)$;进口自用车辆的计税价格 = 关税完税价格 + 关税 + 消费税。

(注:"价费合计金额"中有一种"价外费用",是指销售方价外向购买方收取的基金、集资费、返还利润、补贴、违约金、手续费、包装费、储存费、优质费、运输装卸费、保管费、代收款项、代垫款项等各种性质的价外收费。)

8. 土地使用税

土地使用税是国家在城市、县城、建制镇和工矿区范围内,对使用土地的单位和个人,以实际占用的土地面积为计税依据,按照规定税额计算征收的一种税。凡在我国境内使用土地的单位和个人,均属土地使用税的纳税人。

土地使用税的税额是按大、中、小城市和县城、建制镇、工矿区分别规定税额幅度。计征土地使用税时,占用土地面积的测量工作由省(自治区、直辖市)人民政府确定执行。

本章思考题

1. 举例说明客运运价的定价形式及其对企业的要求。
2. 以浙江省为例,说明班车客运票价的定价形式及票价的构成项目。
3. 举例说明客运站收费对象及内容。
4. 什么是旅客站务费? 旅客站务费计收的依据和方法是什么?
5. 道路客运税收主要有哪几种? 计税的依据各是什么?

第十二章 道路客运市场监管

第一节 道路客运市场监管的内容与方法

一、道路客运市场监管的作用

道路客运市场监管,主要是指道路运输管理机构为确保道路客运市场的规范有序而采取的一种行政行为,即对道路客运市场的经营者进行监督和检查,并纠正其违反道路客运管理法律、法规、规章的经营行为。这里的"经营者",既包括通过道路运输管理机构许可的合法经营者,也包括未经许可擅自从事客运的非法经营者。

道路客运市场监管的目的,是规范道路客运经营活动,维护正常的道路客运市场秩序,促进道路客运行业的健康发展。具体作用主要体现在以下几个方面:

(1)保护合法经营。通过市场监管,制止和取缔未经许可擅自从事道路客运经营、超越许可事项从事道路客运经营等违法行为,从而保护合法经营者的权益。

(2)保障旅客的合法权益。通过市场监管,制止和纠正途中甩客卖客、乱收费用、不讲服务质量等违法行为,切实保障旅客的合法权益不受侵害。

(3)保护正当竞争。通过市场监管,纠正、处罚不正当的竞争手段和竞争方法,制止欺行霸市、垄断客源等不法行为,保证竞争在政策和法规允许的范围内开展,从而保护和促进正当竞争,实现道路客运市场机制的有效运行。

(4)维护正常的客运市场秩序。通过市场监管,督促经营者在许可的经营范围内和营运线路上开展经营活动,及时调解商务纠纷和处理商务事故;同时,与公安部门密切协作,打击车匪路霸等扰乱客运市场的犯罪行为,从而维护客运市场的正常秩序。

(5)保证国家财税政策和价格政策的贯彻执行。通过市场监管,督促经营者依法纳税,监督经营者执行国家的运价政策,结合完善市场机制,充分发挥经济杠杆的调节作用。

(6)收集信息。通过市场监管,做好原始记录,运管机构可以掌握大量的道路客运经济活动的第一手资料,有助于摸清情况、有效调控、科学决策,有助于引导客运企业和行业的健康发展,从而提高道路客运行政管理水平。

二、道路客运市场监管的主要内容

1. 经营牌证的监督检查

经营牌证是道路运输经营活动的资格法定凭证和经营活动法定凭证的总称，主要包括道路运输经营许可证、道路运输证、道路客运班线经营许可证明、客运营运标志(包括班车客运标志牌、包车客运标志牌)等。

道路运输管理机构在执行监督检查任务时，主要检验属于交通部门核发的牌证，对其他行政管理机构核发的牌证，如驾驶证、车辆行驶证等，虽然也是经营者必须携带的合法证件，但一般不予检查。道路运管机构在工作中可以与其他行政部门相互配合，如开展联合检查等。

营运客车应随车携带《道路运输证》、从业资格证等有关证件，在规定位置放置客运标志牌。客运班车还应当随车携带《道路客运班线经营许可证明》。

凭临时客运标志牌运营的客车应当按正班车的线路和站点运行。属于加班或者顶班的，还应当持有始发站签章并注明事由的当班行车路单；班车客运标志牌正在制作或者灭失的，还应当持有该条班线的《道路客运班线经营许可证明》或者《道路客运班线经营行政许可决定书》的复印件。

2. 经营范围的监督检查

开业审批时，在经营资格凭证等有关法定文件中，道路运输管理机构对每一经营业户都有明确的经营范围规定，这是运管机构按照市场需求，根据当地运输规划作出的合理划分。为了维护道路运输的良好秩序，保障安全并提供优质的运输服务，各经营业户应严格按照批准的经营范围从事经营活动，作为道路运输管理机构，应对运输业户的经营范围进行监督检查。如：客运班车应按固定的线路、时间、站点、班次运行，不能随意串线改点、超站甩客、脱班误点或倒卖旅客；包车、出租车、非定线旅游客车等应按各自的经营范围运行，不能干扰正常班车的运行秩序；客运站不得让无证经营的车辆进站从事经营活动。

3. 服务质量的监督检查

安全、及时、方便、经济、舒适、文明是道路客运的质量要求。其中安全是第一位的，因为它关系着人民群众生命财产的安全和社会的稳定，也关系着企业的信誉、形象和效益。客运经营者应当管好服务质量，道路运输管理机构也必须加强对客运质量的监督检查，督促经营者搞好车容站貌，开展文明服务，改善服务设施，禁止危险品进站上车，禁止客车超员载客，禁止未经安全检查或检查不合格的车辆出站，坚持正点发车和安全运行。

4. 运价的监督检查

客运运价直接关系到旅客的切身利益。道路运输管理机构必须切实贯彻国家制定的运价政策，认真履行对运价的监督检查职能，禁止乱收费。包括：收费项目和标准是否在经营场所公示，计费里程、费率选用是否正确，计费重量计算是否符合规定标准，浮动运价是否符合规定幅度，服务收费项目、收费标准是否符合规定要求等。

5. 费用结算票据的监督检查

道路运输结算票据有多项功能，既是经营者收费的财务凭证，又是检查价格和收费标准的凭据，同时还是税收征收、运输量统计以及商务事故处理的依据。交通运输部规定了统一规格式样的结算票据,由各级交通主管机关统一管理、统一发放、统一回收。根据交通运输部和财政部的联合通知以及交通运输部有关单证票据的管理规定,对费用结算票据监督的主要内容有:

(1)使用的票据是否交通运输部统一格式,是否统一印制,是否盖有县以上税务机关的监章(客票免章)。

(2)票据的内容是否按照规定的要求,逐项如实填写,并盖有经营业户的印章。

(3)经营者持有的票据是否按正当途径向当地运管机构领用。禁止伪造、转让或买卖票据的非法行为。

(4)经营者是否按规定向运管机关缴回使用后的报送联,实行"缴旧领新"。

6.其他商务活动和运输纪律的监督检查

道路客运企业必须按照国家法律、法规和规章的有关规定开展自己的业务活动,要在合法经营的前提下,参与公平正当的竞争,追求自身的经济效益。道路运输管理机构是道路客运市场正常运行的监督者和保护者,必须加强对各种客运商务活动和运输纪律的监督检查,主要有以下具体内容:

(1)坚决制止并纠正行业不正之风,倡导合法经营和为人民服务的社会主义精神文明。制止在客运经营各种商务活动领域的行贿受贿、收受回扣、私吞票款运费以及巧立名目敲诈勒索等损害旅客利益的行为;同时,与表彰行业中涌现出来的好人好事和先进人物结合起来,树立道路客运行业的新风尚,弘扬社会主义精神文明。

(2)监督和检查国家明文规定必须办理准运证明的禁运、限运物品是否依法取得有效的准运证明。

(3)检查道路客运经营者履行纳税义务的情况,制止偷漏行为。

(4)依据有关规定,监督和审议各类客运商务事故的处理,受理和处理客运服务质量投诉案件。

三、道路客运市场监管的主要方法

道路客运市场监管的方法,主要可以归纳为户检户查和路检路查两类。户检户查属于源头管理方法,而路检路查属于过程管理方法。两者在道路客运市场监管中互相补充,相辅相成。应当说,户检户查是基础,路检路查是补充。户检户查工作做好了,路检路查就可以大大减少。

1.户检户查

户检户查主要有以下几种形式:

(1)档卡核查。道路运输管理机构对辖区内的道路客运经营业户的车辆、设备、牌证及单证的领发等情况,建立分户档案或卡片,并定期清查核对,掌握辖区内客运经营业户的基本情况,为路检路查提供可靠的资料。

(2)上户检查。根据市场情况和管理需要,道路运输管理机构定期或不定期对辖区内经营业户登门检查,掌握其经营状况、牌证单证使用、政策执行以及服务质量等情况,发现问题,及时解决。必要时,道路运输管理机构也可以会同物价、税务、工商、公安等有关部门组织联合检查。

(3)全面普查。主要有两种方式：一是通过年审，对客运经营业户的经营资格、经营行为、遵章守法、服务质量等方面进行全面检查；二是定期召开业户会议，宣传道路客运法规，了解业户经营情况，沟通行业信息，检查客运经营证照情况。

(4)现场检查。根据群众举报和掌握的情况，道路运输管理机构组织力量到客运停车、发车现场，对客运车辆经营牌证情况进行检查。

(5)驻点监督。道路运输管理机构根据实际需要，在旅客较为集中地方，如客运站、旅游区等，设置管理机构，派驻管理人员常年驻点监督，从而及时发现和纠正客运违法行为，调解客运纠纷，维护客运市场秩序，为旅客和客运经营者提供服务。

2.路检路查

路检路查主要有设站检查和流动检查两种形式。

(1)设站检查。定点设置检查站，必须报请省级人民政府批准，其他任何单位和个人都无权批准设置或擅自撤销检查站。

(2)流动检查。流动检查是在道路上巡回流动检查客运车辆，具有不定时、不定点、不定人的特点。流动检查可弥补定点设站检查的不足，对躲避定点检查的不法经营者(特别是有举报或明显违法线索者)进行有效监督，实时制止各种非法经营活动。流动检查一般应在地方人民政府统一安排下进行。

第二节　道路客运市场监管的重点

道路客运市场监管的重点，是查处各种客运违法违章行为，即依法对违法违章经营者实施行政处罚。根据《道条》、《道路旅客运输及客运站管理规定》的规定，道路客运违法违章行为主要有以下几个方面。

一、客车运输经营者违法违章行为

1.无证从事客车运输经营

无证从事客车运输经营，是指未经许可擅自从事道路客车运输经营的行为，包括：未取得道路客运经营许可，擅自从事道路客运经营的；未取得客运班线经营许可，擅自从事班车客运经营的；使用失效、伪造、变造、被注销等无效的道路客运许可证件从事道路客运经营的；超越许可事项，从事道路客运经营的。

无证经营客运的车辆直接造成国家税收的流失，破坏国家税收征收制度；无证客运会分流实际的客运总量，造成合法经营者的客源减少、实载率和客运收入下降，直接侵害了合法经营者的利益；无证客运的车辆没有经过车况门检和出站门检，旅客的生命财产安全得不到有效保障，而且无证客运行为人没有在管理部门办理过任何手续，其行为几乎没有任何约束，一旦发生侵害旅客合法权益事件，旅客往往无法得到应有的赔偿，自身权益难以得到保障；由于无证营运的客车少缴很多费用，其营运成本比合法营运车辆少得多，合法经营者无法在同一平台上与之竞争，而且无证客运行为人一般不会遵守市场规则，这就使正常的道路客运市场秩序遭到严重破坏。因此，无证从事客车运输经营是最为严重的客运违法行为，是各级道路运输管理机构重点打击对象之一。

对无证从事客车运输经营的行政处罚,《道条》第六十四条和《道路旅客运输及客运站管理规定》第八十四条作出了明确规定:"由县级以上道路运输管理机构责令停止经营;有违法所得的,没收违法所得,处违法所得 2 倍以上 10 倍以下的罚款;没有违法所得或者违法所得不足 2 万元的,处以 3 万元以上 10 万元以下的罚款;构成犯罪的,依法追究刑事责任"。(这里的"构成犯罪",主要是指构成非法经营罪。)

这里应当说明一点,对于取得客运经营许可的客车运输经营者使用无道路运输证的车辆参加客运经营的行为,实质上虽然也属于"无证客运",但在行政处罚上与"无证从事客车运输经营"有所区别,即按《道路旅客运输及客运站管理规定》第八十八条第一款规定:"由县级以上运管机构责令改正,处 3000 元以上 1 万元以下的罚款。"

2. 非法转让、出租道路客运许可证件

非法转让、出租道路客运许可证件,是指依法取得道路客运许可的客车运输经营者,非法转让、出租其道路客运经营许可证件的行为。

客运许可证件是经营者具备相应经营条件依法从事道路客运的重要凭证,包括:颁发给客车运输经营者的道路运输经营许可证,随车配发的道路运输证,客运班线经营者的班线营运标志等。这些许可证件不仅表明持有者获得从事客运经营活动的资格,更是对经营者自身经营条件符合法律规定的证明,具有专有性。况且,道路客运班线是属于国家所有的公共资源,只有道路运输管理机构才有权实施客运班线经营许可。非法转让、出租道路客运许可证件的行为,不仅干扰道路运输管理机构对客运市场的监管,严重扰乱道路客运市场秩序,而且会带来极大的安全隐患。因此,非经道路运输管理机构批准,绝对不允许经营者对这些许可证件进行非法转让、出租。

对非法转让、出租道路客运许可证件的行政处罚,《道条》第六十七条和《道路旅客运输及客运站管理规定》第八十六条作出了明确规定:"由县级以上道路运输管理机构责令停止违法行为,收缴有关证件,处 2000 元以上 1 万元以下的罚款;有违法所得的,没收违法所得"。

3. 未按规定投保承运人责任险

未按规定投保承运人责任险,是指客车运输经营者未按规定投保承运人责任险的行为。其包括:未为旅客投保承运人责任险的;未按最低投保限额投保的;投保的承运人责任险已过期,未继续投保的。

承运人责任险,是指客车运输经营者根据有关法律、法规的规定,保险自己在运输过程中发生交通事故或其他事故,致使旅客遭受人身伤亡和直接财产损失,依法应当由被保险人对旅客承担的赔偿责任,由保险公司在保险责任限额内给予赔偿的法律制度。这是国家为了保护旅客在发生事故而遭受生命财产损失后能够得到及时合理的救助或赔偿而采取的一项强制保险制度。这项法律制度的实施,不仅使旅客的合法权益得到有效保护,而且也有利于增强客运企业的抗风险能力和可持续发展能力。

如果客运企业未按规定投保承运人责任险,那么一旦发生严重事故,就不是企业经济上能否承受那么简单,它不仅影响正常的道路客运市场秩序,而且也直接损害旅客的合法权益,甚至在一定范围或一定程度上影响社会的稳定。

对未按规定投保承运人责任险的行政处罚,《道条》第六十八条和《道路旅客运输及客运站管理规定》第八十七条作出了明确规定:"由县级以上道路运输管理机构责令限期投保;拒不投保的,由原许可机关吊销《道路运输经营许可证》或者吊销相应的经营范围"。

4. 不按规定携带道路运输证

不按规定携带道路运输证,是指客车运输经营者不按规定随车携带道路运输证的行为。

道路运输证是交通运输部统一制作、全国范围内通用,随车配发给道路客车运输经营者证明其客车合法营运的凭证。客车运输经营者不按规定随车携带道路运输证的行为,将导致道路运输管理执法缺乏明确区分合法营运与非法营运的标准,干扰对道路客运市场的监管,不利于打击非法营运的黑车,从而不利于维护正常的道路客运市场秩序。

对不按规定携带道路运输证的行政处罚,《道条》第六十九条和《道路旅客运输及客运站管理规定》第八十八条第二款作出了明确规定:"由县级以上道路运输管理机构责令改正,处警告或者20元以上200元以下的罚款。"

5. 不按批准的客运站点停靠

不按批准的客运站点停靠,是指客车运输经营者不按批准的客运站点停靠的行为。

不管是班车客运,还是包车客运或旅游客运经营,道路客运企业都应按核定的站点从事经营活动。如果为了争抢客源任意停靠站点,不仅影响其他道路客运经营者的正常营运,也破坏了正常的道路客运市场秩序。

对不按批准的客运站点停靠的行政处罚,《道条》第七十条和《道路旅客运输及客运站管理规定》第八十九条作出了明确规定:"由县级以上道路运输管理机构责令改正,处1000元以上3000元以下的罚款;情节严重的,由原许可机关吊销《道路运输经营许可证》或者吊销相应的经营范围"。

规定中的"情节严重",一般可按下列情况认定:同一辆班车连续3次因不按批准的客运站点停靠被查获,或者半年内累计30次因不按批准的客运站点停靠被查获,或者同一家企业半年内累计150次因不按批准的客运站点停靠被查获。

6. 不按规定的线路行驶

不按规定的线路行驶,是指客车运输经营者不按规定的线路行驶的行为。

不管是班车客运,还是包车客运或旅游客运经营,道路客运企业都应按规定的线路从事经营活动。如果为了争抢客源无故改变车辆行驶线路,不仅影响其他道路客运经营者的正常营运,也破坏了正常的道路客运市场秩序。

对不按规定的线路行驶的行政处罚,《道条》第七十条和《道路旅客运输及客运站管理规定》第八十九条作出了明确规定:"由县级以上道路运输管理机构责令改正,处1000元以上3000元以下的罚款;情节严重的,由原许可机关吊销《道路运输经营许可证》或者吊销相应的经营范围"。

规定中的"情节严重",一般可按下列情况认定:同一辆班车连续3次因不按规定的线路行驶被查获,或者半年内累计30次因不按规定的线路行驶被查获,或者同一家企业半年内累计150次因不按规定的线路行驶被查获。

7. 途中卖客

途中卖客,是指客车运输经营者在旅客运输途中擅自将旅客移交他人运输的行为。如果经运管机构认可,或者在运输途中发生车辆故障或交通事故,导致车辆无法正常运行,情况紧急来不及报告的,客车运输经营者可以临时将旅客移交他人运输,这种情况则不能认定为途中卖客。

根据合同法的规定,一旦签订运输合同,客运经营者就应当按合同的约定,安全、及时地将旅客送往目的地,切实履行合同规定的义务。这种途中卖客的行为,无论是卖给其他合法经营者,还是卖给未取得经营许可的非法经营者,都违反合同法关于合同履行的义务,损害了旅客的合法权益(不仅增加了麻烦,而且还可能带来安全、时间、价格、质量等方面的风险),也破坏了正常的道路客运市场秩序。

对途中卖客的行政处罚,《道条》第七十条和《道路旅客运输及客运站管理规定》第八十九条作出了明确规定:"由县级以上道路运输管理机构责令改正,处1000元以上3000元以下的罚款;情节严重的,由原许可机关吊销《道路运输经营许可证》或者吊销相应的经营范围"。

规定中的"情节严重",一般可按下列情况认定:同一辆班车连续3次因途中卖客被查获,或者半年内累计10次因途中卖客被查获,或者同一家企业半年内累计30次因途中卖客被查获。

8. 不按规定维护和检测客运车辆

不按规定维护和检测客运车辆,是指客车运输经营者不按规定维护和检测客运车辆的行为。

车辆在运行过程中会不断磨损内部零部件,造成汽车各项性能指标的下降。对于营运车辆,因使用频繁,这种内部磨损更为严重。为了保持车辆技术状况良好,确保行车安全,减少环境污染,营运客车按规定进行维护作业和综合性能检测是十分必要的。否则,必将产生大量的技术隐患,道路客运安全得不到应有的保障,旅客的合法权益将因此遭受严重损害,正常的客运市场秩序也会遭到破坏。

对不按规定维护和检测客运车辆的行政处罚,《道条》第七十一条第一款和《道路旅客运输及客运站管理规定》第九十一条作出了明确规定:"由县级以上道路运输管理机构责令改正,处1000元以上5000元以下的罚款。"

9. 擅自改装客运车辆

擅自改装客运车辆,是指客车运输经营者擅自改装已取得道路运输证的客运车辆的行为。

道路运输车辆必须达到一定的技术标准才能保证营运安全。因此,在申请从事道路客运经营时,申请者必须提交有与其经营业务相适应并经检测合格的客车的相关证明材料。只有经审查并予以经营许可后,运管机构才按经营者投入营运的车辆数目配发道路运输证,作为车辆合法营运的凭证。道路运输证所记载的车辆技术状况应当与营运车辆的实际状况相一致,车辆在营运过程中的维护和检测也正是为了保证营运车辆符合道路运输证所记载的技术状况。而客运经营者未经有关部门批准擅自改装客车,将导致客车原有各项技术性能变化,造成"车证不符"。同时,由于擅自改装的客车未经过专业技术机构的设计、计算、试验,极易产生安全隐患,引发交通事故,既损害旅客的合法权益,也破坏正常的道路客运秩序。

对擅自改装客运车辆的行政处罚,《道条》第七十一条第二款和《道路旅客运输及客运站管理规定》第九十二条作出了明确规定:"由县级以上道路运输管理机构责令改正,处

5000元以上2万元以下的罚款。"

二、客运站经营者违法违章行为

1. 无证从事道路客运站经营

无证从事道路客运站经营,是指未经许可擅自从事道路客运站经营的行为。其包括:未取得客运站经营许可,擅自从事客运站经营的;使用失效、伪造、变造、被注销等无效的客运站许可证件从事客运站经营的;超越许可事项,从事客运站经营的。

无证从事道路客运站经营同无证从事客车运输经营一样,是最为严重的客运违法行为,不仅造成国家税收的流失,直接破坏国家税收征收制度,也严重损害旅客和合法经营者的权益,严重破坏正常的道路客运市场秩序。因此,无证从事道路客运站经营也是各级道路运输管理机构重点打击对象之一。

对无证从事道路客运站经营的行政处罚,《道条》第六十六条和《道路旅客运输及客运站管理规定》第八十五条作出了明确规定:"由县级以上道路运输管理机构责令停止经营;有违法所得的,没收违法所得,处违法所得2倍以上10倍以下的罚款;没有违法所得或者违法所得不足1万元的,处2万元以上5万元以下的罚款;构成犯罪的,依法追究刑事责任"。(这里的"构成犯罪",主要是指构成非法经营罪。)

2. 非法转让、出租道路客运站经营许可证件

非法转让、出租道路客运站经营许可证件,是指依法取得道路客运站许可的经营者,非法转让、出租其道路客运站经营许可证件的行为。

客运站经营者非法转让、出租道路客运站经营许可证件,会使不符合条件的非法经营者以合法的面目从事道路客运站经营,必将扰乱整个道路客运站经营市场秩序。

对非法转让、出租道路客运站经营许可证件的行政处罚,《道条》第六十七条和《道路旅客运输及客运站管理规定》第八十六条作出了明确规定:"由县级以上道路运输管理机构责令停止违法行为,收缴有关证件,处2000元以上1万元以下的罚款;有违法所得的,没收违法所得"。

3. 允许无证经营的车辆进站从事经营活动

允许无证经营的车辆进站从事经营活动,是指道路客运站经营者允许无经营许可证件的车辆进站从事经营活动的行为。

客运站是客车运输经营者从事经营活动的重要场所,进站从事经营活动的车辆,必须是取得道路运输证的合法车辆。对于无证车辆,客运站应当禁止其进站从事经营活动。否则,必将严重威胁道路客运安全,旅客的生命财产将得不到有效保障,道路客运市场秩序也将遭到破坏。

对允许无证经营的车辆进站从事经营活动的行政处罚,《道条》第七十二条和《道路旅客运输及客运站管理规定》第九十四条作出了明确规定:"由县级以上道路运输管理机构责令改正,处1万元以上3万元以下的罚款。"

4. 允许超载车辆、未经安全检查或安全检查不合格的车辆出站

允许超载车辆、未经安全检查或安全检查不合格的车辆出站,是指客运站经营者允许超载车辆出站、允许未经安全检查或安全检查不合格的车辆发车的行为。

对于进站从事经营活动的车辆,客运站经营者应当按国家有关规定进行必要的检查,防

止超载车辆出站,防止未经安全检查或安全检查不合格的车辆发车,将安全隐患消灭在上路行驶之前。否则,必将严重威胁道路客运安全,旅客的生命财产将得不到有效保障,道路客运市场秩序也将遭到破坏。

对允许超载车辆、未经安全检查或安全检查不合格的车辆出站的行政处罚,《道条》第七十二条和《道路旅客运输及客运站管理规定》第九十四条作出了明确规定:"由县级以上道路运输管理机构责令改正,处1万元以上3万元以下的罚款。"

5.不公布运输线路、起讫停靠站点、班次、发车时间、票价

不公布运输线路、起讫停靠站点、班次、发车时间、票价,是指客运站经营者不公布运输线路、起讫停靠站点、班次、发车时间、票价的行为。

客运站是客车运输经营者从事经营活动、旅客选择出行工具的重要场所。公布运输线路、起讫停靠站点、班次、发车时间、票价对客车运输经营者和旅客都具有十分重要的意义。如果不全面、及时、准确地公布营运车辆的相关信息,不仅损害旅客的合法权益,造成旅客出行不便,也损害进站客车运输经营者的合法权益,致使其经济效益降低,还会导致客车运输经营者之间的不公平竞争,破坏道路客运市场秩序。

对不公布运输线路、起讫停靠站点、班次、发车时间、票价的行政处罚,《道条》第七十二条第二款和《道路旅客运输及客运站管理规定》第九十五条作出了明确规定:"由县级以上道路运输管理机构责令改正;拒不改正的,处3000元的罚款;有违法所得的,没收违法所得。"

上述市场监管重点内容,汇总列于表12-1。

道路客运市场监管重点 表12-1

违法主体	序号	违法行为	处罚规定
客车运输经营者	1	无证从事客车运输经营	责令停止经营;没收违法所得,处违法所得2倍以上10倍以下的罚款;违法所得不足2万元的,处以3万元以上10万元以下的罚款;构成犯罪的,依法追究刑事责任
	2	非法转让、出租道路客运许可证件	责令停止违法行为,收缴有关证件;处2000元以上1万元以下的罚款;没收违法所得
	3	未按规定投保承运人责任险	责令限期投保;拒不投保的,吊销《道路运输经营许可证》或者吊销相应的经营范围
	4	不按规定携带道路运输证	责令改正,处警告或者20元以上200元以下的罚款
	5	不按批准的客运站点停靠	责令改正,处1000元以上3000元以下的罚款;情节严重的,由原许可机关吊销《道路运输经营许可证》或者吊销相应的经营范围
	6	不按规定的线路行驶	责令改正,处1000元以上3000元以下的罚款;情节严重的,吊销《道路运输经营许可证》或者吊销相应的经营范围
	7	途中卖客	责令改正,处1000元以上3000元以下的罚款;情节严重的,吊销《道路运输经营许可证》或者吊销相应的经营范围
	8	不按规定维护和检测客运车辆	责令改正,处1000元以上5000元以下的罚款
	9	擅自改装客运车辆	责令改正,处5000元以上2万元以下的罚款

续上表

违法主体	序号	违法行为	处罚规定
客运站经营者	10	无证从事道路客运站经营	责令停止经营;没收违法所得,处违法所得2倍以上10倍以下的罚款;违法所得不足1万元的,处2万元以上5万元以下的罚款;构成犯罪的,依法追究刑事责任
	11	非法转让、出租道路客运站经营许可证件	责令停止违法行为,收缴有关证件,处2000元以上1万元以下的罚款;没收违法所得
	12	允许无证经营的车辆进站从事经营活动	责令改正,处1万元以上3万元以下的罚款
	13	允许超载车辆、未经安全检查或安全检查不合格的车辆出站	责令改正,处1万元以上3万元以下的罚款
	14	不公布运输线路、起讫停靠站点、班次、发车时间、票价	责令改正;拒不改正的,处3000元的罚款;没收违法所得

本章思考题

1. 什么是道路客运市场监管？道路客运市场监管的作用是什么？
2. 简述道路客运市场监管的主要内容。
3. 简述道路客运市场监管的主要方法。
4. 针对客车运输经营者,道路客运市场监管的重点有哪些？
5. 针对客运站经营者,道路客运市场监管的重点有哪些？

第四篇 企业管理篇

【本篇概要】　本篇是《道路旅客运输服务与管理》的核心和重点内容。企业管理理论与实务浩如烟海,绝难尽述。本着突出行业特色并兼顾一定系统性的考虑,本篇首先概述了企业管理的通用基础知识,分析了道路客运企业管理的主要特点,而后重点阐述一般工业企业所没有的,或者与一般工业企业有明显不同的专业管理,前者如第十四章"道路客运企业运务管理"、第十五章"道路客运企业机务管理"、第十七章"道路客运企业安全管理",后者如第十六章"道路客运企业质量管理"、第十八章"道路客运企业财务管理"。

第十三章　道路客运企业管理概述

第一节　企业管理基础知识

一、企业管理的含义

什么是企业？企业是依法设立的从事生产、流通、服务等营利性经济活动的独立组织。企业以其拥有的资源为"投入"（输入）而"产出"（输出）产品或服务，以其产品或服务满足社会需要而获取盈利，实行自主经营、自负盈亏、独立核算。可见，"投入"（人、财、物、信息等资源）和"产出"（产品或服务）构成了企业的基本要素，是企业生存的基本条件。

什么是企业管理？企业管理是企业将"投入"转换为"产出"并与外部市场进行交易和互动的运行过程，如图13-1所示。这个过程包含两项基本活动，构成了企业运行的主线，一是生产活动（将"投入"转换为"产出"），二是营销活动（与外部市场进行交易和互动），企业管理的所有活动都是围绕这两项基本活动而展开的，或者说是为这两项基本活动服务的。具体地说，企业管理是对整个企业的生产、技术、服务、销售及其他各项经济活动进行计划、组织、领导、激励、控制，使企业组织系统的各个部门、各个环节和各个岗位的工作相互协调，使企业的人力、物力、财力、信息等各种资源要素得到优化配置和合理使用，以适应外部环境的变化，实现企业目标的活动过程。

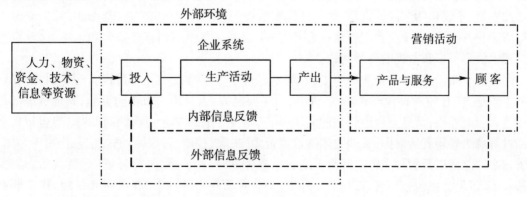

图13-1　企业运行过程

不难理解，在企业管理的这个概念中，至少包含了以下几方面的内容：

1. 企业管理是共同劳动的产物

企业是一个由众多的劳动者所组成的劳动集体。由于共同的劳动,劳动者之间结成了分工与协作的关系,他们分别工作在生产、技术、服务、销售等各个不同的部门和岗位上。这就需要通过管理,使之成为一个有机的整体,成为一个严密的组织,使各组成部分、各组成成员之间相互协调地工作,使各项经济活动连续有序地进行,以保证整个企业活动的协同有效,即既有活动效果(即做正确的事),又有活动效率(即正确地做事)。否则,人们各行其是,简单的共同劳动也难以实现,更不用说复杂的经济活动和社会化大生产了。所以说,企业管理是共同劳动的产物,是共同劳动的需要。为此,企业必须构建一个完善的、涵盖所有成员和所有经济活动的管理体系。

2. 企业管理具有明确的目标

任何一个共同劳动的组织,都必定有其明确的目标。没有共同目标,就无所谓共同劳动,也就不需要管理。一切管理活动都服务于、服从于组织的既定目标,企业管理也不例外。企业管理的目标就是实现企业的目标,而现代企业的目标具有多重性,包括生产目标、盈利目标、发展目标、社会目标等,但其核心是盈利目标,即提高企业经济效益(体现企业的商业价值),也就是通过产品的"优质、高产、低耗、高效",更多地获取经营利润。只有在赢利的基础上,企业才能生存,也才有可能致力于永续发展、社会贡献(体现企业的社会价值)等其他目标。所以也可以说,企业目标就是实现企业价值,而企业价值包括商业价值和社会价值两个大的方面。

3. 企业管理的对象是各种资源要素

企业必须拥有一定的可供支配的资源,包括人力、物资、资金、信息等,这是它实现其目标的前提和保证。一个企业所拥有资源的数量和质量,反映了它的实力,但并不代表它的能力或竞争力。这里的差别就在于管理水平的高下。在不同的管理水平下,"投入"转换为"产出"以及"产出"后的交易,其效率和效果会大不一样。企业管理的实质,就是通过一系列管理活动,实现对管理对象即各种资源要素的优化提高、合理配置和有效使用,以提高企业实现其目标的市场竞争能力。

需要指出的是,企业资源不仅包括有形的资源(如人、财、物),也包括无形的资源(如信息、技术、知识、商誉、品牌、文化),而且对于企业核心竞争力和持续发展来说无形资源显得更加重要;不仅包括内部的资源,也包括外部的资源(如社会公共关系、合作伙伴)。对于无形资源和外部资源,企业管理者往往容易忽视,因而往往得不到有效整合和运用,这是企业管理中值得反思和重视的一个问题。

还需要指出,在所有企业资源中,人和信息应当给予特别关注和重视。这是因为:管理的主体是人(管理者),管理的客体(资源)也主要是人,人是第一重要的资源,其他资源都是通过人而起作用;信息是企业管理的先决条件,贯穿于管理的全过程,管理客体的运行状态通过信息为管理者所掌握,管理主体的管理行为(决策、控制、考核等)通过信息作用于客体,管理客体之间以及管理主体之间都是通过信息相联系、相协调,外部环境(包括政治、经济、科技等大环境,也包括顾客、市场的小环境)对企业管理系统的影响(机遇或风险)也主要通过信息的交换来实现。因此,企业管理必须以人为中心,以信息为媒介或依据,人和信息是关乎企业管理成效甚至成败的两大关键要素,大力开发人力资源和信息资源应成为企业管理的两大战略任务。

4. 企业管理是一个动态过程

毫无疑问,企业管理是一个动态的活动过程。值得注意的是,这个过程有几个不同于非管理过程(如作业过程)的特点:

(1)管理是一个"系统",是一个"大"过程,它由一系列不同层次、不同方面的环节("子"过程)所组成。这些环节或子过程之间相互关联、相互依赖、相互作用,并不同程度地影响管理系统的整体效能。

(2)不论"大"过程还是"子"过程,都应当是环环相扣、首尾相接的"闭环"过程,即按照"计划(Plan)—实施(Do)—检查(Check)—处理(Action)"的程序循环进行,管理学中称之为"戴明循环"或"PDCA循环",如图13-2所示。虽然"PDCA循环"来源于质量管理,但是适用于所有管理过程,可以说,它是企业管理过程的基本程序或基本模式。这个管理循环看似简单,也因此常常为管理者所忽视,但管理实践表明,掌握和运用好这个基本程序,特别是坚持其环环相扣的完整性,对于保证管理过程的有效性至关重要。

图13-2　PDCA循环图

(3)由于"PDCA循环"不是原地(或水平)滚动,而是每循环一次工作就前进一步,水平就提高一步,呈现出阶梯式上升的特点,所以企业管理过程是一个持续改进的螺旋上升过程,创优、创新和发展始终是它的主旋律。企业正是伴随着这个主旋律在复杂的外部环境和市场竞争中成长壮大,并不断提升自己的目标和愿景,反之则会步入衰退之途。也正因为如此,创新(想创新、敢创新、能创新、善创新)成为企业管理者的核心素质要求。

5. 企业管理要适应外部环境的变化

企业是国民经济的基本单位,是社会有机体的细胞。任何企业不可能离开社会整体而独立存在。外部环境(包括经济、科技、文化、政治、社会、自然等)是企业赖以生存与发展的外部条件和影响因素,企业的生产经营是在外部环境的制约中以及与外部环境的相互作用中展开的。这是因为,企业的资源需要从外部环境中获取,企业的产品需要外部环境的认可(即能满足社会的需要)。大自然的规律是"物竞天择,适者生存",企业"生态圈"何尝不是如此!企业外部环境是在不断变化的,带给企业的既有机遇又有挑战。企业管理只有重视环境的影响,把握环境的走势,主动适应环境的变化,特别是适应市场需求的变化,才能抓住机遇、迎接挑战,进而化挑战为机遇,加快企业的发展;反之,企业的生存与发展则会受到危害,甚至是致命的危害。现代企业之所以十分重视战略管理和风险管理,正是为了提高企业对外部环境的预见性和适应性,以保证企业持续、稳定发展。

二、企业管理的主要内容

企业管理的内容十分庞杂,这里按照领域、层次和专业的不同,分别作概念性的介绍。

(一)不同领域的管理

按照管理的领域不同,企业管理分为企业战略管理、企业制度管理和企业文化管理三大方面。这是企业管理体系中的基本管理。

1. 企业战略管理

孔子曰,"人无远虑,必有近忧"。战略就是规避"近忧"的一种"远虑"。"战略"一词最早出现在军事领域,意指对战争全局的谋划。企业战略就是企业在变化的环境中为获取未来竞争优势所作的一种全局的谋划或决策。因此,企业战略具有全局性、长期性、方向性、系统性、竞争性和稳定性的特点。

企业战略一般由总体战略、经营战略和职能战略三个层次组成。总体战略(或称公司战略),是企业战略中最高层次的战略,是指导和控制企业一切行为的最高行动纲领。它的侧重点是确定企业经营领域及其战略意图(目标),具有全局性、指导性的特点。经营战略(或称业务战略、事业部战略),是在总体战略指导下,某一经营领域(如客运、物流等)或某一战略经营单位的战略。它的侧重点是保证经营领域的竞争优势,具有局部性、经营性的特点。职能战略(或称职能支持战略),是为贯彻总体战略和经营战略而在企业主要职能部门制定的战略。它是企业总体战略和经营战略在各主要专业管理方面的具体化,服务于总体战略和经营战略。它的侧重点是提高资源使用效率(协同作用),具有专业性、服务性的特点。

企业战略一般应包括战略指导思想和战略方针、战略目标、战略重点、战略步骤和战略措施等方面的内容。

企业战略管理,就是对企业战略进行的分析制定、评价选择和实施控制,以实现企业战略目标的动态过程。按照企业管理的基本程序(PDCA循环),它包括战略制订(战略环境分析→战略方案制订→战略方案选择)、战略实施(战略发动或战略沟通→制订战略实施计划→组织实施)、战略控制(确定评价标准→监测实际成果→评价工作成效→纠正工作偏差)、战略调整(战略情报→战略评估→战略调整,也可采取"滚动战略"方式)四个阶段的工作。

企业战略管理的目的在于提高企业对外部环境的适应性,把握机遇,控制风险,保证企业的持续发展。与其他管理比较,战略管理具有总体性、超前性、纲领性、风险性和创新性的特征,是企业最高层次的管理。实践表明,战略管理的失误带给企业的损失不可估量,有时甚至是灭顶之灾。为此,企业战略管理应当注意几点:

(1)创造战略管理的条件,如战略意识、战略管理职能部门、管理基础、战略情报等。不具备这些条件而谈什么战略管理,是不现实的。从这个意义上说,战略管理是企业发展到一定阶段的产物,是企业成熟的标志。

(2)充分考虑内外环境的制约,充分发挥自身优势和特色,充分利用和整合各种资源(包括内部和外部资源、有形和无形资源),做好准确的战略定位(业务、市场、目标等)。只有既积极又可行的战略,才能不断提高企业的市场竞争能力,拓展企业生存与发展空间。

(3)注重战略措施的创新性和配套性,注重企业整体的系统协调和管理协同作用,全力牵好"牛鼻子"(即"战略重点")。这是战略实施的重点,也是战略目标顺利实现的关键。

(4)注意战略目标与战术目标、战略步骤与短期计划、战略措施与日常管理等的协调和统一,并运用科学的战略控制方法(如跟踪控制、开关控制)和控制系统(如分层、分线),以保证好的战略效果。企业战略如果不能把长期导向性与当前适应性很好地结合起来,就不可能真正落地。这是战略管理的每一个阶段都需要注意的问题。

(5)高度重视信息管理和信息系统建设,加强战略情报工作,适时适当进行必要的战略调整。只有这样,才能适应环境(特别是外部环境)变化,既能抓住机遇,又能控制好风险。

2. 企业制度管理

孟子曰,"不以规矩,不能成方圆"。企业制度就是"成"企业"方圆"的"规矩",它是企业全体成员在生产经营活动中必须共同遵守的行为规范和准则,是保证企业稳定有序运行、维护企业成员和谐相处的基石。企业制度的实质,是规范企业成员之间的责、权、利关系。

现代企业制度包括四个层次的内容,分别规范不同层次的关系。第一层次是产权制度,主要规范投资者与投资者的关系以及投资者与企业法人的关系,包括产权结构、产权边界、产权交易、法人财产等;第二层次是法人治理制度(结构),主要规范投资者与经营者的关系,其实质是对经营者的激励与约束问题,通常由股东代表大会(权力机构)、董事会(决策机构)、监事会(监督机构)和经营层(管理机构)构成相互依赖又相互制约的治理结构;第三层次是组织制度,主要规范经营者与管理者(管理机构)的关系以及管理者与管理者(或管理机构与管理机构)的关系,包括组织结构、机构设置、管理流程等;第四层次是管理制度,主要规范管理者与管理者的关系、管理者与生产者的关系以及生产者与生产者的关系,管理制度大体上由纲领性(如责任制度)、程序性(如各项专业管理制度)、作业性(如技术规程)三个层次的具体制度所构成。

企业制度管理,就是对企业制度进行设计、建立、实施、维护和创新,形成规范有效的管理机制(运行机制、动力机制、控制机制等),以实现企业目标的动态过程。企业制度前两个层次(即产权制度和法人治理制度)的建立和调整主要由国家法律和企业投资者(股东大会、董事会)所决定,因此,企业制度管理的大量日常工作主要表现在后两个层次特别是"管理制度"上。

企业"管理制度"的管理,同样执行 PDCA 循环的基本程序,包括制度制定、制度执行、制度监督与考核、制度修订与更新四个阶段的工作。

(1)管理制度的制定,应遵循目标(效果、效率)导向和企业文化(价值观)导向的基本准则,符合系统性(配套成龙、协调统一)、合法性(不违背法律法规)、科学性(符合管理规律和原理、吸收应用先进理念和技术)、适用性(符合实际、可行、可操作)、必要性(满足管理需要而非"多多益善")等原则,并处理好集中与民主(群众经验、群众参与、群众认可,忌闭门造车)的关系;

(2)管理制度的执行,应坚持预警性(事先公开、宣讲、学习,甚至试行)、严格性(有章必循、执章必严,不"变通",不迁就)的原则;

(3)管理制度的监督与考核,应贯彻严肃性(违章必究,不"通融")、及时性(及时发现、及时处理,不拖延)、公正性(对事不对人、不偏不倚)的原则,并与奖惩挂钩,同时注意收集制度执行中的反馈意见(包括顾客反馈意见);

(4)管理制度的修订与更新,应处理好改进与稳定、创新与继承(或借鉴)的关系,并把握好时机(如出现新情况、新问题时),与企业发展阶段和发展战略相适应。

应当提醒的是(有些企业常常忽视这一点),制度管理本身也需要管理,需要"制度的制度"来规范它,需要一个统一的归口部门履行相关的职责,如进行新制度或修订制度的审查(是否违背目标导向和企业文化导向的基本准则,是否符合系统性、合法性等原则)、收集制度执行中的反馈意见、督促管理制度的修订与更新等。

3. 企业文化管理

1) 企业文化的概念

孙子曰,"上下同欲者胜"。企业"上下同欲"要靠企业文化。企业文化是企业在长期的生产经营实践中逐渐形成的,具有本企业特色,并为企业成员普遍认可和遵循的价值观念、行为准则、思维方式和工作作风。因此,企业文化具有隐形性(主要存在于人的心灵之中)、潜移性(形成于长期潜移默化过程)、传承性(可如同"基因"般继承延续)、稳定性(不会轻易改变)、差异性(体现难以模仿的企业个性)等特征。

企业文化是现代企业管理的重大理论创新与实践,是企业管理科学发展的最新阶段(即"文治",有别于之前的科学管理的"法治"和经验管理的"人治")。企业文化管理的真谛在于以人为本、以"文""化"人,激发和凝聚起全体员工的心智、热情和力量。它的实质是管人的"心",管人的思想和思维,通过管思想管思维而达到管行为管结果的目的,是一种"无为而治",是真正的无时不在,无处不在的"无缝隙"、"全天候"管理。作为一种新的管理模式,企业文化管理具有前沿性、战略性、系统性、综合性的特点。

2) 企业文化的内容

企业文化的内容由三个层次构成,如图13-3所示。

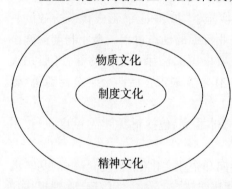

图13-3 企业文化构成图

(1) 表层的物质文化,包括:企业产品(特色、造型、包装、质量等);企业环境(自然、建筑、布局、绿化等生产服务环境以及文体设施、宣传媒体等文化生活环境);企业标识(名称、标志、商标、服装、标准色等)。

(2) 中间层的制度文化(或行为文化),包括:领导体制和组织机构,规章制度,企业风俗(仪式、节庆、活动等),企业行为(个人行为、内外人际关系行为)。

(3) 核心层的精神文化,集中表现为由一系列价值理念构成的理念体系,包括:企业哲学(共同愿景、企业使命或宗旨、核心价值观),企业精神,企业道德(主要指商业道德、职业道德),企业风格(经营理念、管理理念、人才观、质量观、安全观、营销观、成本观等),企业风气(团结、学习、纪律等)。

精神文化,特别是其中的企业哲学和企业精神,是企业文化的内核和灵魂,决定着物质文化和制度文化的走向与内容;或者说,以理念体系为主要内容的精神文化是企业文化的本质内涵,而物质文化和制度文化则是它的表现形式。

3) 企业文化的功能

企业文化是企业宝贵的无形资产,是巨大的潜在生产力,是企业发展强大的制导系统、内在动力和长寿基因。这是因为,企业文化具有以下五大功能:

(1) 导向功能。一方面,企业文化内含的经营之道引导企业正确决策、经营和发展方向,在实现商业价值的同时实现社会价值;另一方面,企业文化孕育的职业精神引导员工爱岗敬业,把个人目标与企业目标协调统一起来,在为实现企业目标而奋斗的同时实现自身价值。

(2) 凝聚功能。一方面,企业文化的人本性让员工产生强烈的认同感、归属感,而使员工与企业形成相互依存的命运共同体;另一方面,共同的价值观、思维方式等极大地升华了团体意识,而使广大员工凝聚在企业愿景的大旗下,形成志同道合、协调融洽的生产经营团队。

(3)激励功能。共同的企业哲学(愿景、使命、价值观)、积极的企业精神、和谐的企业伦理道德等,在员工心灵深处激发起强烈的责任感、使命感、自豪感和进取心,这是一种内在的精神激励,其作用比外在的物质激励更深刻、更强大、更持久。这种精神力量会源源不断地转化为物质力量,转化为现实生产力,从而提升企业创造力和竞争力。

(4)约束功能。企业文化虽是一种"软"约束,但因其出自内心的观念性、习惯性的自觉规范和自我控制而比规章制度的"硬"约束更胜一筹,如同一只无形之手无时不在、无处不在地调整和约束着员工和企业的行为。

(5)辐射功能。先进企业文化的强烈吸引力、感召力、穿透力不仅作用于企业内部,而且通过各种渠道(如优质服务、媒体宣传、公关活动等)向社会传播辐射,一方面对社会文化产生积极影响,另一方面展示和树立企业的良好声誉和形象。

4)企业文化管理的四个阶段

企业文化管理,就是对企业文化进行梳理、培育、传播,并融合于企业经营管理各个方面,充分发挥其五大功能,以实现企业目标和持续发展的动态过程。企业文化管理同其他管理一样,应当按照P-D-C-A循环的基本程序进行,包括企业文化策划、企业文化建设、企业文化评估、企业文化提升四个阶段的工作。

(1)企业文化策划:建立在调研、分析、诊断的基础上,文化体系的设计可结合CIS(即企业形象识别系统,其中包含MIS——理念识别系统、BIS——行为识别系统、VIS——视觉识别系统三个子系统,大体上分别对应于企业文化的精神文化、制度文化、物质文化三个层次的内容,但并非等同)一并进行。

(2)企业文化建设:要建立相应的管理机构(大型企业宜设专职机构,如企业文化部)和管理制度,明确目标,制订规划,逐步推进,综合运用各种手段和载体,使企业文化的本质内涵落地生根,融入企业生产经营全过程(相应形成服务文化、质量文化、安全文化、营销文化、成本文化等子文化),化作全体员工的自觉意识和行动。

(3)企业文化评估:要纳入企业文化管理制度,可通过管理评审、绩效考核、民意(主要是员工、顾客)调查、专家分析等多途径进行和多角度展开。

(4)企业文化提升:通常在企业文化阶段性总结、反思和评估的基础上进行,并涵盖企业文化三个层次(尤其是核心层的精神文化)的内容,它既是企业文化的调整、整合和强化,更是企业文化的变革、创新和发展,为企业文化注入新的内涵和新的活力。

5)企业文化管理的注意事项

企业文化的隐形性、潜移性等特征,决定了企业文化管理难度大、见效慢,也是不少企业企业文化建设流于形式或者中途夭折的重要原因。为保证企业文化管理的有效推进和企业文化功能的充分释放,企业文化管理应当十分重视"把握原则"和"突出重点"两大问题(当然,应当注意的远不止这两大问题)。

(1)把握原则:是指企业文化管理过程中应当始终遵循规律,把握差异性(符合企业实际、体现行业特色、张扬企业个性)、群众性(领导先行、全员参与、上下共识)、实践性(融入管理、纳入制度、见于行动)、长期性(面向未来、行之以渐、持之以恒)、创新性(与时俱进、吐故纳新、不断提升)等原则,避免步入雷同化、神秘化、形式化、功利化、僵滞化等误区。

(2)突出重点:是指企业文化管理过程中应当始终围绕目标,突出立"魂"(确立精神文化这个灵魂,培育企业精神,实现理念体系的认同)、强"本"(强化员工综合素质这个根本,促进员工全面发展)、优"体"(优化企业内部环境,增强凝聚力,激发员工潜能)、塑"形"(塑造企业良好形象,提高企业美誉度和影响力)等重点,促进员工价值与企业价值的共同实现,推进企业的持续发展。

4. 企业战略管理、企业制度管理、企业文化管理的关系

企业战略、企业制度、企业文化这三大领域的管理,覆盖面广,影响深远,对于企业目标的实现关系重大,是现代企业管理的核心内容。

由前述可知,企业战略是企业的行动纲领,解决企业发展的目标与路径问题("做正确的事");企业制度是企业的行为规范,解决企业运行与发展的机制问题("正确地做事");企业文化是企业的价值理念,解决企业持续发展的灵魂与动力问题("做正确的事"和"正确地做事"的思想基础)。打个不完全恰当的比方:如果说企业是一株成长的果树,那么,企业战略是"果",企业制度是"干",企业文化是"根",三者相辅相成、缺一不可。

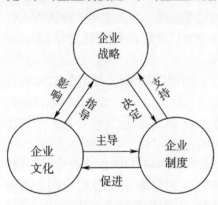

图13-4 三大管理关系图

企业战略、企业制度、企业文化三者管理领域不同,看似泾渭分明,实则联系紧密(这从它们所要"解决"的问题即目的中清晰可见),相互促进又相互制约,如图13-4所示。企业战略是企业制度的依据,决定企业制度的构成和内容,而企业制度则服务于企业战略,是战略实施与控制的基本保证;企业文化是企业战略的理念基础和导向,是实现企业战略的巨大动力,同时也是企业战略的软约束,影响企业战略的实施,而企业战略是企业文化的重要组成(如共同愿景),有着企业文化的深深烙印,同时对企业文化的内容和变革产生重大影响;企业制度体现企业文化的要求,是企业文化的重要构成部分(中间层),同时作为企业文化的重要载体,促进企业文化的培育和传播,保障企业文化切实落地,而企业文化主导制度的建立,并促进制度的有效落实。

因此,在企业管理中,尤其在企业面临变革或发展阶段的转换关头,要十分注意处理好企业战略、企业制度、企业文化这三大管理之间既相互促进又相互制约的辩证关系,使之相互匹配、协调一致、协同共进,以保证企业目标的有效实现,促进企业的持续发展。

(二)不同层次的管理

按照管理的层次不同,企业管理可以分为高层管理、中层管理和基层管理。这是企业管理体系中的纵向管理。

1. 高层管理

企业高层管理是企业管理体系中最为重要的组成部分,处于主导地位,决定着企业管理的全局。

高层管理的主要内容,就是前述的企业管理三大核心内容,即根据企业内外环境制定企业战略和发展规划,并组织实施和调整;设计和构建企业制度体系,并监督执行和完善;培育

先进的价值理念体系,建立有特色、有活力的企业文化,并适时变革和提升。这三大管理是企业高层管理人员最重要的活动和技能。除此而外,高层管理还包括一些关系企业前途和命运的重大决策,如:培养、选拔和使用人才,特别是中高级管理人才;协调企业与外部的重要关系,争取企业发展的良好社会环境;加强企业风险管理,处理企业的重大危机;寻找企业发展机遇,引导企业变革和创新;实施企业的资本运营和重要资源开发与配置。

2. 中层管理

企业中层管理是高层管理与基层管理之间的中间环节,分为中层综合管理和中层专业管理。

中层综合管理是指企业下属经营单位(如客运企业的客运公司、客运中心站、修理公司、物资公司)的管理。中层综合管理的内容是综合性的,一方面作为高层的助手,负责一个经营单位的全部经营管理活动;另一方面作为基层的领导,负责对其下属基层管理进行指挥、控制和协调。

中层专业管理是指企业职能部门(如客运企业的运务部、安全机务部、人力资源部等)的管理。中层专业管理的内容是专业性的,即以生产经营过程的不同阶段(如开发、生产、营销等)和构成要素(如人、财、物、信息等)为对象,形成一系列的专业管理。一方面,中层专业管理对高层管理发挥专业参谋作用;另一方面,中层专业管理对经营单位的职能管理进行指导、监督和服务。

3. 基层管理

企业基层管理是对生产、销售、服务等现场作业的管理,故也称作业管理或现场管理,如客运企业的车站、车队、车间的管理,即俗称的"小三车"管理。

基层管理的任务是合理组织劳动分工与协作,执行企业各项管理制度,调动员工积极性,确保生产经营计划的完成。基层管理的主要内容,包括班组建设、环境管理、工序管理、物流管理、基础工作(台账、记录等)管理、生产进度与质量控制等。

比较以上三个层次管理的主要内容,可知:高层管理注重方向,中层管理注重协同,基层管理注重效率;相应的,各层次管理者能力要求也不同,高层管理者更需决策能力,中层管理者更需策划能力,基层管理者更需执行能力。

(三)不同专业的管理

按照管理的对象(要素与过程)或专业不同,企业管理一般可划分为计划管理、生产管理、营销管理、技术管理、质量管理、物资管理、设备管理、财务管理、人力资源管理等方面的管理内容。这是企业管理体系中的横向管理。

值得注意的是,就管理要素而言,人的管理是第一位的;就管理过程而言,质量(含安全)的管理是第一位的。可以说,在横向管理中,人力资源管理和质量管理是企业管理的两个"基本点",所有企业管理(无论是不同领域的管理,还是不同层次的管理或者不同专业的管理)无不与此关联,无不对此重点关注。所以,在某种意义上可以说,企业管理是以人为中心的管理(以人为本),企业管理也是以质量为中心的管理(质量第一)。

1. 计划管理

计划管理是指为实现企业的既定目标,对未来的行动进行规划和安排的管理过程。它包括计划编制、计划执行、计划控制、计划调整等环节。

按计划的层次,可分为高层计划、中层计划和基层计划;按计划的期限,可分为长期计划(5年以上)、中期计划(2~5年)和短期计划(年度)。长期计划实际上就是企业战略。

常言道,"凡事预则立,不预则废"。计划就是"预"的一种方式。计划是企业的首要职能。计划管理是企业管理的重要内容,它对企业经营活动的成败起着关键作用。为了保证企业计划的任务和目标的实现,计划管理应遵循全面性原则、科学性原则、平衡性原则和弹性原则。

2. 生产管理

生产是将投入的资源(输入)转化为产出(输出)的过程。生产活动的输出就是企业为社会需要所创造的财富——产品或服务。因此,生产是企业的最基本功能,它同营销一起构成了企业一切活动的主线(图13-1),其他各项管理均服务于这条主线。

生产管理,是指企业对生产过程的各项活动所进行的管理。对于输出"服务"的生产管理,也称运作管理。但现在有种趋势,就是将生产管理(不论是输出有形产品还是输出无形服务)统称为运营管理。

生产管理的目标是高效、低耗、准时、灵活地生产合格产品或提供满意服务。现代生产管理涉及六个方面的基本问题:

(1) 如何保证生产过程的安全——安全管理;

(2) 如何保证和提高产品(或服务)质量——质量管理;

(3) 如何保证适时适量地将产品投放市场,以满足顾客需求——产品数量和交货期管理;

(4) 如何降低成本费用,使产品的价格既为顾客所接受,又为企业带来利润——成本管理;

(5) 如何提供受顾客欢迎的附加服务——服务管理(对服务企业而言,就是丰富和优化质量性服务内容的问题);

(6) 如何保护环境和合理利用资源——环保管理。

3. 营销管理

营销管理也称市场营销管理,它是为实现企业目标,对旨在创造、建立和保持与目标顾客之间有益的交换关系的方案进行分析、计划、实施和控制的过程。也就是说,营销管理是对市场营销的各项活动所进行的管理。它包括分析市场营销机会、制定市场营销战略、设计市场营销策略、市场营销实施与控制四个阶段。

分析市场营销机会是营销管理的首要任务,是市场营销决策的基础。企业只有在对所处的宏观和微观环境(特别是消费者购买行为)作出综合分析的基础上,才有可能发现市场机会。

制定市场营销战略是指企业在市场研究的基础上进行市场细分、选择目标市场、作出市场定位的过程。市场定位的目的是建立企业在目标市场的竞争优势。

设计市场营销策略是根据市场营销战略确定的目标市场和市场定位,对产品、价格、分销渠道和促销四个营销组合因素进行整体设计的过程。

市场营销实施与控制是组织实施营销方案并进行控制的过程。这是保证营销计划获得预期效果的重要环节。

通过营销管理和营销活动,不仅是要提供市场需要的产品(包括服务),更重要的是让顾客满意,并维系企业与顾客的长期交换关系。这是现代市场营销的本质特征。可以说,顾客的满意度和忠诚度是企业未来盈利的指示器,是企业的希望所在,因而也是营销管理的基本追求。

4. 技术管理

现代企业技术管理的重点是对技术创新的管理,因此,这里的技术管理指的就是技术创新管理。

技术创新是指用技术的新构想(新产品、新服务、新工艺),经过研究与开发或技术组合,到获得实际应用,并产生经济、社会效益的商业化全过程的活动。面对迅猛发展的科技和日益激烈的市场竞争,技术创新是企业提高竞争力的重要手段,是企业生存与发展的强大驱动力。

技术创新管理就是对技术创新的各项活动所开展的管理。它包括决策、过程管理、要素管理和组织管理四个方面。

技术创新决策主要包括技术创新战略与政策的制定、技术选择等。

技术创新过程管理主要包括研究开发管理、新产品试制与生产管理、新产品营销管理、技术创新项目管理等。

技术创新要素管理主要包括技术创新信息管理、知识产权管理、技术创新能力建设等。

技术创新组织管理主要包括技术创新组织、人力资源配置等方面的管理。

5. 质量管理

质量是生产管理的基本问题之一,但质量管理绝不仅仅是生产管理部门的事,也不仅仅是质量管理部门的事,而是涉及企业各个管理部门的"全身运动"。

质量管理是企业在质量方面进行计划、组织、指挥、控制、改进等一系列协调活动的总称。这些活动包括制订质量方针和质量目标以及质量策划、质量控制、质量保证和质量改进。

质量方针是企业总的质量宗旨和方向,是所有质量活动的纲领。

质量目标是在质量方面所追求的目的。质量目标一般结合产品质量特性以量化的指标来表示。

质量策划是质量管理的前期活动,它的主要内容是制订质量目标,并规定必要的运行过程和相关的资源以实现质量目标。

质量控制是通过采取一系列的作业技术和活动,对产品形成和体系运行的全过程实施控制,以达到规定的质量要求。

质量保证是通过有计划和有系统的活动,提供客观证据证实已经达到规定的质量要求,以取得顾客和其他相关方的信任。

质量改进是通过寻求改进机会、制订改进计划、实现改进目标的循环过程,以增强满足质量要求的能力。

6. 物资管理

物资是企业进行生产活动的基本条件。物资管理是对企业生产过程中所需各种物资的供应、保管、使用等进行的各项管理工作的总称。它主要包括物资的计划管理与定额管理、物资的供应和采购管理、物资的库存管理和综合利用等。

物资管理的任务：

（1）加强计划与采购管理，满足物资需要（包括数量和质量），保证企业生产的正常进行；

（2）加强库存管理，压缩物资储备，减少资金占用；

（3）加强消耗定额管理，控制物资消耗，降低生产成本。

7. 设备管理

设备是企业进行生产和服务所使用的各种机械的总称。它包括生产设备（如机床、高炉）、动力设备（如发电机、内燃机）、传导设备（电力网、传送带）、运输设备（如汽车、汽艇）、管理设备（如计算机、复印机）、生活设备（如炊事设备、医疗设备）。它是企业的重要物质技术基础，是企业的主要生产和管理手段。

设备管理是指企业为了使设备的寿命周期费用最经济，而对设备采取的一系列技术、经济措施的管理活动。设备管理强调预防为主和技术与经济相结合的原则，强调全过程的综合性管理。它既包括对设备的物质运动形态的全过程，即设备的选购、进厂验收、安装调试、使用、维护与修理、更新改造、报废等环节进行的技术管理；也包括对设备的价值运动形态的全过程，即设备的最初投资、维修支出、折旧、更新改造资金的筹措、积累、支出等进行的经济管理。

设备管理的主要任务：

（1）保证设备可靠性，维护企业正常的生产秩序和良好的生产质量；

（2）保证设备先进性，促进企业技术进步，提高生产现代化水平；

（3）保证设备经济性，追求设备寿命周期费用最经济，提高企业经济效益；

（4）保证设备安全性，确保操作人员的生命安全；

（5）保证设备节能性，并防止环境污染等公害的产生。

8. 人力资源管理

人力资源，也称劳动力资源，是指一定范围内的人口总体所具有的智力和体力劳动能力的总和。人力资源作为第一资源，是管理的核心，是竞争力的标志，已逐渐成为人们的共识。

就企业而言，人力资源管理是指对人力资源的获取、开发、保持和使用所进行的计划、组织、指挥、激励和控制的管理活动。它的主要内容包括：人力资源规划、工作分析与岗位评价、人员招聘与选拔管理、培训与开发管理、薪酬与福利管理、绩效管理、沟通与激励管理、员工关系管理等。

人力资源管理的目的是：优化员工结构和素质，提高员工的积极性和工作效率，实现员工的自我价值和人力资源的增值效益，从而增强企业的竞争优势，促进员工与企业和谐统一的可持续发展。

人力资源管理与传统人事管理的最大区别在于管理理念不同，主要表现在：传统人事管理以事为中心，把人当成本，注重使用和控制；人力资源管理以人为中心，把人当资源，注重开发和激励。

9. 财务管理

财务管理是指企业组织财务活动、处理财务关系的一项经济管理工作。或者说，财务管理是利用资金、成本、收入、利润等价值指标,来组织企业中价值的形成、实现和分配,并处理这种价值运动中的经济关系的活动。财务管理的基本属性是一种价值管理,这是它区别于其他管理的显著特点。

企业的财务活动是企业资金运动的总称,包括筹资活动、投资活动、用资活动和分配活动。筹资活动,是指企业为了满足投资和用资的需要,筹措和集中资金的过程;投资活动,是指企业为了未来的收益或资金增值,而投放一定数量的资金经营某项事业的过程;用资活动也称资金营运活动,是指企业在日常生产经营过程中,所发生的一系列资金收支活动;分配活动是指企业的利润分配。

企业财务关系是企业在组织财务活动过程中与有关各方面发生的经济利益关系,包括:企业与投资者、被投资人之间的财务关系,企业与债权人、债务人之间的财务关系,企业与国家之间的财务关系,企业内部各单位之间的财务关系,企业与员工之间的财务关系。

企业财务管理的基本任务:
(1)做好各项资金流动的计划、控制、核算、分析和考核工作;
(2)依法有计划、合理地筹集资金,提高资金使用效率;
(3)有效利用企业各项资产,努力提高经济效益。

三、企业管理的基本原理

前述企业管理内容表明,企业管理活动是一个相当复杂的过程。但是,企业管理也并非无规律可循,管理原理就是对管理活动内在规律的总结和概括,是管理者履行管理职能、运用管理方法、发挥管理艺术应当遵循的准则。因此,了解和掌握企业管理的一些基本原理,对于企业管理者十分必要。

1. 系统管理原理

系统,是指由若干相互联系、相互作用的部分组成,并在一定的环境中具有特定功能的有机整体。系统具有整体性、层次性、相关性、动态性、开放性等特征。

系统管理原理,就是把企业视为一个复杂的社会技术经济系统,把企业管理视为对该系统的设计、构建和运作的过程。管理者的任务,是运用系统观念(这是指导思想),采用系统分析方法和系统管理模式(这是手段),实现企业系统各个组成部分、各种资源要素的优化组合和相互协同(这是途径),以提高系统整体效能(这是目标)。

为此,在企业管理中,要坚持追求有机统一的"整体观念"、运行有序的"层次观念"、适应环境的"开放观念"、闭环反馈的"信息观念"等基本观念或原则。

2. 人本管理原理

人本管理就是以人为本的管理。它的核心思想是"3P",即企业以人为主体(Of the people),企业的各项工作都需要由人来完成(By the people),企业是为人的需要而进行生产的(For the people)。尊重人、依靠人、发展人、为了人,是人本管理的基本内容和特点。

人本管理原理,要求企业:对外以顾客(也包括其他利益相关者)为本,即以顾客为中心,一切替顾客着想,一切为顾客服务,一切让顾客满意;对内以员工为本,即把员工视为企业最重要的资源,服务员工,依靠员工,开发和激励员工,充分发挥员工积极性和创造性,不断增强企业活力,实现企业和员工的和谐持续发展。

为此,在企业管理中,要注意把握几个要点:

(1)确立以人为本的基本理念和办企方针;

(2)根据人的心理和行为规律,科学和艺术地运用各种激励手段;

(3)大力开发人力资源,创造人才脱颖而出的机制和环境(民主管理、平等竞争等);

(4)重视人的精神、价值观在管理中的作用,培育先进积极的企业文化。

3. 能级管理原理

"能级"是从物理学中借用过来的概念,原意是指能量不同的电子处于不同的轨道围绕原子核运转。

能级管理,就是适应分工协作的需要,在管理系统中形成职责不同、要求不同的层次和岗位(即管理能级),并相应配置能力不同的人员,以充分发挥系统的整体效能。显然,能级管理原理与系统的层次性有关,也与人本管理原理相联系,是一种以人的能力为本的管理理念。

能级管理原理的要点是:

(1)管理能级的划分,要与管理要求(管理幅度、任务、复杂性)相适应,保证组织结构的合理性和稳定性;

(2)不同能级要明确不同的责任,授予不同的权力,给予不同的利益(包括物质利益和精神利益,当然也包括失职时的惩处),使责任、权力、利益三者与能级相对应;

(3)要把不同能力的人相应安排到不同能级上,使之各得其所,尽其能、履其责、行其权、取其利、获其荣,达到"人尽其才,才尽其用";

(4)要随着管理环境、管理任务、管理能级以及管理者能力的变化,适时对管理者所处的能级作相应地调整变化,实现管理者与管理能级的动态对应,以保持企业管理效能的优化状态。

图 13-5 责任、权力、利益、能力关系示意图

由上述要点可知,能级管理原理的核心,是能力与责任、权力、利益的关系合理化,即它们应遵守等边三角形定理,如图 13-5 所示。

4. 择优管理原理

择优,就是择其优而行之,以尽可能少的投入取得尽可能满意的结果。

择优管理原理,是指企业一切管理活动都要以追求有效性、效益性为目标。企业管理中"质量第一"、"效益第一"、"管理即决策"等观念,就是择优管理原理的体现。

择优管理原理的要点是:

(1)择优是所有管理活动(无论是高层、中层还是基层)、所有管理阶段(无论是计划、执行还是检查、处理)的必然要求;

(2)择优既要可靠(充分考虑各种客观制约因素)又要积极(充分发挥主观能动性);

(3)择优要正确处理局部与全局的关系,注重整体优化和整体效能;

(4)择优要建立在多种方案全面比较的基础上,并贯彻定性与定量分析相结合的原则;

(5)择优要坚持相对"满意"的准则,这是由于主客观条件的限制(待选方案有限、资源有限、认识有限等)而不可能实现绝对的"最佳"或"最优";

(6)择优是没有止境的永续提升过程,企业管理正是通过不断择优来实现企业系统的不断优化和企业效益的不断提高。"PDCA循环"之所以成为企业管理必须坚持的基本程序原因也正在这里。

5. 权变管理原理

权变,即权宜应变之义。权变管理,是指管理要因人、因事、因时、因势的变化而变化。

权变管理原理的要点是:

(1)管理环境的变化性——企业是一个开放的系统,它所处的内外环境总是不断发展变化的;

(2)管理活动的应变性——具体管理内容和方式方法,必须根据环境的变化而灵活应变,不能一成不变,也不可能一劳永逸;

(3)管理活动的有效性——权变的目的,在于采取与具体环境相适应的管理对策,以提高管理的效果和效率;

(4)管理活动的科学性和艺术性——权变不是随意地、盲目地变化,而是科学性与艺术性的融合、原则性与灵活性创造性的统一。

企业管理中,制度管理的"修订与更新"、计划管理的"弹性原则"、领导方式上的"情境领导"等,都体现了权变管理原理的要求。

四、企业管理的基本职能

为了协调企业的经济活动和组织活动,并使之具有良好的效果和较高的效率,管理者必须掌握企业管理的基本原理,并在基本原理的指导下,通过一系列的管理职能来实施管理活动。对管理职能的划分,管理学界至今还是众说纷纭,未有定论。但从现代管理理论和管理实践来看,可以认为,计划、组织、领导、激励、控制是管理的五项基本职能。

1. 计划职能

计划职能,是指在对外部环境和内部条件调研、预测的基础上,所进行的一系列对未来行动作出安排的管理活动。它主要包括:确定经营方针目标、制订发展战略、制订中短期计划、安排可利用的资源、计划指标的分解落实。

计划职能是管理的首要职能,是实施组织、领导、激励、控制职能的前提,它使企业的生产经营活动具有方向性、目的性和自觉性。计划职能运用得当,可以获得极大的成效;运用不当,则会导致极大的浪费和损失。

实施计划职能需要遵循一些基本原则,如前瞻性原则、资源优化配置原则、弹性原则等。

2. 组织职能

组织职能,是指对人员进行合理分工与组合,建立有效开展工作的权责结构的管理活动。它主要包括:确定管理体制、建立合适的组织结构和管理机构、明确权责和协作关系、制定必要的规章制度。

组织职能是完成计划目标的组织保证,并为领导、激励、控制职能的实施创造条件。

实施组织职能应遵循的原则很多,如目标一致原则、服从战略原则、适应环境原则、合理跨度原则、明确分工原则、权责对等原则、适当授权原则、统一精简效能原则等。

3. 领导职能

领导职能又称指挥职能,是指运用影响力带领企业成员去实现企业目标的管理活动。

这里的影响力,一方面来源于管理职位或权力,另一方面来源于领导者的个人魅力(人格、学识、才干、表率、情感等)。领导职能有如下两个要点:

(1)对企业各层次、各类人员的指挥、沟通和指导;

(2)协调企业各部门、各单位之间以及企业同外部各相关利益集团之间的关系。

领导职能是保证企业统一意志、统一步调的关键,是实现企业目标和计划的必要条件。

实施领导职能,作风民主、集思广益、决策果断、及时沟通等是应遵循的重要原则。

4. 激励职能

激励职能,是指管理者使用物质和精神手段满足员工需要而激发员工工作积极性和创造性的管理活动。它的表现形式十分广泛,小到表达尊重、鼓励、信任、表扬等的一句话、一个表情、一个动作,大到制定薪酬福利和晋升制度、培育充满活力的企业文化、开展教育培训和职业发展规划、安排挑战性工作等管理措施,都是激励的内容。激励职能的工作要点主要有:

(1)研究员工需要;

(2)制订激励措施;

(3)及时实施激励;

(4)评价和改进。

激励职能是现代企业管理至关重要的职能,它在很大程度上影响甚至决定着其他职能的效果和效率。

实施激励职能,应遵循按需激励、目标和业绩导向、物质与精神相结合、公开公平公正等基本原则。

5. 控制职能

控制职能,是指检查、监督企业各项活动的进展情况,发现并纠正过程偏差,以保证计划和目标实现的管理活动。它包括如下三个工作要点:

(1)确定标准;

(2)衡量绩效;

(3)纠正偏差。

控制职能与计划职能紧密相关,因为控制的标准常常来源于计划。控制职能是计划职能得以实施的保障。

实施控制职能,也需要遵循一些原则,如通过关键点控制的原则、重点控制例外事件的原则、控制要根据情况灵活掌握的原则等。

以上五项管理职能相互联系、相互制约。其中,计划是管理的首要职能,是组织、领导、激励和控制的依据;组织、领导、激励和控制职能是有效管理的重要手段,是计划及其目标得以实现的保障。只有统一协调、综合运用好这五个方面的职能,才能使企业管理的整体过程顺利进行,才可能为企业目标的实现提供必要而充分的管理条件。因此,在企业管理实践中,这些管理职能贯穿于企业的各种管理内容之中,无论是市场营销、生产运作、质量管理,还是技术创新、财务管理、人力资源管理,都有计划、组织、领导、激励和控制的问题;这些管理职能也体现在企业所有管理者的各项管理活动中,无论是高层领导还是一般管理者,都需要具备和履行这些职能,只不过在具体实施中侧重点、影响面、作用力各有不同,用于各项管理职能的时间也各不相同,如图 13-6 所示。

图 13-6　不同层次管理者职能活动时间比较图

五、企业管理的主要方法

为履行上述管理职能,实现企业目标,企业管理者需要选择和运用一些管理方法。适当的管理方法,对于管理的有效性具有非常重要的意义。

按照作用原理,企业管理方法基本上可以分为以下几大类。

1. 经济方法

经济方法是通过经济手段实现管理的方法,它的实质是物质利益驱动。

经济方法的形式,主要有:经济责任制、定额管理、工资、奖金、福利、罚款等。

经济方法的特点:

(1)利益性,在涉及经济利益并有利益追求时起作用;

(2)普遍性,是企业普遍采用的重要管理方法。

经济方法的局限性,主要是可能造成过分"向钱看"的倾向,产生一些负面作用。

2. 行政方法

行政方法是依靠行政权威直接管理的方法,它的实质是权力驱动。

行政方法的形式,主要有:指挥、指令、计划、检查等。

行政方法的特点:

(1)强制性,要以管理者的权威和被管理者的服从为前提;

(2)直接性,作用迅速,效果明显,效率较高;

(3)垂直性,在有上下隶属关系时方可使用;

(4)无偿性,不与利益直接挂钩。

行政方法的局限性,主要是容易引起心理对抗,导致动力和活力不足,影响积极性、创造性的发挥。

3. 规章制度方法

规章制度方法是通过规章制度的约束实现管理的方法,它的实质是规则驱动。

规章制度方法的形式,主要有:制度、规程、标准、手册等。

规章制度方法的特点:

(1)强制性,违者必究;

(2)规范性,可限制主观随意性,管理者与被管理者应共同遵循;

(3)预防性,因为对"该做的"、"不该做的"事先作出了规定;

(4)稳定性,规章制度不可能朝令夕改,这就保证了管理和管理效果的相对稳定。

规章制度方法也是企业普遍采用的基本方法,但它也有局限性,主要是缺乏灵活性,而且不适用于尚未规范的例外事项。

4. 社会学心理学方法

社会学心理学方法是通过满足被管理者的社会心理需要实现管理的方法,它的实质是内在心理驱动。

社会学心理学方法的形式,主要有:宣传、教育、沟通、各种形式的激励等。

社会学心理学方法的特点:

(1)自觉自愿性,所以作用力大,作用范围广,不受时间空间限制,没有规章制度方法"百密一疏"的弊端;

(2)持久性,可以在较长时间发挥作用,而且效果好,没有负面影响。

社会学心理学方法的局限性,主要是不能"立竿见影",紧急情况下难以适应;此外,人的心理活动相当复杂,有效运用有一定难度,相应对管理者素质要求较高。

5. 科学技术方法

科学技术方法是借助科学和技术成果实现管理的方法,它的实质是科技成果运用。

科学技术方法的形式,主要有:

(1)现代管理技术,如用于生产管理的目标管理、项目管理、标准化管理、6S 管理,用于质量管理的全面质量管理、六西格玛管理,用于营销管理的整合营销、电子商务、客户关系管理,用于人力资源管理的绩效管理、员工关系管理,用于财务管理的资本运作、成本控制、内部审计等。

(2)定量分析方法,如用于决策的决策树法,用于预测的时间序列分析法,用于运输管理的线性规划,用于物资管理的 ABC 管理法,用于财务管理的量本利分析,用于质量管理的统计技术方法等。

(3)定性分析方法,如用于战略管理的 SWOT 分析法,用于质量安全管理的检查表法,用于方案策划的 6W2H 分析法,用于集思广益的头脑风暴法,用于创新决策的六顶思考帽法等。

科学技术方法的特点:

(1)科学性,建立在科学理论基础上;

(2)多样性,涵盖企业管理的各个方面,且随着管理科学和现代技术的发展而层出不穷。

科学技术方法的局限性,主要是其中很多具体方法(特别是定量分析)不适用于对人的管理,且通用性比较差。

综上所述,以上五类管理方法各有其特点和局限性,前四类适用于对人的管理,第五类主要适用于对事和物的管理。为保证管理方法的有效运用,实践中应注重以下几点:

(1)注重客观规律和客观实际(数据、信息等),定性分析与定量分析相结合,提高方法科学性;

(2)注重运用条件,灵活选择管理方法,提高运用针对性;

(3)注重以人为本,加强与被管理者互动,提高运用艺术性;

(4)注重多种方法的综合运用,紧扣管理目标,提高结果有效性;

(5)注重与时俱进,运用科技成果,提高管理方法现代化水平。

第二节 道路客运企业管理的特点

道路客运企业管理是对以旅客运输生产为中心的各项经济活动进行的管理。从本书第一篇的论述中已经知道,道路旅客运输生产与工业生产不同,不论是生产环境、生产过程,还是生产要求、生产产品,都有其自身的特点。正因为如此,道路客运企业管理除了具有一般企业管理所共有的基本职能和主要内容外,又有一些不同于一般企业的特点。

一、对生产指挥系统的要求更高

道路客运企业对其生产指挥系统的要求更高,这是由道路客运生产过程的一系列特点所决定的。这些特点主要表现在以下几个方面。

1. 分散性

道路客运生产场所(道路),不像工农业生产的厂房或农场基本上集中于一点,而是呈线状分布在广阔的空间;道路客运生产工具(客车)也不像工农业生产的机器基本上可以静止在一处,而是沿着道路高速地运动着;一个客运企业一般都经营多条客运班线,这些客运班线短则十几千米、几十千米,长则几百千米、上千千米,甚至延伸到全国各地,客运车辆分散在各条线路上运行,即使在同一线路上运行,各车也是独立作业,而客运站场则如棋子般分布在道路沿线。因此,点多、线长、面广、流动、分散构成了道路客运生产的主要特点。

2. 网络性

道路客运生产是在一个四通八达的公路网络上进行的,而且在多数情况下都不是一家企业所能独立完成,同时,通过对其他运输方式发挥"补充和衔接"功能(参见第二章第二节内容),使其联系与影响展现在更大范围的综合运输网络上。这就是说,整个客运生产过程是一个由一系列相互衔接、彼此紧密配合的各客运企业以及多种运输方式所形成的庞大运输网络的协作过程。所以,网络性是道路客运生产的重要优势,也是它的显著特点。正是这个优势,使道路客运能够更好地满足旅客的需求,发挥更大的社会效益;也正是这个特点,给道路客运生产组织管理带来了大范围协调与协作的要求。

3. 协调性

就道路客运企业内部来讲,客运生产也是一个多环节、多工种的协作过程。它要求企业内部各部门、各单位、各服务环节之间通力协作、密切配合,也要求彼此之间在生产能力上保持一定的比例关系,并实现有节奏地均衡生产。而实际上,各种主观和客观条件的变化(如车况、客流、道路、气候等)都可能造成某种比例的失调或生产节奏的破坏。如何搞好客运生产过程的动态平衡,如何协调好各方面的协作关系,就成为客运生产组织的一个重要课题。

4. 连续性

客运生产是一个连续的服务过程。旅客从进站购票、候车、乘车,直至到达目的地,要求客运企业的各个生产环节、各个生产作业本身及其相互之间紧密地衔接和连续地进行,不发生任何不合理的中断。这不仅是旅客的需要,而且也是客运企业提高效率和效益的需要。然而,同样由于主客观条件的变化,常常会使这种必要的连续性面临中断的境地。

5. 复杂性

客运企业的经营环境十分复杂。这一点已经在本书第二章第四节讨论过。社会经济因素等五个方面的环境因素,除组织技术因素外,其余四大因素客运企业都无法主动控制和改变,基本上只能被动地适应。其中对客运生产影响最直接、变动性和不确定性最大的是自然地理因素、道路交通因素和运输对象因素(客流)。这些,不仅左右客运企业的战略与规划,也直接影响客运生产的组织与管理。

综上所述,道路客运的生产过程,是一个由多种运输方式之间、外部各相关企业之间以及企业内部各部门、各单位、各岗位之间进行大协作的连续作业过程。其中任何一个环节的脱节、延误或差错,都可能破坏客运生产的正常进行,都可能给有着"过程性"、"整体性"特点的客运质量造成无可挽回的负面影响。而生产过程的点多、线长、面广、流动、分散和经营环境复杂多变的实际,无疑又加大了管理的难度和风险。客运生产组织的这一分散性、网络性、协调性、连续性和复杂性的特点,决定了客运企业在生产管理上一定要协调好企业内外各方面的配合关系,协调好各生产要素之间的比例关系,协调好企业对外部多变环境的适应关系。这就要求企业从计划安排、组织指挥、工作流程、信息传输、质量控制,到车辆、人员、物资和资金的调度管理等,建立起与客运生产过程相适应的既集中统一又灵活高效的生产指挥系统。

二、对质量管理的关注度更大

企业的竞争归根结底是质量的竞争,而由于客运对象和客运产品的特殊性,客运企业的质量管理显得尤为重要。这主要是因为:

1. 竞争程度激烈

道路客运竞争对手林立。随着国民经济的发展,公路、铁路、民航、水运等各种运输方式发展很快,相互之间的可替代性既促进综合运输体系的逐渐形成,也使彼此之间的竞争不断加剧成为一种必然趋势,尤其是公、铁之间的竞争表现得异常突出;同是道路客运,既有班车客运、旅游客运、包车客运,又有公交客运、出租车客运,还有众多的非专业运输的社会车辆以及发展势头越来越猛的私家车客运大军;即使是班车客运,也由于投资不大、准入门槛不高,经营业户比铁路、民航、水运要多得多。所有这些,使得可供旅客选择的出行方式和途径越来越多,客运市场的竞争也越来越激烈。

2. 竞争手段受限

由于客运产品的无形性以及生产与消费的同步性,服务产品不能储存而进行深加工,也无法像工业生产那样借助包装和产品的更新换代展开竞争。市场竞争中常用的价格手段,对以政府定价和政府指导价为主的道路客运而言,也几乎无用武之地。因此,道路客运最有效的竞争武器,就是在强化功能性服务、开发服务新产品的同时,不断优化和创新质量性服务,全面提升运输服务质量特性,提升运输服务的特色、形象与品牌。

3. 生产与消费同步

客运产品的生产与消费是不可分离的,因而无法通过事先的检验来剔除废品、修正次品,也无法采用工业产品那样的"三包"办法弥补质量缺陷和建立质量信任,况且客运产品质量还有"过程性"、"整体性"的特点,这就对客运质量的水平及其形成过程提出了更高要求。因此,客运生产者必须保证整个客运生产过程中的每一次、每一项乃至每一个细节的服务质量,并且达到一次成功、一次满意。在客运生产的整个过程中,任何一个环节、任何一个人的懈怠或疏忽，都可能酿成难以挽回、难以估量的质量问题和质量损失。

4. 客运的对象是人

交通运输具有"非增值性"的特点，运输生产既不创造新的物质，也不会创造新的使用价值，运输过程的消耗还会转移到运输对象身上。多余的运输产品和无效的运输支出对社会来说尚且是一种浪费，更遑论运输生产的安全质量低劣了。低劣的安全质量会破坏被运送对象原有的实物形态，导致原有的使用价值降低甚至丧失。所以在第一章第二节论及运输特点时就已经强调指出，"保证运输质量特别是运输安全，这是运输的生命和价值所在，始终都是运输生产过程第一位的工作，其极端重要性是不容置疑的"。客运的运输对象是人而不是物，其安全性尤其具有无与伦比的重要意义。人命关天，安全位移是旅客的第一需求，是客运质量的核心要素。客运安全不仅是一个质量和经济问题，不仅直接影响企业的效益和信誉甚至威胁企业的生存（一次大的行车事故就可能葬送一家企业），而且是一个关系人民生命财产安全，关系社会稳定与和谐的政治问题。因此，"安全第一"是道路客运生产的首要命题，安全管理在道路客运企业的质量管理乃至整个企业管理中显得异常重要和突出。

三、对市场调查的依赖性更强

道路客运企业管理必须十分重视掌握外部环境变化的信息，尤其必须十分重视客运市场的调查，其原因除了通常意义上的"企业管理要适应外部环境的变化"外，还有很多自身特点所决定的因素，这里列举一二。

1. 客源竞争激烈

客运生产离不开作为劳动对象的旅客，而客运企业恰恰不掌握旅客，也无法主动控制或很难与旅客建立固定的联系。正如本书开篇伊始在分析"运输的特点"时明确指出的那样，包括道路客运在内的运输生产过程有着产品"销售前置性"的特点，组织运输，必先组织运输对象。所以，"运输企业必须十分重视关注和研究运输市场，了解运输对象的种类、分布、特点、流量、流向等要素；必须十分重视适应服务对象（旅客或货主）的需求、需求变化及其市场规律，开发适销对路的运输产品；必须十分重视运输产品的质量，提高服务对象的满意度和忠诚度；必须十分重视改善运输产品的营销策略和市场形象，提高对运输对象的组织能力和水平。这往往成为决定运输企业竞争力高低的关键因素。"也正因为如此，客运市场的竞争，集中地表现在对客源的争夺上。而要争夺客源，势必先要了解客运市场。不仅要了解客源的分布状况，而且要了解客源的类型和特点以及所在地的经营环境（自然地理、道路交通等），了解目标旅客的服务需求和消费心理，还得了解竞争对手的实力、策略，等等，这就需要市场调查。

2. 客流变化大

在第三章第一节曾对客流做过分析。由于受多方面客观因素的影响，客流无论在时间上还是空间上都呈现出较大的不平衡性，既有淡、旺季之分，又有冷、热线之别。客运企业无法主动确定或控制客流的不平衡性，而只能千方百计地去适应这种错杂纷繁的客流变化。而要适应客流变化，首先得了解变化及其背后的成因，了解变化的趋势及可能有的规律性，这也需要客运市场调查及在调查基础上的预测。

3. 运力后备与运输效率有矛盾

在第一章第二节分析"运输的特点"中已指出，"运输产品既不能在时间上加以储存以备后用,也不能在空间上进行调拨以调剂余缺",客运企业"必须在运输能力上留有一定的余地或后备,以适应实际运输需求不可避免的波动性"。但运输量和运输效益的高低取决于运输能力的利用率,而并非像工业企业那样可由生产能力大小来决定,原因也在于客运企业不掌握生产力三要素之一的劳动对象。这就产生了一个矛盾:一方面不能没有运输能力的后备,另一方面在运输需求不定、运输对象(旅客)没有把握的情况下,后备的运输能力只会带来运输效率和效益的下降。如何解决或部分解决这一矛盾?可能的途径有:

(1)按照实际客运需求波动的一般规律,使企业后备运输能力保持在一个相对合理的水平上,防止不必要或过多的运力闲置;

(2)加强日常的客源开发与组织(如发展包车业务),努力提高平时处于闲置状态的后备运力的利用率;

(3)掌握社会运力情况,必要时(如节假日客流高峰时),通过运政管理机构动员和组织符合要求的社会运力参与运输,同时争取相关协作客运企业的运力支援,以缓解客运市场短期供求失衡的状况。显然,这些途径的运用都离不开准确的市场调查和预测。

综上所述,道路客运本身虽然科技含量不高,但其生产过程有别于一般企业的一系列特点表明,外部环境的影响、干扰和制约相当大,客运生产经营中无法主动控制的因素比较多,潜在的不确定因素和不利因素比较多,由此决定了道路客运企业具有较高的经营风险(尤其突出的是行车安全风险),也由此带来了较大的管理难度。

此外,道路客运企业在设备构成、资金运动等方面也有与一般企业不同的地方,从而相应形成设备管理、财务管理等的特殊性,这些将在相关章节中予以介绍。

第三节 道路客运企业的组织结构

企业的组织机构,是企业履行管理职能、开展各项生产经营活动、实现企业目标的组织保证。从以上道路客运企业管理特点的分析中不难理解,道路客运企业组织结构既要求集中统一的调度指挥,又要求机动灵活、各自为战,具有独立处理和解决问题的能力。因此,道路客运企业应实行统一领导与分级管理相结合的组织原则。直线职能制是目前国内道路客运企业最常见的组织结构形式,如图13-7所示。

这种组织结构的特点是,凡涉及企业全局性的重要权力和一切重大问题的决策(如经营方向、结构调整、投资决策等),由公司总经理室(或董事会、股东大会)统一掌握,具体的生产经营活动则由下面的公司(即二级核算单位)独立运作。各职能部门是总经理室的参谋部门,同时在业务、技术上对二级单位进行具体指导和服务,协助办理各项管理事务,但不能直接进行指挥和下达命令。这一组织形式,能保证整个企业的统一指挥和管理,避免多头指挥和无人负责的无序现象,同时还有利于强化专业管理。但这一组织形式也存在条块分割、协调工作量大、下属单位自主权不够而影响经营效率等缺点。为克服直线职能制的缺点,也有不少道路客运企业采用了"集中决策、分散经营"的事业部制组织结构,从形式上与图13-7所示并无明显区别,但由于经营管理权力下放,调动了下属事业部的积极性、主动性,有助于增强对环境变化的适应能力。

从图13-7所示的职能机构设置中可以发现,道路客运企业具有一般企业所没有的"运务"、"安全"、"机务"等职能机构,这正是道路客运企业管理特点的体现。这些职能机构专司相关管理职能,在以后的章节中将分别予以介绍。

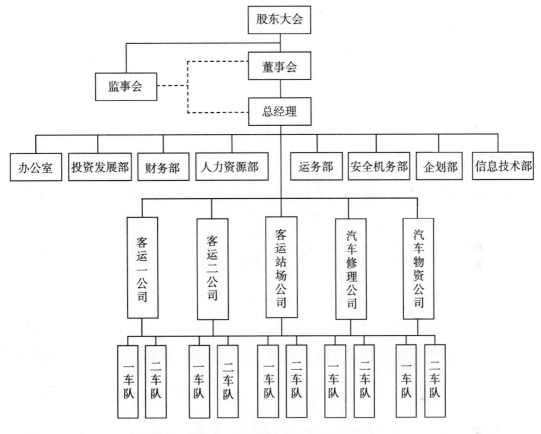

图 13-7　道路客运企业组织结构图

本章思考题

1. 请用自己的语言,说说"企业管理"是怎么回事。
2. 为什么说"PDCA 循环"是"企业管理过程的基本程序或基本模式"? 请以熟悉的管理过程(至少三种以上)为例加以说明。
3. 为什么说人和信息是企业管理的"两大关键要素"?
4. 怎么理解"企业管理要适应外部环境的变化"这句话?
5. 企业战略管理应当注意哪些问题?
6. 企业制度管理包括哪几个层次的内容?
7. 企业文化管理的目标(即应突出的重点)有哪些?
8. 企业的生产管理、设备管理、质量管理、财务管理的主要内容或任务各是什么?
9. 在企业管理中,如何体现系统管理原理?
10. 请分析一下,能级管理原理与人本管理原理有什么关系。
11. 择优管理原理有哪些要点?
12. 道路客运企业为什么对生产指挥系统要求更高?

13. 道路客运企业为什么对质量管理更关注？
14. 道路客运企业为什么必须十分重视客运市场的调查？
15. 简要阐述下列问题或名词的含义：

(1) 企业管理的实质；

(2) 经营战略；

(3) 精神文化；

(4) 企业文化的五大功能；

(5) 基层管理；

(6) 营销管理；

(7) 权变管理原理；

(8) 企业管理五大职能；

(9) 人力资源管理与传统人事管理的主要区别；

(10) 企业管理主要方法。

第十四章 道路客运企业运务管理

道路客运企业的运务管理即运输业务管理,是指为保证运输业务有序、有效地开展而进行的计划、组织、领导、激励、控制等一系列协调活动。

就其核心内容而言,运务管理就是道路客运企业的生产管理或运作管理。然而,由于客运产品及其生产过程特殊性的要求,道路客运企业的运务管理比一般工业企业生产管理的涵盖面大得多,它不仅是对运输生产计划和运输生产过程的管理,而且包括运输市场调查、运输产品(指服务的范围、内容、项目、形式等)开发设计、运输服务质量管理、运输产品销售、运输市场开发等管理内容。因此,运务管理在道路客运企业管理中居于十分重要的地位。

本章主要从客车运输效率指标、客运市场调查和预测、客运班线的开发、客运班次时刻表的编制、客车运行作业计划的编制与运行调度等几个方面介绍运务管理的主要内容。

第一节 客车运输效率指标

一、车日与行程的概念

在讨论运输效率指标之前,先介绍"车日"和"行程"两个概念。

(一)车日

凡企业的营运车辆,不论其技术状况如何,是工作还是停驶,只要在本企业保有一天,就计为一个车日。在统计期内,企业所有营运车辆的车日总数称为总车日(或营运车日)。总车日可以分为完好车日和非完好车日,其中前者又包括工作车日和待运车日,后者则包括维修车日和待废车日。由于待运车日、维修车日和待废车日中,车辆均处于停驶状态,因而这三种车日又统称为停驶车日。由此可见,总车日也可以理解为由停驶车日和工作车日组成。上述各种车日的构成如图14-1所示。

(二)行程

营运车辆在一定统计期内工作车日行驶的千米总数称为总行程(或总车公里),计量单位为车千米(车公里)。总行程由载重行程和空驶行程两部分构成。载重行程亦称重车千米(重车公里),在客运中,它是客车载有旅客(不论旅客多少)行驶的千米数,称为载客行程。载客行程是生产行程,属于客运过程的有效行程。空驶行程亦称空车千米(空车公里),它是车辆完全无载行驶的千米数(公里数),包括客车在车站与车站之间的无客行程(称空载行程),也包括客车在车站与停车场(维修厂、加油站)之间的行程(称调空行程)。空驶行程是非生产行程,属于客运过程中的无效行程。客运过程的上述各种行程的构成见图14-2。

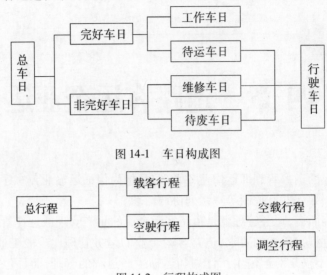

图14-1　车日构成图

图14-2　行程构成图

二、主要运输效率指标

理论上讲,反映客运车辆使用效率的指标有很多,而从实际出发,常用的运输效率指标有如下几个:

(一)车辆工作率

车辆工作率是指一定时期内,营运车辆工作车日占总车日的比重,用"%"表示。其计算公式为:

$$车辆工作率 = 工作车日 \div 总车日$$

一辆营运车一天(24小时)内只要出车工作过,不管其出车工作时间长短、完成运输量多少、是否发生过维护修理、停歇或中途机械故障,均计为一个工作车日。

车辆工作率表明了车辆在时间方面的利用程度,它对于车辆生产率有直接的影响。在其他条件不变的情况下,车辆工作率越高,表示车辆参加工作的时间越多,车辆生产率也越高。

(二)平均车日行程

平均车日行程是指统计期内,全部营运车辆平均每个工作车日内行驶的千米数,是以车日作为时间单位计算的综合性速度指标,计量单位为"千米/车日"。其计算公式为:

$$平均车日行程 = 总行程 \div 工作车日$$

(三)里程利用率

里程利用率是反映车辆行驶里程利用程度的效率指标,也称行程利用率,是指载客行程(重车千米)在总行程(总车千米)中所占的比重,用"%"表示。其计算公式为:

$$里程利用率 = 载客行程 \div 总行程$$

上式既可用于计算一辆客车一天的里程利用率(单车日里程利用率),也可用于计算统计期内全部营运客车的里程利用率。

例如:图 14-3 所示为某一班车客运线路,往返 250km。

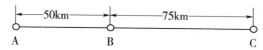

图 14-3　某班车线路示意图

假定:该班车额定座位 40;始发时,A 站上客 38 人,途经 B 站下客 8 人、上客 10 人,至终点站 C;回程时,C 站上客 20 人,全部至 B 站下车,客车由 B 站空驶返 A 站。则

该班车往返里程利用率 = (125 + 75) ÷ 250 = 80%

(四)座位利用率

座位利用率有两种:一种是"静态"座位利用率;一种是"动态"座位利用率。

1. "静态"座位利用率

"静态"座位利用率通常称为"上座率",它是反映车辆"静态"的座位利用程度的效率指标,是指在某一个时点统计,客车上的实际载客量与额定载客量之比,用"%"表示。其计算公式为:

上座率 = 实际载客量 ÷ 额定载客量

如上例,该班车在 A 站的上座率 = 38 ÷ 40 = 95%,在 C 站的上座率 = 20 ÷ 40 = 50%。

2. "动态"座位利用率

除直达班车外,客运班车实际载客量会随着途中旅客的上下而发生变化,"动态"座位利用率则反映的是车辆在载客行程中座位的利用情况。"动态"座位利用率通常简称为"座位利用率",也就是说,通常所称的"座位利用率"即指"动态"座位利用率。它是指客车实际周转量与载客行程额定周转量之比,用"%"表示。其计算公式为:

座位利用率 = 实际完成周转量 ÷ 载客行程额定周转量

式中,载客行程额定周转量是指客车载客行程最大可能完成的周转量,即:载客行程额定周转量 = 载客行程 × 额定载客量

如上例,该班车往返座位利用率 = $\dfrac{8 \times 50 + 10 \times 75 + 30 \times 125 + 20 \times 75}{(125 + 75) \times 40}$ = 80%

如果计算统计期内全部营运车辆的座位利用率,则:

座位利用率 = Σ实际完成周转量 ÷ Σ载客行程额定周转量
　　　　　 = Σ实际完成周转量 ÷ Σ(载客行程 × 额定载客量)

(五)实载率

实载率是指车辆实际完成周转量与其总行程最大可能完成周转量之比,它反映车辆营运总行程额定周转量的利用程度,因此又称为总行程额定周转量利用率,用"%"表示。其计算公式为:

实载率 = 实际完成周转量 ÷ 总行程额定周转量

式中,总行程额定周转量是指客车总行程最大可能完成的周转量,即总行程额定周转量 = 总行程 × 额定载客量。

如上例,该班车往返实载率 = (8 × 50 + 10 × 75 + 30 × 125 + 20 × 75) ÷ (250 × 40) = 64%。

如果计算统计期内全部营运车辆的实载率,则:

$$\text{实载率} = \sum\text{实际完成周转量} \div \sum\text{总行程额定周转量}$$
$$= \sum\text{实际完成周转量} \div \sum(\text{总行程} \times \text{额定载客量})$$

实载率是反映车辆在行程利用和座位利用方面的一个综合性指标。对于同一辆车或在全部营运车辆额定座位相同的情况下,实载率 = 里程利用率×座位利用率(如上例,80% × 80% = 64%)。但在分析车辆效率影响因素时,还不能以实载率取代里程利用率和座位利用率,否则会掩盖里程利用或座位利用方面存在的问题。因为同样的实载率,可能里程利用率高而座位利用率低,也可能里程利用率低而座位利用率高,只有分别分析里程利用率和座位利用率才能作出准确判断,得出正确结论。

三、运输效率指标的实际应用

以上几个指标对客车运输效率影响很大,因而在实际客运生产管理中应用十分广泛。努力改善和提高这些效率指标,是运务管理的重要任务。

(一)工作率的应用

工作率受到车辆完好率的制约。两者的关系是:工作率≤完好率。可见,提高工作率必须首先提高完好率,而提高完好率则是机务管理的主要任务,本章下节将专门介绍。

在既定完好率的前提下,要提高工作率,或者说要缩小两者的差距,必须尽力消除导致车辆待运的各种因素,即减少"待运车日",这就要求改善运输组织和运输生产调度工作。例如:根据运力情况和运输需要,注意有计划地培养客车驾驶员,并保持必要的后备,防止因驾驶员短缺或意外情况(如生病)造成的车辆停驶;加强与公路部门和气象部门的联系,掌握相关信息,及时采取必要的应变措施,减少因道路或气候问题造成的车辆停驶;加强客运市场调查和预测,合理储备运力,同时搞好日常客运营销和客源组织工作,努力开发加班车和包车客运,科学编制客运作业计划,改进现场调度,最大限度地减少待运车辆和待运车日。

(二)平均车日行程的应用

平均车日行程是一个反映营运车辆在时间和速度两方面利用程度的综合性指标。要提高车日行程,可以从延长每个工作车日的出车时间和提高车辆营运速度两方面作出努力。

出车时间除受车辆技术状况的制约外,主要受驾驶员劳动强度的限制。为避免驾驶员疲劳驾驶而可能导致行车事故增加,按有关规定,驾驶员每天(24小时)实际驾驶车辆的时间不得超过8小时。在这个约束条件下,延长出车时间的有效措施就是提高企业的运输组织工作水平,比如:合理编排班车循环代号,增加班车日运行班次;采用适宜的运输组织形式,"歇人不歇车",如实行双班制或多班制工作制度。

影响车辆营运速度的因素比较多,主要有:

(1)道路交通条件及其限速要求;

(2)自然地理条件;

(3)车辆的技术性能和技术状况;

(4)驾驶员驾驶经验和技术水平;

(5)运输组织工作水平(如运行作业计划、车辆调度、站务组织、旅客上下车、行包装卸等)。

其中,(1)和(2)是企业无法掌控的客观因素,(3)和(4)属于企业机务管理解决的范畴。作为运务管理,主要就是要在改进运输组织工作上下工夫,以尽可能减少车辆停歇时间,增加实际运行时间,从而提高车辆工作车时利用率和营运速度。

(三)里程利用率的应用

里程利用率反映客运班车实际载客的有效行驶里程。为提高里程利用率,就必须努力减少空驶行程,包括空载行程和调空行程。减少空载行程,既需要做好源头工作,即按照客流规律科学规划客运班车的线路、站点、班次、时间等,也需要做好日常的特别是客运淡季的客流组织、站际协调等工作。影响调空行程的主要因素是停车场地、维护修理点、加油站等与车站的距离远近。因此,在客运班车起讫车站安排确定的情况下,布局或选择停车场地、维护修理点、加油站时,应特别注意考虑减少调空行程的问题,这正是组织运输生产过程的"有效性"要求的重要内容(见本书第二章第五节)。

(四)座位利用率的应用

客运班车上座率的高低反映出一个车站组织旅客的水平,上座率高说明组客的效果好。正因如此,通常车站对上座率的高低都较为关注,总是通过各种途径和方式,努力售出更多车票,提高出站车辆的上座率。因直达班车途中不上下旅客,其上座率即相当于座位利用率或实载率(不考虑调空行程时)。但对普通班车而言,较高的上座率并不一定代表较高的车辆效率。有的上座率较高,表面上看客车利用率不错,但如果都是短途旅客,实际效益并不好。因此,相对上座率而言,应当更加重视的是对收益水平影响更大的座位利用率指标,即在优先提高座位利用率的基础上考虑上座率。例如,车站在售票配载时,遵循"终点站优先"和"里程利用率优先"的原则(见本书第五章第二节),对提高座位利用率具有实质意义;又如,加强始发站与沿途经停站点之间的客流信息沟通与协调,做好途中组客和补员工作,也是提高座位利用率的有效措施。

(五)实载率的应用

实载率指标是客运行业最关注的基本经济指标之一。

实载率的高低在很大程度上能够反映出客运车辆的经济效益。按目前的营运成本和运价情况,实载率在50%左右时为盈亏平衡点,偏离值一般不会超过±10%。掌握实载率的情况,也就相当于掌握了车辆的经济收益情况。因此,客运企业无不致力于提高车辆实载率。

提高客车实载率的途径,除上述提高里程利用率和提高座位利用率的措施外,主要是围绕满足旅客需求,做好吸引客流、组织客流的工作,包括提高班线开发质量和提高客运服务质量(包括安全)两大方面(分别见本章第三节和本书第十六章、第十七章的内容)。

实载率不仅作为车辆效率的重要指标,在企业运务管理中得到高度重视,而且因其客观地反映了客运市场的实际供求关系而应用于行业管理。《道路旅客运输及客运站管理规定》指出,道路运输管理机构应定期向社会公布客运市场的供求状况等基本信息。目前主要指的就是公布客运班线的实载率情况。这是运输管理机构实施班线行政许可时掌握"供求平衡原则"的主要依据。一般认为,为保证一定的车辆效率和满足旅客乘车舒适性的需求,当线路实载率超过70%时,可以考虑增加班车或调整班车(如增加车座)。

第二节　客运市场调查和预测

一、客运市场调查和预测的概念

所谓客运市场，狭义上是指客运劳务交换的场所和领域，广义上是指客运劳务交换关系的总和，包括供求关系、影响供求关系的价格体系、竞争关系、买卖双方的自我调节关系、国家宏观调控关系等。

客运市场是客运企业赖以生存和发展的基础。市场的未来变化与发展，往往是不确定的，这就给企业的经营造成困难和风险。所以，企业必须研究和了解市场，必须关注和把握市场的变化趋势，以提高环境适应性和应变能力，这就需要开展市场的调查和预测。通过调查和预测，可以把市场的那种不确定性极小化，从而有助于企业合理配置资源，减少经营风险。对于道路客运企业来讲，对客运市场调查和预测的"依赖性更强"，这是道路客运企业管理的重要特点。运务管理的重要内容之一，就是搞好客运市场调查和预测。

客运市场调查，是通过一定的渠道和方法，有目的、有计划、有系统地收集、记录、整理和分析客运市场方面的情况或资料的一种管理活动。

客运市场预测，是在客运市场调查的基础上，凭经验并运用科学的方法，研究客运市场的潜在需求，对客运市场的未来发展趋势以及与之相关的各种因素的变化进行分析、判断和预测的一种管理活动。

可见，客运市场调查与客运市场预测都是客运企业面向市场、服务决策的管理活动。但两者还是有区别的：首先，两者侧重点不同，前者侧重于研究历史和现状，后者侧重于研究未来；其次，两者直接目的不同，前者是在认识历史和现状的基础上，总结经验，发现问题，寻找机会，谋求改进，增强市场竞争地位，后者是为了正确制定未来的目标和行动计划。尽管如此，两者又是紧密联系的，市场预测离不开市场调查，市场调查为市场预测确定课题项目，提供信息资料，同时也为验证或修正市场预测的结论提供依据。

二、客运市场调查的主要内容与方法

（一）客运市场调查的主要内容

道路客运市场调查的内容十分繁杂，凡是直接或间接影响市场变化的一切信息资料都属于调查之列。具体可分为以下几个方面：

（1）客运市场环境调查，即宏观环境调查。包括：政治环境，如国家的法规、运输政策；经济环境，如生产力布局、居民收入情况；科技环境，如客车新技术、维修新设备；社会环境，如生活习惯、人口流动趋向；生产环境，如自然地理情况、道路交通情况。

（2）客运市场需求调查，实质上就是客源调查。包括：市场需求容量、消费心理、消费行为、消费趋势等。由于客流的形成由旅客的需要所决定，其类型、流量、流向、流时、运距等，取决于人们的政治的、经济的、文化的、生活的联系。而这种联系又是多种多样，千差万别，而且变化频繁。因此，客源调查涉及的具体内容相当复杂，主要有：

①营运区域城乡人口数量、构成、分布及近年来变化情况（自然增减和进出流动增减）；

②各种职业、年龄、性别的人口出行情况(出行目的、出行方式、出行频率、出行时间、出发地点、到达地点、所经路线、换乘地点和运输工具等)及对客运的要求;

③企事业单位、机关、学校和建筑工程的规模、人员来源、家住外地人员的比重及其工作、学习的季节性和假期安排情况;

④农村综合经济发展情况,农事忙闲及生活水平和生活习惯;

⑤居民的收入水平、消费结构情况,当地商业、文化、医卫的规模及对各类需求的满足程度;

⑥当地名胜古迹的知名程度及新景点的开发情况,旅游服务事业发展情况;

⑦大批人员的转移调动(如迁厂、迁校、新兵入伍),较大的社会集体活动(如传统集市、庙会、展览会、运动会、节庆活动)等。

(3)客运市场结构调查,即客运市场供给调查。包括:运力布局、运力结构、车辆技术水平以及其他运输方式的线网配置、运输能力及与公路衔接情况。

(4)客运市场行情调查。包括:客运经营业户的经营状况、营运效率、运价水平、盈亏情况等。

(5)客运市场行为调查,即微观环境调查。包括:竞争手段、营销广告、服务质量、价格执行情况以及本企业经营策略的适应性与效果等。

以上调查内容,可以根据调查的不同目的和要求,确定其中的一项或多项。在客运运务管理实践中,最常见的是客源或客流调查。

(二)客运市场调查的主要方法

1. 客运市场调查的形式

按调查对象的不同,客运市场调查分为以下几种形式。

(1)全面调查。

它以客运市场的总体为调查对象,也称综合调查,如对营运区域客源的综合调查。全面调查的优点是能够取得全面、细致、精确的资料,缺点是工作量大、成本高、花费时间长。尽管如此,全面调查对于道路客运企业来讲还是必不可少的,特别是需要作出重大决策时。

(2)抽样调查。

抽样调查是一种非全面调查。它是按照随机原则,从调查对象总体中抽出一部分样本单位进行调查,借以推断全部调查对象总体情况的方法。即通过局部(样本)客运市场的调查,来推断整个客运市场的状况。为了使所抽样本能够充分反映总体特征,在抽样时,就要抽取足够的数量,即样本容量足够。抽样调查节省人力、物力、财力和时间,保证调查的时效性,而且其误差可以事先计算和控制,所以在实际工作中应用较广,常用来代替全面调查。

(3)重点调查。

重点调查也称个别调查或专题调查。它是针对总体中重点的或个别的调查对象进行深入细致的专门调查,如就某一特定内容(如线路实载率)或特定时间段(如节假日)所作的相应客流或客源专题调查。

(4)典型调查。

典型调查是对客运市场中的典型对象进行深入调查,以个别了解一般的一种方法。此种调查方法省力省时,取得资料较快,适于样本太庞大、太复杂的客运市场调查;缺点是不太精确。典型调查的成效,很大程度上取决于所选择的典型调查对象的代表性。

2. 客运市场调查的主要方法

(1)采访法。

所谓采访法,就是直接或间接向被调查者提问,根据被调查者的答复来收集统计资料的一种方法。例如:召集被调查者开座谈会或个别面谈、通过电话询问、通过书面或电子邮件让被调查者填写调查表等。这种调查方法,可以根据需要获取较为全面的信息,特别是召开座谈会与个别面谈的方法应用较为普遍。这种调查方法的共同缺点,是受被调查者的主观因素影响较大。

(2)观察法。

所谓观察法,就是调查人员直接到客运现场,对被调查的现实情况和数量进行观察、计量和记录,以取得第一手资料的方法。比如:设点调查,通过对客车的通过量、客运量等的观察,了解客运需求情况,必要时还可安装仪器进行记录和拍照;随车调查,由调查人员随车记录沿途各站的上下车人数,了解全线客流及其变化情况。这种调查方法获得的资料比较真实客观,但只限于当时的表面情况,需要长时间的连续观察才能保证较高的可靠性。因此,此方法通常只在重点调查时使用。

(3)研究法。

所谓研究法,就是利用已有的统计资料,对与调查课题相关的内容进行分析研究,以获取市场情况的间接调查方法。这种调查方法不增加额外工作量,但其可靠性受统计资料时效的制约,所以调查时应尽可能选取近期的统计资料作为研究对象。

(4)统计法。

所谓统计法,就是利用售票、检票等客运业务的原始记录,通过表格整理、统计,得到调查资料。这种调查方法与上述研究法没有本质区别,都是建立在已有资料的基础上,所不同的是,统计法与日常管理结合在一起,利用日常管理的原始记录,资料的积累具有连续性、经常性的特点;而且,操作上可以在原表上直接加总,并便于了解单个线路、班次的客运效果及对客观要求的适应程度,便于进行相关分析。也正因为如此,统计法同样不会增加多少工作量,如果应用电脑进行数据的收集、加工、储存、传递、分析和处理,其迅速准确的优点则更为明显,它的缺点是只能用于已开班线的调查。因此,统计法适合于经常性的调查,如用于对新开班线的跟踪调查与管理。

3. 客运市场调查的步骤

客运市场调查,一般可按三个阶段进行,如图 14-4 所示。

1)调查准备阶段

调查准备阶段的工作,主要有:

(1)确定市场调查的任务和目的,并成立相应调查组织(调查工作小组或课题研究小组)。

(2)依据调查的目的和要求,制订调查方案。包括:选择适当的调查形式和方法;明确各阶段的工作目标;确定调查项目、调查范围、调查时间(包括调查开始和结束的时间以及要调查的资料所属时段)、调查具体内容、调查对象、调查要求、注意事项以及应收集的相应资料;

做好调查设计,拟订调查提纲和调查表;编制调查经费预算。

(3)制订具体调查工作计划,明确调查人员的分工和调查的地点、对象、日期,组织调查人员学习有关政策和业务知识,并熟悉调查方案和调查表的填制要求和方法等。

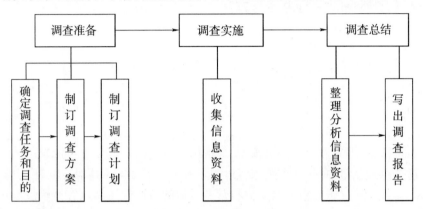

图 14-4　市场调查的步骤

2)调查实施阶段

调查的实施阶段是指按照调查方案和计划进行实地调查,收集所需要的信息资料。其间,应随时注意研究和处理调查过程中出现的各种问题,保证调查质量,控制调查进度,必要时可适当调整调查方案与计划。

3)调查总结阶段

调查的总结阶段是指对调查获得的信息资料进行整理与分析,并写出调查报告。

(1)整理分析信息资料。

信息资料的整理分析,包括审查、分类、统计、分析等内容。

审查的目的,主要是去粗取精、去伪存真,确认调查资料的真实性、准确性和完整性。

分类的目的,是按企业要求对调查资料进行整理和分类编号,以便于查找、归档、统计和分析。

统计是对分类编号的资料进行统计计算,制作出统计表和统计图。

分析在统计的基础上进行。通过分析,一是判断调查误差,二是运用所得数据和事实,初步得出调查的结论。

(2)写出调查报告。

原始资料经过整理分析后,要加以综合概括,写出调查报告,以供决策者参考。调查报告一般包括三部分内容:

第一部分是引言。主要说明调查的目的、过程和方法,以及其他需要说明的问题。

第二部分是主体部分。主要是针对调查的目的,提出问题,分析情况,做出结论,提出建议。这是报告的核心部分,也是体现调查价值的主要内容。因此,调查人员应当十分重视并精心撰写这部分内容,以充分和准确地反映调查成果。撰写中,要注意几个问题:一是内容应力求客观,切忌主观臆断,不能有任何迎合决策部门期望的企图,也不能有任何误导或诱导某种观点的倾向;二是文字应简明扼要,易读易懂,切忌拖沓冗长、含糊不清;三是主题应鲜明突出,任何与调查目的无关或不必要的东西都不要写进报告。

第三部分是附件。主要是报告主体部分中引用过的重要数据和资料,必要时可以把较详细的统计图表和调查资料作为附件,以便为预测和决策提供详细的信息依据。

三、客运市场预测的主要内容与方法

(一)客运市场预测的主要内容

客运市场预测是客运企业进行经营决策、编制经营计划的重要依据。预测的内容多种多样,凡是能够影响道路客运市场发展变化的因素都是市场预测的内容。归纳起来,主要有以下几个方面。

1. 旅客运输量预测

旅客运输量预测,即客运市场需求预测,是指预测营运区内社会上可能发生的全部旅客运输量。在这个总运输量中,包括道路旅客运输量和非道路运输(其他运输方式)旅客运输量;道路旅客运输量中,又包括由道路运输经营者承运的营业性道路旅客运输量和由其他有车单位(个人)自运的非营业性道路旅客运输量;营业性道路旅客运输量中,包括本企业承运的部分和其他道路运输经营者承运的部分。

在一个营运区域内,本企业承运的道路旅客运输量与该营运区域内全部道路旅客运输量(有时也用"营业性道路旅客运输量")的比率,就是本企业的市场占有率。即:

道路旅客运输市场占有率(%)=某营运区域内由本企业承运的道路旅客运输量÷该营运区域内全部道路旅客运输量

客运企业市场占有率的大小,在很大程度上反映了企业在客运市场上的竞争能力。

客运市场预测的中心内容之一,就是研究本企业承运的旅客运输量在客运市场上发展变化的趋势,即在市场需求预测的基础上,预测本企业的市场占有率,实际上也是对企业竞争能力的预测。

2. 客运资源预测

客运资源预测,即对客运生产能力及其影响因素的预测,实际上也就是道路客运市场供给预测。包括:本企业和其他道路客运企业在一定时期内客运生产能力的变化状况,燃润料、轮胎、配件的供应及价格变动趋势,运价及其浮动幅度变动趋势,企业人力资源特别是驾驶员、修理工及技术和管理人员的变化状况,客车技术和道路特别是高速公路的发展趋势等。

3. 客运竞争情况预测

客运竞争情况预测,即对营运区内其他运输方式的规划布局和发展变化情况、各种运输方式特别是其他道路客运企业旅客运输量的增长变动情况、客运市场竞争趋势(包括潜在竞争对手的出现,竞争对手对本企业竞争策略的反应和影响程度)等作出预测。

(二)客运市场预测的主要方法

客运市场预测的方法很多,大体上分为定性预测和定量预测两大类。

1. 定性预测方法

定性预测方法,是在资料相对缺乏的情况下,主要依靠预测人员的经验和判断能力,对预测对象做出预测。它侧重于研究与推断预测对象未来发展的趋势和性质。常用的定性预

测方法有以下几种:

1) 领导干部判断法

领导干部判断法是由运输部门负责人召集部门管理人员(或由企业分管运输的领导召集有关部门负责人),通过会议听取他们的预测意见,然后由主持会议的负责人(或分管领导)在听取意见的基础上进行分析判断,得出最后预测结果。此方法简便迅速,但主要取决于领导者的经验和判断能力,有时会不准确;领导者能否不抱成见地虚心听取下属意见,也是影响判断准确性的关键因素之一。

2) 专业人员分析法

专业人员分析法就是召集有关专业人员通过会议进行预测。由于专业人员的工作范围有限,不掌握全部资料,故他们的看法也有局限性,易出现预测数过大或过小的现象。为克服这一缺点,可采用加权平均方法推定预测值,其计算公式为:

$$推定平均值 = (最高估计值 + 4 \times 最可能估计值 + 最低估计值) \div 6$$

3) 专家意见法

这种方法是美国兰德公司提出来的,也叫德尔菲法。

这一方法运用过程如下:

(1) 先将需要分析预测的专题列成问题大纲,然后连同本次预测的内容、预测的目标和必要的资料,一并寄给预测专家,分别函询受邀专家的意见;

(2) 对收集的专家意见汇总、分类和整理,将那些专家意见相差较大的问题再抽出来,附上几种典型意见请专家进行第二轮预测;

(3) 如此反复两次或多次后,直到专家的意见趋向一致或更加集中在一、两种意见上为止,以上述专家的最终意见作为预测结果;

(4) 如果专家意见不能趋于一致,也可以采用上述推定平均值的方法确定预测值。

可见,这一方法具有以下基本特点:

(1) 参与预测的专家可以比较多(一般10~15人),有尽可能全面的代表性;

(2) 征集意见的方法是背靠背,彼此不见面,不通气,避免了"权威"的影响和相互之间的干扰,有利于专家独立思考,预测活动的民主性和科学性较好;

(3) 多次反复,能够充分动员所有参与者的知识、经验和能力,可以获得准确性更高的结果。这个方法的缺点是,操作费时费力,费用也较大。

2. 定量预测方法

定量预测方法,是以已经掌握的历史和现实资料作为基础,建立适当的数学模型,对预测对象的未来状态进行定量测算的方法。其特点是有明显的数量概念,侧重于研究预测对象的发展程度(包括数量、相关因素的比值等)。常见的方法有时间序列分析法、因果分析法。限于篇幅,这里只介绍时间序列分析法中最简单的几种方法。

时间序列分析法,也称外推法,是按时间顺序排列的历史资料所表明的趋势来推算未来发展的一种方法。时间序列分析法用于长期预测的可信度较低,但对于短期预测来说,是一种既经济又有效的预测方法,对中期预测也有一定的参考价值。以下以客运量预测为例,说明这种方法的应用。

1) 简单平均法

这种方法是根据过去多期的客运量资料计算其平均值。

例如：前六年的客运量分别为 100 万人、105 万人、110 万人、115 万人、110 万人、120 万人，预测第七年的客运量 =（100 + 105 + 110 + 115 + 110 + 120）÷6 = 110 万人。

2）移动平均法

移动平均法与简单平均法没有什么原则区别，所不同的只是对所采用的历史运量确定一个数量周期（移动资料期），每次以数量周期的运量序列数据的平均值作为未来的运量预测值。每推进一次，舍去最初的一个数据，增加一个最新的数据再进行平均。

如上例，假设取 3 年为一数量周期（移动资料期），则舍弃第三年以前的数据，预测第七年的客运量 =（115 + 110 + 120）÷3 = 115 万人。

3）加权移动平均法

加权移动平均法与移动平均法的不同，是对每一期数据分别给予一定权数。这是考虑到预测资料期中每一期的数据对未来的预测值影响程度是不同的。权数的大小，根据经验来确定，一般越接近预测期的历史资料权数越大，离预测期越远的资料权数越小，各期权数之和应等于 1。

如上例，假设确定第四年的权数为 0.2，第五年的权数为 0.3，第六年的权数为 0.5，则预测第七年的客运量 =（0.2×115 + 0.3×110 + 0.5×120）= 116 万人。

（三）客运市场预测的步骤

客运市场预测，一般可按以下步骤进行（定性预测可以适当简化）：

1. 明确目的，确定课题

预测什么，要达到什么目的，预测的时间跨度是多少，这是首先需要明确的。通常，市场预测的目的和课题（或项目）是与市场调查相联系的，有时甚至是一致的。

2. 收集和分析资料

预测需要大量的市场信息，因为信息是预测的基本依据。因此，收集资料和数据是预测工作的重要环节。

需要收集的资料数据，包括预测对象本身的历史和现实资料，还包括影响因素的历史和现实资料，应力求系统、充分。资料的来源主要有：市场调查资料，政府部门的统计和计划资料，本行业和相关行业的统计和计划资料，国外有关技术经济情报等。

预测需要高质量的市场信息，因为这直接关系到预测的准确度。因此，对已获得的市场信息资料，要根据预测的目的并按照相关性、可靠性和新鲜性的原则，加以整理、归纳、筛选和综合分析，方能作为预测的依据。

3. 选择预测方法

适当的预测方法是保证预测准确性的关键。各种预测方法都有其不同的原理、特点和适用性，要根据预测目的和资料占有情况，选择合适的预测方法。为提高预测的准确性，通常将定性预测与定量预测两类方法结合起来使用。

使用定量预测方法，需要建立预测模型（如预测对象与时间之间的时间关系模型、预测对象与影响因素之间的相关关系模型、预测对象与另外预测对象之间的结构关系模型）。首先，分析所取得的资料，找出各种经济变量之间的数量关系；然后，提出理论假设，建立相应的预测模型；最后，经过参数估计和验证分析，确认理论假设和预测模型。

4. 计算预测值

根据选择的预测方法和预测模型,以及收集的市场资料数据,进行合理的预测。

5. 分析预测误差

不论采用何种预测方法,都会存在预测误差,甚至是较大的误差。但如果预测误差过大,则失去了预测的意义,所以有必要分析预测误差。

预测误差的大小,除了可以按一定的数理统计方法进行置信区间的概率分析外,还可以利用已有数据进行内插或外推式的验算比较,从而得出误差程度,并分析原因,采取相应补救措施,把误差控制在一定范围内。

6. 改进和修正

当预测误差超出允许范围时,就要改进和修正。若是模型不当,就改进模型;若是预测方法问题,则另选方法。

四、客运市场调查和预测的实际应用

鉴于道路客运企业对于外部环境的高度敏感与依赖,客运市场调查和预测作为获取环境信息的重要手段,广泛应用于道路客运企业管理的各个方面,例如战略管理、计划管理、运务管理、财务管理等。这里列举几点客运市场调查和预测的实际应用。

(1) 客运市场调查和预测是客运企业重大决策的科学依据。

通过区域客运市场的全面调查和预测,可以比较全面地掌握客运市场的信息,包括:与客运生产直接相关的燃料、配件供应情况及公路通车里程、密度、等级情况,客流的分布、类型、流量、流向、流时及其波动程度和季节性变化规律,潜在客流的规模及其发展趋势,其他道路客运企业和其他客运方式的概况及其对客运需求的适应程度等,从而为道路客运企业的组建、客运站场的建设、客运发展战略的制定等重大决策提供可靠依据。

(2) 客运市场调查和预测是开发客运班线的前提条件。

《道路旅客运输及客运站管理规定》明确规定,申请道路客运班线经营或申请新增客运班线的,必须提供班线经营或新增班线的可行性报告,其主要内容包括该线路的客流状况调查、营运方案、效益分析以及可能对其他相关经营者产生的影响等。这就要求客运经营者事先组织客运线路区域的全面调查,了解所申请线路的基本客流情况(包括起讫站及沿线各站点往返客流的流时、流量等)、现有班车的实载率情况、各经营主体(包括铁路等其他客运方式)的营运情况及对旅客要求的适应能力等,并通过分析、预测,揭示未来客流的走势和供需矛盾,进而提出班线经营或新增班线的必要性和可行性。

(3) 客运市场调查和预测是组织重点客运的必要准备。

客流在流时上极不平衡,特别是"黄金周"、春节前后,通常是一年中的客流高峰,而且近年来持续增长,屡创新高。为适应客流量大而集中、时间紧而任务重的特点,搞好节期客运服务,客运企业应提前做好运力、人力和其他资源的安排。为了给这种安排提供正确决策的依据,就必须事先有针对性地对重点企业、院校、部队等单位进行客源专题调查,再结合往年同期统计资料的研究,对节期可能发生的客流作出合理的预测。

(4) 客运市场调查和预测是改善客运经营管理的重要基础。

客运企业制定客运计划、安排客运班次、编制班车运行时刻表、配置运力等,都必须以客

流为基本依据。而客流总是处于动态变化之中,例如:新开班线的实际客流,并不一定与原先的预测完全吻合;随着时间的推移,班线客流在流时、流向、流量上均将产生一定的变化;如果有新的经营者介入,线路供求状况更会发生较大改变。因此,客运企业对营运线路(尤其是新开班线)应当始终保持高度的关注,并进行经常性的调查、分析和预测,如班次数量是否恰当、发车时间是否合适、线路效果是否良好(各站点的客流量是否均衡和有无旅客过于集中而发生乘车困难的站点)、班车效率是否满意(车日行程是否适当以及里程利用和座位利用程度是否理想)、旅客要求(班车类别、车型、票价、服务等)是否得到满足等,以便为适应客流变化和旅客需要,对班次、班时以及车辆运能和档次等作出相应的调整,从而改善服务和经营状况,提高旅客和社会满意度,同时提高客车运用效率和企业经济效益。

第三节 客运班线的开发

一、班线开发的意义

客运班线的开发,是客运企业运务管理的重要任务之一。

客运的产品是服务,是以实现旅客位移这一基本功能为中心的系列服务。服务的无形性决定了它必须依托于一定的载体,而这个载体,对于作为道路客运主要营运方式的班车客运来说就是班车,就是班车运行的线路即班线。客流五要素(类型、流时、流向、流量、运距)集中地反映在班线上。没有班线,就无法组织客流和班车客运生产,如同工业企业没有生产车间和生产线就无法组织产品生产一样。不仅如此,由于运输生产与消费的同步性,客运班线还同时是客运消费市场。因此,开发客运班线,实质上就是开发客运生产线,同时也是开发客运消费市场。可见,开发客运班线既是旅客的需要和期盼,也是道路客运企业的必需之举。对于道路客运企业而言,开发班线可以说具有开发"生命线"的重大意义。

二、班线开发的种类

1. 新开

新开班线也叫新增班线,是指新开发的、目前本企业与讫点地合作企业均未开行过的班线。新开班线要通过新增线路、新增车辆来实现。新增车辆指在这条线路上增加的运力,并不一定是新购车辆,也可以是原先在其他线路上运行的。新开班线是客运企业班线开发最基本、最重要的途径或方式。

对新开班线,原来行业内操作有个不成文的规则,即要求双方(指始发地与讫点地)对等投入车辆,并按基本相同的发班时间相互对开。由于客流在流向上的不平衡性以及客运企业在效益要求上的差异性,这种双方对开的模式大大制约着班线的发展,无法满足广大旅客乘车的需求。随着市场经济的发展,强求双方对开的模式理应被市场所淘汰。因此,现行《道路旅客运输及客运站管理规定》中明确规定,"任何单位和个人不得以对等投放运力等不正当理由拒绝、阻挠实施客运班线经营许可",也就是说,一方不开应允许另一方先行单开。然而,延续几十年的地方保护主义,不可能立刻消失殆尽,现实中一方单开还有一定的难度,但相信会逐渐得到改变。

2. 恢复

恢复是指班车曾经开行过,期间因客流、道路或其他原因而停开,现重新开行的一种方式。利用原来车辆的称为复班,要重新投入车辆的称为恢复更新。根据《道路旅客运输及客运站管理规定》的规定,无正当理由连续停班180天(六个月)以上的,视为自动终止经营,要恢复原有班线必须按新增程序重新办理许可手续。

3. 对班

对班其实是新增的又一种形式。所不同的是这条班线已经存在,只不过暂由对方(指讫点地)单开,现在始发地一方也要新投入车辆,共同开行这条班线,实行对开,称为对班。

4. 增班

增班是指已开班线在现许可班次的基础上,增加日发班次而不增加班车的一种方式。近几年,随着我国经济的发展,路况和车况大大改善,车辆运行速度大幅度提高,这为实现增班提供了可能。

增班对于提高企业社会效益和经济效益的意义是显而易见的,原因是:班次增加,相当于增加了日营运车座,即增加了运输能力,有助于满足旅客需求,缓解乘车难的状况;增班不增车,实际上是提高了车日行程和车辆使用效率,并没有增加车辆固定资产的投入,企业效益的提升不言而喻。所以,增班是客运企业班线开发的一种有效方式。

当然,实施增班也需要考虑由车日行程提高而带来的一些影响,特别是在时间上要为增班车辆留有足够的余地。主要考虑因素有:

(1)班车进行旅客上下车、行包装卸、出站门检等站务作业的时间;

(2)车辆加油和日常维护的时间;

(3)始发站和讫点站出入城区的距离、交通状况及其运行时间;

(4)驾驶员正常的休息、就餐等的时间,以及日驾驶不超过8小时的要求(必要时可安排双班予以解决);

(5)在整个行程中高速公路所占比例及通常运行的时间,天气、过渡(桥)、山路等各种因素可能造成的时间延误。

5. 增车

增车分为不增班增车和增班增车两种。

不增班增车实际营运车座并不增加(增座除外),因而运输能力也不会增加。如:原来由一辆车执行2个班次的营运任务,现增加一辆同车座的车辆,变成由两辆车共同执行2个班次的营运任务。这种方式一般在车辆营运安全要求提高、或车辆技术状况下降、或道路和交通状况恶化的情况下采用,其主要目的是保障行车安全,改善乘车环境和服务质量。

增班增车是指在已经开行的班线上通过增加班车来实现增加班次的一种方式。在有一定班次密度的班线上增班增车的,又称为班线加密。增班增车或班线加密的目的,是为了适应线路客流增长的需要,方便旅客乘车,同时有利于提高客运企业竞争力和市场占有率。所以,增班增车是客运企业班线开发的又一种常用的重要方式。在有条件的线路上,实施班线加密直至班车运行公交化,这将是班线开发甚至道路客运发展的必然趋势。

三、班线开发的步骤

客运企业的班线开发步骤包括两个阶段,一是前期工作阶段,二是班线审批阶段。

前期工作阶段,实际上是客运企业作出班线开发决策的过程。具体工作步骤包括:客运市场调查和预测、班线开发决策、与有关客运企业或客运站协商并签订合作或进站意向书、撰写新增班线可行性报告和运输服务质量承诺书等。

班线审批阶段,实际上是客运企业向运输管理机构提出新增客运班线申请及管理机构作出行政许可的过程。具体程序和要求已在第九章第一节作了介绍。如果道路运输管理机构采取服务质量招投标的方式实施客运班线经营许可,则客运企业还须按有关规定做好以下工作:

(1)报名。持相关材料向招标方报名。

(2)交纳保证金。资格审查合格后,向招标方交纳投标保证金。

(3)撰写标书。根据招标方发布的新班线招标文件的要求,组织撰写标书及相关资料。

(4)标书自评。召集标书自评工作会议,对标书内容进行综合审议,必要时作出修改或调整。

(5)送交标书。标书内容经修改、审定并由法人代表在正本上签字后,向招标方送交。

(6)现场答辩。按照招标程序要求,进行标书讲解和现场答辩。

(7)手续办理。若中标,则可按规定办理新班线的许可手续。

(8)签订协议。即与对方合作企业或客运站协商,正式签订班车经营协议,确认车辆数、座位、班次数、开班日期、发班时间、票价、结算办法及其他有关事项。

四、班线开发中应注意的问题

为保证班线开发的质量,或者说保证班线开发具有满意的经济效益和社会效益,在班线开发中应遵循一些原则,注意一些问题。这些原则和问题,我们已经在本书第九章第二节的"班车客运线路和班次确定的原则"中述及,这里再从企业角度补充和强调几点应当注意的事项。

1. 作为前期工作的客运市场调查和预测十分重要

客运市场调查和预测是班线开发的前提,也是决定班线开发质量的关键,决不可马虎从事。尤其是要通过客流调查和预测,找准未来一段时间线路区域客流(五要素)的走势和供需矛盾,以便根据本企业的优势制定合理而又可行的班线开发方案。

2. 班线开发的着眼点和落脚点要放在满足旅客需求上

是否满足旅客需求,这是检验班线开发质量的主要标准。满足旅客需求,不仅是指功能上的,如线路走向、站点设置、班次、座位等方面要适应旅客的要求,让旅客"走得了",而且更应该在质量上下工夫,满足大多数旅客的需要,让旅客"走得好"、走得满意。比如,投入的车辆档次(类型等级)要适当,也就是说要因线因班而异,适合旅客的需求层次,既不要低估也不能超越旅客的消费能力;再比如,班车类别、发车时间等的设计,也应当根据旅客的不同需求,提供多种选择的可能。

3. 新开班线最好通过两地同时对等发展的方式进行

在当前的市场环境下,这种班线开发方式的成功率相对较高。这是因为,一方面便于争取当地运输管理机构的理解和支持,易于获得行政许可;另一方面也能使与对方客运企业的协商过程变得简单和顺利,并大大减少今后合作营运中可能出现的障碍与矛盾,改善班线营运效果。

4.班线开发的后续工作也是值得重视的一个问题

从严格意义上讲,班线开发的后续工作其实应该是班线开发的第三个阶段,只是因其与日常经营工作结合得比较紧密而没有把它单列出来,但如果因此而忽视后续工作那就大错了。任何新产品或新市场的开发,都有个培育过程,客运班线也不例外,尤其是"新开"班线。班线开发的后续工作做得好,可以大大缩短这个培育过程,使班线效果尽快显现,同时还可以修正或弥补班线开发设计中的某些失误与不足。因此,企业运务管理部门应主动做好或配合其他部门做好班线开发的后续工作,如班线开行前的市场营销、开行后的跟踪调查与管理(见上一节之"客运市场调查和预测的实际应用")等。

第四节 客运班次时刻表的编制

客运班次时刻表是道路客运企业向社会公告的所有班车营运信息的汇总表,包括班车线路(到达站、经停站点、里程)、班车类别(直达或普通)、班次和车次、发车时间和到达时间、车型(类型等级)和座位、票价等内容。客运班次时刻表是班车客运组织的一项基础工作。客运企业必须严格按照对外公布的班次时刻表组织车辆运行、站务作业及其他相关工作。

一、班次时刻表的作用

客运班次时刻表的作用,主要有以下几个方面:

1.班次时刻表是客运业务指示信息的重要载体

几乎所有的有关客运班车业务信息都反映在班次时刻表中,旅客可根据班次时刻表的指引,很容易找到适合自己需要的班车线路、类别、车次、车型和乘坐时间等信息,这样可为其出行提供了选择依据,带来了极大方便。因此,班次时刻表在客运信息服务中起着很大作用。

2.班次时刻表是客运车辆运行作业和调度的基本依据

客运车辆的运行作业计划和维护作业计划的编制必须保证班次时刻表的执行,即保证按时提供相应的完好车辆和驾乘人员;车辆调度也要始终围绕班次时刻表的规定开展工作,有序地组织好车辆运行,及时处理运行中可能导致偏离班次时刻表的各种突发情况。

3.班次时刻表是车站组织站务作业的主要依据

车站的所有工作,包括直接为旅客服务的各项站务作业,也包括间接为旅客服务的后勤和管理工作,都应严格按照班次时刻表的要求,统一进行组织、指挥、协调和控制。值班站长现场管理的主要任务,实质上就是切实保证班次时刻表的落实。

4.班次时刻表是客运营销的重要内容

班次时刻表的业务信息,反映了客运企业的服务范围和服务能力,也表明了客运企业对旅客的某些服务承诺(如价格、时间、车辆档次)。一个适应旅客需要并广为旅客所知晓的班次时刻表,无疑具有吸引旅客、扩大客源、提升企业知名度和竞争力的作用。因此,编制完成或作重大调整的班次时刻表,应及时通过车站公告牌、电子显示屏予以公告,同时通过各种渠道(如新闻媒体、企业网站、新闻发布会等)广为宣传,这是客运营销的必要组成部分和有效方式之一。

二、班次时刻表的编制

班次时刻表的编制，主要涉及以下几方面内容：

1. 确定线路、班次、站点及班车类别、车型和座位

这些均属行政许可范围，也是班线开发中必须明确的内容。本书上节及第九章已有论述，此处不再重复。

2. 确定票价

班车客运一般实行政府指导价，但各地政策不完全一致。企业须执行当地物价及交通主管部门的运价政策。若是政府指导价，可在允许的浮动幅度内浮动，但须相对稳定，并提前公告和报备主管部门。

在运价政策允许的条件下，企业对客运票价的确定，还要考虑广大旅客的承受能力以及与其他运输方式竞争的需要等因素；同时，对同一班线的票价，最好实行同线同价，如同一班线同一车型的票价、同一班线的往返票价，要尽可能保持一致。

3. 确定班次的发车时间

班次发车时间的安排，要以满足旅客乘车需求为原则。这方面，需要考虑的具体因素比较多，例如：首班始发时间要符合一般人的生活作息习惯，不宜过早或过迟；同一线路上的不同班次，发车时间要尽可能前后错开；班车到达终点站或途经站的时间，要适应换乘其他线路或其他交通方式的旅客的需要，减少其中途滞留时间；夜间长途班车始发和到达时间，要尽可能方便旅客起居；短途班线要考虑异地上班旅客的需要，发车时间宜集中安排在上班前和下班后；农村班线要考虑农民旅客"早进城、晚归乡"的习惯，可适当安排夜宿农村班车。这些因素，很难面面俱到、尽善尽美，况且旅客的需要也不可能完全一致，所以，班次发车时间的实际安排，只能从班线和班次的具体情况出发，分清主次，统筹兼顾。

在满足旅客需要的前提下，班次发车时间的安排还应当考虑其他一些因素，比如：

（1）对于班次较多的车站，要考虑站务作业的容量，即同时发班的最大限量，以免造成旅客乘车秩序的混乱和服务质量的下降；

（2）对于日发多班的车辆，要考虑实际客运过程的需要，留有足够的时间余地（详见上节"班线开发的分类"之"增班"部分）；

（3）由于发车时间直接关系客流的多少和班车实载率的高低，因此，对于同一线路上由不同企业经营的班次，要兼顾各方利益，尽可能做到公平、合理。

班次时间公布后，应保持相对稳定，避免临时性变动，但也要适应季节与气候的变化，通常一年中实行夏季和冬季两种班次时刻表即可。

4. 确定班次的到达时间

班次的到达时间，一般是根据发车时间和途中运行时间相应确定的。到达时间有特别要求的（如旅客中转换乘需要），可先定到达时间，然后按到达时间倒排发车时间。由于多种原因，目前道路客运班车的途中运行时间具有一定的不确定性，造成到达时间还难以完全保证，到达时间在班次时刻表中也只能是供旅客参考的内容。随着客运服务质量要求的提高，"准时发车"已成为许多客运企业的服务承诺，"按时到达"也正作为服务质量要求受到越来

越多的关注和重视。相信在不远的将来,"按时到达"也会同"准时发车"一样写进道路客运企业的"服务承诺"(事实上,一些客运企业已经在部分线路班次上开始这方面的实践)。届时,到达时间的确定将比现在更加郑重其事,所要考虑的因素将比现在更多。

5. 确定车次

车次是为客运班次编排的序号或运行代号。车次对于旅客来说实际意义不是太大,但在运务作业和运务管理上具有一定作用,如:便于售票、检票等作业,便于识别省际或省内班车,便于区分班车线路和走向,便于划分班车类别等。因此,企业一般都是根据自身的需要和习惯,利用数字或数字与字母,按照一定规律来编排始发班车的车次的。

第五节　客车运行作业计划与调度

一、客车运行作业计划的编制

(一)客车运行作业计划的作用

客车运行作业计划是运输生产计划的具体化,是客运企业生产作业计划的核心内容。它是建立正常运输生产秩序,保证客运企业日常运输生产过程连续性、平行性、协调性和均衡性的重要手段。

客车运行作业计划的具体作用,表现在以下方面:

(1)分配任务。通过作业计划安排,把生产计划中所规定的任务指标,按月、按旬、按日以至按班次,具体、合理地分配到车队和车站,从而保证企业生产计划按时、按质、按量地完成。这是客车运行作业计划的首要作用。

(2)组织协调。通过作业计划安排,把企业的各个车队、车站和车间以及有关的职能部门有机地组织起来,协调一致地开展各自相关工作,使企业客运生产活动有条不紊地进行。

(3)均衡生产。通过作业计划安排,有计划地组织车辆运行,有节奏地进行客运生产,可以克服运输生产的盲目性和被动性,防止前松后紧或时松时紧等现象发生。

(4)提高效能。通过作业计划安排,合理地调配车辆和驾乘人员,分配行驶线路和班次,有利于提高车辆和劳动力的利用率,发挥最佳运输效能。

(二)客车运行作业计划的种类

客车运行作业计划有不同的形式,根据其间隔时间的长短,大致分以下几种:

1. 长期运行作业计划

长期运行作业计划的计划周期通常为一个月,适应于行驶线路、起讫站点和旅客流量、流向等比较固定的经常性的运输任务。一般客运班车基本上都采取这种长期运行作业计划的计划形式。这种计划编制的工作量不太大,但效果较好。目前,随着班车客运定线、定车、定牌的行政管理制度的实施,长、短途搭配循环运行的越来越少,大部分班车在班次时刻安排后也就自然形成了实际上的长期运行作业计划。

2. 短期运行作业计划

短期运行作业计划,即三天、五天或十天不等的短期安排。对于起讫站点多、流向较为复杂的客源情况,编制月度计划比较困难,为稳妥起见,则可根据客流实际,采取短期运行作业计划。这种计划适应性较强,但计划编制的工作量较大,对调度工作的要求也较高。

3. 日运行作业计划

日运行作业计划是按日编制的作业计划,即每天下午编制好第二天的运行作业安排。日运行作业计划通常作为运行作业计划的一种补充形式,适用于客流多变、临时性运输任务较多的情况,比如加班车客运、短期包车客运。这种计划需要天天编制,工作量较大,但事实上也是一般客运企业不可缺少的作业计划形式之一。

4. 运次运行作业计划

运次运行作业计划往往适用于临时性或季节性较强、起讫站点比较固定的旅客运输,如长期包车客运。这种计划应根据客源多少、运距长短、道路情况等,选择不同的计划周期(但一般以日度较多),确定车辆每日(班)应完成的运次和运输量。这种计划编制比较容易,车辆调度也很方便。

上述这四种运行作业计划的形式,基本上能够适应各种不同客源的要求。但在编制短期或日运行作业计划时,应考虑长期客源的基本流向,当短期计划或日计划与月计划的旅客流向发生相向对流时,需采取适当措施予以完善或弥补(如实行交叉共驶),以提高运行效率,避免运力浪费。

(三)客车运行作业计划编制的依据

在编制客车运行作业计划前,要深入调查、收集和研究有关旅客运输资料,掌握编制客车运行作业计划需要的所有信息,作为计划编制的依据。一般主要包括以下内容:

(1)企业下达的月度或季度客运生产计划、车辆运用效率指标等有关文件。这是编制客车运行作业计划的首要依据。

(2)近期客源调查资料、政府指令性旅客运输任务以及经核准的包车等运输合同。

(3)现有车辆的技术状况及维修作业计划。车辆的运行作业计划应以良好的车辆技术状况为前提,支持和保证维修作业计划的实施。

(4)现有车辆运行作业的状态,特别是期末的动态(如过夜点),以保证前后期作业的衔接性。

(5)计划期的气象情况及其对运输生产的预计影响。在台风、冰雪等恶劣气候下要考虑适当降低计划的安排量,必要时最好准备分别适用于好、坏气候条件的两套运行作业计划。

(6)车辆运行班次时刻表是客运企业向社会公告的既定班车营运信息和服务承诺。车辆的运行作业计划必须以班次时刻表为基本依据,以确保班次时刻表的执行。

(7)车辆运行的主要技术参数,如:站距(即沿线两个相邻站点之间的距离)、车辆技术速度(即车辆实际行驶时的平均速度)、站务作业时间定额(即由企业规定的完成旅客上下、行包装卸等所需要的时间)等。这些参数,在一定时期基本处于稳定状态,所以一般只是首次编制运行作业计划或者这些参数发生较大改变时(如道路交通条件改善,而使车辆技术速度大为提高),才需要予以考虑。

(四)编制客车运行作业计划的步骤

编制客车运行作业计划,一般可分五个步骤:

1. 确定计划所需配车的数量

首先,根据客运班次的循环代号,确定工作车辆占用数;其次,考虑加班、包车、车辆抛锚等因素,确定机动车辆保证系数;再次,按车辆维修作业计划,并考虑车辆技术状况和维修车辆延期因素,确定维修车辆占用系数。由此,利用以下公式可求得计划需配车的数量:

客运计划需配车数 = 工作车辆占用数 × (1 + 机动车辆保证系数) × (1 + 维修车辆占用系数)

关于"循环代号"这里需要解释一下。所谓循环代号,是指一个或几个班次的组合。一个代号就是一辆客车在一天内的具体运行任务,或者说,一辆工作车一天完成一个代号内的班次组合。因此,有多少个循环代号,就需要多少辆工作车,循环代号数就是工作车辆占用数。可见,循环代号是编制单车运行作业计划的基础。

循环代号一般由车辆管理单元(即车队)编排,显然,一个车队的全部循环代号应包括其承担的全部客运班次。编排循环代号,主要应满足以下要求:

(1)合理分配运行任务,各个代号的日行程或运行时间应大致相等,以保持单车生产任务基本均衡;

(2)每个代号的运行安排,须保证一个驾驶员一天(24小时)累计驾驶车辆时间不超过8小时,防止任务过重而致疲劳驾驶;

(3)对于按循环代号执行轮班制度的班车,应注意其代号与代号之间的关联,做到彼此首尾相接,以便于循环。

此外,循环代号的编排,还要考虑适应不同的情况。比如:为适应季节或节假日(如春运期间)的客流变化和客运班次增减的需要,可编制出两套以上的循环代号;为适应各种形式的线路、小组或单车承包经营方式的需要,可按线路、小组定线循环或定车定线循环等方法编排循环代号。

2. 确定车辆的轮班制度

客车轮班制度指客车运行周期,即所执行的循环代号组合。根据所含循环代号数量不同,通常可分为两大类:即大循环式轮班制度和小循环式轮班制度。大循环式轮班制度,是将全部或数量较多的部分循环代号组合衔接在一起的客车运行方式;小循环式轮班制度,是将道路和运输条件相类似的数量不多的循环代号组合在一起,使每辆客车只在较小范围内营运的客车运行方式。采用大循环式运行时,每个驾乘人员都依次参与营运区内每个班次或较多班次的运行,劳动条件和强度相对均等,因而易于安排任务和调度;但不利于驾乘人员熟悉线路情况,对于行车安全、服务质量、节约能源等会有一定影响,而且在车型各异、道路条件不同的情况下也难以实行。小循环式运行则可避免上述不足,目前运用也最多,很多长途班车甚至是固定线路的往返式运行或固定代号运行。

轮班制度确定后,根据配车计划,即可安排好正班车(即执行循环代号的车辆)、待班车(即机动车辆)和送修(维护)车。

3. 编制客车运行计划表

客车运行作业计划表实际上是单车运行作业计划的汇总表,如表14-1所示。企业应根据经营规模及运力布局等情况,采取集中编制或分头编制的方式。规模较大的道路客运企业,可由车队依据确定的班线和分配的任务,编制分线、分车型的计划表。

4. 编制月客车运行效率计划综合表

车队编妥客车运行作业计划后,要把单车完好率、工作率、车日行程等数据分车型汇总,与企业下达的生产计划指标进行比较,并对低于生产计划指标的运行计划作适当调整,然后编制月客车运行效率计划综合表。

客车运行作业计划表　　　　　表14-1

车号及车座 \ 日期	1	2	3	4	5	6	30	31	工作车日	车日行程
001　40	①	②	③	④	⑤	A				
002　40	②	③	A	⑤	④	①				
003　40	B	④	⑤	②	①	③				
004　40	③	⑤	①	C	②	④				
019　40										
020　40										

说明:A——一级维护;B——二级维护;C——机动;带圈的数字为循环代号。

5. 计划下达

车队编制完成月客车运行效率计划综合表后,连同运行作业计划表送运务部门复核,再转送企业领导审阅。运行作业计划经企业领导批准后,即下达站、队,贯彻执行。(事实上,现在一些较大规模的道路客运企业,客车运行作业计划的编制已完全授权车队,无须经过"领导批准"甚至"运务部门复核"的程序。)根据运行作业计划的要求,相关职能人员(运务、调度、车管等)安排各自的工作,以保证运行作业计划的实现。

二、客车运行调度

客运企业的运输工作量和运输收入是通过车辆运行实现的,因此,客运企业内部的生产活动都是围绕着车辆运行而展开。为了保证客运生产计划的实施,实现运输生产的目的,必须进行一系列的日常运输生产的组织工作,其中最为核心的部分就是车辆运行调度工作。

客车运行调度的基本任务:通过企业的各级客运调度机构和调度人员,运用相应的调度设施和手段,合理安排运力,搞好运力与运量的平衡,及时、全面地掌握客运生产进程和相关信息,并对生产活动进行不间断的组织指挥和监督控制,同时正确处理生产中出现的各种问题,随时克服生产障碍和薄弱环节,保证客运生产各个环节和各项作业协调有序、保质高效地进行。

客车运行调度的主要职能在于两大方面,一是以上层调度机构为主执行的、以编制客车运行作业计划(如前所述)为中心的计划调度职能,二是以基层调度机构为主执行的、以落实客车运行作业计划为中心的现场调度职能。近年来,按照《道路旅客运输及客运站管理规定》,运政管理机构取消了原定牌不定车的循环班车管理模式,除农村班线外,基本上采用了定线、定车、定牌的管理模式。在这种情况下,企业车辆运行作业计划的编制工作大为简化,相应的计划调度职能也趋于弱化,而运行调度的现场管理职能则相对加强。这里所称的"客车运行调度",主要即指客车现场调度工作。

（一）现场调度的任务和工作内容

车辆运行现场调度，是客运企业组织客运生产活动的一项基本工作，是客车运行作业计划得以贯彻落实并具体实施的重要保证。因此，现场调度工作质量如何，会直接影响到客运服务水平和经济效益。

现场调度工作的主要任务是，按照客车运行作业计划，结合车站客流和营运线路现场的实际情况，通过调度命令，正确有效地指挥、控制、调节车辆运行，保证客运生产按期、按质、按量地完成。

现场调度的主要工作内容有：

（1）执行运行作业计划，发布调度命令（一般是行车路单），并对车辆运行实行不间断的组织、指挥和监督，随时检查客运生产进度，保证运输计划的全面完成。

（2）了解客运环境动态，随时掌握旅客流向、流时、流量的变化，掌握道路（包括桥隧、渡口）的通阻情况，掌握重大天气变化趋势，并根据客观条件的变化，适时调整作业计划。

（3）掌握各种车辆的技术性能及其变化，合理调度和使用车辆，并配合机务管理部门，执行"强制维护、视情修理"制度及安全技术检查制度，及时调车维修，确保运行车辆技术状况的完好。

（4）加强客运现场管理，随时收集生产信息，掌握车辆运行动态（包括利用GPS车辆卫星定位监控系统及现代化的通信手段，对运行车辆进行跟踪管理）。发现问题，及时与有关方面联系和处理，并采取必要措施，克服不利因素和薄弱环节，避免发生客运生产过程的混乱和中断。

（二）现场调度的工作制度

现场调度的主要工作制度有：

1. 调度值班制度

为了保持调度工作的连续性，不间断地监督车辆运行状态，及时处理车辆运行中出现的问题，掌握客运环境动态变化，现场调度应建立24小时昼夜值班制度。值班调度员应将当班的情况、发生的问题、处理经过及待办事项，详细记载在调度日志内，并做好交接班工作。

2. 调度报告制度

现场调度应执行调度报告制度，按照规定时间，向上级调度机构或运务管理部门，报告调度工作情况、调度任务完成进度和需要协调解决的问题等。对涉及安全和服务质量方面的重大问题，应及时用电话报告，以便迅速妥善处理。除日常报告外，还应通过调度工作的月、季、年度报告，分析情况和问题，总结经验和教训，提出改进意见和建议。

3. 通信联系制度

现场调度应根据需要，建立纵向与横向的、内部与外部的调度通信联系制度，健全信息沟通网络，全面掌握客源变化、车辆动态、线路通阻和运行计划完成情况，及时发布调度命令，搞好内外协调，充分发挥组织、指挥、监督、协调、控制等调度功能。

（三）现场调度的原则和要求

1. 现场调度的原则

在日常客运工作中，由于客观影响因素很多，往往会使正常的客运生产活动受到各种干扰。例如：驾驶员意外迟到或缺勤；车辆维修超时或返工，延误班车发车时间；客流出现临时较大的变动；运行中发生车辆技术故障或行车事故；道路因故发生堵塞或临时中断；天气突变（如浓雾、大雪），影响车辆正常运行；作业计划编制不当或交代任务不清；有关信息反馈不及时或不准确。所有这些因素，都可能影响班车客运的正常秩序，打乱车辆运行作业计划。

一旦发生这种异常情况，现场调度员须及时采取有效措施，对被打乱的运行作业计划进行必要的调整。调整时，一般应掌握以下原则：

（1）宁可打乱少数或局部计划，不可打乱多数或整体计划；

（2）宁可打乱当日计划，不可打乱日后计划；

（3）宁可打乱短途计划，不可打乱长途计划；

（4）宁可打乱小客位车计划，不可打乱大客位车计划；

（5）宁可打乱辅助运输环节（如站务作业），不可打乱基本运输环节；

（6）宁可增加管理或服务工作量，不可增加旅客麻烦，不可降低服务质量；

（7）宁可使企业效益受损失，不可使企业形象抹黑，不可让社会效益受影响。

在调整运输作业计划时，应尽可能避免或减少运输生产中断时间，并争取尽快恢复正常运行计划，尽力设法弥补或挽回因计划被打乱而造成的损失。

2. 现场调度的要求

为预防和减少打乱计划的因素，搞好运行调度工作，现场调度应十分关注客运信息，并注意把握以下事项：

（1）现场调度员要根据运行作业计划的安排，落实好次日当班车辆和驾驶员。凡未经安全技术检查或检查不合格、运行牌证不完备的车辆及驾驶证件不齐全的驾驶员，不得指派任务和签发行车路单。

（2）当班客车（包括正班、加班、包车）临时发生故障或因其他原因不能按时出车时，现场调度员应及时与车队联系，安排其他车辆顶班。

（3）遇有发生气候变化、道路堵塞，班车需要绕道、停车等情况时，现场调度员要及时向上级报告，并通知有关车站向旅客公告，做好宣传解释、办理退票、签证改乘、行包退运等工作。

（4）车辆在营运范围内抛锚、发生事故等，现场调度员须迅速联系有关方面，组织驳车和救援。

（四）现场调度员的业务知识

可以说，现场调度是客运企业运务管理中最前沿的管理工作。毫无疑问，优秀调度人员是搞好客车现场调度工作的关键。调度人员除应掌握基本的调度原理和调度技能外，还必须掌握一些与车辆运行直接有关的业务知识，才能适应和胜任调度工作。这些业务知识主要包括：

（1）熟悉车辆的技术性能和技术状况，如车辆类型、等级、座位、技术装备及自编号、牌照号码等，掌握车辆技术管理知识和车辆维护计划。

（2）掌握营运范围内的地理概况、道路条件、桥渡分布、通过能力、站点配置、现场条件、客流状况等。

（3）掌握客运市场情况及客流规律，了解营运区域内各道路客运经营者的经营范围、经营能力、设备条件及经营情况等。

(4) 了解驾驶员的技术、思想、个性、特长、嗜好、习惯、健康及其家庭情况等。
(5) 了解道路客运行政管理内容和有关法规、规章的规定。
(6) 掌握企业有关行车安全、服务质量及车队、车站、车间管理等方面的规章制度。
(7) 掌握客运运务管理的基本理论、基本技能及管理制度。

本章思考题

1. 道路客运企业的运务管理与一般企业的生产管理有什么不同？
2. 客运效率指标主要有哪些？如何计算？
3. 为什么说实载率是客运行业最关注的基本经济指标之一？提高实载率的途径有哪些？
4. 为什么说客运市场调查和预测是"运务管理的重要内容"？
5. 简述客运市场调查的主要内容和主要方法。
6. 简述客运市场预测的一般步骤和定性预测的常用方法。
7. 举例说明道路客运市场调查和预测的实际运用。
8. 客运班线开发有哪几种？如何提高班线开发质量？
9. 班次时刻表的作用是什么？编制班次时刻表涉及哪些方面的内容？
10. 确定班车票价、发车时间应考虑的主要因素各有哪些？
11. 简述现场调度的原则和要求。
12. 某一班车客运线路，全长250km，各站点之间距离(km)如图14-5所示。班车额定座位40座。

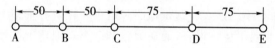

图 14-5

假如：班车在始发站A上客40人，到B站下客10人、上客10人，到C站下客10人(均为A站上车)、上客10人，到D站旅客全部下车，客车空驶至终点站E。上述旅客中不含免票儿童。请列式计算：
(1) 该班车在A站的上座率；
(2) 该班车从A站到E站的旅客运输量；
(3) 该班车从A站到E站的里程利用率(不考虑车站到停车场、加油站等的空驶里程，下同)；
(4) 该班车从A站到E站的座位利用率；
(5) 该班车从A站到E站的实载率。

第十五章 道路客运企业机务管理

道路客运企业的机务管理,是指为道路客运生产提供物质技术保障而进行的计划、组织、领导、激励、控制等一系列协调活动,它是道路客运企业对以车辆为主的设备管理和以车辆运行材料为主的物资管理的习惯称呼。

设备(车辆)管理与物资管理的性质不同,前者的技术性要求远远高于后者,事实上也是道路客运企业技术管理的主要内容。在一般工业企业,两者分属不同管理部门。在道路客运企业,有时为了强调机务管理的技术性,也会把物资管理单列出来,而不作为机务管理的组成部分,在一些大型运输企业还会为此成立独立的汽车物资公司(如图 13-7 所示)。但无论机构怎么划分,对于道路客运企业而言,设备管理与物资管理因其共同的服务对象——车辆而联系十分紧密,则是不争的事实。这是道路客运企业在机务管理上的一个特点。

车辆在一般工业企业属于运输设备,而在道路客运企业则是生产设备,而且是主要的生产设备。这种生产设备构成上的单一性,凸显了车辆在道路客运企业中的重要性,也凸显了车辆管理在道路客运企业管理中的重要性。这是道路客运企业在机务管理上的又一个特点。

由于机务管理涉及大量技术性工作,在此不便细述,本章只对机务管理作一般介绍。

第一节 机务管理的任务和内容

一、机务管理的任务

机务管理的主要任务是,以车辆技术管理为中心,为道路客运生产提供物质技术保障。机务管理工作的好坏直接关系到道路客运企业的生产、安全、质量和效益。具体表现在以下几个方面:

1. 机务管理为客运生产的正常进行提供物质技术保障

一方面,通过车辆技术管理,为满足旅客需要和客车运行作业计划的实施提供相应的完好车辆;另一方面,通过燃油、轮胎等车辆运行材料的采购、供应和管理,保证车辆的连续正常运行。可以说,机务管理是除运务管理外决定道路客运生产效率的主要管理因素。

2. 机务管理为客运生产的安全和质量提供技术保证

行车安全和服务质量是客运生产的首要问题,而安全和质量在很大程度上取决于车辆的技术状况。通过"正确使用、定期检测、强制维护、视情修理",保持运行车辆的良好技术状况,正是机务管理的核心功能。

3. 机务管理为提高客运生产的经济效益提供组织技术支持

车辆及其运行材料消耗是道路客运企业生产成本的主要组成部分。有效的机务管理是客运企业降低成本、提高效益的极为重要的保障,主要表现在:

(1)通过技术与经济相结合的手段,对车辆从选配、使用、检测、维护、修理到改造、更新、报废的全过程综合管理,追求车辆寿命周期费用最经济;

(2)通过对驾驶员的技术培训,以及对节油、节胎、节料等先进技术和经验的推广应用,直接降低车辆运行消耗;

(3)通过燃料、轮胎、配件等汽车物资管理各个环节(包括计划、采购、领发、库存等)的合理控制,减少物资浪费,压缩资金占用,从而提高资金运用效率。

二、机务管理的内容

机务管理的内容主要包括三个方面:

1. 车辆管理

车辆管理即车辆技术管理。它是机务管理的核心内容,也是本章的重点内容。

2. 设备管理

设备管理是指除车辆外的其他设备的管理。道路客运企业的设备管理与一般企业没有什么不同,而且由于劳动密集型的特点,除车辆维修设备外的其他设备并不多,因此设备管理相对比较简单,本节不作专门介绍。

3. 生产物资管理

生产物资管理主要是指汽车运行材料的管理,包括燃油、润滑油、轮胎、零配件等。本节只对燃油、润滑油的选用以及轮胎的技术管理作一般介绍,而不涉及最佳经济批量、安全库存、再订货点等物资管理专业性内容。

第二节 车辆技术管理

一、车辆技术管理的主要职责

车辆技术管理,是在坚持预防为主和技术与经济相结合的原则下,对运输车辆寿命周期的全过程综合性管理。大体上分为三个阶段,即前期管理、中期管理和后期管理。主要内容如图15-1所示。

车辆技术管理应依靠科技进步,采取现代化管理方法,建立车辆质量监控体系,推广检测诊断和计算机应用等先进技术,开展多种形式的专业技术培训,提高车辆管理水平和技术水平,保持运输车辆技术状况良好。道路客运企业车辆技术管理的主要职责如下:

(1)贯彻执行交通运输管理部门和上级发布的有关车辆技术管理的各项方针、政策、规章和制度;

(2)制定企业车辆技术管理的规章制度,以及车辆技术管理目标和考核指标,并负责

实施;

(3)负责建立和管理车辆技术档案及各类统计报表;

(4)编制车辆各项检测、车评、维护计划,并负责实施;

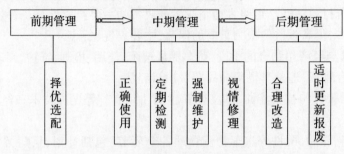

图15-1 车辆技术管理的三个阶段

(5)推广现代化管理方法和管理手段,应用汽车检测和维修新设备、新技术、新工艺和新材料;

(6)组织职工安全和专业技术培训,提高技术工人素质;

(7)组织开展各种群众性的爱车、节油、节胎、节料等活动,总结推广先进经验。

为履行上述职责,道路客运企业应建立由总工程师或机务主管领导负责的车辆技术管理系统,设置相应的机务管理机构,配备一定数量的专职技术管理人员,负责车辆各项技术管理工作;同时,建立健全车辆技术管理的各级岗位责任制,明确车辆技术管理人员的职责和权限,充分发挥他们的作用,保持机务管理队伍的相对稳定。

二、车辆技术管理的主要指标

(一)车辆技术管理指标的作用

车辆技术管理指标也称机务技术指标,是指车辆技术管理的技术、经济定额和指标,它是运输企业在一定的生产条件下,进行生产和经济活动所应遵守或达到的限额,是实行经济核算、分析经济效益和考核车辆技术管理水平的依据。

车辆技术管理指标的作用,主要表现在三个方面。

(1)作为管理手段,用以控制车辆运行消耗,激励驾驶和维修人员节能、降耗、增效;

(2)作为衡量尺度,既可用以评价车辆使用和维修的水平,为单车或车队、车间经济核算和奖惩提供依据,又可用以评价不同厂牌车辆的性价比,为车辆选购提供参考依据;

(3)作为分析工具,用以判断车辆技术管理过程存在的问题与薄弱环节,为改进和提高管理水平指明方向。

因此,加强车辆技术管理指标的建立、控制、统计、分析和考核,是机务管理部门的重要职责。

车辆技术管理指标的制定应考虑使用环境及条件、人员技术素质等因素,力求做到科学、合理、先进,并保持相对稳定。但随着车辆使用条件的改善和车辆技术的进步,应作必要的修订,以体现平均先进水平,更好地发挥指标在车辆技术管理中的作用。

(二)车辆技术管理的主要指标

道路客运企业应建立以下主要技术经济定额和指标:

1. 车辆完好率

车辆完好率是指营运车辆完好车日在总车日中所占的比例（见图14-1），用"%"表示。其计算公式为：

$$完好率 = 完好车日 \div 总车日$$

完好率是全面衡量一个企业对车辆的使用、维修和管理水平的综合性指标。完好率越高，表示技术状况完好的车辆越多，可能投入运行的车辆（工作车日）也就越多。努力提高车辆完好率，是车辆技术管理的主要任务之一。

完好率的高低受很多因素的影响。车辆本身所固有的技术性能是主要因素之一，如车辆的使用寿命、坚固性、可靠性、对维护和修理的适应性；不利的运输条件也是导致车辆技术状况迅速恶化的重要因素，如恶劣的气候、道路、交通状况。在上述条件一定的情况下，车辆完好率的高低，主要取决于企业车辆技术管理的水平。

因此，要提高车辆完好率，必须在加强和改进车辆技术管理上下工夫，努力减少"非完好车日"，特别是其中的"维修车日"。例如：根据使用条件，合理选配车辆，正确选用燃料和润滑料，防止"先天不足"和"营养不当"而致车况不良；实行定车定人的车辆使用保管方式，提高驾驶员的操作技术水平和熟练程度，加强车辆日常维护，最大限度地减少车辆修理频率；提高维修工人的技术水平，应用现代维修、检测设备，改进维修操作工艺（如采用总成互换修理法），保证维修原材料的质量和及时供应，努力压缩车辆维护和修理的作业时间；改进车辆维修的劳动组织和作业制度，如利用车辆回场后的时间或者夜间进行车辆维护，尽量使车辆维护和修理不占用或少占用车日。

2. 行车燃料消耗定额

行车燃料消耗定额是指汽车每行驶百车千米或完成千人千米周转量所消耗的燃料限额，分别用"L/（百车·km）"、"L/（千人·km）"表示。道路客运企业应根据不同的车型、使用条件、载客量和燃料种类等分别制定行车燃料消耗定额。

3. 车辆维护和小修费用定额

车辆维护和小修费用定额是指车辆每行驶一定里程，维护与小修耗用的工时及物料费用的限额，通常用千车千米消耗来表示，即"元/（千车·km）"。道路客运企业应根据不同的车型、使用条件及车辆现有技术状况等分别制定车辆维护和小修费用定额。

4. 小修频率

小修频率是指每千车千米发生小修的次数（不包括各级维护作业中的小修），用"次/（千车·km）"表示。显然，小修频率越低，反映车辆技术状况越好、越稳定。

5. 车辆平均技术等级

车辆平均技术等级是指所有运输车辆技术状况的平均等级，它反映企业车辆的总体技术状况。其计算公式为：

$$车辆平均技术等级 = (1 \times 一级车数 + 2 \times 二级车数 + 3 \times 三级车数) \div 车辆总数$$

6. 车辆新度系数

车辆新度系数是综合评价企业车辆新旧程度的指标，它反映企业运输生产发展后劲，用"%"表示。其计算公式为：

$$车辆新度系数 = 年末全部运输车辆固定资产净值 \div 年末全部运输车辆固定资产原值$$

上式与本书第十章第一节中关于企业等级评定的"车辆新度系数"计算公式并无本质区别,只是后者适用于车辆按年限法折旧时的特定情况而已。

7. 轮胎行驶里程定额

轮胎行驶里程定额是指新胎从开始装用,经翻新到报废总行驶里程的限额。道路客运企业应根据不同的车型、厂牌、使用条件和轮胎性能分别制定轮胎行驶里程定额。

在具体考核中,通常采用轮胎翻新率、轮胎综合平均里程为评价指标。轮胎翻新率和轮胎综合平均里程反映了一个企业轮胎管理、使用、维护水平,同时也反映了轮胎制造厂的轮胎质量及翻胎厂的翻新技术水平。

(1)轮胎翻新率:是指在统计期内经过翻新的报废轮胎数占全部报废轮胎数的比例,用"%"表示。其计算公式为:

轮胎翻新率 = 报告期内经过翻新的报废轮胎数 ÷ 报告期内全部报废轮胎数

每条轮胎不管翻新几次,均应作一条轮胎计算。报废的轮胎中,有的经过数次翻新,有的没经过翻新,翻新次数之和与报废轮胎总数之比称为平均翻新次数。在考核翻新率时,要注意轮胎翻新的费用及使用价值,并非翻新次数越多越好。

(2)轮胎综合平均里程:是指轮胎从新胎开始用到报废(包括翻新和未经翻新直接用到报废)的综合平均里程,用"胎千米"表示。这是考核轮胎使用实绩的主要指标,它反映企业轮胎使用的总体水平。计算公式为:

轮胎综合平均里程 = 报告期报废轮胎总行驶里程 ÷ 报告期报废轮胎数

三、车辆的前期管理

车辆的前期管理,是指车辆的选配,包括计划、选型和购置等工作。它是车辆技术管理的源头和首要环节。

车辆是道路客运企业的主要生产设备,投资大,影响面广。车辆选配是否得当,不仅直接影响车辆今后的使用效率和使用效果(安全、质量、成本、效益等),而且关系到车辆中后期的使用、维护、修理、报废等诸多方面。车辆选配上的"一招不慎",如果说还不致带来"满盘皆输"恶果的话,其所造成的连锁反应式的麻烦和损失也绝对是"刻骨铭心的痛"。因此,车辆选配是道路客运企业经营中的一项重大决策,在集约化经营、批量新增或更新运力时尤须慎重对待。

一般情况下,车辆选配有两个主要原则,一是按需,二是择优。

所谓"按需",就是选择的车辆要适应客运市场实际和运输业务的需要,充分考虑本企业的经营目标、经营战略和经营结构,充分考虑大、中、小和高、中、普的合理配备,充分考虑油料供应、道路、气候等运行条件,进行广泛调研和多方选型论证,避免脱离实际的盲目购置。

所谓"择优",就是在选择车辆生产厂家时,除应考虑车辆的价格因素外,还必须充分考虑车辆的质量、安全、维修、节能、环保等因素,深入研究车辆的类型、主要使用性能以及售后服务体系等,按照"技术先进、安全可靠、运行经济、生产适用、维修方便、节能环保"的要求,进行全面的经济技术分析和综合评价,在公开招标的基础上,择优确定。

四、车辆的中期管理

车辆的中期管理,包括车辆的使用、检测、维护、修理等内容。它是车辆技术管理的重点和主要环节,对于发挥车辆效率、减少行车事故、降低维修费用、节约能源消耗和延长车辆使用寿命等,有着至关重要的作用。

(一)车辆的正确使用

车辆运行的效率和成本高低,在相当大的程度上取决于驾驶员对车辆的正确使用与否。即使在相同的运行条件下,不同驾驶员所使用的相同车辆,效率与消耗水平也往往相去甚远。因此,指导和督促驾驶员正确使用车辆,是车辆技术管理的一项重要工作。

正确使用车辆,最主要的是严格遵守驾驶操作规程。其基本要求是:行车前,做好预热起动、低速升温、低挡起步;行驶中,注意保持温度、及时换挡、保有余力、行驶平稳、安全滑行、合理节油。

为保证车辆的正确使用,机务管理中应注意把握好以下几点:

1.实行车辆定人专责保管使用制度

所有车辆,均应实行定人定车保管和使用的制度。在车辆投入使用前,车辆使用单位(即车队)即应确定具有相应资质和上岗证的车辆使用责任人(即车辆保管驾驶员)。同时,教育驾驶员切实负起车辆保管和正确使用的责任,督促驾驶员认真阅读车辆使用说明书,熟悉了解车辆的使用性能、技术特点和技术要求,严格执行有关技术操作规程。必要时(如新型车辆投入使用),驾驶员须经专门培训后方可上岗。

2.严格遵守车辆走合期的有关规定

走合期是指新车、大修车或装用大修发动机后的车辆的初运行阶段,一般为1000~1500km。汽车走合期的显著特点是机件磨损快。车辆在走合期内必须遵守一系列规定。如:走合期里程不得少于1000km(以车辆使用说明书为准);减载20%~25%;限速,严禁拆除发动机限速装置;加强车辆日常维护工作,经常检查、紧固各部外露螺栓、螺母,注意各总成在运行中的声响和温度变化,及时进行调整;走合期满,应参照二级维护作业项目进行一次走合维护。

3.落实车辆在特殊条件下使用的要求

车辆在特殊运行条件下使用,应采取相应技术措施,以保障正常行驶。如:在低温条件下,使用时应预热、换用冬季润滑油和制动液、增大发电机充电电流等;在高温条件下,采取隔热降温措施、换用夏季润滑油和制动液、经常检查轮胎温度和气压等;在山区或高原条件下,加强制动系和操纵系的检查和维护、禁止熄火空挡滑行、适当调整点火和供油系等。

4.建立车辆定期检查和抽查制度

这里的检查和抽查,是指在日常管理中,机务管理部门组织专人对车辆技术状况进行的定期和不定期的普查和抽查。通过检查,发现车辆使用中的问题,督促和指导驾驶员爱护车辆、遵守操作规程、搞好日常维护,杜绝车辆带故障运行,提高驾驶员正确使用车辆的自觉性和技术水平。车辆检查的主要内容包括车容、转向、传动、制动、轮胎、灯光、消防和安全设施设备等。

5.坚持营运车辆安全技术检查(即"车况门检")制度

车辆安全技术检查,指车站对进站营运客车技术状况进行的安全例行检查,其目的是确保车况良好,消除事故隐患,保障行车安全。

车辆安全技术检查由车站配备专门的安全技术检查人员执行。检查人员应当掌握客车结构、汽车修理、检验方法和相关技术标准,并经专业知识培训,经道路运输管理机构考核合格后上岗。

车站应设置专门的检查场地,配备汽车安全检验台及必要的工具、仪器和设备。

车辆安全技术检查项目及要求,主要有:

(1) 转向:转向节及臂,转向横、直拉杆及球销无裂纹和损伤;转向盘转动灵活,操纵方便。

(2) 制动:无漏油、漏气现象;相关连接锁销齐全、牢固;驻车制动有效;气压表工作正常。

(3) 传动:离合器结合平稳,分离彻底;中间轴承和万向节无裂纹和松旷现象;驱动桥壳无裂纹。

(4) 照明:前照灯、防雾灯、转向信号灯、示廓灯、制动灯、前位灯、后位灯、危险报警闪光灯齐全有效。

(5) 轮胎:无严重磨损;无破裂和割伤;气压符合要求。

(6) 悬挂:无断裂、移位现象。

(7) 车身:安全窗和安全门处有醒目的红色标注和操作方法提示;安全窗采用安全玻璃的,在其附近备有便于取用的击碎玻璃的专用工具(安全锤)。

(8) 随车安全设施:配备有危险警告标志牌、三角木、防滑链(在冰雪天气时);灭火器在有效期内。

车辆安全技术检查实行一日一检制度,凡进站承担客运班车运输任务的营运客车,都应纳入安全技检范围。对符合要求的客车,安全技检人员应当填写"车辆安全技术检查报告单"(或"安全例行检查表"),加盖汽车客运站安全技术检查印章,并经检查人员、车辆驾驶员双方签字后出具"车辆安全技术检查合格证"(或"安全例检合格通知单")。汽车客运站调度部门在调度客车发班时,应当对其"车辆安全技术检查合格证"进行检查,确认完备有效后才准予报班。

安全技术检查时发现一般机件故障的车辆,技检人员应督促驾驶员及时修复,经复验合格,始可办理发班手续。对查出有重大事故隐患的车辆,技检人员要采取果断措施,责成车辆进厂修理,同时通知车站及时安排车辆顶班运送旅客。

(二) 车辆的强制维护

汽车在使用过程中,由于各种因素的作用和影响,零部件会随着行驶里程的增加产生不同程度的磨损、腐蚀、老化、疲劳、机械损伤等,使原有尺寸、几何形状、表面质量以及相互配合特性和正确位置发生改变,从而导致汽车技术状况逐渐恶化,动力性、经济性、可靠性随之下降,甚至可能引发意外事故。

车辆维护是为了减少零部件磨损和防止车辆早期损坏,保证车辆技术状况良好,维持车辆原有的使用性能而采取的技术组织措施。认真做好车辆的维护,对于保持车容整洁、及时发现和消除车辆故障与安全隐患、控制汽车污染物排放、延长车辆使用寿命等,也具有重要作用。

车辆维护应贯彻"预防为主、强制维护"的原则,即遵照道路运输管理机构规定的行驶里程或间隔时间,按期强制执行维护作业。可见,这里的"强制"包含两方面内容,一是维护的周期,二是维护的作业内容。

车辆的维护作业项目和程序,应当按照国家标准《汽车维护、检测、诊断技术规范》(GB 18344)等有关技术标准规定执行。

车辆的维护分为日常维护、一级维护、二级维护。

1. 日常维护

日常维护是日常性作业,由驾驶员负责执行。其作业中心内容是清洁、补给和安全检视,具体要求可参见本书第六章第二节相关部分。

2. 一级维护

一级维护由持证专业维修工负责执行。其作业中心内容除日常维护作业外,以清洁、润滑、紧固为主,并检查有关制动、转向等安全部件。一级维护间隔里程一般为2000~3000km或7~10天。

3. 二级维护

二级维护是对车辆进行的较一级维护作业范围更为深广的维护作业。其作业中心内容除一级维护作业外,以检查、调整为主,并按维护类别作业要求进行拆检和轮胎换位。二级维护的间隔行驶里程一般为(15000±1000)km或间隔时间2~3个月,或者根据车辆制造厂规定的维护里程执行。

二级维护须送道路运输管理机构认定资质的修理厂,由持证专业维修工负责执行。合格后签发竣工出厂合格证,送修驾驶员应将合格证移交车辆使用单位的车管员,放入车辆技术档案。

(三)车辆的视情修理

车辆修理是为了消除车辆故障,恢复总成或零部件的技术性能,恢复车辆已丧失的运行能力而采取的技术组织措施。适时、适度地修理车辆,对于延长车辆使用寿命、降低车辆寿命周期费用,具有重要意义。

车辆的修理应贯彻"视情修理"的原则,即根据车辆检测诊断和技术鉴定的结果,视车辆情况决定是否修理及进行修理的范围和作业深度。这样,既防止拖延修理造成车况急剧恶化,又防止提前修理而造成浪费。视情修理改变了过去"计划修理"的模式,体现了技术与经济相结合的原则,符合车辆技术和检测诊断技术发展的现实。

按作业范围的不同,车辆修理分为车辆大修、总成大修、车辆小修和零件修理四类。

1. 车辆大修

车辆大修是新车或经过大修后的车辆,在行驶一定里程(或时间)后,经过检测诊断和技术鉴定,用修理或更换任何零部件的方法,恢复车辆的完好技术状况,完全或接近完全恢复车辆寿命的恢复性修理。

随着车辆整体质量的提高和快速折旧的实施,目前有以发动机大修和总成互换取代车辆大修的趋势。

2. 总成大修

总成大修是车辆的总成经过一定使用里程(或时间)后,用修理或更换总成任何零部件(包括基础件)的方法,恢复其完好技术状况和寿命的恢复性修理。

3. 车辆小修

车辆小修是用修理或更换个别零件的方法,保证或恢复车辆工作能力的运行性修理,主要是消除车辆在运行过程或维护作业过程中发生或发现的故障或隐患。

4. 零件修理

零件修理是对因磨损、变形、损伤等而不能继续使用的零件进行修理。

（四）车辆的定期检测

定期检测是指采用现代化检测诊断设备与技术，定期对车辆进行不解体的检测，以正确判断车辆的工作能力和技术状况，以及查明故障或隐患的部位和原因。

它包含两层含义：

（1）普遍性"定期检测"，即对所有营运车辆视其类型、新旧程度、使用条件和使用强度等制定检测制度，使其在行驶一定里程（或时间）后，按时进行综合性能检测。通过检测，检查和鉴定车辆技术状况，掌握车辆技术状况变化的规律，确定是否需要修理以及修理的类别和项目，以便实行"视情修理"，达到控制和保持车辆良好技术状态的目的。

（2）选择性"定期检测"，即结合汽车维护定期进行检测。其目的主要是通过汽车维护前的检测，确定二级维护附加作业项目。此外，还可通过对维修竣工车辆的定期抽检，起到监督维修质量的作用。

总之，通过定期检测，可以达到监控车辆技术状况和促进提高维修质量的目的。同时，定期检测也是促进车辆维修技术发展，实现"视情修理"的重要保证，是贯彻预防为主和技术与经济相结合的原则的重要环节。

《道路旅客运输及客运站管理规定》明确规定，营运客车应当"在规定时间内，到符合国家相关标准的机动车综合性能检测机构进行检测。机动车综合性能检测机构按照国家标准《营运车辆综合性能要求和检验方法》（GB 18565—2001）和《道路车辆外廓尺寸、轴荷和质量限值》（GB 1589—2004）的规定进行检测，出具全国统一式样的检测报告，并依据检测结果，对照行业标准《营运车辆技术等级划分和评定要求》（JT/T 198—2004）进行车辆技术等级评定。"并且评定的"车辆技术等级在《道路运输证》上标明"。可见，车辆定期检测也是行业管理的强制要求。

五、车辆的后期管理

车辆的后期管理，包括改装、改造、更新、报废等内容。

1. 车辆的改装和改造

为适应运输需要，经过设计、计算、试验，将原车型改制成其他用途的车辆，称为车辆技术改装。

为改善车辆性能或延长其使用寿命，经过设计、计算、试验，改变原车辆的零部件或总成，称为车辆技术改造。

车辆的改装和改造，必须事先进行技术经济论证，符合技术上可靠、经济上合理的原则。而且，营运车辆的改装、改造，事前须报道路运输管理机构审批，事后应由主管部门组织鉴定。擅自改装或改造的客车不得从事道路客运经营。

2. 车辆的更新

以新车辆或高效率、低消耗、性能先进的车辆更换在用车辆，称为车辆更新。实际上，车辆更新是对营运车辆技术结构的一种调整，有助于提高车辆新度系数，改善车辆技术状况，保持和提高运输生产力,降低运行消耗和污染排放。

车辆更新应以提高运输经济效益和社会效益为原则。道路客运企业应按照这一原则,根据企业的实际(运输业务、车辆结构、资金状况等),并结合汽车市场的动态(技术、车型、价格等),有计划、有步骤、有重点地进行车辆更新。

被更新下来的运输车辆,可根据国家有关规定进行处理。其中未达到报废条件的,可移作他用或转让出售。

3. 车辆的报废

车辆经长期使用,车型老旧,性能低劣,物料超耗严重,维修费用过高,继续使用不经济、不安全、不符合环保要求的应予报废。也就是说,凡符合下述条件之一的车辆可予报废:

(1)车型老旧,性能低劣。此种车辆经长期使用,其性能已大大落后于新车,继续使用不经济或已不符合机动车安全技术条件。

(2)车辆基础件严重损坏,不堪继续使用或虽能修复但费用过高。此种车辆将会造成运行燃料超耗严重,经济效益很差。

(3)运行隐患很多,极不安全且无法修复的车辆。

(4)废气、噪声等环境污染超过国家标准规定,经采取措施后仍不达标的车辆。

为保护人民生命财产安全,保障道路交通秩序,国家对于报废车辆的处理作出了明文规定,道路客运企业应严格遵照执行。如:凡经批准或确定报废的车辆,道路运输管理机构应及时吊销营运证件,不得从事道路运输经营;报废车辆应及时交售给报废汽车回收企业,不得转让或移作他用;严禁用报废车的总成和零部件拼装车辆。

六、车辆技术档案管理

车辆技术档案,是指车辆从新车购置到报废整个运用过程中,记载车辆基本情况及使用、维修情况等技术资料的历史档案。它的作用,主要是了解车辆性能、技术状况及其变化规律,为车辆使用、维修、改造及配件供应提供依据,为车辆技术管理水平的评价和改进提供依据。此外,它还可为汽车制造厂提高制造质量提供反馈信息。

因此,车辆技术档案的建立与管理,是企业车辆技术管理中的一项重要基础工作。同时,车辆技术档案还是道路运输管理机构对客运车辆进行年度审验的五项内容之一(其他四项内容分别是:车辆违章情况;车辆结构、尺寸变动情况;按规定安装、使用符合国家标准的行车记录仪情况;客运经营者为客运车辆投保承运人责任险情况)。

1. 车辆技术档案的建立

道路客运车辆应建立统一格式的技术档案。车辆从购置到报废全过程的技术管理资料,应系统记入技术档案。

车辆技术档案一般由车队负责建立,实行一车一档。

为适应车辆修理中的总成互换,车辆技术档案也可按总成建卡,随总成使用归入车辆技术档案内。

车辆在检测、维修、改造、改装时,必须携带技术档案进行有关项目的记载。

2. 车辆技术档案的内容

车辆技术档案的主要内容,一般包括:

(1)车辆基本情况,如自编号、牌照号、发动机号、底盘号、厂牌型号、座位、外廓尺寸、主要性能等。

(2)运行使用情况,如行驶里程记录、运行消耗记录、轮胎使用情况、车辆机件故障情况等。

(3)检测维修情况,如车辆检测记录、车辆修理和二级维护记录(含出厂合格证)、主要部件更换情况等。

(4)事故处理情况,如车辆机件事故和轮胎事故的情况、原因及处理结果。

(5)车辆其他记录,如类型等级评定记录、技术等级评定记录、改造或改装记录、交通事故记录、车辆变更记录等。

3. 车辆技术档案的管理

车辆技术档案一般由车辆管理技术员(简称"车管员")负责管理。机务管理部门应定期对技术档案的记载和管理情况进行检查。

车辆技术档案管理的主要要求如下:

(1)技术档案填写应认真规范,相关内容的记载要做到及时、完整和准确,不得拖延或"追记",不得缺项或遗漏,不得伪造或任意更改。

(2)技术档案应实行分类管理,并建立定期的技术分析制度,让档案"活"起来,充分发挥其作为车辆"生命"信息的利用价值,即通过对技术档案历史资料的研究分析,掌握车辆技术性能和技术状况的变化规律,以指导和改进车辆技术使用,评估和提高车辆技术管理水平,同时为车辆的择优选配提供依据。

(3)应积极创造条件,实现车辆技术档案的计算机管理,以提高技术档案管理的质量和效率。

(4)车辆办理过户变更手续时,车辆技术档案应随车完整移交。

第三节 燃料和润滑料的选用

燃料是汽车动力之源。燃料的性能对汽车发动机的动力性、经济性和使用寿命都有重大影响。据统计,汽车燃料的消耗费用占运输成本的30%以上。相对而言,虽然润滑料本身的消耗费用占运输成本的比重并不大(为1%~3%),但它对于减小摩擦阻力和燃料消耗,减少零件磨损和腐蚀,保障零部件可靠工作并延长使用寿命,起着十分重要的作用。

因此,合理选用车辆的燃料和润滑料,是正确使用车辆的重要环节,是车辆技术管理中一项不容忽视的工作,对于车辆保持良好技术状况、延长使用寿命、降低运行消耗、提高使用经济性等,具有重要意义。

一、燃料的选用

汽车采用的燃料,目前主要有汽油和柴油两类,分别适用于以汽油发动机和柴油发动机为动力的汽车。燃料选用的基本要求是,既要保证发动机的正常工作,又要考虑燃料的成本,提高汽车的燃料经济性。

1. 汽油的选用

汽油的主要使用性能是抗爆性,一般用辛烷值来表示。汽油牌号中的数字就是辛烷值。

选用汽油也就是选择汽油的辛烷值,即汽油的牌号。汽油牌号选择过高,不仅经济上造成浪费,而且会因燃烧速度慢导致热能转换效率低,甚至排气温度过高而烧坏排气门或排气门座;汽油牌号选择过低,则会使发动机产生爆震,影响动力性和经济性,严重时还会损坏发动机。所以,在发动机不发生爆震的条件下,原则上宜尽量选用低牌号的汽油。

选用汽油时,还应注意下述几点:

(1)根据汽车使用说明书的要求选择。应注意说明书上要求的辛烷值是研究法辛烷值(RON)还是马达法辛烷值(MON)。我国汽油牌号是按研究法辛烷值(RON)划分的,实测辛烷值一般比标定的高一个多单位,也就是说可选较汽车使用说明书低一个牌号的汽油。

(2)根据汽油发动机压缩比选择。一般压缩比高的发动机应选择高牌号汽油,压缩比低的发动机可选低牌号汽油。

(3)根据使用条件选择。高原地区大气压力小,空气稀薄,汽油发动机工作时爆震倾向减小,可以适当降低辛烷值。一般海拔每上升100m,汽油辛烷值可降低0.1个单位。经常在大负荷、低转速下工作的汽油发动机,则应选择较高牌号的汽油。

(4)根据使用时间调整汽油牌号的选择。汽油发动机使用时间较长后,由于燃烧室积炭、水套积垢等会使发动机压力和温度增加,从而爆震倾向增加,这时应选用较原牌号高的汽油。

2. 柴油的选用

汽车柴油机属高速柴油机,使用轻柴油。目前国内使用的轻柴油,按凝固点分为6个牌号:10号柴油、0号柴油、-10号柴油、-20号柴油、-35号柴油和-50号柴油。牌号中的数字就是柴油凝点的最高值,如10号柴油的凝点不高于10℃,-10号柴油的凝点不高于-10℃。

从柴油的规格可以看出,选用柴油的主要依据是使用时的最低温度条件。实际使用温度如果低于选用柴油的凝点,发动机的燃油系统就可能结蜡,堵塞油路,影响发动机的正常工作。故一般选用柴油的凝点应比实际使用时的最低气温低4~6℃,以保证最低气温时不致凝固而影响使用。柴油汽车主要选用后5个牌号的柴油,即:温度在4℃以上时选用0号柴油;温度在4~-5℃时选用-10号柴油;温度在-5~-14℃时选用-20号柴油;温度在-14~-29℃时选用-35号柴油;温度在-29~-44℃时选用-50号柴油。

在柴油使用中,应注意以下几点:

(1)不同牌号的柴油不能掺兑使用,也不能在柴油中掺入汽油。

(2)由于凝点低的柴油油价较高,在使用中可尽量延长高凝点柴油的使用时间,但应注意实际气温不能超出柴油的适应范围。

二、润滑料的选用

汽车润滑料按照使用部位的不同,大体上分为三类:一是发动机润滑油,俗称机油;二是汽车齿轮油,俗称黑油;三是润滑脂,俗称黄油。

1. 发动机润滑油的选用

润滑油是保证发动机正常工作的必要条件,它的主要作用是润滑曲轴、连杆、活塞等摩擦部位,性能优良的发动机润滑油还具有冷却、密封、清洗和防锈抗腐蚀作用。

发动机润滑油有两个主要指标,一是使用级,二是黏度级。选用发动机润滑油,就是根据发动机的结构特点、运行条件和环境温度,分别选择发动机润滑油的使用级(质量等级)和黏度级。

(1)发动机润滑油使用级的选择。

发动机润滑油的使用级,反映润滑油的质量或使用性能。决定发动机润滑油使用级的依据,主要是发动机的结构特点和运行条件。级别过高或过低都不利,级别过高经济上不合算,级别过低则会造成发动机过度磨损和早期损坏。

通常,应严格按照汽车使用说明书的规定选择润滑油的使用级别。如果没有说明书或者没有与说明书规定的相同等级润滑油,则可按照下述方法进行选择:

对汽油机,可根据反映发动机结构特点和运行条件的综合特性(如平均有效压力、主轴承滑动速度、活塞热负荷等),参照汽油机润滑油分类标准,选用适当的使用级别;

对柴油机,可根据其强化系数,参照柴油机润滑油分类标准,选用适当的使用级别。柴油机强化系数代表其热负荷和机械负荷,强化系数越大,表明发动机的热负荷和机械负荷越高,对油品的质量要求也越高。

发动机润滑油使用级的选择,还应当注意一点:汽油机润滑油与柴油机润滑油原则上应区别使用,只有在汽车使用说明书上标明允许时,方可在标明的级别范围内通用。

(2)发动机润滑油黏度级的选择。

黏度是润滑油的主要指标之一。发动机润滑油的黏度必须适宜,过大或过小都不好,黏度过大会增加摩擦阻力和搅油损失,并降低冷却和清洁作用,黏度过小则不利于密封作用。对于同一种润滑油来说,黏度也不是常数,而是随着温度的升高而变小。

发动机润滑油的黏度选择,应能满足低温起动和高温润滑性的要求。所以,决定发动机润滑油黏度级的依据,主要是汽车的使用地区和气温条件。同时,还必须考虑发动机的负荷、转速和磨损情况。发动机负荷大、转速低或者磨损严重时,应选择黏度较大的润滑油;反之,则应选择黏度较小的润滑油。

2. 汽车齿轮油的选用

汽车齿轮油主要用于变速器、主减速器、转向器等齿轮传动机构。齿轮油的主要作用是润滑,以降低齿轮和其他运动件的摩擦与磨损,同时还具有清洁、冷却、减振、去噪声等作用。

汽车齿轮油的选用,也主要是分别选择它的使用级和黏度级。齿轮油使用级的选择,可按照汽车使用说明书的要求,也可按汽车齿轮的类型及其工作条件(负荷、转速等)来确定。齿轮油黏度级的选择,主要依据是汽车使用地区和气温条件。

3. 润滑脂的选用

润滑脂是半固体膏状润滑料,具有良好的黏附性,可以使用于无密封和受压较大的摩擦零部件。

汽车润滑脂的种类很多,包括钙基润滑脂、钠基润滑脂、锂基润滑脂、复合钙基润滑脂、钙钠基润滑脂、石墨润滑脂、二硫化钼润滑脂等。一般根据摩擦零部件的工作条件来选用,如:汽车钢板弹簧宜选用石墨润滑脂,汽车轮毂轴承宜选用锂基润滑脂。值得一提的是,锂基润滑脂具有较好的耐热性、耐水性和稳定性,是一种通用的多效能润滑脂,目前已取代钙基、钠基和钙钠基润滑脂而在汽车上得到广泛应用。

第四节　轮胎技术管理

轮胎是汽车的重要组成部分,担负着支撑全车载荷、推动汽车行驶、缓和地面冲击等重任,是关系车辆安全行驶、节约能源、降低运输成本的重要因素。据统计,轮胎的消耗费用占汽车运输成本的10%~15%。因此,道路客运企业应配备专职轮胎管理技术人员(简称胎管员),切实加强轮胎管理,提高轮胎使用维修的技术水平,以延长轮胎使用寿命。

轮胎技术管理工作必须贯彻依靠技术进步和预防为主的方针,坚持做到:加强基础管理、合理使用、定期维护、及时翻修。其基本任务是通过对轮胎的综合管理,即从轮胎的计划、选购、装运、验收、保管、使用、维护、翻修、报废、新技术应用、奖惩等方面进行全过程管理,使轮胎在使用过程中安全可靠和在整个寿命周期内实现最佳的经济效益。

一、轮胎的选择

选择汽车轮胎的主要依据是其规格。轮胎的规格通常有英制和公制两种表示方法,英制用于标识普通断面的轮胎,公制用于标识低断面的轮胎。例如:公制标识295/80 R 22.5 16PR,最前面的295代表轮胎充气时候最大的断面宽度(mm),80代表轮胎的扁平率为80%(即轮胎的断面高度与宽度的比),R是子午线结构的标志,22.5代表轮辋的直径(in),也就是轮胎的内径,16PR表示轮胎的层级(即轮胎橡胶层内帘布的公称层数,是轮胎强度的重要指标)为16。

在选择轮胎的时候需要特别注意以下几点:

(1)原配轮胎使用到一定期限或者到该更换的时候,要注意使更换的轮胎尺寸与原配轮胎尺寸一样,这是因为原厂轮胎是最能配合汽车速度和汽车的最大轴重的。

(2)轮胎胎纹要根据气候条件、使用条件来选择。比如在冬季冰雪路面情况下,应该选用花纹较深、幅面较窄的轮胎;相反在气温较高的干燥路面的情况下,应该选用胎纹较浅、幅面较宽的轮胎。

(3)轮胎层级不能低于原配轮胎,否则轮胎负荷能力和速度级别可能会降低,从而影响轮胎使用寿命。

二、轮胎的管理

1. 库内轮胎管理

除库房要符合规定条件、轮胎要按要求放置(如立放于特制胎架上、定期转动其支点等)外,新胎入库后应按轮胎厂牌、尺寸、花纹等分别存放,并按进库时间先后次序,做到先进先出,依次使用,以防库存时间过长而使轮胎自然老化。翻修好的轮胎,入库时要与新胎分开放置。待翻、待修轮胎要尽可能放置在库房,以防日晒雨淋导致橡胶老化、帘线腐蚀。

2. 在用轮胎管理

(1)实行定车、定人、定胎的责任制度,避免随意拆借、调换。

(2)每只轮胎使用前均应烙(刻)印自编号,以便识别和管理。

(3)建立轮胎台账、卡片和有关动态记录,做到账、卡、胎相符。胎卡除记载轮胎厂牌、规格尺寸、层数、花纹深度、原编胎号和自编胎号外，还要及时地登记好轮胎的领取、翻修、调拨和每月行驶里程等。通过台账、胎卡，掌握在用轮胎的厂牌、规格、数量、成色以及尚可行驶的里程，为编制年度购胎和轮胎送翻修计划提供可靠的依据。

3.轮胎的定期盘存和考核

定期盘存和考核轮胎，是掌握和全面分析在用轮胎的使用情况、考核轮胎质量、改进轮胎管理的一项重要工作。

(1)轮胎应定期盘存，一般每年进行一次。轮胎盘存的任务是：核对轮胎数量，逐胎鉴定轮胎成色，测量轮胎花纹深度，检查胎体质量，核定尚可行驶里程，并作出记录，造表存查，总结分析，汇总上报。

(2)除个别特殊情况外，所有营运车辆的在用轮胎均应列入考核范围。考核指标主要是行驶里程和翻新率。考核实绩及分析资料应对驾驶员公布。

4.轮胎的异常磨损与损坏

(1)对轮胎的磨损情况，应经常检查。如发现轮胎有异常损伤或磨损，应及时分析原因，采取措施，以防损伤扩大。

(2)发现轮胎早期损坏，应认真作出技术鉴定。如属轮胎厂方(包括翻胎厂)责任者，应按规定或合同向厂方索赔；如属管理失职、使用不当或维护不良而造成损坏者，应按责任事故处理。

5.轮胎的报废

轮胎报废应严格掌握，慎重处理。经技术鉴定不适合翻新、修补的轮胎，凡符合下列条件之一，即可进行报废：

(1)胎侧有连续裂纹，已不堪使用和修复者；

(2)胎面胶已磨光，且有大洞，已不能继续使用和失去翻新条件者；

(3)胎体帘线层有环型裂纹及整圈分离者；

(4)胎圈钢丝断裂或趾口大爆破，无法修理者；

(5)其他损坏不堪使用和修复者。

三、轮胎的使用

轮胎的正确使用与否，直接关系到轮胎的使用寿命。合理使用轮胎应当着重注意以下几点。

1.合理组织新胎使用

新胎使用应采用整车换胎、成双换胎等方法。

整车换胎是指同一辆车的轮胎必须换用同规格、同厂牌、同结构、同层级、同花纹的轮胎，以求负荷、磨耗均匀，便于维护换位，有利于提高轮胎行驶里程和翻新率，也便于轮胎的管理。

成双换胎是指新胎应成双更换，以利于轮胎搭配。

2.合理搭配轮胎

为均衡轮胎的负载，有利于车辆行驶的安全性和平稳性，轮胎应做到合理搭配。如：同一车轴上应装配同一规格、结构、层级和花纹的轮胎；同一辆车上的轮胎花纹要尽量一致；成色不同旧胎混合装用时，应选择胎面磨耗程度相近的轮胎进行配装，直径较大的轮胎应装在后轮外挡;为保证行车安全,客车前轮不得使用翻新胎。

3. 保持轮胎正常气压

正常的轮胎气压,对汽车的使用性能、燃油消耗、行车安全等都有直接或间接意义,对轮胎寿命来说更至关重要。轮胎气压过高或过低都会缩短轮胎的使用寿命。保持轮胎正常工作气压,须注意做好以下工作:

(1)严格按照规定的标准工作气压充气,防止过高或过低。

(2)定期检查胎压,及时补气,做到随缺随补,严禁轮胎缺气行驶。

(3)定期校准气压表,以保证读数准确无误。

4. 正确控制轮胎温度

行车过程中,由于轮胎内部摩擦以及轮胎与地面的摩擦,在散热不良的情况下(如夏季)会使轮胎的温度升高,可能达到或超过95℃,极易出现爆胎的危险。有些驾驶员采用放掉部分空气或泼水冷却的方法来降温,这是十分错误和极其有害的。因为高温时放出一部分空气,轮胎温度不仅不会降低,反而会因轮胎的变形加大而继续升高;用泼冷水的方法降温,则会因突然冷却造成胎面和胎侧胶层各部分收缩不均匀而发生裂纹,缩短轮胎的寿命。正确的处理方法是降低行车速度或在荫凉地方适当休息,待胎温下降后再继续行驶。

5. 认真做好轮胎的换位工作

轮胎换位,就是汽车行驶一定里程后(一般结合车辆二级维护进行),按照一定的顺序掉换轮胎的安装位置。由于车身的重量并非平均分摊到每个轮胎上,定期换位有助于轮胎的均匀磨耗,从而延长轮胎的使用寿命。

常用的换位方法有交叉换位法和循环换位法两种,可根据具体情况选择其中之一,但一经选定,应始终按选定的方法进行换位。轮胎换位后须做好记录。

6. 保持轮胎平衡

轮胎是个高速运转且直径和重量都较大的部件。轮胎不平衡会导致其本身的异常磨损和车辆悬架系统的不必要磨损,还会影响汽车行驶的平顺性,增加驾驶员和旅客的疲劳。所以,轮胎拆装时应做好平衡调整(除"静平衡"外,有条件的还应进行轮胎"动平衡"),尤其是修补或翻新胎更应注重平衡工作。

7. 防止轮胎失修失翻

为延长轮胎使用寿命,在轮胎使用过程中,应注意胎面的磨损程度和胎体的技术状况,及时修补小伤、小洞、小裂口;符合翻修条件时,应及时送厂翻新,不可勉强使用或不经翻新一直使用到报废。

本章思考题

1. 机务管理的主要任务是什么?
2. 什么是车辆完好率?它同车辆工作率有什么关系?车辆技术管理如何保证完好率的提高?
3. 车辆中期管理包括哪些内容?
4. 为什么要重视车辆技术档案的管理?
5. 轮胎合理使用应注意哪些问题?

第十六章 道路客运企业质量管理

道路客运企业的质量管理,是指为了保证和提高道路客运质量而进行的计划、组织、领导、激励、控制等一系列协调活动。

质量管理的目的是为旅客提供满意的运输产品——以旅客位移为中心的优质服务,即全面提高客运服务质量特性(安全性、及时性、经济性、方便性、舒适性、文明性)。鉴于"安全性"中的行车安全具有特殊的重要性,将单列一章(第十七章)作专门介绍。本章所称质量,除第一、二两节外,一般不包括行车安全的内容,即通常所指的狭义的客运"服务质量"。

第一节 客运质量管理的意义

质量管理是道路客运企业管理的重要内容。确保客运质量不仅关系客运企业的生存和发展,而且有着重大的社会经济意义。具体说,客运质量管理的意义体现在以下四个"需要"上。

1. 良好的客运质量是社会主义现代化建设的需要

运输业在国民经济中的桥梁和纽带地位,决定了道路客运质量的好坏将产生广泛的社会经济影响。良好的客运质量,使人们出行方便快捷,促进人际交往、读书学习、文化交流、旅游和经济发展,有助于提高人民的物质文化生活质量,有助于形成良好的社会秩序和生活秩序,促进社会经济和文化的发展。反之,客运质量低劣,旅客烦恼不断、抱怨频繁,特别是行车事故的发生,不但影响人们的生活和经济文化活动,还会造成人民生命财产的损失,带来严重的社会后果,甚至引起连锁社会反应,破坏社会安定和和谐,干扰社会主义现代化建设。

2. 良好的客运质量是国际交往的需要

随着我国改革开放的深入和经济全球化的发展,国际的交往日益增多,大量外国客人来到中国留学、访问、旅游、投资、贸易等。道路客运作为"窗口"行业,承担着迎来送往的重任,其服务质量和服务水平,反映着一个地方、一个城市乃至整个国家和民族的精神面貌与文明程度,同时也折射出社会经济环境的优劣。因此,良好的客运质量对于传播社会精神文明、发展国际友好往来以及改善旅游和投资环境的意义,是不言而喻的。

3. 良好的客运质量是企业生存和发展的需要

产品质量是市场竞争的利器,直接关系企业竞争能力的高低,有着其他竞争手段所不能替代的独特作用,特别是随着人们对质量要求的不断提高,质量成为企业生存之本、发展之基,已是无可置疑的铁律。对于道路客运企业来讲尤其如此。客运质量是客运企业最有效、最主要的竞争手段,这一点已经在第十三章第二节做过分析。良好的客运质量,不仅可以减少质量事故损失,降低运输生产成本,给企业带来直接经济效益,而且会提高企业的信誉和影响力,树立起企业的良好形象和品牌,赢得旅客的信任和忠诚,从而争取更多的客源,获得竞争的优势,得到更大的发展。反之,企业就会在激烈的竞争中被旅客所抛弃,被市场所淘汰。

4. 良好的客运质量是企业管理现代化的需要

客运质量是客运企业技术和管理水平的综合反映。要实现良好的客运质量,必定要高瞻远瞩,更新观念,培育先进的服务理念和质量文化;必定要重视技术进步,以先进的客运车辆、站场设施设备和维修技术代替落后的车辆、设施设备和维修技术;必定要优化员工队伍结构,加强员工教育培训,提高员工的思想道德和业务技术水平;必定要采用现代管理的组织、方法和手段,提高企业经营管理水平。一句话,实现良好的客运质量,也就意味着全面提升客运企业素质,推进客运企业管理现代化的进程;反过来,如果没有良好的客运质量,客运企业管理现代化也只能是一句空话。

第二节 客运质量评价指标

在第三章第五节中已经讨论过道路客运的质量特性,即安全性、及时性、经济性、方便性、舒适性和文明性六个方面。如何用定量的技术参数或技术经济指标来衡量这些质量特性,是客运企业质量管理的首要课题。否则,质量的计划、控制、改进等管理活动便没有了依据。由于客运产品(服务)是无形的,其质量特性不像有形产品那样易于界定和检测,而只能根据一定时期内的质量数据进行统计分析和评价。尽管目前国家交通主管部门也尚未就客运质量指标制定统一的标准,但一般认为,以下一些指标可以作为客运质量特性的评价指标。

一、安全性指标

道路客运的安全性,可以用下列指标衡量:

1. 百万车千米(百万车公里)责任行车事故率(简称行车事故率)

行车事故率是指报告期内责任折合行车事故次数与同期总行程之比率。一般用"次/(百万车·km)"作为计算单位。计算公式为:

行车事故率 = 报告期责任折合行车事故次数 ÷ 报告期总行程

行车事故按造成的损失大小分为轻微事故、一般事故、重大事故和特大事故四类。每类事故按有无责任分为责任事故和非责任事故两种,责任事故又按责任大小分为全部责任、主要责任、同等责任和次要责任。行车责任的划分以交警部门的裁定为准。上述计算公式中,不包括轻微事故和非责任事故。(关于行车事故的分类,参见第十七章第一节)

责任折合行车事故次数是指实际事故次数与相应的责任系数之积的和。即:

责任折合行车事故次数 = ∑事故次数 × 责任系数。

式中的责任系数,按事故责任大小确定:全部责任为1.00,主要责任为0.75,同等责任为0.50，次要责任为0.25。

2. 百万车千米（百万车公里）责任行车事故死亡率（简称行车事故死亡率）

行车事故死亡率是指报告期内责任折合行车事故死亡人数与同期总行程之比率。一般用"人/（百万车·km）"作为计算单位。计算公式为：

行车事故死亡率 = 报告期责任折合行车事故死亡人数 ÷ 报告期总行程

行车事故死亡人数是指事故发生的当日到事故后七天内实际死亡的人数，包括事故中乘客、行人（骑车人）、驾乘人员等全部死亡人数之总和。责任折合事故死亡人数是指事故死亡人数乘以相应的责任系数之积的和。即：

责任折合事故死亡人数 = ∑事故死亡人数 × 责任系数（式中责任系数同上）

3. 百万车千米（百万车公里）责任行车事故受伤率（简称行车事故受伤率）

行车事故受伤率是指报告期内责任折合行车事故受伤人数与同期总行程之比率。一般用"人/（百万车·km）"作为计算单位。计算公式为：

行车事故受伤率 = 报告期责任折合行车事故受伤人数 ÷ 报告期总行程

行车事故受伤人数是指事故中乘客、行人（骑车人）、驾乘人员等全部受重伤和轻伤人数之总和。责任折合事故受伤人数是事故受伤人数乘以相应的责任系数之积的和。即：

责任折合事故受伤人数 = ∑事故受伤人数 × 责任系数（式中责任系数同上）

4. 百万车千米（百万车公里）行车事故直接经济损失率（简称行车事故经损率）

行车事故经损率是指报告期内行车事故直接经济损失与同期总行程之比率。一般用"万元/（百万车·km）"作为计算单位。计算公式为：

行车事故经损率 = 报告期直接经济损失 ÷ 报告期总行程

式中的直接经济损失。包括轻微及其以上事故所发生的医疗费、误工费、住院伙食补助费、护理费、残疾者生活补助费、残疾用具费、丧葬费、死亡补助费、被扶养人生活费、交通费、住院费和财产直接损失。

5. 旅客正运率

旅客正运率是指报告期旅客正运人次与同期旅客发送总人次之比，用"%"表示。计算公式为：

旅客正运率 = 报告期旅客正运人次 ÷ 报告期旅客发送总人次

道路客运中，因运输企业责任造成的旅客误乘、漏乘、误降人次称责任事故人次，其余为正运人次。即：

旅客正运人次 = 发送总人次 − 责任事故人次

6. 行包正运率

行包正运率是指报告期行包正运件数与同期行包发送总件数之比，用"%"表示。计算公式为：

行包正运率 = 报告期行包正运件数 ÷ 报告期行包发送总件数

道路客运中，因运输企业责任造成的行包错运、污损、丢失等件数称行包责任事故件数，其余为行包正运件数。即：

行包正运件数 = 行包发送总件数 − 行包责任事故件数

7. 行包赔偿率

行包赔偿率是指报告期行包责任事故赔偿金额与同期行包营业总收入之比，用"‰"表示。计算公式为：

行包赔偿率 = 报告期行包责任事故赔偿金额(元) ÷ 报告期行包营业总收入(千元)

以上1~4项为考核行车安全的四个主要指标，5~7项是考核其他服务质量的安全性指标(即不发生"商务事故"的安全性指标)。很明显，这些指标仅仅考虑了"实体安全"的因素，所以还不是"完全意义上的安全性"(见第三章第五节的"道路客运服务的质量特性")评价。至于"心理安全"，不妨借助下述的"旅客满意率"指标(如采用"安全感满意率")作出一定评价。

二、及时性指标

道路客运的及时性，可以用下列指标衡量：

1. 班车正班率

班车正班率是指报告期客车正班班次与报告期客车计划班次之比，用"%"表示。计算公式为：

$$班车正班率 = 报告期正班班次 ÷ 报告期计划班次$$

式中计划班次按公布的客运班次时刻表计算。因季节性变化客流量减少，有计划地调整减少的班次，不计入计划班次；因自然灾害被迫停班，不计入停班班次。

2. 班车正点率

班车正点率是指报告期客车正点班次与报告期客车总班次之比，用"%"表示。计算公式为：

$$班车正点率 = 报告期正点班次 ÷ 报告期客车总班次$$

道路客运班车的到达时刻，受非客运组织工作方面的其他多种因素的影响(如气候、路况、交通流量、道路通阻等)，难以准确考核，因而目前一般只统计始发正点率，公式中"班次"为始发班次。

三、其他质量指标

对于道路客运质量经济性、方便性、舒适性和文明性的衡量，目前尚缺乏权威有效的评价指标。

有的书采用"单位运输成本"、"运输成本降低率"或"客运运价执行率"等指标来评价经济性。但我们认为并不确切，毕竟"单位运输成本"、"运输成本降低率"反映的是企业经济性，而企业经济性与旅客所要求的经济性还不是一回事；"客运运价执行率"只是企业遵守运价规定的体现，与经济性要求也不相吻合。

有的书本评价方便性时采用了"营运线路辐射密度"(即每平方千米的线路长度)、"营运站点分布密度"(即每平方千米的站点数)等指标。虽然有一定道理，但未免过于宏观，对于企业和旅客个人也没有多少实际意义。而且，由于地区之间以及同一地区不同时间之间的客流不平衡性，也使得这些指标在评价方便性上缺乏可比性。

至于舒适性和文明性，由于旅客感受的主观性特点更为明显，客观评价的难度更大，评价指标至今尚是空白。

总之，反映客运质量特性的经济性、方便性、舒适性和文明性的指标都有待进一步研究。尽管如此，还是可以用以下两个指标，在一定程度上综合评价这些质量特性：

1. 旅客满意率

旅客满意率是指报告期抽样调查中旅客满意票数与同期调查总回复票数之比,用"%"表示。计算公式为:

旅客满意率=报告期旅客满意票数÷报告期调查总回复票数

在旅客满意率的实际运用中,可以通过调查表的不同设计,分别调查统计综合满意率、经济性满意率、方便性满意率、舒适性满意率、文明性满意率以及其他单项满意率(如服务环境满意率、服务秩序满意率、服务设施满意率、服务项目满意率、服务态度满意率、服务语言满意率等)。

2. 旅客意见处理率

旅客意见处理率是指报告期已处理旅客意见数与同期旅客意见总数之比,用"%"表示。计算公式为:

旅客意见处理率=报告期已处理旅客意见数÷报告期旅客意见总数

计算中,同样的旅客意见,如由多人或一人多次提出,只算一件;对旅客意见虽已处理但无效果的,不计入"已处理旅客意见数"。

上述客运质量评价指标,汇总列于表 16-1。

客运质量评价指标　　　　　　　　表 16-1

类别	序号	指标	单位	含义
安全性指标	1	行车事故率	次/(百万车·km)	报告期内责任折合行车事故次数与同期总行程之比率
	2	行车事故死亡率	人/(百万车·km)	报告期内责任折合行车事故死亡人数与同期总行程之比率
	3	行车事故受伤率	人/(百万车·km)	报告期内责任折合行车事故受伤人数与同期总行程之比率
	4	行车事故经损率	万元/(百万车·km)	报告期内行车事故直接经济损失与同期总行程之比率
	5	旅客正运率	%	报告期旅客正运人次与同期旅客发送总人次之比
	6	行包正运率	%	报告期行包正运件数与同期行包发送总件数之比
	7	行包赔偿率	‰	报告期行包责任事故赔偿金额与同期行包营业总收入之比
及时性指标	8	班车正班率	%	报告期客车正班班次与报告期客车计划班次之比
	9	班车正点率	%	报告期客车正点班次与报告期客车总班次之比
其他指标	10	旅客满意率	%	报告期抽样调查中旅客满意票数与同期调查总回复票数之比
	11	旅客意见处理率	%	报告期已处理旅客意见数与同期旅客意见总数之比

注:1. 表中"类别"的"其他指标"是指评价经济性、方便性、舒适性和文明性的指标;
　　2. 旅客满意率可细化为经济性满意率、方便性满意率、舒适性满意率、文明性满意率以及其他单项满意率指标。

第三节　客运"三优""三化"规范

在本书第三章第五节中，在分析服务质量特点后曾经特别指出，"服务质量管理的要务，在于精心打造整体优质的服务链"，在于"构建一个经得起市场检验的旅客称道、社会翘指的优质服务体系"。那么，道路客运企业靠什么打造"整体优质的服务链"和构建"优质服务体系"？这就是本节将要讨论的道路客运"三优""三化"规范。"三优""三化"规范是客运服务质量管理的基本规范，是打造"整体优质的服务链"和构建"优质服务体系"的基本纲领。实施"三优""三化"规范，是提高道路客运服务质量的主要途径和措施。

一、"三优""三化"的含义

1. 道路客运"三优"

道路客运"三优"，是指通过精神文明、企业文化（特别是质量文化）和基础设施建设，通过一系列经营管理（特别是质量管理）措施，尤其是通过一线服务人员的高质量工作，实现道路客运的优质服务、优美环境和优良秩序。

关于"三优"的含义，我们在本书第四章第二节中就已作了阐述。即：

（1）优质服务，就是通过完善的服务设施（设备）和服务人员主动热情、和蔼周到、熟练高效的服务工作，全面实现道路客运服务的质量特性（安全、及时、经济、方便、舒适、文明），让旅客感到放心、温暖、愉快、亲切、称心和满意。

（2）优美环境，就是通过车站的站容、客车的车容、服务人员的仪容等三个方面的净化和美化，为旅客创造一个舒适、明快、清新、美好的旅行环境。

（3）优良秩序，就是通过合理组织客流、车流、行包流和信息流，使之通畅、有序、准确、高效，保证旅客旅行的安全、快捷、准时、方便。

2. 道路客运"三化"

道路客运"三化"，是指为达到"三优"的目标，通过制定道路客运各项服务工作质量标准，实现服务过程程序化、服务管理规范化和服务质量标准化。它是对服务过程、服务管理、服务质量的具体内容所作的统一规定。"三化"是道路客运企业制度管理在质量管理中的体现，是实行科学管理的重要内容。

（1）服务过程程序化，就是根据道路客运各项作业之间的内在联系和工艺流程，把整个服务过程分为若干个环节，并明确其服务内容、标准要求、工作程序，保证站、车各项服务工作环环相扣、节节相连、协调有序地进行。

（2）服务管理规范化，就是通过贯彻执行国家有关政策法规，制定并实施各项管理规章制度和工作标准，以此规范管理工作，切实做到有规可依、有章可循，从而保证站、车各项服务工作的质量。

（3）服务质量标准化，就是根据道路客运服务安全、及时、方便、经济、舒适、文明的质量特性要求，结合站、车各项服务工作的具体内容，制定各岗位、各环节的服务质量标准、业务质量标准，以此规范服务工作，并考核服务的效果，确保客运服务质量的不断提高。

二、"三优""三化"的主要内容

(一)"三优"的主要内容

"三优"是道路客运服务的基本要求,其具体内容已经在第四章第二节作了介绍(详见表 4-1～表 4-3)。

(二)"三化"的主要内容

1. 服务过程程序化

根据道路客运服务工作的需要,客运服务共设定了 10 余个服务岗位。客运服务过程程序化,就是在客运服务全过程中,任何一个岗位的所有工作必须按规定的程序、内容和要求进行(具体见本书第五章和第六章的内容)。

2. 服务管理规范化

服务管理规范化是对各项管理工作的规范要求。它所包含的内容非常广泛,涉及管理组织、管理制度、管理基础工作等诸多方面。在此主要介绍以下几点。

1)组织机构

建立健全组织机构是实现道路客运服务管理规范化的组织保证。以车站为例,组织机构主要包括站务管理机构(如业务室、质量科)、后勤保障机构(如办公室、后勤科)和组织保证机构(如人事科、保卫科)。车站应根据其规模大小、站务工作的特点和服务项目,按照精简效能的原则,设置必要的职能和业务科(股)室,组建作业班组,配备各岗位、各工种的人员。

2)岗位设置

道路客运服务岗位应以客运市场的需求和客运作业程序为依据,以最大限度满足旅客旅行的需要(尤其是质量性需要)为原则来设置。一般应设置值班站长、售票员、行包员、检票员、驾驶员、乘务员等 10 余个服务岗位,同时规范每个服务岗位的工作职责,详见本书第四章第三节。

3)岗位培训

人是决定服务质量的首要因素。提高道路客运服务质量,实现道路客运"三优"、"三化",必须依靠全体客运人员的努力,尤其是各岗位、各环节的客运服务人员要以端正的服务意识、热情的服务态度、丰富的服务知识、熟练的服务技能、良好的心理素质进行工作。因此,切实加强企业全体员工特别是客运服务人员的岗位培训,不断提高服务人员的综合素质,具有非常重要的作用。岗位培训既是服务管理规范化的重要内容,也是提高服务质量的先决条件之一。没有高素质的服务人员,就不可能有高水平的服务质量。这一点已经在第四章第四节反复强调过。

服务人员岗位培训的主要内容包括:

(1)服务意识培训。通过培训,增强服务人员以人为本、旅客至上、质量第一的价值观念,强化以服务为核心的职业道德,提高重视质量、关心质量和改善质量的自觉性与紧迫感;同时,将培训与其他多种途径和载体相结合,培育积极的质量文化和质量风气。

(2)服务质量管理知识培训。包括服务质量的概念、全面质量管理知识、全面质量管理基础工作、群众性质量管理活动知识、服务质量定量定性分析方法、客运质量评价指标、客运"三优""三化"规范和客运服务质量体系、客运安全和服务质量管理制度、客运岗位质量标准等。

(3)服务业务素质培训。包括业务知识和业务技能两大方面。培训的重点宜放在共同性的内容上(见第四章第四节),其中对服务工作影响很大的心理素质培训不应当被忽视。此外,还应当根据各环节、各岗位业务素质的不同要求,进行各岗位分层次的专题培训。

为使岗位培训切实有效,应当注意做到:

(1)高度重视岗位培训工作,将岗位培训纳入企业发展规划和经营计划,保证培训所需的必要资源(资金、师资、设备、时间等);

(2)建立健全岗位培训制度和岗位培训记录,使培训工作经常化、规范化、制度化;

(3)着眼于提高员工素质,根据学以致用的原则,搞好培训需求分析和培训设计,制订岗位培训计划,并认真组织实施;

(4)结合企业实际,采用灵活多样的岗位培训方法(如授课法、导师法、工作模拟法、岗位轮换法、业务竞赛法等);

(5)注重培训实效,实施岗位培训评估与培训反馈;

(6)建立培训考核与激励机制,鼓励员工岗位成才和职业发展。

4)质量信息

信息是企业管理的关键要素之一。客运质量信息是客运质量管理不可缺少的基本依据和重要资源,规范客运质量信息管理是客运服务管理规范化的重要内容。

客运质量信息是指在客运服务质量形成过程中一切有关质量的信息,主要包括质量指令信息(外部的,如质量政策、质量法规、质量经验等;内部的,如质量计划、质量标准、质量措施等)、质量动态信息(如服务现场情况、商务事故情况、突发事件等)、质量反馈信息(如旅客和社会反馈信息、服务和管理人员反馈信息、质量管理制度执行情况等)三大类。

道路客运企业应提高全员质量信息意识,建立健全客运质量信息管理体系和质量信息管理制度,保证客运质量信息流的畅通无阻和有效利用。质量信息管理制度主要应规范以下几方面的要求:质量信息需求与分类;质量信息采集与传递;质量信息分析与处理;质量信息利用与评估;质量信息管理职责与奖惩。

5)原始记录

原始记录是指用数据和文字逐日逐月记录客运服务各项工作情况的卡片、日志、记录和报表。它是道路客运服务与管理工作的真实写照,是客运质量信息的重要来源,也是客运服务管理规范化的重要基础工作之一,是考核和分析客运工作情况、服务质量和管理水平的系统性基础资料。因此,建立健全各种原始记录十分必要。

根据现代企业管理要求,原始记录要统一易查,按一定的规格编制、分类和编号;记录内容要齐全、真实;存档要整齐有序,一目了然。以车站为例,原始记录一般应包括:

①站车旅客运输协议书;

②参营单位车辆登记台账;

③班车运行情况记录;

④班车脱班情况处理记录;

⑤客运生产与营收报表；
⑥旅客流量流向报表；
⑦营运线路效益情况报表；
⑧站务(售票、检票、行包托取、小件寄存等)质量记录；
⑨商务事故记录；
⑩商务事故报表；
⑪"三品"检查与处理记录；
⑫车辆车况门检记录；
⑬车辆出站门检记录；
⑭值班站长工作日志；
⑮好人好事记录；
⑯旅客意见征询记录；
⑰旅客意见处理记录；
⑱旅客遗失物品登记与领取记录；
⑲服务质量报表；
⑳服务质量考核记录；
㉑服务人员业务培训与考核记录；
㉒其他记录和报表。

为了使客运服务与管理工作得到真实、全面的反映，要求各项原始记录和报表必须如实填写、准确清楚、及时上报，切忌敷衍搪塞、草率从事，绝对不允许作假记录、假报表。为提高原始记录的质量及其处理效率，提高原始记录的共享和利用程度，道路客运企业应努力创造条件，将原始记录逐步纳入计算机管理和信息管理系统。这是改进原始记录管理的必由之路。

6) 规章制度

道路客运具有服务环节多、服务环境复杂、管理难度大等特点。为了使服务和管理工作忙而不乱、井然有序、优质高效，就必须建立健全以岗位责任制为中心内容的各项规章制度，切实做到职责分明、标准清楚、能够考核，把质量管理活动中的权、责、利落实到每一个机构、每一个岗位、每一个人。如此，一个严密的质量保证组织系统方能真正形成。

在第十三章第一节中说过，"就管理过程而言，质量(含安全)的管理是第一位的"，质量管理是企业管理的两个"基本点"之一，"所有企业管理(无论是不同领域的管理，还是不同层次的管理或者不同专业的管理)无不与此关联，无不对此重点关注"。因此，道路客运企业为保证服务质量而应建立的规章制度非常之多，涵盖企业管理的方方面面。例如：

①岗位责任制度；
②人力资源(招聘、选拔、培训、激励等)管理制度；
③绩效(计划、考评、奖惩、沟通等)管理制度；
④财务(票据、营收、成本、现金等)管理制度；
⑤运务(计划、调研、营销、班线等)管理制度；
⑥调度工作(会议、值班、通信、报告等)制度；

⑦信息(采集、处理、利用等)管理制度;
⑧车辆(选配、使用、维护、修理等)管理制度;
⑨物资(采购、保管、领用等)管理制度;
⑩安全(行车、消防、电气、"三品"等)管理制度;
⑪服务质量(程序、标准、检查、商务事故等)管理制度;
⑫民主(公开、参与、监督、建议等)管理制度;
⑬台账(记录、报表等)管理制度;
⑭环境(绿化、卫生、秩序等)管理制度;
⑮微机(机房、应用、网络等)管理制度;
⑯合同(签约、风险、违约等)管理制度;
⑰多种经营(小卖部、餐饮、住宿等)管理制度。

各项规章制度的制定,使客运服务管理有章可循。但更重要的是,企业管理者和员工要共同维护规章制度的严肃性,做到有章必循、执章必严、违章必究,使各项规章制度真正落到实处;同时,在严格执行的过程中不断总结经验,根据经济社会的发展和经营环境(包括企业内部经营环境)的变化与需要,及时加以修订和补充,使客运服务管理规范化日臻完善。(规章制度的管理过程和要求,见第十三章第一节中"企业制度管理"的相关内容。)

3.服务质量标准化

标准化是以制定标准、贯彻标准、对标准的实施进行监督管理、根据标准实施情况修订标准为主要内容的全部活动过程。服务质量标准化就是对服务的质量要求作出统一规定,并贯彻执行和及时修订,使之不断改进和完善的管理过程。

道路客运服务质量主要由设施设备质量、环境质量、劳务质量(即服务工作质量)三部分构成。因此,道路客运企业应建立的服务质量标准体系,主要包括:以服务设施(设备)为主要内容的设施标准体系,以服务环境为主要内容的环境标准体系,以服务工作为主要内容的服务工作标准体系,如图16-1所示。

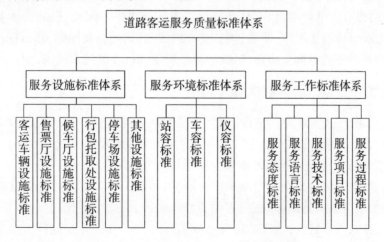

图16-1 道路客运服务质量标准体系图

1)服务设施标准体系

服务设施是指从事旅客运输活动所需要的各种建筑物、技术设备和各类标志,如客运车辆、房屋设施、托运装卸设备、通风设施、照明设施、空调设备、卫生设施、消防设备、安全设施、饮水设备等，它们是提高道路客运服务质量的物质基础。客运服务人员通过运用这些设施设备达到对旅客服务的目的。因此，制定服务设施标准，并按标准不断完善各项服务设施，提高服务设施质量水平，是提高道路客运服务质量的前提。

客运服务设施标准体系，主要包括客运车辆设施标准、售票厅设施标准、候车厅设施标准、行包托取处设施标准、停车场设施标准和其他设施标准。道路客运企业应按照标准做好服务设施的建设和维护工作。

2）服务环境标准体系

服务环境是汽车客运站内外部乘车条件的总体反映，主要包括站容、车容、仪容及服务场所和周围场地等。通过对这些条件的序化、净化、绿化和美化，给旅客创造一种优美、舒适的旅行环境。服务环境质量是客运服务质量的一个重要组成部分，因此服务环境标准是服务质量标准的重要内容。

道路客运服务环境标准体系，主要包括站容标准、车容标准和仪容标准（见第四章第二节表4-2）。道路客运企业应积极做好这方面的工作，按标准创建一个优美、舒适的客运服务环境。

3）服务工作标准体系

服务工作是客运服务人员的思想、态度、语言、仪表、技巧及服务方式、服务项目的总体表现。如果说完善的设施、优美的环境是提高道路客运服务质量的物质基础，良好的服务工作质量则是提高客运服务质量的关键，它需要服务人员树立全心全意为旅客服务的意识，按照服务工作标准，提供一流的优质服务，使旅客感到温暖、愉快、称心、满意。

服务工作标准体系，主要包括服务态度（如意识、表情、举止）标准、服务语言（如礼貌用语、语调）标准、服务技术（如知识、技能）标准、服务项目（包括功能性、质量性）标准和服务过程（如程序、效果）标准。具体要求可见第四章第二节表4-1。

提高服务质量，满足旅客需要，是道路客运经营管理的永恒主题。在一定意义上可以说，有什么样的服务质量标准，就有什么样的服务质量水平。因此，道路客运企业要长期不懈地做好服务质量标准化工作，即通过制定标准、贯彻标准、补充标准、修正标准、更新标准，不断完善和提升服务质量标准体系，以推动服务质量的持续改进和提高。

三、"三优""三化"的内在关系

"三优"之间、"三化"之间、"三优"与"三化"之间以及"三优""三化"与服务质量管理之间的关系是什么？分析上述"三优""三化"的含义和主要内容就可以得出以下三点结论：

1. "三优"构成了道路客运服务质量的目标体系

道路客运的根本宗旨是全心全意为旅客服务，客运工作人员必须用优良的工作质量和服务质量，最大限度地满足旅客安全、方便、及时、经济、舒适、文明的旅行需要，即全面实现和提高客运服务的质量特性，以提高旅客的满意程度。"三优"正是这样一个满足旅客需要的服务规范。

"优质服务"，反映了旅客的基本需求，基本体现了客运服务六大质量特性，因此是客运服务的核心要求，一切服务工作都应围绕此核心而展开，服务并服从于这个核心。"优美环境",既是客运服务质量的重要组成,是客运企业争取客源、提高竞争能力的重要条件之一,也是提高客运服务质量的重要因素和依托,同时还是展现客运企业形象、体现社会文明的重要方面。"优良秩序",同"优美环境"一样,是客运服务的基本要求和"优质服务"的必要补充,也是保障客运服务过程顺利进行和取得满意服务质量的重要因素,是实现优质服务不可缺少的重要条件。

可见,"优质服务"、"优美环境"、"优良秩序"三者之间相互联系、相互影响、不可或缺,并以优质服务为核心,以优美环境为依托,以优良秩序为补充,共同构成了道路客运服务质量的目标体系。着力抓好客运服务"三优"建设,创优质服务、优美环境和优良秩序,这是道路客运企业特别是客运站始终努力的方向和所要达到的服务目标。

2."三化"构成了道路客运服务质量的保证体系

实现客运"三优"服务目标,关键无疑是直面旅客的一线服务人员的努力,而在这"努力"的背后,管理系统的有效运作起着条件、基础和保证的重要作用。作为客运服务管理的基本规范,"三化"的意义自然不言而喻。

"服务过程程序化",使客运服务的各个环节、各个岗位、各项作业之间相互协调和紧密衔接,从而使整个客运服务过程有条不紊地连续高效进行,为保证客运服务质量提供了前提和基础。"服务管理规范化",是保证客运服务质量的基本手段,不管是组织体系还是制度体系、基础工作体系,它们的作用路径,都是通过规范化保证管理工作的质量,通过管理工作质量保证客运服务质量,比如"岗位培训":培训规范化→保证培训工作质量→提高员工素质→提高工作和服务质量。"服务质量标准化"是保证和提高客运服务质量的重要途径,这是因为,服务质量标准的制定和执行,使客运服务更精细、更规范,客运服务质量更稳定、更可靠,也为客运服务质量的控制与考核提供了可行的依据。

可见,"服务过程程序化"、"服务管理规范化"、"服务质量标准化"三者之间也是联系紧密、相互作用、相辅相成,并以"服务过程程序化"为基础,以"服务管理规范化"为手段,以"服务质量标准化"为依据,共同构成了道路客运服务质量的保证体系。着力抓好道路客运"三化"建设,不断健全"服务过程程序化"、"服务管理规范化"和"服务质量标准化",这是道路客运企业提高客运服务质量、实现"三优"目标的重要前提和基本保证。

3."三优""三化"构成了道路客运服务质量体系的基本框架

由前述可知,"三化"主要表现在管理层面,"三优"主要表现在服务层面,两者是保证与目标的因果关系,如果说"三化"是"璀璨的管理之花",则"三优"便是"丰硕的服务之果"。所以,"三优""三化"是客运服务质量管理的基本规范,是构建客运"优质服务体系"的基本纲领。以"三优"为目标,以"三化"为保证,构成了道路客运服务质量体系的基本框架(如图16-2所示)。

综上所述,道路客运企业应当下大力气抓好客运服务"三优""三化"建设,全面系统地实施"三优""三化"规范,以此打造整体优质的客运服务链,构建优质的客运服务体系;同时,按照与时俱进的原则和PDCA循环的基本程序,不断改进和完善"三优""三化"规范,不断优化和提升客运服务链与客运服务体系。这是道路客运服务质量管理的基本任务。

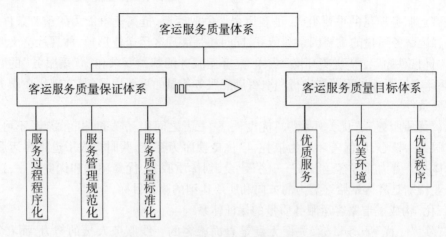

图 16-2 道路客运服务质量体系框架图

第四节 旅客意见收集与处理

一、旅客意见收集与处理的意义

对旅客意见进行经常化、制度化的收集和处理,不仅是客运信息服务的重要内容,也是客运质量管理的一项重要工作。在第四章第一节讨论"客运信息服务"时就指出,旅客对服务质量的评价和意见是旅客反馈信息的主要内容,不仅旅客本身有被倾听的愿望,而且企业也有获取这些信息的"迫切需求",因为这是企业改进服务质量的重要"依据和契机"。

之所以说旅客意见是改进服务质量的"依据",是因为旅客是客运质量的评判者,客运服务质量好不好最终要由旅客说了算,旅客是否满意是衡量客运服务质量的最高标准;而且,"与购买工农业产品的顾客以及托运货物的货主相比较,作为客运生产过程的参与者和体验者的旅客,在客运质量的评判中显然更具话语权、更具权威性、更具影响力,从而也更具决定性的'一锤定音'或'生杀予夺'之大权"(见第三章第一节之"旅客的含义")。旅客意见是旅客对服务过程亲身体验与感受的表达,反映了旅客对服务质量的要求和评价,实质上也是反映了旅客的需求和利益(甚至是深层次的、潜在的需求和利益),它最能显示服务质量、服务价值的真实状况,特别是最能真实地揭示出服务质量方面存在的问题和不足,为服务质量的改进和提高指出明确的方向和要求,甚至提供具体的思路和举措。

之所以说旅客意见是改进服务质量的"契机",是因为任何事物的进步都需要动力,每一次动力面前都是一次契机,顺势而为便可"旧貌换新颜",旅客意见正是这样一种可促使客运企业改进服务质量的重要动力。众所周知,企业服务质量改进的动力无外乎来自内部和外部两个方面,前者源于企业管理者和员工在正确质量理念指导下的高度自觉和不懈追求(此为"内驱动"),后者则是服务相关方出于职能、责任或利益需要的外部管理与监督(此为"外驱动"),如政府管理部门的检查、媒体的报道、旅客(顾客)的要求和抱怨等。当然,企业服务质量的持续改进,从根本上说来主要应该依靠主动性的"内驱动",这是毋庸置疑的。但是,"外驱动"的作用也同样不可小视,尤其是企业对"外驱动"的主动借力,通常都能收到事半功倍的效果。旅客的抱怨和意见,虽然强制性不如政府部门检查,震撼性也不如媒体曝光,但它却是外部驱动力中最直接、最经常、最庞大的一股力量,因而也是最不该被轻视的一股力量和最不该被忽视的质量改进契机。

人称"经营之神"的松下幸之助说过一句话:"要把顾客的责备当成神佛的呵护,不论是责备什么,都应欣然接受。"对于道路客运企业来讲,旅客意见不正是这种"神佛的呵护"吗?因此,道路客运企业的质量管理者应当有这样的意识:"旅客意见听不到是可怕的,旅客意见处理不好是更可怕的,有时甚至是灾难性的。"有了这样的意识,才可能高度重视对旅客意见的收集和处理,并把它作为质量管理的"迫切需求"和"重要工作",主动地、积极地、及时地、认真地做好,从而争取和把握这个质量改进的"契机",并紧扣这个质量改进的"依据",采取针对性的有效措施,强化服务意识,优化服务流程,改进服务标准,改善服务体系,提高服务素质,提升服务水平,以更好地满足旅客需求,实现旅客满意度和忠诚度的不断提高。

二、旅客意见收集与处理的主要工作

对旅客意见的收集与处理,企业应指定专管人员负责进行,大型客运企业通常还设立专职部门(如"旅客服务中心")负责此项工作。旅客意见收集与处理的主要工作,按其过程大体上可分为意见收集、意见分析、意见处理和意见整改等四个方面或四个阶段,如图16-3所示。

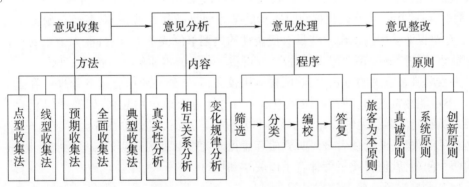

图16-3 旅客意见收集与处理过程图

(一)意见收集

意见收集是旅客意见收集与处理的首要环节。不收集意见,就谈不上处理意见;只有收集多,才有可能处理好;只有收集多又处理好,才能逐渐减少旅客抱怨和批评意见,提高旅客满意度。所以,意见收集的基本要求是"多多益善"——越充分越好,越全面越好,越深刻越好。也正因为如此,企业应当通过各种途径和方法去收集旅客意见,除了一线服务人员在旅客反馈信息服务中主动收集外,在质量管理中,通常使用的方法主要有以下几种:

1. 点型收集法

点型收集法是一种不连续的收集方法。就是收集时点的安排是间断的,有时时间间隔还较长,或带有突击性,收集的对象也不固定。如:值班站长定期或不定期召开旅客意见征询会;临时派员走访旅客,向旅客征求意见;发生客运商务纠纷时,听取旅客的意见或旅客向运政管理机构投诉的意见。

2. 线型收集法

线型收集法是一种连续的收集方法。就是在客运经营过程中,经常地、连续地进行数据和情况的采集与记录,也可以看成是无数"点型收集"的积累,串点而成线,所以称为"线型收集",或可称"经常性收集"。如:在客运站设立旅客接待处、意见箱;在客运班车车厢里悬挂意见簿;设立旅客服务或投诉电话;在企业网站设置"旅客意见"类的专门栏目。

3. 预期收集法

预期收集法是一种内容上面向未来的收集方法。就是通过走访或问卷调查等形式,向社会有关方面或运政管理机构或客流集散地,收集未来客运市场及各种运输方式发展的动向、计划和情报,预测客流的增减趋势、旅客的需求变化及对客运企业的期望和要求。

4. 全面收集法

全面收集法是一种对象上面向全体的收集方法,类似于市场调查中的"全面调查"形式。就是对所有被研究的对象,无一例外地进行普遍的、全面的调查,收集各方面的意见和要求。如:全面开展旅客调查,通过发放调查信、调查表(卡)等,广泛征集旅客对道路客运的班车、车站、企业的服务质量的评价、意见和建议。这种方法工作量大,用的时间长,但全面性、准确性较好。

5. 典型收集法

典型收集法是一种对象上具有少数代表性的收集方法,类似于市场调查中的"典型调查"、"重点调查"形式。就是根据意见收集的某方面目的和要求,在对客运对象全面分析的基础上,有意识地从中挑选出一些具有代表性的典型单位或个人,进行深入细致的材料收集和意见征集,通过"窥一斑"而"知全豹",取得旅客意见的本质的和全面的信息。

以上收集旅客意见的方法中,前两种运用较多,后三种一般结合运务管理的客运市场调查进行,不可能经常使用。所以,如何把前两种方法有效地运用起来,以及如何充分发挥一线服务人员收集旅客意见的作用,就显得非常重要。然而,实践中往往会存在一些障碍,制约旅客意见的收集,使管理者难以听到旅客意见或者难以听到真实的旅客意见。比如,下面提出的两个问题,就值得质量管理者予以关注和探讨:

1)旅客普遍缺乏直接表达意见的意愿

由于文化、经历、个性等方面的差异,不同旅客对服务质量感知的反馈与否及其反馈方式是不同的,而且实证研究表明,对服务质量不满意的顾客绝大多数(比例甚至高达96%)都不会向企业或服务人员直接表达,即不会说出自己的抱怨或意见,但却会将糟糕的经历告诉自己的家人和朋友,其中一部分更会选择"用脚投票",从此"憎"而远之。也就是说,只有占比4%的旅客愿意向服务企业表达自己的抱怨和意见,这算不算"稀缺资源"?是让旅客留下意见带走满意,还是带走意见扩散不满?答案显而易见。这就给企业提出了一个严峻的问题——如何做到"主动出击"而不是"守株待兔"式的收集旅客意见?如何鼓励旅客充分"亮"出内心的真实感受、留下抱怨或意见,同时通过有效的善后工作让旅客消解不满、带走满意?

2)员工中存在屏蔽旅客意见的可能

谁也不会否认,无论对于企业还是员工,旅客意见都是改进服务质量的重要依据和契机,然而同样不可否认的事实是,旅客抱怨意见对于企业管理者与当事员工(或下属单位)的效应却存在着某种程度的背离,因为旅客抱怨带给当事员工(或下属单位)的直接后果很可能是来自上级管理者的批评甚至处罚。在这种情况下,当事员工(或下属单位)能够被动接受旅客意见尚且不易,更遑论主动收集和如实反映给上级管理者了。如此,一些旅客意见将可能被部分员工或下属单位所屏蔽,还谈何"全面"、"充分"、"深刻"？这就给企业提出了另一个严峻的问题——如何消除旅客抱怨意见对管理者与当事员工或下属单位的背离效应,合理寻求两者利益和意愿的平衡点与共振点？如何鼓励一线员工和基层单位乐于采集旅客意见,并成为主动收集和反映旅客意见的主力军？

(二)意见分析

旅客意见实际上是一种客运市场的需求信息。信息收集后,须作相关分析才能有效使用。旅客意见分析就是一种信息分析,它的主要内容是:

1. 分析信息的准确性或真实性

信息的真实性包括两个方面:一是渠道的可靠性,即取得信息的渠道是可靠的;二是信息内容的真实性,即通过对所取得的一系列信息的综合分析,看是否有矛盾的地方。在各方面的信息基本一致,或虽然有矛盾但已证明其他信息不可靠的情况下才能使用。但这里需要注意的是,切忌把不同旅客的个性化需求当成"不可靠"信息而轻易否定。

2. 分析信息间的相互关系

不论是从不同渠道还是从相同渠道取得的相同信息之间,也不论是从不同渠道还是从相同渠道取得的不同信息之间,它们都有一定的内在联系。信息分析就是要从中找出这种内在联系,使信息起到举一反三的作用。

3. 分析信息的变化规律

在不同时间取得的信息资料,会出现某种差别或变化。集中长期资料,就会发现这种变化是有规律的。信息分析就是要找出其变化规律性,包括变化方向及其动因,还包括在不同时期的变动幅度。

(三)意见处理

筛选对旅客意见进行信息分析后,要进行一系列处理,并给旅客以满意答复。意见处理的程序大体如下:

1. 筛选

筛选就是把所收集的意见信息,根据其对企业客运经营的影响程度,普遍的还是个别的、全局性的还是局部性的等不同情况进行选择。把那些一般问题、不重要的问题,作一般答复或内部吸取教训的及时处理掉,以免信息过多影响决策效率。

2. 分类

筛选后的意见信息,要根据决策或整改要求进行分类。其方法可采取专题分类,如凡属设施的为一类、班次的为一类等;也可以采取地区分类或线路分类。专题分类的好处是能看清某一项问题的变化原因,也便于分类集中研究;地区分类的好处是能看清地区各种因素的相互影响、相互制约的关系,便于发现变化规律。

3. 编校

把所得到的意见信息进行编排和校正,做到"去粗取精,去伪存真",以保证这些意见信息准确无误,能满足作为研究决策依据的要求。

信息编校一般要进行两次。第一次是在收集现场进行,收集人员仔细检查整个记录是否清晰、具体、正确。第二次是在信息汇集起来以后进行,由汇集人进一步编排和校正。

编校的方法一般有以下几种:

(1)归纳法,把反映某一主题的意见集中在一起,加以全面、系统的归纳,使之能够完整、清晰地说明某一事物。这种方法要求加工者有一定的逻辑思维能力和文字表达水平。

(2)纵深法,即常说的一竿子扎到底的办法。就某一个主题,逐步逼近,把前因后果的资料都整理出来,以便能反映变化的来龙去脉,深化对问题的认识。

(3)指数法,即把不同地区、不同类别的各种问题与规划要达到的目标或上一阶段情况,作出指数进行比较,从而找出重点问题和问题的发展趋势,便于有的放矢地进行整改。

(4)推理法,即依据变化的内在联系和发展规律,对取得的信息进行判断和推理,从而得出某种结论。

(5)列表法,就是把归纳以后的意见用表格形式表示出来。列表法的好处是直观,一目了然,也便于对比。

4.答复

对每个意见旅客、每条旅客意见(特别是书面意见),原则上都应给予认真答复。即使是不太准确、不太重要或仅供参考的意见,也应作出回应而不能似"泥牛入海"。因为,答复不仅是对旅客尊重和鼓励旅客意见的表示,而且也是与旅客的一次深层交流,是修复和弥补客运服务过失或不足的最后机会,处理得好,旅客的抱怨和不满也能转化为"圆满",有助于提升旅客的满意度甚至忠诚度;此外,答复这个程序本身还是企业内部促成意见整改的一种推动力和制度保证。显然,那种只重收集、不重答复的做法,是十分不可取的,由此带来的内部和外部负面效应绝不可低估。至于如何答复,有几个问题需要注意:

1)答复的方式

企业答复旅客意见的方式,大体上有以下三种:

(1)电话答复

这是最为简单便捷的答复方式,也是运用最多的一种方式。由于双方彼此都是只闻其声、不见其影,所以企业答复人员要特别注意说话的技巧(包括措辞、声调、语气等),不要让自己的语言和声音给对方造成不礼貌、不诚恳的感觉;此外,还要注意避免电话周围的其他干扰声(如谈话声、嬉笑声等)传入电话而使对方产生误会或不快。

(2)信函(或电子邮件)答复

这是一种比较郑重的答复方式。由于"黑纸白字"的书面形式具有正式性、确定性、证据性,某种程度上也代表着企业的水平和风格,所以在文字表述上应当考虑周密,不可草率,必要时(如涉及重大质量问题的举报或投诉),还应交由企业法律顾问起草或审核,经由企业领导者批准。

(3)面谈答复

除了在接待旅客来访时的现场答复外,这也是比较郑重的一种答复方式,尤其是企业专门派员登门答复。由于面谈答复时双方面对面,处于可说、可听又可视的状态,所以企业答复人员不但要注意说话和倾听的技巧,还得注意肢体语言的运用,特别是面部表情、眼神和手势的运用,以增强答复时的亲切感、信任感和说服力。

以上三种答复方式,各有优缺点及其适应性,在具体选择时一般应考虑两个层面的因素。

①旅客提出意见的方式,通常情况下可采用旅客反映意见的同样方式予以答复,即:电话答复通过电话提出意见的旅客,信函答复书面提出意见的旅客,电子邮件答复通过网络提出意见的旅客,面谈答复亲自上门提出意见的旅客;

②旅客意见的性质,通常的原则是:一般意见可通过电话答复以简化程序提高效率,比较重要的意见宜信函答复或面谈答复以表示重视,比较复杂而需要与旅客作进一步沟通交流的意见则应面谈答复以免反复或留下后遗症。

2)答复的内容

不论采用何种答复方式,都至少应该包括这样三个方面的内容:

(1)表示感谢;

(2)处理或整改结果(或打算);

(3)欢迎继续提出意见。

在具体表达时,对于(1)、(3),应注入情感,给人以真诚、亲切、热忱的感觉,不要搞成冷冰冰的程式化、公式化的东西,为此,可以使用一些生活化的语言,还可以根据所了解的旅客不同情况(如性别、年龄、职业等)针对性地添加一点个性化的表达,在电话答复和面谈答复时更可以视情灵活运用恰当的语言艺术,以增加亲和力和信任度;而(2)是答复的重点和核心,应力求具体、清晰、准确,不要搞得云遮雾障,让人不知所云、不得要领,同时还要做到浅显易懂,尽可能不用或少用法律和专业术语、行话等需要专门知识才能理解的语言。采用信函答复时,有些管理者习惯于格式化的形式,认为这样只要"填填空","方便又省事",殊不知"填"得了文字"填"不了情感,"省事"的结果也把答复的积极效应给"省"去了,所以这种做法是很不可取的。

3)答复的时机

总的原则是越快越好,尤其不可久拖,拖延的结果会使答复的积极作用大打折扣甚至丧失殆尽。关键是"处理或整改结果(或打算)"能否明确,如果仅仅为了及时答复而丢掉(或含糊其辞)这部分重点内容,那是应付而不是答复,其效果会适得其反,这样的"快"还不如慢一点好。

如果由于旅客提出的意见比较复杂,预计一时难以拿出"处理或整改结果(或打算)",而可能导致无法及时答复,这时可采取电话或信函的方式先行告之旅客,一来表达歉意,二来承诺答复的时限。这样做的好处,不但可以使旅客安心,减少因推迟回复的不满,而且还能在一定程度上赢得旅客的好感。

(四)意见整改

对旅客提出的各种意见,经过系统整理、分析和处理,最后落实在整改上。这是旅客意见收集与处理最为重要的工作环节,应当花大力气抓紧抓实抓出成效。因为,旅客的期待集中在这里,企业收集旅客意见的目的和价值也聚焦在这里。

1.整改的层次

根据旅客意见的不同情况,一般来说,整改可分三个层次进行:

（1）按职责范围，把一些属于车站、车队等基层单位自身能解决的问题，移交给这些单位限期处理和改进，并督促基层把处理和改进情况及时报告企业和有关方面。

（2）涉及经营结构、管理体制或制度等较全局性的意见和建议，由企业领导召开专题会议，统筹研究解决；一时无条件解决的，要纳入企业规划，安排逐步解决。

（3）属于商务事故或纠纷的旅客投诉意见，应交运务或其他有关职能部门，在经过深入调查、搞清事实的基础上，按照有关规定，限期进行妥善处理或与旅客协商解决，力求取得旅客的谅解，让旅客满意。确实无法协商解决的，可提交运政管理机构进行调解或裁决，但应当注意的是，这种处理方式虽然能够"快刀斩乱麻"地了结某些棘手问题，却有可能伤害旅客感情，带来负面影响，所以应审慎从事，尽可能避免使用。

2. 整改的原则

为使整改收到切实的成效并让旅客满意，无论哪个层次的整改，都应注意把握以下几个原则：

1）旅客为本原则

以旅客为本是道路客运企业的根本宗旨，当然也是旅客意见收集与处理特别是意见整改的出发点和落脚点，是贯穿于意见收集与处理整个工作过程的基本原则，更是制订整改计划、落实整改举措的基本原则。整改中是否始终贯彻旅客为本原则，是能否真正把旅客意见转化为服务质量改进举措、进而转化为服务质量提高的关键。所以，整改中要设身处地、换位思考，站在旅客的立场，考虑旅客的需要和感受，维护旅客的权利和利益，视旅客满意为第一标准，而不能一味计较企业的眼前效益，不能只考虑管理和服务作业的成本或方便性。

2）真诚原则

真诚原则，就是要诚恳对待旅客和旅客意见，视旅客反馈信息为第一信号，深刻认识旅客意见在质量管理中的价值和地位，真心实意把旅客意见作为改进服务质量的动力和依据，认认真真、扎扎实实地解决存在问题。在整改中，决不能文过饰非、敷衍搪塞，不能做表面文章、掺杂任何虚假成分，不能说一套做一套、对外一套对内一套，不能虚晃一枪、大事化小小事化了。以"整改"的漂亮外衣掩饰质量上的缺陷和问题，那是欺人，更是自欺，是质量管理的大忌。

3）系统原则

系统原则，就是要好好把握旅客意见这个改进服务质量的良好契机，并充分发挥旅客意见"兴利除弊"的使用价值和"杠杆"放大效用，在治标的同时更在治本上下工夫、见成效，既解决旅客反映的问题，也解决旅客尚未反映的其他问题；既解决已经存在的问题（即可以查找的显性问题），也解决可能存在的问题（即尚未暴露的隐性问题）。所以，在整改中，不能孤立地、浅表地看待旅客意见，简单地就事论事，更不能"蜻蜓点水"式的点到为止，而要把旅客揭露的质量问题放到整个质量管理体系中去考量、去分析，上联下挂、举一反三，由表及里、以小见大，进行深入的和系统的整改，力求多解决一些质量管理中的深层次问题，比如质量文化、质量管理体制、质量管理制度、质量管理标准等方面存在的问题。

4）创新原则

如果说系统原则强调意见整改"空间延伸"的话，那么创新原则则是强调意见整改的"时间延伸"，就是要从旅客的具体意见引申和拓展开去，既着手现在，更着眼未来，既解决问题做好"减法",又关注需求做好"加法",做好"无中生有"的文章,把增加服务的内涵和特色作为整改的重要内容,实现从服务整改向服务创新的跨越。也就是说,不仅仅想旅客之所想,考虑旅客需要什么,把"别人开始做的"和"我们已经在做的"做得更好,而且还要想旅客所未想,比旅客考虑得更多一些、更深一些、更早一些、更远一些——"旅客还将需要什么"?"我们还能为旅客做什么"?"我们还应该为旅客做什么"?"别人没有做的我们要做起来","别人不能做的我们也要做成"等等。

第五节　客运商务事故的处理

一、客运商务事故的概念

在道路客运过程中,由于种种原因,会发生一些旅客行包错运、丢失、损坏以及旅客错乘、漏乘等问题,给旅客造成损失而引起的质量纠纷,称为客运商务纠纷,其中因客运经营者(客运站或运方)的责任而引起索赔的客运商务纠纷,称为客运商务事故。

常见的客运商务纠纷有以下几个方面:
(1)因客票发售的差错或不按规定时间发车,造成旅客脱班、漏乘、误时所引起的纠纷;
(2)车辆运行途中非正常情况下发生的绕道、晚点,造成旅客误时所引起的纠纷;
(3)发生行包错发、灭失、损坏、污染等,车站或运方处置不当或旅客不服处置所引起的纠纷;
(4)旅客联运中发生衔接脱节,造成旅客误时或增加费用开支所引起的纠纷;
(5)旅客因不懂或不遵守乘车规章,车站或运方处置不当,或旅客不服处置所引起的纠纷;
(6)车站或运方擅收额外费用,或擅自提高收费标准所引起的纠纷;
(7)其他服务工作中发生的纠纷。

二、客运商务纠纷的责任认定

(1)旅客运输过程中发生下列情况,均由车站承担责任:
①由于车站在发售客票中填错发车的日期、班次、开车时间造成旅客误乘或漏乘的。
②由于检票、发车、填写路单失误造成旅客误乘、漏乘的。
③在车站保管、装卸、交接过程中造成旅客寄存物品和托运行包损坏、灭失或错运的。
④由于不按时检票或不及时接车造成班车晚点运行的。
⑤由于站方原因发生的其他问题。
(2)旅客运输过程中发生下列情况,均由运方承担责任:
①因客车技术状况或装备的问题,造成旅客人身伤害及行包损坏、灭失的。
②因驾驶员违章行驶或操作失误造成人身伤害及行包损坏、灭失的。
③因驾驶员擅自改变运行计划,如提前开车、绕道行驶或越站,致使旅客漏乘、误降等,造成直接经济损失的。
④在行车途中发生托运行包灭失、损坏的。

⑤不按运行计划或合同向车站提供完好车辆,使班车脱班、停班的。
⑥由于运方原因发生的其他问题。
(3)旅客运输过程中因下列情况造成损失,客运经营者不负赔偿责任:
①被有关部门查获处理的物品。
②行包包装完整无异,而内部缺损、变质。
③行包或寄存物品因自然属性变质、损耗。
④旅客自行看管的物品,非经营者责任造成的损失。
⑤不可抗力(如自然灾害)造成的损失。
(4)旅客运输过程中发生的下列情况,均由旅客承担责任:
①旅客无票、持无效客票或不符合规定的客票乘车的。
②旅客隐瞒酒醉、恶性传染病,乘车造成污染,或危及其他旅客的。
③旅客夹带危险品或其他禁运物品进站、上车、托运的。
④旅客损坏车站、客车设施和设备,或造成其他旅客伤害的。
⑤旅客自理行包和随身携带的物品丢失、损坏的。
⑥客车中途停靠,经提醒旅客仍不按时上车造成漏乘、错乘的。
⑦旅客乘车途中自身病害造成的伤亡和损失。
⑧由于旅客原因发生的其他问题。

三、客运商务事故处理规定

(1)因车站或运方责任,造成旅客误乘或漏乘的,按以下规定处理:
①发觉站以最近一次班车将旅客运至原车票指定的车站。
②旅客留在车上的自理行包和携带品如有灭失、损坏,由责任方赔偿。
③旅客的其他直接经济损失,由责任方赔偿,但赔偿金额最多不超过旅客购车票价款的100%。
(2)因车站或运方责任造成的托运行包灭失、损坏的,按照全部损失全部赔偿、部分损失部分赔偿的原则,由责任方按下列规定赔偿:
①非保价行包每千克最高赔偿额一般不超过10元,如失主持有证明物品内容和价格的凭证,可按实赔偿。
②损坏物品能修复者,按修理费加送修运费赔偿;不能修复,但尚能使用者,按损坏程度所减低的价值赔偿。
③保价行包灭失,按托运时申明的价格赔偿;部分灭失,按申明价格赔偿灭失部分。
④灭失行包的运杂费要全额退还。
(3)因车站责任造成寄存物品损坏、灭失的,按每千克最多不超过20元的金额赔偿。
(4)因车站或运方责任,造成旅客人身伤害的,由责任方赔偿处理。
(5)因车站或运方违反合同或承诺规定,造成旅客时间或经济损失的,由责任方按原合同或承诺约定赔偿处理。
(6)车站和运方之间违反合同规定,造成对方经济损失的,由责任方按原合同约定赔偿、支付违约金。

（7）班车客运在发车前发生违规违约和客运商务事故，由始发站负责处理，责任方赔偿；运行途中发生的，由就近站负责处理，责任方赔偿；到站后发生的，由到达站负责处理，责任方赔偿；旅游、包车客运由受理方负责处理，责任方赔偿。

（8）旅客运输过程中发生商务事故后，有关方面应做好记录，受损一方应在事故发生之日起 90 天内，向责任方提出赔偿要求，责任方应在接到赔偿要求 10 天内作出答复。

（9）旅客在提出《客规》规定范围内的赔偿要求时，应同时提交客票、行包票等有关凭证。

（10）违规违约引起的商务纠纷可由当事人自行协商解决，也可向当地运政管理机构申请调解或裁决，还可向仲裁机构申请仲裁或向人民法院提起诉讼。

（11）赔偿金或违约金应在明确责任之日起 10 天内偿付，逾期偿付的，每延迟一日加付 5% 滞纳金。

四、客运商务事故处理制度

商务事故的发生，一方面会直接给企业带来一定的经济损失，另一方面还会使企业的声誉和形象受到损害，特别是经媒体曝光的商务事故，影响面更广，危害性更大，如不能及时妥善处置，有时甚至会发展成企业的重大危机事件，造成灾难性的后果。因此，道路客运企业应当按照"质量第一、预防为主"的方针，通过严格的质量管理，落实质量责任，控制客运生产过程，防止和避免商务事故的发生；同时，建立健全商务事故处理制度，明确事故处理的原则，规范事故处理的程序和要求，将事故的损害压缩到最低限度，并杜绝事故的重复发生。

客运商务事故处理制度的内容，一般应包括以下几个方面：

1. 商务事故分类

为便于商务事故的管理和处理，需要对商务事故进行分类，比如，可分为"特大事故、重大事故、一般事故、轻微事故"四类，或者"特大事故、重大事故、大事故、一般事故、轻微事故"五类。事故分类的依据，通常是事故损失或赔偿金额的大小。

2. 商务事故管理机构及职责

企业应指定专门部门（通常是运务管理部门或质量管理部门）作为商务事故的综合管理机构，并规定其职责。同时，还应对其他相关部门在商务事故处理中的职责予以明确。

3. 商务事故处理原则

商务事故处理决不能就事论事，而要重在吸取教训，强化责任，消除隐患，提高客运质量管控能力，预防和避免商务事故的重复发生。为此，在商务事故处理中，必须坚持"四不放过"的原则。即："事故原因未查清不放过、事故责任人未处理不放过、整改措施未落实不放过、有关人员未受到教育不放过。"（具体要求参阅第十七章第三节之"事故处理'四不放过'的原则"）

4. 商务事故处理程序

为贯彻和落实"四不放过"的原则，商务事故的处理应当严格按规定的程序进行，以防止随意性和走过场。

商务事故处理程序中，一般应明确以下四个层次的问题：

（1）"谁来干"；

(2)"干什么";

(3)"干到什么程度(要求)";

(4)"完成时限"。

其中的"干什么",至少应包括事故报告、事故分析、事故教育、事故赔偿(对旅客)、责任人处理、整改措施等方面的内容。

5. 奖惩规定

这里的"惩",是指对商务事故责任人(含相关责任部门的领导和管理者)的处罚(包括行政处罚和经济处罚);这里的"奖",是指对在避免商务事故或减少商务事故损失中作出显著成绩或贡献的个人或集体的表彰和奖励。无论奖或惩的规定,都应当明确、量化、可操作。

6. 商务事故建档与统计分析

每起商务事故,均应按要求建立原始记录,存档备查。其中,轻微事故(或轻微事故和一般事故)可以登记表的形式集中建档,其他大事故则宜一事一档。

商务事故登记表的主要内容,应当包括:事故发生时间、事故主要情节、事故赔偿金额、事故责任人、事故处理情况等。一事一档的商务事故档案的主要内容,应当包括:事故记录单、当事人检查材料、事故赔偿协议(对外)、事故赔偿审批单(对内)、事故处理意见及批复、"四不放过"工作记录等。

商务事故建档的目的,不只是为了备查,更重要的是用于分析,即通过对历史商务事故的统计和分析,总结和掌握商务事故的一般规律,从而为进一步防范商务事故、改进服务质量管理提供实证和新的思考、新的思路。因此,企业应对商务事故档案的管理和定期分析作出规定,并明确其相关要求。

本章思考题

1. 客运质量的评价指标有哪些?各自的含义是什么?应如何计算?
2. 你怎么理解"三优"与"三化"的含义?"三优""三化"与客运质量管理有什么关系?
3. 按服务管理规范化要求,服务人员岗位培训主要包括哪几方面内容?为提高岗位培训的实效,你认为应该重视哪些问题?
4. 服务质量标准体系包括哪些内容?
5. 联系工作实践,谈谈旅客意见收集处理与客运质量管理的关系。
6. 举例说明旅客意见收集的点型收集法和线型收集法。
7. 你怎么看待旅客意见收集中"旅客缺乏表达意见的意愿"和"员工中存在屏蔽旅客意见的可能"这两个问题?为解决这两个问题,你有什么好的建议?
8. 对旅客意见的答复,应当注意哪些问题?
9. 在旅客意见的整改环节,要把握哪些原则?
10. 什么是客运商务事故?为避免和减少商务事故的发生,你认为应该采取哪些管理措施?(请联系客运实践)

第十七章 道路客运企业安全管理

道路客运企业的安全管理,是指为防止发生旅客和其他人员伤亡以及车辆和其他财产损失的事故,保证企业生产经营过程中的各类安全而进行的计划、组织、领导、激励、控制等一系列协调活动。

道路客运企业的安全管理包括行车安全、消防安全、劳动安全、治安安全等方面的管理内容。其中,行车安全是客运服务质量特性中最为重要的方面,也是道路客运生产中概率最高、威胁最大的风险因素,因此,道路客运企业总是把行车安全作为安全管理的中心和重点。本章也以行车安全为主介绍道路客运企业的安全管理。

第一节 道路交通事故基本知识

对于道路客运企业来讲,"交通事故"也就是行车事故;道路客运企业的行车安全管理,主要任务也就是防止发生交通事故。

一、交通事故的定义

根据《中华人民共和国道路交通安全法》第一百一十九条的规定,所谓"交通事故",是指车辆在道路上因过错或者意外造成的人身伤亡或者财产损失的事件。

从"交通事故"的这个定义可以看出,构成道路交通事故或行车事故的基本要素是:

1. 车辆

车辆是交通事故的主体,发生交通事故必有车辆(包括机动车和非机动车)参与,这是构成交通事故的前提条件。否则,不认为是交通事故,如行人之间碰撞致使财产损失或人员伤亡的事故。

2. 在道路上

道路是交通事故发生的场所。道路是指公路、城市道路以及公共广场、公共停车场等供车辆、行人通行的地方,包括虽属在单位管辖范围但允许社会机动车通行的道路。在非道路上所发生的事故则不属于交通事故,如在矿区、厂区、林区、机关、校园、车站、车间、住宅小区等单位自建的不通行社会车辆的地方发生的事故,不纳入交通事故统计范围。

3. 人的过错或意外

造成事故的原因主要是当事人的主观过错或客观意外。当事人的"过错",是指违反交通法规、技术规程或操作大意失当的行为,由此而导致的交通事故是最常见的过错和交通肇事;客观"意外",是指发生了当事人意料不到的情况,如刹车失灵等车辆机械故障,以及人力无法抗拒的自然原因,如地震、台风、山洪、雷击等自然灾害直接引发的事故。人为故意造成的事故,如行为人驾车追求撞人结果的发生,或如常说的"碰瓷",均为犯罪行为而不属于交通肇事范畴。

4. 损害后果

交通事故必须有人员伤亡或者财产损失的后果。如果发生了碰撞,但没有造成任何人员伤亡或者财产损失,或者仅仅造成精神损失,就构不成为交通事故。

5. 在交通运行中

若车辆处于完全停止状态,乘车人上下车的过程中发生挤、摔等伤亡事故,则不属于交通事故;若车辆运行是"非交通"性质,如军事演习、体育竞赛造成的事故,也不属于交通事故。

6. 发生事态

即车辆运行中发生碰撞、碾压、刮擦、翻车、坠车、爆炸、失火等其中之一的情况。否则,则不属于交通事故,如旅客在乘车过程中因心脏病发作而死亡。

任何一起事故,必须同时具备以上六个基本要素(特别是前面四个),才属于道路交通事故,才纳入《中华人民共和国道路交通安全法》的规范范围,才作为道路交通事故统计。但是,应当特别指出的是,道路客运企业的行车安全管理不应局限于上述"交通事故"的定义,有些虽不属于交通事故,不具备"在道路上"或"在运行中"的要素,如在车站内或旅客上下车时发生的事故,有些甚至不具备"损害后果"的要素,充其量只是事故征兆或隐患,但同样都应无例外地纳入道路客运企业的行车安全管理范畴。

二、交通事故的分类

交通事故的分类,包括事故性质和事故责任两方面的内容,如图17-1所示。

1. 交通事故性质分类

交通事故按其性质或损害后果,划分为轻微事故、一般事故、重大事故和特大事故四类。

(1)轻微事故:是指一次造成轻伤1~2人,或者财产损失机动车事故不足1000元,非机动车事故不足200元的事故。

(2)一般事故:是指一次造成重伤1~2人,或者轻伤3人及以上,或者财产损失1000元至3万元以下的事故。

(3)重大事故:是指一次造成死亡1~2人,或者重伤3~10人,或者财产损失3万元至6万元以下的事故。

(4)特大事故:是指一次造成死亡3人以上,或者重伤11人及以上,或者死亡1人,同时重伤8人及以上,或者死亡2人,同时重伤5人及以上,或者财产损失6万元以上的事故。

以上"死亡"是指因道路交通事故而当场死亡和伤后7天内抢救无效死亡;"重伤"按司法部、最高人民法院、最高人民检察院、公安部发布的《人体重伤鉴定标准》执行;"轻伤"按按司法部、最高人民法院、最高人民检察院、公安部发布的《人体轻伤鉴定标准》执行;"财产损失"是指事故直接损失折款(注意,这里的"直接损失"与行车事故经损率的统计口径不同!),不含现场抢救(险)、人员伤亡善后处理的费用,也不含停工、停产、停业等所造成的财产间接损失。

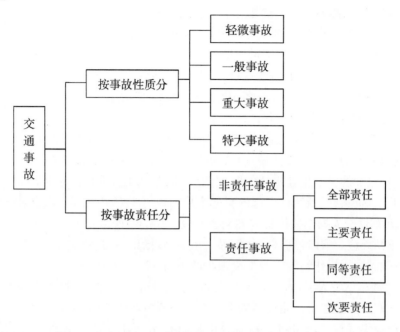

图 17-1 交通事故分类

2. 交通事故责任分类

交通事故责任按有无责任分为责任事故和非责任事故,责任事故按责任大小分为全部责任、主要责任、同等责任和次要责任。

因一方当事人的过错导致交通事故的,承担全部责任;当事人逃逸,造成现场变动、证据灭失,公安机关交通管理部门无法查证交通事故事实的,逃逸的当事人承担全部责任;当事人故意破坏、伪造现场、毁灭证据的,承担全部责任;因两方或者两方以上当事人的过错发生交通事故的,根据其行为对事故发生的作用以及过错的严重程度,分别承担主要责任、同等责任和次要责任。

各方均无导致交通事故的过错,属于交通意外事故的,各方均无责任;一方当事人故意造成交通事故的,他方无责任。

三、交通事故的影响因素

交通事故是在车辆行驶过程中,由于人、车、路、环境等要素相互配合失调而造成的。因此,交通事故的影响因素主要包括人(机动车驾驶人、非机动车驾驶员、行人)的因素、车辆状况因素、道路状况因素、交通环境因素(泛指天气、交通设施、交通流量、交通管理等所有外部条件)。其中,人的因素是造成交通事故的最主要因素。我国交通事故统计资料表明,每年发生的事故中,驾驶员的责任约占 70%,行人的责任约占 26%,即约 96% 的事故责任在"人"。

由于人的因素引发交通事故的,主要有以下几类:

（1）机动车驾驶员违反道路交通安全法律法规或安全操作规程发生的事故。如：超速或未保持安全车速；强行超车；逆向行驶；通过交叉路口不减速或路口闯红灯；左、右转弯或掉头不适当；违反停车或临时停车规定；违反优先通行的原则；与前车不保持安全间距；车辆超载或装载不适当；酒后开车；过度疲劳；违反铁路岔口通行规定；等等。

（2）机动车驾驶员观察或感知错误造成的事故。如：由于心理或生理方面的主观原因，对外界环境的客观情况没有正确地观察；由于道路条件不好、交通标志不清、恶劣气候影响以及由于交叉路口冲突区域太大等客观原因引起的观察错误。统计资料表明，由观察错误造成的事故最多，约占 55%~60%。

（3）机动车驾驶人判断错误造成的事故。包括：对对方车辆和行人的动态、对自己车辆与对方车辆或行人的距离、对道路的形状和线形等的判断错误，以及过分自信引发的判断失误。由于判断过程通常发生在极短的时间内（一般为 0.1），等危险临近时，往往为时已晚。根据国外的统计资料，判断错误引起的交通事故约占 30%（日本统计资料为 35%）。

（4）机动车驾驶人操作错误造成的交通事故。这类错误多发生在紧急情况下，特别是驾驶新手，由于缺乏应急避险经验，往往惊慌失措，导致措施不力、措施不当、措施过迟等，从而造成交通事故。由于操作错误造成的交通事故约占 5%。

（5）非机动车驾驶人、行人违反道路交通安全法律法规等造成的交通事故。在我国，非机动车、行人在道路上违反道路交通安全法律法规现象非常普遍，如：自行车走机动车道、与机动车抢行、掉头猛拐、车速过快（特别是电动自行车）、违章带人驮物等，行人无视交通信号、不走人行横道、不主动避让机动车等。因此，这类事故也比较突出。据统计，我国交通事故死亡人数中，行人占 25%，非机动车驾驶人占 18%。

四、交通事故的处理程序

发生交通事故后，驾乘人员在现场应采取的措施，本书第六章第二节已作介绍。

公安交通管理部门对交通事故的处理程序，分为简易程序和一般程序两种。

1. 简易程序处理

在交通事故案情简单、仅造成车物损失或人员受轻微伤的轻微、一般事故，当事人对事故事实及责任认定无争议的，可适用简易程序。简易程序处理交通事故时，当事人应当填写事故发生的时间、地点、天气、当事人姓名、机动车驾驶证号、联系方式、机动车牌号、保险凭证号、事故形态、碰撞部位、赔偿责任人等内容的协议书或者文字记录，共同签名后立即撤离现场，协商赔偿数额和赔偿方式。

2. 一般程序处理

不适用简易程序的其他交通事故或当事人不同意使用简易程序的交通事故，公安交通管理部门将按一般程序处理。

交通事故处理的一般程序如图 17-2 所示。

五、交通事故保险与索赔

众所周知，道路客运是高风险行业，交通事故造成的损失需要一个强有力的保障体系，以分散或转移企业的经营风险，并维护受害者的权益。《交法》第十七条规定：国家实行机动车第三者责任强制保险制度,设立道路交通事故救助基金。同时,国家《道条》第三十七条规定:客运经营者应当为旅客投保承运人责任险。因此,对于道路客运企业来说,"交通事故责任强制保险"(简称"交强险")及"承运人责任险"是国家强制规定必须投保的两个险种。此外,企业还可以根据实际情况投保车辆损失险等其他险种。一旦发生交通事故,企业即可通过向保险公司索赔将自身损失降到最低,受害人也能及时得到赔偿。

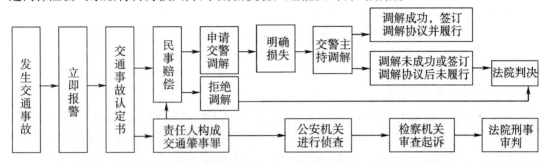

图 17-2 交通事故处理的一般程序

保险索赔的基本流程是:

(1)肇事司机(被保险人)需在48小时内向保险公司报案,填写《机动车辆保险出险/索赔通知书》并签章。

(2)及时告知保险公司损坏车辆所在地点,以便对车辆查勘定损。

(3)对财物损失的赔偿取得相应的票据、凭证。

(4)车辆修复及事故处理结案后(三个月内),办理保险索赔所需资料,交予保险公司,包括:机动车辆保险单及批单正本原件、复印件;机动车辆保险出险/索赔通知书;行驶证及驾驶证复印件;赔款收据。

此外,根据交通事故的不同性质和情况,还需要补充以下资料:

(1)如由交警处理结案,需要:交通事故认定书及交通事故损害赔偿调解书。

(2)如由法院处理结案,需要:

①道路交通事故损害赔偿调解终结书;

②民事判决书或民事调解书。

(3)如发生财产损失,需要:

①车辆修理、施救费发票;

②车辆损失照片;

③财物损失清单;

④财物损失修理、施救费发票;

⑤财物损失照片。

(4)如发生人员伤亡,需要:

①伤者诊断证明(县级以上医院);

②残者法定鉴定书;

③死者的死亡证明;

④抢救、治疗以及其他各种费用收据,补偿费收据(公安交通管理部门盖章有效);

⑤伤亡者工资证明、家庭情况证明或者有关情况公证书；

⑥其他必要证明。

企业安全管理人员应当熟练掌握交通事故保险与索赔知识，注意做好及时投保、事故报案、事故索赔三方面的工作，做到不脱保、不漏保、不失赔，保障事故受害人和本企业的权益，以利于维护社会稳定，并降低企业风险。

第二节 安全管理的任务和职责

一、安全管理的意义

道路交通事故已成为人们闻之色变的"无休止的战争"，成为影响人类生产、生活的一大社会公害。统计资料表明，自1886年汽车问世以来，交通事故的绝对数字一直居高不下，全世界已有3500多万人死于交通事故，是第一次世界大战死亡人数的2倍，接近于第二次世界大战的死亡人数。

我国道路和道路运输发展很快，但道路运输的安全形势也十分严峻。据统计，进入21世纪，全国年均死于交通事故的人数约10万（如果按照多数发达国家的死亡统计口径，即包括事故发生30日内抢救无效死亡的，则死亡人数还会更高），伤残人数达50万，直接经济损失数十亿元，间接损失上千亿元。而且，道路交通事故死亡人数在全国安全生产事故死亡人数中占绝大多数（2002～2005年期间，每年均在70%以上）。多么触目惊心的数字！无怪乎人们在感叹"滴血的煤炭"的同时，更加感叹"血染的路面"。交通事故如同洪水猛兽，无情地吞噬着鲜活宝贵的生命和大量的社会财富，多少人因此而阴阳相隔，多少美满幸福的家庭毁于一瞬！

党和政府历来十分重视安全管理工作，作为国民经济大动脉的交通运输，更是安全管理工作的重中之重。道路客运企业的安全生产状况，不仅涉及千家万户，关系人民生命财产安危，关系交通畅通、社会稳定与和谐，而且也关系本企业的效益、信誉和形象。完全可以说，确保行车安全，既是企业经济效益最为重要的保障，也是企业理应承担的最为重要的社会责任。因此，加强道路客运企业的安全管理，无论对于企业还是社会，无论对于经济还是政治，都具有十分重大的意义。

二、安全管理的任务

行车安全，这是道路客运企业永恒的管理主题。道路客运企业安全管理的任务是：认真贯彻执行国家和行业有关安全生产的方针、政策、法律、法规及标准，建立健全科学、规范的安全管理机构和制度，保证安全生产必要投入，强化企业安全管理自我约束机制，切实提高安全生产管理水平，确保旅客和行包的安全，最大限度地为社会提供安全、便捷的旅客运输服务。

鉴于行车事故影响因素中"道路"和"环境"是企业所无法控制和改变的，因此，企业行车安全管理的主要对象是内部的"人"和"车"。也就是说，道路客运企业安全管理的任务，是通过对内部"人"和"车"的管理来实现的，即运用各种管理手段和方法，保证营运客车处于良好的技术状况,保证驾驶客车的人——驾驶员具有与车辆、道路和交通环境相适应的良好的安全素质,从而最大限度地预防、避免和减少行车事故的发生。其中,保证车辆良好技术状况,为安全生产提供技术支持,是机务管理的核心任务,本书第十五章已作介绍。本章将要讨论的行车安全管理,主要是对"人"的管理,即以驾驶员为主的系统管理。

三、安全管理的职责

国家明确规定,企业是安全生产的责任主体,必须切实履行安全管理的职责,确保生产安全。

按照工作范畴,安全管理工作大体上由源头管理、过程控制、应急救援、事故处理四个方面构成。企业安全管理职责也主要体现在这四个方面,特别是源头管理方面。

道路客运企业安全管理的职责,主要有以下几点:

(1)全面贯彻执行国家有关安全生产的方针、政策和法律、法规,自觉接受行业管理、国家监察和群众监督。

(2)落实企业安全生产主体责任,建立健全安全管理机构,配备安全生产管理人员,做到人员、设施、资金三落实。

(3)制定和完善安全管理规章制度、安全管理目标及阶段性安全控制指标,量化分解,落实到人,并签订安全生产目标责任书,对企业安全生产情况实行阶段性定量控制和考核。

(4)强化安全生产技术培训和岗位培训,认真搞好安全宣教、培训和评比竞赛活动,推广交流先进安全技术和安全管理经验,着力培育和建设具有特色的企业安全文化,全面提高员工(特别是重点安全岗位员工)的安全素质。

(5)加强源头管理,有计划地(定期和不定期)组织开展安全检查,综合运用自检、普检、抽检、互检等多种方式,及时排查并消除各类安全隐患,落实事故防范措施;建立健全危险源的辨识、建档、分析、评估、监控、治理的分级预防管理制度。

(6)定期召开安全管理工作例会,通报传达安全生产形势,研究部署企业安全生产重大事项,做到有总结、有分析、有措施、讲实效。

(7)建立健全安全管理信息系统,推广使用 GPS 全球定位系统、车辆行驶记录仪、实时视频监控系统、车站安全门检检测系统等安全管理设备,不断改善安全工作条件,加强生产过程动态监控,提高企业安全管理技术水平。

(8)抓好车辆安全技术管理和驾驶员管理工作,建立完善安全管理档案。

(9)按照"四不放过"的原则,认真做好事故处理工作,及时统计、报告道路运输安全事故。

(10)建立健全安全应急管理体系,制定事故救援应急预案并定期演练,落实相关资源和措施,提高快速反应和应急救援能力。

(11)对所有安全管理和从业人员定期进行绩效考核,建立健全安全生产奖惩制度,对安全生产做出显著成绩的集体、个人给予表彰奖励;对因玩忽职守、违反规章制度而造成事故的,应根据事故性质、责任大小给予行政处分和经济处罚,触犯刑律者送交司法机关依法处理。

（12）定期开展安全生产活动是否符合安全质量管理体系要求的管理评审和内部审核（质量管理体系、管理评审及内部审核的概念，见本书第二十章有关内容），定期评价安全质量管理体系的有效性，促进安全质量的持续改进和安全管理的持续创新。

第三节 安全管理方针与安全文化建设

一、安全管理的方针

"安全第一、预防为主、综合治理"，这是国家安全生产的指导方针，因此也是道路客运企业安全管理必须始终坚持的方针。

（一）安全管理方针的内涵

安全管理方针虽然只是短短的三句话十二个字，但其内涵十分丰富。下面分别作一阐述。

1. 安全第一

安全第一，表明了安全生产的极端重要性、极端严肃性，强调了安全和安全工作绝对"第一"的地位，它是处理安全与生产和其他工作关系的总原则和总要求。

安全第一，就是在一切生产活动和其他经济活动中，必须把安全放在首要位置，优先考虑、优先安排、优先保证；或者说，包括生产在内的企业所有工作必须以安全为前提、以安全为基础、以安全为保障，当生产和其他工作与安全发生矛盾时必须服从于安全。

这里需要特别指出，之所以强调安全第一，强调生产必须安全，绝不仅仅因为安全是生产的保证，或如人们过去常说的"安全促进生产"、"安全就是效益"；更重要、更深层次的原因是，人的生命属于人只有一次，人的生命是宝贵的、无价的、高于一切的，尊重、关爱、保护人的生命和健康（包括心理健康）比什么都重要！在新的历史条件下坚持安全第一，是贯彻落实以人为本的科学发展观、构建社会主义和谐社会的本质和必然要求，也是最起码要求。以人为本首先要以人的生命为本，科学发展首先要安全发展，构建和谐社会首先要构建安全社会。坚持安全第一的方针，对于捍卫人的生命尊严、构建安全社会、促进社会和谐、实现安全发展具有十分重要的意义。所以，在企业生产工作中贯彻落实科学发展观，就必须始终坚持安全第一。在这个意义上，安全不仅是生产的手段，更是生产的目的。显而易见，对于服务于广大旅客、以安全为首要质量特性的道路客运生产，"安全第一"这四个字的分量有多重！

因此，客运企业的安全管理，首先要"责"字当头，视安全责任重于泰山，切切实实负起安全生产的责任，在企业上下大力宣传贯彻"安全第一"的价值理念，营造"安全第一"的文化氛围，形成"安全第一"的行为准则，构建"安全第一"的保障体系（包括文化、组织、制度、信息、技术、设备、资金、人员素质等），形成"安全第一"的长效机制，从而将"安全第一"不折不扣地落到实处。

2. 预防为主

预防为主，表明了安全生产的可控性、可预防性，强调了安全工作的重点是预防，是防患于未然，它是安全工作在内容上处理事先的预防工作与其他方方面面工作关系的总原则和总要求。

预防为主,就是安全管理要把企业主要资源(包括人、财、物、信息、时间等)优先放在事故的"事先"预防工作上,防止和避免事故的发生,而绝不是"消防队"式的"事中"应对,更不是"马后炮"般的"事后"处理。当然,必要的事中应对和事后处理也是不可少的,但前者的作用主要是控制和减少事故的损失与危害,后者的目的主要是为了总结经验、吸取教训,以改进安全工作,防止事故的重复发生。

这里,有必要讲一个著名的"海恩法则"。它是由德国人帕布斯·海恩提出来的。"海恩法则"指出:每一起严重事故的背后,必然有29次轻微事故和300起未遂先兆以及1000起事故隐患。中国古人也说"冰冻三尺,非一日之寒","千里之堤,溃于蚁穴",这些古训和"海恩法则"的意思差不多。"海恩法则"多被用于企业的生产管理,特别是安全管理中。"海恩法则"对于企业安全管理的指导意义在于:

(1)任何一起事故都是有原因的,都是事故征兆和隐患这些"量"的积累的结果;
(2)生产安全是可以控制的,安全事故是可以避免的;
(3)要避免事故,就必须敏锐而及时地发现事故征兆和隐患,并采取有效措施加以控制或消除。

因此,客运企业的安全管理,要彻底摒弃"事故难免"论,把安全工作的关口前移,把安全工作的重心放在"防"字上,做足"事先"的功课,在探索安全生产规律、优化安全影响因素、掌控生产过程、识别安全风险、明察事故隐患上下工夫,在此基础上,采取一切必要的预评、预测、预报、预警、预防、预控措施,特别是着力构筑坚固的安全防线,从源头上、根本上控制或消除事故征兆和隐患,化解事故风险,防止事故发生,确保生产安全。如此,则旅客和社会所企盼和要求的那种具有充分"安全感"、既"无损"又"无险"的真正安全性(见第三章第五节)才能有所保障,才能成为现实。

3. 综合治理

综合治理,表明了安全生产的复杂性、艰巨性,强调了安全工作的综合性、系统性,它是安全工作在方法上的总原则和总要求。

综合治理的含义是多重的,主要包括:

(1)安全工作的主体是"综合"的、全员的,不是部分人,更不是少数人,安全工作绝不只是几个领导或者安全管理人员的事,而是企业上下所有单位、所有部门、所有岗位、所有人员的共同职责,需要大家各尽其职、各负其责,齐心协力去做;

(2)安全工作的对象是"综合"的、全方位的,不仅包括大量导致事故的直接因素(涉及人、机器、材料、方法、环境、测量等诸多方面),而且包括许多间接的和深层次的因素,诸如体制、制度、文化等,必须全面关注、全面治理、全面优化,并把关注、治理、优化的重点放在那些"间接的和深层次的因素"上,实现标本兼治、重在治本;

(3)安全工作的范围是"综合"的、全过程的,不是阶段性或突击性的任务,不能局限于生产过程的某些阶段、某些环节,而要贯穿于生产的全过程,覆盖生产过程以及与生产过程有关的所有阶段、所有环节乃至所有细节,但这并不排斥应当重点抓好安全生产工作中的主要矛盾和关键环节;

(4)安全工作的手段是"综合"的、多种多样的,不能单打一,不能靠"一招制胜",而要因情制宜、多管齐下、综合施治,广泛运用行政的、经济的、法制(含制度)的、技术的、教育的等各种手段和方法。

因此,客运企业的安全管理,就是要在企业主要负责人的统一领导和统筹安排下,从严要求,落实各方面安全责任,调动各方面安全力量,执行各方面安全制度,协调各方面安全活动,优化各方面安全要素,实施各方面安全举措,从而实现安全工作综合的、系统的、全面的管理。

(二)安全管理方针的内在逻辑

"安全第一、预防为主、综合治理"的安全管理方针是一个有机统一的整体,三句话之间有着严密的内在逻辑性。

(1)"安全第一"告诉我们"为什么管"。它是安全管理的宗旨,是一切安全工作的出发点和落脚点,是预防为主、综合治理的统帅和灵魂。没有安全第一的主旨,预防为主就失去了思想支撑与内在动力,综合治理就失去了整治依据与目标方向。

(2)"预防为主"告诉我们"管什么"。它是实现安全第一的根本途径和综合治理的重点内容。只有把安全管理的重点放在建立事故隐患预防体系上,超前防范,才能有效减少甚至避免事故和事故损失,实现安全第一;只有抓住预防为主这个"牛鼻子",综合治理才能治在根本上,才是真正有效的治理,也才能真正建立起安全治理的长效机制。

(3)"综合治理"告诉我们"怎么管"。它是落实安全第一、预防为主的基本思路和基本方法。只有不断健全和完善综合治理工作机制,依靠全员,综合施治,并重在治本,才能有效贯彻安全生产方针,真正把安全第一、预防为主落到实处,不断开创安全生产工作的新局面。

因此,"安全第一"、"预防为主"、"综合治理"三者紧密联系、互为补充、缺一不可,共同构成完整的安全生产指导方针。根据这一指导方针的内在逻辑,我们可以把安全管理的基本工作思路归结为两句话,那就是:以"治"(综合治理)促"防"(预防为主),以"防"保"安"(安全第一)。

二、安全管理的原则

为贯彻"安全第一、预防为主、综合治理"的方针,在企业安全管理的具体工作中,必须坚持一些原则。这些原则主要有:

(一)生产必须安全、不安全不生产的原则

这项原则体现了"安全第一"的要求,是安全管理的首要原则。"生产必须安全",强调了安全在生产活动中的极端重要性,必须绝对保证,而不允许有丝毫的疏忽和闪失;"不安全不生产",更是突出了安全的"第一"地位,强调了安全的"一票否决"权,表明生产与安全发生矛盾时必须毫不动摇地服从于安全。

(二)管生产必须管安全、谁主管谁负责的原则

这项原则是落实"安全第一"方针以及"生产必须安全、不安全不生产"原则的组织保证,也是制定安全生产责任制的重要依据。安全生产,全员有责,必须全员抓、抓全员。"全员抓",就必须建立起严格的全员安全生产责任制,做到各负其责、齐抓共管,人人讲安全、事事讲安全、时时讲安全、处处讲安全;"抓全员",企业的各级领导和生产管理人员责无旁贷,管生产的同时必须管好安全,这就要求坚持做到"五同时",即:在计划生产的同时计划安全、

在布置生产的同时布置安全、在检查生产的同时检查安全、在总结生产的同时总结安全、在评比生产的同时评比安全。

(三)防微杜渐、预防预控的原则

这项原则体现了"预防为主"的要求，是安全管理的重要原则。安全管理不是事故处理，也不仅仅是"亡羊补牢"，而是未雨绸缪，防患于未然，其要义在于一个字——"防"。防，就要用"放大镜"甚至"显微镜"，明察秋毫，敏于发现并控制和消除生产中的一切不安全因素（人的不安全行为、物的不安全状态等），哪怕是极微小的事故征兆或隐患，如此方能化解安全风险，防止和避免事故的发生。在这个意义上，也可以说安全管理就是管征兆管隐患，通过管征兆管隐患达到防事故保安全的目的。不仅如此，更为重要的是，还要用"望远镜"，深谋远虑，从产生事故征兆和隐患的源头着手，采取扎实措施，提高人（主要是驾驶员）的安全素质，强化物（主要是车辆）的安全技术，致力于安全生产的长效防控机制。

(四)多管齐下、综合施治的原则

这是针对安全管理手段提出的原则，体现了"综合治理"的要求。任何管理手段都不是万能的，都有其优势和局限性，都有其适应对象和适应范围。只有人管、法治、技防多管齐下，只有综合运用多种手段和方法，才能因应安全生产复杂多变的因素和情势，才能实现有效治理、长效治理。

(五)标本兼治、重在治本的原则

这项原则很重要，它不仅体现了"综合治理"的核心要求，而且也是落实"预防为主"、实现"安全第一"、达到长治久安的重要保证。"标本兼治"意味着治理对象的广泛性，"重在治本"则强调了治理的重点在于"本"。"本"是什么？就是导致事故的深层次因素，就是产生事故征兆或隐患的源头，就是那些涉及体制、制度、文化、人的素质等带有根本性的问题。治本，就是要研究这些"因素"、探寻这些"源头"、解决这些"问题"，推进安全生产"五要素"落实到位，从而构筑起严密的安全防线，建立起有效的安全生产保障体系。

安全生产"五要素"是指安全文化、安全法制、安全责任、安全科技、安全投入，这是保障安全生产的五个关键要素。安全管理的日常工作，尤其是源头管理工作，就是紧紧围绕这五大要素展开的。

(1)安全文化。安全文化是安全生产在意识形态领域和人们思想观念上的综合反映，包括安全价值观、安全判断标准和安全能力、安全行为方式等。安全文化是安全生产的灵魂，在五个要素中起着统帅的作用，其他各个要素都在安全文化的指导下发挥其功能。

(2)安全法制。安全法制就是安全法律法规和规章制度的建立和执行，就是"以法治安"，用法律法规和制度来规范企业和员工的安全行为，即控制和消除"人的不安全行为"，使安全生产有法可依、有章可循，建立安全生产的法制秩序。安全法制是保障安全生产最有力的管理武器。

(3)安全责任。安全责任就是落实安全生产责任，建立安全生产责任制。安全责任既是安全文化的体现，也是落实安全法制的手段，是安全法律法规的本质要求和具体化。落实安全责任是安全生产的核心。

(4)安全科技。安全科技就是"科技兴安"，依靠科技进步控制和消除"物的不安全状态"，提高安全生产保障和事故预防能力。这是安全生产的重要手段，也是安全生产的基本出路。

(5)安全投入。安全投入是指必须保证安全生产必需的经费,为安全生产提供物质支持。除资金投入外,安全投入还应该包括人力资源(特别是安全管理人才的培养和员工安全素质的提高)等其他资源投入。安全投入是安全生产的基础和保障。

(六)常抓不懈、常抓常新的原则

"常抓不懈"强调安全管理是全员、全方位、全过程、全天候的管理,涉及生产活动的方方面面、种种因素,涉及生产活动的全部过程、全部时间,不可能"毕其功于一役"而一劳永逸,也不可能一蹴而就、速战速决,它是有起点无终点的持久战,只有"加油站",没有"停靠站",必须思想上警钟长鸣、行动上坚持不懈,要无事故当有事故抓、小事故当大事故抓、别人事故当自己事故抓,不允许有丝毫的片刻的麻痹和懈怠。"常抓不懈"还有另一层含义,就是要重视鲜血和生命换来的安全生产经验与教训,"老生常谈"而不厌其烦,要坚持行之有效的安全管理制度和措施,不能"猴子掰玉米"或是朝令夕改。

"常抓常新"也有两层含义。

(1)安全管理每一天都是"新"的,都要从"零"开始,决不能盲目乐观,不能满足于已有的工作、陶醉于已有的成绩,如履薄冰的危机感、确保安全的责任感什么时候都不能丢!

(2)安全管理是在变化着的内外环境中的动态管理,必须善于从新的实践中发现新情况、摸索新规律、找出新办法、运用新手段,也就是说,要与时俱进,不断创新(创新理念、创新制度、创新方法等),按照 PDCA 循环的基本管理模式,不断登上新的台阶。但创新不是标新立异、哗众取宠,不是搞花架子、形式主义,其根本目的在于不断提升安全管理水平、开创安全生产新的局面。比如:"安全文化"的提出,就是近年来安全管理上带有革命性的理论和实践创新,开创了安全管理的新领域、新境界;车载 GPS、行驶记录仪、实时视频监控系统等现代科技的应用,就是客运企业在安全管理手段上的创新,使行车安全开始有了真正意义上的动态监控;重视员工特别是驾驶员的心理素质,开展心理咨询、心理疏导、心理训练等心理健康服务,就是企业在安全管理以及人力资源管理上的新探索,这一人本化举措,不仅对安全生产产生了明显的积极效应和促进作用,而且有助于增强企业凝聚力。

(七)事故处理"四不放过"的原则

前面介绍的"海恩法则"告诉我们,安全问题就像是海里的冰山,事故只不过是暴露的冰山一角,更加可怕的是那些藏在海面下的大量隐患,任何事故的发生固然有一定的偶然性,但已经存在的隐患没有及时发现而不断积累才是导致事故发生的必然原因。所以,事故处理绝不是就事论事地"处理事故",而是重在吸取教训,受到教育,进而查找和消除隐患,提高事故防范和安全管理能力。为此,事故处理必须坚持"四不放过"的原则。所谓"四不放过",即:"事故原因未查清不放过、事故责任人未处理不放过、整改措施未落实不放过、有关人员未受到教育不放过"。

1. 事故原因未查清不放过

查清事故原因是事故处理的前提。事故原因不清楚,怎么吸取教训?怎么受到教育?怎么亡羊补牢?只有通过事故分析,让事故原因水落石出(包括主要原因、次要原因和直接原因、间接原因等),才能准确界定事故性质和事故责任(包括直接责任和主要责任、重要责任、领导责任等),并使当事人和其他员工从中得到警示和教育;只有查清事故原因,才能对症下药,采取有效措施,防止类似事故的发生;通过历史事故的统计分析,还能发现事故特点,掌握事故规律,为从根本上改进安全管理提供有益借鉴。

2. 事故责任人未处理不放过

奖优罚劣、奖功罚过,这是任何管理都普遍遵循的原则,安全管理更不例外。谁都不愿发生事故,但发生事故就必须依法依规并根据事故性质、责任大小等对事故责任人(包括直接责任人和有关负责人)作出严肃处理,包括经济处罚、行政处分,直至追究刑事责任。否则,国家的安全法规和企业的安全规章制度便形同虚设,事故责任人和其他员工接受教训与儆戒也便是一句空话。俗话说得好,"严是爱,宽是害",事故处理必须坚持这个原则。

3. 整改措施未落实不放过

"亡羊补牢,未为晚也",说的就是要落实整改措施。发生一次事故就要接受一次教训,改进一次工作。接受教训,改进工作,最后要落实在事故整改上,要看整改的决心大不大、整改的措施实不实、整改的效果好不好。这就要求,既要围绕事故"就事论事"地认真整改——但这只是治标之举,更要跳出事故本身举一反三地深入整改、系统整改,即查找在文化上、体制上、制度上、技术规程上等深层次的问题或薄弱环节,采取严密有效的改进措施,完善安全保障体系,提升安全管理水平——这才是治本之策。

4. 有关人员未受到教育不放过

安全教育是安全管理的基础工作,贯穿于安全管理的全过程,也是事故处理的重要内容。而且,事故作为活生生的反面教材,运用得好往往能起到振聋发聩、事半功倍的效果,把坏事变成好事。这里的"有关人员",其实是个十分宽泛的概念,企业一般可按照事故的性质和大小来确定,原则是受教育面宜大不宜小,严重事故应该包括企业的全体员工。这里的"教育",不仅指事故本身的教训,还应当包括安全生产方针、安全法律法规、安全管理制度、安全技术规程等深层次的内容。尤其重要的是,要通过刻骨铭心的事故教育,在员工中倡导和培育先进的安全文化,提升安全理念,增强安全意识,提高安全素质。毕竟,再好的技术,再严密的制度,也取代不了人的素质、人的责任心。

上述这些原则,既是"安全第一、预防为主、综合治理"方针的具体体现和内在要求,也是"安全第一、预防为主、综合治理"方针得以落地生根的基本保证。

三、安全文化建设

1. 安全文化建设的意义

如前所述,安全文化是安全管理上具有革命意义的创新。之所以这样说,是因为它让我们跳出了传统安全管理的思维和范畴,而把安全放到文化这样的视野和高度去研究,通过培育一种以积极的思想意识和行为习惯为基础的安全文化,借助文化所特有的内在而持续的导向、约束、激励、凝聚、辐射等功能,促进员工从被动的"要我安全"向主动的"我要安全"、"我能安全"转变,从而塑造安全素质得到根本提升的"本质安全"人,进而实现"本质安全"型企业。

因此,积极的安全文化是企业安全生产保障体系得以建立和有效运行的土壤和动力,是企业实现"本质安全"的基石,安全文化建设是安全管理具有基础性、全局性、战略性的工程,是根本中的根本,应当作为最重要、最优先的工作,全力抓实抓好。

2. 安全文化的理念体系

安全文化是企业文化的重要组成部分,是企业文化的子文化。同企业文化一样,安全文化的内容也由三个层次构成:表层的物质安全文化、中层的制度安全文化、深层的精神安全文化。其中,精神安全文化是安全文化的实质和灵魂,决定着物质安全文化和制度安全文化的走向与内容。

那么,精神安全文化的主要内容是什么呢?其实,本节所阐述的安全管理方针和原则所蕴含的主要观点,正是构成精神安全文化主要内容的理念体系。这里,我们不妨再作梳理提炼,择其要列举如下:

"人"——以人为本、人命关天的安全价值观;

"责"——责字当头、责重如山的安全使命观;

"防"——防微杜渐、以防为主的安全工作观;

"本"——综合施治、重在治本的安全治理观;

"法"——建章立制、依法依规的安全管理观;

"严"——一丝不苟、从严要求的安全作风观;

"实"——落到实处、注重实效的安全行为观;

"新"——与时俱进、不断创新的安全方法观。

3. 安全文化建设的基本思路

企业安全文化建设,是一项长期性的系统工程,不可能立竿见影、一蹴而就,而必须整合资源,大力推进,行之以渐,持之以恒。安全文化建设既要从大处着眼,纳入企业精神文明建设和企业文化建设的总体规划,制订计划,确定目标,明确步骤,又要从小处入手,结合日常管理工作和职业道德教育,面向一线,抓好基层,突出重点,运用载体,落实措施,逐步推进。在安全文化建设中,还要注意借鉴国内外企业的成功经验,又要始终结合本企业实际,注重实效,注重特色。同时,安全文化建设必须建立在良好的安全管理基础上,并以安全管理的实践不断丰富和创新安全文化的内容。

基于精神安全文化的核心和灵魂地位,企业的安全文化建设应当以精神安全文化为重点,也就是说,要把主要精力放在前述安全理念(特别是以人为本、人命关天的安全价值观和责字当头、责重如山的安全使命观)的培育上,并以此推动安全行为、安全习惯、安全风气的养成。因此,企业安全文化建设的基本思路就是:

将上述这些安全理念,通过持续的反复的多层次的形式多样的宣传、教育、展览、培训、讨论、演练、竞赛、表彰和其他活动的开展,通过听觉的、视觉的、感觉的等全方位立体化环境氛围的营造,通过领导者的身体力行、模范人物的典型示范以及员工之间的积极影响与互动,通过"固化于制"即融于安全管理制度的强制规范,在员工中"外化于行",进而通过长期潜移默化而"内化于心"、"同化于众",逐渐成为全体员工共同信守、共同维护的安全价值取向和动力,成为每个员工自我约束、自觉奉行的安全行为准则和习惯,成为企业上下一致的安全工作作风和风气。

企业安全文化建设的这一基本思路,包含着"理"、"情"、"法"多种手段的综合运用,体现了认知与行为的统一、个体与群体的一致。如果浓缩简化一下,我们可以从中提炼出六个关键词,即六个"化":"教化"(这是"理")、"感化"(这是"情")、"固化"(这是"法")、"内化"(这是"知")、"外化"(这是"行")、"同化"(这是"众")。这六个"化"所构成的因果关系,大体上也就是企业安全文化建设的基本思路,如图17-3所示。

图17-3　企业安全文化建设基本思路示意图

第四节　安全管理组织体系

一、安全管理的组织体系

为有效履行安全管理的职责,企业必须建立起"纵向到底、横向到边、专管成线、群管成网"的严密的安全管理组织体系。这是企业安全生产保障体系的重要组成部分,是必不可少的组织保证。

在本章第二节阐述安全管理方针时就已经强调指出:安全工作是"企业上下所有单位、所有部门、所有岗位、所有人员的共同职责",安全管理必须坚持"管生产必须管安全、谁主管谁负责"的原则。这就意味着,企业每个层级的管理机构都是安全管理组织体系的当然组成部分。所以,道路客运企业安全管理组织体系其实也就是企业组织体系或组织结构(见图13-7)。与此同时,为突出安全工作的地位,加强安全工作的统一领导、协调和监管,道路客运企业还专门建立由安全生产委员会、安全管理职能部门等组成的专职安全管理组织体系,如图17-4所示。专职安全管理组织体系是企业安全管理的骨干队伍,在保障企业安全生产方面发挥着举足轻重、不可替代的作用。

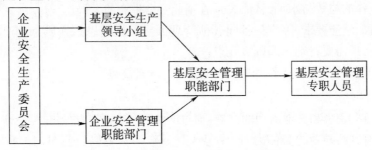

图17-4　专职安全管理组织体系示意图

企业安全生产委员会,是专职安全管理组织体系的决策机构,它以企业法定代表人为主任、分管安全领导为副主任,对本企业的安全生产实行统一领导,负责企业安全生产方面的重大决策(如安全体制、安全制度、安全目标、奖惩措施)以及综合协调和考核。

基层单位安全生产领导小组,是专职安全管理组织体系承上启下的中层领导机构,它以本单位主要领导为组长、分管安全领导为副组长,统一领导本单位的安全生产,并负责贯彻落实企业安全生产委员会的决策。

企业安全管理职能部门,是专职安全管理组织体系的管理机构,它配备专职安全管理人员、注册安全主任,对企业安全生产实行统一监管和综合管理,负责制定企业安全生产管理制度,以及对基层安全管理职能部门的业务指导、检查、协调和考核。

基层安全管理职能部门,是专职安全管理组织体系的执行机构,它配备专职安全管理人员,负责宣传贯彻安全生产方针政策和法律法规,贯彻落实安全生产岗位责任制、安全操作规程和其他安全管理制度,组织实施安全生产现场管理,以及对车辆、驾驶员等的安全管理和台账、报表等基础工作。

二、安全管理人员

专职安全管理人员,通常简称安全员,是企业专职安全管理组织体系的主体成员,是企业各级安全管理的主力。为满足安全管理的需要,客运企业的专职安全员原则上应按每20辆运营车1人的标准配备。

1. 安全管理人员的职责

安全管理人员的主要职责是：

(1)宣传贯彻安全生产方针政策和法律法规,认真执行企业各项安全管理规章制度。

(2)开展安全生产宣传教育,组织安全学习、行车安全竞赛等活动。

(3)经常深入现场进行安全生产监督检查,督促驾驶员遵守安全操作规程,督促营运车辆保持良好技术状况,保证各项安全基础管理工作的落实。发现危及安全的行为和情况,应及时制止和解决或向上级反映。

(4)收集、整理各类安全信息,并及时传递和交流。

(5)负责本单位安全事故的处理、统计和上报工作。

(6)加强对驾驶员行车安全的管理,协助做好驾驶员的审验、考核、评比等工作。

2. 安全管理人员的素质要求

安全员肩负着安全管理的诸多职责,责任之重不言而喻。正因为如此,他们的素质关系着安全管理工作的成效与水平,从而关系着企业安全生产的大局。

对安全员的素质要求,除应具备同其他管理人员一样的思想素质、业务素质、心理素质和身体素质外,还需要特别强调以下几点：

(1)深刻理解安全管理方针和安全管理原则,具有高度的安全意识和安全使命感,时刻以安全工作为己任。

(2)严格履行安全管理职责和执行安全管理制度,坚持原则,不畏权势,不徇私情。

(3)工作作风严谨务实,做到"严、实、勤、快、细"。严,就是对自己高标准严要求,一丝不苟,从不懈怠;实,就是脚踏实地,一步一个脚印,讲求实际效果,该管的管住,该抓的抓实;勤,就是勤动脑(思考)、勤动嘴(宣教)、勤动腿(检查)、勤动手(解决问题),任劳任怨,尽职尽责;快,就是雷厉风行,反应快,行动快,敏于发现隐患,及时交流信息,快速处理问题;细,就是思维缜密细致,处事细心周全,工作有条不紊。

(4)自制力强,善于化解来自各方面的心理压力,能较好地控制自己的情绪,遇突发情况或事故,也能临危不乱、处变不惊,保持足够的清醒、耐心和意志。

(5)熟悉安全员岗位职责,掌握丰富的安全管理知识(如有关安全生产的法律法规和规章制度、安全文化知识、安全技术知识、安全评估诊断知识、心理学和行为科学知识等），具有良好的安全管理能力（如事故征兆和隐患分析判断能力、突发事件应变协调能力、事故分析与处理能力、台账报表与计划总结能力、宣传教育与组织协调能力、内外事务沟通和社交公关能力、现代管理手段运用能力等）。

（6）具有高中以上文化程度及在道路客运行业三年以上从业经历，经相关部门统一培训且考核合格，持证上岗。

第五节　安全管理制度体系

企业作为安全生产的责任主体，为全面有效地履行国家赋予的安全管理职责，确保安全生产，不仅要持之以恒地抓好以人为本、关爱生命的安全文化建设，不仅要建立严密、负责、高效的安全管理组织体系，还要有健全并严格执行的安全管理制度体系。

安全管理制度体系是国家安全法律、法规、规章及行业规程、标准在企业的延伸和具体化，也是企业安全生产保障体系的重要组成部分，是企业安全文化的重要内容和重要载体，是企业安全组织体系有效运转的基本依据和基本规范。只有建立健全科学完善的管理制度体系，并严格贯彻执行，做到有章可循、有章必循、执章必严、违章必究，才能体现安全管理的严肃性和权威性，才能为落实安全管理职责和安全生产"五要素"提供可靠的制度保证，也才能有效地控制和消除安全生产的最大威胁——"人的不安全行为"，从而提高企业的安全素质和安全保障能力。一句话，只有依法依规，安全管理的长效机制才能真正形成，安全管理才能真正走上有序、有力、有效、有恒的轨道。

道路客运企业的安全管理制度体系，大体上分为三个层次的内容，即安全生产责任制、安全管理制度、安全操作规程，见表17-1。

一、安全生产责任制

根据《中华人民共和国安全生产法》的有关规定，企业必须建立健全安全生产责任制。

安全生产责任制是明确员工岗位安全责任的一项制度，是企业岗位责任制的重要组成部分。从层次上讲，安全生产责任制是企业安全管理制度体系中的第一层次，也是最重要的纲领性制度，是制定其他各项安全生产规章制度并保证其实施的基本依据。从性质上讲，安全生产责任制是一种组织规范，它的实质是"安全生产，人人有责"，它把安全生产的职责从组织上明确起来，把"管生产必须管安全"的原则从制度上固定下来，把"生产必须安全"的责任从法定代表人开始层层逐一落实下去，直到每个从业人员、每个操作岗位。有责任，才有压力，也才有动力，"纵向到底、横向到边、专管成线、群管成网"的安全管理组织体系才能真正"活"起来，才能真正有效地运转。只有这样，才能做到安全工作事事有人管、人人有专责，使各级领导、各个职能部门、全体安全管理人员和生产操作人员各司其职、各负其责，共同维护和执行安全管理制度，共同搞好企业的生产安全，特别是确保堪称道路客运企业头等要务的行车安全。此外，有了安全生产责任制，在出了事故以后，也能比较清晰地分析事故，弄清从领导、管理到操作各方面的责任，从而为吸取教训、搞好整改、避免事故重复发生提供了一项制度保证。

安全管理制度体系 表17-1

制度层次	序号	制度名称
第一层次	1	安全生产责任制(按岗位分别规定)
第二层次	2	安全工作例会制度
	3	安全生产专项资金管理制度
	4	安全宣传教育与培训制度
	5	驾驶员管理制度
	6	驾驶员安全活动日制度
	7	驾驶员安全公里管理制度
	8	行车安全目标管理制度
	9	行车安全奖惩制度
	10	行车安全检查制度
	11	行车安全动态监控管理制度
	12	安全信息管理制度
	13	安全应急管理制度
	14	行车事故处理制度
	15	行车事故统计报告制度
	16	行车安全档案管理制度
	17	行车安全基础资料管理制度
第三层次	18	安全操作规程(按岗位分别制定)

安全生产责任制根据"生产必须安全"、"管生产必须管安全"的原则,对企业各级领导、职能部门、安全管理人员、驾驶员及其他生产操作人员等每个从业人员、每个工作岗位在企业生产经营中应负的安全责任作出了明确的规定。它的主要内容包括:

(1)企业法定代表人,是企业安全生产的第一责任人,必须对本企业的安全生产负全面领导责任;

(2)企业的分管安全领导,是企业安全生产的直接指挥员,对企业的安全生产负主要领导责任;

(3)各基层单位的主要领导,是本单位安全生产的第一责任人,对本单位的安全生产负全面领导责任;各基层单位的分管安全领导,是本单位安全生产的直接指挥员,对本单位的安全生产负主要领导责任;

(4)企业和各基层单位的各级领导和生产管理人员,在管理生产的同时,必须负责管理安全工作,严禁违章指挥生产,在计划、布置、检查、总结、评比生产的时候,必须同时计划、布置、检查、总结、评比安全工作,对企业或本单位的安全生产负综合治理责任;

(5)安全管理职能部门和安全管理人员,负责贯彻落实安全生产法规及各项安全管理制度,对实现安全生产负直接管理责任;

(6)其他各职能部门及其管理人员,必须在自己的业务工作范围内,对实现安全生产负管理责任;

(7)全体员工,必须严格遵守安全生产法规和各项安全管理规章制度,负责本职工作的安全;

(8)驾驶员及其他生产操作人员,必须严格遵守以岗位安全操作规程为主的安全生产制度,不违章作业,并有权拒绝违章指挥,险情严重时有权停止作业,并采取紧急防范和避险措施,对安全生产负直接责任。

应当强调的是,落实安全责任,首先必须落实包括法定代表人在内的企业领导层的安全责任。只有领导层"责"字当头,并把安全责任放到无与伦比的重要地位,才能在意识上、行为上尤其是安全决策上将安全管理真正落到实处。

二、安全管理制度

安全管理制度是企业安全管理制度体系的第二层次,也是主体部分,是一种工作或管理规范,涉及安全管理工作的方方面面。以行车安全为例,主要管理制度已列于表17-1,下面分别展开作简要说明。

(一)安全工作例会制度

安全工作例会,即安全管理工作例会。定期召开安全工作例会,研究部署企业安全生产重大事项,是企业安全管理的重要职责之一。企业安全工作例会每月不得少于一次。其主要内容有:

(1)学习关于安全生产的国家方针政策、法律及行业标准规范,传达上级安全管理工作的有关文件、指示,并研究贯彻落实的相关意见;评估企业安全管理体系有效性,研究制定企业安全生产目标及工作决策,研究制定或修订重要安全管理制度。

(2)通报交流重要安全信息,研究分析企业安全状况,总结经验教训,提出安全措施,明确工作要求;研究落实员工安全教育培训计划以及检查、考核等重要事宜,布置安全生产工作任务。

(3)分析本行业和本单位发生的各类重特大、典型责任事故,制定防范类似事故发生的主要措施,遇有特殊情况和特大、恶性行车事故,应及时研究、分析和处理。

(4)企业安全工作例会由安全生产委员会主任或副主任主持召开,企业安全职能部门及相关部门负责人、下级单位的安全负责人参加会议。例会应建立会议记录,并形成会议纪要。例会的有关决定和要求,应有专人负责督促落实并反馈。

基层单位的安全工作例会,参照企业安全工作例会执行。

(二)安全生产专项资金管理制度

企业应当保障安全生产投入,按照《高危行业企业安全生产费用财务管理暂行办法》或地方政府的有关规定,按照不低于营业收入的0.5%的比例提取、设立安全生产专项资金。

安全生产专项资金主要用于完善、改造、维护安全运营设施和设备,配备应急救援器材、设备和人员安全防护用品,开展安全宣传教育、安全培训,进行安全检查与隐患治理,开展应急救援演练等各项工作的费用支出。

企业应建立安全生产专项资金独立的台账,实行专款专用,并对它的提取、预算、审批、使用、审计等建立严格的管理制度,以确保道路客运企业安全生产的物质条件。

(三)安全宣传教育与培训制度

为了提高企业安全生产水平,强化从业人员安全生产意识,丰富安全生产知识,提高安全生产技能,企业应根据实际情况,组织各种形式的安全宣传教育,并针对不同岗位特点和要求,有计划地组织相应的岗位安全培训,开展岗位安全练兵、比武和竞赛活动。

行车安全教育培训对象,重点是安全管理人员、驾驶员、车辆安全技术检查人员、乘务员等。安全教育培训应建立记录和签到制度。对缺席人员要组织补课。

1. 安全员培训

内容包括:

(1)交通安全法律法规及行业与企业规章制度;

(2)行车事故的一般规律及分析处理;

(3)安全理念与安全文化建设知识;

(4)质量管理与行车安全管理知识,先进安全管理经验及现代安全管理技术;

(5)安全信息管理和安全应急管理知识;

(6)车辆技术等级划分及车辆技术使用与管理知识;

(7)职业道德、敬业精神教育;

(8)心理学、管理学知识;

(9)安全管理能力(见本章第四节的"安全管理人员的素质要求")训练。

2. 驾驶员培训

内容包括:

(1)交通安全法律法规及行业与企业安全规章制度;

(2)驾驶安全操作规程及安全驾驶经验;

(3)行车事故的一般规律及防范要求;

(4)典型交通事故案例警示;

(5)汽车日常维护及一般故障分析与排除;

(6)汽车旅客运输规则及运输业务知识;

(7)行车中各种突发事件处理知识及常见疾病和外伤救护知识;

(8)安全意识和驾驶职业道德教育;

(9)心理健康知识;

(10)技能训练及应急处置训练。

3. 行车安全宣传教育工作

一般利用口头告诫以及黑板报、墙报、图片、横幅、标语、广播、录像、网络、多媒体等宣传工具。主要方式有:

(1)常年宣传。根据一年四季的不同气候情况、不同交通特点、可能出现的倾向性问题等,结合本企业实际有的放矢地进行持续性的安全宣传。其中,包括出车前、回场后等多种场合对驾驶员进行的行车安全询问和嘱咐。常年宣传的特点是常抓不懈、形式灵活。

(2)重点宣传。在全国性的"安全生产月"及省、市的"安全宣传周"、"百日安全竞赛"等活动中,或在重要节假日中,结合实际进行集中性的安全宣传。重点宣传的特点是注重声势、影响面广。

（3）突击宣传。主要是针对一个时期来交通安全方面的突出问题，配合专项性整顿或治理，开展突击性的安全宣传。突击宣传的特点是专题性、针对性强。

（四）驾驶员管理制度

为保证行车安全，企业应对所有驾驶员无一例外地全面纳入管理，并建立健全从聘用、培训到考核、辞退的全过程跟踪管理制度。

（1）驾驶员条件。企业聘用的客车驾驶员，必须符合有关法律、法规、规章的规定以及公安交通管理和道路运输管理机构规定的资格条件：

①持有相应的机动车驾驶证；

②年龄不超过60周岁；

③应经道路运输管理机构对有关客运法律法规、机动车维修和旅客急救基本知识考试合格而取得相应从业资格证；

④3年内无重大以上交通责任事故记录。

此外，对3年内交通违法记分有满分记录的，有酒后驾驶、超员20%、超速50%或者12个月内有三次以上超速违法记录的客运驾驶人，道路客运企业也不得聘用其驾驶客运车辆。

（2）驾驶员聘用。企业招聘驾驶员必须按公平、公开、公正的原则，对报名应聘者进行面试、理论测试、操作测试，经综合评定后择优录用，并经企业相关部门和企业行政负责人批准，签订劳动（聘用）合同和安全行车责任书。

（3）岗前培训。主要内容包括：国家道路交通安全和安全生产相关法律法规、安全行车知识、典型交通事故案例警示教育、职业道德、安全告知知识、应急处置知识、企业有关安全运营管理的规定等。客运驾驶员岗前理论培训不少于12学时，实际驾驶操作不少于30学时。

（4）新驾驶员试用。新聘用驾驶员实行试用期制度，试用期一般为三个月。在试用期的初期，安排一定时间或里程（例如1万km）跟车实习，即在监护驾驶员的监督指导下驾驶，以熟悉客运车辆性能和客运线路情况。跟车实习结束，经监护驾驶员鉴定、安全管理部门考核同意，方可单独驾驶。监护驾驶员一般由技术熟练、工作负责、具备20万安全千米以上或三年以上安全驾驶经历的驾驶员担任。

（5）新驾驶员上路。安排新聘用驾驶员上路行驶，应执行以下原则：驾驶车辆先小后大；行驶时间先白天后夜晚；行驶路程先短途后长途；行驶道路先普通后复杂。

（6）驾驶员配备。客运车辆日行程400km以上（高速公路600km以上），必须配备两名以上驾驶员。

（7）驾驶员行车要求。驾驶员应持证上岗，行车时携带所有牌证；驾驶员行车时，应严格遵守交通安全法规和驾驶安全操作规程；驾驶员一次连续驾驶车辆不得超过4小时，每次停车休息时间不少于20分钟，24小时内实际驾驶时间不得超过8小时（特殊情况下可延长2小时，但每月延长的总时间不超过36小时）。企业要积极探索接驳运输的方式，为超长线路运行的客运车辆创造条件，保证客运驾驶也停车换人、落地休息。

（8）驾驶员培训。驾驶员应自觉参加企业组织的"安全活动日"（见"驾驶员安全活动日制度"部分）和各类教育培训（包括岗前培训、定期培训、特殊情况培训）。每个驾驶员参加

"安全活动日"的次数每月不少于2次。针对驾驶员掌握操作技能和应变能力的差异,企业应实行分类管理和分类教育培训,以增强培训效果。

(9)驾驶员考核。对驾驶员的行车安全情况和驾驶适应性,企业应进行不间断的定期考核,考核内容包括驾驶员违法驾驶情况、行车事故情况、服务质量情况、安全运营情况、安全操作规程执行情况、参加教育与培训情况以及心理与卫生健康状况。考核的周期不大于3个月,而且考核的结果要与企业安全生产奖惩制度挂钩。同时,建立全面、完整、真实反映其行车安全情况的"驾驶员行车档案"(详见"行车安全档案管理制度"部分)。

(10)驾驶员服务。在严格管理的同时,企业应关心驾驶员的身体健康和心理需求,定期组织体检和谈心活动。努力改善驾驶员的生活待遇和工作环境,保证吃好、睡好、休息好,并注意帮助解决其家庭困扰,解除后顾之忧。创造条件,逐步开展包括心理咨询、心理疏导、心理训练等方面内容的驾驶员心理健康服务,以舒解驾驶员心理压力,化解驾驶员心理障碍,提高驾驶员心理素质,促进行车安全。

(11)驾驶员调离和辞退。企业应建立驾驶员调离和辞退机制,对经考核确认不适应驾驶客车或达不到安全要求的驾驶员,应调离驾驶岗位或予以辞退。

(五)驾驶员安全活动日制度

企业应定期组织驾驶员"安全活动日",每周1次,每次不得少于2小时。安全活动日应建立活动记录,并实行签到制度。安全活动主要内容包括:

(1)传达学习有关行车安全的法律、法规、规章、标准、文件和宣传资料;

(2)开展安全竞赛评比,学习先进典型,交流行车安全、车辆维护、车辆技术、驾驶操作等方面的经验;

(3)总结分析行车事故原因,针对行车安全中存在的问题,提出防范措施;

(4)通报近期行车安全、道路特点、气候变化等情况,强调行车安全的注意事项;

(5)通报行驶记录仪、GPS等数据采集和监控信息,分析行车不安全因素,督促纠正违法违章行为。

(六)驾驶员安全公里管理制度

"安全千米(安全公里)",指驾驶员安全行车的累计千米数(安全公里数)。它是量化驾驶员行车安全成绩的主要指标,是衡量驾驶员安全驾驶水平和安全驾驶资历的重要依据。因此,安全公里管理是道路客运企业驾驶员管理和行车安全管理的一项重要内容。安全公里管理工作由企业安全管理部门和基层车辆单位共同负责。

(1)驾驶员安全千米由基层车辆单位负责据实统计,并建立相应记录和台账。

(2)驾驶员安全千米按月统计,按季公布。

(3)驾驶员安全千米,从批准单独驾驶后开始计算。

(4)双班驾驶员安全千米按出车行程各人一半统计。

(5)从外单位调入的正式驾驶员,凭其原单位或安全管理部门出具的证明,可以承认其安全年资;凭其原单位提供的按月统计原始安全千米记录,核实后承认其安全千米或年资。(注:"安全年资",即以年计算的安全驾驶的资历。需要时,安全年资与安全千米可以互相换算,通常1年安全年资相当于3万安全千米。)

(6)驾驶员肇事后应按规定裁减安全千米,裁减千米数根据事故等级、责任大小分别确定。企业安全管理部门负责裁减千米的审批。

(七)行车安全目标管理制度

企业应建立行车安全目标管理制度,每年根据安全生产责任制和上级下达的行车安全管理目标,制订不低于上级下达的行车安全考核指标。在确定目标的基础上,落实安全责任,层层签订安全责任书,明确责任人员、责任内容,制订明确的考核指标,定期考核并公布考核结果及奖惩情况。

在安全目标管理的基础上,企业应结合质量管理体系运行要求,逐步完善安全生产目标考核机制。一方面,建立安全生产内部评价机制,每年至少进行1次安全生产内部评价;另一方面,依据相关规定定期聘请第三方机构对本单位的安全生产管理情况进行评估。根据第三方机构评估结果和安全生产内部评价结果,及时改进安全生产管理工作内容和方法,修订和完善各项安全生产制度,持续改进和提高安全管理水平。

(八)行车安全奖惩制度

企业应建立行车安全激励机制和责任追究制度。对行车安全做出显著成绩的集体、个人给予表彰和奖励;对因玩忽职守、违反规章制度和管理规定而造成事故,使人民生命财产及企业效益蒙受严重损失的有关责任人(直接责任人和相关负责人),应根据事故性质、责任大小,分别给以行政处分和经济处罚,情节严重、触犯刑律的,送交司法机关依法惩处。

(九)行车安全检查制度

企业应建立健全行车安全检查制度,对营运车辆、客运驾驶员、运输线路、运营过程等安全生产各要素和环节进行安全隐患排查,及时消除隐患。检查有定期与不定期、自检与互检、普检与抽检、专项与全面、季节性检查、节假日检查、日常检查等各种不同类型。

检查的主要内容是进行安全风险评估和事故隐患排查,包括:员工安全意识确立情况、各项安全管理制度执行情况、安全职能部门功能发挥情况、车辆和设备技术状况、线路和运营过程情况、事故处理情况、事故隐患治理情况、安全防范措施落实情况等。

各类检查都应严格执行相应的安全检查规范(如"安全检查表"),做好书面记录,建立安全检查台账。对检查中发现的各种问题和事故隐患,应立即采取措施予以整改或处理,并有登记、整改和处理的档案。对暂时无法完成整改的重大事故隐患,应组织相关人员进行分析、认定,制定治理方案,明确整改计划、措施、期限、责任人等,落实切实可行的监控、预防措施和必要的应急预案。

各类安全检查规范应纳入企业标准化管理,并根据安全工作的需要(如出现新情况、新问题、新经验等)适时进行修订和完善。

企业各级领导应经常深入生产一线,检查指导安全生产。

(十)行车安全动态监控管理制度

企业对营运客车应安装行驶记录仪和GPS卫星监控系统,建立GPS和行驶记录仪的使用、管理、监控和数据分析等管理制度及动态监控工作台账。

企业应配备专职监控人员对客运车辆进行常态化实时监控,充分利用GPS的语音或短信功能,及时发布信息和对行车安全有关的提示。对超速等违法行为要发出指令给予制止,对恶劣天气或出现路阻等情况要及时利用其功能发布信息和调度指令,发现车辆偏离正常运行路线或车辆数据显示异常等情况,应及时联系驾驶员核实情况并提示纠正违规行为。

行驶记录仪应当设置连续驾驶时间和日驾驶时间的限值(分别为4小时和8小时),根据车辆类型和运行线路的道路条件设置最高时速限定,以便在驾驶员超过驾驶时间限值或车辆超速行驶时发出提示警报。企业专职管理人员应定期采集行驶记录仪的数据信息,进行整理、统计、分析和通报,对发现的违法违纪行为和存在的不安全问题及时纠正和处理。

驾驶员和相关人员要服从和配合管理部门对行驶记录仪的信息下载和信息检查。对于故意遮挡车载卫星定位装置信号、破坏车载卫星定位装置的驾驶人员,以及不严格监控车辆行驶动态的值守人员,企业应对其给予处罚,严重的应调离相应岗位,直至辞退。

(十一)安全信息管理制度

安全信息是企业管理信息的重要组成部分,是企业管理者了解和指导安全生产、作出安全决策的基本依据。建立健全安全信息管理制度,形成有效的安全管理信息系统,对提高企业安全管理水平、搞好安全生产,具有十分重要的作用。有条件的企业,应建立计算机管理的安全信息系统。

安全信息管理制度的主要内容有:

1. 安全信息的内容

安全信息有来自企业内部的,也有来自企业外部的。按其性质,大体上可分为以下三类:

(1)安全指令信息。如:国家和政府有关部门发布的安全政策、法令、标准、要求、事故通报,其他运输企业的安全管理经验及事故教训,本企业制定的安全生产目标、计划、制度、措施等。

(2)安全动态信息。如:"三品"和车辆安全检查情况,生产过程安全情况(包括道路、交通、气候方面的异常),员工(特别是驾驶员)家庭变故、思想情绪波动等。

(3)安全反馈信息。如:安全目标(计划)落实情况,安全规章制度执行情况,安全隐患整改情况等。

2. 安全信息的管理体系

企业安全信息管理体系,也就是以专职安全管理组织体系为主干的安全管理组织体系。为保证安全信息管理体系的有效运转,应当按照安全生产责任制的要求,明确规定各层次、各部门、各岗位在安全信息管理方面的职责,同时明确规范安全信息管理各个环节(包括采集、传递、处理、储存、使用、更新等)的工作流程及其衔接要求。

3. 安全信息的采集和处理

安全信息采集的重点,是企业内部的"动态信息"和"反馈信息",尤其是客运生产一线的"动态信息"和"反馈信息"。这些信息,可通过主动征询、现场观察、安全检查(或调查)、动态监控、内部审核、值班日志、部门或员工反映(含意见、举报、建议)等多种渠道广泛采集。

安全信息采集的基本要求,是及时性、准确性和适用性。对于价值较高的安全信息,特别是举报和建议,企业应给予相应表彰和奖励,以扩大信息来源,并提高信息质量。

对于采集的安全信息,不是简单地记录、堆砌,而要根据安全管理的需要进行分类整理、加工分析,去粗取精、去伪存真,发现和归纳适用信息,并通过相关研究深入发掘信息潜在价值。

4. 安全信息的交流和利用

安全信息的价值体现,全在于交流和利用。因此,要保证安全信息交流渠道的畅通和快捷,并建立信息交流利用的驱动机制和自下而上、自上而下的闭环反馈系统,以提高安全信息共享度和安全信息利用率,充分发挥安全信息在安全管理中的效用,如消除隐患、防范风险、促进安全、教育员工、修订制度、完善决策等。

(十二)安全应急管理制度

行车事故属于突发事件,特大行车事故更会造成较大人员伤亡、财产损失和重大社会影响。为提高事故防范和应对处置能力,控制和减少事故危害,企业应建立健全安全应急管理制度(主要是针对特大行车事故)。

安全应急管理制度的主要内容应包括:

(1)安全应急管理的原则:如以人为本、减少危害、居安思危、预防为主、统一领导、分级负责、快速反应、协同应对等。

(2)安全应急管理组织体系:通常即为安全管理组织体系。在这个组织体系中,应明确应急管理领导机构的组成和职责、日常办事机构及其职责。

(3)安全应急救援预案:这是安全应急管理制度的核心部分,应涵盖应急预防、应急准备、应急响应(处置)、应急恢复四个过程,应包括适用范围、启动条件和程序、组织指挥和分工、资源保障和调度、信息传递和发布等方面的具体要求。预案的编制应在危险分析和应急能力评估的基础上进行,并确保预案的规范性、科学性和可操作性。

(4)安全应急培训与应急演练:应急培训的主要内容是应急意识和应急知识。应急演练的主要目的在于提高应急反应速度和应急救援能力,同时验证应急预案的可行性和有效性,以实现应急预案的持续改进和更新。应急培训和应急演练都是安全应急管理的重要基础工作,应当有计划、分层次地进行,其中高层次(指挥人员)的培训和演练不应当被忽视。

(5)安全应急保障:包括人员、物资、车辆、资金、技术、信息等方面的资源保障内容。

(6)安全应急管理奖惩规定:对在安全应急管理中作出突出贡献的个人和集体,给予表彰和奖励;对在安全应急管理中失职、渎职而造成严重后果的责任人和责任单位负责人,给予应有的处罚,构成犯罪的移交司法机关追究刑事责任。

(十三)行车事故处理制度

企业应建立行车事故处理制度,规范行车事故的处理程序和要求,以贯彻和落实"四不放过"原则,吸取事故教训,防止类似事故的发生。为此,行车事故处理制度一般应包括下列内容:

(1)现场处理:驾乘人员立即报警,按要求报告企业,积极抢救伤员,保护现场。

(2)事故报告:安全管理人员接事故报告后,立即逐级向上报告。

(3)事故分析:根据事故现场、当事人陈述,组织管理、驾乘人员进行事故分析,发生重大以上事故的,企业应召开专题分析会。通过分析,确定事故发生原因,特别是主观上的原因、安全管理上的漏洞,以便总结教训,研究防范和改进措施。

(4)管理对策:结合事故分析和各级领导的指示,查找安全管理漏洞,查找安全宣传、安全措施等方面的差距或薄弱环节,查找安全文化、体制、机制等深层次的问题,在制定新的防范事故对策的同时,提出进一步提高安全管理能力的举措。

(5)事故通报:将事故现场情况、造成的后果和经济损失、责任分析、事故原因和教训、防范和改进措施等,以书面形式在企业内进行通报。

（6）整改措施：对相关领导、管理人员、职能部门提出整改要求，明确在管理、教育、操作等方面的整改措施，并落实具体人员，在规定时间内进行整改。

（7）责任人处理：按照法规和企业制度，追究事故责任，分别对责任人、相关领导、管理人员及责任部门进行经济或行政处分，触犯刑律者送交司法机关处理。

（8）督促检查：根据事故整改措施和处理意见，组织有关人员对整改、处理的各项工作落实情况进行跟踪督促检查，确保整改和处理措施得到落实。

（9）事故建档：根据事故性质，按"一事一档"要求建立事故档案。

（十四）行车事故统计报告制度

企业应根据行业管理部门规定的内容、时间和报送程序，如实上报事故，不得虚报、瞒报、伪造、篡改、迟报或拒报。

企业行车安全各类报表、报告、项目说明及计算方法，按交通部《公路运输企业责任行车事故统计办法》（交安监[1992]64号）及交通部《关于发布道路运输行业行车事故统计制度的通知》（交公路[2004]435号）执行。

（十五）行车安全档案管理制度

企业安全管理部门必须建立健全驾驶员行车档案和上报事故（即一般及以上事故）档案，并整理保存完好。驾驶员行车档案为一人一档，事故档案为一事一档。

驾驶员行车档案主要包括：驾驶员基本信息（登记表、聘用合同、年度审验记录、身份证、驾驶证、从业资格证等复印件）、驾驶员体检表、驾驶员安全驾驶信息（行车事故处理行文批复件、各类行车安全奖惩记录、违法驾驶记录、安全千米记录）、诚信考核信息等。

行车事故档案主要包括：肇事经过、当事人检查材料、事故认定书、赔偿调解协议或法院判决书、肇事现场图及有关照片、事故调查、"四不放过"工作记录、事故处理意见及批复等。

（十六）行车安全基础资料管理制度

企业应建立健全行车安全基础资料管理制度。行车安全管理基础资料主要包括：

（1）企业安全生产委员会（领导小组）、安全管理机构设置和安全管理人员编制名册；

（2）企业行车安全管理规章制度；

（3）行车安全工作计划及与上、下级签订的安全目标责任书；

（4）行车安全管理工作总结及各项检查、考核、评比资料；

（5）各项安全活动记录：安全例会记录、安全活动日记录、安全宣教与培训记录、安全竞赛活动记录、安全奖惩记录等。

三、安全操作规程

安全操作规程是企业安全管理制度体系第三层次的岗位技术制度，是一种作业规范，覆盖每一个生产岗位，特别是重点安全岗位。

企业应根据"安全第一，预防为主、综合治理"的安全生产方针以及国家有关安全生产的法律法规规章和技术规范，结合各生产岗位的职责范围和专业技术特点，分别制定包括驾驶员、修理工、装卸工、门检员、危检员、乘务员在内的各岗位安全操作规程，并通过培训、考核、检查、奖惩等途径，严格贯彻落实到相应生产岗位，杜绝整个客运生产过程的违章作业、违章指挥及可能引发的各类事故隐患。

必须指出,上述安全管理制度体系的内容,无论是安全生产责任制还是安全管理制度、安全操作规程,都不是静止的、一成不变的,而应当在"处理好改进与稳定、创新与继承(或借鉴)的关系"的同时,随着国家安全政策法规的变化、企业安全形势的发展以及安全技术和管理的进步而不断完善和提升。这里,包括两个方面的含义:

(1)安全管理制度本身,要按照持续改进的要求和PDCA循环的管理程序,适时补充、修订、更新和完善;

(2)安全管理制度要在实施和完善的基础上,逐步上升为企业标准,纳入企业标准化管理,使企业的安全管理工作迈上更加规范、更加科学、更加严密的标准化轨道,形成更加稳定、更加有力、更能自我完善的安全生产管理体系和安全生产长效机制,从而进一步提高企业的安全素质和本质安全水平。

本章思考题

1. 什么是交通事故?交通事故如何分类?
2. 联系交通事故的影响因素,谈谈你对道路客运企业安全管理的认识。
3. 作为安全生产的责任主体,企业在安全管理方面的主要职责有哪些?为保证这些职责的全面履行,你认为企业应如何构建安全保障体系?
4. 什么是"海恩法则"?"海恩法则"对企业安全管理有什么指导意义?
5. 企业安全管理方针是什么?谈谈你对安全管理方针的理解和认识。
6. 如果你是安全管理人员,你认为落实安全管理方针主要应当抓好哪些工作?(请联系企业安全管理的实际)
7. 什么是安全生产五要素?
8. 如何理解"常抓不懈、常抓常新"的原则?
9. 如何理解事故处理"四不放过"原则?
10. 联系企业实际,你认为应当注重培育哪些安全理念?
11. 为什么要注重安全文化建设?企业该如何建设安全文化?
12. 企业安全管理的组织体系如何构成?
13. 企业安全管理的制度体系如何构成?为什么还需要"不断完善和提升"?
14. 结合本企业实际,分析一两项安全管理制度的执行情况,并提出你的改进建议。
15. 在驾驶员管理制度中,为什么要强调"驾驶员服务"?
16. 请联系安全管理的职责,分析安全管理人员的素质要求。

第十八章 道路客运企业财务管理

第一节 道路客运企业财务管理的特点

道路客运企业财务管理的基本任务、内容、原则、方法等与一般企业没有多少区别,但由于道路客运企业生产经营方面的一系列特点,使其财务管理也相应呈现出与一般企业不同的特点。归纳起来,主要有以下几点。

一、收入管理的特点

收入管理是一个直接关系企业经济效益的重大问题。道路客运企业收入管理的特点,主要表现在以下几个方面。

(1)道路客运企业的营业收入,是由分布在广阔营运区域内的基层营业站点(如客运站、各网点售票处等)通过发售客票等业务活动而取得的,基层服务人员(售票员、乘务员等)都直接接触票款现金。但这些营业票款只有通过银行专户汇解到了企业,才会成为企业的营业收入。在这之前,就形成了一种特殊的资金占用形态——"在途资金"("在"基层营业站点或"在"基层服务人员)。因此,道路客运企业收入管理的重点应当放在基层的营业站点上,加强票款解缴的监管,加强营业收入的管理(如实行"收支两条线"),以保证"在途资金"及时、全额入库,防止出现营业收入的流失、挪用等问题。这是道路客运企业收入管理的一个重要特点。

(2)道路客运企业经营的线路一般都比较长,完全依靠自设站点是不现实的。所以企业之间通常需要相互合作,相互为对方企业提供运输服务并代收运输收入。这样,道路客运企业的收入就有"地区收入"与"经营收入"之分。所谓"地区收入",是指企业通过基层营业站点提供从所在地发出客车的运输服务而取得的收入,既包括自有客车(含具有管理权的客车)的运输收入,也包括为合作企业及其他客车运输经营者代收的运输收入。所谓"经营收入",是指企业自有客车的运输收入,包括去程和回程的收入之和,或者说,既包括企业自设站点取得的自有客车运输收入,也包括合作企业代收的自有客车运输收入。通常所说的收入主要指企业的"经营收入",因为这才是企业真正意义上的营业收入,才是企业经营核算和纳税的依据。可见,道路客运企业之间免不了相互合作,而相互合作的企业之间在收入上总是"你中有我、我中有你",这就存在大量相互结算的问题,即从对方企业的地区收入中结进属于己方的经营收入,同时从己方的地区收入中结出属于对方企业的经营收入。这是道路客运企业收入管理的又一个重要特点。

(3)道路客运企业收入管理还有一个不同于一般工业企业的特点,就是经营业务活动需要大量的各种票据。由于这些票据的准货币性质,使得票据从印制、保管到领发、使用、缴销等每个环节都必须实行严格的管理,以消除票据链上可能存在的各种资金漏洞。

上述这些特点表明,道路客运企业的收入管理比较复杂,不管是票款解缴、营收结算,还是票据管理,都存在较多的资金流失风险。因此,如何加强营收各个环节的监督、控制和管理,堵塞一切可能的营收漏洞,这是道路客运企业财务管理的一个非常重要的课题。

二、流动资产管理的特点

流动资产是企业流动资金的实物表现,是指可以在一年内或者超过一年的一个营业周期内变现或者耗用的资产,包括货币资金、短期投资、应收及预付款项以及存货等。由于运输生产的特点,决定了道路客运企业的流动资产组成内容和管理的重点与一般工业企业不同。

道路客运企业不生产实物产品,在存货构成中一般没有在产品、半成品和产成品,而主要由燃料、轮胎、维修用各类材料和备品配件、低值易耗品等构成。所以,在道路客运企业流动资金中,没有在产品、半成品和产成品资金,但在途资金占有很大比重,应收账款不多,而存在由于地区收入与经营收入差额所构成的待结算运费。流动资金的组成,相应决定了道路客运企业流动资金管理的重点,除储备资金外就是结算资金中的在途资金和待结算运费,而一般工业企业流动资金管理的重点是储备资金、生产资金和成品资金。

三、固定资产管理的特点

使用年限在一年以上的房屋建筑物和企业生产经营的主要设备或者单位价值在2000元以上并且使用期限在两年以上的物品都属于固定资产。道路客运企业固定资产管理的重点和方法,也与一般工业企业不同。

道路客运企业的生产设备主要是营运客车,营运客车在企业固定资产的构成中占很大比重。这些营运客车和维修设备、站场设施等其他固定资产,往往分布在远离企业本部的各个车队、车站、车间,而运输生产过程又具有流动、分散和单车作业的特点。这就决定了道路客运企业固定资产管理的重点是营运客车和站场设施;管理的方法,则应当在明确各级管理部门和基层单位权责的基础上,实行归口与分级管理相结合的方式,而很难像工业企业那样集中管理固定资产。

四、成本费用管理的特点

道路客运生产成本,主要表现为营运客车在运行过程中的消耗(燃料、轮胎、维修、通行费等),由于客观因素对它们影响较大,导致成本管理较为复杂。一是营运客车的消耗因道路、气候、环境等条件的不同而变化,成本下降未必是真正降低了消耗,反之亦然;二是成本核算的对象是客运周转量,而车辆空驶与重驶的消耗相差并不大,因此运输组织水平和运输效率对单位运输成本的影响很大,提高车辆的运用效率有时显得比降低运行消耗更为重要;

三是运输过程中的一些特殊支出,如车辆通行费、事故损失费等难以准确预估和控制。

五、财务管理难度大

财务管理难度大,这是前述各个特点综合作用的结果。说到底,主要是由道路客运企业组织与生产过程的分散性决定的。

比如,为适应客运站场点多、面广的特点,不管是固定资产还是流动资产都不可能实行集中统一管理,财务管理人员队伍随之扩大,且分布区域广,使得管理系统运作的灵活性、时效性往往难以保证,特别在资金调拨与解缴、信息传递、过程控制等方面表现得尤为突出。

再比如,运输线路长,营业站点多,以及运输生产过程的流动、分散,不仅带来了在途资金管理、营收结算等大量财务工作量,而且极容易造成营运收入流失、营运消耗虚报、特殊支出失控等难题。

此外,由于道路客运的运输对象(旅客)在时空分布上很不均衡,而客运产品又不可能像工农业产品那样通过储存或调拨来解决供求矛盾,因而客运生产的均衡性较差,资金需求波动性大,这一方面限制了企业资金效率的发挥,另一方面要求企业在资金筹集和供应上有更大的灵活性。

第二节 收入管理

营业收入是指企业在某一会计期间的生产经营活动中,通过销售商品、提供劳务或从事其他经营活动而获得的收入。营业收入是企业的一项重要财务指标,它是企业用以补偿营业支出、获取营业利润及为国家提供税收的资金来源。正确核算营业收入还关系到严格执行国家的价格政策。因此,及时、完整地组织营收入库,保证不滥收、不错收、不漏收、不积压、不拖欠、不截留,是企业财务管理的一项重要工作。

一、收入的分类

道路客运企业的营业收入,根据经营业务的不同分为运输收入和其他业务收入两类。

1. 运输收入

运输收入又称基本业务收入或主营业务收入,指企业经营客运业务并按规定的运价向旅客收取的运费收入,包括长、短途客票收入、计时和计程包车收入以及行包费收入等。

2. 其他业务收入

其他业务收入指企业经营自身车辆运输以外的其他业务所发生的各项收入。主要有以下几项:

(1)客运服务收入:指车站为旅客服务经营的小卖部、小件寄存、行李搬运等业务收入,以及退票、补票手续费收入,食宿服务收入和其他杂项收入等。

(2)联运及代理业务收入:指企业办理道路与铁路、道路与水运、道路与航空、道路与道路等联运业务,组织客源、送票,以及为其他运输企业和社会车辆代办售票、洗车、修车、存车、加油、进站服务业务而发生的手续费收入。

(3)其他收入:指不属于以上各项的其他多种经营业务(如固定资产出租、广告媒介出租、对外销售自制产品、让售燃润料和材料配件等)收入和为其他部门代征费用的收入(如保险费等)。

二、收入的核算

1. 营业收入的核算体系

道路客运企业营业收入的核算体系,主要指核算的组织形式、进款报解渠道、票据领销、营收的确认和计量等。它与企业管理体系及生产组织和经济核算组织形式有密切联系。

道路客运企业的生产特点决定了营业收入管理的组织过程。道路客运企业的营业收入是由企业下属的各营业站点或车队通过发售客票和填写其他有关票据而收取的。各营业站点或车队既是管理和组织客运业务的生产单位,也是收取营业收入的基层单位。根据企业有关结算制度的规定,这些基层单位应逐日将所有票款收入缴到企业在指定银行开设的基本结算账户。各基层单位收取的票款收入不得自行支配和挪用,基层单位所需资金由企业按计划拨付,这就是所谓的"收支两条线"。各基层单位为其他汽车运输企业组织客运业务的营业收入,应按协议办法互相结算划拨,直接或经过企业将进款汇解。

2. 营业收入票据管理

在营业收入组织管理过程中,加强营业收入票据管理也是道路客运企业财务管理不可忽视的重要内容。

运输企业为经营旅客运输业务,按主管部门规定的统一格式和规定,印制或领取各种运输业务票据,凭此向旅客核收运费、行李费等。各种收入票据既是核算旅客运输收入的重要依据,也是给予旅客的收款收据。收入票据分为客运票据和其他票据两类。客运票据包括固定客票、定额客票、补充客票、客运包车票、旅游客票、客票退票收据等。其他票据包括行李装卸费收据、行李暂存费收据、行包托运票据、临时收款收据、旅客中途退票报销凭证等。

各种营业收入票据,是具有特殊用途的有价证券,各种票据发售或签发后就可以收回货币,未发售或未签发的各种库存票据,属于待变现的财产。所以,加强营业收入票据管理,监督其合理使用,对于堵塞漏洞、防止挪用票款和贪污票款等违纪事件的发生具有重要作用。

3. 营业收入的审核

企业所属各基层营业单位应定期编制营收月报连同有关附件送企业财会部门(或结算中心)进行审核。审核的主要内容是:

(1)报表的内容是否完整,附件是否齐全,报送是否及时;

(2)缴销的票据、票根与收入或文字是否相符,票据的领、销和存数是否吻合,各种票据是否按规定销售和使用,售出票号是否衔接;

(3)运杂费计算是否正确,票面数字有无涂改,有无错收、漏收;

(4)各种票据的总金额是否与报表金额相符;

(5)解缴款数与实收汇款是否相等。

审核发现报表中金额数字与附件金额加总金额不符,或附件内容、运杂费计算有差错,应及时填写审核意见书,通知原报单位进行更正或补办手续。

企业对各单位上报的营收报表,经审核后按月(旬)进行汇总,编制营业收入汇总表,并凭此入账。

企业的营业收入和支出的计算时间范围必须一致,并一律按权责发生制的原则每月结算。凡应计入当月的收支(即当月发生的收入权利和支付责任),不论现金已收未收或已付未付,都列入当月收支数内。

为加强营收管理,企业还可以定期组织各单位之间互审互查,或组织专人深入各单位进行检查和指导,同时对售票员等收款人员的票款和结存票据进行抽查。

三、收入的结算

客运收入的结算,是指相互合作的客运企业之间为对方代理客运业务所取得的客运收入的相互结算与划拨。客运收入的结算比较复杂、方法较多、程序较多。正确选择结算方法(当然,这得结算双方共同认可,并签订协议),严格控制结算程序,以保证企业经营收入完整、及时入库,这是收入管理的重要内容。也正因为如此,有些大型客运企业专门设立结算中心负责此项工作。

客运收入的结算方法,概括起来主要有以下三种,分别适用于几种不同的情况。

(一)互不结算

当两家道路客运企业在同一条线路上对开等量客运班车时,如果双方各自经营的路段里程和站点设置数量大致相等,双方车辆在对方经营站点所完成的旅客周转量和客运收入基本接近(即双方地区收入中为对方代收的经营收入基本接近),经双方协议,各营业站点的客票收入和行包收入,不管旅客和行包是哪个企业车辆承运的,均作为各站点主管企业的客运收入处理,双方不做补差结算。显然,这是客运收入结算最简单的方法,但由于需要具备一定条件(即双方相互代收的收入基本接近)而使其应用受到很大局限。

(二)相互结算

一般同在一条线路上对开客运班车的道路客运企业,双方各自负责经营的路段里程和站点设置数量不可能一致,双方车辆在对方经营站点所完成的旅客周转量和客运收入相差悬殊。这时,为使双方车辆所完成的运输工作量与其收入基本相适应,就必须由双方签订协议,规定差额结算的办法。道路客运企业之间这种情况最多,因而"相互结算"也是客运收入结算应用最多的方法。相互结算的方法又分为据实补差和固定补差两种。

1. 据实补差

据实补差是指按双方地区收入中为对方代收的经营收入的实际差额进行结算。依法独立经营的客运站经营者与客车运输经营者之间的结算,可视为据实补差的特例,即一方代收经营收入为零的情况,这时只存在客运站经营者对客车运输经营者的单向结算。

在具体的做法上,可根据不同的结算依据来进行。主要有:

(1)以售票月报为结算依据。就是相互代售客票,双方根据售票月报的数据进行收入结算或补差。

(2)以行车路单(结算单)为结算依据。就是根据行车路单的记录,双方各自计算本企业车辆在对方站所完成的旅客周转量,按标准客运费率计算应得收入,月终进行收入结算或补差。

(3)以客票副券为结算依据。就是在客票上印制副券(副券上印有起讫点和票价),副券由检票员撕下,或者旅客上车后由随车乘务员或驾驶员撕下,双方根据客票副券汇总后的数据,月终进行收入结算或补差。

2. 固定补差

固定补差是指在一定时间内,双方按照事先约定的固定差额进行收入结算。这个"固定差额"可以这样来确定:按双方车辆每月计划总行驶座位千米数(座位公里数)乘以双方议定的实载率,再按标准费率计算应得全程全月客运总收入,以总收入的50%作为平均每车客运收入,然后根据双方各自负责经营路段里程占整个路段里程的比重,计算双方辖区客运收入,平均收入与辖区收入的差额即为固定补差金额。在对开班车数、车辆座位、站点设置、实载率等不变时,补差金额可以长期固定不变。

显然,固定补差的方法与据实补差的方法相比较,在结算操作上简单得多,不存在结算依据的保管、统计、审核等繁琐程序以及因此而可能存在的结算误差和漏洞,所以应用成本低得多。但固定补差的方法也有其不足的一面,就是如果实际实载率的波动比较大则难以应用。

这里还必须说明一点,上述相互结算的两种方法在结算差额时,都还需从中扣除车站客运代理费(参见第十一章第一节内"客运站收费规则")。

(三)包干实载率

包干实载率是指甲公司车辆定期开往乙公司所辖营运区域,去程由甲公司自行售票,回程由乙公司代理售票,事先经双方商定,乙公司按固定实载率计算客运收入按月付给甲公司,实际收入多于包干实载率收入或少于包干实载率收入,双方不增补也不扣减。至于客运代理费,一般在议定实载率时已作考虑,故结算时不再重复扣除。

例如,甲公司用40座客车一辆,每天固定开往乙公司所属车站,回程全部由乙公司售票,如果双方商定的包干实载率为60%,则不论实际实载率是多少,乙公司都必须每天按40座的60%即24个座位回程票款结算给甲公司,超过24个座位的票款收入当然也全部归为乙公司。

比较一下包干实载率与固定补差两种方法,不难发现,两者其实都是一种按固定金额进行结算的方法,确定结算金额的依据都是双方议定的实载率,所以两种方法的应用也都同样受到实际实载率波动大的限制。两种方法的不同点在于,包干实载率方法固定的是"一方收入的总额",而固定补差方法固定的是"双方收入的差额",所以包干实载率方法一般适用于一方单开客运班车的情况或是客运站经营者与客车运输经营者之间结算的情况,固定补差方法适用于双方对开客运班车的情况。

第三节 成本费用管理

道路客运企业进行生产经营活动的全部支出,称为成本费用或营运费用。

成本费用管理的基本目标就是努力降低成本费用。因为成本费用的降低,意味着企业利润的增加、经济效益的提高,也意味着企业竞争能力、抗风险能力的增强。所以,成本费用管理在企业财务管理中处于核心地位。

企业成本费用的高低,不仅取决于生产经营过程中各项物资消耗和劳动消耗的多少,而且,车辆运用效率的高低、非生产性支出的节约或浪费、生产组织和管理水平的优劣、员工劳动或工作质量的好坏等,最终都要从成本费用中反映出来。因此,成本费用水平是评价企业经营管理水平的一个重要的综合性指标。成本费用越低,表明经营管理水平越高。

一、成本费用的内容与分类

(一)成本费用的内容

按成本费用在运输生产活动中的不同用途,可以分为运输成本和期间费用两大类,如图 18-1 所示。其中,运输成本属直接生产性支出,期间费用属间接生产性支出或非生产性支出。

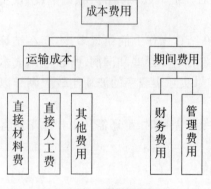

图 18-1　成本费用构成

1. 运输成本

根据现行道路运输企业财务制度规定,道路运输企业的运输成本主要内容包括直接材料费、直接人工费和其他费用三部分。

(1)直接材料费。

企业在营运生产过程中实际消耗的各种燃料、材料、润滑料、轮胎、备品配件以及专用工器具、动力照明、低值易耗品等物质性支出。

(2)直接人工费。

企业直接从事营运生产活动人员的工资、福利费、奖金、津贴、补贴和社会统筹保障金等工资福利性支出。

(3)其他费用。

企业营运生产过程中发生的固定资产折旧费、修理费、车辆通行费、车辆保险费、旅客保险费、行车杂支、车辆牌照和审验费、车辆清洗费、车辆冬季预热费、租赁费(不包括融资租赁费)、驾驶员途中宿费、取暖费、水电费、办公费、差旅费、设计制图费、试验检验费、劳动保护费(包括制服费)、季节性和修理期间的停工损失、事故损失费、快客用品等支出。

2. 期间费用

道路运输企业的期间费用主要包括管理费用和财务费用两部分。

(1)管理费用。

管理费用是指企业管理部门为管理和组织营运生产活动的各项费用,包括公司经费、工会经费、职工教育费、劳动保险费、待业保险费、安全经费、董事会经费、咨询费、审计费、诉讼费、排污费、绿化费、税金(指车船税、房产税、印花税、车辆购置税和土地使用税等在成本费用中列支的税种)、土地使用费、土地损失补偿费、技术转让费、技术开发费、无形资产摊销、开办费摊销、业务招待费、广告费、展览费、坏账损失、存货盘亏(减盘盈)、毁损和报废以及其他管理费。

(2)财务费用。

财务费用是指企业为筹集资金而发生的各项费用,包括企业营运期间发生的利息支出(减利息收入)、汇兑净损失、调剂外汇手续费、金融机构手续费以及筹资发生的其他财务费用等。

（二）成本费用的分类

为进行成本控制和成本预测与分析，道路客运企业的成本费用按其与运输工作量的关系，通常划分为甲、乙、丙三类。

1. 甲类费用

甲类费用亦称固定费用，是指在一定计算期或相关运输量范围内，总额基本上不变的费用。在此期间或相关范围内，其总额不受车辆行驶里程和完成周转量多少的影响。如前述成本费用项目中的基本工资、固定津贴、福利费、车辆保险费、责任保险费、水电费、管理费用等都属于甲类费用。

2. 乙类费用

乙类费用亦称车千米（车公里）变动费用，是指总额随车公里增减而变动的费用。如成本项目中的按车公里计发的驾乘人员行车津贴和奖金、燃料、轮胎、材料、润滑料、修理费、车辆通行费、行车事故净损失等都属于乙类费用。

3. 丙类费用

丙类费用亦称人千米（人公里）变动费用，是指该费用总额随完成周转量多少而增减变动的费用，如成本项目中的按周转量计发的驾乘人员行车津贴和奖金即属于这类费用。

值得注意的是，某项成本费用是固定费用还是变动费用，与所采用的费用核算方法或缴纳依据有关。例如营运车辆折旧费，按工作量法（生产法）计提时是变动费用，按年限法（直线法）计提时则是固定费用。

还需要注意的是，上述三类费用固定与变动的情况，都是相对运输总成本而言的。在单位运输成本（即单位周转量成本，通常以千人公里为单位）中的情况则恰恰相反。固定费用（甲类）在单位运输成本中是变动的，随着周转量的增加而降低；人公里变动费用（丙类）在单位运输成本中是固定的，即不论完成的周转量增加还是减少，单位人公里变动费用都保持不变；车公里变动费用（乙类）在单位运输成本中的情况相对复杂一点，当车辆效率指标不变时它是固定的，当车辆效率指标提高或降低时它是反向变动的，即：车辆效率提高它降低，车辆效率降低它提高。

二、成本控制

成本控制是指在运输生产经营活动中，根据事先制定的成本目标，对成本形成的全过程进行指导、制约和监督，及时发现偏差，采取纠正措施，使企业各项生产消耗控制在既定的范围内或者与运输周转量相适应的范围内，以保证实现企业的成本目标。成本控制是现代企业财务管理的核心环节，也是成本管理的重要内容。

（一）成本控制的一般程序

1. 制定成本控制标准

成本控制标准就是在企业运输生产经营过程中规定各项费用支出消耗标准，如燃料消耗、人力消耗、材料消耗等消耗标准，它是成本控制的目标和依据。制定成本控制标准有三种方法：

（1）计划标准分解法。这种方法是将企业成本计划中规定的成本指标，根据成本控制的要求，分解成各种具体可操作的指标，作为各车队、车站、车间的成本控制标准。

(2)预算法。就是企业下属各基层生产单位根据成本计划规定的成本总额指标,结合当季、当月的生产任务编制成本预算标准,并层层组织落实。

(3)定额法。就是以各项消耗定额作为成本控制标准。采用这方法,就要求企业在能用到定额的地方都必须制定定额。制定的定额应当既先进又合理可行,并结合情况变化及时予以调整。

2. 监督成本形成过程

成本控制标准制定后,应在实施过程中检测、搜集成本信息,经常地、系统地同实际成本对比,以衡量成本绩效,监督和引导实际成本沿着控制标准所规定的目标形成和发展。对成本形成过程的监督,其内容主要有以下几个方面:

(1)通过对比,确定实际成本偏离控制标准的差异;

(2)根据成本形成的动态和趋势,预计偏差及其程度;

(3)通过监督,掌握企业降低成本和提高效益方面存在的问题,及时提供企业增产节约的机会和方向的信息。

3. 纠正成本偏差

成本控制不只是一种监督活动,在很大程度上其实是一种纠偏活动,这也是成本控制的主要功能之一。这就是说,要针对偏差,分析原因,然后采取措施,及时纠正偏差。为此,在分析时,要分清哪些是可控的,哪些是非可控的;哪些是系统性的,哪些是局部性的;哪些是管理原因,哪些是技术、操作方面的原因等。只有分析到位,才能有效纠偏。

以上三个程序是相互影响,相互联系的,三者缺一不可。没有成本标准,成本控制就失去了方向和依据;不进行监督和纠正偏差,成本控制就可能成为失去意义的一句空话。

必须指出,上述程序 1. 发生在成本控制的计划阶段,属于"事前控制";程序 2. 和程序 3. 发生在成本控制的执行阶段,属于"事中控制"。但就成本控制的全过程而言,还应有一个考核阶段,即"事后控制"。事后控制就是在实际成本形成以后,根据成本计划、成本标准进行分析考核,分析成本超支、节约的因素和确定责任的归属,并对有关责任部门进行评价和考核,同时,提出进一步降低成本和改进成本控制的具体措施,并为编制下期成本计划和修订成本标准提供依据。可见,事后控制对于成本控制来讲,也是一个不可忽视的重要环节。因此,整个成本控制过程如图 18-2 所示。

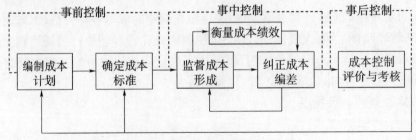

图 18-2　成本控制过程

(二)成本控制的方法

运输成本控制的主要内容是各种人力、物力(如燃料、材料、轮胎)消耗和费用开支。

成本控制的方法,分为绝对控制和相对控制。绝对控制是对成本费用总额的控制,控制其不超过既定计划或预算范围;相对控制是把旅客运输量、成本、收入等指标结合起来而进行的控制,当某些费用开支超过预算总额时,只要同时能获得较多的收益也是合理的。相对控制是一种积极控制。有时为了增加收益宁肯主动让费用开支超出预算数。在实际工作中,相对控制得到广泛的应用。

对于前述的甲、乙、丙三类成本费用,在控制方法上应有所不同。其中,甲类费用一般采取绝对控制方法,乙类费用和丙类费用一般采取相对控制方法。

需要指出的是,由于运输成本的形成具有多因素性,而且涉及企业运输生产经营的全过程,因此,控制运输成本,就必须对形成运输成本的运输生产全过程进行全面的控制。就是说,不仅要控制各种人力、物力消耗和各项费用的支出以及与此相关的各项技术经济定额,还要控制运输周转量和车辆运用效率指标。因为,运输周转量和车辆运用效率指标的增或减,会导致单位运输成本的降或升。通常,对运输周转量应进行相对控制,对车辆运用效率指标应进行绝对控制,特别是里程利用率、座位利用率和实载率指标。这样,通过运输生产投入(消耗)与运输生产产出(周转量)的全面控制,使两者控制在相互适应或相对合理的范围内,从而达到降低单位运输成本、提高经济效益的目的。

三、降低运输成本的途径

从以上成本控制的分析中,我们已经知道,运输成本的形成涉及运输生产全过程。所以,降低运输成本就不能局限于成本本身,不能只做节支降耗的文章,还要做好增产增收的文章。就是说,降低运输成本既要开源又要节流,要同时从增产和节约两个方面下工夫。增产,就是充分发挥现有车辆作用,努力提高运输效率(包括工作率、车日行程、实载率等),增加旅客运输量(主要是周转量)和运输收入,从而降低单位固定费用和单位车公里变动费用;节约,就是千方百计地采取一切有效措施降低各种消耗,其中主要是降低运行燃料、轮胎、材料等的消耗,尽最大努力减少和消除一切事故及由此带来的事故损失,避免各项费用支出的浪费。无论是增产还是节约,都必须贯彻经济与技术结合、生产与管理并重的原则,都需要企业运务、机务、安全、财务、人力资源等职能部门通力协作,采取各种组织、技术和管理措施,并通过一线员工特别是驾驶员、修理工的共同努力,才有可能实现。

从企业财务管理的角度讲,降低运输成本的有效途径就是:建立健全成本控制系统(包括成本控制指标系统、成本控制组织系统、成本控制信息系统、成本考核奖惩制度等),实行目标成本管理和全员成本管理。对此,有必要强调几点:

1. 推行全员成本管理

如前所述,成本管理涉及运输生产全过程,涉及企业各管理职能部门和所有岗位员工,而绝不是财务部门一家或少数人的职责。因此,成本管理的首要工作,就在于通过宣传教育和企业文化建设,提高广大员工对于成本管理的认识,增强成本意识、成本责任意识和自主管理意识,形成一种内在的约束和激励机制,形成上自企业领导下至每位员工的全员关注、全员参与的成本管理格局。这是最有效的成本管理方式。

2. 实行目标成本管理

目标成本是由企业财务部门会同运务、机务、人力资源等各职能部门,在对计划期生产经营的具体条件进行认真分析研究的基础上共同制定,并由决策者(总经理)批准的预期成本标准。为了达到这一标准，必须在总的目标成本范围内，根据成本各个项目的具体内容，分别制定各成本项目的目标水平，并对指标进行层层分解，形成成本控制指标系统，逐级落实到每一个部门、每一个环节，直到班组、单车和员工个人，并将其列入经济责任制内容，实行严格的考核和奖惩。

3. 加强成本项目细分归口管理

目标成本管理涉及企业所有部门和生产环节，必须采取科学的项目细分和归口管理方法，形成成本控制组织系统，按企业管理体系中各垂直分系统的职责分工，合理划分成本责任中心，并进行"块块"和"条条"的双重控制，达到"纵向到底、横向到边"的管控效果。企业财务部门则通过成本控制信息系统（即责任会计系统）及时地进行监督、核算和评价，指导和协调各成本责任中心对分管成本目标实行有效地控制。

4. 重视各部门岗位在成本项目控制中的协同作用

由于客运生产有较强的协作性，因而在成本项目的分解时，各部门、各环节（包括基层班组、个人）的成本指标必须附有与其他有关部门、环节的协作指标，即不仅要全面完成本职工作内的各项指标要求，还要承担为相关工序创造降低成本的良好工作条件的责任。例如降低运行燃料消耗，涉及驾驶员操作水平、车辆技术状况、燃料管理制度、车辆运用效率等方面。这就要求：机务部门要合理选配车辆，搞好驾驶员技术培训，并制定先进合理的行车燃料消耗定额；每个营运车驾驶员必须学习节油经验，提高驾驶操作技术，达到并力争低于行车燃料消耗定额；维修车间必须提高车辆保修质量，提供技术性能良好、发动机燃料系统功能正常的车辆；物资部门既要保证燃料供应的优质足额，还要保证维修配件供应的优质及时；运务部门必须组织足够客源，并合理安排班次、班时和调度车辆，以提高车辆运用效率；等等。总之，为了降低单位燃料消耗，各个部门、各个工作岗位都要结合本职工作定出计划期的消耗标准或工作质量标准，充分发挥联动协同效应。同理，其他各成本项目的降低也都需要相关各部门、各岗位的紧密配合与协作。

5. 健全成本控制基础工作

有效的成本控制必须以健全的技术与管理基础工作作保证。这些基础工作包括原始记录、标准计量、物资管理、定额管理、技术规程、员工培训等。特别是各项消耗定额，它是目标成本的制定依据和检查标准。为使预期的目标成本切实可行，关键在于合理制定并在成本管理过程中严格执行各项人力、物力、财力的消耗定额，尤其是燃料、轮胎、维修及管理费用定额，使其经常保持平均先进水平。

总之，要有效控制并降低运输成本，必须着力做好组织、制度、技术、信息、人员素质等各个方面的工作，这些工作涵盖运务、机务、安全、质量、财务、人力资源等几乎全部企业管理的内容。

第四节 利润管理

利润是企业在一定时期生产经营活动所取得的主要财务成果，是在保证资本金完整的基础上实现的净收益。它是企业生存和发展的必要条件，也是评价一个企业生产经营状况的一项综合性指标，它集中反映了企业经济效益的高低。

一、利润的构成

利润总额,是企业从事生产经营和对外投资活动及其他非经营性活动所获得的各项利润的总和,是企业运用全部资产所获得的经营成果。利润总额又称实现利润。

道路客运企业的利润总额主要由营业利润、投资净收益、营业外收支净额和补贴收入四部分组成,如图18-3所示。其计算公式为:

利润总额 = 营业利润 + 投资净收益 + 营业外收支净额 + 补贴收入

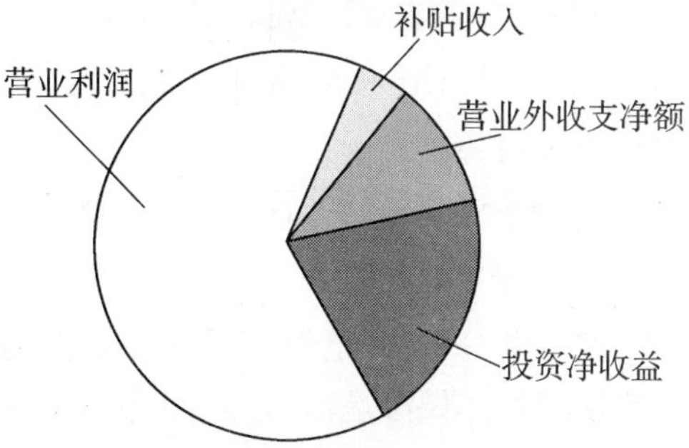

图 18-3 利润总额构成示意图

(一)营业利润

营业利润,是指客运企业从事各种运输经营活动所获得的利润,包括主营业务利润和其他业务利润。营业利润也称经营利润。其计算公式为:

营业利润 = 主营业务利润 + 其他业务利润 − 管理费用 − 财务费用

主营业务利润 = 主营业务收入 − 主营业务成本 − 主营业务税金及附加

其他业务利润 = 其他业务收入 − 其他业务成本 − 其他业务税金及附加

公式中的"税金及附加",包括营业税、城市维护建设税和教育费附加。

(二)投资净收益

投资净收益,是指客运企业对外投资所取得的收益扣除对外投资损失后的余额。对外投资包括长期股权投资和短期金融性资产投资(股票、基金、债券投资等)。投资收益大于投资损失,增加运输企业利润;投资收益小于投资损失,减少运输企业利润。

(三)营业外收支净额

营业外收支净额,是指客运企业营业外收入扣除营业外支出后的差额。

企业营业外收入,是指与客运企业正常经营活动无直接关系的各种收入,主要包括:固定资产盘盈和出售的净收益、罚没净收入、因债务人的原因确实无法支付的应付账款、处置无形资产净收益、资产再次评估增值、债务重组收益、接受捐赠收入等。

营业外支出,是指企业发生的与运输生产经营活动无直接关系的各种支出,主要包括:固定资产盘亏、报废、毁损和出售的净损失、资产评估减值、处置无形资产净损失、债务重组损失、计提的固定资产减值准备、计提的在建工程减值准备、罚款支出、公益性捐赠支出、赔偿金、违约金、非常损失等。

当营业外收入大于营业外支出时,增加利润总额;当营业外收入小于营业外支出时,减少利润总额。

(四)补贴收入

补贴收入,是指客运企业按国家规定以低于劳务成本的运价收取服务费而获得的财政补贴收入,主要属于经营政策性亏损的劳务补贴。

以上分析的是客运企业利润总额的构成。利润总额减去当期所得税,为客运企业的净利润。其计算公式为:

净利润 = 利润总额 - 所得税

二、利润预测

利润预测,就是在分析企业主客观经营条件及所处经济环境的基础上,预测企业未来一定时期(如年度)的利润水平。利润预测是企业利润管理的首要环节,也是企业经营管理决策的重要内容。

道路客运企业利润预测的方法很多,这里介绍几种常用的预测方法。

(一)量本利分析法

量本利分析法,是根据旅客运输量、成本、利润三者的依存关系,来预测计划期利润的一种方法。具体做法是:首先,在市场调查和预测的基础上,预测旅客运输量(参见本书第十四章第二节的内容);然后,分析预测单位变动成本和固定成本;最后,利用下列公式计算预测利润。

预测利润 = 预计旅客周转量 × (预计单位运价 - 预计单位变动成本) - 固定成本

(二)相关比率法

相关比率法,是利用利润指标与其他经济指标之间的内在比例关系,来预测计划期利润的一种方法。常用的相关比率主要有营业收入利润率、资金利润率、成本利润率等。营业收入利润率、资金利润率、成本利润率一般以基期数为依据,并考虑计划期有关变动因素加以修正(下列公式中的"预计升降百分比"即体现这一修正),也可以根据同行业的平均先进水平来确定。

1. 营业收入利润率预测法

计算公式为:

预测利润 = 预计营业收入总额 × 预计营业收入利润率
      = 预计营业收入总额 × (基期营业收入利润率 ± 预计升降百分比)

2. 资金利润率预测法

计算公式为:

预测利润 = 预计资金占用总额 × 预计资金利润率
      = 预计资金占用总额 × (基期资金利润率 ± 预计升降百分比)

3. 成本利润率预测法

计算公式为:

预测利润 = 预计营业成本 × 预计成本利润率
      = 预计营业成本 × (基期成本利润率 ± 预计升降百分比)

(三)递增率预测法

递增率预测法,是根据基期实际实现的利润和预计利润增长率,来预测计划期利润的一种方法。计算公式为:

预测利润 = 基期利润 × (1 + 预计利润增长率)

这种利润预测方法的关键,在于确定"预计利润增长率",所以比较适用于经营状况稳定、利润稳步增长的企业。

三、利润计划与利润控制

(一)利润计划的编制

利润计划是道路客运企业财务计划的重要组成部分。它是在利润预测的基础上,对企业未来一定时期经营活动成果目标的决策,即确定企业计划期的目标利润及相关指标。因此,利润计划的编制,既要考虑企业生存发展对利润的需求,以积极前瞻的态度,保证目标利润的先进性,又要从实际出发,充分考虑企业内外环境的可能,留有一定余地,以实现综合平衡,保证目标利润的可行性。在计划执行过程中,如果影响企业利润的各种因素发生较大变化(包括正向或反向变化),则应及时调整计划,对计划指标作出相应修改。当然,也可以通过制定"备用计划"或者"滚动计划"的办法,来适应环境的变化。

如前所述,道路客运企业的利润总额由营业利润、投资净收益、营业外收支净额和补贴收入四部分组成。因此,编制利润计划时,应先编制营业利润计划、投资收益计划、营业外收支计划和补贴收入计划,然后,在这些计划的基础之上汇总编制利润计划。

(二)利润控制的方法

利润控制,就是根据利润计划的要求,对影响利润的各种因素进行管理,以便增加企业运输收入,压缩各种费用开支。利润控制的过程与成本控制过程大体相似(见图18-2)。由于利润是一项综合性指标,受企业运输生产经营规模、结构、运价、质量、费用等诸多因素的影响,因而对利润的控制和管理工作十分复杂。在财务管理实际操作中,主要应注重以下几个方面:

1. 利润的目标控制

利润目标控制的基本步骤是:

(1)确定目标利润。

(2)测算完成任务利润的具体收支项目指标。

(3)分解目标利润,并制定实现目标利润的措施。

(4)实施日常控制,包括对目标利润的组织、指挥、监督、检查,以及对季、月、旬各阶段目标的衔接、协调和平衡。

(5)进行目标考核,实施目标奖惩。

2. 利润的分级责任控制

利润分级责任控制的步骤是:

(1)确定利润责任单位。凡能单独计算盈亏的单位,都应作为利润责任单位,如车站、车队、车间等。

(2)分解利润指标,明确各责任单位的利润责任(指标)。

(3)确定责任单位的义务、权力和利益。

(4)考核各责任单位利润指标的完成情况,实施相应的奖惩。

3. 利润的项目控制

利润的项目控制是指按利润总额的构成项目分别进行的控制。

营业利润是运输企业利润构成中最主要的部分,因而要重点控制,从事先预测、决策,事中组织、监督,到事后考核、分析,都应投入主要的精力。对投资净收益,主要应监督投资协议的签订执行及各项收支的结算和清算,但对其中的控股投资则须重点监控。对营业外收支净额,主要监督其严格按规定取得收入,并对营业外支出项目严格审查把关,杜绝一切非正常开支,防止一切浪费现象的发生。

4. 利润的分类控制

利润的分类控制重点是对主营业务利润进行分类控制,即按企业运输生产经营的种类、项目进行分类,在此基础上,对其营运收入、成本、费用等分别进行核算,并采用适当方法分摊共同承担的费用,以计算盈亏情况。同时,加强对各类、各项营运盈亏情况的经常性监督与考核,特别是对盈亏重点项目进行重点监控,以促盈减亏。

四、增加利润的途径

影响企业利润的因素很多。道路客运企业增加利润的主要途径如图18-4所示。

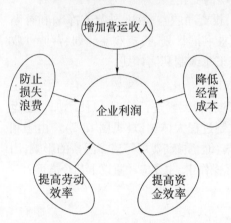

图18-4 增加利润的主要途径

(一)扩大营运渠道,增加营运收入

企业利润是在运输生产经营过程中实现的,在正常情况下,旅客运输量增加,利润便会相应增加。同时随着运输量的扩大,企业固定费用(如管理费用和财务费用等)也会相对节约。因此,企业必须采取各项措施,包括转换经营机制、调整生产经营结构、灵活选择生产经营方式、加强市场调查和班线开发、拓展营销渠道和客源组织、确保安全生产、改进服务质量等,努力提高车辆运用效率,扩大旅客运输量,以促进收入和利润的增加。

(二)改善经营管理,降低经营成本

在运输量总额一定的情况下,企业生产经营成本的高低是决定利润额大小的关键。因此,企业必须积极采取各种有效措施,加强成本控制,尽可能降低生产经营过程中各种人力、物力和财力耗费,以不断降低成本(参见上节内容),获取更多的利润。

(三)合理运用资金,提高资金使用效率

利润是企业资金运用产生的结果,资金运用是否合理,直接影响着企业的利润水平。因此,企业必须想方设法加速资金周转,节约资金占用,减少财务费用,从而以尽可能少的资金占用,取得尽可能多的利润。

(四)激发员工活力,提高劳动效率

要依据生产经营需要,适时调整作业流程和劳动组织,做到科学设岗、合理用人,使企业各个职能部门和业务岗位形成一个高效运转的有机整体。更为重要的是,要深化企业内部改革,建立和完善招聘与选拔、绩效管理、薪酬与福利、激励管理、培训与开发等人力资源管理制度,同时,努力建设具有本企业特色的以人为本、和谐发展的企业文化,从根本上调动员工生产积极性,激发员工创新活力,提高全员劳动生产率。

(五)加强财务管理,防止损失浪费

营收流失、财产损失、铺张浪费和不正当支出,都会造成企业利润减少,甚至导致亏损。因此,企业必须加强财务管理,完善责任制度,严格营收监管和投资监控,切实搞好利润控制。同时,还要认真做好各项财产的保管维护工作,防止各种自然灾害和人为事故造成的财产损失,杜绝一切非正常开支和浪费现象的发生。

可见,增加利润同降低成本费用一样,必须贯彻经济与技术结合、生产与管理并重的原则,必须实行目标利润管理和全员利润管理,依靠各职能部门的通力协作和全体员工的共同努力,开源节流,充分挖掘企业潜力,提高资源(人、财、物等)利用效率,堵塞一切可能的漏洞,才有可能实现。

还应当指出,强调增加利润,是在保证满足社会需求、完成旅客运量及提高客运服务质量的基础上提出的。只图增加利润而不考虑旅客和社会利益,弄虚作假甚至违反国家财经纪律,这些绝非企业经营之道。

五、利润的分配

利润分配,就是对企业在一定时期内实现的经营成果(利润)在相关各方面之间进行分配。利润分配不仅涉及国家、企业、投资者和员工的利益关系,而且涉及企业内部积累与消费的比例关系,从而影响企业长远利益与近期利益关系。因此,为正确处理各方面利益关系,企业的利润分配必须依法进行,严格执行有关财务规定。

按现行财务制度,客运企业实现的利润总额,首先应按国家税法的规定对其作相应的调整,然后依法缴纳企业所得税。税后利润(净利润),再按下列基本程序进行分配:

1. 弥补以前年度的亏损

企业发生的经营性亏损,应由企业自行弥补,当年亏损可用下年度税前利润弥补,下一年度利润不足弥补的,可以在5年内连续弥补,5年内不足弥补的则从第六年度开始用税后利润(包括盈余公积金)来弥补。

2. 提取法定盈余公积金

法定盈余公积金是企业从税后利润中提取的积累资金,主要用于补充资本和弥补以前年度亏损。法定公积金按照税后利润扣除前项后的10%提取,法定公积金已达注册资金50%时可不再提取。

3. 提取任意盈余公积金

任意盈余公积金是企业从税后利润中提取的一项基金。其提取比例按企业章程或股东会决议执行。

4. 向投资者分配利润

向投资者分配的利润,也称分配红利,是投资者从企业获取的投资收益。净利润扣除上述项目后,再加上以前年度的累计未分配利润,即为可向投资者分配的利润。

股份有限公司向投资者分配利润,应按照下列顺序:

(1)支付优先股股利。

(2)支付普通股股利。

(3)转作资本(或股本)的普通股股利。

当年无利润时,不得分配股利,但用盈余公积金弥补亏损后,经股东会特别决议,可以按照不超过股票面值6%的比率用盈余公积金分配股利,在分配股利后,企业法定盈余公积金不得低于注册资金的25%。

第五节　财务报告与财务评价指标

一、财务报告的概念

财务报告是指企业对外提供的反映企业某一特定日期的财务状况和某一会计期间的经营成果、现金流量等会计信息的文件。

财务报告的主要作用表现在两个方面：一是提供有用的会计信息，有助于财务报告的使用者（如投资者、债权人等）作出经济决策；二是反映企业管理层受托责任的履行情况，有助于评价企业的经营管理责任和资源使用的有效性。

财务报告包括会计报表及其附注和其他应当在财务会计报告中披露的相关信息和资料。根据《企业会计制度》规定，企业会计报表至少应当包括资产负债表、利润表、现金流量表等报表。小企业编制的会计报表可以不包括现金流量表。

以下将对资产负债表、利润表、现金流量表作一简单介绍。在介绍这三个报表之前，有必要先了解一下会计要素的概念。

会计要素，是指按照交易或者事项的经济特征对会计项目所作的基本分类。我国企业会计要素按照其性质分为资产、负债、所有者权益、收入、费用和利润。其中，资产、负债和所有者权益三个要素侧重于反映企业的财务状况，收入、费用和利润三个要素侧重于反映企业的经营成果。

（1）资产，是指企业过去的交易或者事项形成的、由企业拥有或者控制的、预期会给企业带来经济利益的资源。

（2）负债，是指企业过去的交易或者事项形成的、预期会导致经济利益流出企业的现时义务。

（3）所有者权益，是指企业资产扣除负债后，由所有者享有的剩余权益。所有者权益又称净资产，公司制企业的所有者权益又称股东权益。

（4）收入，是指企业在日常活动中形成的、会导致所有者权益增加的、与所有者投入资本无关的经济利益的总流入。

（5）费用，是指企业在日常活动中发生的、会导致所有者权益减少的、与向所有者分配利润无关的经济利益的总流出。

（6）利润，是指企业在一定会计期间的经营成果。

二、主要财务报表

1. 资产负债表

资产负债表是反映企业在某一特定日期的财务状况的会计报表。因此，某种意义上讲，资产负债表是一种静态报表。

资产负债表主要有资产、负债和所有者权益三个要素。三者的关系遵循一个会计恒等式，即：

$$资产 = 负债 + 所有者权益$$

我国资产负债表采用账户式结构。报表分为左右两方。左方列示资产各项目,反映全部资产的分布及存在形态;右方列示负债和所有者权益各项目,反映全部负债和所有者权益的内容及构成情况。

在编制报表时,一般按流动性进行项目分类。其基本做法是:资产类项目按资产的流动性大小排列,流动性大的靠前;负债类项目按负债到期日的远近排列,到期日近的排在前面;所有者权益类项目,按所有者权益取得的时间先后顺序排列,取得时间早的位置靠前。

资产负债表样式如表 18-1 所示。

资 产 负 债 表   表 18-1

编制单位: 所属月份: 金额单位:元(至角分)

资产	行次	年初数	期末数	负债及权益	行次	年初数	期末数
流动资产:				流动负债			
货币资金	1			短期借款	68		
短期投资	2			应付票据	69		
应收票据	3			应付账款	70		
应收股利	4			预收账款	71		
应收利息	5			应付工资	72		
应收账款	6			应付福利费	73		
其他应收款	7			应付股利	74		
预付账款	8			应交税金	75		
应收补贴款	9			其他应交款	80		
存货	10			其他应付款	81		
待摊费用	11			预提费用	82		
一年内到期的长期债权投资	21			预计负债	83		
其他流动资产	24			一年内到期的长期负债	86		
流动资产合计	31			其他流动负债	90		
长期投资:							
长期股权投资	32			流动负债合计	100		
长期债权投资	34			长期负债:			
长期投资合计	38			长期借款	101		
固定资产:				应付债券	102		
固定资产原价	39			长期应付款	103		
减:累计折旧	40			专项应付款	106		
固定资产净值	41			其他长期负债	108		
减:固定资产减值准备	42			长期负债合计	110		

续上表

资产	行次	年初数	期末数	负债及权益	行次	年初数	期末数
固定资产净额	43			递延税项:			
工程物资	44			递延税项贷项	111		
在建工程	45			负债合计	114		
固定资产清理	46						
固定资产合计	50			所有者权益(或股东权益)			
无形资产及其他资产:				实收资本(或股本)	115		
无形资产	51			减:已归还投资	116		
长期待摊费用	52			实收资本(或股本)净额	117		
其他长期资产	53			资本公积	118		
无形资产及其他资产合计	60			盈余公积	119		
				其中:法定公益金	120		
递延税项:				未分配利润	121		
递延税款借项	61			所有者(股东)权益合计	122		
资产总计	67			负债及所有者(股东)权益总计	135		

单位负责人： 财务负责人： 经办人：

企业编制资产负债表的目的,是通过如实反映企业的资产、负债和所有者权益的金额及其结构情况,从而有助于报表使用者评价企业资产的质量以及短期偿债能力、长期偿债能力、利润分配能力等。

2. 利润表

利润表又称损益表,是反映企业在一定会计期间的经营成果的会计报表。因此,利润表属于动态报表。

利润表主要有收入、费用和利润三个要素,同时反映企业的对外投资收益与损失以及营业外收入和营业外支出等情况。基本等式表现为:

$$利润 = 收入 - 费用$$

利润表样式如表18-2所示。

企业编制利润表的目的,是通过如实反映企业实现的收入、发生的费用以及应当计入当期利润的利得和损失金额及其结构等情况,从而有助于报表使用者分析评价企业的盈利能力及其构成与质量等。

3. 现金流量表

现金流量表是反映企业在一定会计期间的现金和现金等价物流入和流出的会计报表。因此,现金流量表也是一种动态报表。其基本等式表现为:

$$现金流量净额 = 现金流入 - 现金流出$$

现金流量表样式如表18-3所示。

利 润 表　　　　　　　　表 18-2

编制单位：　　　　　　　所属月份：　　　　　　金额单位：元(至角分)

项　目	行次	本月数	本年累计数
一、主营业务收入	1		
减：主营业务成本	4		
主营业务税金及附加	5		
二、主营业务利润(亏损以"－"号表示)	10		
加：其他业务利润(亏损以"－"号表示)	11		
减：管理费用	15		
财务费用	16		
三、营业利润(亏损以"－"号表示)	18		
加：投资收益(损失以"－"号表示)	19		
补贴收入	22		
营业外收入	23		
减：营业外支出	25		
四、利润总额(亏损以"－"号表示)	27		
减：所得税	28		
五、净利润(净亏损以"－"号表示)	30		

单位负责人：　　　　　　　财务负责人：　　　　　　　经办人：

现 金 流 量 表　　　　　　表 18-3

编制单位：　　　　　　　年度：　　　　　　　单位：人民币元

项　目	行次	金额	项　目	行次	金额
一、经营活动产生的现金流量：			补充资料		
销售商品、提供劳务收到的现金	1		1.将净利润调节为经营活动现金净流量		
收到的税费返还	2		净利润	32	
收到的其他与经营活动有关的现金	3		加：计提的资产减值准备	33	
现金流入小计	4		固定资产折旧	34	
购买商品、接受劳务支付的现金	5		无形资产摊销	35	
支付给职工以及为职工支付的现金	6		长期待摊费用摊销	36	
支付的各项税费	7		待摊费用减少(减：增加)	37	
支付的其他与经营活动有关的现金	8		预提费用增加(减：减少)	38	

续上表

项 目	行次	金额	项 目	行次	金额
现金流出小计	9		处置固定资产、无形资产和其他长期资产的损失（减：收益）	39	
经营活动产生的现金流量净额	10		固定资产报废损失	40	
二、投资活动产生的现金流量：			财务费用	41	
收回投资所收到的现金	11		投资损失（减：收益）	42	
取得投资收益所收到的现金	12		递延税项贷项（减：借项）	43	
处置固定资产、无形资产和其他长期资产而收到的现金净额	13		存货的减少（减：增加）	44	
收到的其他与投资活动有关的现金	14		经营性应收项目的减少（减：增加）	45	
现金流入小计	15		经营性应付项目的增加（减：减少）	46	
购建固定资产、无形资产和其他长期资产所支付的现金	16		其他	47	
投资所支付的现金	17		经营活动产生的现金流量净额	48	
支付的其他与投资活动有关的现金	18				
现金流出小计	19				
投资活动产生的现金流量净额	20		2.不涉及现金收支的投资和筹资活动：		
三、筹资活动产生的现金流量			债务转为资本	49	
吸收投资所收到的现金	21		一年内到期的可转换公司债券	50	
借款所收到的现金	22		融资租赁固定资产	51	
收到的其他与筹资活动有关的现金	23				
现金流入小计	24				
偿还债务所支付的现金	25				
分配股利、利润或偿付利息所支付的现金	26		3.现金及现金等价物的净增加情况：		
支付的其他与筹资活动有关的现金	27		现金的期末余额	52	
现金流出小计	28		减：现金的期初余额	53	
筹资活动产生的现金流量净额	29		加：现金等价物的期末余额	54	
四、汇率变动对现金的影响额	30		减：现金等价物的期初余额	55	
五、现金及现金等价物净增加额	31		现金及现金等价物净增加额	56	

单位负责人： 　　　　　　　财务负责人： 　　　　　　　经办人：

企业编制现金流量表的目的,是通过如实反映企业各项活动(经营活动、投资活动、筹资活动等)的现金及等价物的收支情况,从而有助于报表使用者评价企业资金的流动性和对负债的偿付能力,判断企业资金链的安全性。比如:有助于投资者、债权人评估企业未来的现金流量;有助于投资者、债权人评估企业未来偿还债务、支付股利和对外筹资的能力;有助于报表使用者分析本期净利与经营活动现金流量之差异的原因;有助于报表使用者评估报告期内与现金有关或无关的投资和筹资活动。

三、财务评价指标

如前所述,三个会计报表分别从不同的角度反映了企业财务活动的情况,为报表使用人分析和评价企业经营成果和财务状况提供了基本依据。但是,由于会计报表的项目数据较为概括、简化,仅是孤立地观察报表的各项目数据,还难以实现准确分析和评价的要求。这就需要将会计报表中的各项目数据有机联系起来,形成财务评价指标体系,以供相关财务分析之用。

道路客运企业财务分析常用的财务评价指标,主要有偿债能力指标、盈利能力指标、营运能力指标和发展能力指标四大类。具体指标如图 18-5 所示。

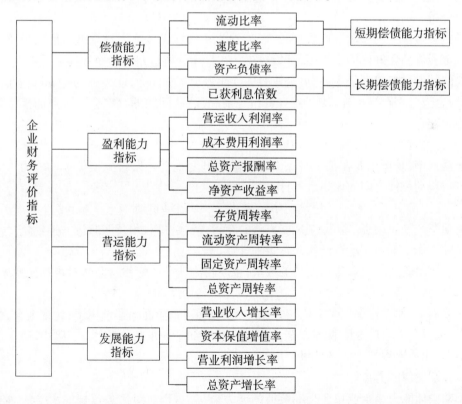

图 18-5　企业财务评价指标

(一)企业偿债能力指标

偿债能力是指企业偿还到期各种债务的能力。偿债能力关系到企业的存亡。由于企业负债包括流动负债和长期负债,其偿债能力也分为短期偿债能力和长期偿债能力。

1. 短期偿债能力指标

短期偿债能力是企业以流动资产偿付流动负债的能力。它是评价企业财务状况的首选指标,是衡量企业流动资产变现能力的重要标志。判断道路客运企业短期偿债能力高低的财务指标,通常有流动比率和速动比率。

(1)流动比率。

流动比率,是指企业流动资产与流动负债之间的比率。它反映企业在短期内可转变为现金的流动资产偿付即将到期的流动债务的能力。其计算公式为:

$$流动比率 = 流动资产 \div 流动负债$$

流动比率越高,说明企业偿还流动负债的能力越强,流动负债得到偿还的保障越大,反之则越弱。

流动比率反映了企业流动资产的数量,并不反映企业流动资产的质量。流动比率过高,可能是企业滞留在流动资产上的资金太多,未能加以有效利用,必然影响企业的获利能力与资产运营效率。

一般而言,流动比率以 2:1 为佳,但应结合不同的行业特征和企业的资产结构等因素加以综合分析。

道路客运企业的流动资产质量较高,流动比率指标可以适当地降低。因为道路客运企业以现金和流动性好的资产为多,存货较少。在具体分析道路客运企业偿债能力时,还要分析企业的其他财务信息。主要有:企业的借款能力和筹资能力,能力强的企业可适当降低流动比率;企业是否存在抵押、质押或有负债等情况,这些问题的存在会对企业的偿债能力带来负面影响。

(2)速动比率。

速动比率,是指企业在某一时点上运用随时可变现资产偿付到期债务的能力。它是速动资产与流动负债之间的比率。其计算公式为:

$$速动比率 = 速动资产 \div 流动负债$$

速动资产是流动资产扣除变现能力差的存货、待摊费用、预付账款等非速动资产后的余额。实际工作中多用流动资产扣除存货来计算。

速动比率既反映企业流动资产的数量,也反映流动资产的质量。相对流动比率来说,其准确性更高。

一般而言,速动比率以 1:1 比较合适。比率太低,企业面临偿债风险;比率太高,也会因为现金、银行存款及应收账款等资金占用过多而增加企业的机会成本。道路客运企业应收账款不多,速动比率低于 1 也是很正常的。

2. 长期偿债能力指标

长期偿债能力是企业偿还长期负债的能力,它表明企业对债务负担的承受能力和偿还债务的保障能力,是反映企业财务实力与稳定程度的重要标志。评价道路客运企业长期偿债能力高低的财务指标,通常有资产负债率、已获利息倍数。

(1)资产负债率。

资产负债率也称负债比率,它是企业负债总额和资产总额的比率。其计算公式为:

资产负债率(%) = 负债总额 ÷ 资产总额

资产负债率是评价企业用全部资产偿还全部负债能力的指标,同时也可用来衡量企业举债经营能力和利用财务杠杆程度,还是企业债权人发放贷款安全程度的指标。

一般来说,在企业总资产报酬率高于负债资金成本率的情况下,企业所有者得到的收益会因为负债经营中利息的固定性而增加。此时,所有者就希望充分利用举债经营的避税和财务杠杆利益的资本特点,倾向于提高资产负债率。而债权人则出于自己提供的债权资金的安全性考虑,倾向于企业的资产负债率低些。

从理论上讲,资产负债率一般以40%为宜。但实际工作中往往很灵活,只要企业负债总额保持在易于驾驭的范围内,都是可以认可的。

(2)已获利息倍数。

已获利息倍数又称利息保障倍数,它是将企业一定时期的息税前利润除以负债利息总额的比率,用以衡量企业支付债务利息的能力。但凡企业举债经营,都要承担借入资金盈利可能不足以支付借款利息的风险。衡量这种风险程度的指标就是已获利息倍数。其计算公式为:

已获利息倍数 = 息税前利润 ÷ 利息费用
= (利润总额 + 利息费用) ÷ 利息费用

这里需要说明一下,公式中的"利息费用",在分子与分母中的含义是不同的。分子中的利息费用仅仅是指费用化的利息,即包含在财务费用中的利息;而作为分母的利息费用是指本期发生的全部应付利息,既包括费用化的利息,又包括资本化的利息(企业为购建固定资产而发生的利息费用,在固定资产尚未投入使用之前,应计入固定资产的成本,即所谓资本化的利息)。但是,在实际计算时如不能获得相关数据,则分子与分母的"利息费用"均可用利润表中的"财务费用"代之。

企业已获利息倍数至少要大于1,否则就不可能再继续负债经营。已获利息倍数究竟多少才合理?一般情况下,可比较本企业连续几年的该项指标,并选择最低指标年度的数据作为标准。这样能保证最低的偿债能力,符合稳健性原则要求。

(二)企业盈利能力指标

盈利能力是指企业赚取利润的能力。这是企业投资者、债权人和经营管理者都十分关注的能力。

道路客运企业盈利能力,一般通过营运收入利润率、成本费用利润率、总资产报酬率、净资产收益率等指标加以评价。

1. 营运收入利润率

营运收入利润率,是指企业利润与营运收入的比率,是反映和衡量道路客运企业营运收入的获利水平的重要指标。其计算公式为:

营运收入利润率(%) = 利润 ÷ 营运收入

根据利润表中不同的利润含义,对应相应的收入指标,可以计算出不同的收入利润率。具体如下:

主营业务收入利润率(%) = 主营业务利润 ÷ 主营业务收入
其他业务收入利润率(%) = 其他业务利润 ÷ 其他业务收入

营运收入总利润率(%) = 利润总额 ÷ 营业收入总额

营运收入净利润率(%) = 净利润 ÷ 营业收入总额

营运收入利润率反映道路客运企业利润占营运收入的比重,用它可以评价企业通过客运生产经营活动获取利润的能力。该比率越高,企业通过扩大营运收入获取收益的能力越强。

2. 成本费用利润率

成本费用利润率,是指利润与成本费用的比率,同样也是反映道路运输企业盈利能力的重要指标。其计算公式为:

成本费用利润率(%) = 利润 ÷ 成本费用

成本和利润一样,也有不同的概念,因此,成本费用利润率具体的公式为:

主营业务成本利润率(%) = 主营业务利润 ÷ 主营业务成本

其他业务成本利润率(%) = 其他业务利润 ÷ 其他业务成本

成本费用总利润率(%) = 利润总额 ÷ 成本费用总额

成本费用净利润率(%) = 净利润 ÷ 成本费用总额

成本费用是企业为了获取利润而付出的代价,该指标越高说明企业为获取收益付出的代价越小,企业获利能力越强。通过该指标,不仅可以评价企业的获利能力,也可以评价企业对运输成本费用的控制能力和经营管理水平。

3. 总资产报酬率

总资产报酬率,是指企业息税前利润与平均资产总额的比率。其计算公式为:

总资产报酬率(%) = 息税前利润 ÷ 平均资产总额

= (利润总额 + 利息费用) ÷ 平均资产总额

式中:平均资产总额 = (期初资产总额 + 期末资产总额) ÷ 2。

总资产报酬率是反映企业资产利用效率的综合性指标。该指标越高,表明资产利用效率越高,企业运用资产的获利能力越强。

4. 净资产收益率

净资产收益率,是指一定时期企业的净利润与净资产(所有者权益)的比率,又称权益报酬率。其计算公式为:

净资产收益率(%) = 净利润 ÷ 净资产

式中:净资产(所有者权益)指平均净资产(平均所有者权益),即净资产(所有者权益)的期初数与期末数的平均值。

净资产收益率是现代企业财务管理的核心指标。它反映投资与报酬的关系。该指标越高,表明企业自有资本收益水平越高,营运效益越好。实现企业价值最大化实际上就是要实现净资产收益率最大化。要提高净资产收益率,一方面要提高总资产报酬率,另一方面要优化企业的资本结构。

(三)企业营运能力指标

营运能力是指企业运用资金的能力。道路客运企业的营运能力,一般通过存货周转率、流动资产周转率、固定资产周转率、总资产周转率等指标加以评价。

1. 存货周转率

存货周转率通常以存货周转次数和存货周转天数两种方式表示。其计算公式为：

$$存货周转次数 = 营运成本 \div 存货平均余额$$

$$存货周转天数 = 计划期天数 \div 存货周转次数$$

$$= 存货平均余额 \times 计划期天数 \div 营运成本$$

式中：存货平均余额＝（期初存货＋期末存货）÷2。

一般来说，存货周转次数越多，周转天数越少，则存货的周转速度越快，企业的变现能力越强，资金的利用效果越好，企业的短期偿债能力和盈利能力也越大。

2. 流动资产周转率

流动资产周转率通常也以周转次数和周转天数两种方式表示。其计算公式为：

$$流动资产周转次数 = 营运收入 \div 流动资产平均余额$$

式中：流动资产平均余额＝（期初流动资产余额＋期末流动资产余额）÷2

$$流动资产周转天数 = 计划期天数 \div 流动资产周转次数。$$

流动资产周转率反映了企业流动资产的管理效率。一定时期内企业流动资产周转次数越多，周转天数越少，说明企业流动资产周转速度快，企业所需的投资也越少。

3. 固定资产周转率

固定资产周转率也称固定资产利用率，是指企业营运收入与固定资产平均净值的比率。其计算公式为：

$$固定资产周转率（次）= 营运收入 \div 固定资产平均净值$$

式中：固定资产平均净值＝（期初固定资产净值＋期末固定资产净值）÷2。

固定资产周转率高，说明固定资产利用率高，闲置的固定资产少，企业营运能力强。

4. 总资产周转率

总资产周转率也称总资产利用率，是指企业营运收入与总资产平均余额的比率。其计算公式为：

$$总资产周转率（次）= 营运收入 \div 总资产平均余额$$

式中：总资产平均余额＝（期初资产总额＋期末资产总额）÷2。

总资产周转率高，说明企业全部资产的利用效率高，企业营运能力强。

（四）企业发展能力指标

发展能力是指企业在生存的基础上，扩大规模、壮大实力的潜在能力。道路客运企业的发展能力，一般通过营业收入增长率、资本保值增值率、营业利润增长率、总资产增长率等指标加以评价。

1. 营业收入增长率

营业收入增长率是指本年主营业务收入增长额同上年主营业务收入总额的比率。其计算公式为：

$$营业收入增长率（\%）= 本年主营业务收入增长额 \div 上年主营业务收入总额$$

式中：本年主营业务收入增长额＝本年主营业务收入－上年主营业务收入。

营业收入增长率，反映企业营业收入的增减变化情况，是衡量企业经营状况和市场占有能力、预测企业经营业务拓展趋势的重要标志，也是企业扩张资本的重要前提。因此，该指标是评价企业成长状况和发展能力的重要指标。该指标若大于零,表明企业本年的营业收入有所增长,指标值越高,表明增长速度越快,企业市场前景越好;反之则说明企业市场份额萎缩。

该指标在实际应用时,应结合企业历年的营业水平、企业市场占有情况、行业未来发展及其他影响企业发展的潜在因素进行前瞻性预测,或者结合企业前三年的营业收入增长率做出趋势性分析判断。

2. 资本保值增值率

资本保值增值率是指所有者权益的期末总额与期初总额的比值。其计算公式为:

$$资本保值增值率(\%) = 期末所有者权益 \div 期初所有者权益$$

资本保值增值率等于 100 表示保值,大于 100 表示增值,小于 100 则表示减值。该指标越高,表明企业资本保全状况越好,所有者权益增长越快,企业发展能力越强。

3. 营业利润增长率

营业利润增长率,是指本年营业利润增长额与上年营业利润总额的比值。其计算公式为:

$$营业利润增长率(\%) = 本年营业利润增长额 \div 上年营业利润总额$$

式中:本年营业利润增长额 = 本年营业利润总额 - 上年营业利润总额。

营业利润增长率反映企业营业利润的增减变化情况,是评价企业成长状况和发展能力的重要指标。该指标若大于零,表明企业本年的营业利润有所增长,指标值越高,表明增长速度越快,企业发展前景越好。

4. 总资产增长率

总资产增长率,是指企业本年总资产增长额同年初资产总额的比率,反映企业本期资产规模的增长情况。其计算公式为:

$$总资产增长率(\%) = 本年总资产增长额 \div 年初资产总额$$

式中:本年总资产增长额 = 年末资产总额 - 年初资产总额。

总资产增长率反映企业本期资产规模的增减变化情况。该指标若大于零,表明企业本年的资产规模有所扩张,指标值越高,表明扩张速度越快,企业发展后劲越足。但在分析时,需要关注资产规模扩张的质和量的关系,以及企业的后续发展能力,避免盲目扩张带来的负效应。

综上所述,运用偿债能力指标、盈利能力指标、营运能力指标和发展能力指标可以对企业某一方面的财务活动及其状况作出分析评价。但是,这种孤立评价有其固有的局限性,就是难以从整体上把握企业财务状况和经营情况的优劣。为此,有必要把几方面财务指标有机地联系起来,进行综合分析,从而得出企业财务状况的综合性、全面性结论。常用的综合分析方法有杜邦分析法和综合评分法(此处从略)。

第六节 经济核算与经济活动分析

一、经济核算的意义

道路客运企业的经济核算是在财务管理部门主导下,对客运生产经营活动及其结果,以价值形式进行记录、统计和计算,确认其经济效果,以明确和考核各生产环节(责任单位或责任人)的经济责任的一种管理活动。

经济核算是现代企业管理的重要方法。道路客运企业实行经济核算的主要意义在于:

(1)经济核算有助于企业适应客观经济规律的要求。企业只有通过经济核算,才能全面掌握客运生产经营活动中消耗、效率、效益等状况,了解其在行业内所处的水平,从而采取有效措施,尽可能地节约活劳动和物化劳动,促使企业的劳动时间消耗量低于社会必要劳动时间消耗量,即使企业单位运输成本低于社会平均运输成本。——而这,正是商品价值规律的要求,正是市场经济条件下企业提高盈利能力、谋求更好经济效果的基本途径。

(2)经济核算有助于提高企业管理水平。经济核算的成果表现为一系列经济指标和数据,这些指标和数据反映了客运生产经营活动的状况,为企业经济活动分析提供了基本依据。通过对这些指标和数据的分析研究,将能发现企业经营管理中(包括管理体制、经营方式、组织形式、运行机制等)存在的问题和薄弱环节,进而提出解决问题、改善工作的措施和办法,从而促进企业管理水平的提高。

(3)经济核算有助于调动企业员工积极性。经济核算对于企业内部各生产环节(包括部门、单位、单车和员工个人)来说,是一种全面性的考核。只有在全面客观考核的基础上,才能分清各生产环节的经济责任,才能按照经济责任制的规定兑现相应的物质奖惩。因此,经济核算是企业实行责权利相统一的经济责任制的必要手段和保证,从而也是调动企业员工生产经营积极性的必要手段和保证。

二、经济核算的方法和内容

(一)经济核算的方法

企业经济核算,分为会计核算、统计核算和业务核算。这三大核算也是企业经济核算的主要方法,构成了经济核算的方法体系。

1. 会计核算

会计核算是以货币(价值)为统一计量尺度,对企业生产经营活动进行连续的、系统的、全面的核算。

会计核算也就是会计工作中记账、算账、报账的总称,其基本内容和工作过程是:经济业务发生后,经办人员要填制或取得原始凭证→经会计人员审核整理后,按照设置的会计科目,运用复式记账法,编制记账凭证,并据以登记账簿→依据凭证和账簿记录对发生的各项费用进行成本计算→依据财产清查对账簿记录加以核实→在保证账实相符的基础上,定期编制会计报表。这个过程,一般称之为"会计循环"。

考察上述会计循环,不难得出以下两个结论:

(1)设置账户和会计科目、复式记账、填制和审核凭证、登记账簿、成本计算、财产清查、编制会计报表,这是会计核算的七个基本方法。

(2)填制和审核凭证、登记账簿、编制会计报表,这是会计循环的三个主要环节,而会计报表更是整个会计核算的"最终产品",会计核算正是通过会计报表为使用者提供系统而完整的会计信息。因此,保证会计工作质量,提高会计工作效率,正确、及时地编制会计报表,这是会计核算的核心要求。

2. 统计核算

统计核算是以价值、实物、时间等为计量单位,运用统计特有的方法(典型调查、抽样调查、统计分析、统计预测等),通过对原始记录(包括会计核算资料、业务核算资料的直接利用)的汇总、整理、归纳、分析,来研究和反映企业生产经营活动状况,并揭示其变化规律,预测其发展趋势。

比较一下统计核算与会计核算,可知:统计核算所使用的原始资料和计量单位都比会计核算更为广泛;统计核算所使用的方法与会计核算也有明显不同;统计核算不仅同会计核算一样能提供反映当期生产经营状况的资料,而且由于其预测功能还可以为企业领导提供决策的依据,这是会计核算所不及的。但是,由于会计核算连续性、系统性、全面性的特点,使其核算结果具有准确度高等优势,这是统计核算和业务核算都无法比拟、无法替代的,因此,不可否认的事实仍然是:会计核算是经济核算体系中最重要一种核算方法,在整个经济核算中处于中心地位。

3. 业务核算

业务核算又称业务技术核算,是对企业各种经济技术业务进行调查、登记和必要的计算,及时反映其状况和变化,满足有关部门的业务工作需要。例如,反映生产过程的原始记录,领发原材料的原始凭证,库存记录,车辆完好状况、使用状况,运输质量登记等,都是业务核算的原始资料。

与会计核算和统计核算相比较,业务核算的核算范围广,业务核算不仅可以对已经发生的,而且还可以对尚未发生的或正在发生的经济活动进行核算,判断是否可行及是否有经济效果;业务核算的方法也很灵活,不像会计核算和统计核算那样有一套特定的系统的方法,很多时候只是相对简单的单项核算,不求提供综合性指标,也正因为如此,业务核算可以迅速获得资料,及时采取措施对经济活动进行调整和改进。

综上所述,三大核算的内容和方法各不相同,各有不同的特点和作用,三者从不同侧面担负对企业生产经营活动的核算和监督任务。因此,企业的经济核算工作应将这三种核算有机地结合起来,使其密切配合、相互补充,以便正确、及时、全面地反映企业生产经营的全貌。

(二)经济核算的主要内容

经济核算的内容,是企业生产经营活动及其结果,具体体现在它所使用的一系列经济技术指标上。道路客运企业经济核算的指标体系,大体上由以下四类指标构成:

(1)消耗类指标。如百车公里燃料消耗、大修费用、小修费用等。

(2)占用类指标。如平均车辆数、平均员工人数、资金占用额等。

(3)成果类指标。如旅客周转量、利润总额、旅客满意率等。

(4)效率类指标。如全员劳动生产率、车辆工作率、流动资金周转率等。

道路客运企业的经济核算通常分为企业—车队(车站、车间)—单车(或班组)三级,或者企业—分公司—车队(车站、车间)—单车(或班组)四级。这三级或四级核算构成了企业经济核算的组织体系。由于各个层次生产经营的功能不同,因而核算的具体内容或者说具体指标也不尽相同。

下面以企业—车队—单车三级核算为例,说明各层次经济核算的主要内容。

1. 企业经济核算

企业一级经济核算是指企业总部所进行的总括性的经济核算。由于企业的经营管理职能是由各职能部门具体实现的,所以企业一级经济核算也是通过分解落实到各职能部门来完成的。各职能部门所完成的经济核算内容,或者说分管考核的经济核算指标,应与其管理职责相对应。举例来说:

(1) 财务部门分管考核的经济核算指标,主要是:

①各项成本费用发生额;

②各项经费限额;

③资金占用额和占用率;

④各类事故损失额;

⑤资金周转率;

⑥成本降低额和降低率;

⑦利润总额及其因素分析;

⑧应收经营收入结算率。

(2) 运务部门分管考核的经济核算指标,主要是:

①运输工作量(旅客及快件货物)累计进度;

②车站发送量计划完成率;

③快件运输合同完成率;

④车辆工作率和实载率;

⑤旅客和行包正运率;

⑥行包和快件赔偿额;

⑦班车正点率;

⑧旅客满意率;

⑨旅客意见处理率。

(3) 机务部门分管考核的经济核算指标,主要是:

①车辆完好率;

②行车燃料消耗降低率;

③车辆维护和小修费用降低率;

④车辆小修频率;

⑤轮胎综合平均里程;

⑥车辆大修间隔里程和大修费用;

⑦库存物资(燃料、轮胎、配件等)资金占用额和周转率;

⑧报废车辆(生命周期)累计创利额和创利率(这一指标的核算可为车辆选配提供较有说服力的依据,但它须建立在单车利润核算的基础上)。

(4) 安全部门分管考核的经济核算指标,主要是:

①安全行车里程和行车事故率;

②行车事故死亡率;

③行车事故受伤率;

④行车事故导致的车日损失;

⑤行车事故经损率;

⑥安全投入(安全教育、安全措施等)经费额。

2. 车队经济核算

车队是道路客运企业的主要基层生产单位。车队经济核算的内容,主要有以下几个方面。

(1)运输工作量完成程度的核算。

运输工作量是车队经济核算的重点内容之一。

运输工作量的核算指标,包括客运量、旅客周转量、行包和快件货运量、客货换算周转量。

车队运输工作量完成程度的核算,就是以实际完成数与计划数的对比,包括以绝对数表示的对比差额和以相对数表示的计划完成比率。无论计划完成与否,均应附文字说明原因。

(2)运输质量的核算。

车队运输质量考核指标,主要有:

①安全间隔里程;

②行车事故次数和行车事故率;

③行车事故伤亡人数;

④行车事故经济损失金额和经损率;

⑤商务事故次数和损失金额;

⑥旅客正运率和班车正点率。

这些指标,均应与上年同期进行比较,反映其增减变动情况。

(3)运行消耗的核算。

车队运行消耗考核指标,主要有:

①燃料消耗;

②轮胎消耗;

③车辆维护和小修费用;

④车辆大修间隔里程和大修费用。

这些指标,应与定额数进行比较,反映其增减变动情况。

(4)管理费用的核算。

车队管理费用,是指车队在运输生产过程中有关业务、管理等所支出的费用,包括:车队管理人员、勤杂人员的工资性开支,车队办公费、差旅费、水电费、通信费,车队办公和生活用房折旧和维修费等。

车队管理费用的核算,就是以实际发生的费用额与经企业审查批准的预算额相比较,计算其节约或超支数,同时计算因运输工作量和人员的增减变化而引起的管理费用变化的数额与幅度。

如果车队核算完全成本,还应在车队管理费用中再加上规定分摊的企业管理费。

(5)劳动力消耗的核算。

车队劳动力消耗的核算,主要是核算车队平均人数的增减额、车队全员劳动生产率、驾驶员劳动生产率等指标。

（6）营运车辆运用效率的核算。

营运车辆运用效率的核算，是指考察营运车辆运用效率在时间上所发生的变化，并进行相应的因素分析，进而了解由于营运车辆运用效率的变化所带来的经济效果的变化。

营运车辆运用效率的主要核算指标是：

①完好率；

②工作率；

③平均车日行程；

④行程利用率；

⑤座位利用率；

⑥实载率。

（7）运输成本的核算。

车队运输成本的核算，是按照运输成本项目（其中企业管理费项目为车队管理费）计算的车队运输总成本、单位成本、成本降低额、成本降低率等指标。

如果车队核算完全成本，则还应将企业管理费分摊部分计入车队管理费。

3. 单车经济核算

单车是道路客运企业最小的核算单位。单车经济核算一般有两种方法：

（1）经济技术指标核算，即核算单车完成的各项经济技术指标的程度，包括运输工作量、车辆运用效率、行车安全、运输质量和运行消耗五大类指标的核算（具体指标参见车队相关核算指标）。

（2）利润核算，即将单车视为"独立"核算单位，核算单车完全成本，计算出单车利润。核算中，单车营运收入可按实计算，也可按企业平均运价计算（乘以单车实际完成的周转量）；单车总成本应据实计入各种消耗，包括驾驶员本人工资福利性开支、单车的商务事故和行车事故损失、分摊给单车的企业管理费和车队管理费以及应纳税金（营业税及附加）等。

单车利润核算是一种比较彻底的经济核算。单车利润核算的结果可应用于企业管理的诸多方面，有助于企业管理的细化、强化和优化。因此，单车利润核算值得提倡，而计算机管理的逐渐普及，也为单车利润核算提供了极大的便利。

三、经济活动分析的内容

企业经济活动分析，就是运用经济核算及预算（计划、定额）的相关资料，对一定期间的企业生产经营活动及其结果，进行比较、分析、研究，以揭示企业经济运行的规律，发现问题，查找原因，提出措施，寻求改善经营管理、提高经济效益的机会和途径。

可见，经济活动分析是企业管理基本程序（即第十三章第一节介绍的 P-D-C-A 循环）中一个承上启下的管理环节（即 A-处理阶段）。经济活动分析的本质，其实就是企业对经营状况进行自我诊断的一种管理活动。这种"自我诊断"，无疑是企业总结过去、控制现在、指导未来的有效工具，无疑是促进企业不断改进管理、挖掘潜力、提高效益的有力武器。因此，经济活动分析是现代企业管理方法系统中不可忽视的重要一环。

经济活动分析的内容，也是企业生产经营活动及其结果，这一点同经济核算是一样的。

但是,两者的侧重点是不同的,经济核算侧重于"计算",而经济活动分析侧重于"分析"。

具体地说,道路客运企业经济活动分析的内容,可以归纳为以下三个方面:

1. 经营成果的分析

包括生产成果的分析和经济效益的分析。

生产成果的分析,即对客运工作量、车辆运用效率以及运输安全和质量的分析。

经济效益的分析,即对营运收入、运输利润、其他业务利润、利润总额等的分析。

2. 各种消耗的分析

包括单项消耗的分析和各项消耗的综合分析。

单项消耗的分析,即对反映生产经营过程中单项消耗的各项指标的分析,如行车燃料消耗、轮胎消耗、车辆维护和小修费用、车辆大修间隔里程、车辆大修费用等。

各项消耗的综合分析,即对反映生产经营过程中综合消耗指标的分析,如运输成本、其他业务成本、管理费用等。

3. 资源占用的分析

包括人力资源占用的分析和物质资源占用的分析。

人力资源占用的分析,即对企业人员配备和利用情况的分析,如驾驶员配备、修理工配备、管理人员配备、驾驶员劳动生产率、全员劳动生产率等。

物质资源占用的分析,即对资金占用和利用情况的分析,如资产构成比率、资产负债率、流动资产周转率、净利润收益率、资本保值增值率等。

以上三个方面的分析,相互联系,相互影响,共同构成一个完整的体系。经济活动分析是在经济核算的基础上进行的,上述各项分析内容的数据(指标的计划、定额、实绩等),都系统地反映在会计核算、统计核算和业务核算的资料中。所以,为了方便运用经济核算的资料,也可以把经济活动分析的内容与经济核算的内容统一起来,划分为消耗、成果、占用、效率这样四个方面。

四、经济活动分析的程序和形式

1. 经济活动分析的程序

道路客运企业的经济活动分析,通常由四个有机联系的步骤组成,如图18-6所示。

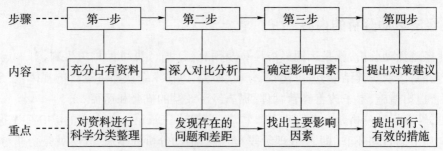

图18-6　经济活动分析程序

(1)第一步,充分占有资料。

充分详细地占有资料,是正确分析评价的前提条件。这些资料,包括计划、预算、定额资料和各种核算资料,还包括实际情况的调查研究资料、企业历史资料、国内外同行业资料和先进企业资料。为便于使用，对所占有的资料要进行科学分类整理，使之条理化、系统化。

（2）第二步，深入对比分析。

在充分占有资料的基础上，即可通过两个或两个以上相关指标对比分析，确定数量差异，揭示客运生产经营过程及其成果中的成绩和进步，但重点是要找出存在的问题和差距。在经济活动分析的实践中，通常主要进行以下几方面的对比分析：一是同预定目标、计划或定额对比分析；二是同前期、或上年同期、或历史最高水平对比分析；三是同国内外同行业先进水平对比分析。

（3）第三步，确定影响因素。

在找出问题和差距后，就要进一步研究和查明问题或差距产生的原因。实际上，每项经营活动的成果或每项经济指标的形成，都可能由很多原因造成，或者说受到多种因素的影响，而且这些原因或因素的影响作用，在方向上有正（有利）有反（不利），在程度上有大有小，它们相互之间有些又存在一定的联系或制约。这就要求在确定影响因素的过程中，必须由表及里、由此及彼地进行深入细致的剖析，准确判别各影响因素的作用方向和作用力度，进而从中找出主要矛盾或主要因素。

（4）第四步，提出对策建议。

通过分析，找出各项经济指标的影响因素特别是主要因素，其目的在于有针对性地提出改进和提高的对策建议，促进企业改善经营管理、提高经济效果。这是经济活动分析的出发点和落脚点。因此，这一步骤进行得好坏，关系到整个经济活动分析的成败。而决定这一步成功与否的关键，就是提出的建议措施质量如何，是否真能解决问题而收到实效。比如：措施的针对性如何，是否有的放矢并切中要害；措施的可行性如何，是否切合实际并具体而可操作；措施的创新性如何，是否独辟蹊径，让人耳目一新，特别是是否触及管理体制、经营方式、组织形式、运行机制等深层次问题。

综上所述，从占有资料开始，继而分析发现问题、找出主要因素，最后提出措施建议，这就是企业经济活动分析的一个完整过程。以上四步程序紧密联系、环环相扣，每一步都是后一步的条件，每一步又都服务并服从于后一步的需要。所以，要搞好经济活动分析，必须一步一个脚印，容不得任何投机取巧或华而不实。当然，通过经济活动分析提出的措施能否真正贯彻落实，能否真正转化为提升企业管理水平的实践和提高企业经济效益的实绩，则是比经济活动分析本身更为重要的问题，但这同企业管理的决策力和执行力有关，已不属于经济活动分析的范畴。

2. 经济活动分析的形式

道路客运企业的经济活动分析，形式多种多样，可根据需要适当选择。但不论采用何种形式，都应当着眼于保证分析质量，事先做好充分准备，并严格遵循分析程序，紧扣主题，重在实效。

（1）按分析的时间分，有定期分析和不定期分析。定期分析通常按季度、半年度或年度进行。不定期分析则多与企业的重大经营活动（含决策）或是重大经济变化相联系。

（2）按分析的内容分，有全面分析和专题分析。全面分析内容多，涉及面广，通常定期进行，如企业年度分析。专题分析内容相对较为简单，一般只涉及某一方面或某项经营活动，可以不定期进行，如运输成本分析、车辆效率分析、新开发班车线路效益分析。

（3）按分析资料的提供形式分，有书面分析和口头分析。但即使是口头分析，其分析结果也应当整理汇总成书面文件，以便按企业内部职能分工落实各项措施。不管是书面分析或是口头分析，分析资料的提供者（即参与分析的成员）都需要经历一个调查研究和吸纳群众智慧的过程，力戒埋头数据、闭门造车。为便于集思广益并提高分析的效率，企业还可以借助现代信息手段，通过召开视频会议或网络讨论的形式进行分析，或者汇总分析结果。

（4）按分析的层次分，有企业分析、部门分析和基层单位分析。其中，企业一级的分析多为定期的全面分析；部门分析基本上是专题分析，或定期或不定期进行；基层分析多数是在车队（车站、车间）一级进行，也有在班组一级进行的。无论哪一层次的分析，在参与人员的组成上都有必要尽可能广泛一些，包括领导、专业管理人员、技术人员和适当的一线人员等，特别是全面分析以及分析程序的第三步和第四步。各类人员的参与，有助于调动群众的积极性，集思广益，弥补专业人员的不足，从而提高分析的效果和质量。

此外，还可以按分析的任务，分为事先的预测分析、事中的控制分析和事后的总结分析。实践中，以总结经验教训的事后分析为多。

五、经济活动分析的方法

进行经济活动分析，需要运用一系列专门的方法。定性分析方法，如头脑风暴法，可运用于分析程序的第三步和第四步；定量分析方法，如比较分析法、比率分析法、趋势分析法、因素分析法，可运用于分析程序的第二步和第三步。这里，对常用的上述几种定量分析方法分别作一简单介绍。

1. 比较分析法

比较分析法又称对比分析法，是经济活动分析中应用最广泛的一种方法。它是利用两个或者两个以上相关的数量进行对比的方法。通过比较，算出差异额或差异率，为进一步分析原因、挖掘潜力指明方向。

比较分析法的关键是对比，要特别注意对比指标之间的可比性，即：性质上要同类，范围上要相同，时间上要一致。

根据指标分析的需要，比较分析法可以采用多种比较方式。如：实际与计划比、与上年同期比、与本企业历史最好成绩比、与同行业平均水平或先进水平比等。

2. 比率分析法

比率分析法，是通过指标的相对数进行比较的方法。采用这种方法，能够把某些条件下不可比的指标变为可比的指标。例如，两个不同规模企业之间，由于保有车辆数不同，其完好车日具有不可比性，若分别计算出各自的完好率，则可以直接比较它们的车辆完好状况。比率分析法计算简便，计算结果容易判断，因此比率分析法也成为经济活动分析的主要方法之一。

比率分析法可以根据分析的不同内容和不同要求，计算不同的比率进行比较。经常使用的有结构比率、相关比率和效率比率。

（1）结构比率是用来计算某项经济指标的各个组成部分与总体的比率，反映部分与总体的关系。利用结构比率，可以分析其构成内容的变化，找出内在的因果关系，从全局出发分析局部的合理性。例如，计算工作车日在总车日中的比率，即工作率，可以反映一定时期营运车辆中工作车的多少。

（2）相关比率是将两个性质不同但又相互依存的指标加以对比，求出比率，反映的是有关经济活动的相互关系，又称为关系比率。利用相关比率，可以考察有联系的相关业务安排得是否合理。例如，将利润与成本对比，求出成本利润率，不同企业之间就可以此比较。

（3）效率比率是指某项经济指标所费与所得的比率，反映的是投入与产出的关系。利用效率比率，可以进行得失比较，考察经营成果，评价经济效益，从不同的角度观察比较企业获利能力的高低及其增减变化的情况。

3. 趋势分析法

趋势分析法是将两期或者连续数期的相同指标进行比较，求出比率，用以分析其增减变动的方向、数额和幅度的一种方法。所以趋势分析法其实是一种动态的比率分析。运用趋势分析法可以分析引起变化的主要原因、变动的性质，并预测企业未来的发展前景。它比较适应单一企业不同时期的经济分析。

趋势分析法中常用定比趋势分析和环比趋势分析。

（1）定比趋势分析是以某一期为基期，计算其余期间各个项目对基期同一项目的百分比，从而显示各个项目在分析期间的上升或者下降趋势。这种方法下所选择的基期是固定不变的。

（2）环比趋势分析是计算后一期间各个项目对前一期间同一项目的百分比，依此类推，形成一系列比值，从而显示各个项目在分析期间内的总趋势。这种方法下所选择的基期是连续变动的。

4. 因素分析法

因素分析法是从数量上确定一个综合经济指标所包含的各个因素的变化对该综合指标影响程度的一种分析方法。

因素分析法既可以全面分析各因素对某一经济指标的影响，又可以单独分析某个因素对某一经济指标的影响。比较各个因素对综合指标的影响程度，就可以找出其中的主要影响因素。

比较常用的因素分析法有连环替代法和差额计算法。

（1）连环替代法的计算程序为：

第一步，以计划数为基础，所有因素都按计划数计算，计算出计划指标值；

第二步，将实际指标体系的每项因素的实际数，逐个替代计划数，每项替代后的实际数就被保留下来，直到所有因素都变为实际数为止，并且每项替代后，应计算出由于该项因素变化所得的结果；

第三步，将每项替代后的计算结果与这一因素替代前的结果比较，两者的差额就是这一因素变化对经济指标差异的影响程度；

第四步，验证计算分析结果的正确性，将各个因素的影响数值相加，看其是否与计算出的实际数值与计划指标之间的总差额相符合。

（2）差额计算法是因素分析法的一种简化形式。它是利用各个因素的实际数与基准数（如计划数）之间的差额，来计算各个因素对综合指标变动的影响程度。其计算程序为：将因素的实际数与计划数的差额，乘以计算公式中该因素前面全部因素的实际数，同时，乘以列在该因素后面的全部因素的计划数,这一乘积就是该因素变动对经济指标差异的影响程度。最后,各因素影响程度之和为总差异数。

运用因素分析法,必须注意各因素的合理排列顺序问题,如果排列顺序颠倒,则计算的结果完全不同。

本章思考题

1. 道路客运企业财务管理在收入和成本费用方面有什么特点?
2. 道路客运企业收入结算方法有哪几种?各适用于何种情况?
3. 道路客运企业的成本费用包括哪几部分?举例说明甲类、乙类、丙类费用项目。
4. 何谓成本的绝对控制与相对控制?简述成本控制的一般程序。
5. 道路客运企业利润总额由哪几部分组成?企业增加利润的途径有哪些?
6. 企业财务报表主要包括哪几种?各有什么作用?
7. 根据表18-1,说明:什么是资产、负债和净资产?这三者有什么关系?
8. 观察表18-2,解释:什么是税金及附加、管理费用、财务费用、营业外收入和营业外支出?如何计算营业利润和净利润?
9. 资产负债率、营收利润率、净资产收益率、资本保值增值率分别是哪类财务评价指标?你知道如何通过财务报表计算这四项指标吗?
10. 企业为什么要进行经济核算和经济活动分析?道路客运企业经济核算和经济活动分析的主要内容是什么?
11. 简述企业经济核算的主要方法。
12. 如何搞好单车经济核算?(请联系企业实际,提出若干建议)
13. 简述企业经济活动分析的基本程序及其注意事项。
14. 举例说明比较分析法在经济活动分析中的应用。

第五篇　企业发展篇

【本篇概要】　本篇是《道路旅客运输服务与管理》的结束篇,也是前四篇的延伸和拓展。本篇与前四篇内容的主要区别在于:前四篇着眼于现实,是对道路客运服务与管理的基础知识和一般规律的客观阐述,具有普及性意义;而本篇着眼于未来,是对作为传统服务业的道路客运在现代经济社会快速发展和变化中如何加快向现代服务业的转型升级、加快企业现代化的步伐和实现企业的可持续发展,进行了一些思考和分析,提供了一些理念和思路,具有探索性意义。但道路客运企业现代化的实现途径很多,涉及管理、技术的内容十分丰富,限于篇幅,本篇只能撷取几个有代表性的问题展开讨论。本篇的重点是第十九章《道路客运企业现代化概述》和第二十三章《道路客运企业创新发展》,前者是本篇的总纲和主旨,后者是本篇的灵魂和主线。

第十九章 道路客运企业现代化概述

第一节 企业现代化的概念

一、企业现代化的含义

(一)现代化的内涵

在讨论企业现代化的含义之前,有必要先来了解一下什么是现代化。

对于今人,现代化早已是个耳熟能详的大众化词语。然而,究竟什么是现代化,迄今并没有统一的定义。从词义本身来说,现代化即成为具有现代特点的、适合现代需要的;从社会发展史角度来说,现代化是指工业革命以来人类社会所发生的深刻变化,即由传统的农业社会向现代的工业社会转化的巨大历史变迁。综合国内外研究成果,现代化的内涵至少包括以下几点:

(1)现代化是一个漫长的历史进程,不是简单的"现代"时间概念。

(2)现代化是一个进步的过程,它造福于人类(包括物质,也包括精神),整体上是不可逆转的。

(3)现代化是个复杂的多层面的转变过程,不是单纯的经济变革,而是以经济为基础,包括政治、文化、社会、生态等所有领域以及人本身的全面发展。

(4)现代化是一个动态的、相对的概念,是不断深化和发展的过程,它没有尽头,没有也不应该有绝对的目标或标准,但它是有阶段的,不同阶段有不同的发展状态或发展目标。

(5)现代化是一种世界性的发展趋势,尤其在全球化的背景下,不同发展阶段国家或地区之间的相互学习、相互影响和相互依赖是不可忽视的必然现象,后发国家或地区因此可以同时进行不同阶段的现代化而获得后发优势。

由上述现代化的内涵可知:现代化的"现代"不是简单的时间概念,更多的是"质"的概念,即"先进"(而且是"世界"范围的先进)之意;现代化的"化"也不仅是"转变"和"动态"的表达,还是"量"的概念,含有"全面"的意味。所以,从某种意义上讲,现代化也可以理解为以世界先进水平为目标的全面动态发展过程。

(二)企业现代化的含义

什么是企业现代化?企业现代化是以企业为单元或者说发生在企业范畴的现代化,它是国家现代化的重要组成部分。企业现代化也没有统一的定义,但在一般意义上可以认为,企业现代化是综合运用现代科技成就,实现企业的全面进步,以达到世界先进水平的动态发展过程。由此可以理出企业现代化所包含的几个要点:

1. 企业现代化的运行是一个"动态发展过程"

企业现代化的这个发展过程,可以从以下几个方面去理解:

(1)这个过程是长期的。"罗马不是一天建成的",企业现代化不会一蹴而就,它有个量变到质变的过程,任何企业都只能通过脚踏实地、坚持不懈的努力去争取,任何急功近利的做法都绝不可能迎来现代化的曙光。

(2)这个过程是进步的。进步,既是企业现代化的目的,也是衡量企业现代化成效的标尺。进步,当然首先表现为企业内在素质的转变和提高,表现为企业竞争力和经济效益的提高,也表现为企业投资者和员工利益的增进,同时还表现在其外部效应上,即表现在企业服务社会能力的改善和提升,表现在顾客和社会新需求的满足与满意度的提升,表现在企业与社会的和谐共进;而且,这种进步过程是不应该被逆转的。否则,企业的"现代化"就得打上引号,企业也必定会面临被淘汰的境地。

(3)这个过程是动态的。也就是说,企业现代化是个相对的、与时俱进的概念,而不是固定的、一成不变的概念,它不是已经结束的某种发展状态或结果,而是一个随着科技发展、社会进步和经营环境的变化不断更新、不断变革、不断提升的过程,所以也不可能有绝对的评价标准,它的内涵和外延总是在不断变化和发展中。一句话,企业现代化只有起点、没有终点,永远是"进行时"。对此,企业管理者应有清醒的认识和充分的准备。

(4)这个过程是有阶段的。企业现代化虽然是永无止境的过程,但它又是有阶段的,即不同阶段呈现不同状态,反映企业不同发展阶段的特点和水平(如20世纪初的科学管理,20世纪中叶的系统工程、行为科学,20世纪末以来的企业文化、信息化、供应链管理等)。值得注意的是,企业现代化进程中尽管不断发生革命性的变革,但变革中有继承,后一阶段并不是对前一阶段的完全否定(如个性化定制并不否定标准化生产,培育企业文化也并不否定管理制度);还有,企业的发展阶段是与国家或地区现代化相联系、相适应的,既有鲜明的时代特征,又有明显的国家或地区烙印,在这个意义上,企业现代化不能游离于国家或地区现代化之外(当然,可以适度超前)。所以,企业应当主动适应时代和社会的需要,不断挑战自我,在继承中变革,在创新中发展,不断迈上一个又一个新的台阶。

2. 企业现代化的目标是要"达到世界先进水平"

如前所述,世界先进水平是"现代"的本质内涵。达到或者接近世界先进企业的发展水平,自是企业现代化所瞄准的方向和目标。然而,现代化过程的阶段性和发展阶段的不可逾越性,显然使起点低的后发国家(如我国)企业现代化处于十分不利的地位,也使目标的实现变得似乎遥不可及而成了"不可能完成的任务"。

但是,前面说过,"现代化是一种世界性的发展趋势,尤其在全球化的背景下,不同发展阶段国家或地区之间的相互学习、相互影响和相互依赖是不可忽视的必然现象,后发国家或地区因此可以同时进行不同阶段的现代化而获得后发优势。"例如,信息化与工业化本是不同阶段现代化的内容,我国提出"以信息化带动工业化、以工业化促进信息化"的经济现代化发展战略,正是发挥后发优势、加快我国现代化进程的必然选择。

企业现代化同样如此。我国企业发展水平远远落后于发达国家,这是不争的事实,其间的差距不只是时间上的,更是"质"上的,或者说是阶段上的。但是,我们可以通过"同时进行不同阶段的现代化而获得后发优势",即可以利用全球化的机遇,学习借鉴发达国家企业发展的经验教训,引进移植先进科学技术,从而提高在追赶世界先进水平过程中的效率,并降低成本和风险,实现超常规、跨越式发展,让"不可能完成的任务"成为现实,只要条件具备、头脑清醒、战略得当、措施有力,后来居上也是完全可能的。

3. 企业现代化的内容是要"实现企业的全面进步"

企业现代化也是一个"复杂的多层面的转变过程",就企业自身而言,它要实现的是企业素质的全面进步,不仅仅是技术,也不仅仅是管理,还包括员工(特别是管理者)素质的全面提升。从这个意义上讲,企业现代化就是在员工素质现代化基础上的技术现代化和管理现代化。在企业现代化进程中,员工素质、企业技术、企业管理三者同步推进、互动互助、循环提升,三者关系如图19-1所示。

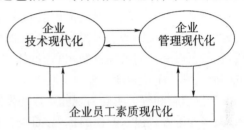

图19-1 员工素质、技术、管理三者关系图

具体来讲,企业现代化的内容主要可从企业理念现代化、企业制度现代化、企业管理现代化、企业技术装备现代化四个方面来考察。

1) 企业理念现代化

理念是人对客观事物的理性认知,是一种相对稳定的认识、看法和态度。企业理念是企业人对企业和企业经营管理的基本认知,诸如企业的愿景是什么、企业的宗旨是什么、企业该怎么管理怎么发展、企业该怎么对待顾客和社会等,形成由一系列价值理念构成的理念体系。

企业理念现代化,指企业员工(主要是管理者,首先是高层管理者)树立与现代企业经营环境相适应的思想观念,并普遍地贯彻于企业经营管理实践的动态过程。先进的企业理念具有规律性、时代性、前瞻性、创新性等特点。现代道路客运企业的理念体系,一般应包括以下几个方面:

(1) 符合社会化大生产要求的理念,如开放理念、系统理念、全局理念。

(2) 符合市场经济规律的理念,如市场理念、法制理念、竞争理念、竞合理念、顾客理念、质量理念、效益理念、战略理念、风险理念。

(3) 符合时代进步潮流的理念,如人本理念、人才理念、民主理念、学习理念、创新理念、品牌理念、信息化理念、全球化理念、社会责任理念、可持续发展理念。

(4) 符合我国优秀传统文化的理念,如和谐理念、诚信理念。

(5) 符合客运行业发展特色的理念,如大交通理念、安全理念、服务理念、效率理念。

2) 企业制度现代化

企业制度现代化,指改革束缚生产力发展、阻碍企业经济效益提高和员工积极性发挥的落后的产权制度、管理体制、组织机构和管理制度,建立符合市场经济规律和社会化大生产要求的现代企业制度体系,形成有利于保障企业持续健康发展的经营机制的动态过程。

现代企业通常以公司为其主要组织形式,如有限责任公司、股份有限公司。现代企业制度体系包括产权制度、法人治理制度、组织制度和管理制度四个层次的内容,它的基本特征表现为产权清晰、权责明确、政企分开、管理科学。

(1)产权清晰。产权清晰包含投资者所有权清晰和企业法人财产权清晰两个方面,并实行投资者所有权与法人财产权相分离,即所有权与经营权两权分离。对于国有产权,不仅应明确其资产边界(实物边界、价值边界和权利边界),还应确定具体的部门或机构作为出资人依法行使权利和承担责任,以解决国有资产的产权模糊和虚置问题。产权清晰是现代企业制度的基础。

(2)权责明确。权责明确有几层含义:一是明确企业的法人地位,享有独立的法人财产权(拥有占有、使用、处置和收益的权利),并以此依法自主经营、自负盈亏、自我发展、自我约束,同时对投资者承担资产保值增值的责任;二是债务的有限责任,即投资者以各自的出资额为限、企业以全部法人财产为限对亏损和债务承担有限责任;三是合理区分和界定企业投资者、经营者和劳动者各自的权利、责任和利益,并使三者的权、责、利相平衡和相制衡。权责明确是现代企业制度的核心。

产权清晰和权责明确为现代企业的发展与保护提供了可能。比如,企业可以通过收购、兼并、联合等方式谋求规模的扩展,而当企业经营不善难以为继时(这在市场经济条件下是屡见不鲜的),又可以通过重组、破产、被兼并等方式寻求资产和其他生产要素的保护和再配置,以图东山再起。

(3)政企分开。政企分开指企业与政府关系的合理化,即企业是以盈利为目的的独立经济组织,不应该依赖政府,也不应该承担政府的社会管理职能(住房、养老、医疗、学校、社区服务等),政府则应该搞好基础设施建设和宏观调控,为企业创造良好的市场环境。政企分开是现代企业制度的必要条件。

(4)管理科学。管理科学指企业应按照科学性的要求(即符合现代管理规律和原理、吸收应用先进管理理念和技术),建立合理高效的组织制度(如组织结构、机构设置、管理流程)和管理制度(如管理规范、工作标准、技术规程),形成保证企业科学发展的经营机制。管理科学是现代企业制度的科学内涵。

3)企业管理现代化

企业管理现代化是个大概念,涵盖面极广,前面介绍的企业理念现代化和企业制度现代化也都属于企业管理现代化的范畴,只是因其在企业现代化中的基础性、重要性的地位而把它们单列出来。这里的企业管理现代化是狭义的,专指在企业理念现代化和企业制度现代化的基础上,提高员工综合素质,积极运用先进管理方法和管理手段,以顺应现代经营环境的变化,适应生产力和生产关系发展需要,使企业管理达到或接近当代国际先进水平的动态过程。所以,这里的企业管理现代化主要包含三方面的内容:

(1)员工现代化。即员工素质现代化,指通过各种途径和方法全面提高员工的综合素质(思想、知识、技能、心理等),以适应企业现代化需要的动态过程。员工现代化的重点是管理人员现代化,这是企业管理现代化的关键。管理人员现代化,要求管理人员特别是高层管理者具备适应现代企业经营管理的高素质,成为"懂技术、会管理、善经营"的复合型人才。为此,在管理人才的素质要求中,应特别强调:以敬业精神和现代企业理念为核心的先进思想素质,以现代科技和现代管理知识为主的专博结合的前沿知识素质,以学习能力、创新能力、现代管理方法和管理手段综合运用能力（包括管理艺术）为主的多种能力素质，兼具自信决断气质、激情开放性格、坚韧不拔意志的良好心理素质。

（2）管理方法现代化。指企业运用现代管理原理和科技成果，推广应用各种先进的管理方法，实施对企业生产经营有效管理的动态过程。本书第十三章第一节简要介绍了这些管理方法，同时指出了五点注意事项，这也是管理方法现代化中值得重视的几个问题，尤其是其中的第三点（即"注重以人为本，加强与被管理者互动，提高运用艺术性"）和第五点（即"注重与时俱进，运用科技成果，提高管理方法现代化水平"）。

（3）管理手段现代化。指在企业管理中广泛采用电子计算机、现代通信设备、网络、办公自动化设备等先进管理工具和手段，提高管理效率和水平的动态过程。特别是建立在现代信息技术基础上的企业管理信息系统，极大地改变了企业管理的面貌，成为企业现代化的重要标志。

4）企业技术装备现代化

企业技术装备现代化，主要是指企业生产系统技术装备的现代化，即大力推动企业技术进步，广泛运用现代技术和现代技术装备（如机械化、自动化、信息化、智能化）于生产系统，实现生产过程的高效化、优质化、低碳化的动态过程。这是企业现代化的外在标志，也是上述三个现代化的有形体现。对于道路客运企业来说，技术装备现代化主要表现在站场服务设施设备（售票、检票、行包、安检、监控等）、客车及车载服务设备、车辆检测与维修设备、客运信息服务与网络售票系统等方面。毫无疑问，在客运服务日益趋向"个性化、高端化、优质化"的今天，以及大力倡导"节能减排、低碳发展"的大背景下，道路客运企业技术装备现代化显得更加重要、更加紧迫。

4. 企业现代化的基本途径是"综合运用现代科技成就"

企业现代化的目标是要达到或者接近世界先进企业的发展水平。显然，"综合运用现代科技成就"是实现这一目标的必然途径。人类社会经济发展的历史也表明，科技进步与企业发展有着十分密切的关系，每一轮科技革命都会迎来企业的重大变革，即迎来企业发展的新的阶段。因此，企业现代化的过程其实也就是不断运用科技新成就、不断取得新进步的过程。

这里，还需要强调两点：

1）注重现代科技成果的"综合"运用

企业现代化是一个复杂的系统工程，不可能孤立地应用一两项科技成果或者一两种先进方法、工具就能解决现代化进程中的所有问题，要实现企业全面的进步，就必须把包括自然科学、社会科学、管理科学在内的诸多方面的现代科技成果结合起来，综合地运用。

（1）自然科学的成果，特别是应用技术的成果，为企业技术现代化提供条件和契机。例如：信息技术、现代汽车技术、节能减排技术等自然科学成果在道路客运企业的应用，不仅让生产技术装备和管理技术手段焕然一新，大大提升道路客运服务的安全性、舒适性、便捷性水平，并为智能化、低碳化发展创造条件，而且还带来管理理念、制度、流程、方法等一系列巨大变革与进步。

（2）社会科学的成果，改变人们对于社会现象的认识，为改进企业经营决策和管理提供新的理念、新的思路、新的方法。例如：引领企业科学发展的以人为本、和谐发展、可持续发展、社会责任等先进理念就是社会科学的重要成果,心理学关于人的需要层次理论在现代人力资源管理中(如员工选拔、培训、激励)也发挥着重要指导作用。

(3)管理科学的成果,对于企业现代化的意义更是异常广泛而深刻,无论是企业理念还是企业制度,无论是管理方法还是管理手段,都离不开管理科学新成果的应用,像学习型组织、企业文化、品牌建设等,其影响和应用甚至已经远远超出了企业范畴。

2)注重学习借鉴过程中的创新

作为发展中国家的后发企业,"学习借鉴发达国家企业发展的经验教训,引进移植先进科学技术"无疑是走向现代化的不二选择。但是,与此同时,也要重视总结本国的宝贵经验和发扬本国的优良传统,注意将本国国情和企业实际相结合。企业现代化不能脱离"地气",也不是靠模仿就能实现的。在引进移植国际先进管理方法、先进技术时,决不能"依样画葫芦"照搬照抄,而要处理好学习、借鉴与创新的关系,重在消化吸收,并不断加以扬弃和创新,探索适合国情和企情的新路径、新模式、新方法,走学习—引进—消化—创新—发展的现代化之路。可以肯定,没有创新就没有企业现代化,企业现代化就是个不断学习、不断探索、不断创新的实践过程,而且,这个过程随着科技发展、社会进步和经营环境的变化永远没有止境。

综上所述,企业现代化的过程如图19-2所示。图中"内外信息反馈"即反映"科技发展、社会进步和经营环境的变化"。

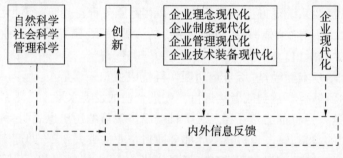

图 19-2　企业现代化的过程

二、企业现代化的意义

(一)企业现代化的一般意义

企业是国民经济的细胞,企业现代化的意义重大,不仅关系企业自身的生存与发展,而且关系国计民生。

1.企业现代化是我国企业改变落后现状的迫切需要

企业现代化是现代社会化大生产和市场经济的客观要求,是企业发展的必然趋势。对于我国企业来说,更有其现实紧迫性。与发达国家相比,我国企业总体上落后很多,不仅劳动生产率比较低,产品附加值比较低,而且物耗能耗比较高,安全事故和职业病发生率也比较高,这些都直接或间接影响企业的经济效益,也导致在世界经济全球化、市场一体化的竞争格局下缺乏应有的国际竞争力。只有加快企业现代化,才能全面提高企业技术、管理水平和员工的素质,提高企业的竞争能力和经济效益,从根本上摆脱落后状况,争取企业生存与发展的机会和空间。

2. 企业现代化是我国现代化的迫切需要

企业作为经济和社会的基本组织,是国家的经济基础和主要创新平台,企业的实力反映国家的经济实力,企业的发展推动整个国家的发展。企业兴则国家兴,企业强则国家强。企业现代化是国家现代化的重要基础和主要组成部分,企业现代化寄托着民族振兴、国家强盛的希望。加快经济发展方式转变,"关系改革开放和社会主义现代化建设全局",是"深入贯彻落实科学发展观的重要目标和战略举措",但如果没有企业现代化,经济发展方式转变就只能是一句空话,国家现代化也会落空。所以说,企业现代化是我国现代化的关键所在,是衡量我国现代化的"基本标准之一",是我国实现现代化的迫切需要。

3. 企业现代化是改善民生的迫切需要

企业是社会各类商品和服务的主要提供者,是社会财富的主要创造者,也是人们就业和取得经济收入的主要来源,还是生态和社会环境的主要参与者,企业与民生关系之密切是无需多言的。随着改革开放的深入和经济社会的进步发展,人民群众对于提高生活质量(涵盖衣、食、住、行、游、通信、文化等所有方面)有了更多、更新、更殷切的期盼,要求企业创造更好、更丰富、更多样的经济成果,提供更可靠、更有效的安全保障、环境保护,成为诚信守法、关系和谐、承担更多社会责任的企业公民。只有加快企业现代化,才能适应社会进步的客观要求,满足改善民生的这些需要,实现经济效益与社会效益、生态效益相统一,才能提高社会和人民群众对企业乃至党和国家的满意度;反过来,社会和民生的需求对于企业的发展,无疑既是强大动力也是极好契机,企业理当很好把握。

(二)道路客运企业现代化的特别意义

道路客运企业现代化,是指以理念、制度、管理和技术的全面创新为手段,通过对传统道路客运企业的改造升级,形成达到或接近世界道路客运发展水平的、能满足现代经济社会对道路客运需求的高效便捷、安全舒适、绿色环保、规范诚信的新型客运服务企业的持续发展过程。

道路客运企业现代化的意义,除了前述企业所共有的"一般意义"外,还因其行业特点而具有一些"特别意义"。

1. 道路客运企业现代化是经济社会和客运市场发展的客观要求

包括道路运输在内的交通运输业是"国民经济的基础性、全局性、战略性、先导性行业,其发展水平已经成为国家兴旺发达和社会文明进步的重要标志之一"(见本书第一章第二节之"运输业的地位和作用"),交通运输现代化是国民经济现代化的重要组成部分和必要条件。也就是说,经济社会现代化包括道路运输的现代化,而且,经济社会现代化的实现必须以道路运输提前实现现代化为基础。进入21世纪,我国经济社会快速发展,对外开放日益扩大,工业化、信息化、城镇化、市场化、国际化不断深入,经济结构加速调整,城乡区域协调发展,城乡居民的整体收入水平和消费能力持续增长,带来了更加旺盛的客运需求,而且提出了新的更高要求,如优质化、个性化、多样化、高端化、低碳化等。道路客运是传统产业,只有通过运用现代技术(特别是信息技术)、先进管理方法手段的改造,优化、提升运输服务能力和水平,适度超前地实现向现代化转型升级的战略性转变,才能主动适应经济社会和客运市场发展的客观要求。

2. 道路客运企业现代化是实现科学发展的必然要求

随着经济社会的发展,土地、能源等资源及生态环境的制约日趋突出,交通运输发展过程中一些深层次问题和矛盾日趋显现,交通运输发展面临巨大挑战。道路运输是交通运输的主体,本书第二章第二节在阐述道路运输特点时就指出过,"能源消耗高"、"环境污染大"、"安全性较差"是其三大劣势,这同以人为本、全面协调可持续发展的科学发展观显然也是相悖的。因此,转变交通发展方式,调整产业结构,创新体制机制,走安全发展、低碳发展的交通运输发展道路,是实现交通运输科学发展的必然要求,也是道路客运业面临的迫切课题。破解这一课题的唯一之道,就是加快推进道路客运企业现代化建设。

3. 道路客运企业现代化是新时期交通发展战略的重要组成部分

我国已进入全面建设小康社会的新时期。发展现代交通运输是新时期交通发展具有全局性、方向性的重大战略。包括道路客运在内的道路运输是综合运输体系的基础,是"综合运输体系中影响最广泛、最能体现普遍服务、最具基础保障功能并处于主导地位的一种运输方式"(见本书第二章第三节)。因此,道路客运是新时期交通发展战略的重要组成部分,在现代交通运输业发展中具有举足轻重的作用。但是,从总体上看,目前道路客运的发展水平还不高,经营粗放、质量不高等问题没有根本解决,在整个综合运输体系中甚至处于相对薄弱的环节。道路客运企业应当增加紧迫感,紧紧抓住这一重要战略机遇,加快发展方式转变,即向科技进步、管理创新、从业人员素质提高以及质量效益、资源节约、环境友好转变,着力推进企业现代化的进程。

第二节 道路客运企业现代化的标志

关于道路客运企业现代化,上一节已经作了一些概念上的分析,初步回答了两个问题,一是"什么是道路客运企业现代化"(这是"发展认知"问题),二是"为什么要进行道路客运企业现代化建设"(这是"发展动机"问题)。本节将要讨论的问题是,"道路客运企业现代化的标志是什么"?这是"发展水平"问题,也就是道路客运企业现代化水平如何衡量的问题。

道路客运企业现代化水平如何衡量,这是个相当复杂的问题,目前尚无统一的或权威的标准,更无量化的标准。况且,在上节讨论企业现代化含义时已经知道,现代化是个没有止境的动态发展过程,没有固定的模式,更没有一成不变的标尺,即使有所谓的标准或标志,充其量也是相对的阶段性概念。那么,是不是说这个问题没有讨论的价值和必要?不然。因为那样就会使现代化实践陷于迷惘或虚无之中。

因此,本节下面提出的六大类共19项"标志"或"评价指标",即属探讨性质,其意也不在于界定,而仅作为一个阶段(当前和今后一个时期)的参照或指向。也正是基于这样的考虑,没有对19项指标再作进一步的细化和分解,而留出大量的思考与探索空间。

一、运输站场现代化

运输站场是道路客运企业的主要服务设施,其现代化水平无论对于旅客还是客车运输经营者都具有重要意义。

(1)环境美化水平。指客运站场内外环境布局合理、整洁明快、清新雅致、井然有序,符合"优美环境"和"优良秩序"的标准(见本书第四章第二节相关内容),并富有文化气息,给人以赏心悦目、温馨和谐的美好感受,符合现代人审美和社会文明进步的要求。

(2) 功能完善水平。指客运站场设施先进配套、性能良好,站场功能齐全完善、灵活多样,全面满足旅客、客车和驾驶员的服务需要(包括个性化、多样化、高端化的需要),适应提高服务能力、效率和质量的要求,并具有引导需求和创造需求的延伸性、拓展性和超前性。

(3) 作业机械化(自动化)水平。指站场作业(如售票、检票、安检、信息服务、行包装卸分拣等)利用动力机械、电子计算机、信息技术等实现机械化、自动化、信息化乃至智能化的程度。

二、运输车辆现代化

运输车辆是客运企业最主要的生产工具,也是道路客运企业技术现代化的重要体现,客运服务质量特性的全面实现在很大程度上依赖于运输车辆的现代化水平。

(1) 客车配置高档化水平。指营运客车的配置上结构合理(大、中、小型比例适当)、性能良好(技术速度、安全性、平顺性、舒适性等,符合一级车标准)、高级车比重高,符合高效便捷、安全舒适、节能环保的要求,适应客运市场多样化、高端化的需要。

(2) 客车装备先进性水平。指营运客车车载装备齐全完好、技术先进,如安全设备、生活设备、娱乐设备、通信设备、GPS、动态监控设备等,满足车辆高速状态下的安全、舒适、方便等要求,提高车辆运行途中的服务水平。

三、车辆维修现代化

车辆维修现代化同车辆技术状况息息相关,也是道路客运企业技术现代化的组成部分。

(1) 检测自动化水平。指车辆检测(包括定期检测、维修前后检测)及故障诊断中,应用先进机械和信息技术实现自动化、数据化、定量化的程度。

(2) 维修机械化水平。指车辆维修作业中(包括清洗、拆装、调整、紧固、加工、整形等)使用机械的广泛性和技术先进性程度。

以上三大类(运输站场现代化、运输车辆现代化、车辆维修现代化)可并称为"运输装备现代化"指标。

四、运输服务现代化

运输服务现代化反映客运服务质量的提升水平,是道路客运企业现代化的落脚点和旅客价值体现。

(1) 安全性水平。指客运服务过程及其各项服务作业对于旅客(及其行包)安全性需求的绝对保障能力和使旅客满意的程度。

(2) 便捷性水平。指客运服务过程及其各项服务作业对于旅客(及其行包)方便性和及时性需求的充分保障能力和使旅客满意的程度。

(3) 舒适性水平。指客运服务过程及其各项服务作业对于旅客舒适性需求的充分保障能力和使旅客满意的程度。

(4) 文明性水平。指客运服务过程及其各项服务作业对于旅客文明性需求的充分保障能力和使旅客满意的程度。

关于安全性、及时性、方便性、舒适性和文明性的内涵,可见本书第三章第五节之"道路客运服务的质量特性"。

五、运输管理现代化

运输管理现代化涉及面广，这里只选择几个具有典型意义而又易于判别的方面作为评价指标。

（1）标准化水平。指客运企业在客运服务、客车维修及其他管理领域中广泛实施标准化管理，特别是贯彻应用国际标准，并以此推进服务（维修）质量、安全、管理水平和企业业绩持续改进的程度。

（2）信息化水平。指客运企业在客运服务、客车维修乃至整个企业管理体系（决策、管理、营销等）中，广泛应用现代信息技术实施改造升级，并形成统一集成信息系统和产生良好效用（质量、效率、效益等）的程度。

（3）人本化水平。指客运企业秉持人本理念，并在企业管理各个层次和各个方面广泛而深刻地予以体现和落实的程度。例如，基于人本的企业文化和管理制度，基于个人目标与企业目标相协调的和谐劳动关系，基于员工主体作用的企务公开和民主参与，基于平等信任和激励的管理方式，基于人性的权变领导（管理），基于员工发展的素质培训和人才开发，基于激发积极性创造力的环境塑造，基于知识和能力的工作安排，基于利益共享的生活福利，等等。

（4）品牌化水平。指客运企业致力于品牌战略指导下的品牌创建和管理，全体员工和各管理部门对企业品牌的高度认知、参与和支持，以及企业品牌在社会公众特别是广大旅客心目中的知名度、美誉度和忠诚度的程度。

六、运输效能现代化

运输效能现代化反映道路客运企业现代化的商业价值（经济效益）和社会价值（社会效益），是企业与社会和谐发展的标志。

（1）劳动生产率水平。指客运企业按全员（或驾驶员）人均计算的客运周转量居于行业先进水平。

（2）能源节约水平。指客运企业采取先进技术和管理措施，包括使用节能型或新能源客车，降低客运生产单位运输量的能源（包括客运站和汽车维修的水、电、气，但主要是汽车燃料）消耗，并使之达到国家乃至国际标准要求或先进水平。

（3）环境友好水平。指客运企业采取先进技术和管理措施，包括使用减排型或新能源客车，降低客运生产过程中的污染（包括客运站和汽车维修的污水、废油、漆雾、粉尘等，但主要是汽车废气）排放，并使之达到国家乃至国际标准要求或先进水平。

（4）企业信用水平。指客运企业笃守诚信理念，注重信用管理，既注意控制和防范来自企业外部的信用风险，更注意信贷、纳税、合同履约、服务质量等方面的信用自律，提高以企业综合素质、财务能力、管理水平、核心竞争力等为可靠基石的企业信用，并持续保持于优秀信用等级。

上述道路客运企业现代化六大类19项评价指标及其简要含义，汇总列于表19-1。

道路客运企业现代化评价指标体系　　　　　　　　　表19-1

类　别	序号	项　目	含　义
运输站场现代化	1	环境美化水平	环境优美、秩序优良、氛围和谐
	2	功能完善水平	满足个性化、多样化、高端化需要
	3	作业机械化（自动化）水平	机械化、自动化、信息化、智能化
运输车辆现代化	4	客车配置高档化水平	高效便捷、安全舒适、节能环保
	5	客车装备先进性水平	齐全完好、技术先进
车辆维修现代化	6	检测自动化水平	自动化、数据化、定量化
	7	维修机械化水平	使用广泛、技术先进
运输服务现代化	8	安全性水平	绝对保障、旅客满意
	9	便捷性水平	充分保障、旅客满意
	10	舒适性水平	充分保障、旅客满意
	11	文明性水平	充分保障、旅客满意
运输管理现代化	12	标准化水平	广泛实施标准化、应用国际标准
	13	信息化水平	应用广泛、形成系统、效用良好
	14	人本化水平	落实人本理念、广泛而深刻
	15	品牌化水平	内部参与度高，外部知名度、美誉度、忠诚度高
运输效能现代化	16	劳动生产率水平	人均客运周转量居行业先进水平
	17	能源节约水平	客车燃料消耗达到国家或国际标准
	18	环境友好水平	客车废气排放达到国家或国际标准
	19	企业信用水平	保持优秀信用等级

第三节　道路客运企业现代化的实现途径

在探讨了道路客运企业现代化标志之后，本节将讨论道路客运企业现代化的第四个问题，即"如何实现道路客运企业现代化"？这是一个与企业现代化"发展能力"相联系的问题。所以，讨论实现途径，实质上也就是讨论提高企业发展能力。

本章第一节已经指出，"企业现代化的基本途径是'综合运用现代科技成就'"。按照这个基本思路，下面提出一些具体的实现途径，并作适当分析。但必须明确的是，这些途径绝不是孤立的，而同样需要"综合运用"，也只有"综合运用"才能有效提高企业发展能力，加快企业现代化进程。

一、培育先进企业文化

关于企业文化，本书第十三章第一节已经作过简要概述（包括概念、内容、功能、原则、重点等），并明确指出了企业文化在现代企业管理中的重要地位、企业文化的本质内涵以及企业文化对于企业发展的重大意义："企业文化是现代企业管理的重大理论创新与实践,是企业管理科学发展的最新阶段","以理念体系为主要内容的精神文化是企业文化的本质内涵","企业文化是企业宝贵的无形资产,是巨大的潜在生产力,是企业发展强大的制导系统、内在动力和长寿基因"。现代企业发展足迹也表明,企业文化是构成现代企业竞争力的核心要素,在现代企业激烈竞争的表象背后无不表现为企业"文化力"的较量,在现代成功企业的光环下无不透出先进企业文化的光华。

由此可见,企业文化与企业现代化有着密不可分的关系:

(1)先进的企业文化是现代企业之"魂",培育先进企业文化是企业现代化的必然要求和基本内容。而培育先进企业文化的核心,就是摒弃阻碍生产力发展的一系列落后思想观念,树立与现代企业经营环境相适应的企业理念体系,即实现企业理念现代化。没有理念现代化,就没有企业现代化。

(2)先进的企业文化是企业现代化的动力之源。这是因为,企业文化内生的五大功能(详见第十三章第一节)为人的价值发挥开辟了无限空间,释放出无形"文化力"的巨大能量。正是这五大功能,形成了正确的导向力,引导着企业的发展方向,促进管理、技术、人才等的现代化,推进企业发展方式的转变;也正是这五大功能,增强了企业凝聚力,激发了员工创造力,塑造了企业卓越形象,从而提升企业竞争力和影响力,推动着企业的创新发展和现代化的进程。

因此,道路客运企业应当把培育先进企业文化作为通向现代化的重要途径,着力树立现代企业理念,并通过企业文化管理的 PDCA 循环,不仅使企业文化的本质内涵落地生根,融入企业生产经营全过程,化作全体员工的自觉意识和行动,而且适应经营环境的变化和时代发展趋势,适时进行企业文化的变革、创新和发展,为企业文化注入新的内涵和新的活力,以不断提高企业现代化能力和水平。

至于如何培育先进企业文化,本书第十七章第三节提出的企业安全文化建设的基本思路(即通过管理的"教化"、"感化"和"固化"作用,以及持之以恒的渐行过程,促进价值理念在企业员工中的"内化"、"外化"和"同化"效果)同样适用。同时,在企业文化建设过程中,应当重视"把握原则"(即差异性、群众性、实践性、长期性、创新性的原则)和"突出重点"(即立"魂"、强"本"、优"体"、塑"形"的重点)两大问题,防止走入误区(详见第十三章第一节)。

鉴于企业文化差异性的特征和建设原则,道路客运企业在企业文化建设中,还应当注意联系企业实际,彰显企业个性,并注意加强具有本行业特色的子文化,如安全文化、服务文化、效率文化等。

二、建立健全现代企业制度

关于现代企业制度,本书已在第十三章第一节介绍了它的四个层次的内容(产权制度、法人治理制度、组织制度、管理制度),本章第一节又阐述了现代企业制度的四个基本特征(产权清晰、权责明确、政企分开、管理科学)。这四个层次和四个特征清晰地说明了一点,现代企业制度是构成现代企业的体制基础、组织支撑和机制保障,是现代企业生存与发展不可或缺的基本条件。

现代企业是在市场经济条件下运行的,而市场经济是竞争经济。企业只有建立以产权清晰、权责明确、政企分开、管理科学为基本特征的新型企业制度,才能实现企业与投资者、市场、政府关系的合理化,才能成为拥有企业法人财产权、实行所有权与经营权两权分离的独立企业法人,成为自主经营、自负盈亏、自我约束、自我发展的市场主体,也才能形成科学规范的内部关系,形成激励机制与约束机制完美结合的有序高效的经营机制,才能解除桎梏、放下包袱、甩开膀子、充满活力地投入市场竞争。作为营利性经济组织的企业,如果不能成为科学规范、有序高效、充满活力的市场主体,要想适应市场经济和社会化大生产的要求,在复杂多变的现代经营环境中求得生存与发展,是不可想象的,更不用说与国际大鳄们相抗衡了。

因此,企业制度现代化与企业理念现代化一样,都是企业现代化的基本内容,也是企业现代化的必由之路。没有制度现代化,同样没有企业现代化。

多年来,道路客运企业通过国有企业改制和民营企业改造,在企业制度现代化的道路上迈出了很大步伐,取得了显著进步,但是,仍然存在许多亟待完善的问题,建立健全现代企业制度的任务仍然十分艰巨。

三、应用国际管理标准

国际管理标准,是国际标准化组织(ISO)在总结发达国家成功企业管理经验的基础上,利用现代管理科学的理论,经过概括、提炼而形成的现代企业某一方面的管理模式。国际管理标准是社会生产力和国际贸易发展的必然要求,也是管理科学发展的必然产物。不同的国际管理标准虽然有不同的内涵,但却具有共同的特点:

(1)国际管理标准反映了现代管理的规律和现代科技发展的成果,综合体现了现代管理的理念、原则、要求和方法,具有先进的科学性和导向性;

(2)国际管理标准凝结了先进国家先进企业的成功管理经验,具有深刻的实践性和操作性;

(3)作为国际通行的管理规则和体系,国际管理标准不仅适用于企业,而且适用于其他各种类型和规模的组织,具有广泛的通用性和适用性;

(4)标准是制度的最高形式,而国际管理标准作为应用范围最广的标准,其体系、结构、思路、方法、程序、术语等,具有高度的规范性和系统性以及管理标准间的相容性。

国际管理标准的上述特点表明,对于发展较为落后的我国企业来说,导入和应用国际管理标准十分必要。其意义至少表现在以下几个方面:

(1)国际管理标准内涵极为丰富的现代理念和管理原则,有助于企业更新思想观念和思维方式,适应市场经济和现代管理的需要;

(2)国际管理标准的高度规范性和系统性,有助于企业系统地规范和强化管理,提升制度化和标准化水平,为社会化大生产提供必要条件和重要手段;

(3)国际管理标准提出的管理要求和方法体系,有助于企业提高综合素质,促进员工培训、技术进步和现代管理方法手段的广泛应用,全面提升企业管理水平;

(4)国际管理标准所提供的科学管理体系及其自我完善、持续改进机制,有助于企业提高产品和服务的质量,提高顾客满意度、忠诚度和社会美誉度,树立企业良好品牌和形象。

(5)国际管理标准的世界"语言"和通行规则,有助于企业与国际接轨,消除国际技术性贸易壁垒,提高企业在国际市场上的合作机会和竞争能力。

总之,如果说标准化是企业现代化的重要标志,那么应用国际管理标准则是企业现代化的一条快速通道。因此,道路客运企业应当在加强标准化建设的同时,把积极应用国际管理标准作为企业现代化的重要战略举措。

目前,可供道路客运企业整合应用的主要国际管理标准有:

(1) ISO 9000 族质量管理体系标准(我国质量管理体系标准 GB/T 19000—2008 族等同采用)。质量管理体系是企业管理体系的重要组成,它可以有效达到质量改进和帮助企业增强顾客满意度的目的。ISO 9000 族标准的主体内容是四项核心标准,即 ISO 9000《质量管理体系——基础和术语》、ISO 9001《质量管理体系——要求》、ISO 9004《质量管理体系——业绩改进指南》和 ISO 19011《质量和(或)环境管理体系审核指南》。其中,ISO 9001 也是企业进行内审和认证机构实施认证审核的主要依据。

(2) ISO 14001 环境管理体系标准(我国环境管理体系标准 GB/T 24001—2004 等同采用)。环境管理体系是企业管理体系的一部分,是创建绿色企业的有效工具,可以通过标准的认证,对企业持续地开展环境管理工作及对企业的可持续发展起到有效的推动作用。

(3) OHSAS18001 职业健康安全管理体系标准(我国职业健康安全管理体系标准 GB/T 28001—2011 等同采用)。它是由英国标准协会(BSI)、挪威船级社(DNV)等 13 个组织联合推出的国际性标准,在目前 ISO 尚未制定的情况下,它起到了准国际标准的作用。职业健康安全管理体系标准的应用,为企业提供了结构化的运行机制,促进企业职业健康安全管理的规范化、标准化、现代化,提高职业健康安全管理水平,控制职业健康安全风险,推动企业职业健康安全管理绩效的持续改进,也为企业内审和认证机构认证审核提供了主要依据。

(4) ISO 31000《风险管理——原则与实施指南》(我国风险管理标准 GB/T 24353—2009 修改采用)。该标准为企业提供了风险管理所需的原则、框架及过程,并使企业能以明确的、系统的、可信的方式,应用在企业各个领域、层次和利益关系中。该标准的应用,能帮助企业更好地识别机会和威胁,改善内部控制、财务状况和公司治理能力,并提高整个企业风险管理意识、风险管理资源的配置和使用有效性以及风险应对能力,从而建立一个可信赖的决策和计划基础,增加企业完成任务的可能性,增强利益相关方的信心和信任;还能加强职业健康、安全及环保的管理绩效,加强损失预防及突发事故的管理,提高企业学习能力及生存和持续发展能力。

值得注意的是,随着现代社会进步和管理科学发展的日新月异,国际管理标准日渐增多,覆盖面越来越广(如 ISO 31000 风险管理标准,ISO 10002 顾客投诉管理标准),国际管理标准更新换版也呈现加快的趋势(如 ISO 9001:2008 替代 ISO 9001:2000,ISO 9004:2009 替代 ISO 9004:2000,OHSAS18001:2007 替代 OHSAS18001:1999);此外,我国标准化组织也加快了与国际接轨的步伐,几乎在国际管理标准发布的同时就会以等同采用或修改采用的方式出台相应的国家标准。所以,道路客运企业在应用国际或国家管理标准过程中,有必要关注和跟踪标准化的新动态,及时更新管理标准,并注意各个管理体系标准的融合与整合,逐步形成一体化企业管理体系,以有效利用管理资源,并提高企业整体管理水平,促进企业绩效的系统、持续提升。

四、加快企业信息化建设

什么是企业信息化？简单理解，企业信息化就是现代信息技术在企业整个系统（生产、营销、管理、决策等）中的广泛应用。

信息技术是当今世界创新速度最快、通用性最广、渗透性最强的高新技术之一。信息化已成为现代社会的典型特征，也是企业现代化十分重要的标志。众所周知，信息是企业资源的关键要素，大力开发和利用信息资源应是企业管理的战略任务（见第十三章第一节的"企业管理的含义"相关内容），而企业信息化将使企业内外信息的收集、处理、存储、传输、分配、共享、利用等变得异常及时、充分和有效，给企业带来一系列极为深刻乃至革命性的变化。

1. 提高决策水平

一方面，在海量的信息世界里，网络化的信息系统使信息的采集和传输具有高度准确性、及时性和充分性，为决策提供有效依据，并帮助决策者排除不良信息的干扰；另一方面，信息系统（如决策支持系统、专家系统）对多样化和不确定性问题的高超求解能力，成为决策者的得力助手，使决策更加规范、科学和高效，最大限度地减少主观性、随意性、经验主义等人为失误。

2. 提高管理水平

一方面，信息系统（如业务处理系统、办公自动化系统、管理信息系统等）将原先碎片状的管理信息高度集成，并提供高效的查询、共享、交互、互馈、分析、监控、评价等诸多管理功能，实现资金流、物流、业务流等的有效整合，从而使企业管理执行力、管理效率、管理质量和部门之间的协同作用大大提高，管理成本则大大降低；另一方面，计算机和信息网络改变过去信息传递交流的方式，改变管理者的行为模式和工作习惯，也改变人们的思维方式和思想观念，从而推动企业组织结构、管理制度、管理流程、管理文化等一系列管理变革，促进管理绩效的改进和提升。

本书第十三章第二节分析了道路客运生产过程所具有的"分散性、网络性、协调性、连续性和复杂性的特点"，以及由此带来的"管理的难度和风险"，要求企业必须"建立起与客运生产过程相适应的既集中统一又灵活高效的生产指挥系统"。但在传统管理条件下，这个"要求"几乎是"不可能完成的任务"，"集中"与"灵活"在"点多、线长、面广、流动、分散和经营环境复杂多变的实际"面前始终是无法调和的矛盾，而信息化则可使这一管理难题迎刃而解，这是因为信息化为企业创造了一个克服时空障碍的信息交流条件。所以，信息化对于提高道路客运企业管理水平有着特别的意义。

3. 提高生产（服务）水平

现代信息技术的大量应用，使企业的研发、采购、生产、服务等发生崭新变化，尤其破解了传统服务业的发展难题。以道路客运企业为例，信息化让客运服务实质性地迈上转型升级之路，开始呈现自动化、智能化的特点，运营服务水平明显提高。如：导乘信息服务系统、网络售票系统、行包服务系统、车载个性化点播系统等，给旅客带来方便、快捷的各种服务；车站监控系统、车载GPS、行车记录仪和视频实时监控系统等，为保障旅客安全提供有效技术支持。

4. 提高员工素质

一方面，企业信息化需要员工素质作为基础和必要条件，企业信息化建设的过程必是一个不断培训、不断提高员工素质的过程;另一方面,企业信息化可促进员工素质特别是信息化素质的提高,这是因为信息网络为员工提供了一个信息和知识的交流、共享平台,一个广域、开放、快捷、永不"打烊"的学习与思考平台。同时,信息技术的应用实践更为员工的信息化意识、知识、技能的培养和锻炼创造了现实条件和机会。

5. 拓展发展空间

信息化开辟了一个超越时空的信息交流机制,使企业与其顾客、供应商、合作伙伴等利益相关方的联系与沟通变得空前密切和方便,企业生存发展空间因此大大拓展。比如,企业可以通过电子商务改变传统营销模式,构建起全新的市场推广、交易和竞争平台,实现高效率、低成本、广覆盖的运作,道路客运企业的网络售票就是电子商务的运用;再比如,企业可以通过网络平台把资源开发与优化配置以及企业间互补合作扩大到全国乃至世界范围,增强其市场竞争力,还可以为了把握市场机遇而突破组织边界,共建优势互补的"虚拟企业",实现特定的战略目标。

总而言之,基于信息资源的开发、共享和利用的企业信息化,将从根本上改变企业面貌,在企业现代化过程中有着举足轻重的影响和作用,甚至可以说,没有信息化,就没有企业现代化。作为传统产业的道路客运企业,更需要加快信息化建设的步伐,以尽快实现向现代服务业的转型升级。关于这一点,将在第二十一章专题讨论。

五、重视企业战略与风险管理

企业战略管理,与企业制度管理、企业文化管理一样,同为现代企业管理的核心内容。本书第十三章第一节对企业战略的含义、三个层次的组成、战略管理的基本程序及应注意的问题等作了简要介绍。这里不妨重温一下其中的几个观点:

(1)"企业战略就是企业在变化的环境中为获取未来竞争优势所作的一种全局的谋划或决策。"

(2)"企业战略管理的目的在于提高企业对外部环境的适应性,把握机遇,控制风险,保证企业的持续发展。"

(3)"战略管理具有总体性、超前性、纲领性、风险性和创新性的特征,是企业最高层次的管理。"

(4)"战略管理是企业发展到一定阶段的产物,是企业成熟的标志。"

显而易见,在复杂、多变、快变和激烈竞争的现代经营环境中,充满着机遇,也充满着风险,如何增强企业的环境适应能力,如何实现企业的持续发展,已成为现代企业不可回避的问题。作为解决之道,企业战略管理应运而生。是否具备战略管理的条件,是否实施有效的战略管理,将是企业现代化发展过程中趋向成熟的一个重要标志。

与战略管理相伴而生的,还有一个风险管理。在现代企业管理中,风险管理扮演什么角色? 为了说明这个问题,有必要搞清三个概念:

(1)什么是风险? 风险是不确定性对目标的影响。企业风险是未来的不确定性对企业实现其经营目标的影响。也就是说,企业风险来自经营环境的变化或不确定性。现代企业在经营过程中面临的风险日趋复杂化和多样化,既有内部的战略定位、投融资决策、公司管控、人才和资产流失、质量与安全(这一点对于道路客运企业有着特殊的敏感性)、合法合规性等风险,也有外部的市场需求变化、政策法律改变、宏观经济调整、资本市场波动、公共卫生事件、自然灾害、国际金融危机等方面的风险。可以说,企业风险无处不在,而且,风险发生的频率越来越高,对于企业目标的影响越来越大,其中突发性的重大风险(通常称之为"危机"),甚至会造成企业灭顶之灾。当然,风险并不是只会带来损失(只有损失一种可能的,那是"纯粹风险"),还会带来损失和盈利并存的可能(这是"机会风险")。

(2)什么是风险管理?企业在经营过程中,针对可能影响其目标的风险所进行的一系列管理活动,就是风险管理。风险管理与战略管理一样,是适应环境变化的动态过程。风险管理的基本流程形成一个持续改进的闭环,包括:明确环境信息、风险评估(风险识别、风险分析、风险评价)、风险应对、风险管理监督和检查,如图19-3所示。风险管理的目的不是消除风险,而是识别风险、规避纯粹风险、控制(分散、转移、转让、对冲等)机会风险,减少风险损失,创造机会价值,降低实现经营目标的不确定性,保证企业的持续发展。

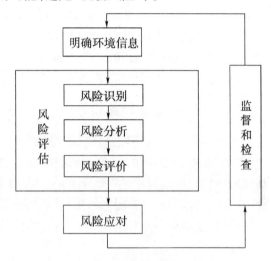

图 19-3 风险管理的基本流程

(3)风险管理与战略管理是什么关系?由上述可知,两者动因都是"环境变化",两者目的都是保证企业的"持续发展"。共同的动因和目的使两者关系密切,如影随形。风险管理是战略管理的组成部分(这是战略管理的风险性所要求的),为战略管理提供支持,为战略目标的实现保驾护航;战略管理是风险管理的依据(这是由战略管理的纲领性决定的),为风险管理指明方向,战略风险也是风险管理的重点对象。

至此,可以得出结论:一个企业发展到一定阶段,不能没有战略意识,不能没有战略管理;同样,一个企业发展到一定阶段,也不能没有风险意识,不能没有风险管理。战略意识与风险意识是现代企业应有的两个重要理念,战略管理与风险管理是现代企业管理体系中两个重要的子体系。重视和加强企业的战略管理与风险管理,这是关乎企业稳定健康持续发展的重大课题,是企业现代化的重要内容和重要途径。

但是,不能不承认,无论是战略管理还是风险管理,在我国仍是企业管理中相对薄弱的方面。面对现状,道路客运企业应当引起重视,并采取有效措施尽快加强这一"短板",以适应企业现代化的需要。当务之急,主要应注意以下几个重点环节:

(1)强化战略意识和风险意识。战略管理和风险管理虽属高层管理范畴,但其实施和落实却都是需要全员参与的重大系统工程,只有增强全员的战略意识和风险意识,塑造良好的战略与风险管理文化,使之成为企业自上到下的统一意志和自觉行动,才能为战略管理和风险管理的有效运行提供强大基础和动力。

(2)加强信息管理和信息系统建设。战略管理和风险管理都是适应环境变化的动态过程,掌握环境和市场信息当是第一要务。为此,企业应将现代信息技术应用于战略管理和风险管理的各项工作,建立起涵盖战略管理和风险管理各个环节的管理信息系统,实现信息在各职能部门、业务单位之间的集成与共享,从而跟踪环境变化,及时抓住机遇(特别是战略机遇)、化解风险(特别是战略风险和危机事件)。

(3)构建战略与风险管理的长效机制。即在培育战略与风险文化的基础上,建立健全战略与风险管理体系,体系的内容除管理信息系统外,还包括管理组织(强调一下,应含法人治理结构、专职职能部门、法律事务部门、其他职能部门、各业务单位等,形成一个全面覆盖的组织网络)、责任制度、基本流程、管理资源、管理策略、管理方法等,从而为实现战略管理与风险管理的总体目标(即企业持续发展)提供机制保障。有条件的企业,还应该通过管理体系的标准化(如应用前述的 ISO 31000 或 GB/T 24353)建立更加系统、规范、高效和持续改进的管理机制,以提高管理效率和效果。

六、加强企业品牌建设

什么是品牌?品牌很抽象,虽然是现代人常挂嘴边的一个名词,却很少有人去深究它的含义;品牌又很具体,不少人消费时就是奔着品牌而去的。对于企业来说,品牌不是抽象的名词,也不是简单的"符号"或直观的产品(服务),品牌是一个综合了企业员工素质、技术力量、管理能力、产品(服务)质量等多重因素的结合体,是一个付出极大努力和代价而长期积累起来的形象和资产。不容置疑的事实是,品牌已成为现代企业争相追逐的重要目标。

品牌与企业现代化有什么关系?以下两点可以回答这个问题:

(1)品牌是企业现代化的重要标志。有人断言,"21 世纪是品牌竞争的时代",此话不无道理。改革开放后,外国名牌产品在我国迅速占领市场,可以说是"攻城略地、所向披靡",靠什么?主要法宝不就是强势品牌吗?事实上,现代企业发展到一定阶段无不重视品牌建设。品牌建设反映了社会的进步与发展,反映了时代的特点和要求,是企业发展的必然趋势和必然选择。当今社会,消费者已从"功能消费"逐渐进入了"品牌消费"的新阶段,作为消费品生产主体的企业,也从"价格战"、"广告战"进入了"品牌战"的更高层次的竞争。企业品牌化生存的时代已经或正在到来。如何塑造并不断发展自己的产品(服务)优势,建设独具特色的品牌,已成为现代企业不断思考和探索的一个重要问题。企业是否拥有自己的知名品牌,以及品牌管理与运营水平的高低,也已成为判断一个企业发展成熟度和现代化水平的重要标志之一。

(2)品牌建设是企业现代化的重要途径。这是因为,品牌是个综合性的概念,品牌创建是一个长期的系统的发展过程,在这个过程中,企业理念将不断更新,员工素质将不断提升,企业管理将不断改善,企业技术将不断进步,企业产品(服务)质量将不断提高,企业良好形象将逐渐树立。一句话,品牌创建将促进企业战略发展体系的形成,不断推进企业现代化的进程,不断提升企业现代化的水平。

因此,品牌建设,势在必行。然而,作为传统服务业的道路客运,品牌建设相对比较滞后,总体上还处于品牌意识觉醒阶段,在世界品牌实验室发布的《2010 中国 500 最具价值品牌》中,客运企业无一上榜。审视现实,时不我待。如何加强企业品牌建设,推进品牌化服务,优化自身形象,促进良性发展,尽快实现向现代客运的战略转变,这是道路客运企业面临的又一紧迫课题。对此,本书第二十二章将作进一步讨论。

七、推动企业创新发展

创新,这是现代社会十分热门、十分普及的字眼。通俗地说,创新其实就是一个字——变。无变有,有变优,优变新,这都是创新。当然,这个变是主动地变、能动地变,是变得更好、更有价值。

创新之于企业,具有特别重要的意义。归纳起来,有三个方面。

1. 创新是企业进步与成长的活力之源

第十三章第一节曾指出:"企业管理过程是一个持续改进的螺旋上升过程,创优、创新和发展始终是它的主旋律,企业正是伴随着这个主旋律在复杂的外部环境和市场竞争中成长壮大,并不断提升自己的目标和愿景,反之则会步入衰退之途。"所以,创新是企业管理题中应有之义,是企业管理的本质内涵,是贯穿于企业管理过程的一项基本活动。正是创新这项基本活动,造就了企业的生机与活力,推动着企业的进步与成长。正因为如此,有人把创新比喻为"带有氧气的新鲜血液",是企业的"生命线",企业一旦停止了创新,也就停止了发展、停止了生命。也正因为如此,美国管理大师彼得·德鲁克忠告企业:"不创新,就灭亡",这并非危言耸听。

2. 创新是现代企业的重要特征

这是由现代企业所处大环境所决定的。"苟日新,日日新,又日新。"当今世界,唯一不变的是变化本身。一是顾客需求在变,变得日益多样化、个性化、优质化、时尚化;二是科学技术在变,变得日新月异、目不暇接,对社会生产生活的影响和作用越来越大、越来越广、越来越快;三是社会环境在变,变得越来越进步,越来越注重生态、环保、低碳、和谐、文明;四是市场竞争在变,变得竞争态势日趋激烈、竞争关系日趋复杂、竞争手段日趋多样。在这个复杂、多变、快变的现代经营环境中,企业唯有以敏锐的嗅觉、进取的态度,追踪其最新动态,把握其发展趋势,科学分析其对行业、企业的影响,并快速地进行创新(理念创新、产品创新、服务创新、技术创新、营销创新、管理创新等),以变应变,才能能动地适应变化,不被社会潮流所淘汰,不被顾客和市场所抛弃,才能占得先机、获得竞争的优势,在市场较量中立于不败之地。总之,发展必须创新,唯有创新才能发展;持续发展必须持续创新,唯有持续创新才能持续发展。所以,我们很难把创新与发展分开,常常把创新或者把发展称之为创新发展。

3. 创新是企业现代化的基本手段

企业现代化的基本途径是综合运用包括自然科学、社会科学、管理科学在内的诸多方面的现代科技成果,而现代科技成果的运用离不开创新这个基本手段、基本过程。只有通过创新,才能把科技成果(包括先进企业的经验)转化为自己企业的东西,转化为企业真实的进步(即理念现代化、制度现代化、管理现代化、技术装备现代化),转化为现实的生产力。前面说过的先进企业文化、现代企业制度、企业信息化、企业品牌,无一不是运用科技成果进行创新的结果,国际标准应用、战略与风险管理以及后面将要介绍的人力资源开发,也无不依赖于创新。图19-2清晰地表明,创新在企业现代化过程中有着多么重要的地位和作用!现代化的本质,说到底就是变革、创新、发展。企业迈向现代化的过程,就是不断学习、不断探索、不断创新的过程,就是"学习、思考、探索、创新—再学习、再思考、再探索、再创新"的无止境循环过程。所以说,"没有创新就没有企业现代化"。

基于以上三点,结论就是——创新,这是企业现代化的必由之路;在学习基础上的创新,这是中国企业现代化的不二选择。

对于道路客运企业来说,创新尤其具有更为现实的意义:

(1)道路客运面临率先实现现代化的要求。作为基础性、先导性行业,道路客运现代化已是刻不容缓。只有通过创新,才能启动现代化的进程,逐步解决道路客运服务和经营管理中还存在的市场观念淡薄、经营粗放、管理水平不高、服务质量欠佳等问题,才能从根本上转变发展方式,减少道路客运生产的外部负效应(行车事故、环境污染等),最终实现传统服务业向现代服务业的转型。

(2)道路客运面临前所未有的挑战。挑战不仅来自行业内部的激烈竞争,而且来自其他运输方式特别是铁路客运的巨大压力,道路客运发展空间日益受到严重挤压,传统优势正在悄然减退;挑战还来自经济社会发展和客运市场提出的新的更高要求,尤其是客运生产的安全、节能、减排要求,以及客运需求的个性化、高端化要求。只有通过创新,才能有效应对这些挑战,化压力为动力,变劣势为优势,变困境为坦途,道路客运企业才能提高自身竞争力,顺应科学发展的新要求,把握客运市场的新趋势,开拓出一片新天地。

(3)道路客运面临重要战略机遇。不容置疑,我们正处在一个新的时期,一个新的历史起点上,我国经济社会的快速发展,旺盛的客运需求,已经发布实施的国家《道路运输业"十二五"发展规划纲要》,这些都为道路客运的大发展提供了极好的条件和战略性机遇。只有通过不断创新,才能抓住时机,乘势而上,构建新的优势,才能彻底改变多年来道路客运"多、小、弱、散"的落后现状,道路客运企业才能真正走上现代化和持续发展的道路。

总而言之,道路客运企业面对的问题,不是要不要创新,而是如何唱响创新主旋律,解决创新什么(主要是重点内容)、怎么创新(特别是创新机制)的问题,这正是本篇也是本书的收篇之章(第二十三章)将要探讨的内容。

八、开发企业人力资源

什么是企业人力资源开发?简单地说,就是提高企业员工(包括管理者)素质的管理活动,也就是实现员工现代化的过程。其目的在于发现和培养更多的企业人才,即有知识、有才能、有活力、能创新的高素质者。在这个意义上,人力资源开发也可以说是人才开发。

企业为什么要加强人力资源开发?或者说,为什么要把开发人力资源(员工现代化)作为企业现代化的实现途径?理由是:

(1)人力资源特别是人才资源是企业的第一资源。"企业即人",无"人"则"止"。人力资源是企业所有资源中最活跃、最能动的资源,其他资源(财、物、信息等)都是通过人而起作用。企业活力在于人,企业之间的竞争,归根到底是人力资源的竞争,是人才的竞争。人力资源的素质、人才的数量和质量,是关乎企业发展的关键要素,现代企业越来越重视把大力开发人力资源(即人才兴企)作为自己的根本战略。

(2)员工现代化是企业现代化的首要内容。企业现代化是企业的全面进步,理所当然包括员工素质现代化这个基础性、关键性的内容。离开员工现代化,企业现代化不仅是残缺的,而且根本就是不够格的,是道道地地的伪现代化,企业即使会有表面上的"辉煌"也绝难持久。所以,真正意义上的企业现代化,首先是员工现代化。当然,员工现代化也是企业现代化中难度最大、最具挑战性的任务。一些急于求成或是急功近利的企业之所以会踏进"伪现代化"的误区,成为"技术上天、业绩坠地"的"怪胎",其原因往往在此。

(3)现代化员工是企业现代化的根本动力。无论是先进的技术,还是先进的管理,都需要员工去开发、去掌握、去运用;无论是产品(服务)的安全、质量、品牌,还是企业的形象、文化、创新,都需要员工去实践、去创建、去提升。纵观历史,任何企业的持续发展,无不依赖于员工素质的提高。如果说管理和技术是现代企业发展的两大车轮,那么员工便是连接这两大车轮的主轴。员工现代化是技术现代化和管理现代化的基础和保证,是企业现代化最根本的驱动力。

企业如何加强人力资源的开发?具体的策略和措施当然很多,但最根本的,是要以人为本,创新人力资源管理,实现传统人事管理向现代人力资源管理的根本转变。这个转变的主要内容包括:

(1)从以事为中心向以人为中心转变。即改变埋头事务性处理的做法,把人当成一种资源、一种资本,重视人的作用,重视人的管理,重视人性的效应,以人而不是以事为中心来构建人力资源管理体系、管理内容、管理制度和管理方式,让人力资源管理从战术层面提升到战略层面。

(2)从注重使用(用人)向注重开发(育人)转变。即改变把人当成工具使用的做法,重视人的知识更新,重视人的能力培养,重视人的潜能开发,通过各种方式提高员工的综合素质,拓宽培养和选拔人才的路径和办法,让企业成为一所人才脱颖而出的"大学校"。

(3)从注重控制、指挥向注重激励、参与转变。即改变单纯依靠行政命令和条条框框对人实施控制的做法,重视人的需求,重视人的精神力量,重视民主、开放和人的参与作用,通过多种途径激发员工的主动性、积极性和创造力,让企业成为一个人才施展才干的"大舞台"。

(4)从注重企业发展向注重员工和企业共同发展转变。即改变只把员工当雇员、只考虑企业需要不考虑员工需要的做法,关注员工,善待员工(尊严、信任、情感、利益等),发展员工(主要是职业发展),形成规范有序、公正合理、互利共赢、和谐稳定的新型劳动关系,形成企业与员工共生共进、共荣共享的命运共同体、事业共同体和利益共同体,促进企业价值与员工价值的共同实现、共同提高,让企业成为一个快乐温馨、和谐发展的"大家庭"。

总之,通过现代管理理念、方法和手段的运用,逐步实现企业人力资源管理的战略化和现代化,这才是加强企业人力资源开发的治本之道。

应当清醒地看到,与工业企业特别是高科技企业相比较,道路客运企业人力资源管理和人力资源开发处于相对落后的状态。尽管职能部门由原先的"劳动工资科"或"人事科"普遍更名为"人力资源部",但"新瓶装旧酒"、职能方法少有改变的并不鲜见。这同道路客运企业的经营特点(如传统行业、技术含量低)、员工构成(如文化偏低、年龄偏大)等不无关系。显然,为适应企业现代化的迫切需要,道路客运企业必须克服起点低的困难,尽快转变观念、改变人力资源开发的落后现状。为此,有必要从文化环境(如以人本理念、人才理念、能本理念为主导的文化氛围)和制度环境(如以引进、培训、进修、轮岗、挂职等多种方式为途径的人才培养成长机制,以知识、业绩、创新为重点的人才评价考核机制,以公开、平等、竞争、择优为原则的人才选拔任用机制,以物质、股权、晋级、荣誉等多种形式为内容的人才激励保障机制)入手,创新人力资源管理,实现人力资源管理的战略性转变,同时针对企业实际,在薄弱环节上进行重点突破。总体上看,需要重点突破的薄弱环节主要是两个方面:一是重点对象,除了管理人员现代化外(见第一节所述),还应重视一线服务人员的素质提高和人才开发,因为作为劳动密集型企业的一线员工,对于客运服务现代化和服务品牌建设起着十分关键的作用;二是重点内容,即员工素质的着力点,应在现代理念、科技(特别是信息化)素养和创新能力的培养与进步上下工夫。

本章思考题

1. 你所理解的企业现代化是怎么回事?
2. 为什么说企业现代化是一个"动态发展过程"?
3. 企业现代化的内容包括哪些?(请联系道路客运企业的实际)
4. 管理人员现代化应特别强调哪些素质要求?(请联系工作实践进行分析)
5. 请根据图 19-2 分析企业现代化的过程。(提示:请注意创新在现代化过程中的地位和作用)
6. 简述道路客运企业现代化的意义。
7. 你认为,对于道路客运企业管理现代化应当设立哪些评价标准?
8. 道路客运企业应当如何培育先进企业文化?
9. 为什么说建立健全现代企业制度是"企业现代化的必由之路"?
10. 为什么说应用国际管理标准是"企业现代化的一条快速通道"?企业在应用国际标准中应当注意什么?
11. 道路客运企业为什么要加快信息化建设?
12. 道路客运企业为什么需要风险管理?风险管理与战略管理是什么关系?依你之见,你所在企业风险管理与战略管理的当务之急什么?
13. 为什么要把品牌建设作为企业现代化的实现途径?
14. 为什么说"道路客运企业面对的问题,不是要不要创新,而是如何唱响创新主旋律"?
15. 什么是企业人力资源开发?你认为,道路客运企业人力资源开发的治本之道是什么?

第二十章 道路客运企业质量管理体系建设

上一章曾经得出结论:"标准化是企业现代化的重要标志","应用国际管理标准则是企业现代化的一条快速通道",并指出,"道路客运企业应当在加强标准化建设的同时,把积极应用国际管理标准作为企业现代化的重要战略举措"。本章即以质量管理体系建设为例,就道路客运企业应用国际管理标准过程中的几个重要环节展开进一步的讨论。

第一节 现代质量管理概述

一、现代质量管理的发展阶段

质量管理是企业管理极为重要的内容。现代质量管理的发展,大致经历了三个阶段。

第一阶段(第二次世界大战以前),质量检验阶段。这一阶段的主要特点是依靠检验,事后把关。

第二阶段(第二次世界大战开始至20世纪50年代末),统计质量控制阶段。这一阶段的主要特点是,在指导思想上重视事前的积极预防,在管理方法上广泛应用数理统计技术。

第三阶段(20世纪60年代以后),全面质量管理(英文简称TQM,过去也曾称为TQC)阶段。国际标准化组织(ISO)对全面质量管理的定义是:"一个企业以质量为中心,以全员参与为基础,目的在于通过让顾客满意和本企业成员及社会受益而达到长期成功的管理途径。"这个定义告诉我们,全面质量管理其实已远远超出一般意义上的质量管理范畴,而成为一种卓越经营管理理念和模式,成为一种企业长期成功和社会广泛受益的有效途径。显然,全面质量管理阶段相对于前两个阶段是一大历史性的进步。

二、现代质量管理的主要特点

现代质量管理的特点也就是全面质量管理的特点,集中体现在"全面"两个字上,具体可概括为"三全一多",即全面的质量含义、全过程的质量管理、全员参与的质量管理、多种多样的管理手段和方法。

1. 全面的质量概念

全面质量管理的"质量"含义是全面的,是广义的概念,即不仅仅是狭义的产品(服务)

质量,同时还包括与产品(服务)质量有关的工作(生产工作、技术工作、管理工作等)质量、服务(售前服务、售中服务、售后服务)质量。产品质量是工作质量、服务质量的综合反映和结果,优质的工作质量和服务质量是产品质量的基础和保证。

2. 全过程的质量管理

全面质量管理的管理范围是全面的,是产品质量形成的全过程。它有几层含义:一是,要求把不合格的产品(服务)消灭在其形成过程之中,做到防、检结合,以防为主,把管理工作的重点转到控制事前的生产过程质量上来;二是,要求所有工作环节都树立"下道工序就是顾客"、"努力为下道工序服务"的整体观念,保证每道工序的质量满足下道工序的要求;三是,要求把质量管理扩大到产品的整个生命周期,形成一个包括市场调查、产品规划、设计试制、加工制造、检测试验、销售使用等全部过程并不断改进的质量管理体系。

3. 全员参与的质量管理

全面质量管理的管理主体是全面的,是企业的各级组织(从高层的董事会、经理层到中层、基层乃至班组)、所有部门(从质量管理部门到生产、技术、物资、设备、人力资源、营销、财务等其他专业或综合管理部门,乃至后勤部门)和所有人员(从最高管理者、技术人员、管理人员到一线工人)。它的基本含义是:质量管理,人人关心、人人参与、人人有责。只有企业全员、全组织参与,才能保证产品和服务的全面质量、全过程质量。

4. 多种多样的管理手段方法

全面质量管理的管理手段和方法是全面的,是综合灵活地运用管理的、技术的等各种现代方法手段。随着现代化大生产和科学技术的发展,人们对产品和服务质量要求大大提高,而影响质量的因素越来越复杂:人的因素和物的因素、管理因素和技术因素、自然因素和社会因素、内部因素和外部因素等交织在一起。这就要求企业在建立严密的质量管理体系的同时,把科学管理、先进技术与数理统计方法结合起来,广泛、灵活地运用现代化的方法和手段,提高企业的工作质量、工程质量,以达到提高产品(服务)质量的目的。

上述"三全一多",都是围绕着"有效地利用人力、物力、财力、信息等资源,以最经济的手段生产出顾客满意的产品"这一企业目标的,这是企业实行全面质量管理的出发点和落脚点,也是全面质量管理的基本要求。

道路客运产品虽然是无形的服务,其生产、销售和消费不同于一般工业产品(这一点,本书第三章第五节已做过分析),但质量管理的"三全一多"特点本质上是一致的。

三、现代质量管理的基本原则

国际标准化组织在总结各国质量管理的成功经验和著名质量专家的质量管理理念的基础上,整理归纳出八项质量管理原则。八项质量管理原则反映了质量管理的基本规律,是当代质量管理的理论基础和指导思想,是任何组织建立质量管理体系并有效开展质量管理工作必须遵循的基本原则。道路客运企业应当结合自身的行业特点,坚持并全面落实这八项管理原则。

(一)八项质量管理原则及其在道路客运企业的落实要点

1. 以顾客为关注焦点

组织依存于其顾客,因此,组织应理解顾客当前和未来的需求,满足顾客要求并争取超越顾客期望。

道路客运的"顾客",除"内部顾客"(即下道工序)外,主要是旅客。以旅客为关注焦点,就是以旅客为中心,以旅客需求(包括期望)为导向,以旅客满意为目标。为此,企业必须做好下列工作:

(1)树立旅客意识。旅客是最客观、最权威的客运质量"主考官"和企业业绩"总评官",是最可靠、最有效的客运服务"推销员"和企业形象"宣传员"。所以,企业依存于旅客,旅客之于企业无异于"衣食父母",企业必须在全体员工中确立"旅客至上"的服务观念和行为习惯。

(2)识别旅客需求。首先,旅客的需求是全面的,是对客运服务质量特性的全面要求;其次,旅客需求是动态的,是随着经济社会发展而不断变化和提高的;再次,旅客的需求是多样的,不同类型的旅客需求是不同的。为此,企业必须深入调研市场,掌握目标旅客及其具体需求;及时了解旅客需求变化及未来趋势,并作出快速响应;站在旅客立场,准确理解旅客需求,厘清其真实性、现实性和重要度;通过内部的充分沟通,让全员理解和掌握旅客的需求。

(3)确立与旅客需求相一致的质量目标。只有把旅客需求转化为相应的可操作、可检查甚至可量化的质量目标,才能进一步转化为具体要求和相关措施,形成企业上下的全员、全过程的统一意志和行动,使旅客的需求得到实质上的满足和满意。

(4)重点管理好与旅客直接接触的"第一线"。客运质量主要是在"第一线"生产过程中、"第一线"服务人员与旅客的接触和互动中形成的,旅客需求能否满足、旅客期望能否超越、旅客能否满意,"第一线"至为关键。管理好一线服务人员和一线生产过程,当是客运质量管理的重点。

(5)重视旅客满意度的测评。通过旅客满意度的测评,可以获取旅客需求是否满足、旅客对客运服务是否满意的信息,这是企业评价质量管理、组织质量持续改进、强化员工旅客意识、提高旅客忠诚度的重要措施。

2. 领导作用

领导者确立组织统一的宗旨及方向,创造并保持使员工能充分参与实现组织目标的内部环境。

这里的"领导",指企业最高管理者(一个人或一组人)。最高管理者应当发挥质量管理的主导作用:

(1)关注企业内外环境,特别是客运市场的变化,充分考虑旅客的需求和期望以及国家法律法规要求,制定企业质量发展战略以及质量方针和质量目标。

(2)建立、实施和保持一个有效的质量管理体系,并通过内审、管理评审、自我评定、标准升级等不断改进和提升质量管理体系,以保证质量目标的实现。

(3)培育积极进取的质量文化,为企业质量管理提供"强大的制导系统、内在动力和长寿基因",营造良好的管理氛围和环境。

(4)建立公正合理的员工业绩评价与激励机制,激发员工参与质量管理的主动性、积极性和创造性。

(5)提供质量管理活动所需的资源(包括物质资源和智力资源)和坚实的基础管理条件,保证企业质量管理体系的有效运行。

3. 全员参与

各级人员都是组织之本,只有他们的充分参与,才能使他们的才干为组织带来收益。

员工是质量管理的主力。企业应当为员工主力作用的发挥提供必要的条件。主要是:

(1)通过质量文化的塑造、激励机制的完善以及管理艺术的提高,增强员工参与质量管理的责任感、自觉性和驱动力。

(2)加强质量管理知识、方法和技能的培训,营造自主学习、知识共享的内部环境和氛围,提高员工参与质量管理的素质和能力。

(3)健全质量管理组织体系、质量责任制和其他制度规范,为员工参与质量管理提供制度保障以及各种信息、途径、形式和物质支持。

4. 过程方法

将活动和相关的资源作为过程进行管理,可以更高效地得到期望的结果。

通过使用资源和管理,将输入转化为输出的一项或一组活动,称为过程。过程可大可小,一个过程可能包含多个分过程或子过程。系统地识别和管理企业所应用的过程,特别是这些过程之间的相互作用,称为过程方法。过程是质量管理活动研究的基本单元,如同化学元素是化学研究的基本单元一样;过程方法为建立有机运行的质量管理体系提供了基础方法和管理思路。

企业运用"过程方法"实施质量管理,主要有两大方面的工作:

(1)确定质量管理体系所需要的所有过程,特别是关键过程、特殊过程及多余的无效过程,确定过程的顺序和相互作用。

(2)按 PDCA 循环对过程实施闭环管理:

①过程策划。如:确定每个过程的目标,确定每个过程的输入、输出和关键控制活动,确定每个相关过程间的接口,确定每个过程的所需资源和管理职责、权限,确定每个过程的顾客(内部顾客)、操作者和供方,确定每个过程的控制准则和方法。

②过程实施。按照过程策划内容及确定的过程控制准则和方法,保证过程的运行和控制有效。

③过程检查。对过程进行连续监视和测量,并报告结果。

④过程改进。寻求改进机会,并采取措施,以持续改进过程绩效。

5. 管理的系统方法

将相互关联的过程作为系统加以识别、理解和管理,有助于组织提高实现目标的有效性和效率。

管理的系统方法建立在过程方法的基础上。企业运用"管理的系统方法",主要是抓好三大环节:

(1)通过系统分析,确定相互关联的过程及其对目标的影响程度,并基于内外环境的判断(包括旅客和相关方的需求和期望),确定企业的质量方针和质量目标。

(2)通过系统设计,构建由诸多过程或过程网络所组成的质量管理体系。

(3)通过系统优化,实施、保持和持续改进质量管理体系,以提高实现质量目标的有效性和效率。

6. 持续改进

持续改进总体绩效应当是组织的一个永恒目标。

内外环境的变化,特别是旅客需求和期望的变化和提高,要求企业建立一种适应机制,以增强快速反应能力并提高竞争力,改进企业的整体绩效。这种机制就是持续改进。应用"持续改进"原则,企业主要须落实如下措施:

(1)强化持续改进的质量意识和质量文化,将产品(服务)、过程和体系的持续改进作为企业和每个员工价值理念和目标追求。

(2)制订持续改进的战略目标和规划,尤其是体系的改进和提升。

(3)建立持续改进的制度和机制,包括评估分析、引导激励、学习培训、改进活动等。

(4)完善持续改进(尤其是旅客满意度)的测量和评价系统,深化评审、审核、PDCA循环、数理统计技术等方法手段的应用。

7. 基于事实的决策方法

有效决策是建立在数据和信息分析基础上的。

以事实说话,进行数据分析,可提高决策的科学性和有效性,有助于企业资源的优化配置。落实"基于事实的决策方法"原则,企业的主要措施是:

(1)健全质量信息管理系统,明确规定采集数据和信息的种类、渠道、职责等。

(2)确保数据和信息的准确、可靠和充分。

(3)运用各种有效方法和手段(如统计技术、计算机),科学分析数据和信息。

(4)确保数据和信息的及时传递和有效利用,即服务于质量管理决策,使之建立在定性和定量分析相结合的基础上。

8. 与供方互利的关系

组织与供方是相互依存的,互利的关系可增强双方创造价值的能力。

道路客运企业的供方或合作伙伴,遍及多个行业,如:客车、燃料、轮胎、配件、服务设备等的制造或供应商,相互合作的客车运输经营者或客运站,客运辅助服务(如车站卫生、小卖部)的外包经营者。与供方或合作伙伴互利,方能双方共赢。落实"与供方互利的关系"原则,企业须采取的措施主要是:

(1)以全面评定为基础,认真识别和选择供方或合作伙伴,尤其是需要长期采购的关键产品(如客车及其配件)。

(2)与供方或合作伙伴建立多层次、多职能、经常性的相互沟通与合作,必要时可与供方或合作伙伴共享专门技术和资源(如客车技术信息、线路资源、品牌资源),进行联合开发和共同改进。

(3)采用适当方式,鼓励供方或合作伙伴的改进努力和成果(如技术进步、质量提高、成本降低、节能减排),以促进和稳定双方的互利关系。

(二)八项质量管理原则间的相互关系

八项质量管理原则,是现代质量管理应遵从的基本理念和行为准则,极富指导意义。为便于理解和记忆,我们来梳理和分析一下八项原则的相互关系。

八项原则可以分为三类:

第一类是目的原则。包括第一条"以顾客为关注焦点"和第六条"持续改进"两条原则。这两条原则指出质量管理的目的,即"为什么管"——为了改进而识别顾客需求(改进始于顾客需求)、为了顾客满意而改进(改进终于顾客满意),两者互为因果、密不可分,合起来就成了"以顾客为关注焦点的持续改进"或者"顾客导向的持续改进",从而构成八项原则的核心和主线。

第二类是主体原则。包括第二条"领导作用"、第三条"全员参与"和第八条"与供方互利的关系"三条原则。这三条原则指出质量管理的主体,即"靠谁管"——领导是主导、员工是主力、供方是助力,三位一体,构成八项原则的一大支柱。

第三类是方法原则。包括第七条"基于事实的决策方法"、第四条"过程方法"和第五条"管理的系统方法"。这三条原则指出质量管理的方法,即"怎么管"——数据分析、过程控制、系统优化、P-D-C-A,循环往复而追求卓越,构成八项原则的又一支柱。

可见,八项原则之间有机联系,逻辑严密,共同构成一个完整的原则体系(如图20-1所示),为质量管理(也适用于其他管理和管理体系)提供了清晰思路,即以"顾客"为导向——依靠"领导、员工、供方"三位一体的作用——运用"数据分析、过程控制、系统优化"的方法——通过PDCA循环,实现"持续改进、追求卓越、长期成功"的目标。

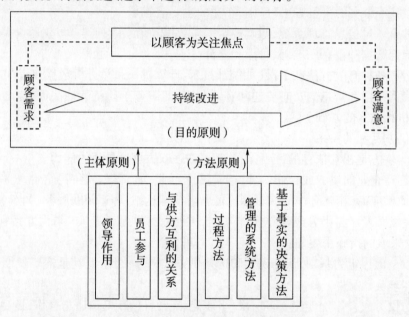

图20-1 质量管理原则体系构成图

第二节 道路客运企业质量管理体系的建立与实施

一、质量管理体系的概念

(一)质量管理体系的含义

为实现质量管理的方针和目标,有效地开展各项质量管理活动,企业必须建立相应的管理体系,这个体系就是质量管理体系(英文简称QMS)。理解质量管理体系,应把握几个要点:

(1)质量管理体系是在质量方面指挥和控制企业的管理体系。虽然质量管理体系只是企业诸多管理体系(如安全管理体系、运务管理体系、机务管理体系、财务管理体系、环境管理体系等)中的一个,但更具全面性、渗透性的特点,使其居于企业整个经营管理体系的中心,现代企业管理更有从"以质量管理为中心"向"以质量为中心的管理"发展的趋势。因此,应用质量管理体系是企业的一项战略决策,企业最高管理者应当给予充分重视。

(2)质量管理体系提供了面向市场、以顾客为导向的管理思想,提供了系统化、规范化的管理模式,提供了自我发现问题、自我持续改进的管理机制。这是质量管理体系的精髓。

(3)质量管理体系致力于建立并实现质量方针和质量目标,以增强顾客(旅客)满意。这是质量管理体系的目的。

(4)质量管理体系的建立、实施、保持和改进是企业获得长期成功(高质量、高绩效)的根本保证。这是质量管理体系存在的价值和意义。

(5)衡量质量管理体系能力的主要指标是有效性和效率("效率"指标不适用于ISO 9001)。

(二)ISO 9001 质量管理体系标准简介

ISO 9001《质量管理体系—要求》是用于认证的标准,也是企业建立质量管理体系通常首先采用的标准。其主要条款列于表20-1。

ISO 9001 标准的主要内容　　　　　　　　　　　　表20-1

4	质量管理体系	7	产品实现
4.1	总要求	7.1	产品实现的策划
4.2	文件要求	7.2	与顾客有关的过程
5	管理职责	7.3	设计和开发
5.1	管理承诺	7.4	采购
5.2	以顾客为中心	7.5	生产和服务提供
5.3	质量方针	7.6	监视和测量装置的控制
5.4	策划	8	测量、分析和改进
5.5	职责、权限和沟通	8.1	总则
5.6	管理评审	8.2	监视和测量
6	资源管理	8.3	不合格品控制
6.1	资源的提供	8.4	数据分析
6.2	人力资源	8.5	改进
6.3	基础设施		
6.4	工作环境		

ISO 9001 标准是以过程为基础的质量管理体系,如图20-2 所示。

基于过程方法,标准将质量管理活动分为四大过程,即管理职责(标准的第5章)、资源管理(标准的第6章)、产品实现(标准的第7章)、测量分析和改进(标准的第8章)。四大过程中的产品实现过程是主过程,也称直接过程,属于增值过程,这一过程的直接输入是顾客需求,主要输出是产品(如道路客运的服务),目标是顾客满意;其他三个过程是为保障主过程有效运行的管理过程,统称支持过程,属于间接增值过程。四大过程相互作用,按图20-2 中箭头所指方向依次运转(管理职责→资源管理→产品实现→测量、分析和改进→管理职责),形成企业内部循环圈;而同顾客相联系,还有一个整体循环圈,即顾客要求→产品实现→产品→顾客满意→测量、分析和改进→管理职责→顾客要求。这两大循环圈,都按照 P-D-C-A 不断循环,实现过程和体系的持续改进,增强顾客满意。

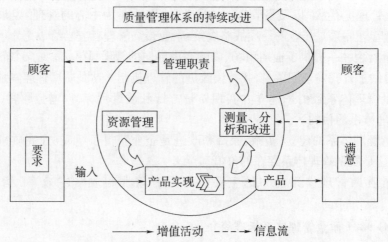

图 20-2　ISO 9001 质量管理体系过程模式图

二、质量管理体系的建立

(一)质量管理体系建立的基本要求

道路客运企业建立 QMS 的基本要求,主要是:

(1)以八项质量管理原则为指导思想。是否准确理解和全面贯彻落实这八项原则,这是 QMS 建设成败的关键。

(2)注重整体优化。为此,要重视过程方法和系统方法的运用;要注意识别体系内各过程间的相互关系和作用,理清管理脉络;要明确各部门和相关人员在管理中的权责,减少职能交叉,确保管理渠道畅通。

(3)注重实效。一是要根据客运行业和本企业的特点,建立适应自身企业需要的 QMS,即确保体系的适宜性;二是要考虑其他管理体系的需要,搞好资源的共享和文件的整合,即注意体系的融合性。

(二)质量管理体系建立的步骤

道路客运企业按照 ISO 9001 标准建立质量管理体系,一般可按以下步骤进行。

1. 教育培训

QMS 的建设,要求思想理念、行为习惯、模式方法等作出改变,教育培训必不可少,而且必须是全员性的,并贯穿于整个体系建设的始终。没有自上而下的认识提高、思想统一和知识普及,QMS 建设可以说是寸步难行。

道路客运企业的教育培训,应当分层次、分阶段、有重点地进行。所谓分层次,是指要按照决策层、管理层、执行层分别培训,不同层次有不同要求和不同内容,但是一些基本内容无论哪个层次都是应该学习掌握的,比如八项质量管理原则、ISO 9001 标准主要内容、贯标的重大意义、质量方针和目标等;所谓分阶段,是指要根据 QMS 建设的进度和阶段需要,循序渐进,组织相应的培训,深化培训的内容;所谓有重点,是指培训应有所侧重,不管是培训对象还是培训内容都要突出重点,不同阶段的培训重点对象也是不同的,不能平均使劲。

2. 班子组建

鉴于QMS建设涉及面广、工作量大,为不影响企业的日常经营管理,有必要建立精干的专门班子统筹此项工作。这个班子可分为两个层次,第一层次为领导班子,第二层次为工作班子。领导班子由最高管理者、管理者代表(通常由最高管理者任命分管质量管理的领导担任)及体系覆盖范围的各职能部门和基层主要领导组成,其主要任务是制定QMS建设总体规划、制定质量方针目标以及分解落实质量目标和质量管理职能。工作班子由管理者代表或质量管理部门领导牵头,各相关职能部门参加,其主要任务是按照QMS建设总体规划组织实施。为便于工作,工作班子通常还下设若干工作小组,负责体系文件的起草修改等具体事项。

组织落实后,工作班子要根据领导班子的决定,拟定QMS建设的工作计划和活动安排。工作计划要分层次制订,以便于操作和检查,同时注意几个问题:一是要有明确的目标,包括阶段性目标;二是要有明确的进度要求,立足长远,分步推进;三是要有明确的职责划分和协作关系,保证贯标工作有序、协调地开展;四是要突出重点,如薄弱环节、关键环节。

3. 现状分析

为使建立的QMS具有较好的适宜性和融合性,工作班子必须花大力气对本企业现状进行充分调查和分析,包括:客运产品(服务)及其实现过程的特点、企业管理机构设置及其分工协作关系、QMS构成及其运行状况、客运生产设施设备(含检测、监控设备)配置及其能力状况、员工(技术、管理和一线人员)结构及其素质水平、管理基础工作(标准化、质量责任制、质量信息、教育培训、现场管理等)完善情况。此外,还应广泛收集和分析与道路客运行业及与本企业相关的资料,如旅客和相关方对客运质量的需求期望与意见、国家相关法律法规与规章、客运行业标准与规范。

4. 确定质量方针和目标

质量方针是由企业最高管理者正式发布的企业质量宗旨和方向,是实施和改进QMS的动力。质量目标是对质量方针的具体落实,也是QMS有效性的重要判定指标。因此,质量方针和质量目标的确定是企业QMS建设中一项十分重要的工作。

道路客运企业质量方针和质量目标的制定,具体有几点要求:

(1)质量方针应与企业的宗旨相适应,符合企业的核心价值观,反映持续改进的追求。

(2)质量方针和质量目标,要以旅客需求、旅客满意为导向,符合法律法规和行业规范(如客运"三优""三化"规范)要求,符合本企业的实际。

(3)质量目标应体现质量方针的要求,满足旅客最关心的需求,全面反映客运服务质量特性,具有先进性、可行性,并能方便地进行测量或评价。具体目标项目可见本书第十六章第二节所列举的质量指标。

(4)质量目标必须在企业的相关职能和层次上加以展开,形成一个目标体系,以通过各职能部门和全体员工的实施确保其实现。

(5)质量方针和质量目标的制定,应走群众路线,通过各种形式组织全员参与;质量方针和质量目标的内涵,应由最高管理者向企业全体员工宣讲,并通过培训、宣传、公告栏、简报、网站等多种途径使之在企业内得到深入理解和沟通,为今后的有效执行打下良好基础。

5. 体系设计

道路客运企业 QMS 的总体设计，有以下几个主要环节：

(1) 确定过程。即按标准要求，确定实现质量目标必需的过程（包括客运服务实现的直接过程和其他管理支持过程这些大过程，也包括大过程所包含的各个子过程）和职责以及必需的资源，规定测量每个过程有效性和效率的方法（如验证、数据分析、内部审核、统计技术等），确定防止不规范服务并消除产生原因的措施（纠正措施、预防措施），建立持续改进体系的过程。

(2) 职责分配。即确定各个过程归口管理部门（主管部门）及相关部门和基层单位，明确这些部门和单位的质量管理职责、权限及相互关系和沟通方法。部门间的职能分配，应尽可能减少交叉重叠，一个过程有多个主管部门的情况更应避免，必要时得调整企业的组织结构以适应 QMS 的需要。

(3) 配置资源。即按各过程的需要，相应地配置合格、充足的资源，包括素质适应的人力资源（如驾驶员、站务员、技术和管理人员）、功能配套的基础设施（除车辆、站场、设备外，还包括监控、通信、信息系统等支持性服务），以及利于工作的心理和物质环境。

6. 编制体系文件

QMS 是文件化的体系。体系文件涵盖 QMS 标准所有有关条款，体现 QMS 标准的要求，是企业统一质量管理活动的行为规范，也是评价 QMS 运行有效性的依据，在 QMS 的建立和实施中有着举足轻重的作用。

大型道路客运企业的体系文件一般分为三个层次，如图 20-3 所示。第一层次是纲领性文件，包括质量方针目标、质量手册；第二层次是程序性文件，包括文件控制、记录控制、内部审核、不规范服务控制、纠正措施、预防措施、质量分手册等；第三层次是作业性文件，包括岗位工作标准、作业指导书、操作规程、各项记录等。

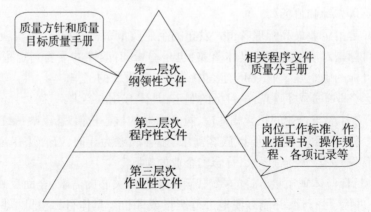

图 20-3　质量管理体系文件结构图

体系文件的编制，应当注意以下几点：

(1) 注意系统性，体系文件要考虑周全，确保"确定应该做的事、写下必须做的事"，而且各层次之间、文件与文件之间要结构合理、接口明确、协调一致、相互支持。

(2) 注意适宜性，要切合本企业的实际，广泛征求意见，反复修改完善，并尽可能清晰、简化、易于理解和执行，切忌生搬硬套、堆砌术语、过于程式化。

(3)注意合规性,总体上、原则上要满足体系标准的要求,又要符合国家相关法律法规规章(如《中华人民共和国道路交通安全法》、《中华人民共和国道路运输条例》、《道路旅客运输及客运站管理规定》等)的规定。

(4)注意融合性,对企业原有的质量管理和其他管理文件,要结合体系文件的编写进行系统的清理、调整、修改、更新和整合,避免出现互不相容的两套规定,让人无所适从。

7. 体系试运行

质量管理体系文件编制完成经批准后,即意味着文件化体系的建立。但在体系投入运行之前,要进行试运行,其目的在于检验体系文件的有效性和适宜性,以便进一步完善。QMS试运行中,应着重做好以下几项工作:

(1)体系文件发布和宣贯。体系文件是企业质量管理活动的行为规范,是企业的"法规",从总经理到每个普通员工都必须严格贯彻执行。因此,企业应召开一次员工大会,由最高管理者正式发布文件,并由管理者代表作贯标讲话,重审贯标意义,部署贯标安排,强调文件实施要求(如分解目标、落实职责、加强协调等)。在此之后,企业应组织多种形式有针对性的宣贯、沟通和培训活动,加深员工对体系文件的认识、理解和熟悉,彻底解开员工心中的"为何"、"是何"、"如何"三大问号。

(2)体系试运行。可根据企业实际,全范围或选择有代表性的局部范围进行体系的试运行。试运行中,要加强督促、检查、沟通和协调,要按体系要求做好质量信息的收集、分析、传递、反馈、处理和归档工作,要广泛收集旅客和员工对于体系文件的意见和建议。

(3)完善体系文件。对试运行暴露出来的问题以及旅客和员工提出的意见和建议,如设计不周、项目不全、职责不清、流程不畅、资源不足、方法不当等,应在系统分析的基础上予以修改和完善。

8. 体系正式运行

体系试运行并确认体系文件充分、适宜、有效后,道路客运企业即可在体系覆盖全范围内正式实施新建立的质量管理体系。

三、质量管理体系的有效实施

道路客运企业质量管理体系建立之后,关键要在实施上下工夫,保证体系的有效运行。为此,必须克服一些常见误区,建立起实施保障机制。

(一)质量管理体系实施中的常见误区

道路客运行业现代化管理起步较晚,传统观念根深蒂固,改变习惯做法阻力较大,在QMS贯标和实施中,常常会出现一些妨碍体系有效运行的问题。比如:

(1)重文件,轻运行。即文件着墨虽多,但实施中执行不力,收效甚微;或者文件本身只求形式符合标准,从概念到概念,与企业实际脱节而难以执行,表现为明显的"两张皮";有的甚至写归写、做归做,为文件而文件,实际是"外甥打灯笼"——照旧。

(2)重构建,轻基础。即总体设计理想化,但资源(特别是智力资源)支持不够,管理基础不扎实,如员工素质不适应、标准化欠缺、信息不畅、现场管理无序等,QMS成了空中楼阁,实施起来困难重重。

(3)重中间,轻两头。即只靠质管部门和少数质管人员孤军作战、上下周旋、疲于奔命,而上头的领导重视不够,或是当甩手掌柜、过问不多、导向不力,或是因为学习不深、理解不透、"以其昏昏,使人昭昭"而无力导向,下面的基层员工参与不多、主力作用没有发挥,或是意识不强、积极性不高,或是缺乏培训、心有余而力不足。

(4)重局部,轻系统。即重视过程,忽视系统,重视服务实现过程,忽视服务支持过程,对过程关联、内部顾客等关注不够,上下左右之间的协调配合不好,造成系统优化不良、体系运行磕磕碰碰,影响了整体效能的发挥。

(5)重经验,轻科学。即忽视数据积累,尤其忽视数据分析、转化和共享,本来可以"说话"的数据成了一堆没有价值的死档案;忽视统计技术和现代工具方法的运用,质量管理这个本来应是现代管理技术活力四射、大有作为的天地,却不幸仍是传统经验的"世袭领地"。

所有这些问题,如果不解决、不消除,QMS 就不可能有真正意义上的实施,即使表面上热闹一阵,也是很难持久、更难收到实际效果的。

(二)建立质量管理体系实施保障机制

为保障 QMS 的有效实施,除了在体系建设过程中注意防止和解决上述问题外,道路客运企业还必须着力建立起一种长效机制。这个机制,包含的内容虽多,但文化、组织、制度是其三大主体部分。

1. 培育先进的质量文化

质量文化是 QMS 建立和运行不可或缺的。质量文化的核心,是体现八项质量管理原则的一系列现代理念,如顾客导向意识、质量第一意识、预防为主意识、全面质量意识、质量责任意识、质量标准意识、质量体系意识、质量信息意识、质量成本意识、持续改进意识等质量管理理念。一旦这些先进理念在全体员工(首先是管理者)中"内化于心"、"外化于行"、"同化于众",必将形成自觉、主动、积极、一致、持续的质量追求和质量工作习惯,转化为巨大的物质力量,成为 QMS 有效运行最基础、最根本的保障。上面提到的一些常见误区,从根本上说,也是在 QMS 的认识上出了问题,是质量管理理念落后所致。当然,包括质量文化在内的企业文化建设不可能立竿见影,但却是管理的治本之策,任何企业都不应当忽视这一战略性的基础工程。

2. 健全质量管理组织

QMS 的实施是企业全组织、全员的共同任务,健全的组织系统对于 QMS 有效运行的意义是不言而喻的。这里所说的"健全"含义,主要是指:

(1)组织结构应与 QMS 相适应。道路客运企业的组织形式多采用直线职能制,条块分割、协调难度大是其固有缺点之一,这对于以过程方法为主的 QMS 的正常运行是不利的;还有的企业,原先按 1994 版标准建立了 QMS,要换版为 2000 版标准,也面临从要素管理向过程管理转变的问题。所以,企业在 QMS 设计之初就应考虑到体系的需要,对组织结构和职能分配进行适当调整,如可在客运服务实现主过程采用类似项目管理的形式。

(2)应有管理 QMS 运行的职能部门。QMS 正式运行后,一开始组建的工作班子一般会功成身退,但是 QMS 运行中有许多长期的常规工作,诸如推动贯彻标准、组织 QMS 培训、组织内部审核、协调解决运行中出现的问题等,都需要一个常设机构来负责管理,一般可由"质管办"或"品质保证部"承担。

(3)应充分发挥中层组织和中层管理者的中坚作用。在任何一个企业,中层都是组织系统中非常重要的管理层次,他们承上启下,对上是参谋、助手、执行者,对下又是指挥、指导、监督、协调的管理者,可以说是质量管理体系建设的中坚力量。因此,企业应当高度重视对他们的贯标培训,明确管理责任和权限,充分发挥他们在 QMS 运行中的指导监控、沟通协调、协同整合等保障作用,同时防止偏离 QMS 规范的习惯性行政命令和随意做法。

（4）应强化组织的执行力。一个体系是否完善,最后要由它的有效性来鉴别;一个管理组织是否"健全",说到底要看它实现有效性目标的能力,即执行力的高低。影响执行力的因素很多（比如前面说过的"文化"、后面将要说的"制度"）,从管理组织本身来讲,要解决的问题至少有三个"到位":

①目标分解要到位,并进行深入地沟通和理解;

②权责分配要到位,尤其要认真落实执行;

③资源（特别是能力与权责对等的人员、适用可行的方法、有效充分的信息）配置要到位,并在优化的基础上充分发挥其效用。

3. 完善质量管理制度

QMS 三个层次的文件,从纲领、程序到作业规范对质量管理活动作出了详尽规定。但这些规定的落实,文件化体系的有效实施,同样必须管理制度的保驾护航。这里所谓的"完善",就是要强调几项具有保障意义的管理制度:

（1）要完善质量责任制度,把各层次、各环节、各岗位的工作责任同体系、过程和产品（客运服务）质量有机联系起来,形成全面覆盖的责任网络。

（2）要完善质量监督检查制度（包括旅客监督投诉制度）,确保全范围、全过程监控和责任层层落实,严格按体系文件要求规范质量行为,"做好写下的事、记录做了的事、检查做过的事、纠正做错的事"。

（3）要完善质量绩效考核制度,可同目标管理相结合,确保全员考核、奖罚分明,做到约束有力、激励有效。此外,为协调解决体系运行中出现的问题,企业应建立贯标例会制度,这在体系运行的初期显得尤为必要。

第三节　道路客运企业质量管理体系的评价与改进

一、质量管理体系评价与改进的必要性

为了说明质量管理体系评价与改进的必要性,我们先分析一下质量管理体系的评价指标,也就是以什么来判断体系及体系运行的实际效果问题。按 ISO 9001 标准建立和实施的质量管理体系,通常可通过下面的"四性"作出评价。

（1）体系的符合性。符合性包括文件符合性和运行符合性两个方面。文件符合性也就是前面所提出的"合规性",是指体系文件的规定应符合体系标准（如 ISO 9001 标准）的要求,符合国家相关法律法规规章（如《中华人民共和国道路交通安全法》、《中华人民共和国道路运输条例》、《道路旅客运输及客运站管理规定》等）的要求;运行符合性是指体系的实际运行应与体系文件的规定相符合、相一致。

（2）体系的适宜性。适宜性是指体系应体现企业的特点,符合企业的实际,与企业的内

外部环境相适应。外部环境,如客运市场状况、旅客需求状况、道路状况等;内部环境,如企业规模、组织结构、资源状况等。

(3)体系的充分性。充分性也可以理解为体系的全面性或完善程度。比如,体系的某些过程(特别是影响大的过程)没有被识别和确认,而成为失察的"漏网之鱼",游离于体系之外;或者过程虽被确认,但由于资源配置不足、权责接口不明确、所需信息不够、采用方法不当等,也会造成某些过程控制的不充分、甚至过程的失控。过程的失察也好,失控也罢,最终都会导致服务质量偏离旅客的要求和期望,这样的质量管理体系显然是不充分或不全面、不完善的。

(4)体系的有效性。有效性是指通过管理体系的运行,完成体系所策划的各项管理活动、各过程的控制活动,而达到企业所设定的质量方针和质量目标的程度,比如过程的绩效情况、产品(客运服务)的符合要求情况、旅客的满意程度等。

以上四个评价指标相互关联、不可分割。其中,有效性是核心指标,是建立和实施质量管理体系的根本目的,符合性、适宜性和充分性都是实现有效性的重要保证。

还需要指出的是,以上四个指标都是动态的。这是因为,企业内外环境总是处于不断变化之中。例如,道路客运企业外部环境的变化——国家相关法规规章和客运行业标准的增加与调整、旅客要求和期望的变化与提高、客运市场的发展与竞争态势变化、客车技术和装备的进步与完善、道路等级和道路网络的变化与改善等;道路客运企业内部环境的变化——改制改组带来的经营机制变化、并购发展带来的经营规模和经营战略的改变、组织结构和管理职能的调整、领导成员和管理人员的调整与更迭、员工素质和站场设施设备的改变、信息技术应用带来的管理和服务手段的更新等。

道路客运企业内外环境的这些变化,必然影响质量管理体系的符合性、适宜性、充分性和有效性,特别是对适宜性和有效性的影响尤为显著。因此,在质量管理体系运行中,企业应围绕"四性"进行定期的、系统的评价,并根据评价结果,采取相应措施,及时地调整和改进原有的质量管理体系,从而以符合法规和标准的持续符合性、适应内外环境变化的持续适宜性、满足过程控制要求的持续充分性、确保实现质量方针和质量目标的持续有效性,即持续地满足旅客需求和期望、持续地增强旅客满意乃至忠诚。

通过对质量管理体系评价指标的上述分析,可以得出如下结论:

(1)企业内外环境的变化,要求进行质量管理体系的全面"体检",以评价其符合性、适宜性、充分性和有效性。

(2)体系的评价,为体系的改进提供机会和方向,是体系持续改进的前提、依据和必要手段。

(3)搞好体系评价,提高评价质量,是提高体系改进效果的保证。

(4)体系的持续改进,是满足旅客需求、增强旅客满意的基本途径,也是体系评价的意义和价值所在。

以上这些结论就是质量管理体系评价与改进的必要性。内外环境与体系评价、体系改进的关系,如图20-4所示。

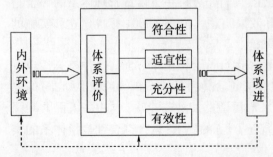

图20-4 内外环境与体系评价、体系改进关系图

当然,质量管理体系的评价与改进,不仅是企业内外环境的要求,也是体系自身的内在要求。上一节提到过,基于过程方法的质量管理体系的精髓之一,就是"提供了自我发现问题、自我持续改进的管理机制"。这一点,从图20-2(质量管理体系过程模式图)中也可以看出,整个体系的结构完全是按 PDCA 循环安排的,两大循环圈(内部循环圈和整体循环圈)都"按照 P-D-C-A 的不断循环,实现过程和体系的持续改进,增强顾客满意。"质量管理体系的建立→实施→评价→改进的运行过程,也是一个大的 P-D-C-A 循环,一个不断改进的螺旋上升过程。

总之,通过定期评价、持续改进,将为质量管理体系不断注入新的活力,实现质量管理体系的持续有效运行。这是质量管理体系对内外环境变化的适应过程,也是质量管理体系自我修正、自我改进、自我完善的过程。这个过程,循环往复,永无止境。

二、质量管理体系评价的主要方式

QMS 评价主要有体系审核、体系评审和自我评定三种方式。虽然 QMS 评价的落脚点都是为了持续改进,但三种评价方式的直接目的和范围是不同的。

(一)质量管理体系审核

体系审核一般用于确定 QMS 的符合性、充分性和有效性。根据审核的实施者和目的的不同,体系审核可分为内部审核(第一方审核,简称内审)和外部审核,外部审核(简称外审)又可分为第二方审核和第三方审核。其中第二方审核是企业的相关方(如顾客)或由其他人员以相关方的名义进行,道路客运企业一般不涉及第二方审核,故本节不对第二方审核作进一步介绍。

1. 第三方审核

第三方审核由企业外部独立的组织进行。这类组织通常是经国家认可委员会认可的,提供符合(如:ISO 9001)要求的认证或注册,故这类审核机构又称为认证机构。

企业申请第三方审核的目的,一般是为了 QMS 认证,即通过认证机构的审核并符合标准要求后获得合格证明(认证证书和认证标志,予以注册登记)。故第三方审核多称为认证审核。

道路客运企业为什么要申请认证审核?或者说,QMS 认证的作用是什么?从企业内部来讲,通过认证审核前后的质量活动,可提高员工质量意识,强化质量管理,寻求改进机会,完善质量管理体系,不断提升质量管理乃至整个企业管理水平;从企业外部来讲,完成 QMS 认证并获得合格证明,可提高客运市场和旅客对企业提供服务能力与水平的信心,企业也可按规定使用认证证书和标志(如对外宣传、参加经营线路招投标等),有助于改善企业形象,从而提升企业的外部影响力和竞争力,争取更多客源,扩大市场份额,拓展发展空间。

企业体系认证的一般程序是:

(1)认证申请。企业向认证机构提出 QMS 认证书面申请。

(2)认证受理。认证机构审阅企业申请,并作出是否受理的决定。受理申请,则双方签订认证合同。

(3)认证前准备。企业主要是对体系文件按标准归类整理;认证机构主要是组织对文件审查。

（4）现场审核。由认证机构派出的审核组进行，企业应予配合。具体过程是：首次会议→现场审核→审核组会议→与企业沟通→起草审核报告→末次会议→提交审核报告。

（5）跟踪。企业对审核报告中所列不合格项采取纠正措施，认证组对此跟踪验证后关闭审核过程。

（6）审批发证。认证机构对受审企业批准注册、颁发证书。

（7）监督和管理。在企业 QMS 认证注册有效期内（一般为 3 年），认证机构实施定期监督审核和管理，特殊情况下（如企业发生重大质量或安全事故）组织复审，以督促企业 QMS 有效保持和不断改进。

（8）复评。认证证书有效期满，企业应重新申请认证，认证机构组织再次审核，即复评。

可见，企业质量管理体系认证不是"一锤子买卖"，不是"证书到手、万事大吉"，持续保持、持续改进才是最重要的。

2. 内部审核

内部审核由道路客运企业自己进行，它是企业质量管理体系评价的重要手段和有效措施。

1）内审的目的

企业组织内审的目的，通常是：

（1）作为 QMS 建立之初的自我评价；

（2）作为 QMS 认证之前的初步评估（能否认证）；

（3）作为外部审核前的准备；

（4）作为管理和持续改进的手段或例行内审，这一点应是最重要的目的。

2）内审的特点

与外审相比较，内审有几个值得重视的特点：

（1）内审的执行人员是企业内部审核员（简称内审员）。在某种意义上，内审员的素质决定内审的质量和效果。因此，企业从贯标之始就应选择一批熟悉客运业务、了解质量管理知识、有一定学历和工作经验、有交流表达能力、认真正直的人员，经过系统培训后，由最高管理者或管理者代表正式聘用，赋予内审的职责和权限，并保持相对稳定。为保证内审的独立性和公正性，还应实行回避制度，即内审员不能审核本人所在部门或单位的工作。

（2）内审最重要的目的是推动企业质量改进，提高旅客满意度。从根本上说，内审是企业质量管理的需要，是通过评价而及早发现问题，推动及时改进，以保证质量管理体系正常、有效地运转。所以内审的实施重点是：在评价 QMS 符合性、充分性、有效性的同时，以旅客要求、抱怨或投诉为线索，发现不合格项，确认质量改进的机会和措施，并对纠正措施实施跟踪监督和验证，直至关闭不合格项。此外，为便于采取纠正措施，内审不合格项一般分为体系性不合格（体系文件不符合要求）、实施性不合格（未按文件规定实施）和效果性不合格（实施效果不符合要求），这与以评定为目的外审不合格项分级（严重、一般）是不同的，当然这也不是绝对的，只要认为有利于改进（如作为外部审核前准备的内审），也可以采用与外审同样的分级。

（3）内审的实施更为灵活，也更注重实效。比如：由于内审人员来自企业内部，熟悉情况，故可简化某些程序，如文件审查等；内审不仅针对质量管理体系，而且可以涉及其他方面工作的改进,内审员还可与被审核方共同商定纠正措施,这在内容上比外审更广泛;内审比外审在时间上更充裕、方法上更灵活,可以采用集中式审核,也可以采用滚动式审核,只要保证覆盖率100%就行,内审还可以与日常检查相结合,只要执行规定程序(如《内部审核控制程序》)、不走过场就行。

3）内审的步骤

企业内审一般应先编制一份年度计划,并以文件形式颁发。内容包括审核目的、范围、准则、内容及大致时间安排。年度内审计划由管理者代表组织体系管理职能部门(如质管办)编制。

每次内审的步骤,可分为审核策划、审核实施、审核报告、审核跟踪四个阶段。

(1) 审核策划阶段。这一阶段的主要工作内容有:

①成立审核小组。由管理者代表任命审核组长及内审员,组成审核组。

②编制审核计划。审核计划是在年度内审计划指导下对一次具体审核活动的安排,应形成文件,由审核组长编制并经主管领导批准。

③准备审核文件。包括:ISO 9001标准、质量手册、程序文件、质量计划、作业指导书和记录,合同和有关法律、法规,有关质量标准。此外,检查表是内审的必要工具,内审员应根据分工精心编制好,并交审核组长审定,以防遗漏或重复。

④通知审核。由审核组向受审核方通知具体审核日期、安排和要求,以使受审核方先自查整改,推动一次内部管理上的改进,也有利于本次审核双方的工作配合。

(2) 审核实施。这一阶段的主要工作内容有:

①召开首次会议。首次会议是实施审核的开端,是审核组全体成员与受审核方领导及有关人员共同参加的会议。会议着重介绍审核的具体内容及方法,并协调有关问题。

②进行现场审核。首次会议后,便进入现场审核。现场审核是内审员采取抽样检查的方法寻找客观证据的过程,是整个内审工作最重要的环节,应按审核计划的安排,并使用编制好的检查表进行,认真做好记录。在现场审核中,审核员应坚持客观、公正、独立的原则,采用多种方法(查阅、面谈、观察等),充分运用各种审核策略和技巧,收集审核证据,对照审核标准(准则)进行评价后形成审核发现(重点是不合格项)。

③确定不合格项并形成不合格报告。通过对客观证据和审核发现的整理、分析和判断,确定不合格项,经受审核方确认后开具不合格报告。编写不合格报告,应注意三个不可或缺的要素:

a. 不合格事实的描述,应力求具体;

b. 不符合审核准则(如体系标准、体系文件等)的具体条款,应力求判定确切;

c. 不合格项的性质(如体系性、实施性、效果性),应判定准确。不合格报告是审核报告的一部分,应分发到所有不合格项的责任部门,以便实施纠正措施并验证其是否有效。

④召开末次会议。这是现场审核的结束性会议。末次会议是审核组、受审核方领导人和有关职能部门负责人必须参加的会议。会议的重点,应紧紧围绕不合格项,作出分析,提出纠正措施、跟踪审核等后续工作要求。

(3) 审核报告。审核报告是说明审核结果的正式文件,其主要内容应包括不合格项的统计分析、质量管理体系审核结论、提出纠正措施要求。审核组组长在审核后规定期限内提交给最高管理者或管理者代表。审核报告被批准后应分送有关部门和人员。

（4）跟踪审核。跟踪审核是针对审核中所发现的不合格项,对受审核方纠正措施的实施情况和有效性,进行跟踪和验证的一系列审核活动。验证的内容包括:计划中的各项措施是否都已按期完成;完成的效果如何,是否还有类似不合格项发生;实施情况是否有记录可查,记录是否按规定保存;如需引起文件修改,是否按文件控制程序规定进行了修改、发放、执行并记录在案。审核员验证完成,在不合格报告验证一栏中签字,不合格项始关闭。可见,跟踪审核虽是内审的延伸内容,但对实现 QMS 的持续改进有重要作用。

内审的上述步骤如图 20-5 所示。

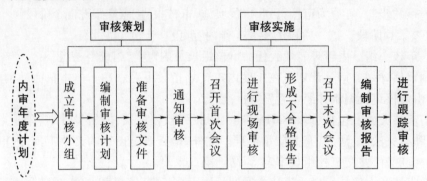

图 20-5　内部审核步骤

(二)质量管理体系评审

1. 管理评审的目的

管理评审(简称管评)是由企业最高管理者亲自主持的质量管理活动,其目的是为了评价和保持质量管理体系的适宜性、充分性和有效性。管理评审应有前瞻性,通过评审,寻求体系改进的机会,评价体系变更的需要,包括质量方针和质量目标,以适应未来市场的发展趋势和要求。

2. 管理评审的时机

道路客运企业的管理评审通常每年至少组织一次。但当市场和企业内部发生较大变化、连续出现重大质量(安全)事故或被旅客投诉事件时,应及时进行管理评审。

3. 管理评审的准备

评审前,企业最高管理者应指定职能部门编制管理评审计划,要求管理评审输入信息的有关部门提前做好准备(调查、统计、分析等)。管理评审输入的充分性是做好管理评审的前提。

道路客运企业管理评审的输入,包括:

(1)企业质量方针和目标的实现情况;

(2)内部审核和外部审核的结果;

(3)QMS 各过程绩效、客运服务对目标和要求的符合程度;

(4)旅客投诉及采取纠正措施情况;

(5)重大行车事故和商务事故及采取纠正措施和预防措施情况;

(6)上次管理评审的决定和措施的跟踪验证情况;

(7)可能影响QMS的内外部环境变化；

(8)各种有关客运服务、过程和体系改进的建议。

4.管理评审的实施

管理评审通常以会议的形式进行，有时也可以在现场举行。但管理评审绝不仅仅是一次会议，而是一次高规格的体系"会诊"，并须"对症下药"，切忌泛泛而谈、议而不决、决而不行。

管理评审由最高管理者主持，企业领导层以及有关部门(单位)负责人和有关人员参加。会议中，应对评审输入展开充分、深入的讨论和评审，作出解决问题的改进决定和措施，并对评审输出形成评审报告。对于需要专题研究的事项，还可以责成管理者代表或有关部门负责人组织进一步的调查和研究，并提出报告。

管理评审的输出是管理评审活动的成果，是最高管理者对质量管理体系改进作出的重要决策。道路客运企业管理评审的输出，应包括：

(1)质量管理体系及其过程有效性的改进决定和措施；

(2)与旅客要求有关的服务改进决定和措施；

(3)各类资源需求的决定和措施。

5.管理评审的跟踪

企业管评报告形成后，应发至有关部门和人员，并向员工公开传达，以便落实责任和整改。对于管评作出的改进决定和措施，QMS管理部门应进行跟踪、督促和验证，其实施结果作为下次管评的输入。

(三)自我评定

上述的内审和管评都是ISO 9001标准规定的体系评价方式。自我评定与内审和管评不同，它不是对QMS符合性和充分性的评价，而是对照某个先进的质量管理模式，进行自我评价，查找自己的强项和弱项，并明确进一步的改进方向。

ISO 9004附录A"自我评定指南"提供了一种自我评定的模式。这种模式对QMS的有效性、效率和成熟水平进行自我评价，为企业用于改进的资源投向提供指南；也可以用于测量企业目标的实现情况，评价目标是否持续适宜；还可以将企业绩效与外部同行甚至世界先进水平企业的绩效进行对比，为企业绩效改进指出方向。

自我评定的评价方式有不少值得称道的优点，主要是：

(1)评价的范围可大可小——能用于整个体系，也能用于体系的一部分或任何过程；能用于整个企业，也能用于企业的一部分。

(2)实施评价的人员可多可少——能由跨职能小组进行，也可由最高管理者授权的一个人进行。

(3)评价作用表现在多个方面——易于识别改进机会的优先顺序，也可作为更全面的管理体系自我评价过程的输入，还能促进企业QMS向世界级绩效水平发展。

(4)花费时间少，简易可行，方便应用，能以较小的资源投入达到自我评价的目的。

道路客运企业QMS的评价，除上述的三种主要方式外，还有一些其他方式。比如水平对比(标杆管理)方式，其基本要点是：选定标杆→连续和系统地测量和比较→学习和寻找改进机会。标杆的选择，可以是外部竞争对手或其他同行先进企业，也可以是内部相应部门或相应过程。所以,水平对比评价方式的应用也比较灵活。

综上所述,各种评价方式直接目的和具体做法各不相同,不可相互替代,但在评价现状、寻找改进机会这个根本目的上是一致的。因此,在企业质量管理活动中,应将这几种评价方式结合起来,以获得更好的效果。

三、质量管理体系改进的基本思路

持续改进是质量管理八项原则的核心,是质量管理体系标准的精髓,应是道路客运企业的永恒追求。

(一)持续改进的几个原则

1. 持续改进要以旅客为关注焦点

持续改进的根本目的,是满足旅客的需要,提高旅客的满意度,从而不断改善和提高企业的总体绩效。满足旅客需要,就必须站在旅客的立场而不是企业的立场上,去理解、研究旅客的需要,去识别、确定改进的机会;满足旅客需要,就必须考虑旅客需要的全面性、动态性和多样性的特点,全面、持续地关注市场和旅客需要的变化,全面、持续地实施质量改进,不仅致力于满足旅客的当前需要,而且致力于开发旅客的未来需要,不仅致力于满足旅客的一般需要,而且致力于满足旅客的高层次、个性化需要。

2. 持续改进要主动寻求机会

持续改进是积极的、主动的管理活动,而不是等出现了问题(如不合格项)再去纠正、再去抓机会。这就要求企业必须以预防为主,关注体系的所有过程特别是关键过程,及时发现潜在的不合格问题,采取有效的预防措施并跟踪验证,真正做到防患于未然。

3. 持续改进是一个不断的、无止境的过程

持续改进有两条基本途径:

(1)突破性项目的改进(比如客运服务过程的信息化改造),这是质的变化;

(2)渐进性的改进(比如内审不合格项的纠正措施),这是量的变化。

实践中,大量的日常改进都属于渐进性的,都是持续的、无止境的改进过程,这种改进有助于全员参与。但企业不能仅限于渐进性改进,而应当将两者有机结合起来,注意寻求突破性的改进机会(比如通过管理评审作出突破性的决策)。即使是突破性改进,也不是一次性的,不能一次改进便万事大吉,其同样有个持续完善的过程,同样是个持续的、无止境的过程。

4. 持续改进要坚持 PDCA 循环

持续改进的一般过程或步骤,包括:

(1)分析和评价现状,识别改进区域;

(2)确定改进目标;

(3)寻找可能的解决办法,以实现改进目标;

(4)评价这些解决办法,并作出满意的选择,即选择能够消除产生问题的根本原因以及防止再发生的解决办法;

(5)实施选定的解决办法;

(6)测量、验证、分析和评价实施的效果,以确认改进目标已经实现;

(7) 正式采纳更改，并使之规范化，防止问题及其根本原因的再次发生。

这些步骤，构成了一个 P[(1)~(2)]-D[(5)]-C[(6)]-A[(7)] 循环。必要时，还可对这个改进过程进行评价，以确定进一步的改进机会，实施新一轮 PDCA 循环。不论是质量管理的体系、过程还是产品（服务），其改进过程都应当坚持 PDCA 循环这个基本程序。

（二）持续改进的几个关键

本章第一节已经指出，质量管理八项原则所构成的原则体系，为质量管理的持续改进提供了清晰思路，这就是：以"顾客"为导向—依靠"领导、员工、供方"三位一体的作用—运用"数据分析、过程控制、系统优化"的方法—通过 PDCA 循环，实现"持续改进、追求卓越、长期成功"的目标（见图20-1）。这个思路中，既包含了应掌握的上述原则，也包含了应采取的主要措施。这里再强调一下其中的几个关键问题。

1. 领导作用

"企业服务质量改进的动力无外乎来自内部和外部两个方面，前者源于企业管理者和员工在正确质量理念指导下的高度自觉和不懈追求（此为'内驱动'），后者则是服务相关方出于职能、责任或利益需要的外部管理与监督（此为'外驱动'），如政府管理部门的检查、媒体的报道、旅客（顾客）的要求和抱怨等。当然，企业服务质量的持续改进，从根本上说来主要应该依靠主动性的'内驱动'，这是毋庸置疑的。"——这是在第十六章第四节中就质量改进说过的一段话。

的确，企业只有形成真正的"内驱动"，才能为质量的持续改进输送源源不断的巨大动力。那么，真正的内驱动又从何而来？企业最高管理者（或以法人代表为首的高层管理者）！只有最高管理者对旅客高度关注，才能使企业成为以旅客为导向的企业，才能把外部动力（压力）转化为内动力；只有最高管理者对企业理念、战略、QMS（包括质量方针和目标）等的正确决策，才能使企业发展和质量改进有明确方向和目标；只有最高管理者对文化、创新、激励等内部环境的精心培育，才能为全员参与提供坚实基础和持续动力；只有最高管理者对资源的合理调配，才能为质量改进提供必需条件和支持。一句话，最高管理者的主导作用是形成企业内驱动的核心要素。无数企业的实践也证明，最高管理者的观念和追求是企业 QMS 有效运行和持续改进的关键所在。

建立、实施、保持和改进质量管理体系，是道路客运企业提高服务质量的必由之路，是从传统管理向现代化管理转变的重要实践，是企业自身发展的战略需要，而绝不是迫于"外驱动"的压力或是装点门面的权宜之计。最高管理者只有站在这样的高度去认识和思考，才有可能成为 QMS 的"明白人"，进而成为自觉履行持续改进职责的 QMS "掌舵人"。

2. 全员参与

员工是质量管理的主力。持续改进是企业全体人员的共同责任。一支质量意识强、质量管理知识丰富、质量改进能力高的员工队伍，是企业质量管理体系有效运行、持续改进的重要保证。

在道路客运企业员工队伍中，除前面强调过的中层管理者外，还有两类人员需要格外关注。一是客运一线服务人员，他们是企业与服务对象（旅客）的直接接触者，是客运服务实现过程的直接操作者，也是质量管理体系的基层维护者；二是包括内审员在内的质量管理人员，他们是质量管理的骨干，犹如汽车传动轴，起着"承载"（如责任、执行）、"传递"（如沟通、指导)、"放大"(如策划、总结)等多种无可替代的功能。最高管理者应当特别重视发挥这两类人员在持续改进中的主力作用。为此,要加强教育和培训,提高他们的素质(特别是提高现代质量管理方法的运用能力);要完善考核和激励,调动他们的积极性和创造性;要提供多种形式和机会(如质量管理小组活动、合理化建议活动、劳动竞赛活动、质量分析会),凝聚他们的才智和力量。

3. 质量信息

质量信息指质量方面有意义的数据(数字、报表、资料、文件等),包括指令信息、动态信息、反馈信息等(见第十六章第三节相关内容)。质量信息既是企业上下左右和企业内外进行质量沟通的媒介和要素,也是质量管理的重要依据,是质量改进的重要资源。质量管理八项原则之七的"基于事实的决策方法"强调的就是信息,就是质量决策要建立在基于事实的信息和数据分析的基础上,持续改进的每一步几乎都不能没有及时、充分、准确的质量信息。因此,开发质量信息资源,加强质量信息工作,是企业质量管理体系有效运行和持续改进中的一项十分重要的基础工作。

质量信息工作的主要内容,包括:

(1)识别各类质量活动对信息资源的需求(如管理评审的输入),并与相关人员沟通取得共识;

(2)识别内外部信息来源,并确定获得信息的途径和方法(如内审现场审核的查阅、面谈、观察等),确保信息的质量(如真实、完整);

(3)运用统计技术或其他方法,对收集到的数据和信息进行整理、分析,使之转化为有用于质量改进的知识;

(4)充分利用所掌握的信息资源,为质量管理和持续改进提供及时、有效的服务(如采取纠正措施和预防措施),以实现质量方针和质量目标;

(5)搞好质量信息的储存管理,确保信息的安全性和适宜保密性;

(6)评估质量信息利用的效果,以不断改进质量信息工作。

为提高质量信息工作水平和质量信息资源利用效率,促进质量管理体系、过程和服务质量的持续改进,道路客运企业应强化全员质量信息意识,健全质量信息管理制度,特别是应用现代信息技术,建立质量信息管理系统,实现质量信息管理的信息化、现代化。

第四节 道路客运企业质量管理体系的提升

一、质量管理体系提升的含义

这是一个真实的事例:某医院,在某报纸刊登了整版广告,称通过 ISO 9001:2000 标准认证,"达到了世界级先进水平"。果真如此吗?一个组织,按照 ISO 9001 标准建立起质量管理体系,并通过了认证,取得了认证证书,甚至也实现了持续改进,是不是表明质量管理已经很完美或者"达到了世界级先进水平"?回答是否定的。这是因为:ISO 9001 是 QMS 的认证标准,其实也是 QMS 的最低标准,虽然反映了国际质量管理的基本要求,但只是一种符合性的评价标准,还存在不少局限性,满足不了质量管理的更高需要;即使按标准要求实施《持续改进控制程序》,并通过利用质量方针、质量目标、审核结果、数据分析、纠正措施和预防措施以及管理评审等方法,持续改进体系的有效性,但这种"有效性"是建立在"符合性"基础上的,仍然跳不出 ISO 9001 标准的框架,摆脱不了其固有的局限性。显然,某医院的广告,如果不是无知,那就是误导或欺骗。

由此,提出了一个问题,道路客运企业 QMS 通过 ISO 9001 标准认证并正常运行后,除了原有体系的持续改进,还应该做什么?这就是本节要讨论的问题——质量管理体系的提升。

这里所谓的质量管理体系提升,是指企业在实施 ISO 9001 标准的基础上,采用要求更高的国际或国家标准,以进一步提升管理水平,实现更高的管理目标,即追求更高的管理绩效。从持续改进的角度讲,质量管理体系的提升也可以认为是一种改进,而且是一种突破性改进。我们相信,这是每一个以打造百年基业为己任的企业家和企业的必然追求。

道路客运企业如何推进质量管理体系的提升,进而实现从优秀向卓越的跨越?按照逐步提升的顺序,主要措施或途径大体上有以下几点:

(1)关注国际或国家标准的更新动态,及时进行换版,采用新版管理标准,如以 ISO 9001:2008 替代 ISO 9001:2000。

(2)补充采用要求更高的质量管理标准(如 ISO 9004),以克服 ISO 9001 标准的局限性。

(3)增加采用其他管理体系标准(如 ISO 14001 环境管理体系标准),并实行各个管理体系的有效整合,逐步建立一体化的管理体系。

(4)在实施(1)、(2)、(3)的基础上,采用《卓越绩效评价准则》(GB/T 19580—2004),以实现卓越绩效的最高追求。

下面,分别对(2)、(3)和(4)点作一简单介绍。

二、克服 ISO 9001 标准的局限性

ISO 9001 规定了质量管理体系要求,可以用于内审、认证或合同的目的。道路客运企业通过体系的有效运行,也可以改进服务质量,帮助增强旅客满意度。但是,ISO 9001 标准关注的是体系的符合性和有效性,却不是企业绩效的改进,存在许多局限性。补充采用 ISO 9004:2000 标准,则可以使这些局限性得到很大程度上的克服。

ISO 9004:2000 是 ISO 9000 族标准中一个非常重要、非常有用的标准,虽然它不是 ISO 9001 的实施指南,不能用于认证或合同的目的,但它提供的《业绩改进指南》体现了很多超越 ISO 9001 标准的地方。例如:

(1)超越 ISO 9001 标准的符合性要求,追求组织总体业绩改进;

(2)超越 ISO 9001 标准的有效性要求,追求有效性和效率;

(3)超越 ISO 9001 标准限于满足顾客需求,追求使所有相关方获益;

(4)超越 ISO 9001 标准狭义质量的概念,追求广义的质量。

因此,道路客运企业在 ISO 9001 取得成功的基础上,应用 ISO 9004:2000 标准,对 QMS 进行改进和提升,将可建立更加全面、更加成熟的 QMS,有助于指导企业寻求更多的绩效改进机会,从而增强企业的市场竞争力,实现更高的经营目标。其重要意义和作用,可归纳为四个方面。

1.持续改进企业的总体绩效

ISO 9004 标准关注的重点除有效性、服务质量、旅客满意外,还充分考虑效率、利益、成

本、风险等的管理,追求企业总体绩效的改进。相比其他组织,这一点对于企业有特别重要意义。因为,认证也好,旅客满意也好,其最终目的是要改进总体绩效,获得满意的经济效益和社会效益,实现企业的持续进步和发展。

2. 确保使企业的所有相关方都获益

ISO 9004 标准除了确保满足旅客要求外,还在相应条款中充分体现如何确保其他相关方获益,即满足企业员工、所有者和投资者、供方和合作者,以及社会等其他相关方的利益。比如:企业员工受益——更好的工作条件、提高工作满意度、改进健康与安全条件、提高士气、提高工作稳定性;社会受益——满足法律法规要求、改进健康与安全条件、降低对环境的影响、提高安全性。

3. 引导企业向全面质量管理(TQM)过渡

ISO 9004 标准融入了许多 TQM 的理念和方法,贯彻和实施这一标准将引导企业推进和深化 TQM。而正如本章第一节所指出的:"全面质量管理其实已远远超出一般意义上的质量管理范畴,而成为一种卓越经营管理理念和模式,成为一种企业长期成功和社会广泛受益的有效途径"。

4. 有助于建立一体化的管理体系

ISO 9004 标准不仅涉及质量、人力资源、环境、职业健康安全等方面的内容,而且涉及信息管理、财务管理、风险管理等内容,这就为企业各个管理体系的整合进而实现一体化管理创造了有利条件。

此外,道路客运企业还可以补充应用 ISO 10002 标准《质量管理—顾客满意—组织处理投诉指南》。这是国际标准化组织于 2004 年发布的关于顾客投诉管理的国际标准。该标准扩大了投诉的内涵,即投诉不仅是传统意义上的投诉,还包括来自顾客的不满、意见、抱怨等多项内容。该标准规定了投诉处理过程中的管理原则和要求,能增强企业对投诉问题的处理能力,并能方便地与 ISO 9001《质量管理体系——要求》的实施结合在一起,作为符合 ISO 9001 要求的质量管理体系的组成部分,还能与 ISO 9004《质量管理体系——业绩改进指南》的实施相结合,进一步提高投诉处理过程的业绩,提高顾客和其他相关方的满意度。ISO 10002 还有一个突出的特点,就是以附录的形式给出了大量指南,从而使标准更具操作性。

三、逐步建立一体化管理体系

道路客运企业的管理体系是一个复杂的系统,其构成包括多个专业管理体系,如财务管理体系、质量管理体系、环境管理体系、职业健康安全管理体系等。每一个管理体系都有自己的目标,每个目标都有其关注点。质量管理体系与其他管理体系的目标在各自的关注点方面是不尽相同的,如:质量管理体系致力于企业质量目标的实现,达到持续的旅客满意;财务管理体系主要关注效益增长、资金、利润;环境管理体系主要关注的是社会对环境的要求;职业健康安全管理体系主要关注的是员工对职业健康与安全的要求。但是,这些目标是构成企业总体目标的组成部分,是相辅相成、互为补充的。因此,将一个企业的管理体系的各个部分连同质量管理体系结合或整合成一个整体,形成一体化管理体系,将有助于企业管理活动的策划、合理配置资源、确定互补的目标以及评价企业的整体有效性,这对提高管理的有效性和效率、实现资源的共享和节约、促进企业整体绩效的持续提升等都是十分有利的。

质量管理体系与其他管理体系的整合,不仅必要,而且完全可能。这是因为,质量管理体系标准与其他管理体系标准之间,在很多方面具有能够促成相互结合的相容性。

(1)对管理体系中共同的概念,运用基本一致的术语或词汇。例如,"最高管理者"、"内部审核"、"记录控制"等通用性的词汇,适用于质量管理体系,也适用于其他多个管理体系。

(2)基本思想和方法一致——着眼于持续改进和预防为主的指导思想;强调最高管理者的承诺,建立方针、目标;强调员工意识和能力以及全员参与等。

(3)建立管理体系的原理一致——同样寻求系统化、程序化的管理手段。都是运用设定目标,系统地识别、评价、控制、监视和测量并管理一个由相互关联的过程组成的体系,并使其能够协调地运行。这一系统的管理思想:都有体系文件作为过程和活动运行的支持,对文件的控制要求基本相同,且都要求对运行结果形成完整而准确的记录。因此,ISO 9001标准要求制定并保持的形成文件的程序(如文件控制、记录控制、内部审核、不合格控制、纠正措施和预防措施等),其他管理体系可以共享。

(4)管理体系的运行模式一致——都以过程为基础,运用"PDCA"循环的基本模式进行持续改进,并强调通过自身的监督评价机制(如内审、管评),实现体系的螺旋式上升、自我完善。

(5)一致的合规性要求——ISO 9001标准中强调了法律法规的重要性,在环境管理体系、职业健康安全管理体系等标准中也同样强调了适用的法律法规要求。

总之,国际管理标准的制定,始终注重标准间的相容性,即管理体系间的协调一致,这就使不同的管理体系能够通过整合而形成一体化管理体系。所以,道路客运企业在应用ISO 9001、ISO 9004标准的同时,应当不失时机地应用更多国际管理标准(如ISO 14001、OHSAS18001、ISO 31000等),并注意各个管理体系标准的融合与整合,逐步形成以质量为中心的一体化企业管理体系,以提高企业现代管理水平和整体绩效。

四、追求卓越绩效

这里所谓追求卓越绩效,是指在以ISO 9004为指南对QMS进行改进和提升后,进一步实施《卓越绩效评价准则》(GB/T 19580—2004),以实现卓越绩效的最高追求。

《卓越绩效评价准则》(GB/T 19580—2004)是参照国外质量奖的评价准则(主要是美国波多里奇卓越绩效准则),结合我国质量管理的实际而制定。它从七个方面规定了组织卓越绩效的评价要求:

(1)领导(100分)。包括组织价值观、发展方向和目标、对顾客和其他相关方的关注、激励员工、创新与学习的内部环境、组织治理、社会责任等。

(2)战略(80分)。包括战略制订、战略部署、绩效预测。

(3)顾客与市场(90分)。包括确定顾客和市场需求、期望和偏好,建立顾客关系的方法;确定影响赢得、保持顾客,并使顾客满意、忠诚的关键因素的方法。

(4)资源(120分)。包括人力资源、财务资源、基础设施、信息、技术、相关方关系等。

(5)过程管理(110分)。包括价值创造过程、支持过程。

(6)测量、分析与改进(100分)。包括收集、分析和管理数据、信息、知识的方法;共享和使用数据、信息、知识,改进组织绩效。

(7)经营成果(400分)。包括顾客和市场的结果(顾客满意度和忠诚度、市场占有率等)、财务结果(收入、利润、资产保值增值率等)、资源结果(员工的学习、发展、权益、满意度等)、过程有效性结果(主要价值创造过程、关键支持过程、战略和战略规划等)、组织治理和社会责任结果。

可见,卓越绩效评价准则不仅远远超越 ISO 9001 的内容和要求,也超出了 ISO 9004 的覆盖范围,如包括了社会责任、道德行为、公民义务、企业文化等内容,更强调战略、绩效结果和社会责任,从而为企业提供了追求卓越绩效的经营管理模式和评价标准。在一定意义上,我们可以认为,《卓越绩效评价准则》(GB/T 19580—2004)是 ISO 9000 族标准的发展和延伸,如果说 ISO 9001 是质量管理体系的"最低标准",那么 ISO 9004 就是"提高标准",而《卓越绩效评价准则》(GB/T 19580—2004)作为全国质量奖的评审标准则是目前的"最高标准"。

因此,实施 ISO 9001→补充实施 ISO 9004→增加实施 ISO 14001 等其他标准→全面实施《卓越绩效评价准则》(GB/T 19580—2004),这就是道路客运企业质量管理体系逐步改进和提升之路,是以质量管理为中心向以质量为中心的管理逐步转变之路,也是经营绩效(包括经济效益和社会效益)逐步改善并实现从优秀向卓越的跨越之路。在全面实施《卓越绩效评价准则》(GB/T 19580—2004)的基础上,企业还可以创造条件,争创我国质量管理的最高荣誉——全国质量奖。当然,这一切能否实现,关键仍然在于最高管理者的观念、视野、追求以及持续的创新力和领导力。

附:申报全国质量奖需具备的条件

1. 按 ISO 9000 族标准建立、实施、保持质量管理体系,已获认证注册;对有强制性要求的产品已获认证注册;提供的产品或服务符合相关标准的要求。
2. 已按 ISO 14000 族标准建立、实施、保持环境管理体系;企业"三废"治理达标。
3. 连续三年无重大质量、设备、伤亡、火灾和爆炸事故(按行业规定)及重大顾客投诉。
4. 近三年,企业获得了顾客满意产品和全国实施卓越绩效模式先进企业(全国质量效益型先进企业)称号。

本章思考题

1. 请联系客运服务,谈谈全面质量管理的特点。
2. 怎么理解"以顾客为关注焦点"的原则?道路客运企业落实这一原则,应当采取哪些措施?
3. 联系质量管理体系的持续改进,谈谈你对"领导作用"原则的理解。
4. 为落实"员工参与"原则,道路客运企业应重视做好哪些工作?
5. 什么是过程方法?举例说明过程方法在质量管理体系中的应用。
6. 质量管理体系如何体现"持续改进"原则?(可根据图 20-2 分析)
7. 为什么说八项质量管理原则"为质量管理提供了清晰思路"?
8. 道路客运企业质量方针和质量目标的制定,应注意哪些要求?
9. 道路客运企业在质量管理体系建设过程中,常见的问题有哪些?如何避免或克服这些问题?
10. 为什么要对质量管理体系进行评价?评价方式主要有哪些?你能说说这些评价方式的主要不同点吗?
11. 在 ISO 9001 的基础上应用 ISO 9004 标准,为什么可以使 QMS 得到改进和提升?
12. 为什么质量管理体系与其他管理体系能够通过整合而形成一体化管理体系?

第二十一章 道路客运企业信息化建设

第十九章第三节分析了企业信息化的作用,并把企业信息化作为企业现代化的重要途径提了出来,同时强调指出:"基于信息资源的开发、共享和利用的企业信息化,将从根本上改变企业面貌,在企业现代化过程中有着举足轻重的影响和作用,甚至可以说,没有信息化,就没有企业现代化。作为传统产业的道路客运企业,更需要加快信息化建设的步伐,以尽快实现向现代服务业的转型升级。"本章将首先介绍企业信息化的基本概念、基本条件和一般步骤,然后重点讨论道路客运企业信息化的主要内容以及企业信息化建设过程中的几个重要问题。

第一节 企业信息化建设概述

一、企业信息化的含义

现代信息技术的迅猛发展,引领我们进入了全面信息化的时代。信息化已成为现代社会的一个典型特征,也成为衡量一个企业现代化水平的重要标志。

(一)信息化的几个概念

关于信息化,有很多技术性和管理性概念。这里只就本节涉及的几个名词作些简单介绍。

1. 信息资源

对信息资源的理解有广义和狭义之分。广义的信息资源,包括信息以及与信息活动相关的信息人才和信息技术;狭义的信息资源,单指信息。本书所称的信息资源主要指后者,即信息本身。

相对于物质资源和能源资源,信息资源具有以下几个显著特点。

(1)选择性,即人们对于信息资源是"各取所需"的,同一内容的信息资源在不同的使用者那里的影响和效用会大不相同。

(2)价值性,即信息资源的利用,不仅可以改变客观世界,而且可以改变人的主观世界(观念、知识、能力、动力等)。

(3)共享性,即信息资源可通过传递或交流实现共享而具有无穷大的规模效应。

(4)时效性,即环境的瞬息万变使得信息资源价值性的时间区间大为缩小,随着时间的推移,信息资源的效用会降低甚至完全丧失。

(5)可增长性,即信息资源在不断开发利用过程中丰富和增长,取之不尽,用之不竭。

2. 信息技术

信息技术(英文简称 IT)是指实现获取信息、传递信息、存储信息、处理信息、显示信息、分配信息等的相关技术,主要包括:

(1)传感技术,用于信息识别、信息提取、信息检测等;

(2)信息传递技术,如通信技术、网络技术;

(3)信息处理与再生技术,用于信息的编码、压缩、加密、再生等,主要依赖于计算机技术;

(4)信息施用技术,用于信息控制、信息显示等。

可见,传感技术、计算机技术、通信技术和控制技术是信息技术的四大基本技术,其中计算机技术和通信技术更是信息技术的两大支柱。

3. 信息系统

信息系统是一个由人(信息管理者、信息用户)、信息处理器(主要是计算机硬件和软件、网络和通信设备)、信息源等组成的人机一体化系统(如图 21-1 所示)。信息系统的功能,是通过信息的输入、存储、处理、输出和控制,实现组织(如企业)的管理、控制和决策。

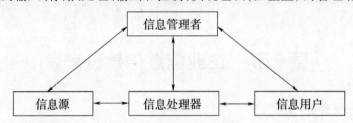

图 21-1　信息系统结构示意图

按信息用户的不同等级层次,信息系统可划分为战略级信息系统(如经理支持系统、决策支持系统)、管理控制级信息系统(如财务管理系统、质量管理系统等各种管理信息系统)、执行级信息系统(如事务处理系统)。

信息系统的发展,大致沿着三个方向:

(1)从单个系统向集成系统发展;

(2)从事务处理向高层管理发展,从支持程序性决策向支持非程序性决策发展;

(3)从企业内部向外部发展(如供应链系统、电子商务系统)。

(二)企业信息化的含义

什么是企业信息化? 企业信息化是指企业以现代信息技术为手段,对内外信息资源进行深度开发和有效利用,不断提高企业生产、经营、管理、决策的效率和水平,进而提高企业的经济效益和竞争力的动态发展过程。从这个表述中,可以看出其含义主要包括几个方面:

(1)从技术手段看,企业信息化是企业对现代信息技术的广泛应用。现代信息技术在企业中的广泛应用,特别是信息系统的建立和完善,构成了企业信息化的一个显著特征。

(2)从核心内容看,企业信息化是企业对内外信息资源的深度开发和有效利用。信息是企业资源的关键要素,大力开发和利用信息资源是企业管理的战略任务。以现代信息技术和信息系统为手段和工具,将大大提高信息资源开发和利用的效率和效果,使信息资源的选择性和时效性得到更好的满足,并使其共享性、价值性和可增长性得到更加充分的发挥。

(3)从根本目的看,企业信息化是为了提高企业的经济效益和市场竞争力。企业是以盈利为目的的经济组织,企业信息化的着眼点在于充分发挥信息资源的效用和价值,提高经营管理活动的效率和水平,更好地实现企业盈利目标,而绝不是"信息技术化"的一种"技术秀"。正像企业对任何新技术的敏感和积极应用一样,市场竞争和利润追求才是企业信息化的根本驱动力。

(4)从运行轨迹看,企业信息化是一个动态的不断演进和深化的发展过程。企业信息化不是"一次性"项目,不可能"一步到位",道理很明显,一方面现代信息技术的发展日新月异,另一方面企业也总是在适应经营环境的变化中谋求自身管理和目标的不断成长。这种内外环境的动态变化,带来了企业信息化需求和信息化水平的变化,从而决定了企业信息化的运行轨迹,决定了它的发展只能是一个有起点、没终点的永续过程,不可能一蹴而就,也不可能一劳永逸。

(5)从过程性质看,企业信息化是一项复杂的系统工程。它所涉及的方面十分广泛,既有各种信息设备和信息技术的系统应用,又有思想观念、生产方式、业务流程、营销模式、管理组织、决策和管理方法等的变革和创新,既有人力、物力、财力的巨大投入,又有内部环境、基础工作、员工素质等的改善和提高。这些方面,相互联系、相互影响、相互作用,构成了一个复杂的动态系统。可以说,企业信息化其实是企业全方位的一场革命,其艰巨性不可低估。

二、企业信息化的基本条件

道路客运企业的信息化建设虽然势在必行,但也应当看到,企业信息化作为高难度、高投资的系统工程,客观上存在着一定风险,没有一定基本条件的支持,是不可能成功实施的。实践也表明,企业信息化本就是有条件的企业或主动创造条件后的企业的战略选择。

企业信息化应当具备或应当创造的基本条件,主要表现在领导、人才和基础管理三个方面。

(一)高层共识

企业信息化的战略意义及其系统工程的过程性质,决定了它必须是"一把手工程",必须有一把手的全程重视、推动、领导和参与。而作为前提条件,必须通过一把手的影响和作用,形成企业高层管理者对于企业信息化建设的共识。这个共识,应包括几层含义:

1. 有认识——该建设

首先,企业领导层要有先进的管理理念和超前的管理思维,充分认识到企业信息化的深刻含义及其对于企业发展和企业现代化的意义和作用;其次,企业领导层要率先学习掌握计算机和信息系统的基本知识,懂得计算机和信息系统能干什么,能带来什么;再次,企业领导层要了解企业信息化建设的原则、步骤和主要工作,知道信息化过程中会碰到什么,要解决什么。在这个基础上,企业领导层才能形成信息化"应该建设"的共识。

2. 有需求——要建设

企业领导层要清醒地认识到本行业的竞争态势和发展趋势以及本企业的经营特点和市

场地位,初步明确企业信息化的当前需要和未来需要,同时,要正确估价本企业的管理水平和人才、资金等资源状况,从而对企业信息化建设的主要内容有一个框架性的设想,最好还能形成粗线条的规划。这样,企业领导层也就在信息化"需要建设"上达成了共识。否则,企业信息化需求方向不明而勉强进行或盲目进行,势必不会有好的结果。

3. 有决心——建设好

企业领导层不仅要有高瞻远瞩的勇气和魄力,而且要有坚定不移的决心和毅力,做好长期作战和克难攻坚的思想准备,特别是做好改变旧观念旧习惯、冲破变革阻力的思想准备。如此,才能在整个企业中统一意志、统一目标、统一步调,才能凝聚企业上下力量、调动企业一切资源,使企业信息化建设顺利开展、不断推进,并取得良好效果。

(二)复合型人才

企业信息化建设,光有领导的重视和主导是不够的,还必须有自己的信息化人才来具体实施,而不能完全依赖于外部。为什么?这里不妨从信息化的过程特点和信息化人才的能力要求两个方面来分析。

先看信息化的过程。信息化建设,既不是简单的一次性设备购买行为,也不是单纯的一次性技术开发项目。前面说过,它是一个过程,而且是"一个动态的不断演进和深化的发展过程",是"一个有起点、没终点的永续过程"。这么无止境的发展过程,能完全外包给外部技术开发或咨询机构及其技术人员吗?且不说信息系统突发情况的及时处理(这在道路客运企业的服务系统如售票系统中并不鲜见),即使信息系统的开发、应用和日常维护,企业也不能没有自己的技术力量。否则,企业信息化建设很可能陷于十分被动的窘境,造成不应有的损失。

再看信息化人才的要求。企业信息化需要人才,这是无疑义的,问题是需要什么样的人才,即对信息化人才的能力要求是什么。如果把信息化建设当成纯技术项目来实施,只要求实施者的信息技术能力,那就错了。事实上,企业信息化必须与经营管理紧密结合,信息化建设的每一步,无论是前期准备(评估、规划等)、技术实施,还是运行维护、评估提高,都要求实施者对企业的战略、业务、管理等足够的熟悉。因此,企业信息化建设所需要的,应是既懂技术又懂管理的复合型人才,这也是企业信息化不能完全依赖于外部信息技术人员的重要原因。全球电子商务巨头阿里巴巴通过招聘"产品经理特训生",从技术人才中选拔商业精英。道路客运企业也应考虑建立适应企业信息化需要的人才开发机制,注重在业务骨干中培养信息化人才。拥有一支一定数量(当然,在信息化的初期,数量可能有限)的复合型人才队伍,这是企业信息化建设顺利开展和取得成效的必要条件。

(三)基础管理

企业信息化必须建立在规范化、标准化的管理基础上。比如,机构设置是否合理?管理制度是否完善?业务流程是否顺畅?作业程序是否规范?标准、定额、计量、记录等是否健全等。特别是其中的数据管理,更是企业信息化的最重要的基础和支撑。信息化的核心是信息,而信息的本质是数据(数字、文字、图像等)。在这个意义上,可以说,企业信息化就是对企业数据或数据集合进行数字化设计、实施、应用和管理。企业数据的格式化、标准化、精确化,是构建信息系统、实现信息共享的基本保证,是关系企业信息化成败的关键基础工作。一个管理无序尤其数据管理混乱的企业,是很难实施信息化的,即使勉强采用一些现代信息技术设备,也只能是形式上的局部点缀,充其量替代部分人工作业而已,而不可能形成真正意义上的信息系统,更不用说整体企业信息化了。

因此,为实施企业信息化,道路客运企业必须抓好以数据或信息管理为核心的基础工作,包括加强定额和标准化管理、规范信息管理职责和评价机制、完善数据采集和传输体系、严格原始记录和台账管理制度等。

三、企业信息化建设的一般步骤

企业具备了上述三个基本条件,特别是在一把手的推动下初步达成高层共识之后,即可进入企业信息化建设的实质性步骤。以初次进行信息化建设为例(已有现行系统的企业亦可参照),一般可分为规划、实施、维护和提高四个大的阶段,如图21-2所示。

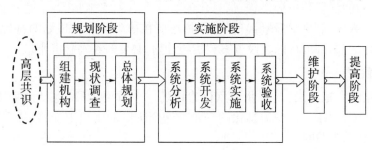

图 21-2　企业信息化建设的步骤

(一)规划阶段

企业信息化的规划阶段,主要有三项工作。

1. 组建机构

这是信息化建设的组织准备,也是必不可少的第一步。这个机构应该有两个层次:

第一层次是领导小组,作为信息化的决策机构。它的职责是,负责战略规划、建设方案、实施计划等的审批以及其他涉及信息化的重要决策(如资源调度、变革方案)。其成员除企业领导外,还应包括相关部门的负责人和有经验的管理(技术)专家。

第二层次是工作小组,作为信息化的职能机构。它的任务是,执行领导小组的决定,推进信息化建设的具体工作,包括:拟定规划、组织实施、运行管理、负责培训等。工作小组不能简单地由某个科技或规划部门兼管,而应该是一个具有全局性的独立部门。在人员构成上,要有本企业的有关领导,最好是首席信息主管(CIO);主体成员应是各方面的专家(技术、管理、规划等);还可以包括一些参与企业信息化建设的外聘人员,如信息化咨询机构或技术开发机构的专门技术人员,在信息化建设告一段落、工作小组转为常设机构后,外聘人员即可退出。

2. 现状评估

现状评估是规划的前期准备,也可以认为是对企业高层关于信息化需求设想的进一步分析和论证。

"现状"的主要内容,包括:企业的发展目标和战略规划、企业的管理体制和组织结构、企业的业务流程和管理制度、企业的技术水平和技术力量、企业的文化环境和观念、企业的人力资源结构和素质、外部的行业环境和竞争形势、国家信息化政策和信息技术发展趋势等。

"评估"的具体目的，无非两条：

(1)确认企业信息化的需求（当然，还只是概念性的需求）。比如，需求究竟有没有、需求的紧迫性如何、需求的范围怎么定、需求的关键点在哪里等。

(2)确认企业信息化的基本条件。比如，条件是否完全具备、有没有需要补课的地方、短期内能否完成补课等。

3. 总体规划

总体规划，就是在现状评估的基础上，根据企业的发展目标和战略规划，基于企业信息化的概念性需求和业务发展需要，运用系统的观点，制订企业信息化的发展战略。规划内容包括：信息化的指导思想和方针、信息化的总体定位和战略目标、信息化的实施范围和系统体系、信息化的功能框架和系统架构、信息化的实施重点和实施步骤、信息化的主要措施和资源保障（资金、人才、制度、变革等）等。同时，还应在信息化战略规划的基础上，经过可行性研究和风险评估，制订可行的建设方案和实施计划，必要时编写任务书。

(二) 实施阶段

企业信息化的实施阶段，是企业信息化建设的一个重要阶段，也是最主要的技术性环节。通过技术实施，构建起企业信息化的平台。这个阶段的主要工作，包括系统分析、系统开发、系统实施和系统验收。

1. 系统分析

系统分析也是技术性的需求分析，其目的是对具体业务需求（应考虑到今后发展预期）寻求技术解决方法，实现系统功能与需求的对接。系统分析的结果形成系统说明书，这是系统开发的依据，也是系统验收的依据。

2. 系统开发

系统开发就是系统设计，包括系统结构框架设计、业务流程系统逻辑设计、模块功能设计等。系统开发的结果形成系统设计说明书，这是下一步系统实施的指导性文件。

3. 系统实施

系统实施就是按系统设计说明书将设计的系统付诸实现，包括物理系统实施（主要是计算机硬、软件系统和通信网络系统）、编程（程序设计）、系统调试、试运行等。系统实施的工作量比较大，耗时也比较长，所以通常分成小的阶段进行。

4. 系统验收

系统验收就是按照系统说明书，对经过试运行后的系统进行验收。系统经验收合格，即可投入正式运行。

为提高系统实施阶段的效率和效果，可建立系统项目组，委任项目组长，实行项目管理。

(三) 维护阶段

系统项目建成交付使用后，还需要进行经常性的运行维护，以保证系统长期安全有效运行。运行维护的具体工作，主要是对系统进行动态跟踪管理，及时发现和纠正存在的问题，排除故障，更换易损部件，刷新备份的软件和数据存储，同时建立运行维护台账。

(四) 提高阶段

系统投入正常使用后，并非万事大吉，还有个不断调整、修改、完善和提高的问题，即通过"动态的不断演进和深化",实现闭环管理,使信息化的效能和价值得到最大限度的发挥。这是企业信息化建设过程中非常重要的阶段,不应当被忽视。

提高阶段的主要工作,应包括:绩效评价——定期进行系统诊断,评估系统的能力和绩效,从而采取针对性措施,使系统得以持续地改进;功能拓展——根据企业业务发展和信息技术进步的实际,适当进行系统的调整和修改,以拓展和完善系统的功能,满足新的业务需求;系统集成——逐步扩大信息资源整合范围,提升系统能力和信息化水平,实现从单个系统向多个系统的集成,从部门级信息化向企业级信息化的跨越。

第二节 道路客运企业信息化建设的主要内容

道路客运企业信息化建设的主要内容,按其应用或服务对象,大体上可分为服务信息化、管理信息化和门户网站三大部分。

一、服务信息化

服务信息化,是指面向旅客、应用于客运服务的信息化内容,或是作为服务人员的服务手段(如电脑售票、行包服务系统),或是直接为旅客所应用(如触摸屏查询、自助售票机)。

(一)客运信息服务系统

本书第四章第一节曾指出,客运信息服务是"质量性服务的重要内涵","对于满足旅客需要,特别是方便性、文明性的需要,改善和提高服务质量,从而提高旅客满意度,具有重要的意义",而"信息服务的方式"是决定"客运信息服务的质量好坏"的一个重要因素,"近年来大屏幕显示、多媒体查询、企业网站交流、微博、短信、QQ 等运用现代信息技术的传播方式崭露头角,因其具有信息量大、实时性强、分类清晰、查询方便、适应个性化需要等特点而广受旅客欢迎,未来的发展空间极为广阔。"此处提及的"运用现代信息技术的传播方式",正是下面将要介绍的客运信息服务系统。

客运信息服务系统有很多子系统,这里摘要作一介绍。

1. 导乘信息显示系统

导乘信息显示系统是安装于客运站内,通过电子显示屏(如 LED 显示屏,即通过控制发光二极管用来显示文字、图形、图像、动画、视频等多媒体信息的显示屏幕)实时发布客运信息,为旅客提供业务指南的服务系统。例如,售票厅的班次时刻表显示屏、班次动态信息显示屏、票务信息显示屏;候车厅的班次到发信息显示屏、检票口的检票引导屏;出站口的到达班次信息显示屏。这些信息显示系统,能为旅客提供购票、候车、乘降等引导信息,按需要还可以集成时钟系统、公告系统等,相对于静态标志,具有更改方便、内容丰富、色彩鲜艳、生动醒目等优点。图 21-3 所示为班次动态信息显示屏。

2. 触摸屏查询系统

触摸屏查询系统是运用多媒体技术的人机交互系统。旅客只需轻轻点击相关界面,就可以进入一个集文字、图像、声音、动画、影像于一体的信息世界,轻松地获取所需信息,包括车站概况、班次时刻、旅客须知等业务指示信息以及城市介绍、公交线路、名胜古迹等旅行指南信息。这种查询系统,信息可实时更新,界面人性化,操作简单自如,适合不同年龄、不同文化层次的旅客使用,旅客在自由地了解各方面信息的同时,还可以感受多媒体画面带来的愉悦和舒适。图21-4所示为班车信息自助查询机。

图 21-3　LED 班次动态信息显示屏

3. 自动语音广播系统

自动语音广播系统是一种运用电脑将文字转换成语音的广播系统,具有播音文稿管理、自动播报、中英文双语广播、智能合成宣传语、循环(或定时)播放、MP3 音乐播放等功能。自动语音广播系统标准悦耳的普通话发音,不但有助于展示车站风貌,增加旅客的愉悦感,而且大大降低了车站广播员的工作量,提高语音清晰度和准确率,避免因人工播报差错或误解而导致的客运纠纷。

4. 服务质量评价系统

服务质量评价系统是一种采集旅客反馈信息的服务系统,具有服务人员身份识别、礼貌语问候、服务评价等功能。服务质量评价系统通常设立于车站售票、问讯等各个窗口岗位,旅客在接受服务后可通过评价按键自主地对服务人员的表现现场作出评价(一般为"非常满意"、"满意"、"一般"、"不满意"),系统对旅客评价意见将自动进行传输和统计分析。借助该系统,可以实时获得旅客反馈信息,了解旅客的满意程度,作为对站务人员的考评依据之一,有助于建立起真实、有效的服务"星级评价"体系,督促和提高客运服务水平。

图 21-4　班车信息自助查询机

(二)售票服务系统

售票系统是道路客运企业信息化建设的重点内容之一,也是客运行业开发较早、应用较为成熟的信息服务系统。随着信息技术的进步和普及,道路客运售票系统从最初的站内窗口电脑售票,逐渐发展为站际联网售票,直到目前的多种远程和异地售票方式,如自助售票机售票、网站售票、跨域联网售票、跨业联网代理售票等。这些新型售票方式,在为旅客提供随时随地购票(或通过手机、电脑上网,或通过就近的联网车站、银行、邮政和其他售票点)的极大便利的同时,也带来了服务信息化的全新体验和无穷魅力。图 21-5 所示为自助售票机。

（三）候车室有线电视播放系统

候车室有线电视播放系统主要是为了满足客运服务文明性的要求，为解除旅客候车时的寂寞、缓释心理压力、调节候车室气氛而设置的，在同服务系统中心数据库相互连接后，不仅可播放各种电视节目，而且能够播放车站自制节目，成为传播实时客运信息、旅行知识等的又一有效渠道。

（四）小件寄存服务系统

小件寄存服务系统是为旅客需要时提供小件寄存服务的信息系统。小件寄存服务系统采用身份证和密码双重认证方式，对小件寄存实行实名制管理。小件存取过程通过电脑完成，并进行相关的票据打印，提取时通过激光扫描器读取票据信息及密码验证，既有效降低了差错率，保障了旅客权益，又提高了查找寄存物品和统计计算的效率。此外，旅客还可以根据自己的情况，选择通过小件自助存取机，方便地实现自助存取。

图 21-5　自助售票机

（五）行包（含小件货物）服务系统

行包服务系统以物联网技术和数据库技术为核心，半自动分拣物品，结合司磅一体化、行包显示系统、行包视频监视系统、行包安全检测设备等，快速实现行包和小件货物的托运和提取过程，并完成相关票据的打印。行包（小件货物）在受理、发送、到达、提取后的四个阶段，系统还可以给托运人或提取人发送短信，告之行包（小件货物）的相关信息（已受理、已发送、已到达、已提取）。行包服务系统的应用，提升了行包和小件货物托取服务的智能化程度，减少了差错，提高了效率，也使行包员劳动强度大为降低。

（六）上下车服务系统

旅客上下车服务系统，除前面提及的检票引导屏和到达班次信息显示屏外，主要是检票系统。

本书第五章第六节曾经指出："检票服务是客运站站务作业的一项重要内容，检票员的工作好坏对客运质量特性的及时性与安全性尤其产生直接影响。对于班次多、客流量大的车站，检票作业的重要性显得更为突出。"检票系统与售票系统相连接，具有检票作业所需要的基本功能，如检票（系统检票或旅客自助检票）、核对检票人数（与售票人数是否一致）、打印结算凭证等均可自动进行，大大提高检票效率和质量，改善检票秩序。必要时（如春运等客流高峰），系统还可运用"绿色通道"功能，实现先上车后买票，最大限度地缓解旅客出口压力。

（七）安全维护服务系统

道路客运企业的安全维护系统，包括车站安全维护系统和车辆动态监控系统。

1. 车站安全维护系统

安全维护是客运站的重要功能,自然也是车站信息化建设的重要内容,主要包括监控、安检、门检等几个环节。

1)站场监控系统

站场监控系统是通过安装一定数量的监控摄像头,对停车场、车站周边及内部关键部位(如消防、电力、财务)实施全方位、全天候的动态监控,防止行车、火灾、治安等各类事故的发生。

图21-6所示为车站监控系统监控室。

图21-6　车站监控系统监控室

2)安全检查系统

安全检查系统,除通过危检仪检查"三品"外,主要是车辆安全技术检查系统。车辆安全技术检查系统(即车况门检系统),是通过车辆检测线(包括汽车底盘间隙检查仪、侧滑检测台、制动性能检测台、轴重仪、电脑控制系统等),按照规定项目和要求,对车辆的转向、制动、传动、灯光、轮胎等部位技术状况进行自动检测或人工检查(检查结果录入电脑),电脑控制系统对检测结果进行自动评判、自动存档,并打印"车辆安全技术检查报告单",对合格车辆出具"车辆安全技术检查合格证"(并录入车辆IC卡),凭以报班。

3)出站门检系统

出站门检系统,是门检人员对出站车辆IC卡进行刷卡检查,并将上车检查情况录入电脑,按"五不出站"要求(详见第五章第七节有关内容)比对查询,合格后予以放行。

2. 车辆动态监控系统

行车安全是道路客运企业的头等大事。应用信息技术对客车运行过程实施全程动态监控,是保证行车安全的重要措施。目前运用较多的动态监控系统主要有:

1)卫星定位监控系统(GPS)

GPS车载终端具有自检、定位信息采集、状态信息采集、路线监控、应急报警、通话等功能。安全管理人员可以通过GPS对客车的安全行驶进行实时全程监控,对驾驶员的超速、偏离行驶路线等违法违章行为及时进行提示纠正。通过GPS提供的信息,还可以告知旅客目前车辆所在位置、自动计算剩余里程、估计到站时间等。

2)视频实时监控系统

视频监控系统通过在车辆上安装4个左右的高清快速摄像头,以高速无线网络(如3G)方式将视频实时回传到公司视频管理服务器,企业安全管理部门根据系统的相应权限可以实时查看驾驶员行车是否有危险动作、车辆行驶的路况如何以及车内的旅客状态等。视频实时监控系统的运用,还有助于监督驾乘人员提高服务质量,防止超载、随意甩客等不良情况的发生。

3)行驶记录仪

汽车行驶记录仪(俗称"黑匣子")能自动记录汽车行驶状态数据,如行驶速度、里程、驾驶时间、制动及转向信号等,并在行车过程中超过最高时速限定或连续驾驶时间限定时发出声光警报,提醒驾驶员减速或停车休息。

(八)车载多媒体点播系统

为适应旅客需要,使客车运行途中的单调枯燥生活变得丰富多彩、轻松愉快,客车上都配备有相应服务设备,如本书第三章第三节介绍的音像设备和车载电视,但是,这种服务设备显然够不上"丰富多彩"的要求,一刀切的公共播放形式也很难让人人"轻松愉快"。随着汽车技术和信息技术的快速发展,一种新的车载播放设备——多媒体点播系统便应运而生。多媒体点播系统不仅能够提供音乐、新闻、体育、娱乐、电影等全功能点播服务,还可以提供订制的客运综合信息服务,尤其令人满意的是,能够满足旅客个性化的视听享受乃至互动游戏的需求,实现一人一机(一般安装于旅客坐椅靠背处),从而彻底解决全车统一播放的弊端。图21-7所示为新一代豪华客车个性化点播系统。

图21-7 豪华客车个性化点播系统

二、管理信息化

管理信息化,是指面向管理者、应用于管理过程的信息化内容。

(一)办公自动化系统(OAS)

办公自动化系统,是利用信息技术进行自动化、无纸化的办公系统。该系统具有支持管理者日常办公所需要的各项信息处理功能,如:通过文字处理、桌面印刷、电子化文档进行文档管理,通过数字化日历、备忘录进行计划和日程安排,通过桌面型数据库软件进行数据库管理,通过电子邮件、语音信箱、数字化传真等形式进行信息联系和交流。因此,办公自动化系统不仅可提高个体的办公效率,而且可以通过方便快捷的信息交流和共享,实现不同地域、不同职能管理者的高效协同工作,大大提高群体办公活动的效率和质量,从而使企业彻底告别传统的低效手工办公方式。所以,办公自动化系统在道路客运企业得到了广泛应用。

(二)管理信息系统(MIS)

广义的管理信息系统,还应包括前述的办公自动化系统及后述的决策支持系统,但本处指狭义的管理信息系统——管理信息系统是一个以数据库技术为基础,支持企业管理活动的集成信息系统。它不仅能进行一般的事务处理,而且具有预测、计划、优化、控制等功能,并能提供程序性决策方案。道路客运企业的管理信息系统,由一些对应于业务管理的子系统构成,各子系统之间既相对独立,又共享信息资源,实现业务协同,还可与办公自动化系统实行无缝衔接。例如：

1. 运务管理系统

运务管理系统涵盖客运信息（如线路、班次、站点）、车辆调度（如计划、报班、加班）、站务作业（如售票、检票、行包、安检、门检）、运营实绩（如地区运量和周转量、经营运量和周转量、地区营收、经营营收）、客运质量（如质量指标、旅客反馈、旅客投诉、商务事故）等方面，实现业务管理、站务管理、质量管理、快件管理、票证管理、营收结算、统计分析等基本功能。

2. 车辆管理系统

车辆管理系统涵盖车辆从购入到报废整个生命周期，包括车辆运行（如里程、消耗、业绩）、车辆维护和修理（如故障、换件、磨损）、车辆检测（如性能、技术等级）、轮胎管理（如换位、磨损、更新）、车辆技术档案管理（如登记、分析）等各个环节。

3. 安全管理系统

安全管理系统整合站场监控系统、火灾自动报警系统、防雷系统、供电系统以及行车安全管理系统，构建突发事件应急平台，实现对客运站场和营运车辆的全面动态安全管理。其中，行车安全管理系统包括车辆动态监控系统（包括GPS卫星定位监控系统、行驶记录仪、车载实时视频监控系统）、驾驶员管理系统（招聘、培训、考核、事故处理等）和安全风险管理系统（安全信息管理、风险评估、风险应对、监督检查等）。车辆动态监控系统不仅可以实现实时安全管理功能，而且安全管理人员还可以通过对动态监控系统数据信息的采集和分析，发现存在的问题，从而加强和改进行车安全管理工作。

4. 质量管理系统

质量管理系统涵盖面非常广，包括：面向旅客的服务现场评价系统、意见征集和投诉处理系统、满意度测评系统，面向员工的质量考核评价系统（如"星级评价"系统），面向管理过程的质量指标管理、商务事故管理、质量标准管理、质量评估与改进管理等系统。

5. 财务管理系统

财务管理系统一般使用第三方专业财务软件，实现资金管理、预算管理、成本管理、会计核算（包括单车核算）、财务分析、财务风险控制等功能，同时还可以通过网络实现远程业务处理（报账、审批、查询、结算等），并通过严格的安全控制环节确保财务数据的准确、完整和安全。

6. 人力资源管理系统

人力资源管理系统涵盖人力资源规划、职务设计、招聘与选拔、培训与开发、薪酬与福利、绩效管理、沟通与激励、员工关系管理等各个工作环节，并可通过网络实施人才招聘、在线沟通、在线培训等功能。

（三）决策支持系统（DSS）

决策支持系统是通过数据提供、模型运行和知识推理，以人机交互方式辅助决策者进行非程序性（半结构化或非结构化）决策的信息系统。与管理信息系统（MIS）相比较，决策支持系统（DSS）面向的是知识，它的核心是决策科学的有关理论和方法，具有更高的智能水平，可以帮助处理非程序性的问题。它的基本结构主要由数据部分（数据库系统）、模型部分（模型库及其管理系统）、推理部分（知识库及其管理系统、推理系统）和人机交互界面组成。它为决策者提供信息和知识资源、建立模型、模拟决策过程和方案的环境、调用各种分析和推理工具,为决策者提供决策支持;而决策者则根据自己的知识、经验和系统的支持,在可选方案中选择满意方案,从而提高决策水平和质量。因此,在道路客运企业信息系统中,决策支持系统是企业高层管理者最为得力的决策助手。这是因为,在道路客运企业经营决策中,除了程序性问题,还有大量非程序性问题,而这是管理信息系统所力不能及的。

(四)视频会议系统(VCS)

各种会议是企业管理活动的重要形式。视频会议系统,又称会议电视系统,是指两个或两个以上不同地方的个人或群体,通过传输线路及多媒体设备,将声音、影像及文件资料互传,进行即时且互动的沟通,以实现会议目的的系统。参加会议的人员既可以在会议室,也可以在办公室电脑上参与。视频会议系统这种不受时间、地域限制的特点,可大大提高会议效率,并节省会议开支。视频会议系统不仅适用于企业的各种会议,而且可广泛应用在协同办公、在线培训、远程教育等各个方面,成为企业管理中一种高效管理手段。

视频会议系统就其性质而言,应属办公自动化范畴,但对于点多、面广、流动、分散的道路客运企业来讲,有着非同一般的实用价值,故放在这里单独作一介绍。

三、门户网站

门户网站,是企业面向全体员工和外部社会的开放式网络信息平台,是企业信息化从内部向外部的延伸和发展。随着网络技术的快速发展,建设门户网站已成为道路客运企业信息化势在必行的重要内容。门户网站的建设,具有其他媒体不可比拟的广告效应,不仅可以扩大企业知名度、优化企业整体形象,而且能够通过电子商务大大拓展营销空间,并通过强大的网络沟通能力培育旅客忠诚度和潜在的旅客群体,因而有助于提高企业的竞争能力和市场地位;同时,企业网站还可以在内部管理上发挥特有的推动作用。可以认为,企业门户网站是集服务与管理为一体的集成信息系统。

关于道路客运企业门户网站建设,这里强调两个方面的问题。

(一)门户网站的功能定位

从技术角度讲,道路客运企业门户网站不仅应具有信息集成、信息检索、信息交互等功能,以便为网站访问者提供便捷的信息服务,而且还应具有为网站管理者所需要的数据挖掘功能,即能够通过海量数据的统计分析,提取有价值的信息,这是企业建立网站的重要目的之一。

从业务角度讲,道路客运企业门户网站应服务于企业的发展目标,至少应具备以下功能:

1. 展示功能

门户网站是企业面向社会的重要窗口。网站应通过企业基本信息和动态信息的全面发布,传播企业文化,宣传企业品牌,塑造企业形象。在企业全面展示中,网站应当突出企业的愿景和理念、经营领域和优势、发展举措、品牌价值、服务特色、员工风貌、社会责任和贡献等,以增强社会和公众对企业的认知、信心和信任。

2. 服务功能

门户网站是企业与旅客(包括潜在旅客)和合作伙伴之间密切联系的纽带和广泛沟通的桥梁。网站应立足旅客和合作伙伴的需求,提供各类服务信息,同时开展网上调查和在线客服,大力开拓网上业务,推动电子商务。比如,对于旅客而言,要能够通过网站查询客运信息(行业新闻、客运规则、旅行知识、旅行指南、营运线路、班车动态、换乘信息等),咨询相关事项,反馈(或投诉)接受客运服务后的感受、意见和要求,办理(或预约)网上购票、小件托运等客运业务。网站应满足旅客多样化、个性化的需要,并做到快速响应、良好互动,当好旅客的出行参谋,比如为旅客设计最佳出行线路及一揽子全程服务计划。

3. 管理功能

门户网站是面向企业全体员工(包括管理者)实行辅助管理的有效渠道。

(1)通过网上公告、文件传输、活动安排、成果宣传、管理动态、招聘(选拔)信息发布以及其他信息资料共享等,实现企务公开。

(2)通过领导在线、经理信箱、聊天室、员工留言、建议征集等栏目或途径,实现及时、深度的上下沟通和交流,并广泛收集员工的意见、建议或要求。

(3)通过知识园地、管理论坛、经验交流、在线培训等栏目或互动内容,促进企业学习、培训、知识共享和业务交流,促进提高员工综合素质。

(4)基于互联网技术的网站跨越了地域的概念,必要时企业即可借助网站功能进行异地办公。这些管理功能,对于具有"点多、面广、流动、分散"特点的道路客运企业来讲,无疑有着非常重要的意义。

(二)门户网站建设的注意事项

道路客运企业的门户网站建设,有以下几个需要注意的方面:

1. 网站设计

企业网站的网页设计,应考虑整个网站的体系要完整、布局要新颖、美工要讲究,特别是要能体现企业文化,能将企业的形象识别系统(VI)贯穿其中,突出本企业的风格和特色。要恰当地运用文字、图片、色彩、视频、音频等元素,提高网站的美感和品位,增加吸引力,但也不能太过花哨,以免影响网页打开速度或喧宾夺主而干扰主题内容。

企业网站的栏目设置,要做到功能完备、结构清晰、操作便捷,特别是其中的互动栏目、特色栏目要给予重点关注。

2. 网站管理

网站运行的维护和管理,应予重视的问题主要是:

(1)内容更新。内容是网站的生命。网站的内容如果没有新鲜感、价值感,访问者是不会有兴趣的,回头率必定很低。所以,网站内容维护非常重要,网站管理者要深入研究访问者的需要和习惯,努力开发信息资源和服务项目,提高网站内容的针对性和需求度,同时防止出现一些不存在的空白链接。尤其是动态信息,更新一定要及时、充分、准确,绝不能让一些互动的内容长时间得不到回应。

(2)技术维护。一个网站不能常出故障,那样会让访问者头疼,影响网站效用,也有损企业形象。所以,信息技术人员应用心搞好技术维护,在保证网站安全的同时实现有效运行。

(3)应用完善。同其他信息系统一样,网站也需要通过闭环管理使之不断完善,提高应用价值。例如,定期进行访问流量分析,寻求网站需要改进的地方;运用数据挖掘功能,发掘对于企业经营管理有价值的信息;创造条件,逐步实现网站不间断服务,同时提高个性化的应用服务能力,以满足内外服务对象的更高需求;逐步提高内外部信息和系统的集成度,使网站成为真正的企业"门户",即成为统一的信息主渠道,从而把企业信息化水平推向新的高度。

3. 网站推广

网站点击率是关乎网站效用和价值的重要指标。企业一定要高度重视并通过各种途径,加大线上和线下的网站推广力度,以提高其知名度、影响力和网址的知晓率,吸引更多的有效访问者。在网站的内部推广方面,要采取培训和其他措施,大力提高员工特别是管理者知网、学网、用网的意识和能力,这是一项不可忽视的基础工作。

在网站建设上,除上述注意事项外,还有一个基层单位(如车站)该不该自建网站的问题。其实,答案应该是明确的,无论从哪个角度看(比如网站的跨地域功能、门户网站的唯一性要求、统一品牌形象、节约资源等),企业的下属单位都不宜也不必自建网站。即使无业务关联的独立子公司,其自建网站也应注意与母公司网站保持一致风格和有效链接。

第三节 道路客运企业信息化建设的几个重要问题

为提高企业信息化建设的成功率和有效性,道路客运企业应充分考虑自身的特点和信息化建设的内在规律,尤其要重点把握好关系成败的几个关键问题。

一、建设原则问题

不同企业有不同的情况,企业信息化没有固定的模式可以套用,但有几个原则却是需要共同遵循的。

1. 需求导向,效益驱动

这个原则有两层含义:

(1)企业信息化建设应以需求为导向。也就是说,需求决定建设,建不建、建什么(如建设的范围、重点)、怎么建(如建设的先后顺序),都应该以企业的需求为转移,脱离企业实际需求的盲目建设是要吃大苦头的。每个企业的实际不同,发展阶段不同,需求也必定不同,关键是要因地制宜,量体裁衣,找到一条契合企业自身特点的信息化建设路径。为此,企业必须重视现状调查和需求分析,把这些前期准备工作扎扎实实地做好,从而制订出能够有效解决企业实际需求的信息化规划。

(2)企业信息化建设要讲求效益。追求效益是企业信息化的根本目的,企业信息化建设自始至终都不应该偏离这个轨道。首先,信息化不是摆设,企业不能为了赶时髦而去搞没有效益的面子工程;其次,企业应重视信息化建设方案的可行性论证和风险评估,要考虑自身规模和投资能力的约束条件,切忌心中无数的拍脑袋决策;再次,要坚持把"有效性"作为对企业信息化建设、验收、评估和改进的核心要求,比如,是否改善了对旅客的服务、是否促进了管理效率和效果、是否提高了企业形象和竞争力等。

2. 围绕战略,确定目标

这个原则也有两层含义:

(1)企业信息化必须有明确的目标(当然是一定时期内的)。涵盖哪些范围,解决哪些问题,达到什么水平,建设伊始就应想清楚这些,而不能漫无目标地跟着感觉走,或者跟着人家(包括咨询机构)走、跟着先进技术走(什么时髦上什么),否则,巨额投资很可能打了水漂,换来一堆中看不中用的技术垃圾。

(2)企业信息化的目标源自企业战略。信息化和信息化战略固然很重要,但它不应该凌驾于企业战略之上。信息化本身从来就不是目的,它只是为企业战略服务的一种手段,只是助力企业通向现代化的一种途径。企业信息化目标的确定,只能从企业战略出发,以企业发展目标为依据,而不能单纯考虑信息技术的发展或信息系统的需要。

3. 总体规划,分步实施,协调发展

企业信息化是一个具有综合性、整体性、系统性的复杂工程,是一个长期渐进、不断优化、逐步完善的过程,必须遵循总体规划、分步实施、协调发展的原则。

所谓总体规划,是指企业信息化要从总体上把握,制订统一的中长期战略规划,并在规划的指导下有序地组织实施。走一步,算一步,无蓝图施工,是企业信息化的大忌。

所谓分步实施,是指要在统一规划和部署的前提下,循序渐进,科学合理地安排各个信息系统建设间的时间关系,找准突破口(道路客运企业通常为客运服务的售票系统及管理的财务系统),按轻重缓急,有先后次序,分阶段进行,逐步扩展和完善。急于求成,指望一步到位,"一口吃成个胖子"是不现实的,而且还会造成不该有的恶果。

所谓协调发展,是指要在统一规划和部署的框架内,统筹协调,科学合理地安排各个系统建设间的空间关系和功能关系,注重整体需要和整体效果,避免产生"信息孤岛",防止出现各自为政或重复建设现象而浪费企业资源(如基层单位自建网站)。

4. 先进性与经济性、实用性相结合

企业信息化是现代信息技术的运用,先进性在一定意义上是其与生俱来的特点,但这种先进性又不能脱离企业的实际,不能违背追求效益的根本目的,而必须与经济性、实用性有机结合。

所谓先进性,包括理念先进和技术先进两个方面。理念先进,要求信息化的建设必须适时推进管理变革,防止"穿新鞋走老路"、迁就落后的管理模式和习惯;技术先进,要求采用的硬件和软件满足规划期的发展需要,具有一定的前瞻度和可扩展性(即规模和性能可平滑升级)。

所谓经济性,是指要考虑信息化整个生命周期(包括建设、运维、更新改进等全过程)的投入产出效益和风险控制,尽可能采用成熟可靠的技术和方案,防止好高骛远、盲目求大求新的倾向;在信息化建设过程中,要努力控制开支,能省则省,切忌大手大脚。

所谓实用性,是指企业信息化要立足应用,讲求实效,具有较高的实用价值,即:一要适用(符合实际,解决问题),二要够用(满足需要,而不求功能全面),三要好用(界面友好,易于操作,便于维护,性能稳定、有效)。

二、员工素质问题

这里的"员工",是指从最高管理者到一线服务人员的企业全体人员,这里的"素质",是指员工的信息化素养。

第十九章中分析了企业开发人力资源的重要性,强调指出:提高员工素质、实现员工现代化,不仅是"企业现代化的首要内容",而且是"企业现代化的根本动力",道路客运企业员工素质相对落后的现状,更加要求企业"在薄弱环节上进行重点突破",其中,"重点内容,即员工素质的着力点,应在现代理念、科技(特别是信息化)素养和创新能力的培养与进步上下工夫。"

员工信息化素养是企业信息化的重要基础与保证,培养和提高员工信息化素养是企业信息化建设不可或缺的重要组成部分。员工的信息化素养,主要反映在四个方面:

1. 信息化意识

信息化意识是指具有适应信息化要求的思想意识或理念。如:信息意识(重视信息化的意义和作用、重视信息和数据的价值、重视信息和数据的量化、敏锐捕捉和利用信息等);规则意识(重视和执行规则——规定、程序、标准、代码等);共享意识(重视和促进信息的交流与共享);系统意识(重视和适应系统的特性——整体性、相关性、层次性、动态性等);风险意识(重视和维护信息安全、注重信息风险防范)。

2. 信息化知识

信息化知识是指懂得信息化的相关理论和知识。如:关于信息的知识(信息的本质、特点、规律等);关于信息技术的知识(计算机、网络、物联网等);关于信息管理的知识(信息资源、信息系统、知识管理等);关于信息化建设的知识(原则、步骤、要求等)。

3. 信息化能力

信息化能力是指具有适应信息化要求的应用现代信息技术的能力。如:信息技术设备的一般操作能力;利用信息技术检索、获取、存储信息的能力;分析、鉴别、评价和利用信息的能力;利用信息技术进行信息交流和信息创新的能力。

4. 信息化道德

信息化道德是指具有符合信息化要求的相关伦理道德。如:尊重他人知识产权,不侵犯他人合法权益;自觉维护信息系统和网络的秩序和安全,不传播病毒和有害信息。

员工信息化素养的培养和提高,是一个长期的、持续的、反复的过程,应当贯穿于企业信息化建设的始终。当然,企业不同层次的人员,应有不同的内容和要求;信息化建设的不同阶段,也应有不同的重点。道路客运企业应当通过多种形式、多种途径,并密切结合信息化的进程和具体项目,大力推进员工信息化素养的学习、培训和实践活动,努力形成员工信息化素养与企业信息化建设的良性互动——以员工信息化素养的提高和信息化人才的培养推动企业信息化的建设,以企业信息化的建设促进员工信息化素养的提高和信息化人才的成长。

三、信息资源管理问题

所谓信息资源管理,就是运用现代信息技术对信息资源进行的管理活动,包括信息搜集、信息组织、信息加工、信息配置等。信息资源管理是现代企业管理的新职能。出现这种新职能的动因,是信息价值与信息数量的激增,以及由此而引发的各级管理人员对于有效信息的迫切需求。企业信息化使这种信息需求的满足成为可能。可以说,信息资源管理伴随着企业信息化而产生、而发展。通过信息资源管理,满足企业管理对于信息的各类需求(服务、管理、决策等),从而实现信息资源深度开发和有效利用的基本目标。

由此可见,信息资源管理是企业信息化的核心环节,是决定企业信息化的效能乃至其根本目的(即提高企业的经济效益和市场竞争力)能否实现的关键,也是衡量企业信息化水平的重要标志。因此,重视和加强信息资源管理应是企业信息化建设中的一个重要课题。其实质,也就是围绕发挥信息资源的效用和价值,解决好两个相互关联的问题,即:如何深度开发信息资源?如何有效利用信息资源?

1. 深度开发信息资源

按照信息源的不同,道路客运企业信息资源可分为内部信息资源(客运计划、财务收入、安全质量等信息)和外部信息资源(如政策法规信息、客运竞争信息、旅客反馈信息等)。通过信息资源管理开发这些浩如烟海的信息,主要有以下三个要点。

(1)研究区分信息需求。

信息的选择性特点,决定了不同管理层次和不同管理内容有着不同的信息需求,比如,客运服务所需要的信息基本是微观的、战术性的,而客运决策所需要的信息则多属战略性的。只有贴近需求的信息才有利用价值,搞好信息需求分析,这是信息资源管理的出发点,也是落脚点。

(2)搜集获取内外信息。

通过各种方法和途径,搜索和汇集大量需要的信息,这是信息资源管理的基本任务。信息搜集中,既要注重信息资源的数量(即充分性),更要注重信息资源的质量(包括及时性、准确性、完整性、唯一性),以提高信息资源的价值与可用性。

(3)加工处理内外信息。

为便于信息的传递、存储、检索和利用,必须对搜集到的信息进行加工处理。

①根据一定的原则和方法,对纷繁复杂的信息进行有序化以及必要的重组和优化。

②运用科学的方法和手段,对信息进行选择、分析、综合,使之成为可供利用的系统化信息和知识。

③在信息资源管理的基础上,进一步拓展和深化,通过数据挖掘、知识启示、内容分析、业务模拟等工具和途径,深度挖掘信息资源,从中发现和创造新的知识,逐步实现从信息资源管理向知识管理的延伸和发展。

2. 有效利用信息资源

信息资源的价值全在于利用,不用的信息毫无价值,也不成其为"资源"。决定信息资源有效利用的因素很多(如前述的员工素质),仅从信息资源管理的角度看,有三个关注点:

(1)合理分配信息资源。

合理分配信息资源,即根据客运服务及企业管理和决策的不同需要,控制信息流向,有针对性地传输和提供相应的信息。

(2)及时交流信息资源。

鉴于信息的时效性特点,只有及时传递、及时交流,才能"保鲜"而不至于贬值或失效。企业的快速反应机制,依赖于信息的快速流动和交流。

(3)高度共享信息资源。

基于信息资源的共享性特点,信息资源管理应运用集成管理的理念和方法,努力消除信息孤岛,避免信息浪费,特别是最大限度地实现信息共享,放大信息资源的效用和价值。集成管理是信息资源管理也是企业信息化的重要内容,而集成管理的前提是信息功能的集成,核心是信息流的集成,基础是信息手段的集成,归根到底,就是信息系统的集成。如上节所述,道路客运企业的信息系统很多,只有实现系统集成,包括以售票服务系统为核心的各服务系统的集成、以运务管理系统为核心的各管理系统的集成以及服务系统与管理系统的集成,才能使企业信息资源的利用价值最大化,企业信息化水平及其对企业经济效益的贡献也才能得到最大限度的提升。

四、管控体系问题

(一)信息化管控体系的含义

每个企业都有不少管理体系,分别面向不同的专业管理内容。信息化管理控制体系(简称管控体系)是与企业信息化相伴相生的管理体系,是整个企业管理体系中新生的面向信息化的子体系。

信息化管控体系的基本职能和目标,与企业其他管理体系没有本质区别,即通过计划、组织、指挥、控制、激励等职能,对企业信息化相关资源和相关活动实施有效管理,以提高信息化的效果和效率,为实现企业总体目标服务。

但是,另一方面,信息化管控体系与其他管理体系也有不同的地方。主要是:信息化管控体系既有全局性和战略性,又有基础性和服务性,这种跨层次的管理特点是其他管理体系罕见的;在信息化建设过程中,信息化管控体系还具有"项目管理"职能,这也是其他管理体系所没有的。

(二)信息化管控体系的作用

信息化管控体系的作用,是保障企业信息化的成功建设与有效使用。这种"保障"作用,主要表现在三个方面。

1. 保障企业信息化建设有序推进

信息化管控体系通过统一规划和组织协调,使信息化建设按既定要求有序地推进:

(1)把握原则,紧贴需求;

(2)统筹资源,形成合力;

(3)协调进程,均衡发展。

2. 保障企业信息化建设规范进行

众所周知,企业信息化建设是个复杂的系统工程,面临诸多风险,如投入失控、安全失保、应用失效、变革失败等。信息化管控体系通过规范化的项目管理与规范化的风险管理,则可以在很大程度上识别风险、防范风险和控制风险,保证信息化建设的顺利进行,提高信息化建设的效率和成功率。

3. 保障企业信息化能力充分发挥

企业信息化能力的大小,不仅取决于信息系统的能力(即技术能力),而且取决于信息化管控能力(即管理能力,包括员工信息化素养),如图21-8所示。

常言道,"三分技术,七分管理",企业信息化同样如此。信息化管控体系通过组织力、制度力和文化力的共同作用,实现"两促进、两循环",从而使企业信息化的能力得以充分发挥,即:

(1)促进信息系统的坚持使用,形成"使用—效用—信心—使用"的良性循环;

(2)促进信息系统的持续改进,形成"评价—改进—拓展—评价—改进"的良性循环。

(三)信息化管控体系的构建

同其他管理体系一样,信息化管控体系也主要由组织、制度、文化三大体系构成,或者说,组织、制度、文化三大体系及其所形成的三大执行力构成了信息化管控体系的三大支柱。

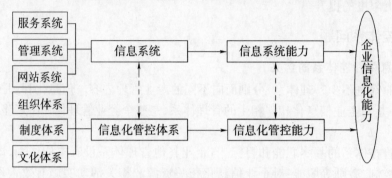

图21-8 企业信息化能力构成示意图

1. 组织体系

组织体系由各级管理主体组成,形成信息化管控体系的组织执行力,如图21-9所示。

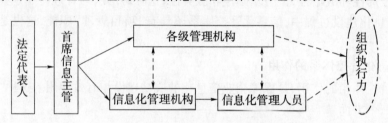

图21-9 信息化管控组织体系示意图

2. 制度体系

制度体系由一系列管理制度构成,形成信息化管控体系的制度执行力。

制度体系包括两大方面。

(1)面向资源的管理制度。如信息化管理机构设置与运作管理制度、人员培训与知识更新管理制度、信息化资产管理制度、计算机与网络安全管理制度、信息资源管理制度等。

(2)面向项目的管理制度。如项目建设过程(包括规划阶段、实施阶段、维护阶段、提高阶段)管理制度、项目成本与绩效管理制度、项目风险管理制度等。

信息化管控体系的制度体系建设,应当注意几点:

(1)由于是新的制度门类,故须逐步建立,不断完善,有的还需通过试行、修改后正式纳入制度体系。

(2)作为企业管理制度的一部分,应与现有管理制度风格相统一、相融合(即体现企业文化),与现有职能部门工作范围和职责相联系、相衔接(即纳入相关要求)。

3. 文化体系

文化体系的核心是员工信息化素养(主要是信息化意识和信息化道德)。由此形成的文化执行力,与组织执行力和制度执行力不同,它不是外在的、他律型的,而是一种自觉、自控、自励的执行力,虽然无形,却是无时不在、无处不在,其力更大、更持久。虽然文化体系和文化执行力的形成是一个长期培育过程,但从信息化建设之始就应注意持续构建,使之逐渐成为企业文化的一部分(即信息文化)。

五、管理变革问题

(一)管理变革是企业信息化建设中的重要课题

技术与管理是企业发展的两大驱动车轮,两者互为因果、相互适应、相辅相成。技术进步引发管理变革,而管理进步又会释放技术能量、放大技术威力,甚至催生新的技术。企业发展史充分证明了这一点。

道路客运企业信息化建设就是一种技术变革和技术进步——信息技术应用于服务与管理,是服务与管理的手段创新。这种技术创新不可避免地冲击原有管理模式(工作关系、工作规则、工作手段、工作方法等),必然要求管理创新与之相适应。信息化绝不是单纯的技术问题,更多的是管理问题,是"企业全方位的一场革命"。一些企业信息化建设之所以失败,一个共同的教训就是"新瓶装旧酒",试图以新的技术系统去迎合旧的管理模式。而一些企业信息化的成功经验又从正面揭示一个规律,必须以管理变革作为企业信息化建设的基础,必须依靠管理变革(包括员工素质、管理理念、管理组织、管理制度、业务流程等)保障信息化的建设、使用和改进,前述的信息化管控体系即是管理变革的组成部分。

另一方面,企业信息化建设的成果又为管理变革创造了条件,提供了契机,推动着管理变革的实施,而且还为管理变革拓展了空间。比如,管理职能的整合、组织结构的扁平化、管理方法的科学化等。

总之,信息化要求管理变革,信息化促进管理变革。对于道路客运企业来讲,真正意义上的企业信息化过程,就是一个服务升级和管理变革的过程,即服务现代化和管理现代化的过程。管理变革不仅是企业信息化建设中又一个绕不过去的重要课题,而且从根本上说,变革或创新是企业的永恒主题,管理变革是企业现代化的必然要求。因此,管理变革势在必行,道路客运企业应当主动把握信息化的契机,毫不犹豫地大力推进管理变革。

(二)成功实施管理变革需要有效的"变革管理"

对于任何企业,管理变革都不是一个轻松的话题。变革风险始终是变革者挥之难去的阴影,谁也不能保证变革会有100%的成功率。流传于企业界的"不变革是等死,变革是找死"的说法,即反映了人们对变革风险的担忧甚至恐惧心理。如何控制和化解风险,争取管理变革的成功?这就需要变革管理。有效的变革管理是成功实施管理变革的保障。

所谓变革管理,是指对变革过程进行计划、组织、领导、激励、控制的管理活动。同其他管理一样,变革管理也应按PDCA循环实行闭环管理,不断改进和提升变革绩效。变革管理的具体流程,通常可分为八步:

(1)营造危机意识;

(2)组建变革团队;

(3)制定远景规划和策略;

(4)广泛沟通;

(5)充分授权并实施变革;

(6)争取阶段性成果并庆祝;

（7）巩固成果并再接再厉；

（8）将变革成果制度化并植入企业文化。

企业在实施变革管理的过程中，应特别重视三个问题，这是决定变革管理成效从而决定管理变革成败的三个关键因素。

1. 领导层的支持度

在充满疑虑、冲突、不确定和不稳定的变革状态下，没有一个坚强有力的领导集体是很难想象的。领导是变革的主导，是决定变革方向、路径和成败的最主要因素。当变革到来之际，几乎所有员工的目光都会投向领导层，寻求指引、支持和力量。领导层的支持力度，既取决于领导层的密切协同，也在很大程度上取决于领导层（尤其是一把手）的素质，比如意识、意志和技巧。

（1）领导层的变革意识。企业领导层只有具备永不满足的创新精神，只有充分认识变革的意义和价值，才会有变革的决心，调动起充足的企业资源，去化解变革中的各种风险。

（2）领导层的变革意志。面对变革中的种种阻力、矛盾、困难和挫折，领导层能否顶住压力而坚定不移，显得非常重要。许多企业的变革实践表明，胜利常常就在坚持之后，因为不能坚持而功亏一篑的也屡见不鲜。

（3）领导层的变革技巧。复杂的变革过程，要求领导者具有高超的领导艺术和智慧，在不同的阶段和不同的问题面前，善于运用权变技巧逐一化解，如营造变革氛围、凝聚变革合力、控制变革节奏、破解变革难题等。

2. 员工的参与度

员工是变革的主力，只有企业全员从各个层次、各个领域广泛参与，变革才有成功的可能。员工的参与度取决于什么呢？首先，员工是否知情，即是否了解变革的远景、目标、内容、计划、要求、影响、风险等；其次，员工是否认识到变革的意义，是否认同变革的远景及可能带来的切身利益；再次，员工是否有参与变革的能力和机会，即员工自身素质能否适应变革的要求及领导层是否给予员工参与的充分授权。只有在以上三点都得到肯定回答的前提下，员工才有可能积极参与变革，自觉投入自己的热情、精力和智慧。为此，企业领导层和变革团队应着力做好相关工作。比如：

（1）反复沟通。全方位的、充分的良好沟通，在变革管理中的作用十分重要。沟通的目的，是要让员工知情，提高员工对变革的认识，增强危机感、变革的紧迫感和认同感，消除员工的迷惘和疑虑，获得员工的理解和支持；沟通的内容，既要讲道理，更要讲实际，要让员工看到希望和利益，变革中的困难和问题也要如实相告，不能报喜不报忧；沟通不能只是单向的灌输，更该注重双向的交流，注重听取和吸纳员工的期望、意见和建议；沟通不是一次性的，也不只是在变革的初期，前面虽然把"广泛沟通"作为变革流程的步骤（4），但其实它要贯穿整个变革的过程，并反复地进行，变革的每一步都须以沟通来推进；沟通的形式应该多种多样，以讲求实效为原则，不能局限于大型的、正式的沟通（如动员会、通报会、庆功会），还需要采用小型的或非正式的沟通（如座谈、聊天、家访）。

（2）持续培训。培训是要解决员工素质与变革要求不相适应的问题，既有思想观念上的，也有知识和能力方面的，还有对于变革的心理适应问题。所以，培训要有针对性，而且要结合变革进程反复、持续地进行。只有当员工素质实现了与变革要求的"无缝衔接"，员工才会真正消除对未来的担忧,放弃对现状的依恋,才有可能义无反顾地投身变革。

(3)及时激励。任何变革都是一个艰难的转变过程,企业上下都会为此付出极大代价。保护员工参与变革的热情和积极性,除了必要的充分授权外,让员工感受到来自领导层的关怀和激励,同样非常必要,这就如同汽车爬坡,必须不断加油注入新动力一样。所以,当变革取得阶段性成果时、获得重大突破时,以及实现变革目标时,企业都应当及时举行适当庆功活动,对变革的有功人员给予表彰和奖励,以肯定成绩、鼓舞士气,并弘扬变革创新精神及与企业共命运的价值理念。

3. 变革方案的质量

变革方案是变革的依据和蓝图,其重要性不言而喻。一个高质量的变革方案,必定建立在深入调研和广泛沟通的基础上,也必定格外关注其中一些关键内容,比如:

(1)目标是否适当,主要是与企业发展阶段及信息化进程是否相适应。

(2)架构是否合理,特别是权力和利益的调整或重新分配是否得当,是否保持相对平衡,总体上是否能够被接受。

(3)计划是否周全,包括变革步骤和时机是否恰当、变革团队构成和职能是否胜任、沟通和培训安排是否充分、评估和激励措施是否到位、风险监控和应对预案是否完善等。

道路客运企业的变革管理,包括上述的流程、关键因素等,与其他企业并没有本质区别,但由于地域分散性、生产连续性、行车安全极端重要性等特点,要求更加重视变革管理,更加注意变革策略,比如变革方案的完善程度(特别是变革目标、利益平衡、变革时机、风险预案等)、沟通形式的灵活运用(主要是一线服务人员的沟通)、领导层的变革艺术(尤其是变革节奏的掌握)等,都必须讲究"度"的把握,注重工作细节,尽可能保持员工(特别是驾驶员)情绪的相对稳定,尤其要确保客运生产的安全。

本章思考题

1. 请解释以下名词:信息资源、信息技术、信息系统、企业信息化、办公自动化系统。
2. 为什么说"企业信息化其实是企业全方位的一场革命"?
3. 你认为,企业信息化最基本的条件应该是什么?
4. 企业信息化为什么需要"提高阶段"?"提高阶段"的主要工作有哪些?
5. 试举3例,说明道路客运服务信息化的内容及其对于旅客的作用。
6. 试举2例,说明管理信息化的内容及其对于道路客运企业管理的特殊意义。
7. 联系企业实际,谈谈你对道路客运企业门户网站功能定位的认识,并就企业网站建设中存在的问题提出改进建议。
8. 根据企业信息化的原则,道路客运企业在信息化建设过程中应注意哪些问题?
9. 什么是信息化素养?如何提高员工信息化素养?
10. 为什么说"信息资源管理是企业信息化的核心环节"?如何搞好信息资源管理(联系信息资源的特点)?
11. 什么是企业信息化管控体系?企业应如何构建信息化管控体系?
12. 企业信息化为什么需要变革管理?道路客运企业变革管理应重视哪些关键因素?

第二十二章 道路客运企业品牌建设

第一节 品牌的概念

一、品牌的含义

品牌是个不断发展的概念,从"所有权标记"(牲畜身上的烙印)到"产品标识",从与顾客"关系"到"企业资产"、"经营形式"等,人们的认识不断深化,但品牌的"本质是信息"、"基本功能是标识"这一点没有变。

品牌的直观构成,似乎只是名称、标志、商标等并不复杂的识别"符号",但其内涵却极其丰富。这里不妨从几个角度作简单的分析。

1. 企业角度的品牌含义

从企业角度而言,品牌是企业一以贯之长期努力的结晶,是企业的无形载体,它所承载的,既是一种实力,也是一种形象,还是一种财富。作为一种"实力",品牌体现了企业的综合素质(员工素质、技术能力、管理水平、企业文化等)和旺盛生命力,是企业竞争力的外在表现,是企业市场能力的反映和市场地位的象征,是保证企业持续发展的重要基石;作为一种"形象",品牌代表了企业产品的品质、品位、品级和个性,是产品市场号召力的一面旗帜,同时,也是企业对顾客和公众利益的承诺,是企业信用和信誉的标志,是企业形象的重要组成和鲜明标识;作为一种"财富",品牌具有毋庸置疑的溢价力和影响力,是一笔巨大的无形资产,能给企业带来丰厚的经济效益和社会效益,品牌本身也是价值不菲的"可交易物",如美国咨询公司 Interbrand 发布的 2010 年全球企业品牌价值排行榜,继续排名首位的可口可乐品牌价值高达 704.5 亿美元。

2. 顾客角度的品牌含义

从顾客角度而言,品牌是一种利益,一种信任,也是一种文化。作为一种"利益",品牌带给顾客的不仅是必要的功能效用,也不仅是一系列过硬的质量,还有个性化需求的满足,顾客对品牌的选择实际上就是寻求对自身利益的保证;作为一种"信任",品牌反映了顾客与企业产品的一种关系,这种关系是在长期互动过程中形成的,表现为顾客对产品在心理上的认知、认可和信任,以及在行动上的忠诚,即多次的、反复的购买;作为一种"文化",品牌寄托着顾客的心理需求和精神享受，反映出顾客的消费观念、消费层次乃至时尚追求，表现为一种"为你而来、非你不选"的强烈意识和主动选择行为，并宁愿为此付出较高的经济代价。

应当指出，顾客角度的这些品牌认知非常重要。正是这些认知，在顾客与品牌产品之间架起了畅通的桥梁，结成了牢固的纽带，形成了一种超越理性的信任关系，这是品牌的真正价值所在，也是品牌的真正竞争力所在。在这个意义上，真正掌控品牌命脉、决定品牌命运的，不是企业而是顾客。

3. 员工角度的品牌含义

从员工角度而言，品牌是一种成就，一种责任，也是一种追求。作为一种"成就"，品牌是员工共同创造的杰出劳动成果，是自身素质的反映，是自我价值的实现，带给员工极大的成就感、荣誉感、自豪感和自信心；作为一种"责任"，品牌意味着顾客更多的需求和期盼，意味着工作更高的标准和要求，唤起员工自主、自觉的主人翁精神和敬业精神；作为一种"追求"，品牌承载着员工的价值理念和职业理想，激励员工奋发进取、自强不息，激发员工更多的激情、潜能和创造力。

员工角度的这些品牌认知也很重要，因为员工是品牌创建的主体，员工的这些认知是企业创建品牌根本的、不竭的动力。

二、服务品牌的构成

服务品牌，是指以服务为产品的品牌形式，如道路客运服务品牌。服务品牌的基本构成，主要包括以下五个方面或五大要素。

1. 服务质量

如本书第三章所述，服务质量有服务设施设备质量、服务环境质量、劳务质量和有形产品质量四个组成部分，道路客运服务质量主要是前三部分。服务质量的好坏，由质量特性来评判，如道路客运服务的安全性、及时性、经济性、方便性、舒适性、文明性。服务质量是顾客根本利益所在，是构成服务品牌的核心，因而提高服务质量是打造服务品牌的关键。

2. 服务模式

服务模式同经营或管理模式是分不开的。改进服务模式可以促进服务质量的改善和稳定，也可提高企业运营的抗风险能力和持续经营能力。所以，可以认为，好的服务模式是服务品牌的稳定器。例如，道路客运服务的专业化、集约化模式，与承包、挂靠等分散经营模式相比较，显然具有更多的优势，更有利于服务质量的提高和服务品牌的创建。

3. 服务技术

服务技术是指服务的技术含量，包括服务手段、服务设备等硬件，也包括服务人员的知识、技能、服务技巧等软件。服务技术是时代进步的产物，是推动服务创新、服务提升的重要力量。在顾客（如旅客）需求日益多样化、个性化的今天，服务技术越来越成为决定服务质量的关键要素之一，越来越成为服务品牌生命力的标志。例如，道路客运服务信息化的实施，极大改变了服务面貌，为服务品牌创建提供了有力的技术支撑。

4. 服务文化

服务文化是企业文化的子文化，它的核心是关于服务的价值理念（回答"服务是什么"、"为什么服务"、"如何服务"三个基本问题）。它决定服务质量和服务形象的走向；它体现服务品位和服务风格,带给顾客情感体验、精神享受;它是服务品牌的灵魂,彰显服务品牌的个性魅力。也因此,在众多品牌面前,服务文化常常成为顾客选择品牌的主要依据。道路客运企业的服务文化,应以旅客为中心,以旅客需求为导向,以旅客满意为目标,注重安全、便捷、温馨等理念。

5. 服务信誉

服务信誉是在服务中长期讲诚信而积累的美誉。信誉是服务产品进入市场的通行证,是服务品牌的生命,须臾不可缺失。一个企业如果不诚实、不讲信用、不顾商誉,也就失去了最基本的职业道德;一个没有基本职业道德的企业,是没有信任可言的,更不会赢得顾客的忠诚。信誉来之不易,却能毁于一旦,故需倍加珍惜、倍加维护。道路客运的承诺服务,就是一种培植服务信誉的有效举措,但若随意违诺甚或违而不偿,则是对"承诺"的亵渎、对服务品牌的致命危害。

三、服务品牌的特点

服务是一种特殊产品,具有一些不同于有形产品的特点,如服务的"无形性"、"生产与消费同步性"、"差异性",服务质量的"主观性"、"过程性"、"整体性"等(详见本书第三章第五节)。服务品牌是在服务企业及其服务人员与顾客反复接触互动以及顾客长期的服务体验(如感官体验、参与体验、情感体验)中逐渐形成的。所以,服务品牌的创建也有别于有形产品,主观性的顾客感知和体验成为服务品牌创建的核心,其创建的不确定性更多,难度更大。

首先,如上所述,服务品牌的构成比较复杂,影响因素较多,任何一方面的缺陷都会让服务品牌蒙尘、失色。因此,塑造服务品牌,就要从上述五个方面作出全面努力,全面优化这五大要素,并使之有机地结合、"尽情"地演绎,以完美地展示品牌的内涵和魅力。

其次,服务和服务质量难有客观的评价标准,更多依赖于顾客的主观感知和体验,俗话说"萝卜青菜,各有所爱",要想适合所有人的"口味"确非易事。因此,服务企业和服务人员应特别重视顾客在品牌创建中的决定性作用,在尊重顾客"文化"、维护顾客"利益"、争取顾客"信任"上下工夫,这就要求深入研究顾客的心理、顾客的需要,包括个性心理、个性需要,以及顾客心理和需要的动态变化及其趋势。在规范化服务的同时,关注顾客的感知和体验,特别是服务流程关键点的控制,注重服务的灵活性和应变性,注重对顾客反馈意见的及时吸收和整改,注重服务创新和服务艺术。

再次,在服务品牌形成过程中,比如服务生产、服务质量形成过程中,任何一个环节、任何一项作业、任何一个服务人员的失误或不足,甚至包括服务人员的着装和形象,包括顾客之间的误解和摩擦(这在群体服务如道路客运服务中,完全避免是困难的),都足以在顾客心头抹上对品牌质疑的阴影。因此,服务企业在注重整个服务体系、品牌体系建设的同时,要特别重视和发挥一线服务人员在服务品牌创建中的关键作用(塑造、传播、维护),注重服务人员品牌意识和职业素养的提高,着力引导和培育服务人员的"成就"感、"责任"心和价值"追求",充分发挥服务人员的主动性、积极性和创造性。

第二节　道路客运企业品牌建设的基本思路

一、道路客运企业品牌建设的意义

道路客运企业为什么要进行品牌建设？第十九章第三节中分析了品牌与企业现代化的关系，指出：品牌既是"企业现代化的重要标志"，又是"企业现代化的重要途径"，建设独具特色的品牌是"企业发展的必然趋势和必然选择"。应该说，这是道路客运企业品牌建设的战略意义。另一方面，从上节的品牌含义也可以看出，道路客运企业加强品牌建设，还有着多方面的现实作用。例如：

（1）服务品牌是道路客运企业参与竞争的有力武器。近年来，道路客运企业之间同质化竞争越来越激烈，客运服务的差异越来越小，高铁、公交、出租、私家车等多种客运方式的迅猛发展又带来了巨大冲击；与此同时，旅客的消费心理日渐成熟，需求则日趋多样化、个性化。面对严峻形势，道路客运企业只有从品牌的建设着手，才能适应客运市场的新变化，形成具有自己个性特色的差异化服务，走出同质化竞争的困境，提高旅客对道路客运企业及其服务的识别度，扩大知名度，解决客运服务营销难的问题；同时，有助于增进企业及其服务的美誉度，降低旅客购买服务的风险（这种"风险"主要是由服务的"无形性"特征决定的，可参见本书第三章第五节的相关分析），并促进旅客形成品牌偏好的忠诚度，从而获得不易被竞争对手模仿的可持续差别优势。

（2）服务品牌是增强道路客运企业凝聚力的一面大旗。上节的"员工角度的品牌含义"已经清晰地说明了这一点，而凝聚力对于企业的重要意义早就众所皆知，无须赘言。优秀的企业品牌同先进企业文化和良好企业形象一样，都能对企业的和谐发展、持续发展产生巨大的独特的保证作用，所以可以把三者并称为企业的"长寿基因"（见第二十三章第二节"可持续发展理念"的分析结论）。

（3）服务品牌是传播道路客运企业文化和企业形象的生动载体。通过服务品牌，能够透视出一个服务企业的愿景、价值观、经营哲学、服务理念等文化理念，也能够映照出一个服务企业的包括服务水平、员工素质、领导者风格等在内的整体面貌。所以，旅客和社会常常通过一个客运企业的服务品牌来评价和鉴别其企业文化和企业形象的优劣。另一方面，作为社会窗口的旅客运输，其广泛的辐射效应也使服务品牌在社会精神文明建设中发挥着不可忽视的影响和作用。

因此，道路客运企业推进品牌化服务，不仅是实现向现代客运战略转变的需要，也是客运经营发展中的现实课题。可以预料，随着道路客运企业品牌化生存时代的到来，客运服务品牌必将成为企业最具价值的无形资产和无可替代的竞争力。

二、道路客运企业品牌建设的基本思路

道路客运企业品牌建设是一个庞大的系统工程，涉及文化、战略、组织、制度等各个方面。就品牌建设过程而言，主要有品牌调研、品牌策划、品牌创建和品牌管理四个大的步骤，如图22-1所示。

(一)品牌调研

品牌调研是品牌建设的前期准备,主要是做好评估现状、调研需求和确定标杆三项工作。

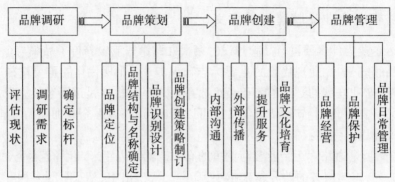

图22-1 品牌建设过程

1. 评估现状

评估现状,是指对企业的内部品牌资源所进行的调查、分析和评价。主要内容包括:客运服务状况,如客运产品及其市场占有率、客运质量、服务人员的素质;客运管理状况,如管理人员结构和素质、运务管理水平、品牌管理能力;财务资源状况,主要是现金流充足情况。现状评估的目的,在于确定企业品牌资源对品牌创建的支持能力。

2. 调研需求

调研需求,是指对企业旅客资源所进行的调查、分析和评价。主要内容包括:现有客源状况,如类型、需求满足程度、忠诚度、流失旅客的特征及其原因;潜在客源预测,如数量、成长性、共性特征、潜在需求;旅客消费文化,如心理、习惯、特点、变化趋势。调研需求的目的,在于对客运市场和旅客群体建立比较充分、清晰、客观的概念,以便进行合理的市场定位、产品定位和品牌定位。

3. 确定标杆

确定标杆,是指在国内外同行(也可非同行)中选择一个或几个具有品牌建设成功经验的企业,作为标杆,进行参照和借鉴(如思路、经验、教训)。

(二)品牌策划

品牌策划是品牌建设实质性的第一步,主要工作是品牌定位、品牌结构与名称确定、品牌识别设计、品牌创建策略制订。

1. 品牌定位

品牌定位,是指企业对品牌的价值取向及个性特征所作的原则性决策。品牌定位是品牌策划的首要工作,为品牌建设指明方向和目标。准确的品牌定位,是品牌与目标旅客建立内在联系、发展信任关系的前提,能够在众多同类服务品牌中建立一个有利于自身生存与发展的独立空间。

品牌定位工作,有几个需要把握的要点:

(1)品牌定位要在正确的服务品牌价值理念,即品牌文化的指导下进行。

(2)品牌定位建立在品牌调研的基础上,一般在市场定位和产品定位之后进行。定位的目光必须内外兼顾——对内看品牌资源,特别是资源优势,对外看目标市场,包括潜在市场和未来需求。

(3)品牌定位的原则:

①旅客导向原则,即跟着旅客需求(含潜在需求)走,把服务品牌定位在旅客最关心、最不放心的地方。有需求度的品牌才有亲和力,偏离旅客需求无异于缘木求鱼。

②差异化原则,即区别于竞争对手,具有与众不同的效用,有助于品牌在同质化竞争中脱颖而出。

③个性化原则,即体现本企业的特色,能发挥自身的优势。

④人性化原则,即富于情感、美感和文化的色彩,适应现代旅客的消费文化和价值追求。

(4)突出品牌的核心价值。品牌核心价值是品牌的精髓,是品牌最独特最有价值的内涵,也是品牌定位的核心所在。品牌核心价值应与目标旅客的诉求(主要是心理需求,如爱好、习惯、时尚等)相一致,与旅客的潜在需求相吻合,同时又具有区别于竞争对手的高度差异性,易于在旅客中形成清晰的认知、认同,乃至内心情感的契合与依赖。

2.品牌结构与名称确定

确定品牌的名称,是品牌创建不可缺少的一步。品牌命名,既要讲艺术,也要讲科学,一般需遵循几个原则:易于传播原则(易识别、易口传、易记忆,最好不要超过四个字);内涵丰富和易于联想原则(含义抽象、有包容性、有想象空间,但要防止误读);易于延伸原则(以利于经营发展需要);适应性原则(适应时间和空间上的变化,适应企业经营风格,适应客运行业特点,适应旅客消费心理);可保护性原则(可注册)。

品牌结构,是指一个企业所拥有的品牌组合形式。品牌结构同企业的品牌战略及品牌命名有关。道路客运企业的品牌结构并没有统一的模式,或单一、或系列、或细分,取决于企业的规模、服务产品结构等因素。但多数企业既有单一的企业品牌,又有母子(或主副)品牌命名(母品牌+子品牌)的系列服务品牌,母品牌通常即为企业品牌,子品牌为客运产品或服务项目。以杭州长运运输集团有限公司为例,"杭州长运"是集团统一的企业品牌,也是旗下大多数服务品牌的母品牌,如"杭州长运客运"、"杭州长运旅游"、"杭州长运修理"、杭州长运"心馨岗"、杭州长运"服务纯金号86046666"等。

3.品牌识别设计

品牌识别设计,是指对有关品牌的信息进行梳理、概括和提炼,并转换为品牌识别系统,其实质是对品牌形象的设计、策划,反映品牌内涵和品牌文化。品牌识别设计是形成品牌差异并塑造鲜明个性的基础,目的是为品牌的创建、传播和管理搭建一个形象的平台。服务品牌识别系统富于鲜明度的设计,既为旅客识别品牌创造了极好条件,又大大增强了品牌的感染力。

品牌识别系统由三个层次的识别子系统组成,即理念识别系统(MIS)、行为识别系统(BIS)和视觉识别系统(VIS)。理念识别系统是整个识别系统的核心层,是服务品牌的灵魂,也是识别系统运作的动力,应与企业品牌文化特别是服务文化相一致,包括服务宗旨、服务方针、服务哲学、品牌理念、品牌定位等内容。行为识别系统是识别系统的中间层,它通过一系列的制度和行为体现服务品牌文化、展示服务品牌形象,包括服务质量标准、服务操作规程、服务行为和管理规范(如客运"三优""三化"规范)、服务流程关键点控制制度、营销活动、公关活动、公益活动等。视觉识别系统是识别系统的表层,但它以强烈的视觉冲击力传递、阐释服务品牌的内涵和个性,因而能够比理念识别系统和行为识别系统带给旅客更为直观、更为鲜明的品牌形象,让服务品牌在强手如林的市场上独树一帜。它包括品牌名称、标志、商标、标准字、广告语、卡通形象等基本要素,以及站场环境、营运客车、服务人员着装等应用要素。

可见,对应于服务品牌识别系统的三个子系统,服务品牌识别设计的关键在于做好以下三个方面的工作:

(1)提炼服务品牌文化的核心——品牌理念体系;

(2)制定服务品牌的行为标准和相关管理制度;

(3)设计融合理念与创意于一体、能够直观表达服务品牌形象的各种视觉载体或要素。

4. 品牌创建策略制订

为顺利推进品牌创建过程,让品牌真正走入旅客的内心世界,需要事先制订一些可行的富于创意的创建策略。例如,品牌建设如何规划,分阶段实施的目标、进度、要求是什么;品牌资源如何调度,主管部门及其职责是什么;通过哪些措施提高员工品牌意识、激发员工创建品牌的心志和激情,如何营造品牌创建氛围;如何提升服务质量,如何提高服务信誉,争取哪些奖项以增加品牌含金量;如何围绕品牌核心价值开展品牌营销,设计哪些广告语,制作怎样的宣传片、宣传海报,借用哪些传播媒体渠道,组织哪些品牌推广活动;企业形象如何塑造,如何使品牌形象与企业形象相互促进,等等。总之,品牌创建策略的制订,可围绕对内打造"员工满意工程"、对外打造"旅客(社会)满意工程"来构思,考虑得越周全、越有新意、越有操作性就越好。

(三)品牌创建

品牌创建是品牌建设的主过程,主要包括内部沟通、外部传播、服务提升和品牌文化培育等工作。

1. 内部沟通

本章第一节中已强调"员工是品牌创建的主体","要特别重视和发挥一线服务人员在服务品牌创建中的关键作用(塑造、传播、维护)"。因此,加强企业内部的沟通至关重要。道路客运企业在创建品牌过程中,要运用会议、培训、座谈、网站、企业报刊等多种形式,从上到下,进行分层次、全覆盖的全员沟通。通过广泛深入的动员和沟通,解疑释惑,让员工了解品牌建设的意义和规划,了解品牌的定位和识别系统,让员工增强品牌意识和品牌理念,掌握品牌知识和传播技巧,尤其知道如何通过自己的服务和工作为品牌增光添彩,从而形成上下一致的品牌共识和目标,形成知行合一的品牌意志和行动。

2. 外部传播

对旅客而言,客运服务品牌的形成和确立,是一个"感知—体验—认识—认知—认可—认同"的不断深入和积累过程,这个过程离不开企业卓有成效的品牌传播。俗话说"好酒也怕巷子深",通过从内到外的品牌传播,形成统一、美好、广泛认同的品牌形象与口碑,才能提高品牌知名度,扩大品牌影响力。

品牌外部传播的对象,主要是目标市场、目标旅客群体,但也应包括公众、媒体、合作伙伴、政府等利益相关者。

品牌的外部传播,除了单向传播(如广告传播、新闻传播)外,应当重视双向传播方式(如活动传播、事件传播、人际传播)的运用,同时,注意把握传播时机(如重大节日、重要事件),整合各方面传播资源,充分利用各种传播渠道(如媒体、网络、展会、活动、代言人、旅客、员工),进行全方位的传播。其中,一线服务人员在外部传播方面的作用是独特的、不可替代的,企业应予关注和重视。

品牌的外部传播,在内容和要求上还应当注意几点:

(1)突出传播品牌的核心价值,让公众理解、接受,让旅客认同、偏爱;

(2)要强调品牌文化,强化与旅客之间的感情纽带;

(3)注重整合传播,通过鲜明、一致(前后一致、内外一致)、持续的传播,塑造统一可信的品牌形象,即品牌识别系统所展示的形象。

这样,将有望造就一个有灵魂有个性有活力的、能够与旅客"主动"沟通的、成为旅客可信赖伴侣的鲜活"品牌生命体"。

3. 服务提升

服务品牌是做出来的,不是喊出来的。服务质量是服务品牌的核心,离开扎扎实实的服务,品牌只是一个徒有虚名的躯壳、一个没有根基的空中楼阁。提升服务,是服务企业品牌创建的根本。

如何提升服务?本书已有相当多篇幅的论述,这里仅联系品牌强调几点:

(1)要确保优质服务。优质服务是品牌美誉度的基本构成。要注意围绕品牌定位,提供与品牌核心价值相一致的优质服务、精品化服务;要注意重视"两点"(旅客的"关注点"、服务的"关键点")管理,提高旅客的满意度。比如,有企业实施"四心工程"——以安全感为核心的"放心工程",以正点和整个服务过程的流畅为核心的"顺心工程",以旅客舒适为核心的"舒心工程",以满足旅客合理的个性需求、精神需求为核心的"动心工程",就是提高旅客满意度的有效举措。旅客满意,品牌才有美誉度,有美誉度的品牌才有竞争力。

(2)要注重服务特色。服务提升不仅要求服务优质,还要求服务有特色、有个性,有别人没有的东西,有别人没有的价值。这样的服务才有魅力,才能带给旅客超值感知、独特体验和超越期望的惊喜。道路客运企业只有提供差异化的特色服务,品牌才有独特度,有独特度的品牌才有吸引力。

(3)要讲求服务艺术。一方面,要在规范化标准化服务的基础上,提倡个性化服务,建立鼓励服务人员创新服务、展现服务艺术的机制(涉及一线员工的地位、素质、信任、授权、激励等多方面内容),以更好地满足旅客的个性化需求——从规范化服务到个性化服务,这是服务水平的一次提升;另一方面,要在服务人员服务艺术的基础上进行企业服务创新,即通过对员工服务艺术这一隐性知识的总结、提炼、示范和交流,逐步使之规范化、标准化和品牌化,从而将部分旅客享受的个性化服务转化为所有旅客共享的特色服务——从个性化服务到规范化服务,这是服务水平的又一次提升。

4. 品牌文化培育

品牌文化,是指企业及其员工在品牌建设过程中逐渐形成的文化积淀,是关于品牌(如意义、内涵、核心价值)和品牌管理(如创建、维护、经营、保护)的一系列理性认知。品牌文化是企业文化的子文化,但内涵极其丰富,差不多包含了企业文化的全部内容,如企业愿景、核心价值观、经营理念、质量文化、安全文化、服务文化、营销文化、公关文化等。品牌文化与企业文化一样，由品牌精神（理念）文化、品牌制度（行为）文化和品牌物质文化三个层次构成（品牌识别系统的三个子系统与之相对应，如图22-2所示）。品牌精神文化是品牌文化的核心，由一系列品牌价值理念所构成（如品牌愿景、品牌使命、品牌价值观），是品牌的精髓，品牌管理的灵魂。有什么样的品牌文化就有什么样的品牌，就有什么样的品牌管理。

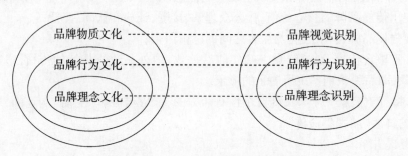

图22-2　品牌文化与品牌识别系统关系图

对于企业员工，品牌文化意味着一种精神、导向、驱动力，具有超越制度、超越时空的无形力量。有什么样的品牌文化就有什么样的员工，而有什么样的员工也就有什么样的品牌。道路客运企业在品牌创建中，应重视品牌文化的培育。品牌文化的培育，同企业文化及其子文化（如安全文化、质量文化）没有本质区别，既是一个贯穿于品牌创建和管理始终的长期持续过程，也同样重在员工品牌价值理念的形成，并遵循以"教化"、"感化"和"固化"促进"内化"、"外化"和"同化"的基本思路。通过品牌文化的培育，充分发挥品牌文化的内部功能（如导向、约束、凝聚、激励），促进员工主动参与品牌的创建和维护，并以自己的创新能力和激情不断丰富品牌内涵、提升品牌价值。

对于旅客，品牌文化意味着一种情感、美感、吸引力，带来心理上的满足，具有超越服务本身效用的附加价值。所以，道路客运企业在品牌创建中，还要重视品牌文化的外部培育，善于发挥品牌文化的外部功能，这是品牌文化不同于企业文化的地方。服务品牌文化的外部培育，主要依赖于前述的"服务提升"和"外部传播"，即通过服务人员在品牌理念（如"旅客的满意，我的追求"、"没有最好，只有更好"、"打造旅客温馨之家"、"我就是品牌"等）指导下的出色服务表现，以及各种传播方式的一致、持续地传播和演绎，使品牌文化（特别是品牌附加价值）和品牌形象获得旅客的认知、认可，逐渐根植于旅客的内心世界，从而引导旅客对服务品牌的青睐和信赖，并借助文化认同的相对稳定性，培养和壮大品牌忠诚的旅客群体。

（四）品牌管理

这里的品牌管理，是指品牌创建后的品牌经营、品牌保护和日常的管理工作。品牌管理的目的，是实现品牌这一无形资产的保值和增值。

1.品牌管理机构

道路客运企业的品牌管理，应视企业规模采用适合的管理模式。大型企业宜设立品牌中心或品牌部，实行统一的管理；中小企业可考虑与企业文化、企业形象、公共关系等相近管理职能合并，归口于一个管理部门。

2. 品牌管理制度

为健全品牌管理,道路客运企业应建立一套涵盖品牌识别、品牌传播、品牌维护、品牌评估、品牌提升、品牌经营、品牌保护等所有管理环节的管理制度,以规范企业的品牌管理行为,建立起品牌运营长效机制。

3. 品牌经营

品牌经营,是指以品牌为资本,通过并购、联合等途径,达到市场扩张、效益提高的目的的经营管理活动,或者说,品牌经营是利用品牌效应,把品牌无形资产转化为有形的物质财富,实现品牌增值的过程。但是,品牌经营在实现增值的同时,往往也伴随着风险,企业不可不察。

道路客运企业的品牌经营有多种方式。例如:

(1)品牌延伸。这是企业将现有品牌延伸到新进入市场的其他产品(服务)之上的一种经营方式。既包括同行业的纵向延伸,将道路客运品牌延伸使用到汽车修理、小件快运、汽车物资贸易等领域;也包括相关行业的横向延伸,将道路客运品牌延伸使用到广告、餐饮、宾馆、商贸等多种经营领域。品牌延伸是把双刃剑,延伸得好,支持多元化发展,可为企业找到新的利润增长点,企业的系列品牌通常就是逐渐延伸的结果;但如果延伸不当,则会适得其反,给企业带来风险,如原品牌淡化,甚至毁誉。故品牌延伸须适度、适当,忌滥用,跨行业的品牌延伸尤须谨慎。

(2)品牌扩张。这是企业在实行并购、重组时,沿用原有企业品牌、实现品牌资产扩张的一种经营方式。品牌扩张在扩大企业生产经营规模的同时,也存在一定风险,如文化冲突、管控难题等,这些问题处置妥善,才能取得预期的效果。

(3)品牌授权。这是企业将自有品牌通过合同形式授予被授权方使用的一种经营方式,也称特许经营。品牌授权与品牌扩张本质上是一致的,只不过品牌授权不涉及产权,如道路客运企业以品牌为纽带的非产权式战略联盟。品牌授权可以为授权企业带来经济回报,并扩大授权品牌的市场影响范围,但被授权方的任何有损品牌的经营行为都会牵累授权企业。

4. 品牌保护

品牌保护,是指企业对已形成的品牌资产进行保护,以避免贬值和毁损的管理活动。

道路客运企业的品牌保护,最主要的途径是法律保护。而法律保护的关键措施,就是做好商标注册工作,谨防品牌被抢注和被侵权。注册商标一般要注意几个要点:

(1)要及早注册,以免品牌落入他人之手;

(2)除了品牌名称,还要注册品牌标志及典型广告语;

(3)必要时除了注册一个正在使用的商标,还要注册多个类似的商标,以加强保护;

(4)除了注册道路客运行业,还要注册相关或准备进入的行业,如旅游、物流、修理、餐饮等;

(5)除了传统的品牌注册,还要注册网络域名;

(6)在注册商标的十年保护期限结束之际,要及时续展;

(7)当发现他人恶意抢注商标时,应迅速行动,向商标局申请撤销其商标。

除了法律保护外,道路客运企业还应重视品牌的制度保护,如企业内部的品牌共用、一牌多品问题,要通过建立健全品牌管理制度,严格品牌经营管理,规范企业母子品牌命名决策程序,差异化控制独资、控股、参股子公司对母公司品牌的使用权限,确保企业品牌不受毁损。此外,企业还要注意品牌的技术保护,如加强对本企业涉及品牌的技术秘密、商业秘密的保密工作。

三、道路客运企业品牌建设的几个原则

道路客运企业的品牌建设,除遵循上述基本思路,还应注意把握几个方面的问题,也可以说是几个原则,主要是战略性、全面性和创新性。

(一)战略性

品牌建设是企业现代化的重要途径,是提升企业竞争力的着力点,而非权宜之计、作秀之举,必须将品牌建设纳入企业战略的高度去认识、去实践。

首先,必须清醒地认识到,品牌建设不仅取决于企业发展水平,也取决于市场和旅客的接受程度,这是一个任重而道远的长期过程,不可能一蹴而就。"路遥知马力,日久见人心"。品牌形象的树立,需要品质的可靠保证,需要诚信的逐步积累,需要时间的持续打磨。作为传统产业的道路客运业,品牌建设还处于启蒙和起步阶段,尤其需要一个循序渐进的过程,绝不要试图"拔苗助长"、指望一夜间"功成名就"。

其次,必须在充分调研分析的基础上,制订清晰的企业品牌战略。品牌战略虽是一种职能战略,服从于企业总体战略所确定的目标和规划,但品牌战略在整个企业战略体系中的重要地位却是不容忽视的,尤其在职能战略中更有"牵一发而动全身"的决定性作用。品牌战略应根据企业不同发展时期的不同特点进行系统性、前瞻性、长期性的规划,把远景目标与阶段目标结合起来,并按照战略管理的要求组织实施、控制和调整。道路客运企业的品牌建设,一般分三个阶段走较为稳妥(但已有一定知名度的企业也可分两步走,直接进入第二阶段):第一阶段,创建服务品牌,传递品牌核心价值,扩大品牌知名度,培育品牌美誉度;第二阶段,创建企业品牌,结合企业形象塑造,提高品牌美誉度,培养品牌忠诚度;第三阶段,创建社会名牌,强化旅客情感依赖,提高品牌忠诚度,壮大品牌忠诚的旅客群体。

(二)全面性

客运服务品牌是一个以旅客为中心的综合性概念,客运服务品牌建设是一个涉及面极广的系统工程,必然要求企业资源和能力的全面动员、全面支持,特别是要求企业上下一致的全员共识、全员参与。例如:

(1)围绕品牌建设的目标,有效整合企业各类品牌资源(硬件与软件资源、内部与外部资源)和各级组织力量(一线与二线、主管部门与其他部门),充分发挥资源的聚合效应及组织的协同效应,形成"万众一心"的强大而持续的品牌合力,使品牌融入企业服务与管理的所有环节和细节之中,把品牌"加法"甚至"乘法"贯彻于品牌建设的全过程、全范围,让旅客在每一个品牌"接触点"都能深切感受到一致的品牌信息,从而由上而下、由内而外地塑造"万众瞩目"的美好而鲜明的品牌形象。

(2)着力完善客运服务体系。不仅是服务质量目标体系、服务质量保证体系,还应重视健全服务质量监督体系,以便通过有效的监督处理,及时进行服务补救,把旅客的抱怨和投诉转化为满意度。监督体系包括内部监督、旅客监督和社会监督,关键是公开明朗的服务标准或服务承诺、清晰简便的监督流程、真诚完善的处理机制以及畅通高效的信息反馈系统。

通过服务体系的全面完善，保证服务品牌内涵的准确传递，尤其是不断强化品牌核心价值在旅客心目中的印象，打造对旅客和社会负责任的品牌形象。

（3）充分发挥员工作为品牌创建主体的作用。

①通过各种途径和方式，着力提高员工综合素质（品牌意识、品牌知识、岗位技能、学习能力、创新能力等），为品牌建设奠定坚实基础。

②通过企务公开、民主决策、放权授权、有效激励等各种管理措施，鼓励员工（特别是一线员工）践行品牌责任、传播品牌价值、维护品牌形象，形成"人人关心品牌、人人培育品牌、人人爱护品牌"的全员参与机制。

③关心和服务员工，建立员工职业发展、生活保障和心理健康辅导机制，以企业"有情有义"关怀促进员工"有声有色"工作，以员工"有声有色"工作吸引旅客"有滋有味"消费，一句话，即以"员工满意工程"推动"旅客满意工程"，以"旅客满意工程"实现"品牌创建工程"。——可以说，这是企业创建品牌最重要、最扎实、最根本、最有效的一条道路。

（4）综合运用现代管理方法和现代技术手段，推进企业品牌建设。比如，强化标准化管理，提升质量管理体系标准（见第二十章第四节），提高客运服务质量和绩效水平；实施"顾客关系管理"和"旅客满意战略"，维系旅客感情与持久关系，培养旅客品牌忠诚度；完善"绩效管理"，并把对品牌价值的贡献纳入绩效考核内容，激励品牌创建的全员参与和有效管理；加强企业信息化建设，推广应用智能化服务设备，提升服务与管理水平，优化品牌形象。

（三）创新性

品牌建设过程，本质上就是企业在各个方面不断创新的过程，从理念到规划，从服务到传播，从创建到经营，无一不体现创新的要求，无一不是创新的成果。创新推进着品牌创建过程，创新也引领着品牌的管理和提升。只有通过不断地创新，才能不断丰富品牌内涵、不断拓展品牌兴奋点，为品牌不断注入新的生机与活力，才能保持品牌的新鲜感，延长品牌的生命周期。一句话，有创新度的品牌才有生命力，才能跟上时代和社会的发展，保持青春永驻、长盛不衰。为此，企业必须时刻关注、研究市场和旅客需求变化，必须建立品牌评估标准和体系，并通过 P-D-C-A 管理循环，进行持续的品牌创新和改进活动，实现品牌的持续提升（前述的道路客运企业品牌创建三个阶段，即是一个品牌提升过程），实现品牌与时俱进、与旅客和市场一道成长，如此才能从根本上保证品牌资产的保值和增值。反之，没有了创新，品牌的命运只能是"退化"、"老化"，直至"寿终正寝"。

第三节　道路客运企业形象塑造

一、企业形象塑造的概念

（一）企业形象与企业形象塑造

企业形象，是指社会公众（包括内部员工）对企业的整体印象和总体评价。道路客运企业形象，包括站场、车辆、设施设备、办公场所等有形形象，还包括服务形象、经营形象、公关形象、员工形象、企业家形象等无形形象，这些有形形象与无形形象的综合，构成了道路客运企业整体形象。其中，客运服务形象是道路客运企业形象首要的决定性构成要素，而客运服务品牌形象则是客运服务形象的集中表达。

道路客运企业形象塑造,是企业旨在赢得旅客和社会公众的认同与美誉,在企业核心价值观的主导下,展现企业整体形象的一种经营战略。在实践中,企业形象塑造表现为系统的策划和行动,如创意策划、形象识别、广告宣传、公关活动等。

(二)企业形象与企业文化的关系

企业形象与企业文化是两个相联系的概念。两者的内涵和识别系统都是由理念、行为(制度)和物质这样三个层次构成,两者所要塑造的内容大体相同。因此,我们可以把企业形象塑造与企业文化建设结合起来一并进行。

企业形象反映了企业的整体素质,如精神风貌、经济实力、技术能力、管理水平、经营特色等,它根植于企业文化,是企业文化的外在表现与展示,本质上也是旅客、客运市场以及社会对客运企业文化的认知和评价。因此,企业文化(主要指企业文化的核心层精神文化)是企业形象的灵魂和支柱,塑造企业形象必须在企业文化的凝聚与主导下进行。离开企业文化,企业形象的各个构成要素将因失去主心骨而成为捏不拢的"一盘散沙"、游离于企业目标之外的"散兵游勇",这样的"企业形象"必然是分裂的而不是统一的、黯淡的而不是鲜亮的、丑陋的而不是美好的。

但是,企业形象与企业文化并非同一概念。两者的不同主要表现在:企业形象形成于人为策划与塑造,是由外而内的认知过程,企业文化形成于历史积淀,是由内而外的认知过程;企业形象着重于外部功能(与品牌形象类似),更注重"外化",企业文化着重于内部功能,更注重"内化";企业形象主要取决于外部公众的评价,企业文化主要取决于内部员工的评价。

(三)企业形象与品牌形象的关系

企业形象包含品牌形象,品牌形象是企业形象的核心构成。两者相互作用、相互促进。企业形象为品牌形象拓展内涵、提供支撑;品牌形象为企业形象塑造提供依据、创造条件,是企业形象塑造的关键,起着画龙点睛的作用。

在内涵结构和形象识别系统上,企业形象与品牌形象也大体一致——企业形象与企业文化相对应,品牌形象与品牌文化相对应,都是分为三个层次,即核心层的理念识别系统(MIS)、中间层的制度(行为)识别系统(BIS)和表层的视觉识别系统(VIS)。人们正是通过识别系统所承载的有关企业或品牌的信息,来认知和识别企业形象或品牌形象。

品牌形象与企业形象的密切关系,使人们很难将两者割裂开来,品牌形象也因此有时成为企业形象的代名词,服务品牌尤其如此,更不用说以企业名称命名的道路客运服务品牌了。

但是,企业形象与品牌形象也有区别。企业形象是针对整个企业,比品牌形象的内涵更宽泛,不仅要面向市场,还要面向社会公共关系,面向企业内部的管理和企业文化建设;品牌形象的重点是针对产品(服务),主要是面向市场,面向顾客诉求,解决产品(服务)营销问题。所以,不能把企业形象完全等同于品牌形象,比如烟草企业,它的企业形象更是忌讳与品牌形象相联系。

二、企业形象塑造的意义

当今时代,形象塑造已不是企业的专利。大到国家、民族、城市,小到团体、家庭、个人,无不把形象视为珍贵的无形财富,无不重视形象的投资、形象的塑造和形象的竞争。形象塑造,已成为社会各个层次共同追求的战略目标。

对于现代企业来讲,形象意识比任何组织、比任何时候都更为强烈。据国际有关组织统计,企业形象塑造每投入1美元,可以获得227美元的回报,收益何等丰厚,作用何等巨大!第十届国际企业伦理和企业形象研讨会上,有专家预言,21世纪的企业发展,将以企业形象力的提升为导向,国际市场将进入"商品力、销售力、企业形象力三轴指向的时代"。今天,预言正成为现实。企业形象塑造已被实践证明是企业提升竞争力的重要法宝。企业形象塑造已成为现代企业管理的一项重要内容,成为关系企业生存与发展的百年大计。正因如此,当今知名企业无不在企业形象塑造上下工夫。

道路客运企业形象塑造的重要意义,不妨从内外两个角度来看。从企业内部看,得到员工认同和支持的良好企业形象,能够唤起员工的自豪感、荣誉感和责任感,激发员工的进取心和主人翁意识,激励员工自觉关心和爱护企业,从而形成向心力和凝聚力不断增强、活力和创造力不断释放的内部经营环境,促进服务质量和品牌形象的持续提升。从企业外部看,得到旅客、公众、社会认同和欢迎的良好企业形象,有助于营造良好的外部经营环境,改善和强化社会公众对企业的认知、好感和信任,赢得良好口碑,吸引人才、资金、客流等资源,提高服务品牌的知名度、美誉度和忠诚度,增强企业核心竞争力,扩大市场占有率,提高企业经济效益和社会地位。

道路客运是传统产业,历史上总体形象欠佳。面对日趋激烈的客运市场竞争,企业形象塑造势在必行。道路客运企业的形象塑造,通常建立在服务品牌形象塑造的基础上,实际上是品牌形象塑造的深化和扩展,是从"服务品牌"向"企业品牌"的跨越,也可以说是企业品牌建设的进一步提升和品牌建设发展的新阶段。

三、企业形象塑造的内容

由前述概念可知,企业形象塑造与品牌形象塑造和企业文化建设既密不可分又各具特色,三者关注的重点和具体的功能指向不同,但在内容上却有着一致的三层结构和大体一致的内涵。其实,企业形象塑造的内容也就是企业形象识别系统的内容,企业形象塑造过程也就是企业形象识别系统的设计与传播过程。现以道路客运企业为例,对企业形象塑造的主要内容作一简要分析。

(一)企业精神形象的塑造

道路客运企业的精神形象,由一系列意识形态的价值理念构成,主要包括:
(1)企业哲学,含企业愿景、企业使命、核心价值观;
(2)企业精神,这是企业员工群体意识、作风和精神的精华,是企业精神形象的核心;
(3)企业道德,主要是商业道德、职业道德;
(4)企业风格,如经营理念、人本理念、品牌理念、服务理念、安全理念、社会责任理念等;
(5)企业风气,如团队理念、学习理念、创新理念等。

企业精神形象是企业形象的核心,是企业制度(行为)形象和物质形象的基石与灵魂,决定着制度(行为)形象和物质形象的性质和内容。它主导企业领导者和员工的价值取向和精神风貌,直接影响企业对外的经营、服务和社会活动姿态。不难理解,不同的精神形象必然形成不同的品牌形象和企业形象。

企业精神形象虽然是无形的,但人们可以通过企业的标语口号、广告语、企业精神词、企业歌、文化手册、企业制度、企业人文环境、企业经营管理行为等进行演绎和塑造。道路客运企业的精神形象塑造,关键在于通过调研、沟通、总结和提炼,形成突出道路客运行业和本企业特色、体现时代进步和社会发展要求的企业价值理念体系。

(二)企业制度(行为)形象的塑造

道路客运企业的制度(行为)形象,是企业精神形象在制度和行为上的具体表现,主要包括:

(1)组织结构,如领导体制、组织机构等;

(2)规章制度,如责任制、管理规范、服务标准、技术规程等;

(3)企业风俗,如仪式、节庆、文体活动等;

(4)企业行为,如服务态度、服务水平、旅客反馈处理、管理方式方法、市场调查、营销活动、创新活动、员工培训、生活福利、公关活动、公益活动等。

企业制度(行为)形象是企业形象塑造成功与否的关键环节。这不仅因为企业的制度、行为直接关系服务质量、服务水平和品牌形象,而且因为通过制度(行为)形象的塑造,能够促进管理制度的进一步完善,促进企业管理水平的进步,更重要的是可以推动企业最重要、最有活力的资源——人的素质的进一步提高,从而使企业员工成为品牌形象和企业形象的自觉塑造者、传播者和维护者。

道路客运企业的制度(行为)形象塑造,应适应企业向现代服务业战略转型的要求,注重在两个方面下工夫:一是在健全现代企业制度体系上下工夫,这是企业形象最重要的根基;二是在完善"以旅客为中心"的服务体系上下工夫,以与众不同的优质服务展示企业形象的精髓。

(三)企业物质形象的塑造

道路客运企业的物质形象,是企业精神形象和制度(行为)形象在物质形态上的反映,主要包括:

(1)企业标识,如企业名称、企业和品牌标志、企业和品牌标准字、企业标准色、企业象征造型和图案、宣传标语口号、广告语、证章等。

(2)服务环境,如站场建筑与装饰、服务(如售票、候车、行包)空间布局、服务设施设备、导乘标识、客运车辆、场地绿化、服务人员服装、旅客票据等。

(3)办公环境,如建筑风格、办公场所布局、办公设备、室内装饰、办公用品、对外账票等。

(4)文化生活环境,如生活设施、文体设施、企业报刊、企业网站等。

据心理学家的调查分析,一个人获得的全部外界信息中,视觉占83%,听觉占11%,触觉占3.5%,味觉和嗅觉占2.5%。可见,视觉是人们获取外部信息的主渠道,因此,视觉识别是传播企业形象最有效的手段。企业物质形象虽然只是一些静态的器物或符号,但它是企业形象最外在、最直观而为外界首先感知的部分,它以最鲜明、最生动的视觉效果对企业的经济实力、技术能力、文化魅力、经营风格、管理水平、价值追求等作了高度综合和浓缩的表达,因而是旅客和社会公众评价和判断企业形象优劣的一个非常重要的标尺,也是企业形象塑造中投入时间、精力和财力最多的方面。

道路客运企业的物质形象塑造,有两个重要着力点:

(1)在深入调研的基础上,在企业价值理念的指导下,精心设计承载企业形象信息、富有特色和感染力的企业标识(即视觉识别系统),并通过各种载体和媒介广为传播,其中,除企业名称外,美观的标志和脍炙人口的广告语是企业形象有形展示的两个最重要元素,企业在设计和应用中尤应予以重视。

(2)把服务环境作为最重要的物质形象传播阵地和载体,以"三容"(站容、车容、服务人员仪容)为重点,以企业标识要素为内容,进行"精心谋划"、"精雕细刻",营造优美、舒适、温馨的客运服务环境,力求给旅客和社会公众留下"一见钟情"、过目难忘的第一印象。

综上所述,企业精神形象是企业形象的内核和灵魂,企业制度(行为)形象是企业精神形象的制度化、行为化的延伸和体现,企业物质形象是企业精神形象的器物化、视觉化表达。如果以人来比拟企业的话,那么,企业精神形象相当于人的心灵,企业制度(行为)形象相当于人的行为,企业物质形象相当于人的外表。心灵、行为、外表,对于一个人的完整形象缺一不可,同样,只有企业精神形象、企业制度(行为)形象、企业物质形象三者的完美融合,才能构成完整的企业形象。

四、企业形象塑造的要点

企业形象塑造与企业文化建设、品牌建设一样,都是企业战略性的系统工程,需要长期的坚持和努力,并按照 PDCA 循环的管理基本模式,进行调研、规划、设计、实施、评估、完善和提升。此外,道路客运企业在形象塑造过程中,还应注意把握几个战略要点和具体策略。

(一)企业形象塑造的几个战略要点

1. 要明晰目标

企业形象塑造要走出盲目的为扬名四面出击的误区,就是说,不能定位模糊混乱而缺乏清晰一致的"面孔",不能没有塑造过程的"定力"而东摇西摆。要立足企业发展战略,按照符合企业实际、发挥企业优势的原则,确定清晰的企业形象目标,选择相适应的塑造步骤和策略,在具体塑造活动上有取有舍,否则花钱多反而收效甚微。总之一句话,"咬定青山不放松",塑造与企业愿景、目标相一致的战略企业形象。

2. 要注重内涵

企业形象塑造要走出浮躁的急于求成以及靠广告砸钱堆砌的误区,就是说,不能重外轻内、重虚轻实,不要只图表面光环、奢望"一夜成名"。要着眼长远、立足当前,脚踏实地、注重内涵,在企业内在素质(特别是员工综合素质)上下工夫,在服务品质和服务水平上下工夫,坚持长期不懈和持续完善,坚持真诚真实和交流沟通,切忌浮夸和失信(如服务违约、欺骗宣传),塑造旅客和社会公众高度认同和信任的扎实企业形象。

3. 要统筹发展

企业形象塑造要走出各自为政、单打独斗的误区。要把企业形象塑造与企业文化建设和品牌建设有机地结合起来,突出企业文化内核(即企业理念体系,这是企业文化、企业形象、企业品牌的共同灵魂和精神动力),凸显企业个性和特征,统一规划部署,防止顾此失彼、零打碎敲,统筹企业资源,避免内耗干扰、各行其是,从而使企业形象塑造、企业文化建设和品牌建设相互辉映、相得益彰,塑造底蕴深厚又鲜明独特的整体企业形象。

(二)企业形象塑造的若干策略

企业形象塑造既要有战略,也要讲技巧、讲策略。为了说明这一点,有必要先了解一下企业形象的形成过程。

企业形象是在企业与包括旅客在内的社会公众的反复沟通中形成的,如图22-3所示。

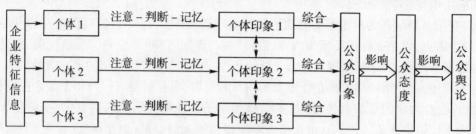

图22-3　企业形象形成过程

在企业形象形成过程中,公众印象、公众态度和公众舆论起着决定性作用。公众印象是个体印象的集合,是有关企业状况和特征的信息在公众头脑中的反映,公众印象形成大致经过"引起注意—产生兴趣—作出判断—形成记忆"的心理活动过程,其中以注意、判断、记忆三种心理现象最为重要。企业形象塑造通过统一的形象识别系统的设计与传播,吸引公众注意、诱导公众判断、加深公众记忆,从而形成与反映企业状况和特征的企业形象相一致的公众印象。公众态度是人们对事物所持有的稳定的心理倾向,是行为和情感活动的根本原因。态度由认知因素、情感因素和行为因素三种心理因素构成,其中情感因素对态度的影响和制约作用最大,所以企业形象塑造动之以"情"常常能出奇制胜,使公众对企业形成良好的支持态度。公众舆论是企业形象形成的最后阶段,是社会相对多数公众的看法和意见,一般通过媒体公开表达,以肯定或否定两种形式出现,对于企业形象具有正反两方面的巨大威力,一方面它是传播企业良好形象的"天使",另一方面它又是破坏企业形象的"超级杀手"。

由此可见,在企业形象塑造中,要善于应用社会心理学原理,重视公众印象、公众态度和公众舆论的作用,通过新闻策划、公关广告、专题活动等各种途径和方法,巧妙地进行"吆喝"和传播,使良好的企业形象在公众心目中逐渐形成,并走向优秀、走向卓越。

可供道路客运企业选择的策略很多,这里略举几例。

1. 体验式策略

俗话说得好,"金杯银杯不如老百姓的口碑",旅客说好才是真的好。企业要善于运用旅客口碑这一形象资源,除注重现场客运服务外,还要策划实施一系列吸引旅客和公众(员工家属、媒体工作者、行业组织及其他相关公众)与企业"零距离"接触的机会和活动,如"服务形象监督员"聘请与自荐活动、"旅客满意度"调查与评估活动、旅客需求(或意见)有奖征集活动、企业标识(含广告语)征集竞赛活动、展示企业成就和形象的展览活动、邀请公众参观企业的"体验日"活动、邀请旅客参与企业庆典的"一家乐"活动、开放企业文体设施的"感恩日"活动、组织客运新产品的"体验之旅"活动等。通过这些充分感知、充满互动、贴心交流、增进了解的旅客和公众体验活动,让旅客和潜在旅客感受企业"物之美、情之真、行之善",产生美好而深刻的印象。这种让事实说话、让亲身体验说话、让旅客现身说法、赢得良好口碑的体验式策略,使企业形象更具体、更可靠,更有公信力。

2. 明星化策略

以名人、明星作为企业形象代言人无可厚非,但代价不菲,效果也不一定好。企业要善于运用自己的形象资源,如企业领导者形象、员工形象就是企业非常宝贵的形象资源,他们的一言一行、一举一动都在传递着企业信息、塑造着企业形象,特别是具有企业家精神、广博知识、社交能力和良好气质风度的领导者,具有敬业精神、职业道德、丰富知识、卓越技能的杰出员工和杰出员工团队(如劳动模范、安全标兵、技术能手、服务明星),以及员工中在社会活动中产生积极影响(如见义勇为、奉献爱心、拾金不昧、志愿服务)的先进个人和先进集体,更是企业形象的极佳传播者、展示者和代表者。企业要借助公共媒体和自己的传播渠道(网站、报刊、庆典活动、表彰活动等)大力宣传他们的生动事迹和感人精神,使之成为"明星化"的企业形象"代言人"。这种"土生土长"的典型示范,使企业形象更立体、更真实,更有说服力。

3. 情感化策略

情能感人,情能生情。企业要善于做"情"的文章,讲好自己的"故事"。也就是说,要很好搜集、总结企业在创业、创新、创优、管理、服务、公益等活动过程中的典型案例,编写成一个个"有血有肉"、"有情有义"的感人故事,并作为企业形象元素广为流传。通过这些真实的传奇故事,解说形象,演绎内涵,易于激活人的情感世界,拨动人的心弦,引发人的美好联想和难以忘怀的牵念,使公众面前的企业形象更鲜活、更生动,更有感染力。当然,故事不在多而在精,即能够将可亲的人物、入胜的情节、突出的主题、诱人的美感等完美地融为一体。如海尔"砸冰箱"的故事,可谓家喻户晓,也使海尔的动人形象走入千家万户。

4. 有形化策略

服务是无形的,但企业形象要有形化。企业要充分发挥视觉识别系统的作用,企业标识不仅要广泛应用于企业的服务环境、办公环境、生活文化环境等载体(见前述"企业物质形象的塑造"),而且要在企业的各种对外活动(如新闻发布会、企业展览会、服务推介会、旅客座谈会、公关活动、公益活动)中有策略地进行宣传和应用。通过大量、反复、一致的有形展示,使企业形象更醒目、更突出,更有冲击力,同时,从社会心理上不断强化公众"注意"、优化公众"判断"、固化公众"记忆"、深化公众"印象",还能在旅客和社会公众心目中产生良好的"共鸣"、"共振"效应。

5. 注意力策略

在如今信息爆炸的社会,"注意力"已成为稀缺的商业资源。企业要善于利用各种机会(如重大节日、纪念日、重大事件、重要场合、重要时点),发掘"注意力"资源,通过策划开展不同主题的、引人注目的、有较大影响力的特别服务、公关活动、公益活动等,拉近与社会的距离,叩开社会公众的心灵,为企业形象增添爱的内涵,并吸引眼球、引导舆论,把公众"注意力"转化为对企业的信心、情感和支持,使企业形象更丰满、更高大,更有辐射力。如杭州长运,多年来以"服务大众、回报社会"为使命,组建"奥运服务车队"进京服务奥运会,为抗震救灾组建车队义送人员和物资,不惜牺牲企业利益抗雪救灾保春运,坚持结对帮扶贫困山区,坚持春运时"百张车票送民工"等系列送温暖献爱心活动,在社会各界和广大旅客面前塑造了一个富有社会责任感的道路客运骨干企业的良好形象。

第四节　道路客运企业品牌危机管理

一、品牌危机管理的概念

（一）危机与危机管理

什么是危机？什么是危机管理？本书第十九章第三节中把危机界定为"风险"的一种，是"突发性的重大风险"。从管理领域讲，危机管理应属风险管理范畴。但是，由于危机具有不同于一般风险的特征（如突发性、高度不确定性、严重危害性、舆论关注性），故危机管理有其不同于一般风险管理的特殊性。

国内保健品行业曾经鼎鼎有名的"三株集团"的破产、"动车7.23温州追尾事故"引发的动车安全信任危机等，这些危机事件所造成的让人痛心的后果，很大程度上正是由于缺乏有效的危机管理；而上海地铁针对"9.27追尾事故"，坚持危机处理原则，从容化解危机，渡过难关，又给我们展示了危机管理力挽狂澜的作用。正反两方面的例子表明，在当今企业管理中，危机管理不可或缺。美国某权威机构对全球500强企业核心竞争力研究后发现，可口可乐、通用等公司之所以基业常青，不在于技术优势而在于完善的危机管理。

（二）品牌危机与品牌危机管理

什么是品牌危机？品牌危机，是指由于内外环境的变化或品牌管理中的失误，而对品牌形象产生严重危害的突发性事件。品牌危机是企业危机的一种，具有危机的共同特征，但由于品牌的综合性特点，所以还有一些不同于其他危机的地方。

（1）品牌危机发生的几率比较高，企业的很多问题或其他方面的危机都可能引发或转化成品牌危机。

（2）品牌危机比其他危机的破坏性更大，不仅会直接造成产品（服务）销量的大幅下滑乃至滞销，而且使品牌形象、企业信誉、企业形象等严重受损，品牌资产价值大幅缩水，甚至彻底葬送企业多年苦心经营的品牌，危机处理不善的"多米诺效应"还会危及企业生存（前面提到的"三株集团"赢了官司、输了企业，即是典型案例）。

（3）品牌危机（特别是原来知名度高的品牌危机）的社会关注度更高，媒体的介入深度和声势更大，公众舆论的波及面和影响力更广，这些常常成为企业危机处理中的棘手问题，成为关系品牌存亡的重要推手，正所谓"成也萧何，败也萧何"。

什么是品牌危机管理？品牌危机管理，是指以品牌危机为管理对象所进行的品牌危机预警（识别、评估）、品牌危机应对、品牌危机事后管理（恢复、重振）等一系列管理活动。品牌的战略地位、品牌危机的巨大破坏性，决定了品牌危机管理的战略价值和作用。而现代经营环境的瞬息万变、顾客维权意识的不断增强、大众传媒业（尤其是网络媒体）的空前发达以及国家法律法规的日趋完善，使得企业品牌危机频繁爆发，也使得作为企业形象和品牌形象"守护神"、企业持续健康发展"稳定器"的企业品牌危机管理的必要性和重要性日益突出，已成为现代企业战略管理不可缺少的组成部分。

道路客运作为公共服务性行业，与人们的生活息息相关，较之一般行业社会关注度更高，情况更为复杂，企业发生品牌危机的概率也更大。因此，深刻认识品牌危机，重视和加强品牌危机管理,是道路客运企业面临的重要而紧迫的课题。

二、道路客运企业的品牌危机

道路客运企业品牌危机产生的具体原因多种多样,归纳一下,主要可以分为以下几类。

(一)安全质量造成的品牌危机

安全性是旅客的第一需求,是客运服务质量的核心要素,有着无与伦比的重要意义。行车安全事故,特别是造成多名旅客伤亡的特大安全事故,常常会引起旅客和社会的恐慌,酿成企业的品牌危机。有时甚至一次事故的巨大经济、信誉损失就会将一家小企业送上不归路。

除行车事故外,造成重大损失或重大影响的客运商务事故(如旅客投诉或提起诉讼)、旅客群体事件(如班车严重晚点、服务承诺不兑现、旅客间肢体冲突、车站食品中毒)等,如果不能得到及时妥善处置,也会在社会上酿成轩然大波,引发企业的品牌危机。本书第十六章第四节曾指出:"旅客意见听不到是可怕的,旅客意见处理不好是更可怕的,有时甚至是灾难性的。"这里说的"灾难性"指的就是品牌危机。

(二)媒体负面报道造成的品牌危机

媒体的负面报道有两种情况:一种是对企业存在问题的真实曝光,如服务环境脏乱差、服务人员与旅客纠纷、班车经常晚点、企业失信行为等;另一种是有违事实的歪曲报道,如竞争对手的恶意中伤,或者是媒体偏听偏信、以讹传讹。但不管是哪一种情况,任其传播扩散的结果都有可能导致品牌危机的发生,尤其是当媒体负面报道与安全质量事故相"共振"时。

(三)品牌管理失误造成的品牌危机

相对于前两种品牌危机,品牌管理失误造成的品牌危机的发展较为缓慢,但后果同样是严重的,对品牌本身而言则更是毁灭性的。企业品牌管理的失误有多种表现。例如:

(1)品牌战略缺失或品牌战略制订失误。品牌战略缺失,而单纯依赖广告、炒作拔高"知名度"的品牌,不过是升腾的"烟花",生命力极其脆弱,来得快也去得快;品牌战略制订失误,如内外环境研判失准、品牌战略偏离企业总体战略、品牌长期目标与阶段目标不协调等,也使品牌"先天失调",难逃"夭折"的命运。

(2)品牌定位决策失误。如定位不当(偏离目标旅客需求)、定位模糊(个性化不够)等,都是品牌定位的大忌,如此定位的品牌显然缺乏抗风险、抗危机的能力。

(3)品牌命名失误。如不能注册(违反法律规定、涉嫌侵权等)、产生不良歧义(包括英文词意)等,无异为品牌植入了"定时炸弹",危机爆发是迟早的事。

(4)品牌经营失误。如品牌延伸过度、品牌扩张过快、品牌授权失控等,这些我们已经在上一节分析过,如果失去警惕,都会直接带来品牌危机,让品牌大厦轰然倒塌。

(5)品牌创新不足。如技改不够造成的车辆车站设施陈旧、服务产品创新不够导致的不适应旅客需要等,其本质也是质量问题,只不过不同于前面说的"质量事故",而是一种长期性的"质量老化","质量老化"的结果必然是品牌的"老化",乃至品牌"生命周期"的终结。

三、道路客运企业品牌危机管理的要点

品牌危机管理的重点,不在于如何处理已出现的危机,而在于预防危机的发生。有效预防危机发生,是品牌危机管理的根本。道路客运企业的品牌危机管理,应注重以下三个要点。

（一）加强品牌危机文化建设

加强品牌危机文化建设，这是品牌危机管理的灵魂和动力，是预防品牌危机的根本之道。其核心，就是要从上到下培育全员品牌危机意识。主要包括：

1. 品牌危机认知的忧患意识

古人云，"思其所以危，则安矣；思其所以乱，则治矣；思其所以亡，则存矣。"市场千变万化，危机无处不在，危害不可估量，没有危机意识才是最大的危机。"微软距离破产永远只有18个月"、"华为总有一天会死去"，正是强烈的危机意识使这些知名企业焕发着勃勃生机。企业只有视危机为常态、视危机管理为常态管理，才能防微杜渐、防患于未然。

2. 品牌危机发生的内因意识

企业品牌危机的发生，外部环境的变化只是诱因或导火索，其根源还在企业内部。有研究表明，由于企业内因引发的品牌危机占品牌危机总数的72.5%。只有正视这一点，才有可能眼光向内，加强企业管理和品牌管理，解决品牌危机的深层次问题。

3. 品牌危机预防的责任意识

与品牌建设一样，品牌危机防范需要全体员工的共同参与和努力。"危机预防，人人有责"，企业只有从上到下都树立了这种责任意识，并把它落实到本职工作上（如高层的决策、中层的管理、基层的维护），才能真正构筑起品牌危机防范的大堤。

4. 品牌危机管理的战略意识

品牌危机管理是品牌战略的组成部分，也是企业战略管理和风险管理的重要内容之一。它所肩负的职能，重在危机"管理"而不是"处理"，必要时危机"应对"而不是"应付"；它的立足点始终是企业的长远目标和整体利益，始终是危机预防和品牌发展。只有站在这样的高度去认识，品牌危机管理才能管到根子上，才能真正有所作为。

5. 品牌危机处理的人本意识

以人为本，这是企业管理的基本理念，也应该是品牌危机处理的基本理念。在危急关头，是企业自身利益第一还是旅客（包括其他利益相关者）利益第一，这是检验客运企业人本意识的试金石，也是品牌危机能否妥善处置的关键。为体现以人为本，企业在危机处理中必须坚持两个基本原则：

（1）诚意性原则，即将旅客和公众权益置于首位，关注和保护他们的利益与情感，减少受害者的损失，及时发表致歉公告，主动承担应负的责任，最大限度地争取公众和舆论的谅解，即使责任不在企业，也应体现人道主义的关怀，为受害者提供必要的帮助，这是品牌危机处理的第一要义。——须知，损失钱事小，损失旅客事大，损失形象就完了！

（2）真实性原则，即企业应及时、主动、坦诚地向公众说明事实真相和纠正措施，切忌文过饰非，切忌遮遮掩掩、糊弄公众，尤其是与媒体沟通时决不可刻意隐瞒或提供虚假信息，那样只会增加公众和媒体的猜疑与反感，损害企业的信誉，也会让传言甚至谣言满天飞，不利于危机的处理。总之，将"诚意"与"真实"贯穿于危机处理的始终，以对旅客和公众权益的关切和保护，换取企业品牌形象的修复和重振。

（二）加强品牌战略管理

加强品牌战略管理，这是品牌危机管理的坚实基础，夯实这个基础是预防品牌危机的治本之策。

1. 制订品牌战略规划

一个没有战略的品牌或者一个有战略缺陷的品牌,犹如头悬"达摩克利斯之剑",是不可能走远的。因此,企业必须重视并制订好品牌战略规划,将品牌创建和管理的每个环节置于品牌战略的指导与监控之下,以避免因品牌战略缺失或品牌战略规划不善而导致品牌危机。

2. 优化品牌管理体制

本章第二节说过,要"围绕品牌建设的目标,有效整合企业各类品牌资源(硬件与软件资源、内部与外部资源)和各级组织力量(一线与二线、主管部门与其他部门),充分发挥资源的聚合效应及组织的协同效应,形成'万众一心'的强大而持续的品牌合力,""塑造'万众瞩目'的美好而鲜明的品牌形象。"靠什么?首先是品牌管理体制。没有一个好的品牌管理体制,就难以协调好各部门错综复杂的权责关系,难以统筹各方面的资源,难以形成品牌管理的强大合力。至于什么是"好的品牌管理体制",则因企而异,同企业的规模、发展阶段、品牌战略、品牌经营等有关,就目前大多数道路客运企业而言,比较适宜职能管理制,有条件的客运企业,可尝试建立品牌经理制。

3. 注重品牌科学决策

从品牌的调研、定位到品牌内涵和识别设计,从品牌结构、品牌传播到品牌经营,每个环节的决策偏差或失误都可能埋下品牌危机的祸根。所以,企业的品牌管理者特别是决策者,要重视品牌运营规律的研究,注意提高品牌决策的科学性,严格遵守品牌决策程序,尤其是决策过程中的调研论证、比较择优,以及决策后的信息反馈和相应的调整改进。

4. 塑造良好品牌形象

品牌形象的具体塑造虽不属于战略范畴,但塑造什么样的品牌形象以及品牌形象在危机管理中的地位,则是具有战略意义的问题,也是品牌战略和品牌决策的核心内容。科学研究证明,人们往往容易受情感而不是理智的支配。一旦顾客与某个品牌建立了情感关系,形成品牌依赖,就会宽容和原谅它的过失,犹如为品牌培育了危机"抗体"。由此可见,良好的品牌形象以及由此形成的旅客情感依赖和品牌忠诚,是道路客运企业防范品牌危机和迅速走出危机的重要条件。当然,良好的企业形象也会形成"爱屋及乌"效应,对品牌危机起一定的"保护伞"作用。因此,为了让品牌形象和企业形象更加出众,为了赢得旅客的品牌情感和品牌忠诚,道路客运企业及其员工应当时时想着:"我们还需要做点什么"?"我们还可以多做点什么"?

(三)健全品牌危机管理机制

为完善品牌危机管理,道路客运企业除了培育品牌危机文化、加强品牌战略管理外,还必须建立健全品牌危机管理体系,形成长效的品牌危机管理机制。这一机制可同风险管理相结合,基本流程可参见第十九章第三节图19-3,主要包括四大系统。

(1)监测品牌内外环境的危机信息系统。监测的内容包括:品牌美誉度监测、品牌忠诚度监测、品牌市场占有率监测、品牌权益保护监测(如名称安全、标志安全、商标安全)、品牌管理状况监测、服务安全质量监测、旅客需求动向监测、市场竞争动向监测、社会舆论动向监测、宏观环境监测等。

(2)进行品牌危机识别、分析和评估的危机预警系统。包括:品牌评价指标体系(如品牌资产不良程度评价指标、品牌管理失误行为评价指标、品牌内外环境不良程度评价指标)、危机防范管理制度体系(如品牌自我诊断制度、品牌管理决策制度、品牌管理内部沟通制度、品牌管理绩效考评与奖惩制度、品牌管理媒体公关制度等)、危机应对预案体系、员工培训演练体系等。

(3)应对品牌危机的危机处理系统。包括:危机处理组织体系、危机处理资源配置、危机处理基本原则(如主动性、及时性、诚实性、真实性、协同性)、危机处理内部沟通、危机处理策略(如舆论疏导、危机转移、借助权威、转危为机)等。

(4)品牌形象恢复、重振的危机事后管理系统。包括:危机公关善后工作、品牌形象测评与重塑、危机处理总结反思、危机管理系统评估与完善、全方位员工教育培训、以危机为契机的管理变革、大力度的品牌外部传播等。

综上所述,需要特别指出两点。

(1)品牌危机管理的三个要点,正是现代企业管理的三大核心内容(即文化、战略、制度,见本书第十三章第一节)。

(2)品牌危机管理的精髓在于两个方面:

①危机防范,这是贯穿危机管理全过程、全方位的一个基本精神和基本要求。

②危机转化,即转危为机,这是危机管理的高水平、高境界,主要体现在危机处理和危机恢复两个阶段中,前者是利用危机时企业曝光度高、社会关注度高的机会,引导舆论正面宣传企业品牌,后者是抓住危机后内部变革阻力大减的契机,发动企业变革,推进管理进步。

本章思考题

1. 请联系道路客运,简述品牌的含义。
2. 服务品牌构成要素有哪些?与有形产品相比,服务品牌创建有什么特点?
3. 道路客运企业为什么要重视品牌建设?
4. 什么是品牌定位?道路客运企业品牌定位要注意哪些问题?
5. 什么是品牌识别设计?品牌识别设计的要点是什么(联系道路客运企业实践)?
6. 什么是品牌文化?道路客运企业如何搞好品牌文化的外部培育?
7. 什么是品牌经营?道路客运企业的品牌经营主要有哪些方式?在品牌经营中,应当注意什么问题?
8. 简述道路客运企业品牌建设的主要原则,这些原则对品牌危机有什么影响。
9. 请联系品牌建设,分别就下面几句话谈谈你的认识:

(1)有需求度的品牌才有亲和力;

(2)有鲜明度的品牌才有感染力;

(3)有知名度的品牌才有影响力;

(4)有美誉度的品牌才有竞争力;

(5)有独特度的品牌才有吸引力;

(6)有创新度的品牌才有生命力。

10. 什么是企业形象塑造?它与企业品牌建设有什么关系?
11. 请简要分析道路客运企业形象塑造的内容及工作重点。
12. 请联系道路客运企业实际,设计几个企业形象塑造策略的实施方案(要求有新意、可操作)。
13. 什么是品牌危机?道路客运企业品牌危机的主要表现可能有哪些方面?
14. 道路客运企业应注意培育哪些品牌危机意识?
15. 什么是品牌形象?品牌形象与品牌危机有什么关系?
16. 你认为,品牌危机管理的精髓是什么?在品牌危机管理过程中,应如何体现"精髓"的要求?

第二十三章 道路客运企业创新发展

在瞬息万变的现代经营条件下,企业靠什么应对如此之多、如此之快的不确定性?靠什么赢得优势、赢得顾客?靠什么赢得先机、赢得明天?创新,唯有创新!创新是现代企业保持活力和生命力的一项基本活动,是伴随企业成长壮大的主旋律。第十九章第三节中已经分析了企业创新的重要意义和道路客运企业创新的现实意义后指出,"道路客运企业面对的问题,不是要不要创新,而是如何唱响创新主旋律,解决创新什么(主要是重点内容)、怎么创新(特别是创新机制)的问题"。本章即就此展开讨论。

第一节 企业创新的概念

一、创新的含义

什么是创新?创新是为了一定的目的,对事物的整体或其中某些部分进行变革,从而产生出新颖的、有价值的成果的活动。

从这里,可以看出创新的几个显著特征:

1. 目的性

任何创新活动都有一定的目的,都是在一定动机支配下的主动行为。具体的目的或动机可能多种多样,但归根结底都是为了满足人类自身生存与发展的需要,从而促进经济社会的文明和进步。目的性是创新的原始驱动力。创新的这种目的性,贯彻于创新过程的始终,并最终体现在创新成果上。人类需要和创新目的的极其广泛性,也决定了创新可在物质文明、精神文明等一切领域和一切层面上展开,遍及人类活动的方方面面。

2. 价值性

创新的成果可以是有形的事物,如汽车新设备,也可以是无形的事物,如管理新理念。但不论是有形的还是无形的创新成果,都具有可供利用的具体价值,或是深化对客观世界的认识(如新理念),或是提高对客观世界的驾驭能力(如新设备),进而都会对经济社会产生一定的积极效应或经济效益。创新的价值性是目的性的体现和必然要求,努力提高创新的价值性应是创新者考虑的核心问题。

3. 新颖性

创新的关键是一个"变"字、一个"新"字,就是对原有事物进行改变,使之呈现新的面貌。这种新颖性,是与原有事物相比较而言的,可以是首创性的发明创造,也可以是已有创造或创新成果的应用,可以是事物整体上的更新,也可以是事物局部的改进和完善。创新的新颖性是其价值性的来源,但值得注意的是,两者并非直线关系,并非越新颖越有价值。比如,在实践中,更多的创新表现为应用性而不是创造性、局部性而不是整体性,但这并不意味创新价值就一定小于后者。

4. 风险性

创新的新颖性在实现价值性的同时,也带来了风险性。创新是对已有事物的改变和革新,是一个破旧立新、除旧布新的过程。旧事物的习惯性抵制和阻力能否克服?新事物的不确定性能否控制?主观愿望与客观实际能否相符?变革能否如期成功?期待的新颖性、价值性、目的性能否实现?创新的各种付出(精神的和物质的)能否获得应有回报?等等,这些问号的不确定性都是创新中的风险。这就要求创新者必须遵循事物发展的规律,坚持实事求是、从实际出发的原则,掌握创新的原理和技法,运用创新的策略和技巧,以减少和控制创新风险,提高创新成功率。

由上述分析可见,创新的几个特征之间是相互关联、相互作用的,如图 23-1 所示。创新的特征还表明,创新并不神秘,人类社会就是在持续的创新中不断进步和发展的。当今,我们更是身处创新海洋之中——言必称创新,事事可创新,处处见创新,创新已成为时代的主旋律,创新带来的社会快速变化让人目不暇接;但是,创新的特征又表明,创新很不容易,因为创新意味着改变,在改变的过程中充满阻力、困难和不确定性,创新的价值是在战胜这些风险后才得以实现的,唯有勇敢者和准备充分者、唯有在创新路上坚韧不拔者才可能成功。

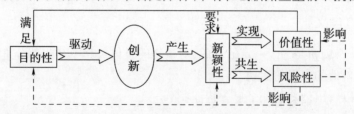

图 23-1 创新特征关系图

二、企业创新的内容

什么是企业创新?企业创新是指在企业范围内进行的创新,或者说在企业生产经营过程中所展开的各种创新活动。具体地说,企业创新的目的性,是为了适应经营环境的变化,满足企业生存与发展的需要;企业创新的价值性,是包括顾客价值、企业价值和社会价值的综合价值;企业创新的新颖性,主要包括新的产品(服务)或新的质量、新的生产方式、新的市场、新的原材料、新的组织形式等方面;企业创新的风险性,表现形式上虽多样,但最终是反映在投入产出比即经济效益上。

企业创新的内容十分广泛,涵盖企业系统的所有领域和所有层面,凡是与企业生存、发展有关的方面都在企业创新之列。从涉及的领域看,既有材料、产品、设备等有形的创新内容,也有理念、制度、方法等无形的创新内容;从涉及的层面看,既有企业、部门或团队的创新,也有员工个人的创新(如客运服务人员的服务艺术)。本章主要讨论企业层面上的创新。

企业创新的内容尽管复杂,但概而言之,无外乎两大类:一类是管理创新,一类是技术创新。企业的所有创新,无论是有形的还是无形的,都可以纳入这两大类。

所谓管理创新,是指企业以管理变革为手段(即资源要素的调整优化和重新组合),以提高管理效能和企业效益为目标的创新活动。道路客运企业的管理创新,从核心管理内容来看,包括以现代化发展战略为统领的战略创新,以组织结构和经营机制创新为重点的制度创新,以理念创新为核心的文化创新;从专业管理内容来看,重点是运务管理(服务、市场)创新、营销管理(品牌)创新、质量和安全管理创新、人力资源管理创新等。

所谓技术创新,是指企业以技术进步为手段(即应用新知识、新技术、新材料),以开发或改进产品(含新服务、新工艺、新市场、管理新手段等)为目标,并产生经济、社会效益的创新活动。新技术的获得,可以是自主或合作研发,也可以是引进或购买,道路客运企业主要是后者。道路客运企业技术创新的领域,主要是车辆装备、车辆使用(如节能减排)、车辆检测和维修、车辆调度、客运服务方式和手段、管理方法和手段等。

管理创新与技术创新之间并非相互割裂的独立活动,而是相互交叉、相互融合、相互促进的过程,管理创新需要技术创新的支持,技术创新更需要管理创新的保障,技术创新本身也需要技术创新管理。例如:道路客运企业信息化建设无疑是重大技术创新,但它又以管理创新作保障,同时推动服务创新和管理创新;道路客运企业品牌创建是管理创新的过程,但离不开技术创新的支持,特别是服务品牌构成中的服务质量、服务模式、服务技术等的创新。

因此,企业创新是管理创新与技术创新相互交织的结合体,是一种综合创新,是个需要统筹协调的系统工程。

第二节 道路客运企业理念创新

一、理念创新的重要性

理念创新是以人的理念为主要内容的创新,就是改变员工的观念和态度,革除落后的不合时宜的既定看法和思维模式,树立先进的符合时代发展的新的思想观念和态度。理念创新是企业文化创新的核心。基于企业文化的五大功能,特别是激励功能和导向功能,理念创新在企业创新中具有非常重要的意义。

1. 理念创新是企业创新的内在动力

上一节说过,创新"是一个破旧立新、除旧布新的过程",所以"很不容易"。没有足够的动力,难以启动创新,更难以成功地实现创新。

创新目的性固然是"创新的原始驱动力",但如果没有直接动力的作用,这种"原始驱动力"也许永远只会处于"蛰伏"状态,而不可能转化为现实的创新能量和行动。企业创新的直接动力一般来自两个方面:一是外部的,市场竞争的压力、科技进步的引领、政府政策的鼓励等,这些外部环境的改变或刺激,构成了企业创新的外部动力;二是内部的,企业的危机意识、进取意识、创新意识等,这些根植于大脑的价值理念和思维方式,形成了企业创新的内在动力。如果说外部动力能对企业创新起触发或促进作用的话,那么内在动力则是在企业创新中发挥着根本的、持久的作用。因此,企业创新仅有外部动力是远远不够的,更重要、更关键的是内在动力,外部动力也只有通过内在动力才能起作用。试想,一个观念陈旧落后、不思进取变革的企业,哪来创新的自觉和动力,又怎么可能有真正的创新!

2. 理念创新是企业创新的先导

之所以说理念创新是企业创新的先导,至少有两个方面的理由。

(1)理念创新能够帮助我们扫除创新的最大障碍——思想观念障碍,为创新提供思想基础和前提条件,开启企业创新的大门,推动和引发其他各方面的创新。比如,市场观念不树立,计划经济思维下的官商作风便难以铲除,旅客导向、服务创新就只能是镜花水月;没有竞争观念,反映在内部势必是平均主义、大锅饭盛行,现代企业制度就不可能建立。

(2)理念创新能够帮助我们突破原有的思维模式,拓宽创新的视野,以新的视角、新的方法去寻求创新的方向和路径,使企业创新的空间大为拓展,引导企业创新从"山重水复"中迎来"柳暗花明"。比如,道路客运企业树立"大交通"理念,将使自己站在一个新的高度去审视外部环境,原先的挑战会变成机遇,企业战略创新因此将注入许多新的内涵;竞合理念的确立,将改变企业的竞争思维,或可化"敌"为友,兴利除弊,一改市场竞争态势,使企业市场创新和集约化经营在更大范围内展开,创造出新的竞争优势和规模优势。

总之,理念决定行动,思路决定出路,先进的理念会转化为推动企业变革与发展的持久积极性和创造力。理念创新是企业创新的灵魂和首要内容,是企业其他所有创新的导向和动力。

道路客运企业作为传统产业,总体上创新较为滞后,主要是受长期计划经济体制和思维模式的影响,对创新的重要价值和作用认识不深,理念创新重视不够、紧迫感不强,缺乏创新的文化环境和内在动力。理念一变天地宽。道路客运企业只有加快理念创新的步伐,打破思想观念中的层层枷锁,才能为企业创新提供能动、积极的动力、热情和智慧;只有大力培育创新文化,与时俱进、持续不断地进行理念创新,才能始终保持生机与活力,实现企业持续的创新发展。

二、理念创新的内容

企业理念创新的实质,是对企业和企业经营管理认识的进步和深化,是对原有企业理念的突破和更新。在这个意义上,企业理念创新与企业理念现代化其实是同义语。道路客运企业理念创新之要,在于洞察社会发展趋势,把握客运市场规律,建立起与市场经济、时代精神及企业发展相适应的理念体系。这个理念体系,正如第十九章第一节大致描述的那样,包含的具体理念很多,难以尽述。这里仅撷取几个对于企业创新具有导向意义的理念作一分析。

(一)大交通理念

发展综合运输体系是现代运输业发展的大趋势。与发达国家相比,我国在综合运输体系建设方面落后很多,"大交通"在很多人头脑里还是一个陌生的概念。近年来,随着国家交通运输管理体制改革的推进、城市化进程的加快和信息化建设的发展,我国综合运输体系的建设和发展迎来了良好契机。可以乐观地期待,"大交通"引领交通大发展的时代正向我们走来。

面对新的形势,道路客运企业迫切需要树立大交通理念,即跳出道路客运的自我,站在构建现代大交通和综合运输体系的高度,重新审视道路客运的市场定位和前进方向。这里有两层含义：

(1)道路客运企业应以国家综合运输体系(主要是指旅客综合运输体系)为大局,并积极融入和服务于这个大局,把单纯的道路客运意识转变为包括铁路、水路和航空在内的旅客综合运输体系意识,把加快企业创新发展的立足点转移到满足整个旅客综合运输体系发展需要上来,在旅客综合运输体系整体协调发展中实现道路客运自身的发展并获得利益。本书第一章第二节曾经提出一个问题："如何凭借运输的网络性和联动性,为服务对象开发和提供更加方便、更加快捷、更加满意的运输产品,同时加强外部联系与合作,扩大市场影响力和辐射力,并提高运输生产的效率和效益。"显然,做好这篇文章,正是大交通理念的要求。

(2)道路客运企业应以旅客综合运输体系为发展平台,在主动适应大交通发展需要、搞好与其他运输方式良性互动和有效衔接的同时,把研究和发挥道路客运在其中的功能和比较优势作为企业创新的着力点,加快自身发展方式的转变和企业现代化的进程,提升道路客运的市场竞争力,在各种客运方式的良性竞争中开拓新的发展空间和新的效益增长点。本书第二章第二节曾经指出：道路运输由于其机动灵活的基本特点而具有"补充和衔接其他运输方式"的独特功能和独特优势,"如何运用和发挥好这一独特功能与优势？这是个非常值得道路运输的组织者们深思和实践的问题。"这个问题的提出,其实也是大交通理念引发的必然思考。

(二)市场理念

市场理念是企业处理自身与市场(核心是顾客)之间关系的指导思想和行为准则。市场理念是市场经济条件下企业经营的核心理念之一。市场理念的基本内涵,简单地说,就是生产经营以市场为导向,以顾客为中心,满足顾客需求。这是企业经营的出发点和落脚点,也是企业存在的基本价值和企业品牌的核心内涵。从实质上看,第二十章介绍的质量管理原则之一——"以顾客为关注焦点",可以认为是市场理念的另一种表述。

道路客运的顾客主要是旅客。道路客运企业的市场理念,就是以客运市场为导向,以旅客为中心,满足旅客需求。关于旅客及其在道路客运中的意义和地位,本书在第三章第一节作过深入分析。但是,长期的计划经济使我们习惯于从企业出发而不是从市场出发考虑问题,习惯于把旅客当成管理对象而不是服务对象,对于旅客的很多新需求或个性需求常常视而不见,甚至会自觉或不自觉地以固化的管理制度予以排斥和限制。贯彻市场理念,就必须彻底摒弃这种不合时宜的思维和做法。在现代经营条件下,从"请旅客注意"转向"请注意旅客",已成为客运企业的必然选择。

关于旅客需求,本书很多章节也都从不同角度进行过阐述,这里有必要再重复强调几点：

(1)旅客的需求是全面的,是对客运服务质量特性的全面要求,不仅反映在功能(位移)、安全、价格、及时等相对易于判断的方面,而且反映在生理、心理这些主观感知上(如方便、舒适、文明),反映在随时代而变的消费观念上(如爱好、品牌、时尚)。

(2)旅客的需求是多样的,不同类型的旅客需求不同,不同情境下旅客的需求也有差异,有针对性地满足不同旅客的多样性需求、个性化需求是市场理念的内在要求。

(3)旅客的需求是动态的,总体上是随着经济社会的发展而不断变化、丰富和提高的,客运市场竞争态势的变化(如竞争对手提高了服务水平)也会引起旅客需求或期望的改变(一般趋向更高层次和更高要求),所以对旅客需求的满足绝不能停留在静态的、被动适应上。

(4)对旅客需求"满足"的含义是深层次的,不只是一般意义上(如功能、质量)的让旅客满意,更有对旅客心理的契合、对旅客期望的超越,即带给旅客超值感受和意外惊喜,这是客运企业培育忠诚旅客的有效法宝。此外,作为社会公众的一分子,旅客的满意势必还具有"社会"的视角,即在接受客运服务过程中感受到的企业在维护社会整体利益、履行社会责任、致力社会和谐时所体现的社会价值。应该说,这是对旅客需求满足的更深层次、更高境界。

总之,旅客需求是个复杂的现象。道路客运企业秉持市场理念,就必须时刻关注和研究市场,善于识别旅客的真实需求,以针对性的服务满足旅客需求,适应和巩固市场;真诚地倾听旅客反馈意见,勇于检讨和否定过去,通过服务的持续改进和创新,不断提高旅客满意度,提高市场占有率;更重要的是,以敬业的职业精神、超前的经营意识、敏锐的商业眼光,洞悉和把握市场动向和发展趋势,不断发现和创造新的需求,吸引和引导旅客消费,开辟新的市场空间。

(三)竞合理念

顾名思义,竞合理念就是既竞争又合作,在竞争中合作,在合作中竞争,最终实现双方共赢的一种经营理念。在现代经营条件下,企业的生存与发展离不开其他组织的支持和合作,而很难靠单打独斗长期立于市场,竞争对手之间也不是那种"你死我活、你输我赢"的对抗性竞争关系,市场不再是只有"零和"或"负和"博弈的战场,而是一个复杂的商业生态系统。竞合理念正是在这种背景下产生的一种新的思维和发展观。可以认为,竞合是现代市场活动的发展趋势,既竞争又合作的动态合作竞争关系也是现代企业之间关系的基本特征。

竞合的最大特点是共赢。竞合双方(或多方)相互取长补短,可有效地进行企业间的资源整合,形成优势互补的企业共同体,同时通过规模优势加强整体的竞争实力,产生 $1+1>2$ 的效果,从而创造并分享一个不断成长扩大的市场。可见,竞合的实质是,在共同"把蛋糕做大"的基础上分享更多的市场份额和市场利益。经典的"龟兔赛跑"故事有一个新版本,生动地诠释了竞合理念:陆地上兔子驮着乌龟跑,过河则由乌龟驮着兔子游,双方优势互补而实现了共赢。

竞合并不排斥竞争,而是一种合作性竞争,是竞争的更高层次。践行竞合理念,一方面要求企业本着合作分享的"共赢"原则,勇于突破传统思维的束缚,参与竞争者之间的合作,并通过合作共同开拓市场,获得新的利润生长点;另一方面要求企业根据自己的战略目标,在合作中保持相对独立性,并善于发挥自身特长,增强主营业务的核心竞争力,不断保持和发展自己的市场竞争优势。因此,竞合既能够增强企业市场竞争力,也成为企业开发新市场和扩大原有市场的重要途径。

道路客运具有网络型的经营特点,尤其应该摒弃那种"以邻为壑"、"同行是冤家"的"零和"竞争理念,代之以新的适应现代经营环境的竞合理念,勇于和善于在竞争中融入合作,通过合作参与竞争,如此方能促进企业更快地发展。不仅道路客运企业之间,而且各种客运方式之间都应该是一种合作竞争关系,正如本书第一章第二节所指出的:"各种运输方式之间有着天然的产品同一性和功能一致性,在很大程度上是可以相互替代的",运输方式之间的这种"可替代性",既"决定了各种运输方式之间相互制约、相互竞争的必然性",也"为各种运输方式之间的协作、多式联运以及综合运输体系的构建与发展提供了条件和依据"。在这个意义上,竞合理念与大交通理念有着异曲同工之妙。

(四)人才理念

人才理念是企业关于人才和人才开发、使用的指导思想和行为准则。现代人才理念包括以下三个层次的基本内容:

1. 人才的含义

什么是人才?人才是人力资源中的高素质者。杰出性、实践性、创新性是人才的基本特征。因而知识、业绩、创新是构成人才的三大要素。知识是杰出性的标志,是人才的基础,知识不仅指显性知识,更应包括技能、技巧、经验等隐性知识;业绩是实践性的体现,是才能和活力共同作用的结果,只有知识而没有能力和业绩的不是人才;具有创新精神、创新思维、创新能力而能够从事创新性(尤其创造性)活动,更是人才的核心要素,一个只会模仿不会创新的人是人力而不是人才。归纳起来,关于人才可以讲四句话:才以"识"为基,识以"能"为要,能以"绩"为准,绩以"创"为重。

人才是多层次的。不同层次需要不同的人才,不同的人才在企业的不同层次都有用武之地,不论是高层管理者还是生产第一线的员工。俗话说"行行出状元",在实践中,人人可以成才。企业应建立鼓励岗位成才、人人成才的制度和机制,形成适应企业发展需要的人才体系。

2. 人才的地位

企以人为本,人以才为先。人才是企业发展的第一资源,当今企业间的竞争,归根结底是人才的竞争。员工是创新的主体,人才是创新的主力,谁掌握了先进人才,谁就掌握了市场未来。因此,人才兴企应是企业现代化的首要战略,企业要把人才发展放在优先地位,如人才资源优先开发、人才结构优先调整、人才投资优先保证、人才制度优先创新等。

3. 人才的使用

人才发展要以用为本。无论是重视人才、发现人才、爱护人才,还是培养人才、引进人才、选拔人才,最终目的都是为了更好地使用人才,更充分地发挥人才效能。这里的"用",不是"当成工具使用",而是具有实现人才价值的三层含义:

(1)人尽其才,即不拘一格,量才而用,尊重个性,发挥特长,把他们放到合适的岗位,为人才提供展示才能的舞台和空间;

(2)才尽其用,即放手放权使用,并给予关爱与支持,为人才创造良好环境和条件,充分释放其创新创造的激情和能量;

(3)人才激励,即根据人才的业绩和贡献,采用待遇、情感、事业等多管齐下,留住人才,激励人才,做到"以价值体现价值,用财富回报财富"。

总之,树立什么样的人才理念、用什么样的人,事关企业的兴衰成败。道路客运企业应当在现代人才理念指导下,制订前瞻性的人才发展战略,创新人力资源管理体制机制,建立有利于人才成长的制度和环境,充分激发人才的活力、潜能和价值,从而为企业创新注入源源不断的动力。

(五)可持续发展理念

可持续发展是当今人类社会发展的一个重大命题。企业可持续发展理念,是指企业在现代经营环境中追求长期生存、永续发展的经营理念。通俗地说,也就是以"百年老店"为经营目标的一种指导思想和行为准则。为此,企业在经营中不仅考虑当前利益,也要考虑长远利益,不仅考虑企业效益,也要考虑社会效益,只有两者有效结合,企业才能实现可持续发展。具体讲,企业可持续发展理念的内涵,主要包括:

(1)企业要保持健康发展,由传统的追求增长向追求发展转变。一方面,企业是营利组织,追求利润是首要原则,这是企业生存与发展的前提,而且利润应该保持增长趋势,否则经不起市场风浪,随时会有倾覆的危险。另一方面,企业的发展不是单纯的利润增长,更不是透支资源的一时的或短期的利润增长,而是一个讲成本、讲安全、讲质量、讲服务、讲贡献的综合效益概念,是一种建立在科技进步、管理科学和劳动者素质提高基础上的效益增长,是一种适应现代多变快变经营环境的企业发展能力提高。

(2)企业要合理利用资源能源,由高耗费型向集约型转变。有限的自然资源和能源,是人类社会发展的巨大瓶颈。如何合理地利用和节约资源能源,大力发展循环经济,是企业可持续发展的重要课题。作为能源(主要是石油)消耗大户,道路客运企业理当强化能源意识,努力节能降耗,建设资源能源节约型企业。

(3)企业要重视环境保护,由高污染型向清洁型转变。生态环境恶化已成为全球关注的重大问题,也是我国现代化建设的重要制约因素。如何减少污染排放,发展低碳经济、绿色经济,保护业已十分脆弱的环境,是企业可持续发展的又一重要课题,并正在从企业负担逐渐演变成为企业间的竞争要素。作为废气污染和高碳排放的主要源头之一,道路客运企业应强化环境生态意识,重视节能减排,努力发展"绿色服务",建设环境友好型企业。

(4)企业要承担社会责任,由单纯经济组织向企业公民转变。现代企业不仅是经济细胞,也应是社会有机体的基础单位,既要讲究经济效益,也要讲究社会效益,积极承担社会责任,努力成为优秀的企业公民。SA8000社会责任管理体系国际标准即集中反映了国际社会对这方面的关注和共识。企业主动履行社会责任,不仅可以获得社会效益,还可以提高企业声誉,改善企业形象,降低企业经营风险,是企业永续经营、获得长期利益的重要保证。社会责任的内容包括很多方面,不仅要求企业注重资源和能源节约,注重环境保护,把自身发展的生态代价和社会成本减少到最低限度,而且要求企业协调好与内外部利益相关者的关系,坚持守法诚信、公平竞争,加强安全生产、职业健康,维护顾客、员工、股东、合作者等的合法权益,热心社会公益和慈善事业,为构建和谐社会作出贡献。值得一提的是,维护综合运输体系大局、切实搞好行车安全,显然是道路客运企业非常特殊的两项社会责任。

企业可持续发展是20世纪末才走进企业视野的全新概念。企业作为一个人工系统,能否持续发展取决于其能否主动变革创新而适应复杂多变的经营环境。树立上述的可持续发展理念是首要前提,在这个理念指导下提高可持续发展能力则是企业可持续发展的根本大计。道路客运企业可持续发展能力的培养和提高,大致有两条基本途径:

(1)转变企业管理模式,即从传统管理转变为现代化管理(可持续发展管理),包括建立可持续发展的企业战略(含风险管理),培育可持续发展的"长寿基因"(如先进企业文化、强势企业品牌、良好企业形象),打造可持续发展的"强健机体"(如现代企业制度、人才队伍、信息资源),开发可持续发展的动力源泉(如持续学习、知识共享、创新机制)等,致力于企业核心能力和市场地位的提高。

(2)转变企业发展方式,即依靠科技进步和现代化管理,实现集约经营、和谐发展,走低消耗、低污染、高质量(含安全)、高效益(含社会效益)的可持续发展之路。

第三节　道路客运企业组织与制度创新

组织与制度创新,是指在企业制度领域进行的创新,是对以人为中心的资源进行重置重组,以提高企业管理运行效率和效能的活动。

组织与制度创新是企业管理创新的核心内容之一,是实现企业各项创新的重要前提和基本保证(组织保证、机制保证),其重要性显而易见。但另一方面,组织与制度创新的实质,是对企业内部(甚至跨企业)责权关系的重新调整与规范,难度也是可想而知的。

道路客运企业组织与制度创新的内容非常广泛,包括管理体制、组织结构、机构设置、管理流程、管理规范、跨企业组织联系等。本节只讨论三个比较现实的课题,即制度现代化、经营集约化和组织扁平化。从体系上说,经营集约化和组织扁平化其实同属制度现代化的范畴,把它们从制度现代化中单列出来,意在强调其紧迫性而已。

一、制度现代化

现代企业制度,是在市场经济条件下,以完善的企业法人制度为主体,以公司企业为主要形式,以产权清晰、权责明确、政企分开、管理科学为基本特征的新型企业制度。关于这一点,本书已在第十三章第一节和第十九章第一节分别作过相关阐述。企业制度现代化,就是通过变革和创新建立健全现代企业制度的动态过程,这也是企业适应市场经济和社会化大生产的要求逐渐成为科学规范、有序高效、充满活力的市场主体的转变过程。这是企业现代化的必由之路。

改革开放以来,特别是进入21世纪以来,道路客运企业在理念创新的基础上,在制度现代化方面也取得了很大进展。但是,同样应该看到,由于起点低、难度大等多种原因,道路客运企业制度现代化总体上仍处于较低水平,发展也极不平衡,全国至今上市企业仅江西长运一家,由此可见一斑。所以,道路客运企业制度现代化要走的路还很长,需要创新完善的问题还很多,例如:

(1)产权制度方面。如何优化产权结构,在多元化的同时使产权组合更加合理,并解决经营、技术骨干等人力资本的持股问题;如何实现产权的可交易性,解决国有改制企业员工股的调整和流转问题;如何有效实施企业间的并购重组,解决行业中由来已久的主体多、规模小、集中度不高的问题;如何妥善处理普遍存在的承包、挂靠等粗放经营方式,解决产权模糊、集约化不够的问题;如何激发创新活力,培育创业主体,解决推进员工创业的问题;如何深化和完善股份制改革,创造条件,争取企业上市,从根本上解决企业产权多元、开放和流动的问题。

(2)法人治理制度方面。如何健全民营企业法人治理结构,解决所有权与经营权两权不分或分而不明的问题;如何规范董事会工作机构和工作制度,真正发挥董事会决策功能,解决习惯上的"一言堂"问题;如何加强监事会建设,解决普遍存在的监事会虚置和监督不力的问题;如何完善充分激励与有效约束相结合的机制,解决调动经营层积极性的问题;如何消除计划经济体制的影响,解决改制企业国有股"股小权大"、干预过多、权力边界不清的问题;如何贯彻民主管理原则,解决一般员工在决策机构的话语权问题;如何体现中国特色社会主义的要求,妥善处理好党委与董事会、监事会的关系问题。

(3)组织制度方面。如何适应市场和企业发展需要,适时进行机构变革,解决组织固化、僵滞的问题;如何处理好集权与分权、放权的关系,合理划分各层次经济责任(如投资中心、利润中心、成本中心),解决发挥基层单位积极性和提高应变能力而又不致管理失控的问题;如何精简机构,改变改制企业消肿不够、民营企业"大企业病"蔓延的普遍现象,解决层次多、流程复杂、信息慢、沟通难、效率低的问题。

(4)管理制度方面。如何加强民营企业制度建设,解决人情大于规则、人治多于法治、经验重于科学的问题;如何从管理制度上真正落实人本和人才理念,形成与市场经济相适应的工资薪酬、绩效管理、员工关系管理等制度,解决控制多于激励及人才难留的问题;如何健全管理制度,提升制度水平,解决逐步实现标准化管理的问题;如何更新观念,消除制度盲点,解决信用及其他无形资产疏于管理的问题;如何加强制度本身的管理,重视应用先进管理理念和管理技术,解决管理制度的及时更新和创新问题。

上述这些问题,道路客运企业应当在建立健全现代企业制度过程中,着力予以解决。但是,应该承认,每一个问题的解决都不容易,权力的调整、利益的瓜葛、习惯的阻力、变革者的魄力、不确定的因素等构成了其间的诸多风险。所以,道路客运企业实施制度变革和创新,既要坚决积极,也须理性稳妥,关键是根据企业实际,找准突破口,统筹安排,有序推进,并运用有效的变革管理保障制度变革的成功(见第二十一章第三节的"管理变革问题")。

二、经营集约化

集约是相对粗放而言的。经营集约化,是指企业由粗放式经营向集约化经营转变的动态过程。集约化经营,就是企业通过对资源要素的质量提高、投入集中以及要素组合方式的调整,实现节约、高效的经营方式。集约化经营使企业能够聚合内外资源,提高单位资源产出率,增进企业效益和社会效益。

长期以来,由于道路客运市场准入门槛较低,经营主体多、小、散、弱的状况一直较为突出,经营方式总体上还处于粗放式阶段,导致客运资源投入的分散和浪费,影响企业的竞争实力和抗风险能力,既不利于客运市场的健康发展(如导致无序竞争、恶性竞争),也不利于客运企业的长远发展,从根本上说难以适应旅客和社会越来越高的消费需求。况且,道路客运的网络型经营特性,也要求提高组织化水平和产业集中度,合理聚集客运资源(营运线路、车辆设备、人力、资金、技术、信息等),实行专业化运营和广泛协作,实现规模经济,提高运行效率和经济效益。因此,道路客运企业由粗放经营向集约经营转变,不仅是现实的迫切需要,也是发展的必然趋势,是由传统服务业向现代服务业战略转型的重要内容和途径。

道路客运企业经营集约化,有两条基本路径,一是内部集约化,二是外部集约化。

(一)内部集约化

内部集约化,是指在企业内部,通过产权、组织、管理方式等的变革创新,对线路经营权、车辆、人员等客运资源进行调整和重组,以公司化经营(也称公车公营)取代目前道路客运企业普遍采用的承包、挂靠等分散经营方式。内部集约化的直接目的,在于解决挂靠经营、承包经营等由于产权模糊、管理粗放所带来的竞争无序、服务质量差、安全隐患多等固有弊端;从长远来看,内部集约化则是道路客运企业现代化的必需之举,也是企业实现专业化、规模化经营以及标准化、品牌化管理的必要条件。

(二)外部集约化

外部集约化,是指在企业之间,通过兼并、收购、重组、参股、特许经营、联合行动等多种方式,对客运资源进行有机整合和优化配置,实现规模化、网络化经营。外部集约化可提高企业对外部资源的控制和利用能力,增强企业实力和竞争力。

外部集约化的模式很多,既有以实物资产为纽带的产权式集团化经营,也有以非实物资产(如品牌、线路、业务)为纽带的非产权式联合经营;既有道路客运(包括公交)同业间的集约化经营,也有与其他客运方式(如铁路、航空)甚至其他行业(如旅游、旅店、物流、广告)异业间的集约化经营;既有同地区企业间的集约化经营,也有跨行政区域企业间的集约化经营。下面重点介绍产权式和非产权式中的两种常见模式——线路公司和战略联盟。

1. 组建线路公司

所谓线路公司,是指由两家及两家以上客运企业共同组建而成的专业从事定线客运经营的联合公司。线路公司的组建,可以是本地区从事同一班线(也包括沿线线路)经营的多家运输企业间的联合、重组和股份制改造,也可以是两地间实行班线对开经营的客运企业间的联合、重组和股份制改造。线路公司一般具有以产权为纽带、以高速公路为依托、以客运资源整合和优化为基础、以统一的现代管理为保障的特点,参股各方形成了一荣俱荣、一损俱损的紧密利益共同体,因此能有效消除原先的相互掣肘,实现资源共享、优势互补,极大降低班线营运成本,提升班线实载率和班线效益。

实践证明,在客运市场当前的竞争形势下,线路公司是一种有效且易行的产权式外部集约化经营模式。如2006年成立的浙江杭宁快速客运有限公司,就是由原来经营杭州至南京班线的八家客运企业联合组建的浙江省第一家省际线路经营公司,整合后的线路公司按照"五统一"(即统一经营品牌、统一线路车型、统一班线票价、统一服务标准、统一管理规范)的原则实施经营管理,班车实载率迅速上升到了70%,班线效益和竞争力显著提高。又如,浙江金华通杭公司与浙江衢州通杭公司是由杭州长运分别与金华、衢州两地运输企业共同组建的两家线路公司,统一、灵活的运力调配,使线路公司车辆运行效益大幅提高,假日运输期间车辆利用率提高了50%;2007年杭州至南昌动车组开行后,杭衢线路公司及时调整班车时间,采取与铁路错时发车,有效避免了与铁路运输的直接竞争。随着动车的增开,线路公司对衢州至杭州方向班车实行不同时段、不同站点的季节性降价优惠,这种灵活而又贴近市场的举措,在与铁路争夺客源的较量中提高了杭衢快客的竞争力。

2. 实施战略联盟

所谓战略联盟,是指两个或两个以上企业为实现特定战略目标而形成的合作经营联合体。这种联合体一般是非产权式的结盟,不具有法人地位,所以是松散式的,通常以协议或契约(有的甚至以信用)明确各参与企业在资源共享、优势互补、风险共担、利益分享等方面的权利和义务。除此之外,各参与企业都保持自己原有的独立性,也拥有进入或退出的自主权。

道路客运企业的战略联盟可以在同行业内建立。联盟企业通过线路资源整合、客运组织方式变革、客运产品和市场创新等联合行动,实行专业化协作,既可打破地区封锁、开辟新的市场,又能避免过度竞争、提高服务质量、降低客运成本、减少旅客出行总费用(包括时间),从而有助于提高联盟企业的市场竞争力和市场占有率。

道路客运企业的战略联盟也可以跨行业建立。比如与其他客运方式(铁路、航空等)联盟,形成网络化综合运输,有助于吸引客源、降低成本、扩大市场、提升服务水平;比如与其他行业(旅游、物流、广告等)联盟,则可充分发挥道路客运资源的效用,拓展业务范围和价值链,增加新的效益增长点。

可见,外部集约化其实是竞合理念在经营实践中的运用。因此,道路客运企业在开展外部经营集约化时,无论采用哪种模式都应当把握竞合理念的基本要求,把竞争与合作有机地结合起来;同时,为提高经营集约化的效果,在具体实施中还须注意以下几个要点:

(1)遵循市场规律,实行自主自愿,坚持诚信和协商原则。

(2)以互利共赢为目的,兼顾各方利益,实现资源共享和优势互补。

(3)因企因时因地制宜,合理选择合作伙伴和集约模式,并以多元参股的产权式为发展方向,逐步提高集约化程度。

(4)发挥客运网络化优势,努力突破行政区划制约,有节奏地开辟营运区域和营运网络,扩大集约化规模,但要防止过快扩张或超出能力边界而失控。

(5)重视品牌效应,注重现代管理作用和现代科技应用(特别是信息化),着力提高经营素质和服务水平,不断提升集约化层次。

三、组织扁平化

(一)组织扁平化的意义

组织扁平化,是指企业通过减少管理层次、增加管理幅度,将垂直高耸的金字塔式组织结构"压缩"为扁平状组织结构的动态转变过程。组织扁平化的结果,使企业上下、左右和内外的信息联系方式变得顺畅、快捷,组织机构变得精干、高效。它的优点具体表现为:

(1)扁平化组织提高管理效率。由于纵向管理层次减少,企业指挥链条缩短,指令下达、信息传递速度加快,信息衰减和失真减少,从而使机构运行效率和效能提高,保证了管理和决策的有效执行。同时,中间管理层次和冗员的裁减,也节约了管理成本。

(2)扁平化组织增强应变能力。一方面,随着中间层次的减少,决策层离市场近了,能够及时根据多变的环境信息作出相应决策,并可快速执行和反馈;另一方面,中间层和职能机构的精简使企业的资源和权力更多下放于基层,自主权的增加使基层员工在面对市场环境和旅客需求的变化时能够快速响应、灵活应变,敏捷地适应和满足客运市场与客运服务的需要。

(3)扁平化组织激发创新活力。信息的畅通、沟通的便捷、权力的下放等,为员工工作提供了更多的自由度、参与机会和创新空间,在提高效率的同时,更能获得自我实现的满足感,因而士气得以激励,活力得以激发,基层员工参与管理和创新的积极性、主动性大为提高。

总之,组织扁平化带来了信息扁平化和流程扁平化,带来了效率、活力,以及适应市场变化的快速反应能力。正因为如此,扁平化是现代企业组织结构特点之一,也是企业组织创新的一个重要目标。

(二)组织扁平化的实施

组织扁平化也是一个制度性变革过程,必然伴随着阻力和风险。正如前面所说,"既要坚决积极,也须理性稳妥,关键是根据企业实际,找准突破口,统筹安排,有序推进,并运用有效的变革管理保障制度变革的成功"。在这个总原则下,道路客运企业在具体实施组织扁平化中,还应注意几个问题:

(1)要与企业发展阶段相适应,不可盲目一刀切。既有需要,又有可能,方可相机而行,否则会适得其反,造成管理的混乱和损失。比如,市场环境、企业规模、发展目标、文化状况、管理者素质、信息化水平、管理基础等,都是需要考虑的因素。

(2)要通盘考虑,稳步推进,不可操之过急。通常可按如下先后步骤进行:先变革流程(简化、优化、扁平化),后变革组织(扁平化);先放权(精简职能),再减人(精简机构);先总部(如实行"大部制",该归并的归并、该强化的强化、该撤销的撤销、该下放的下放),后中层;先职能机构,后经营单位(多元化经营的企业可实行事业部制或分立为子公司);先试点,后推广。

(3)要掌握好变革时机,把握好实施要点。比如:在变革时机上,要注意掌握——面向市场、服务旅客是根本(作为管理者,则须面向市场、面向一线、立足服务,强化内部顾客意识),理念(如系统、信息、协作、民主等观念)先行是前提,重大变故(如发生重大事故、重大危机、外部重大变化)是契机;在实施要点上,要注意把握——放权是基础,流程是关键,领导掌舵、员工参与是保证。

第四节　道路客运企业产品与市场创新

一、产品与市场创新的概念

(一)客运企业产品与市场创新的含义

产品与市场创新,是指企业在产品和市场方面所进行的创新活动或创新成果。

道路客运的产品是服务,是以实现旅客位移这一基本功能为中心的系列服务,道路客运企业的产品创新即服务创新,主要通过服务组织方式(含劳动组织、客流组织)、服务项目(含服务内容、服务延伸、服务组合)、服务方式(含服务风格、服务文化)、服务技术(含服务设备、服务手段)、服务质量(含服务标准、服务承诺)等的创新来实现。

道路客运的市场,是客运供需关系的总和,这是一个大概念,但直观(或狭义)地看,其实就是客运线路,客流五要素(类型、流时、流向、流量、运距)也都集中反映在线路上,道路客运企业的市场创新主要通过线路延伸、线路开辟、线路组合、客源组织、客运营销、顾客(旅客)关系管理等来实现。

(二)客运企业产品与市场创新的特点

由于服务是一种不同于有形产品的特殊产品,具有一些不同于有形产品的特征(详见本书第三章第五节),所以客运产品创新也有别于有形产品。比如,它主要体现于服务内涵和服务质量,而不是功能上(脱离位移这个基本功能,也就不再是客运服务);它一般只有局部性的改进型、拓展型或替代型创新,而很难有全面性、根本性的换代型、全新型创新;它往往需要旅客的参与或配合,要在与旅客充分沟通和良性互动的条件下进行,在这个意义上,它比有形产品创新更难控制和把握;它对一线服务人员的素质更加敏感和依赖,特别是服务人员的思想素质(如服务观念、敬业精神)在很大程度上左右着服务创新的实施和效果。

同样,由于服务不同于有形产品的特征,客运服务创新与客运市场创新的关系至为密切,两者相互关联、相互促进、同步实现,不能截然分开,也没有先后之别,这同有形产品与市场的关系显然是有区别的。就创新本身而言,客运服务创新是实质,客运市场创新是外延,服务产品的实现过程就是市场的拓展过程;而就创新目的而言,客运服务是"矢",客运市场是"的",只有得到市场认可的服务产品才有价值意义,才能产生企业效益和社会效益。

(三)客运企业产品与市场创新的意义

产品创新是企业保持生命力,在残酷的市场上立于不败之地的重要途径。客运服务产品与市场创新,在道路客运企业各类创新中居于核心地位,其他所有创新(包括本篇前述的理念创新、制度创新、品牌创新、信息技术创新、管理标准创新、人力资源管理创新)无不以此为归宿、以此为转移、以此为检验。应当看到,道路客运与其他运输方式相比,市场化程度最高,竞争最激烈,服务产品与市场创新因而显得尤为重要、尤为迫切;但另一方面,旺盛的客运需求以及旅客消费的多层次、多样化趋势,也为道路客运的服务与市场创新提供了有利条件和广阔空间。道路客运企业只有直面挑战,不失时机地抓好服务产品与市场创新,才能克服同质化,提升服务水平,赢得竞争优势,在满足旅客不断增长需求的同时开辟新的市场和新的发展前景。

二、产品与市场创新的原则

道路客运企业要搞好服务产品与市场创新,必须首先解决"创新什么"、"靠什么创新"、"怎么创新"的问题,这就要求掌握相关的基本原则。

(一)以旅客需求为导向的原则

从根本上说来,企业产品创新源于市场需求,即顾客需求。有需求才会有市场。"以客运市场为导向,以旅客为中心,满足旅客需求",这也是客运企业市场理念的基本内涵。道路客运企业的服务创新,必须将眼光放在客运市场上,放在旅客需求上,致力于带给旅客新的体验、新的价值。有人搬出"竞争理念",认为既然是竞争,就该把眼光放在竞争对手上,通过创新超越对手。这种说法看似有一定道理,但细究起来,显属舍本求末,是一种初级的竞争思维和创新思维。而且,只跟对手较劲,即使有所超越,也不过多分一点有限的"蛋糕",市场总体并没有因此而扩大,创新的路只会越走越窄。只有盯着旅客需求,通过创新不断超越自我,不断开发旅客需求,市场才会越来越大,路才会越走越宽。因此,旅客的需求、旅客的期望、旅客的偏好才是道路客运企业服务创新的正确方向,企业创新的"目的性"和"价值性"也集中体现在这里。

以旅客需求为导向,就必须重视和研究旅客需求。随着国民经济的发展和人民生活水平的提高,旅客的消费水平和消费观念发生了深刻的变化,旅客的需求不仅要求"走得了",还要求"走得好",要求走得安全、走得快捷、走得舒适、走得温馨,而且提出了一些新的更高要求（如个性化、多样化、高端化）。道路客运企业必须下工夫研究旅客的消费心理，善于捕捉旅客需求的趋势变化，以便有针对性地创新服务、满足需求、巩固市场。

以旅客需求为导向，就必须重视和研究旅客意见和抱怨。正如本书第十六章第四节所指出的，旅客意见和抱怨是"旅客反馈信息的主要内容"，"实质上也是反映了旅客的需求和利益（甚至是深层次的、潜在的需求和利益），它最能显示服务质量、服务价值的真实状况，特别是最能真实地揭示出服务质量方面存在的问题和不足，为服务质量的改进和提高指出明确的方向和要求，甚至提供具体的思路和举措。"道路客运企业应当善于倾听和分析旅客的心声，把握旅客期望，以旅客意见和抱怨为契机，完善旅客意见和投诉处理机制，并按照"旅客为本"、"真诚"、"系统"和"创新"等原则（见第十六章第四节），认真进行服务整改和创新，以提高旅客满意度和企业市场份额。素以创新著称的美国西南航空公司，专门设置了一个"首席道歉官"的重要职位，再好不过地诠释了重视旅客意见处理的重要意义。

以旅客需求为导向，就必须重视和研究旅客潜在需求。旅客需求不仅指现实需求，还包括潜在需求。需求导向不是消极的适应和满足，不是简单的跟着市场走，仅仅"有求必应"、"有错必纠"是远远不够的，更需要有超前的眼光、超前的思维，善于洞察先机，看到别人看不到的地方，想到别人想不到的东西，从市场动向和发展趋势中敏锐地发掘和创造新的需求，即通过创新把旅客的潜在需求转化为现实需求，以新的客运服务产品领着市场走，能动地影响和引导旅客消费，开辟新的市场空间。

总之，服务创新以旅客需求为导向，就是旅客需要什么就创新什么。例如，旅客需要而尚未满足的，就去介入和发展；旅客虽已满足而不满意的，就去改进和提升；旅客关心而不放心的，就去承诺和实现；旅客未来可能需要的，就去研究和开发。

（二）依托企业优势的原则

每个企业都拥有或支配一定的资源（包括站场、车辆等硬件资源，也包括品牌、管理等软件资源），这些资源状况及其组合和运用使企业表现出一定的优势和劣势。道路客运企业对自己应有清醒的认识和正确的判断，并在服务产品和市场创新中坚持扬长避短、立足优势的原则，即把创新建立在充分依托和发挥优势的基础上。如此创新，方能有所作为，更可事半功倍，方能做到别人做不到的事情、达到别人达不到的水平，创新的"风险性"才能减少，创新成果才更有竞争力。例如：

（1）发挥行业优势。与其他客运方式比较，道路客运具有点多面广、机动灵活、适应性强、可"门到门"、公路路网四通八达等行业优势。依托这一优势，道路客运企业可在集疏衔接、中转换乘上大施拳脚（如发展火车站和飞机场的"零换乘"接送班车、实施一票制网络化快速客运），也可在开辟铁路盲区市场上大做文章（如发展直达客运和农村客运）。

（2）发挥企业自身优势。每个道路客运企业与同行其他企业比较，都会有这样或那样的优势。比如，有的有成本价格优势，有的有车辆设备优势，有的有区域客流优势，有的有站场资源优势，有的有人才管理优势，有的有企业品牌优势，有的有高速公路网络优势，等等。企业在服务和市场创新时应有"自知之明"，并紧紧围绕自己的优势，把文章做足，把优势发挥到极致。

（3）发挥外部资源整合优势。企业的能力不在于拥有多少资源（即使规模再大、实力再强的企业也毕竟是有限的），而在于能够支配和有效运用多少资源。所以，企业创新不能仅限于依靠自身业已拥有的资源和能力优势,还应善于借助整合外部资源创造的新优势,像上节所述的外部集约化经营(线路公司、运游结合、公铁联盟等),就既是组织创新的结果,又是服务与市场创新的有力依托。比如,借助这一新优势,企业可为旅客(特别是团体旅客)"量身订制"最优化的"一票制"旅行线路和全程系列服务。

(三)综合运用技术和管理手段的原则

任何企业创新都是管理创新与技术创新的结合体,都是一种综合创新,道路客运企业服务产品与市场创新尤其是这样。服务产品和市场创新的核心要求是成本低、质量优、效率高、竞争力强,要实现该目标离不开技术和管理手段的综合运用。之所以不能没有技术,是因为应用现代科技(比如现代信息技术)的创新才能符合时代潮流,才可能领先于人;之所以不能没有管理,是因为运用管理才能集成经验、知识、创意等创新要素,实现向创新成果的转化。因此,只有技术与管理的有机结合,才有服务产品和市场创新的"新颖性",才是服务产品和市场有效创新之道。

还需要强调,道路客运企业通常都没有专门的产品研发部门和研发人员(这一点,是客观存在,但其合理性值得商榷,或许正是服务企业创新意识普遍淡薄的反映),员工(含管理者)的经验、知识、创意等成为服务产品和市场创新的主要源头,而且正如前面所指出的,其服务产品创新有着与有形产品(如工业品)创新不同的特点,它"比有形产品创新更难控制和把握","它对一线服务人员的素质更加敏感和依赖,特别是服务人员的思想素质(如服务观念、敬业精神)在很大程度上左右着服务创新的实施和效果。"这就使得管理手段在服务产品创新中的作用显得格外突出和重要。所以,道路客运企业在注意应用现代技术成果的同时,尤其应当高度重视运用管理手段来促成服务产品和市场的创新成果。

三、产品与市场创新的思路

道路客运企业开展服务产品与市场创新,在坚持上述原则的前提下,还需探寻一些可行的思路。当然,每个企业的情况不同,具体的思路也必定有别。只有适合的才是有效的。但总体上看,大致有专业化、差异化、多样化、多元化等几种思路可供选择。

(一)专业化思路

专业化是现代企业的一种先进组织形式和生产方式,即企业集中资源和能力于某一专门业务,以形成和发展集约经营的优势。这里的专业化,是指企业做优做精服务产品的一种创新思路。对于道路客运企业而言,专业化意味着车辆设施先进、服务环境优美、服务人员素养高、服务管理规范,意味着大批量、低成本、高效率、高效益。对于旅客而言,专业化意味着正规、优质、安全、放心、信誉等高信度的服务形象。因此,道路客运企业实施专业化的产品和市场创新,可以更多地获得旅客和社会的信赖与青睐,不失为一种构建和提升市场竞争力的有效途径。

以杭州长运为例。20世纪90年代,随着道路客运竞争的白热化,承包、挂靠等分散经营方式被广泛采用,在带来活力的同时也产生了一系列问题,为旅客和社会所诟病,逐渐成为道路客运发展的障碍。杭州长运敏锐地捕捉到了市场需求变化,立足自身管理优势,着手专业化创新,在全国率先推出了"车辆高档次、班次高密度、服务高质量、管理高标准"的"浙江快客"客运产品,获得了较好的市场反响,之后几年间又陆续推出"浙江快旅"、"浙江快线"、

"高速客运"、"城际巴士"等客运产品,将道路客运专业化发展推向了一个新的高度。

（二）差异化思路

差异化也称个性化或特色化,是指一种富有企业特色或个性、与众不同而区别于竞争对手的创新思路。差异化服务是摆脱道路客运同质化竞争、培育企业品牌、培养旅客忠诚度的有效手段。具体地说,差异化创新可有三种基本路径,即"人有我优"、"人优我特"、"人无我有"。

1."人有我优"

"人有我优"主要是指在服务产品的质量上创新,提升"三优""三化"水平,以更加满意的服务赢得旅客的口碑,巩固和扩大企业市场份额。例如:

（1）创新多种售票方式（多点、网购、异地、自助等）,让旅客购票更方便;

（2）创新站场服务环境（舒适座椅、绿色装饰、电子显示、无线上网等）,让旅客候车更舒适;

（3）创新班车运行模式（直达、公交化、多式联运等）,让旅客出行更快捷;

（4）创新服务内容（免费饮食、车站导乘、随车服务等）,让旅客感受更温馨。

2."人优我特"

"人优我特"主要是指在服务产品的特色上创新,以别人所没有的特殊价值和魅力吸引旅客的青睐和偏好,巩固和扩大企业市场份额。例如:

（1）统一形象的品牌化服务（如杭州长运的"心馨岗"）;

（2）轻松自如的智能化服务（如自助检票、多媒体查询）;

（3）与众不同的承诺服务（如"准时到达"承诺）;

（4）密切旅客关系的长效服务（如主动"回访"服务）;

（5）体现旅客价值的回馈服务（如旅客建议奖励制、旅客乘车"积分"优惠制）;

（6）旅客导向的新型服务模式（如"以旅客服务中心为前台"、"首问责任制"、"定制服务"）;

（7）旅客高度自主的"灰狗"营运模式（即一次购票、长期有效、随意上下）。

3."人无我有"

"人无我有"主要是指在服务产品的领先上创新,即以超前的思维发现和创造新的需求,以前所未有的新鲜感引导旅客消费,开辟新的市场。

例如:中国交通企业新记录中所记载的,由杭州长运领先于全国同行业推出的四大服务举措,就是道路客运企业实施超前创新的成功案例——率先与中国建设银行杭州分行合作联网售票,开创票务与新技术融合的先河;率先在全国道路客运行业推出高速、快客班车"十大服务承诺"和车站"十大服务承诺",实行违诺赔偿制;率先在全国同行中建立旅客服务中心,推出服务纯金号 86046666,24 小时为旅客提供咨询、订票、受理求助或投诉等一揽子亲情服务在全国率先开通杭州火车站至东南西北四大汽车站的站际免费接送车,基本实现旅客公公、公铁零距离换乘。领先性服务不仅为企业扩大了知名度,更为企业的长远发展赢得了声誉和市场。

（三）多样化思路

多样化,是指企业为满足旅客和市场多层次、多样化需求的一种创新思路,即针对不同旅客的不同需要、不同偏好提供不同的服务。为此，企业需要对旅客类型和客运市场作更深入的研究，进一步科学地予以细分，这是多样化创新的前提和基础。例如：

（1）针对学生、民工旅客以及会议旅客、大型活动旅客，开展上门服务（售票、接送等）和包车服务，体现的是服务地点上的多样化；

（2）针对商务旅客，提供豪华商务大巴的高端服务，体现的是服务档次上的多样化；

（3）针对城际（或城乡）往返旅客，发展定时的早晚客运、高密度的公交客运，以及针对农村旅客开行季节性班车，体现的是服务时间上的多样化；

（4）针对经常性旅客或频繁往返旅客，实行会员制、积分制、月票制等优惠服务，体现的是服务待遇上的多样化。

（四）多元化思路

多元化，是指企业通过拓展多种经营领域或产品，以改变单一客运经营的一种创新思路。道路客运企业多元化一般有相关多元化和非相关多元化两种路径。

1. 相关多元化

相关多元化是充分利用道路客运的资源及其对相关产业的辐射和拉动作用，延伸产业链条，拓宽服务领域，发挥管理协同效应，提高企业的整体实力和竞争力。

（1）通过上下游延伸，发展旅游客运、小件快运、汽车物资贸易、汽车租赁、驾驶培训、汽车修理等服务产品。

（2）通过横向延伸，发展广告、餐饮、宾馆、商贸、休闲娱乐等服务产品。

相关多元化应是道路客运企业多元化创新的主要形式，其中运游结合的旅游客运（可整合车辆、站场、旅行社、酒店、景区等资源）、客货结合的小件快运（可整合车辆、站场、线路、物流、快递等资源）尤其值得重视，因其适应社会需求变化趋势又能发挥营运网络和"门到门"优势的特点，发展前景将十分广阔。此外，充分利用车站作为巨大旅客集散地的优势，发展站商结合的餐饮、宾馆、商贸、休闲等综合服务业，也是一个非常可取的多元化方向，站场经营业态或将因此发生革命性的变化，新建车站更应在设计时就考虑这一趋势，在站房结构、规模、流程等方面作出相应安排。

2. 非相关多元化

非相关多元化是依托企业在资金、品牌、人才、管理、经营等方面的优势，通过并购、参股、合资、合营等方式，发展房地产、金融担保等非相关产业，实现跨行业的多元化发展，为道路客运企业增加新的盈利来源。

3. 多元化创新的注意事项

企业多元化经营可以充分发挥现有资源的效用，扩大企业规模，更多地占领市场和开拓新市场，也有助于避免单一经营的风险。但是，企业实行多元化经营有利有弊。所以，道路客运企业实施多元化创新应该注意一些问题。比如，要从自身的实际情况出发，在深入调研论证的基础上，选择是否走多元化道路以及走怎样的多元化路线；要充分考虑企业资本结构与经营结构的有机协调、盈利性与流动性的有机协调、企业资源（特别是人才、信息、技术）和能力与经营领域和规模的有机协调等问题；要充分考虑多元化（特别是非相关多元化）的可能风险，切忌盲目而为，同时，企业在实施多元化时，还应建立与之相适应的经营机制和管控体系，以提高经营效果并有效控制和化解多元化经营中的风险。

四、产品与市场创新的步骤

道路客运企业服务产品与市场的创新,可按"市场调查→资源能力分析→产品研发→市场营销→后续管理"的步骤进行。

(一)市场调查

市场调查是产品与市场创新的第一步。开展市场调查的主要目的,是为了掌握客运市场的供需状况特别是供需矛盾,预测客运市场的发展趋势特别是旅客的潜在需求,即了解旅客现在需要什么(如需要而未满足的、满足而不满意的、关心而不放心的),未来将会需要什么,从而发现和发掘新的市场机会,也就是寻求创新的机会和创新的方向。

关于市场调查的内容和方法,见本书第十四章第二节。

(二)企业资源能力分析

每个企业都拥有和支配一定的资源,以及具有协调运用这些资源以满足市场需求的能力。资源和能力是企业创新的基本条件,但是每个企业的资源和能力都是有限的,这就决定了企业不能什么都做,也就是说企业创新是有一定制约和边界的。企业资源能力分析,就是为了搞清企业的家底,了解企业到底能做些什么,能够满足哪些市场需求而实现供与需的对接。为此,企业资源能力分析的重点是要解开几个问号,包括:企业资源和能力的优势在哪里,主要问题和不足又是什么,以及能否凭借现有能力扩大资源支配范围(如整合外部资源)和创新边界。这些问题清楚了,企业才能扬长避短,根据旅客需求有选择地进行产品和市场创新,最大限度地减少创新风险。

(三)产品研发

前面已经提到,"道路客运企业通常都没有专门的产品研发部门和研发人员,员工(含管理者)的经验、知识、创意等成为服务产品和市场创新的主要源头"。所以,道路客运企业的服务产品创新,除了员工个体结合本职工作的自发创新(如服务人员的在服务过程中所表现的服务艺术)外,企业层面的产品研发实际上就是企业对员工经验、知识、创意的有目的有组织的聚合转化过程。企业组织研发的一般程序为:

(1)发布信息。包括创新方向、创新要求、可提供的相关资源等信息,必要时还可包括市场调查和分析的相关内容。

(2)收集创意。多渠道收集来自企业内部和外部的各类建议、提案、想法、金点子等。

(3)拟订方案。对于收集到的各种创意,由相关人员组成的团队进行研究、分析和综合,拟订多个初步方案。

(4)征集意见。通过多种形式,广泛听取和征集对创新初步方案的修改意见和建议。

(5)决策和实施。根据各方意见,综合考虑各个方案的新颖性、价值性、风险性以及可行性,进行对比和筛选,然后择优作出决策,确定最终创新方案。创新方案确定后即应迅速付诸实施,必要时可实行项目管理和项目负责制,以保证创新产品实现(同时也是市场拓展)的进度和成效。

(四)市场营销

关于市场营销的概念和基本内容,本书第十三章第一节已有介绍。

道路客运企业创新服务产品的市场营销方式很多。例如:

（1）体验营销。即通过组织旅客参观或亲身体验，以及访谈、座谈和意见征集等"零距离"活动，宣传和介绍服务新产品。

（2）有形展示。即通过对服务环境、服务设施设备、服务人员服装仪表、客运班次时刻表等相关有形物的展示，增强旅客对服务新产品的理解和印象。

（3）活动或事件营销。即借助大型活动或事件，并通过媒体的新闻报道，将服务新产品及其服务承诺广而告之。

（4）网络营销。即通过企业网站的宣传推介、咨询交流、电子商务以及其他网络的广告宣传等推广服务新产品。

（5）与企业品牌和企业形象塑造相结合。即在企业品牌和企业形象宣传过程中，结合进行服务新产品的推介，使两者相互映衬、相得益彰。

（五）后续管理

后续管理是产品与市场创新的延伸过程，也可以说是对创新风险的化解过程，其目的在于进一步完善新产品、培育新市场。后续管理的主要工作有两项：

（1）跟踪调查，即了解市场效果及旅客接受或认可程度以及竞争对手的反应和动向；

（2）调整完善，即根据调查结果进行分析处理，采取修正、补充、调整和改进的措施，不断改善服务和经营状况，提高旅客和社会满意度，维护和扩大市场占有率。

第五节　道路客运企业创新机制

创新是企业赢得市场、赢得未来的制胜法宝，是企业进步与成功的灵魂，是企业兴旺发达与持续发展的不竭动力，是企业永葆生机与活力的源泉。企业在市场经济的大潮中如逆水行舟，不进则退。今天的成功不代表明天的成功。一个企业，如果背上成功的包袱，不再进取和创新，不能不断超越自己而有新的突破，就不可能持续发展下去。诚然，创新未必成功，但成功必须创新。而企业要想保持长久的创新活力，实现持续地创新发展，就必须在培育创新文化、构建创新体系上下工夫，以形成长效的创新机制。

所谓企业创新机制，是指企业对创新活动的管理机制，或者说以创新为目标的管理机制。具体讲，就是运用管理职能（计划、组织、领导、控制、激励），对创新资源（人才、资金、物资、技术、信息、知识、时间等）进行优化、整合和系统管理，以提高企业创新动力、创新能力和创新效益。

企业创新机制是一个系统，由动力机制、运行机制和发展机制三大机制共同构成。

一、企业创新动力机制

在本章第二节曾把企业创新的动力分为外部动力和内在动力，但"外部动力也只有通过内在动力才能起作用"，"内在动力则是在企业创新中发挥着根本的、持久的作用"。企业创新动力机制，就是为企业创新提供内在动力，从而激发创新愿望、孕育创新行为的一种管理机制。

道路客运企业创新动力机制的形成，主要取决于三个方面的要素。

（一）企业制度的内生动力

正如本书第十九章第三节和本章第三节所分析的，现代企业制度是"以产权清晰、权责明确、政企分开、管理科学为基本特征的新型企业制度",企业只有建立这种新型企业制度,"才能成为拥有企业法人财产权、实行所有权与经营权两权分离的独立企业法人,成为自主经营、自负盈亏、自我约束、自我发展的市场主体,也才能形成科学规范的内部关系,形成激励机制与约束机制完美结合的有序高效的经营机制,才能解除桎梏、放下包袱、充满活力地投入市场竞争。"正是现代企业制度的这一内生动力,使它成为"实现企业各项创新的重要前提和基本保证(组织保证、机制保证)",成为企业将外部动力(市场竞争的压力、科技进步的引领、政府政策的鼓励等)转化为现实创新行动的基础力量。所以,可以说,制度的内生动力是企业创新动力机制的基础要素。

(二)领导者的企业家精神

企业领导尤其是主要领导,是企业创新的发动者、决策者和组织者,是企业创新的主导力量和灵魂人物,决定着企业创新的方向和力度。因此,领导者的素质特别是企业家精神,是构成企业创新动力机制的核心要素。

所谓企业家精神,是指企业领导者应具备的那种永不止息的创新意识和激情、远见卓识的战略眼光和思维、超越自我和超越他人的胸襟与追求、甘冒风险和承担风险的勇气与魄力、锲而不舍和百折不挠的意志与毅力,核心就是两个字——创新。企业领导者只有具有企业家精神,才能脱离短浅狭隘的"做生意"或"做买卖"的"老板"思维,成为致力于事业和成就的企业家,才能不失时机地作出创新决策,并引领和激励企业员工积极投身创新活动;企业也只有在具有企业家精神的领导者的领导下,才可能制订长期发展的现代化战略,创建推动创新的企业文化、制度和组织形式,构筑持续创新的管理体系和机制。

(三)员工队伍的创新活力

企业创新的驱动,仅有制度的内生动力和领导者的主导力量是不够的,还必须激发员工队伍的创新活力。员工队伍的创新活力是构成企业创新动力机制不可或缺的主体要素。

员工是企业创新的主体,员工队伍中蕴藏着巨大的创新能量。但员工实施创新行为有三个必要条件,缺一不可:

(1)有权力(如知情权、参与权、决定权、资源获得权),可以做或被允许做,有做的机会和可能性,这是外部赋予的,即由企业制度环境决定的(如制度规定、领导者的例外授权);

(2)有动力,想做或愿意做,有做的主动性和积极性,这是内外结合形成的,即由文化环境(如主观上的创新意识、客观上的创新氛围)和制度环境(如激励制度)共同决定的;

(3)有能力,会做或能胜任,有做的把握和可靠性,这是员工内在具备的素质。

这里所说的员工创新"权力"和"动力"(关于"能力",将在后面的"企业创新发展机制"中讨论),站在"员工"角度,其来源或有"外部"、"内在"之分(如上述),但就"企业"而言,这些都属于内在动力范畴。可见,要开发员工的创新能量、激发员工的创新活力,必须加强文化环境和制度环境的建设,提供创新所必要的"权力"和"动力"条件,其中最重要的有两点——创新文化和激励制度。

1. 创新文化

企业文化对于企业发展和企业创新的重大意义,已广为人知,本书多个章节也有阐述。创新文化是企业文化的重要组成部分,核心是关于创新的价值理念。其内涵主要表现为五种精神:

（1）甘冒风险、勇于探索、敢于创新的创新意识和创新精神；
（2）尊重规律、求真务实、严谨细致的科学精神；
（3）开拓进取、追求卓越、争创一流的拼搏精神；
（4）多元开放、平等参与、沟通互动的民主精神；
（5）顾全大局、协同合作、忠诚奉献的团队精神。

员工只有具有这些创新理念，才可能产生强烈的创新欲望和创新动力，充分释放创新激情和创新潜能。

创新文化对于企业创新的作用，表现在两个方面：
（1）通过创新理念的"内化"和"外化"，实现创新理性认识的深化和创新行为自觉性的提高；
（2）通过创新理念的"同化"，促进创新氛围的营造和创新环境的优化。

因此，企业创新文化的建设过程，就是员工创新能量和活力的激发过程，就是从创新理念到创新行为的实现过程，就是企业创新由浅入深、由点到面的不断深入和发展过程。企业只有真正形成了创新文化，才能从根本上建立起组织性的而不是仅仅依赖于企业家个人推动的创新机制，才能获得持续不断的而不是短期的创新动力。

道路客运企业的创新文化建设，除了遵循企业文化建设的一般思路外，鉴于尚未得到普遍重视的现实还须特别强调两点：

（1）企业领导者应首先树立企业家精神，并身体力行倡导创新理念和创新精神，通过决策、管理乃至个人的领导风格展现、弘扬和鼓励创新精神，充分发挥对创新文化建设的主导、引领和示范作用，在提高高层创新意识的同时，着力培育以创新为特色的企业精神。

（2）企业要大力营造创新氛围和创新环境，为创新文化的培育提供适宜的"气候和土壤"。例如：

①将崇尚创新、鼓励冒尖、支持质疑（探索、尝试、冒险）、宽容失败等价值理念融入管理制度，使之成为鼓励和支持创新的企业规范；

②大张旗鼓地表彰与宣传创新人才和创新成果，形成强烈的创新认同感和以创新为荣、守旧为耻的企业风尚；

③通过企务公开、信息畅通、决策民主、平等交流、员工参与、减少层级、简化程序、放权授权、淡化权威、部门互动等各种措施，造就开放、民主、宽松、自主的管理环境，提供激发灵感、催生创意、发挥创造力的自由空间；

④通过创新"沙龙"、"头脑风暴"、专题研讨、问题（缺陷）发掘、创意征集、项目招标、企业"创新日"、"创新社团（或小组）"等多种活动形式，形成人人想创新、处处议创新、事事促创新的浓厚氛围。

2. 激励制度

创新是一项艰巨的有风险的劳动。对于创新者的劳动和成果，企业应当给予充分的肯定、客观的评价和合理的奖励，让价值创造者得到应有的价值回报。这不仅是对当事员工的褒扬和鼓励，也是对其他员工的鞭策和示范，更具有理念传播和文化导向的意义。因此，有效的创新激励是维持和提高员工创新活力的必要条件。企业必须建立完善的创新激励制度，以保证创新激励的有效实施。

一个完善的创新激励制度,应当考虑与企业战略、企业文化相协调,并与绩效考核、人才开发相衔接;同时,还须注意一些细节上的周全,比如:

(1)激励范围上。不仅包括创新取得的成果(如成功实施的创新方案),还应包括有价值的创意(如合理化建议),有时甚至对失败的创新也需予以一定鼓励。

(2)激励内容上。不仅包括奖金,还应包括效益提成或股权;不仅有物质奖励,还应有非物质奖励,如荣誉、命名、旅游、休假、进修、晋级等多样形式。领导者还应当善于运用领导艺术,对创新者给予情感性鼓励,尤其是在创新过程中或创新失败后。

(3)激励方式上。应符合人性化,并适当柔性化,以符合受奖励者实际需求、提高激励效果为原则,如允许在一定范围内由受奖励者自主选择奖励内容。

二、企业创新运行机制

企业创新运行机制,就是通过创新行为和运用创新资源,将创新要求转化为创新成果的一种管理机制,其实质是对创新过程实施的系统管理活动。一个良好的创新运行机制,是企业创新活动得以高质量高效率地进行并取得预期成果(即产生新颖性、实现价值性、控制风险性、达到目的性)的有力保障。

道路客运企业创新运行机制的形成,主要有投入、组织、制度三个要素。

(一)创新投入

没有投入就没有产出,企业创新同样如此。企业创新的投入即创新活动所需要的创新资源。道路客运企业的创新投入,有两点值得注意:

(1)企业的创新资源,不仅包括人、资金、车辆、设备这些有形资源,而且包括线路、品牌、信用、技术、信息、知识、经验、时间等无形资源;不仅包括企业掌握的内部资源,而且包括企业可以支配或利用的外部资源。在企业创新过程中,无形资源和外部资源的开发和运用,尤其应当引起高度关注和重视。

(2)企业的创新投入,不只是某种单一资源的投入,而是包括有形与无形、内部与外部多种资源的投入;这种投入也不只是简单的叠加,而是在资源优化基础上的集成或整合,或者是在集成或整合基础上的优化,因而能够产生 $1+1>2$ 的聚合效应。这是企业创新运行机制极其重要的功能。惟其如此,企业才能在有限创新资源的制约中获得较大的创新能量和实力,获得较高的创新效率和效益。

(二)创新管理组织

创新管理组织是指对企业创新实施系统管理的组织机构。它的管理职能同一般管理机构没有多少区别,即履行创新管理的计划、组织、领导、激励、控制等基本职能。创新管理组织通过这些职能的履行,贯彻落实企业创新战略和创新决策,执行创新管理制度,调度创新所需的各种资源,协调创新过程的诸多环节,收集创新反馈信息,组织创新评估和改进,从而保证企业创新的顺利进行,并促进创新效果和效率的提高。

(三)创新管理制度

制度建设作为企业管理的一项基础工作,在企业创新中同样不可忽视。道路客运企业的创新管理制度,应涵盖创新的全过程,既包括创新成果实现过程管理制度(如创意与提案的征集管理制度、创新方案的形成决策制度、创新方案的实施控制制度),还包括创新资源管理制度、创新成果评估改进制度、创新激励制度等相关管理制度。需要指出的是,创新管理有别于一般管理,创新管理制度在保证规范性和统一性的同时,应当考虑创新的特点和需要,注意保持必要的灵活性和自由度,比如课题确定、组织形式、时间安排、资源支持、活动程序、合作伙伴选择等,都须给创新主持者或参与者留下足够的自主空间,切忌一刀切以及过于细化、过于死板的约束或规定。

三、企业创新发展机制

企业创新发展机制,就是保障企业持续创新的一种管理机制。道路客运企业的创新,除为数不多的突破性创新(如国有企业改制、战略性并购或重组、信息化建设、质量管理体系认证、品牌创建等)外,更多的是改进性创新甚至一点一滴的改进,需要伴随生产经营过程持续地进行(当然突破性创新也有个持续完善过程),因而保障持续创新的创新发展机制显得尤为必要。

关于道路客运企业的创新发展机制,涉及方面较多,这里讨论三个最关键的问题,一是创新主体,二是创新资源,三是创新体系。

(一)壮大企业创新主体

正如本章第二节所言,"员工是创新的主体,人才是创新的主力"。员工特别是人才结构及其创新素质的高低决定了企业的创新能力,决定了企业能否持续地创新发展。离开具有创新素质的人才,企业的创新活动和创新发展就会成为无源之水、无本之木。因此,人才的开发、员工特别是人才创新素质的培养和提高,是企业创新发展机制中一个十分重要的问题。

1. 造就宏大人才队伍

道路客运企业应当正视人力资源开发相对落后的现实,尽快确立符合本企业实际的人才强企战略,加快企业人力资源管理创新的步伐,着力营造人才脱颖而出、施展才干的文化环境和制度环境,努力造就德才兼备、锐意创新、结构合理、规模宏大的人才队伍,为企业创新发展奠定坚实基础和提供根本支撑。至于人才开发的基本思路,本书第十九章第三节已有较为明晰的论述,即:创新人力资源管理—营造人才开发文化环境和制度环境—重点突破薄弱环节。此处不再赘述。

2. 培养员工创新能力

员工创新素质主要包括创新理念(创新文化的核心,即前述的五种精神,特别是创新意识和创新精神)、创新思维、创新技能、创新心理等几个方面。创新理念是员工创新动力的主要源头,而创新思维、创新技能、创新心理则是构成员工创新能力的三个要素,培养员工创新能力就必须在优化这三个要素上下工夫。道路客运企业在这点上显得尤为迫切,见第十九章结尾部分。

创新思维是一种非常规思维,其本质是思维创新,它是创新能力的内核和导向,是形成创新能力所必需的分析、判断、想象、综合等能力的前提,如逆向思维、侧向思维、发散思维、联想思维、水平思维等;创新技能是在掌握创新思维和创新技法或创新工具(如组合法、类比法、设问法、聚散法、移植法、检核表法、表格创意法、信息交合法、六项思考帽法等)基础上解决问题的能力和技巧;创新心理是支撑创新行为不可或缺的心理素质,如好奇、自信、激情、专注、意志等。

在一定意义上可以认为,创新思维决定创新方向,有正负之别;创新技能决定创新方法,有优劣之分;创新心理决定创新能量,有大小之异。创新能力与三者的关系可以用一个公式来表达,即：

$$创新能力 = 创新思维 \times 创新技能 \times 创新心理$$

由于创新思维有"正负之别",如果思维方式错了,成了负数,则创新能力会走向反面,这时创新技能、创新心理不但于创新无补,而且越强越坏事。所以,创新思维是创新能力三要素中的关键要素,在创新能力和创新活动中起决定性作用。

道路客运企业员工创新能力的培养,可以运用团队培训、冒险性学习等训练方式。团队培训有很多形式,可利用讲座、录像、网络课堂等传授创新思维和创新技法,也可通过角色扮演、案例研究、商业游戏、行为示范、"头脑风暴"、创意竞赛、创新项目等给员工提供创新能力训练和实践的机会。冒险性学习又称户外拓展训练,是一种寓教寓训于乐的团体训练方式,既可熔炼团队、培养团队意识,又可培养与开发创新意识和创新能力。

在培训和训练中,企业应着重引导和帮助员工突破思维定势(如权威定势、从众定势、经验定势、书本定势、感情定势),培养创新思维方式以及与思维方式相联系的"问题意识"(如提问、质疑、"挑剔"),思考习惯和发现问题的能力。(爱因斯坦:"发现一个问题比解决一个问题更重要。"培根:"如果你从肯定开始,必将以问题告终;如果你从问题开始,必将以肯定结束。")

(二)开发企业知识资源

创新需要资源的投入。在所有创新资源中,除了人才,最重要的资源莫过于信息,特别是成为知识的信息。从本质上看,创新能力就是通过信息、知识(自然科学知识、社会科学知识、管理科学知识)的重组、集成和创造活动而产生创新成果的能力,知识是员工和企业创新能力的坚实基础和前提条件。古人云,"求木之长者,必固其根本;欲流之远者,必浚其泉源"。可以说,没有源源不断的信息、知识资源,就没有企业的持续创新。所以,开发企业知识资源是企业创新发展机制中不容忽视的带有"根本"性、"泉源"性的重要问题。

知识资源开发的基本途径是学习,即通过学习实现知识的更新、积累、传播、共享以及新知识的创造。当今时代知识爆炸式生产与快速更新的特点,更决定了企业知识资源的开发只能建立在持续的学习能力之上。持续的学习能力靠什么?从企业管理的角度讲,一个是学习型企业,一个是知识管理。

学习型企业的特点,是共同愿景下的全员学习、自我超越的终身学习、系统分析的全过程学习、共享性的团队学习、改变心智模式的创新性学习,是把学习与工作紧密结合的学习工作化、工作学习化的企业生存与发展的理念、方式和机制。

知识管理是以知识资源为对象的管理,是信息管理的提升和发展,是人力资源管理与信息资源管理的有机结合。知识管理的目的,在于建立一种知识资源的积累(收集、保存)、共享(传递、交流)、学习(吸收、消化)、创新(发掘、深化)和应用(工作改进、创新)的管理机制。

可见,创建学习型企业和知识管理,是开发企业知识资源、培育提高员工和企业的学习能力与创新能力的重要途径,是保证企业持续创新发展的无尽"泉源",是形成企业真正持久优势的"根本"支撑。

关于学习型企业和知识管理,近些年来管理学界已有太多的论述,故这里不拟展开讨论,仅就道路客运企业的实践提出几个需要关注的问题:

1. 企业领导是关键

创建学习型企业和知识管理是企业管理的重大创新,没有企业领导者的推动是不可想象的。首先,企业领导者要树立"知识创造价值、知识是企业战略资源"的观念,确立"终身学习"理念,不断提高学习意识和学习能力,努力进行自身知识的更新和知识结构的优化,成为企业学习的表率;同时,企业领导者要下大力主导和推动学习型企业和知识管理的创建,特别是文化环境、制度环境的建设,真正使重视学习、崇尚学习、善于学习、不懈学习成为企业的文化理念和内在追求,成为企业的运行机制和创新之源。

2. 知识共享是核心

无论学习型企业还是知识管理,其核心都是知识共享。知识共享既能放大知识效应,也是使员工个体知识向企业集体知识转化的必要途径。

为实现知识共享,企业需要做好文化、组织、制度等很多方面的工作,其基本要求是保证两点:一是开放,实现信息和知识的充分流动和自由传播;二是互动,实现员工之间、岗位之间、部门之间以及企业与外部之间的相互交流和相互促进。其中有一项极重要的基础工作,就是构建知识共享平台。企业知识共享平台应多样化,以适应员工的不同情况、满足员工的不同需要,如内容广泛的图书资料室、多层次的培训体系、多形式的研讨制度、多领域的合作项目等;应充分发挥企业信息系统作为知识共享平台的作用,如企业网站、办公自动化系统、视频会议系统;企业还可以通过建立"问题(或缺陷)库"、"创意库"、"案例库"、"经验库"、"习题库"、"新知库"等"知识仓库"以及与之相配套的开放查询机制,推动员工集思广益和知识共享。此外,企业还可以通过与兄弟企业、交通院校或科研机构的合作关系,借助外部智力资源,搭建外部知识共享平台。

应当强调的是,员工中大量的隐性知识(如经验、技能、诀窍、思维方式、服务艺术、管理艺术)如何实现共享,这是知识共享的重点,也是知识共享的难点。企业可考虑通过文化驱动与引导(如理念认同、习惯养成、氛围塑造)、制度强制与激励(如师徒制、助理制、结对制、轮岗制、项目团队制、总结评审制、"内部创业"制)、活动吸引与动员(如岗位练兵、技能竞赛、经验交流、服务观摩、管理沙龙、创意展览)等多种途径,促进学习与工作的有机融合、开放互动的学习交流以及隐性知识的生产和显性化,提高员工隐性知识的创新度和共享度,并实现个人知识向企业知识的转化。

3. 提高学习能力是目的

学习也好,知识共享也好,最重要的还不是更新多少知识,更不是积累多少知识,而在于从勤于学习向善于学习的升华,即在于学习能力的提高,进而实践能力、创新能力的提高,这才是学习型企业和知识管理的根本落脚点。为此,企业应千方百计改进学习方式方法(如"菜单式"选学、"互动式"共学、"思考型"深学、"学分制"考核),加强学习绩效评估,提高学习的针对性和实效性,形成学以致用、用以促学、学用相长的良性循环,形成学习化工作、工作化学习的良好风尚。

(三)构建创新管理体系

保证企业持续的创新发展,不仅需要充满活力的创新主体、源源不断的创新资源,还需要一个有效的创新体系。体系建设是主体开发和资源开发的机制保障,在企业创新发展中有着至关重要的意义。因此,在企业管理体系的大家族中需要构建一个全新的体系——创新管理体系。从实质上讲,创新管理体系也就是在第二十一章论述过的变革管理的规范化、体系化和常态化。创新管理体系的构成及运行过程,如图23-2所示。

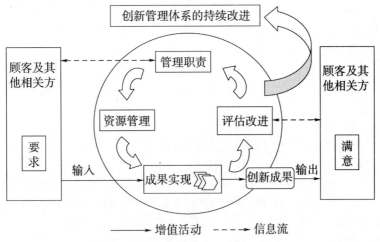

图 23-2　创新管理体系构成及运行过程图

创新管理体系的运行,同样基于过程方法,分为管理职责、资源管理、成果实现、评估改进四大过程。其中的成果实现是主过程,这一过程的直接输入是顾客(包括内部顾客及其他利益相关方,下同)要求(如价值性),输出是各类创新成果(有形的如信息化设备,无形的如管理变革),目标是顾客满意,内容包括创新方案的形成、实施、控制等。其他三个过程是为保障主过程有效运行的支持过程:管理职责主要是指创新主导者——领导层的职责,包括制订创新战略和创新方针目标、确定创新管理组织机构、培育和激发创新动力、深化创新沟通等内容;资源管理包括创新资源的组织、优化、配置、协调等内容,其主要目的是在保证资源数量的同时,提高资源质量和资源配置与利用效率;评估改进既是创新过程的后续管理,更是创新体系的完善提升,包括跟踪调查、分析、评价、调整、改进等内容。四大过程相互作用,形成企业内部循环圈(管理职责→资源管理→成果实现→评估改进→管理职责)和整体循环圈(顾客要求→成果实现→创新成果→顾客满意→评估改进→管理职责→顾客要求)。这两大循环圈都按照P-D-C-A不断循环,实现创新过程和创新体系的持续改进。

由此可见,如同企业管理体系中的质量管理体系、安全管理体系等其他子体系具有各自专门管理领域一样,创新管理体系专司企业创新方面的管理职能——制订创新方针目标、培育激发创新动力、优化整合创新资源、控制协调创新实现过程、组织创新成果评估完善等,从而实现企业持续的创新发展,并不断拓展创新领域和速度,不断提高创新效率和效益。创新管理体系通过对企业创新各要素("主导"、"主体"和其他资源,以及文化、组织、制度等)的优化、整合和系统管理,将动力机制、运行机制和发展机制这三大机制有机地结合在了一起,形成一种贯穿于企业创新整个过程的、保证企业创新活动有序有效和持续进行的新机制系统。

因此,道路客运企业构建创新体系和创新机制,并保持它的有效运行和不断完善,将使企业在瞬息万变的市场环境中永葆创新活力,不断增强可持续发展能力,不断推进现代化进程和提高现代化水平。

本章思考题

1. 创新有哪些特征(请联系企业创新)?理解这些特征有什么意义?
2. 为什么说"企业创新是管理创新与技术创新相互交织的结合体"?
3. 请联系具体理念,说明理念创新的重要意义。
4. "市场理念"的基本内涵是什么?如何运用"市场理念"指导客运产品和市场创新?
5. 举例说明"竞合理念"在道路客运企业创新中的运用。
6. "人才理念"、"企业可持续发展理念"的主要内涵是什么?
7. 联系企业实际,谈谈当前企业制度现代化的当务之急。
8. 道路客运企业实施外部集约化经营应注意哪些问题?
9. 组织扁平化与企业创新有什么关系?道路客运企业实施组织扁平化应注意哪些问题?
10. 道路客运企业产品与市场创新同一般有形产品企业有什么不同?
11. 举例说明道路客运企业产品与市场创新"依托企业优势的原则"的运用。
12. 举例说明道路客运企业产品与市场创新的"差异化"、"多样化"思路。
13. 道路客运企业创新动力机制的形成,主要取决于哪几个要素?请联系实际作简要分析。
14. 什么是创新文化?道路客运企业培育创新文化应重点抓好哪些工作?
15. 与一般管理制度相比较,企业创新管理制度的制定有什么不同?
16. 员工创新能力取决于哪些要素?企业如何培养提高员工的创新能力?
17. 联系道路客运企业的实际,谈谈知识资源开发的要点,并就知识共享提出若干可行方案。
18. 企业创新管理体系在企业创新机制中的"至关重要的意义"体现在哪里?请按照你的理解,分析说明创新管理体系的运行过程。
19. 道路客运企业通常都没有专门的研发部门和研发人员,这合理吗?请就此论述你的观点。
20. 解释下列名词:创新机制、企业家精神、创新资源、创新思维、"冒险性学习"、学习型企业、知识管理。

参 考 文 献

[1] 刘长利.现代汽车站务管理[M].北京:机械工业出版社,2004.
[2] 侯焕章.道路旅客运输[M].北京:人民交通出版社,2002.
[3] 陈京.汽车运输组织管理[M].北京:机械工业出版社,2004.
[4] 王永立.汽车客运乘务员职业技能培训教材[M].北京:人民交通出版社,2005.
[5] 唐好.道路运输行政管理[M].北京:机械工业出版社,2004.
[6] 浙江省道路运输管理局.道路运输管理培训教材[M].2006.
[7] 陈周钦.道路运输经营学[M].北京:机械工业出版社,2004.
[8] 王昆元.道路交通运输安全管理[M].北京:机械工业出版社,2004.
[9] 宋彦军.TQM、ISO 9000 与服务质量管理[M].北京:机械工业出版社,2005.
[10] 邹敏.运输企业财务管理[M].北京:机械工业出版社,2004.
[11] 李保良,任跃宇,张殿国.汽车维修企业管理人员培训教材[M].北京:人民交通出版社,2004.
[12] 严成根,洪江如.现代企业管理[M].北京:清华大学出版社、北京交通大学出版社,2005.
[13] 李军.管理学基础[M].北京:清华大学出版社、北京交通大学出版社,2006.
[14] 马红光.企业管理[M].北京:科学出版社,2005.
[15] 黄津孚.企业管理现代化:理论、轨迹、经验[M].北京:经济管理出版社,2008.
[16] 中国认证人员与培训机构国家认可委员会.质量管理体系认证咨询师培训教程[M].北京:中国计量出版社,2005.
[17] 王伟军.信息管理基础[M].北京:首都经济贸易大学出版社,2010.
[18] 周云.品牌学——原理与实务[M].北京:清华大学出版社、北京交通大学出版社,2008.
[19] 张穹,冯正霖.道路运输条例释义[M].北京:人民交通出版社,2004.
[20] 本书编写组.道路旅客运输及客运站管理规定解读[M].北京:人民交通出版社,2005.